해양 세력 연대기

해양 세력 연대기

현대 세계를 형성한 바다의 사람들

앤드루 램버트 | 박홍경 옮김

까치

SEAPOWER STATES: Maritime Culture, Continental Empires
and the Conflict That Made the Modern World
by Andrew Lambert

© 2018 by Andrew Lambert
Originally published by Yale University Press.
Korean language edition 2021 by Kachi Publishing Co., Ltd.
Korean translation rights arranged with Yale University Press through
EntersKorea Co., Ltd., Seoul, Korea.

역자 박홍경(朴洪敬)

서울대학교에서 언론정보학과 지리교육학을 전공했고, KDI MBA 과정 finance
&banking을 공부했으며, 서울외국어대학원대학교 한영통번역과를 졸업했다.
헤럴드경제와 머니투데이에서 정치, 경제 기자로 활동했다. 현재 번역 에이전시
엔터스코리아에서 출판기획자 및 전문 번역가로 활동하고 있다. 옮긴 책으로는
『트럼프 공화국』, 『잡담의 인문학』, 『무엇이 역사인가』, 『외교의 몰락』, 『아프리카,
중국의 두 번째 대륙』, 『7가지 결정적 사건을 통해 본 자유의 역사』, 『무역의 세계
사』 등 다수가 있다.

해양 세력 연대기 : 현대 세계를 형성한 바다의 사람들

저자 / 앤드루 램버트
역자 / 박홍경
발행처 / 까치글방
발행인 / 박후영
주소 / 서울시 용산구 서빙고로 67, 파크타워 103동 1003호
전화 / 02 · 735 · 8998, 736 · 7768
팩시밀리 / 02 · 723 · 4591
홈페이지 / www.kachibooks.co.kr
전자우편 / kachibooks@gmail.com
등록번호 / 1−528
등록일 / 1977. 8. 5
초판 1쇄 발행일 / 2021. 6. 25

값 / 뒤표지에 쓰여 있음
ISBN 978−89−7291−745−8 93920

국가는 곧 예술 작품이다.

– 야코프 부르크하르트

어머니께 바칩니다.

차례

감사의 말

탈고를 향해갈수록 저자들은 처음으로 돌아가서 다른 사람들, 동료 학자들, 학생들, 가족, 친구들에게 어떤 빚을 졌는지 생각해보고, 결국 처음과 나중이 하나로 동일하다는 사실을 반영하여 즐거운 마음으로 범주를 늘어놓게 된다. 나아가 역사학자로서 나는 앞서 역사를 연구한 사람들에게 어떤 빚을 졌는지 잘 알고 있기 때문에 오래 전에 무척 상이한 독자를 위해서 기록된 저작물을 깊이 고찰하면서 존경을 표하게 된다. 그 저자들의 아이디어와 주장은 이 책을 관통하며 앞으로 이어질 다른 저작물에도 토대 역할을 하고 있다. 개인적으로 감사를 표현할 수 없는 상황이지만, 그들의 저작물을 통해서 만든 이 책이 그들에게 누가 되지 않기만을 바랄 뿐이다.

학계의 많은 친구와 동료들이 토론을 통해서 의견을 공유하고 새로운 자료와 사려 깊은 조언을 제공했다. 감사의 마음을 다 표현할 길이 없으며, 그렇게 하려는 시도는 무모한 짓이 되고 말 것이다. 그렇더라도 가장 먼저 감사의 마음을 표현하고 싶은 사람은 오랜 친구 존 페리스이다. 그는 누구보다 이 책을 반복적으로 검토하며 즐겨주었고, 건전한 조언과 분명한 판단, 진솔한 비판을 해주었다. 그런 점에서는 오랫동안 친분을 쌓아온 또다른 친구 비어트리스 호이저와 리처드 하딩도 마찬가지였다. 세 사람은 역

9

사를 넘어서는 광범위한 분야의 전문성을 공유해주었으며 글에 담긴 압운을 알아봐주었다. 동료인 앨런 제임스는 킹스 칼리지 런던에서 해군사 교육 과정을 나누는 기쁨을 함께했으며, 프랑스와 잉글랜드를 구분 짓는 여러 요소에 대한 사본을 읽고 토론했다. 그는 풍자가 섞인 객관적 해석을 유쾌하게 곁들이기도 했다. 제임스의 도움과 더불어 전쟁연구과의 지원에 큰 감사를 드린다. 마리아 푸사로, 래리 페헤이로, 지즈 로멜스는 본인의 전문 분야와 관련된 장의 초고를 읽고 오류를 수정하며 탁월한 조언을 해주었다. 마이클 태퍼와 캐서린 셰이벨러는 전체 원고를 읽었으며, 요청하지 않았음에도 캐서린이 최종본 직전의 원고를 교정해주면서 저자가 찾았어야 할 부적절한 표현과 오류를 찾아주었다. 이밖에 많은 지인과 동료들이 직간접적 기여를 통해서 초기 전제를 일관성 있는 주장으로 탈바꿈시켜주었다. 그들이 결과물에 크게 실망하지 않기를 바랄 뿐이다.

아울러 40년 전 내가 관심 분야를 계속 추구하도록 격려해준 폴 케네디, 당시에 미처 깨닫지 못한 수준으로 많은 것을 내게 가르쳐준 고(故) 브라이언 랜프트, 책을 집필할 수 있는 최고의 학과에서 일할 수 있도록 받아준 로런스 프리드먼 경, 여러 학문을 섭렵하는 독특한 기풍을 유지해온 프리드먼 경의 후계자들에게도 감사의 말씀을 드린다. 전쟁연구학과의 많은 동료들이 표현, 아이디어, 시간, 동지애로 이 프로젝트를 지원해주었으며, 특히 동아시아 등지의 해양 세력 정체성을 연구하는 학생 알레시오 파탈라노, 해군력의 대안적인 대륙 모형에 대해서 의견을 개진한 마르쿠스 포크너, 카를루스 알파로 자포르테자에게 특히 감사드린다.

이 책은 다른 연구자, 저서, 논문, 기타 저작물을 토대로 집필되었다. 기록물에서 인용을 하는 경우, 그것이 주장을 완벽하게 표현했기 때문에 다른 프로젝트에서 빌려온 것이다. 오늘날에는 그러한 연구를 할 때에 온라인 자료, 책, 언론, 데이터에서 큰 도움을 받는데, 이는 카드 색인, 연필, 타자기를 쓰던 시대에 연구를 시작한 사람들에게는 마법과도 같이 느껴지는 작업이다. 오늘날 학문 연구에는 장애물이 많지 않지만 이 풍요의 뿔은 다른 방식으로 우리에게 문제를 제기한다. 경계를 설정하는 일이 그것이다. 논쟁을 유발할 목적으로 쓰는 책에서 나는 간결함과 간명함을 선택했다. 그런 선택에 어떠한 한계가 있는지 너무나 잘 알고 있지만, 그러한 선택을 내리지 않는다면 프로젝트가 저자, 연구 역량 평가(Research Excellence Framework, 다음 평가는 2021년), 독자의 인내보다 더 오래 남게 된다.

집필 의뢰부터 탈고까지 이 책의 전 과정을 관리한 줄리언 루스와 탁월한 지원을 아끼지 않은 예일 런던 사무소, 작가들의 고질적인 모호한 표현을 솜씨 좋게 다듬어준 리처드 메이슨에게도 감사드린다.

프로젝트 내내 가족들이 힘이 되었으며 내게 꼭 필요한 지지를 변함없이 보내주었다. 그러한 응원이 내게 어떤 의미였으며 왜 그토록 중요했는지 말로 다 표현하기 어렵다.

2018년 4월 5일, 큐에서
앤드루 램버트

서문

1919-1941년 마지막 해양 세력의 상징적 선박인 HMS 후드 호

1851년 잉글랜드의 한 지식인은 문명의 여명기부터 인류를 사로잡았던 거대한 질문과 씨름했다. 바로 인간이 살아가는 정치 단위의 미래였다.

처음으로 인간이 바다에 지배력을 행사한 이래 세 왕좌가 모래 위에 세워졌으니 바로 티레, 베네치아, 잉글랜드의 왕좌이다. 그중 첫 번째 강대국은 오직 기억 속에만 남아 있다. 두 번째는 파멸에 이르렀다. 위대함을 물려받은 세 번째 왕좌는 선례를 망각할 경우에만 그나마 덜 유감스러운 파멸을 맞았다는 자랑스러운 명성을 얻게 될 것이다.[1]

존 러스킨은 영국이 대륙 권력(continental power)이 아닌 흔하지 않은 위대한 해양 제국(great sea empire)이며, 당대의 유일한 사례라는 것을 알고 있었다. 그는 영국의 해양 세력 정체성(seapower identity)을 추구하며 바다의 평범한 이미지를 숭고한 이미지로 변화시킨 J. M. W. 터너의 옹호자를 자처하면서 자신의 영웅을 따라서 베네치아까지 방문했다. 베네치아의 대운하 옆에서 러스킨은 과거, 현재, 미래와 사투를 벌이는 데에 필요한 도구를 발견했다. 어떤 측면에서 『베네치아의 돌(*The Stones of Venice*)』은 베네치아 건축물의 역사로서, 빛이 바래가는 대상을 탁월한 정밀함으로 포착했다.[2] 그러나 러스킨의 저서는 그 이상의 의미를 가지고 있었다. 터너가 보여주었듯이 결국 중요한 문제는 문화였다.[3] 러스킨은 옛 도시의 구조를 통해서 해상 문화(maritime culture)를 읽었다. 영국의 미래에 대한 커져가는 우려 속에서 집필한 저서에서, 러스킨은 건축물을 베네치아 해양 세력(seapower)의 궁극적인 표현으로 받아들였다. 그 기록은 "파도가 빠르게 다가올 때마다 마치 베네치아의 돌을 향해서 죽음을 알리는 종소리가 울리듯……신뢰할 만한 역사 연구에서 도출된 경고음이 울리는 듯했다."[4] 러스킨이 그린 이미지의 비장한 아름다움, 우아한 표현, 메시지의 믿을 수 없는 단순함은 쇠락의 길을 걷는 가운데에서도 대영 박람회의 개최를 찬미하는 영국이 처한 현실을 보여준다.

제국 시대의 세계

세계 제국

- 포르투갈, 1500년경
- 스페인, 1600년경
- 네덜란드, 1670년경
- 프랑스, 1750년경
- 영국, 1900년경

러시아 제국

오스트레일리아

뉴질랜드

태평양

인도양

대서양

태평양

영국
프랑스
포르투갈 스페인
베네치아
제노바
카르타고
이탈리아

캐나다

브라질

기아나

페루 부왕령

스페인 부왕령

필리핀
향료제도
수마트라
실론
인도
이집트
케이프 식민지

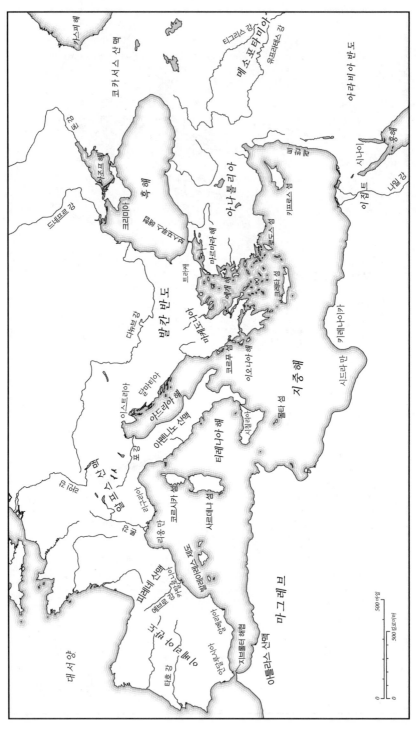

문화로서의 해양 세력

해양 세력인 카르타고의 지도자 한니발 바르카

존 러스킨은 해양 세력으로서 베네치아의 운명을 원형(原型)의 고딕 건축물에서 찾았는데, 이는 적절하게도 로마, 비잔틴, 아라비아, 이탈리아 영향에 본토의 팔라디오풍 바로크 양식이 복합된 것이었다. 이것은 해양 제국의 상실 이후에 도시 국가가 다른 역할에 주목하도록 만든 깊은 차원의 문화적인 조류를 반영한 선택이었다. 러스킨은 모든 위대한 해양 세력에게서 반복되는 주제를 찾아냈다. 바로 포괄적 정치를 지향하며, 도시 생활에서 상업이 매우 중요한 역할을 하고, 정복과 지배에 주력하는 패권인 보편 제국에 반대한다는 것이다. 이러한 패권의 위협은 오스만 튀르크, 합스부르크 스페인, 로마 교회에 의해서 제기되었으며, 지금도 영국의 독자들에게 반향을 불러일으키고 있다. 무엇보다 해양 세력은 무역을 지키기 위해서 싸웠다. 최근 영국은 육지와 해상에서의 힘을 이용해서 중국 제국의 문을 열었는데, 이는 베네치아가 제4차 십자군으로 해양 세력 제국을 구축한 것과 흡사했다. 사적으로 어떤 종교적 견해를 가졌든, 베네치아의 지도자들은 신앙을 무너뜨려서 국가가 확보할 수 있는 경제적 이익을 신중하게 "계산했다." "베네치아의 중심은 예배가 아닌 전쟁에 있었기 때문이다."[1] 러스킨은 당대의 독자들을 염두에 둔 글에서 귀족의 멸망으로 시작된 베네치아의 쇠락이 신앙의 상실로 앞당겨졌다고 지적했다.

다소 늦은 감이 없지 않지만, 그보다 2년 앞서 해양 세력 국가(seapower state)라는 개념이 영어 사전에 등장했다. 조지 그로트는 영국이 프랑스 제2공화국과 해상 군비 경쟁을 벌이던 당시 출간된 기념비적인 저서 『그리스 역사(History of Greece)』의 제5권에서 이 개념을 언급했다. 그로트는 영국과 아테네의 해양 세력을 굳이 연관 지을 필요는 없다고 생각했다. 당시 그누구도 그 메시지를 놓치지 않았을 것이다. 그로트의 저서에서 최초로 사용된 해양 세력(seapower)과 탈라소크라시(thalassocracy)는 『옥스퍼드 영어 사전(Oxford English Dictionary)』에도 등장했는데, 이는 그로트가 고대저자들에게서 직접 빌려온 용어였다. 그는 당대 영국의 관심사와 모범적인 아테네 국가를 연결시키는 데에 이러한 단어를 사용하면서 아테네가 의도적으로 "해상 세력(maritime power)"이 되었다는 헤로도토스의 주장을 반복했다.[2]

10년 후 스위스의 역사학자 야코프 부르크하르트는 러스킨의 방법론을 발전시켜 "예술로서의 국가"를 주제로 르네상스 시대의 국가, 문화, 권력에 대한 권위 있는 분석을 제시했다.[3] 부르크하르트는 근대 초기 이탈리아라는 국가를 분석하기 위해서 구성된 정체성(constructed identity) 개념을 사용했다. 정체성은 고정적인 것이 아니라 유동적인 것이었고, 러스킨과 부르크하르트는 모두 국가의 발전에서 선택이 얼마나 중요한지 알고 있었다. 해양 세력의 문화가 충만했던 빅토리아 시대의 영국에서 살았던 러스킨은 베네치아에 주목한 반면, 바젤 태생의 부르크하르트는 피렌체에 주목했다.

미국의 해군 제독 앨프리드 세이어 머핸은 1890년에 출간된 획기적인 저서 『해양력이 역사에 미치는 영향(*The Influence of Sea Power upon History 1660-1783*)』에서 해양 세력의 요소를 분류하는 보다 실용적인 시도를 했다.[4] 러스킨, 부르크하르트와 달리 머핸은 해양 세력의 정신은 다루지 않은 채 전략적인 측면만을 조명했다. 그는 자신의 조국인 미국에 전례가 되는 해양 권력(sea power)을 찾고 있었으나, 베네치아나 영국을 전례로 선택할 수는 없었다. 두 나라는 규모가 작고 약했으며, 무엇보다 대륙에서 부상하는 초강대국의 전례가 되기에는 지나치게 해상의 성격이 강했다. 이에 따라서 그는 그리스 단어 탈라소크라시를 두 개의 구(phrase), 곧 해양 권력(sea power)으로 나누었다. 그리고 대륙의 군사 제국으로서 반구의 지배에 열을 올렸던 로마 공화국의 해군력에 주목했다. 그가 발전시킨 고전 모형은 카르타고 해양 세력의 부상이 아닌 카르타고를 절멸시킨 로마의 군사력이었다. 이와 유사하게 머핸은 근대 시기에서도 영국의 부상이 아니라, 대륙의 프랑스가 실패한 데에 주목했다. 프랑스가 취약한 상대인 해양 세력을 무찌르고 새로운 로마 제국으로 발돋움하기 위해서는 해군 패권이 필요했으나, 부르봉 왕조나 공화정 혹은 제정 기간 중 프랑스는 이를 확보하지 못했다. 머핸은 미국인들이 프랑스가 실패한 주원인이 대륙의 정체성이 아닌 형편없는 전략적 선택에 있음을 이해하기를 바랐다. 미국이 영국이 아니라 로마의 역할을 물려받을 것임을 알았기 때문이다.

전략에 관심 있는 사람들에게는 머핸이 더 나은 안내자일지 몰라도, 해양 세력에 대한 러스킨의 접근은 보다 정교하고 중요한 의미를 가진다. 러스킨은 유려한 문장으로 베네치아의 건축과 해양 제국의 얽히고설킨 역사를 살피는 거대한 연구의 문을 연다. 그는 해양 세력을 선택의 문제로 언급하지 않았고, 베네치아가 위대한 업적을 이루면서 자연스럽게 발생한 특성으로 간주했다. 선택은 오래 전에 이루어졌다. 그는 티레와 빅토리아 영국의 경우도 마찬가지로 보았다.[5] 러스킨은 런던과 베네치아를 경유하여 구약 시대의 최고로 부유한 도시를 잇는 해양 세력의 사슬에 영국을 엮었다.[6] 이와 같이 탈라소크라시를 연결하는 목적은 자명했다. 빅토리아 시대의 영국은 쇠락의 기운에 집착하다시피 했는데, 이는 영광의 절정에 이미 도달한 강국 내부에서 서서히 퍼져갔던 우려였다. 또한 영국은 고전을 연구함으로써 형성된 사회였다. 러스킨을 비롯한 식자층은 러스킨이 "전 세계의 가장 중요한 비극"이라고 표현한 투키디데스의 펠로폰네소스 전쟁과 조지 그로트의 위대한 역사에 대해서 잘 알고 있었다.[7] 맹렬한 기세로 진행되는 기술 발전과 세계 지배 속에서 러스킨은 국가의 혼을 탐구했다. 그는 국가를 염려했으며, 그 우려 때문에 그의 글은 언제나 베네치아, 문화, 운명으로 돌아왔다.

『베네치아의 돌』은 베네치아의 고딕 양식 건축물이 대영 제국에 수도 없이 세워지는 데에 기여했다. 이 건축물들은 과거의 해양 세력 개념을 영국성의 지적인 핵심에 새겼다. 미국의 해군 제독인 머핸이 직접적인 주장과 묵직한 산문을 통해서 일깨우기 전까지 이러한 작업은 계속되었다. 머핸은 영국이 300년 이상 알고 있던 바에 대해서 이야기한 것으로 자신이 유명해졌다는 사실을 갑작스럽게 깨달았다.[8]

러스킨과 머핸이 해양 세력의 기원을 고대사로 거슬러올라가 찾은 것은 옳은 선택이었다. 고대 그리스의 지적 성취는 전략, 문화, 정체성, 또는 제국으로서 해양 세력의 의미를 모색하는 모든 탐구의 기초가 되었다. 아테네의 논쟁은 이후 다루어진 주제에 영향을 미쳤는데, 아테네가 선박, 항해, 해군이나 해양 제국을 만들었기 때문이 아니라 아테네인들이 이러한 현상으로 발생한 생각을 분석하고 기록했기 때문이다. 또한 이러한 생각들은 이들이 기록한 역사와 함께 형성되었으며, 비교적 열린 사회에서 의미를 논의하는 과정에서 최초의 해양 세력 강대국(seapower great power)이 탄생했다. 아테네는 해양 세력 문화가 아테네의 정치, 경제 발전, 예술, 정체성의 핵심에 있음을 이해했다. 무엇보다 그들은 해양 세력이 된다는 것이 단순히 해군을 얻는 것보다 복잡한 일임을 깨달았다.

이 시점에서 구성된 국가 정체성으로서의 해양 세력과 해군력의 전략으로서의 해양 권력 사이의 차이를 살펴보고자 한다. 앞에서 말한 바와 같이, 머핸은 논지를 강화하기 위해서 그리스어 탈라소크라티아에서 유래된 해양 세력을 구로 나누었다.[9] 이 과정에서 그는 의미도 변화시켰다. 이전까지 해양 세력은 바다의 중요성을 강조하고, 강대국으로 군림하기 위해서 제해권으로 얻을 수 있는 경제적, 정치적 이득을 지키고 의도적으로 구성한 해양 세력 문화와 정체성을 활용하는 국가를 가리킨다. 해양 세력은 해상의 제국주의 강대국으로 사회적 화합, 상업, 관리를 위해서 해상에서의 소통 통제에 의존했다. 반면 머핸이 새로 만든 구, 즉 해양 권력은 인력, 자금, 항구를 충분히 갖춘 모든 국가에서 바다를 활용하여 해군을 구축하는 전략으로 의미가 제한되었다. 여기에는 문화적 해양 세력보다 대륙의 패권 국가들이 더 많이 포함되었다. 머핸의 목적은 당대 미국인들을 설득하여 값비싼 전함을 갖춘 해군을 설립하는 데에 있었고, 여기에는 미국이 1820년대 이후 해양 국가가 아니었다는 점도 작용했다. 1890년에는 해양 세력 강대국으로 오직 한 나라만이 존재했지만, 머핸은 대륙의 군사 국가인 프랑스가 형편없는 전략과 정치적 선택으로 인해서 영국을 꺾는 데에 실패한 것에 집중했을 뿐, 영국이 제한적인 경제와 인적 자원을 보유한 바다의 소규모 왕국에서 세계적인 해양 세력 세계 제국으로 거듭난 것은 등한시했다. 그는 미국인들에게 영국을 본받으라는 메시지가 아닌 프랑스의 실수를 되풀이하지 말라는 메시지를 전했다. 머핸의 미국은 해양 세력이 되기에는 규모가 크고 대륙에 기반했던 것이다. 그는 세계에서 미국의 위상을 지키기 위해서는 바다를 지배하는 전함이 필요하다는 사실을 강조한 반면, 상업 전쟁과 해안 방어를 위한 규범적인 해군 전략에는 큰 관심을 두지 않았다. 이러한 전략의 부재는 영국을 단념시키는 데에 계속 실패하는 원인이 되었다. 머핸의 저서에서 주된 구조를 이루었던 이런 내용은 1782년 프랑스의 전함이 미국의 독립을 지켰을 때에 그가 주장을 그만둔 이유를 설명해준다. 그라스 백작의 함대가 요크타운에서 영국군을 고립시키고 1781년 항복을 받아냈을 때, 영국 정부는 운명을 받아들였다. 머핸은 다른 미국인들이 신중한 함대 운용의 영향을 간파하기를 바랐다. 따라서 그는 해양 권력이 바다가 아닌 육지에 미치는 영향을 평가했다. 미국이 해군력의 전함 모형을 채택하자 머핸의 관심도 옮겨갔다. 이후의 저서에서 그는 강한 해군이 영국의 부상에 기여한 바를 강조하고 미국인들에게 허레이쇼 넬슨 제독이 모범적인 해군 지도자임을 상기시켰다.

머핸은 영국이 1688년의 "명예혁명"으로 해양 세력 국가를 위한 정치와 재정적 제도, 즉 포괄적 정부, 재정의 중앙 집권화, 정치적 협상을 거치는 과세 방식, 해양 자산과 기반시설에 대한 지속적인 투자, 해군에 우위를 두는 전략, 해상 무역을 우선시하는 태도를 채택한 후, 프랑스의 부르봉 왕조에 승리를 거두어 바다의 지배적인 세력이 되었음을 깨달았다. 이는 의도된 선택이었으며, 다른 해양 세력 강대국의 구조에서도 뚜렷하게 발견된다.

아테네, 카르타고, 베네치아, 네덜란드 공화국과 마찬가지로 영국은 적극적으로 바다에 주목하는 문화 정체성을 구축하여 해양 세력이 되었다. 이러한 과정은 정치적 선택으로 추진되었다. 권력자들은 국고를 활용해서 바다를 통제하는 해군을 창설하고 해군 운용에 필요한 기지를 구축했으며, 해양과 육지의 구조, 신중하게 선택한 이름과 종교를 통해서 선박과 지상의 건축물이 해양 세력의 핵심 메시지를 전달하도록 했다. 영국은 해상 신전을 건설하여 분명한 항로 표지와 항해 신호 역할을 하도록 만들었으며, 공공장소를 해양 세력의 예술로 장식했다. 독특한 문화 형태를 만들어 색다른 의제를 표현한 것이다. 이것은 의도적으로 만들어진 해양 세력 정체성을 정치 지배층과 이해당사자들 이외의 집단에게도 확산시켰다. 정체성은 대중문화, 도기, 주화, 그래피티, 서적, 인쇄된 이미지에 등장했고, 1930년대에는 영화에까지 나왔다. 이와 같은 결과물의 상당수가 국가의 후원과 지원을 받거나 국가에 의해서 유지되었다는 사실은 해양 세력 기획에서 국가가 얼마나 중요한지를 보여준다. 이런 문화는 생활이 바다와 밀접한 연관을 맺고 있거나 진보 정치를 선호하는 사람들의 지원을 받았으며, 이후에는 보다 광범위한 지역 사회로 확산되었다. 또한 적극적으로 전파되기도 했는데, 가령 선박, 신, 바다의 소유권을 표현하는 권력의 이미지가 사용된 주화는 고대 티레에서부터 대영 제국에 이르는 교역 세계에서 해양 세력의 메시지를 실어 날랐다. 해양 세력 국가는 기본적으로 과두정이었기 때문에 이와 같은 선택은 다수의 논쟁과 의견을 반영했다. 모든 해양 세력 국가들에는 바다보다 육지, 군대, 농업을 우선하는 반대 의견이 존재했다. 반대 세력은 많은 경우 귀족과 사회 지배층이었으며, 해양 세력 국가의 존재를 유지시키는 정치 담론에서 중요한 부분을 차지했다. 그런 귀족에 속하는 투키디데스는 해양 세력의 정치 결과에 대한 중요한 비평을 제시했으며 전략적 영향도 설명했다. 해양 세력이 되고자 하는 선택은 그 선택을 유지할 준비가 되어 있는 정치 국가가 존재할 때에만 지속될 수 있었다. 1672년에 요한 드 비트가 맞이한 소름 끼치는 운명은 구성된 정체성이 얼마나 신속하게 전복될 수 있는지를 분명히 보여준다. 드 비트는 20년 동안 독특한 해양 세력 공화국을 형성하고 이끌었으나 헤이그의 노상에서 대공이 다스리는 구체제로의 회귀를 원하는 자들에게 말 그대로 찢겼다. 5개 국가가 해양 세력 정체성의 핵심 요소는 공유하면서도 제각각 다른 모습으로 형성된 방법을 고찰하고, 더 이상 해양 세력이 나오지 못하는 이유는 무엇인지를 살펴보면, 정체성의 형성 과정이 정치적으로 주도되고 경제적으로 매력을 갖추어야 하며 전략적으로 유효해야 함을 알 수 있다.

해양 세력 국가들이 해양 권력 전략을 채택했다는 표현이 단어와 구의 의미를 서로 뒤섞는 경향이 있지만, 이 문제는 간단하게 해결된다. 오늘날 러시아, 중국, 미국은 모두 해양 권력을 보유하고 있으며 해안이 있다. 또한 이 국가들은 자금과 인력을 갖춘 모든 나라들이 실행할 수 있는 전략적 선택지를 가지고 있다. 그러나 대륙의 군사 강국은 해양 세력이 아니다. 이러한 국가에서 바다는 기껏해야 주변부의 요소일 뿐이다.

이 책에서는 해양 세력의 문화와 정체성의 본질, 그리고 그 결과를 5대 해양 세력 강대국인 아테네, 카르타고, 베네치아, 네덜란드 공화국, 영국에 대한 종합적 분석을 통해서 알아본다. 이 5개 국가들은 러시아와 같은 대륙 국가나 고대 로도스 섬 및 근대 초 제노바와 같은 해양 국가, 스페인과 포르투갈 같은 해상 제국과 구별된다. 5개 국가 모두 해양 세력 정체성을 형성했으며 이전 해양 세력이 남긴 사상과 경험을 활용했다. 공개적으로 지적인 부채를 진 셈이다. 해양 세력 집단은 대륙의 경쟁국과 비교해서 무역, 지식, 정치적 포용성을 향상시키기 위한 노력을 기울였다. 또한 현대 서양

세계를 정의한 글로벌 경제와 자유 가치를 형성했다.[10]

대다수의 경우에서 열거되는 해양 세력 국가의 목록은 이 책에서 다루는 목록보다 더 긴데, 강력한 해군이나 해외 제국의 보유에 중요성을 과도하게 부여한다.[11] 페르시아부터 중화인민공화국에 이르는 대륙의 강대국들도 해군과 해외 제국을 모두 달성했지만 이전부터 유지되어온 국가의 기본적인 문화는 변하지 않았다. 대다수의 경우 이들은 육지에 기반한 군사적인 특성을 보였으며, 정치 권력에서 상인과 금융인을 배제했다. 일반적으로 표현하자면 이러한 나라들은 해양 정체성으로 이익을 취하기에는 규모가 너무 크고 강했다. 해양 세력 정체성을 취하는 것은 상대적인 약함을 고백하는 행위로, 세계를 향한 다른 접근법을 통해서 비대칭적인 이득을 추구하는 것이다. 1890-1914년 독일 제국의 경우에서 알 수 있듯이, 기존의 강대국이 해군과 식민지를 더한다고 해서 대규모 군대와 유럽 대륙에 지배되는 정책의 기본적인 전략, 그리고 문화적 실체가 변하지는 않는다. 대륙의 논리는 고대 메소포타미아 왕국, 로마 공화국, 오스만 튀르크, 스페인 제국, 부르봉 왕조, 나폴레옹 시대의 프랑스, 20세기 대륙의 패권이었던 독일과 소련의 의제를 결정했다. 표트르 대제의 해군 개혁은 실패로 돌아갔으며, 오늘날의 초강대국은 육지 기반의 제국이다.

오늘날 머핸이 주장했던 해양 권력은 서양에 속해 있다. 이 권력은 자유, 민주주의 상업 국가의 연합으로서 무역을 수행하고 해적, 갈등, 불안정에 맞서서 해상 무역의 안전을 집단적으로 보호한다. 미국이 전략적 해양 권력을 제공하기는 하지만 해양 세력 정체성은 영국, 덴마크에서 일본, 싱가포르에 이르기까지 2위, 3위권의 강국들에게서 나타나고 있다. 이러한 국가들은 불균형적으로 무역과 관계되어 있으며 수입 자원 의존도가 매우 높고 문화적으로도 해상 활동에 익숙하다. 바다는 그들의 문화와 경제 생활,

안보에서 중요한 부분을 차지한다. 해양 세력 정체성은 국가가 바다에 관여하는 데에 질문을 던진다. 해양 세력 정체성의 정의가 본질적으로, 실존적으로 해양 통신에 대한 지배를 상실하면 취약해지는 나라를 위한 것이기 때문이다. 이 개념에는 신화, 감정, 가치가 포함되어 있기 때문에 정확한 측정은 불가능하다.[12] 해양 세력의 문화적 유산은 오랫동안 미국을 비롯한 서양의 자유 무역 국가의 집단적 정체성에 둘러싸여 있었으며, 변화, 포괄적 정치, 자유 시장을 두려워하는 정권 및 이념과 경쟁을 벌여왔다. 이것은 과거, 현재, 미래의 학자들이 분석해야 할 핵심 자료이다.

이 책의 주된 주장은 머핸의 "해양 권력", 즉 해군을 보유한 국가가 선택할 수 있는 전략적 선택지를 설명하는 이 표현이 그리스 단어의 본래 의미를 정체성에서 전략으로 바꾸면서 문화로서의 해양 세력에 대한 우리의 이해를 저해한다는 것이다. 고대 그리스에서 해양 세력은 거대한 해군이 아닌 바다에 지배되는 국가였다. 헤로도토스와 투키디데스는 "탈라소크라티아"를 사용하여 문화적인 해양 세력을 표현했다. 모든 그리스 국가들의 해군을 합친 것보다 더 큰 규모의 해군을 보유했던 페르시아는 육지 세력으로 남았다. 스파르타는 해군을 통해서 펠로폰네소스 전쟁에서 아테네에 승리를 거두었지만, 한 번도 해양 세력이었던 적이 없다. 반면 아테네는 해양 세력이었으며, 그 정체성이 시사하는 기저의 문화적 영향은 왜 아테네가 스파르타와 갈등을 일으켰는지, 왜 스파르타와 페르시아가 동맹이 되어서 승리를 거둔 후에 아테네를 일반적인 대륙 국가(continental state)로 만들고자 했는지를 설명해준다. 분열을 일으키고 불안정한 해양 세력 문화의 특성은 평등화를 추구하는 민중주의 정치, 해상 무역, 제국주의 확장, 끝없는 호기심을 더하면서 많은 비평가들을 두려움에 빠뜨렸다. 플라톤은 해양 세력을 분명하게 혐오했으며, 이는 공자도 마찬가지였다. 투키디데스가 우려를 보다 미묘하게 표현했다면 그에게서도 분명하게 그러한 태도가 드러났을 것이다. 이와 같은 반응은 정치, 경제, 사회, 전쟁에 걸친 문화의 충돌을 뚜렷이 보여주며, 해양 세력 국가를 대륙 강국과 구분 지었다.

해양 세력 국가는 강하지 않다. 이들은 약하기 때문에 바다에 주목하며, 생존하고 번성하기 위해서 비대칭적으로 바다를 강조한다. 게다가 해양 세력 정체성은 전적으로 인위적이다. 모든 정치 조직의 문화 경계가 가족, 부족, 신앙, 토지, 소유로 결정된다는 점에서 해상 정체성은 흔하지 않으며, 자연적으로 발생하지 않는다. 지리나 환경의 산물도 아니다. 해양 세력 정체성은 계획에 따라서 형성되었고, 일반적으로 약점과 취약성에 대한 의식적 반응이었다. 해양 세력 정체성을 통해서 강대국이 될 수는 있지만, 국민들의 생활에서 바다가 중요한 의미를 지니더라도 기존의 강대국이 취할 만한 선택지는 아니다. 프랑스는 다수의 해군과 여러 해외 제국들을 거느렸지만 한 번도 해양 세력 정체성을 취하거나 유럽 확장과 대륙 기반의 군사보다 우선순위에 둔 적이 없다.

일부 소규모 정치적 조직체가 타고난 위치, 인구, 경제 생활의 조건에 따라서 해양 국가가 되는 경우는 있었지만, 그 정체성을 가지게 되는 데에는 언제나 의식적인 선택이 앞섰다. 그러나 그 정체성을 취한 국가의 전략적, 정치적 결과는 제한적인 수준에 머물렀다. 규모가 작고 무역을 수행하는 취약한 정치적 조직체였던 고대의 해양 국가들은 대륙 패권 제국에 흡수되는 것을 피하거나 상황을 개선하는 데에 해안 입지와 항해술을 활용했다. 가령 미노스는 섬 기반의 이점을 살려서 신화적인 탈라소크라티아를 달성할 수 있었고, 페니키아 해양 국가는 정치 기술과 시의 적절한 타협에 의존했다. 해양 국가들은 거대한 대륙 강국 사이에 위치한 수변 지역에서 가장 효과적으로 기능했다. 보편 제국 시대에 점차 무관해지거나, 국가 간의 교역에서 크게 눈에 띄지 않을 수 있었던 것이다.

포괄적 정치와 해양 세력의 상승 효과는 중요하다. 무역망의 일부를 차지하는 바다를 통해서 전파된, 진화하는 정치 이념은 언제나 해양 세력이 보유한 무기고에서 주요 무기 역할을 했다. 이러한 사상은 바다를 통해서 이동하면서, 경직된 독재 체제에 도전할 필요를 인식한 상업 행위자들의 이목을 끌었다. 스파르타와 페르시아에는 실망스럽게도, 아테네는 제국을 건설하기 위해서 민주주의를 전파했다. 해양 세력 정체성을 선택한 아테네인들은 새로운 현상이 주는 낙인을 피하기 위해서 미노스 해양 세력을 준(準) 신화로 재창조했다. 이러한 국가를 형성한 사상에는 기본적으로 일관성이 있었다. 아테네와 카르타고 모두 페니키아에 크게 의존했는데, 아테네의 논쟁에는 그러한 추종이 반영된 반면 카르타고는 끔찍한 운명을 맞고 말았다.

아테네는 페르시아 보편 제국에 의한 파괴에 직면했기 때문에 해양 세력이 되었다. 이는 테미스토클레스가 기원전 480년대에 아테네를 탈바꿈시킨 계기로 작용했다. 그는 아테네를 정치와 문화로 단합되며 계획적으로 해군을 창설할 수 있고 궁극적으로는 재정 부담을 감내할 수 있는 해양 세력 제국을 달성하는 해양 국가로 변모시켰다. 이러한 결정은 아테네가 이미 민주주의 혁명을 경험하여 공동의 의사 결정과 겉으로 드러나는 행위에 보상하는 활동을 통해서 도시의 잠재력을 발현시켰기 때문에 가능한 일이었다. 효과는 굉장했다. 인구가 급격하게 증가하면서 아테네는 흑해의 밀 생산에 더 의존하게 되었고, 이에 따라서 해군의 봉쇄에 취약해졌다. 다름을 선택함으로써 아테네는 그리스 세계에서 구별되는 정체성을 지니게 되었고, 이 정체성은 절차와 변화의 방향에 진지한 질문을 제기했다.

기원전 466년 아테네의 육해군이 에우리메돈 강에서 거대한 페르시아 함대를 무찌르자 스파르타는 아테네의 기술, 공격성, 특히 민주주의를 확산시키려는 야심에 크게 놀랐다. 이집트를 해방하려는 아테네의 시도에 페르시아의 왕은 그리스의 현상을 유지시키는 스파르타를 지지하기로 했다. 결국 스파르타의 육군, 페르시아의 황금, 아테네의 오만이 해양 세력 국가를 파멸로 이끌었다. 승리를 거둔 대륙의 두 강국은 아테네의 민주주의를 해체하고 함대를 파괴했으며, 도시를 인공 섬으로 만들고 해양 세력 정체성을 강화한 장벽을 헐었다. 해양 세력이 제기하는 분열의 위협은 근본적인 성격이 다르고 문화적 대안으로서 거대한 위협이 되었다. 이는 로마가 카르타고 해양 세력 국가를 절멸시킨 이유이기도 했다. 카르타고는 반세기 동안 군사력을 갖추지 못했음에도 로마는 문화야말로 진정한 위협이라는 플라톤의 구절을 알고 있었다.

해양 국가에는 인구와 토지가 부족하고 내규모 육군이 없다. 이에 따라서 육지 국가와 해양 국가의 경쟁이 불균형을 이룬다는 점을 고려하면, 해양 국가가 더 크고 강력한 대륙의 경쟁자들에게 두려움을 불러일으켰다는데에는 설명이 필요하다. 답은 문화적 차원에 있다. 해양 세력은 주로 과두 공화제로 요약되는 포괄적 정치 체제, 그리고 절대군주제와 대륙 기반 경쟁국의 사회적 과두 지배층에 도전하는 진보적 체제에 의존했다. 이러한 포용적 모형은 필수적이었다. 소규모의 약소 국가는 오직 정치적 포용을 통해서 전체 인적 자원, 재정 자원을 동원해야만 더 크고 군사적 특성이 강한 강력한 경쟁자와 싸울 수 있다. 이러한 정치적 현실은 토지와 노예 상태의 인구를 보유하고 자국의 힘을 군사력으로 가늠하는 제국에 경각심을 일으켰다. 이 제국들에게 포괄적 정치는 과두 공화제든 민주주의든 혼란과 변화를 예고하는 두려워할 만한 조짐이었다. 대륙 강국에게 이상적 해결책이란 한 사람의 지도자, 하나의 국가, 하나의 문화, 하나의 중앙 집권화된 명령 경제인 보편 제국이었다.

해양 세력 국가는 이와 같은 제국 패권에 저항했다. 제국 패권이라는 대안은 군사력에 대한 비굴한 굴복이며, 해양 세력의 경제 이득과 정체성이 파괴되는 것이었기 때문이다. 제국 패권에게 굴복하면 항구와 정신이 폐쇄되어 상품과 사상을 교환할 수 없게 되었다. 해양 세력 국가의 주된 전략적 도구인 해군력의 유지에는 많은 비용이 들었기 때문에 공공 정책은 자본과 상업의 이해관계에 보탬이 되도록 수립되었다. 자본과 상업은 함대의 유지비용을 공급하고 그것을 보호했다. 해양 세력의 정치인들은 연합체를 구성하여 패권 국가, 보편 제국과 명령 경제에 저항했다. 일단 안보가 확실해지면 해양 세력 국가는 해군력의 경제 부담을 해외 상업 제국으로 옮겨 무역에 대한 과세로 함대 유지비를 마련했다.

해양 세력 정체성을 선택하는 데에는 제약이 많았다. 해양 세력이 되기로 선택한 육지의 약소국은 지리의 한계에 갇혀 있었고, 군사력도 취약했다. 섬나라에는 다른 선택지가 있었다. 바다가 안보, 무역, 제국 문제를 해결하는 열쇠였다. 고대 크레타는 장거리 해상 무역망을 활용했으며, 상업, 부두, 노도선, 두뇌 기능을 향상시키는 기름기 많은 어류의 풍부한 공급 등 강력한 해양 세력 문화를 지니고 있었다.[13] 고대 해양 세력은 본질적으로 섬의 입지를 갈망했으며, 이런 이유로 아테네는 자신들의 도시가 아티카 본토에 위치해 있을 뿐만 아니라 바다와 떨어져 있는 것을 한탄했다. 이러한 현실을 뒤집기 위해서 테미스토클레스는 아테네를 피레우스와 연결하는 "장벽"을 건설했다. 스파르타가 이에 크게 놀랐다는 점은 그리스 전체가 테미스토클레스의 목적을 알아챘음을 보여준다. 해양 세력은 섬이라는 입지에 특권을 부여했지만, 이 책에서는 지리적 결정론(geographical determinism)을 지양한다. 해양 세력 강대국들 가운데 진정한 섬나라는

1707년 이후의 영국뿐이다. 베네치아를 포함한 나머지 해양 세력들은 인근 대륙의 자원에 의존하여 그 지위를 얻었다. 유사하게, 일본 제국(1867-1945)은 섬나라이면서 강력한 해군을 보유했음에도 해양 세력이 되지는 못했다. 일본은 대륙 정복에 주력하는 군사 강국이었다. 해군은 한국, 만주, 중국과의 군사적 소통을 지키는 역할을 했다.

  야코프 부르크하르트의 지적처럼 해양 세력 국가의 건설은 예술 작품으로서, 국가 문화의 렌즈를 통해서 가장 잘 이해할 수 있다. 국가가 바다로 진출하면서 국가의 예술, 사상, 문학에는 점차 해양의 이미지, 단어, 개념 및 가치가 덧입혀졌다. 당대와 과거의 다른 해양 세력과 끊임없이 접촉하면서 지대한 영향을 받았기 때문이다. 그러나 모방이 아닌 부정적인 거울상이야말로 정체성의 형성에서 강력한 메커니즘이었다. 해양 세력은 유사한 국가로부터 실존적 위협을 받지 않았다. 국가 정체성의 지대한 변화는 대륙 패권의 야망이 제기한 실존적 위협에 대한 응전인 경우가 많았다. 네덜란드 공화국에는 스페인의 합스부르크, 루이 14세 치하의 프랑스가 그러한 위협을 제기한 패권이었다. 구성된 정체성으로서의 해양 세력에는 끊임없는 환기와 반복이 필요했다. 어떤 이유로든 해양 정체성을 상기시키는 데에 실패한 나라는 서서히, 그러나 반드시 그 정체성을 상실했다. 그 정체성은 해양 세력에 필요한 기술 역시 사라지면서 한두 세대 만에 상실될 수도 있었다. 오늘날의 영국은 그러한 실패를 눈앞에 두고 있다. 대다수의 영국인에게 바다는 그저 레저의 기회를 제공하는 장소일 뿐이다. 그러나 대륙 강국의 해군력은 지속성이 훨씬 떨어진다. 해군의 활동이 창설, 정점, 파괴, 재건을 끊임없이 되풀이하는 러시아만이 역사상 유일하게 순환하는 패턴이라고 보아도 좋을 것이다. 이는 진정한 의미에서 국가 정체성의 핵심에 들지 못하는 것은 무엇이든 역경이 닥칠 때에 희생당할 수 있음을 보여준다. 바다는 대다수의 러시아인들에게는 별다른 어려움을 안겨주지 않지만, 블라디미르 푸틴이 2014년 크림 반도를 병합한 사건은 두 번의 전쟁에서 세바스토폴의 요새화된 해군 기지를 영웅적으로 방어한 것이 러시아의 정신에 얼마나 깊이 각인되어 있는지를 보여준다.

해양 세력은 정치적으로 포용적이며 외부세계를 지향하고 역동적이지만 한편으로는 취약하기도 했다. 이 취약함 때문에 해양 세력은 전면전이 아닌 제한전을 벌여야만 했고 동맹을 찾고 합의를 위해서 협상에 나서야 했다. 그 이상은 할 수 없었다. 육지와 달리 바다는 영구적이거나 절대적인 지배가 불가능하다. 로마와 같은 육지 기반의 강대국은 종종 무제한의, 실존적인 전쟁을 벌였는데, 이는 그들이 그렇게 할 수 있었기 때문이다. 육지의 강국이 전쟁에서 지거나 핵심 영토를 빼앗길 때에 패배하는 것과 달리 해양 세력은 제해권을 상실하면 패배한다.

해양 세력의 기원과 성격에 대한 오늘날의 논의는 전략에 대한 실용주의적 사상의 좁고 순환적인 틀에 갇혀 있으며, 고전 문헌을 오늘날의 관습에 비추어 해석하고 있다.[14] 가장 두드러진 예로는 머핸의 주장을 들 수 있다. 그는 해양 권력의 주요 역할을 테오도어 몸젠의 『로마의 역사(*Romische Geschichte*)』에서 발견했다고 주장했다. 이는 단절된 정신세계의 위험성을 보여주는 사례이다. 몸젠(1817-1903)은 통일 독일의 시대에 살았던 인물로 프로이센, 나중에는 독일 의회에서 1863-1884년에 독일 국가주의의 대변인 역할을 했다. 몸젠의 맹렬한 영국 혐오증은 카르타고에 대한 증오에도 영향을 미쳤을 것이다. 그는 독일의 세력을 확장하기 위한 폭력 사용을 공공연하게 옹호했으며, 로마 제국의 징집 역사에 대한 논의를 금했다. 그것이 보편 제국을 향한 빌헬름주의의 야심에 대한 비판으로 읽힐 수 있기 때문이었다. 그가 로마 공화국에 대해서 기록한 역사서는 1850년대에 출간되었으며, 독일 통일에 대한 옹호로 물들어 있었다. 그는 로마 시각의 제2차 포에니 전쟁을 어떠한 문제 제기도 없이 받아들였으며 특히 로마가 한니발이라는 교활하고 기만적인 야만인이 이끄는, 공격적이고 조약을 어기는 카르타고에 맞서서 방어할 수밖에 없었다는 가정에 기반했다. 나폴레옹 1세, 나폴레옹 3세와의 유사점도 제시되었다.

오늘날의 학자들은 몸젠이 그린 특징을 뒤엎고 머핸에게 영감을 준 전략적 난제를 반박한다.[15] 19세기 말 미국의 전략가였던 머핸은 독일 역사가의 판단을 비판 없이 되풀이했다. 두 사람 모두 기본적으로 자국의 확장적 제국주의 의제에 관심을 두고 있었기 때문이다. 독일과 미국은 대륙 국가로서 바다 건너에 군사력을 투사하기 위해서 해군을 창설했고, 그들의 해양 권력의 분석에서는 군사적인 특성이 두드러졌다.[16] 두 국가는 모두 해양 세력이 아니었다. 몸젠과 머핸은 플라톤, 아리스토텔레스, 아리스토파네스, 투키디데스, 크세노폰이 그랬듯이 해양 세력 국가의 성질에 대해서 깊이 있는 토론을 벌이지 않았다. 게다가 잘못된 주장까지 했다.

몸젠은 한니발이 갈리아의 길을 통해서 이탈리아를 침략하기로 한 이유가 카르타고에 해군력이 없어 대규모 군사가 지중해를 건너는 계획을 세울 수 없었기 때문이라는 잘 알려진 주장을 했는데, 이는 완전히 잘못된 주장이다. 머핸은 몸젠의 주장을 근거로 하여 해양 권력을 문화적 선택이 아닌 해군력과 동일시하는 사고 체계를 확립했다. 몸젠은 카르타고를 로마와 대칭을 이루는 제국 경쟁자로 보았다. 그러나 사실 카르타고는 로마보다 훨씬 약했으며, 한니발의 목적은 로마를 지역 체제에 포함시키는 연합의 구축에 있었다. 강력한 공화국을 전복하기를 기대했다거나 파괴할 계획을 세운 것이 아니었다. 한니발은 군사와 동맹을 확보하기 위해서 갈리아를 통해서 진격했고, 카르타고가 이탈리아 해안에 해군 기지를 확보하지 못했기 때문에 군사를 바다로 이동시킬 수 없었다. 이탈리아 전쟁의 주요 목표는 이 해군 기지의 확보였다.

로마가 카르타고 해양 세력의 기록을 파괴한 반면 그리스의 논쟁은 헬레니즘 세계에서 로마, 비잔티움, 베네치아로까지 이어졌다. 특히 베네치아에서는 인쇄물의 이동이 가능했기 때문에 해양 세력이 보편적으로 르네상스를 주도할 수 있었다. 16세기 잉글랜드에서 고대 그리스는 해양 세력과 관련된 지혜의 보고가 되었다. 베네치아의 인문주의 학자이자 출판인인 알두스 마누티우스가 펴낸 투키디데스의 그리스어 저서를 보유했던 벌리 경, 프랜시스 월싱엄, 존 디, 리처드 해클루트 등은 대학에서 그리스 철학자들에 대해서 가르쳤다.[17] 디는 투키디데스의 저서를 이용해서 탈라소크라시의 "대영 제국"이라는 비전을 최초로 널리 전파했으며, 국가의 법, 영토, 경제 이해관계를 해양 정체성과 혼합했다.[18] 그는 잉글랜드 해양 세력의 지적인 한도를 설정하고 다른 학자들이 그의 저서를 발판으로 사상을 발전시킬 수 있도록 격려했다. 튜더 왕조는 신성 로마 제국과 교황의 지배를 받는 제한적인 유럽 체계에서 벗어나면서 해양 세력을 잉글랜드 문화와 전략으로 발전시켰다. 이들은 시티 오브 런던의 경제력 증가를 국가 정체성과 연결 지었다. 이로써 스페인의 무적함대는 잉글랜드의 살라미스가 되었고, 과거 수십 년 동안 제기된 주장의 정당성이 입증되었다. 아이디어의 형태와 초점은 이 과정의 주요 단계마다 변화하는 현실에 맞추어 달라졌지만, 의심할 여지없는 고대의 권위는 유지되었다.

이러한 유동성 때문에, 원래의 사상을 훗날의 윤색 작업과 구분 짓기 위해서는 장기적인 관점을 취해야 한다. 일반적으로 고대 크레타에 대한 빅토리아 시대의 반응은 신화에 준하는 과거와 관련된 고고학적 통찰력보다는 대영 제국에 대한 당대의 가정에 의해서 형성되었다. 고고학자 아서 에

번스는 증거를 섭렵하기 오래 전에 이미 미노스 왕에게 평화로운 빅토리아 시대의 해양 세력 제국을 수여했다.[19] 잉글랜드인들이 해양 세력을 인식한 반면, 대륙 국가의 고고학자들은 같은 증거를 두고 매우 다른 가정을 취했다. 에번스의 주장에서 상당 부분은 근대에 실시된 조사로 뒷받침되었다.

궁극적으로 이 책은 국가가 육지에서 바다로, 바다에서 육지로 문화를 변화시키는 능력을 다룬다. 또한 이러한 변화가 지리적 불가피성이 아닌 정치적 선택에 의해서 이루어지며, 해양 세력이 되기로 한 선택이 강대국이 되는 데에 영향을 미쳤음을 살펴본다. 머핸의 해양 권력, 즉 대륙의 권력에 의해서 파괴될 수 있는 전략적 도구와 해양 세력 국가가 되는 문화적 실체의 근본적인 차이점은 무엇인지도 조명한다.

전문성을 갖춘 해군을 확보하는 것은 대륙의 군사 강국이 해양 세력 국가에 맞서기 위해서 취할 수 있는 선택지의 하나이다. 그러나 페르시아에서 소련에 이르기까지 해군 창설의 목적은 해양 세력이 되는 것이 아니라 오히려 해양 세력을 파괴하는 데에 있었다. 로마는 해양 세력을 무력화하고, 다른 모든 대안들을 짓밟는 로마의 단일 문화를 강제함으로써 지중해 세계의 보편 제국이 되었다. 카르타고가 깨달았듯이, 평화를 강제했을 때에 로마인들은 "사막"을 형성한 것이다.

로마의 조치는 대안적인 문화 모형에 대한 깊은 두려움을 보여준다. 로마는 해양 세력의 전략적 권력이 아닌 정치적 포괄성과 문화적 역동성에 크게 놀랐다. 따라서 전략적 해양 권력이 아닌 해양 세력 문화를 파괴한 것이다. 권력이 아닌 문화야말로 로마가 카르타고를 경계하고 한니발을 처단한 원인이다. 제2차 포에니 전쟁의 막을 내린 자마 전투 이후 로마는 더 이상 한니발의 군사적 천재성을 경계할 이유가 없었다. 스키피오는 한니발을 전투에서 물리쳤으며, 로마는 훨씬 더 큰 군대를 보유하고 있었다. 그들이 카르타고에서 한니발을 몰아낸 것은 그가 민중주의자의 포용적 주장으로 국민들을 선동해서 국가를 재건하면서 로마 원로원을 장악하고 있던 토지 기반의 과두제 지지자들과 매우 다른 견해를 주장했기 때문이다. 두려움은 한니발이 숨을 거둘 때까지 이어졌다.

페리클레스와 투키디데스는 해양 세력과 제한된 전쟁 사이에 긴밀한 연관성을 확립했다. 해양 세력은 상업적인 자본주의 국가로서 농업 기반의 육지 세력보다 자금이 풍부했기 때문에 난공불락의 성벽이 지켜주는 한 섬에 대한 무제한의 반격에서 보호를 받거나, 적보다 오래갈 수 있었다. 해양 세력에게는 평화 협상으로 이어지는 적의 자원 고갈이야말로 단번에 상대를 쓰러뜨린다는 대륙 군사 사상가들의 "생사를 가르는 결전"의 대안이 되었다. 페리클레스는 "추도 연설"에서 그리스 전쟁의 논리를 효과적으로 뒤엎어, 이전 수백 년간 그리스가 무장 보병이 싸우는 짧고 매서운 육지전으로 갈등을 해결하던 양상을 육지와 바다에서 세력 투사, 경제 전쟁, 인내라는 해상 전략으로 대체했다. 페리클레스가 에우리메돈 강에서 페르시아 함대의 잔당을 육해군의 공격으로 무너뜨린 데다가, 다르다넬스 해협을 개방해서 곡물의 공급을 용이하게 하고, 에게 해에서 아테네의 패권을 지킨 아테네의 장수 크산티푸스의 아들로 언급되는 데에는 이유가 있었다.[20]

해양 세력은 제한 전쟁과 해상 전략에 의지했다. 줄리언 코르베가 1911년에 주장했듯이 이것이 해양 세력을 강대국으로 기능할 수 있도록 만들어주는 유일한 선택지였기 때문이다. 이들은 바다에 집중하여 비대칭적인 이득을 얻었지만, 이에 따른 결과의 한계도 받아들여야 했다. 코르베의 우아한 설명에는 반복이 거듭되는데, 해양 세력의 전략이 바다에서 이루어지며 해군과 육군의 활동을 결합하는 데에 의지한다는 점을 강조하기 때문이다. 그는 스팍테리아에서의 아테네와 1759년 퀘벡에서의 영국에 대해서 생각했을 수도 있다.

인간은 바다가 아닌 육지에서 살기 때문에, 매우 드문 예외를 제외하면 전쟁에서 국가 간의 주요 문제는 육군이 적의 영토와 국민의 생활에 어떤 조치를 취할 수 있는가, 혹은 육군이 함대를 통해서 어떤 조치를 취할 수 있는가 하는 두려움에 의해서 결정되었다.[21]

대륙의 무기인 대규모 군사 동원을 활용하려고 시도한 해양 세력은, 1689-1713년의 네덜란드 공화국, 1916-1918년 영국의 예에서 보듯이 설사 전쟁에서 "승리했다"고 하더라도 바로 그러한 시도 때문에 파괴되었다. 오직 대륙 강국만이 상대를 궤멸하거나 무조건적인 항복을 받아내는 전면전을 일으키는 데에 해군을 활용했다. 로마가 사용한 이러한 전략은 머핸이 미국에 남긴 유산이다. 로마는 전략적인 해양 권력을 보유했으나 로마나 미국 모두 해양 세력이 아니었다. 러시아는 단 한 번, 임시적으로나마 강력한 해군을 창설하여 해양 세력 국가를 건설하고자 했다. 그러나 이 과정을 군사 패권에 주력하는 전제 군주 표트르 대제가 이끌었다는 점은 두 개념이 얼마나 다른지를 잘 보여준다.

지식이 풍부했던 해양 세력은 선례를 크게 의식했다. 이들은 과거에도 해양 세력이 유사한 활동을 했음을 알고 있었고, 그 현실을 정체성을 형성한 역사적 과정의 일부로 표현했다. 해양 세력의 적들도 과거를 활용하는 데에 뛰어났다. 해양 세력은 문화의 거대한 충돌에 얽혀들었고, 그 충돌을 설명하고 정당화하거나 비난하고 궤멸시키는 데에 선례가 되는 국가들의 사상과 주장을 활용했다. 해양 세력들 중에 완전히 동일한 국가는 없지만, 이들은 중요한 것을 공유했다. 해양 세력은 다른 나라와 구별되는 집단을 이루었다. 이러한 패턴이 형성되고 시간이 흐름에 따라서 사상이 전달되었고, 집단적인 평가에 일관성과 설득력을 부여했다. 그러나 주장은 완결되지 않았다. 해양 세력 정체성의 핵심 요소는 서양의 진보적인 단체의 핵심에 연결과 다름의 문제들로 남아 있다.

문화로서 해양 세력의 중요성은 장기적으로 평가할 때에 제대로 이해될 수 있다. 해양 세력 간의 상승 효과는 개별 사례에서 도출할 수 있는 통찰력을 향상시켜주기 때문이다. 또한 해양 세력 문화가 이후의 해양 세력에게 여러 형태를 띠고 지적으로 전승되었다는 점은 역사가 사회에 기여하고 있음을 보여주는 주요 사례이다. 해양 세력은 해상 활동에 의존했으며, 머핸이 주장한 해양 권력을 선택적 전략으로 활용했다. 그러나 그 전략은 주요 대륙 국가들에서도 지대한 문화적 변화 없이 사용할 수 있는 것이다.

지난 세기에는 유럽 중심의 해상 역사에 홍해에서부터 인도양, 동아시아, 폴리네시아에 이르는 다른 지역들에 대한 이해가 깊어지고 보완되는 작업이 진행되었다. 이러한 역사는 강한 해상 정체성을 보유한 나라들과 해양 권력 전략의 사용, 해상 기술의 급격한 발전을 강조했다.[22] 이 책의 주안점을 유럽의 경험으로 국한한 것은 이전의 해양 세력 국가들이 남긴 지적 유산을 날카롭고 분명하게 인식하고 있던 해양 세력이라는 연관성이 있는 국가 집단에 대한 연구로 읽히기를 바라는 의도에 따른 것이다. 1900년에는 이러한 경험이 전 세계에서 공유되었다. 중국, 일본, 미국의 해군은 모두 기본적으로 유럽의 특성을 지녔다. 차르의 러시아를 비롯해서 이 책에 등장하는 모든 나라들이 유럽의 과거를 선례로 삼아서 앞서서 존재했던 해양 세력을 유지하거나 해양 세력이 되기 위해서 애썼다. 이러한 주장을 뒷받침하는 가장 좋은 사례는 최초의 해양 세력 강대국이었던 고대 아테네이다. 아테네는 역사상 최초로 해양 세력이라는 유형의 국가가 되었다는 낙인을 피하고 페니키아에 빚을 졌다는 사실을 흐리기 위해서 미노스 문명의 크레타라는 탈라소크라시를 지어냈다. 이후의 모든 해양 세력은 그 유산 위에 세워졌다. 이 책은 시간의 흐름에 따라서 그 사상이 전승되는 과정을 다룬다.

1

해양 세력 정체성의 형성

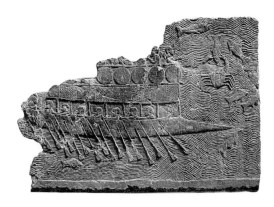

페니키아의 전쟁용 갤리 선을 묘사한 아시리아 성벽의 부조

초기 문명에서 해양 세력은 중심부가 아닌 주변부에서 발전했다. 주변부에 위치한 연안 공동체는 육지에서 발전할 만한 기회를 얻지 못하자 목재, 구리, 주석 등의 중요 자원을 이집트, 아나톨리아, 메소포타미아와 같은 거대한 육지 제국에 공급하는 지중해 무역망을 구축했다. 기원전 1000년부터 페니키아와 그리스의 해상 도시는 광석을 확보하기 위해서 레반트의 무역 제도를 에게 해, 아드리아 해, 티레니아 해까지, 지중해 서부를 거쳐 카디스까지, 헤라클레스의 기둥(지브롤터 해협 동쪽 양안의 두 곳/옮긴이) 너머로까지 확장했다. 이 해상 세력은 자원과 시장을 잇는 해로를 보호하고 통제하면서 해양 권력 전략, 해상 통신, 해양 세력 정체성의 토대를 마련했

다. 경쟁국, 해적과 비교하여 취약한 해상 무역은 경비대의 설립을 촉발했다. 또한 선박, 선원, 기반시설을 갖추는 데에 장기 투자가 필요해지자 해양 국가에서는 상대적으로 더 포용적인 형태의 정부가 발전했다. 이런 유형의 정부에서는 상인, 무역업자, 선주에게 서비스나 재정적인 지원을 받는 대신에 그들에게 정치적인 권한을 부여했다. 이들 해양 국가의 정치 구조는 절대 왕정에서 입헌 군주제를 거쳐 과두 공화제로 변화했다. 이와 같은 사회적−경제적−전략 모형을 의도적으로 선택한 대규모 또는 중간 규모의 국가는 바다를 정체성의 중심에 두는 해양 세력이 되었다. 반면 대륙 강국은 육지의 전략적 목표를 이루기 위해서 함대를 배치했다. 해양 국가와 도시에서는 항해와 상업에 좌우되는 독특한 문화가 발전했다.

이렇다 할 해상 무역이 존재하지 않는 상황에서 해상 통신을 장악하는 것은 전략적인 가치가 크지 않았다. 이 중요한 현실을 이해하지 못한 사람들은 커다란 오해 위에서 해양 권력과 육지 권력을 직접 비교하려는 시도를 했다. 양자는 그 기원, 목적, 방법에서 근본적으로 달랐다. 육지 권력은 "생사를 가르는" 전투와 중요한 영토의 차지를 통해서 승리를 얻었지만, 해양 권력이 얻는 결과에는 한계가 분명했으며, 강국이 되기 위해서는 막대한 경제적 지출을 감수해야만 했다. 해양 권력 전략에서는 해전에서 거두는 공허한 영광이 아닌 안전과 경제적 이익에 역점을 두었다. 이 전략을 활용한 해양 세력 국가 및 도시는 균형과 안정을 구가한 시대에 육지의 강대국들 사이에 위치한 연안 주변부에서 활동했다.

육지 제국들과 해양 국가들 사이의 상승 효과는 이집트, 메소포타미아의 지리와 문화에서 영향을 받았다. "문명의 요람"은 강을 토대로 형성되었으며, 사막과 산에 둘러싸여 있었고 그곳의 정치적 중심지는 바다에서 먼 곳에 있었다. 이런 환경에서는 국가 내부의 안정과 영토 정복이 곧 정치적 성공을 의미했다. 지리적인 환경은 조사와 탐험을 제한하는 지형과 인력을 기반으로 예외주의와 우월감을 부추겼다.[1] 해양 국가는 제한된 농토에서 생산량이 부족하자 어업과 상업 활동을 위해서 해양 탐험에 나섰다. 육지에 얽매인 정신은 육지 사람들의 상상력과 군사적 해법에 제한된 반면, 항해와 탐험 정신은 일반적으로 같이 따라다녔다.

육지 세력이 권력의 균형을 추구하는 동안 해양 국가가 활동할 수 있는 정치적 공간이 마련되었다. 거대한 육지 제국들이 각축전을 벌이는 동안 해양 국가는 해상 무역의 가치를 알아보았고 소규모 항해 세력들보다 여기에 더 주목했다. 반면 패권을 쥐고 있던 아시리아, 바빌론, 페르시아라는 보편 제국은 정치와 문화의 힘으로 레반트의 해양 세력을 무너뜨렸으며, 메소포타미아의 군사력으로는 직접 영향을 미칠 수 없었던 아테네와 카르타고가 진성한 해양 세력으로 발돋움할 기회를 만들었다. 팽창주의를 추구하는 대륙 군사 국가들은 해양 세력의 역동성과 차별점을 경계했는데, 양자가 충돌하는 과정에서 고대 정치 발전의 양상이 결정되었다. 기원전 480년 살라미스 해전에서 페르시아가 그리스에 패배한 사건부터 기원전 146년 스키피오 장군이 이끄는 로마 군이 카르타고를 멸절시킨 사건에 이르기까지 일련의 문화적 충돌에서 연합 세력의 구축, 막대한 지출, 협상에 의한 해결 등 해양 세력이 구사한 제한 전쟁 전략은 대륙의 무제한 전쟁, 대규모 군대, 결전, 영토 정복, 완전한 파괴라는 전략에 맞섰다. 이 과정에서 해양 세력의 지적 기원이 형성되었고, 최초의 해양 세력 제국은 파괴되었다.

해양 세력은 메소포타미아에서 발전하던 무역의 직접적인 결과물이었다. 기원전 4000-3000년에 레반트산 기름, 포도주, 목재의 무역은 인구가 적은 현지가 아닌 메소포타미아와 이집트의 수요를 충족하기 위해서 발전했다. 경쟁관계의 경제 행위자들이던 국가나 해적들에 맞서서 교역을 보호할 필요성은 해상 활동 중의 무장으로 이어졌는데, 이것이 트로이 전쟁 등 전투를 위한 토대혹은 해외 급습을 위한 상륙 수송 수단으로 사용되었다.

최초로 거래된 전략적 상품은 목재였다. 이집트와 메소포타미아 모두 선박을 건조하고 신전을 건축하는 데에 현지의 수종(樹種)으로는 확보할 수 없는 크고 단단한 목재가 필요했다. 이들은 목재를 수입했을 뿐만 아니라 레바논 산지에서 삼나무와 나뭇진을 얻을 수 있는 삼림을 장악하기 위해서 싸우기도 했다. 레바논의 목재는 최초의 해상 무역로를 통해서 남쪽의 이집트로 운반되거나 북쪽의 비블로스 항구를 거쳐서 산맥 너머에 위치한 메소포타미아로 전달되었다. 경제적 수요는 강을 기반으로 하던 정적인 사회의 문화적 고립을 종식시켰다. 전략적으로 중요한 금속을 확보하기 위한 장거리 해상 무역의 확대는 바다로 정의된 문화 공간인 지중해 문명을 탄생시켰다.[2]

거대한 강을 기반으로 한 문명에서 바다는 중요성이 떨어졌지만, 수입 자원에 의존하는 과정에서 해상 무역이 발생했다. 기원전 2500년 이집트인들은 시리아에서 기름, 삼나무, 타르, 기타 선박 건조와 건축에 필요한 자재를 수입했다. 여기에 사용된 선박의 건조 자금은 이집트에서 지원했으며, 배의 생김새도 나일 강을 따라서 건축 자재를 나르던 하천 운항 선박과 비슷했다. 그러나 실제로 배가 건조되고 선원들이 선발된 장소는 레반트였을 가능성이 있다. 기원전 1800년에 제작된 그림에는 레반트 선원들이 테베에서 이와 유사한 선박에서 물건을 하역하는 모습이 담겨 있다. 해상 무역의 발전에 이집트인들이 얼마나 많은 기여를 했건, 그들은 기본적으로 외부세계에 별다른 관심이 없었다. 그들은 외부세계와 진행하는 무역의 대부분을 외국인들에게 맡겼다. 또한 나일 강에 거대한 항구 설비를 조성한 것과 달리 바다에는 항구를 만들지 않았으며, 최초의 수에즈 운하도사장시켰다. 이집트는 무역을 끌어들이는 장소였지만, 내부에 항해나 상업에 종사하는 계층은 형성되지 않았기 때문에 무역을 크레타, 페니키아, 그리스 상인들에게 의존했다. 기원전 525년 페르시아에 정복될 때까지 이집트는 교환 경제에 머물러 있었다. 이 대목에서 또다른 대표적인 강 기반의 제국인 중국과의 비교를 피할 수 없다. 이집트는 관료 국가였고 전통, 연속성, 사제의 권력, 자기만족이 지배하는 나라였다. 패배는 반성이 아닌 외국인 혐오로 이어졌다.[3] 이집트의 해상 활동이 이집트인이 아닌 외국인이 세운 왕조에서 절정을 이루었다는 사실은 중요한 의미가 있다.[4] 바다를 멀리했던 테베의 사제 지배층은 나일 삼각주로 천도하는 계획에 반대했는데, 이는 외국 상인들은 물론 외국 사상과의 교류를 피하기 위함이었다.[5] 반면 해상 공동체는 계획적으로 외부세계를 주시했고, 정치에서 전쟁에 이르기까지 해상 공동체의 모든 문화적 측면에 이러한 선택이 반영되었다.

기원전 2800년에서 1300년 사이 청동기 시대에 지중해 교역이 긴밀해지면서 해양 세력에게 기회가 생겼다. 기원전 2000년경 노를 젓는 "카누" 형태의 선박 대신 범선이 각광받으면서 무역의 형태가 현지의 사치품 거래에서 대형 화물 수송으로 변화한 것이다. 500톤까지 화물을 나를 수 있던 새로운 형태의 선박은 기원전 13세기부터 기록에 등장하기 시작했다. 범선의 중요성은 세계에서 가장 오래된 것으로 알려진 난파선을 통해서 가늠할 수 있다. 기원전 14세기에 바다를 누비던 울루부룬 호의 흔적이 터키 남서부 해안에서 발견되었는데, 이 배에는 구리 6톤과 주석 1톤이 실려 있었다. 제련을 거치면 소규모 군대를 청동 무기로 무장시키기에 충분한 양이었다.[6]

고대 국가는 무기를 만들거나 권력과 부를 과시하고, 혹은 나중에 사용하기 위해서 비축하는 등의 용도로 금속을 대량으로 소비했다. 지중해에서는 주요 금속이 무척 고르지 않게 분포되어 있었기 때문에 (자기 지역에 존재하지 않는 주요 금속에 대한) 수요가 발생했고, 해상 무역으로 이러한 수요를 충족했다.[7] 북유럽에는 금속이 비교적 고르게 매장되어 있었고, 각 국가가 대체로 육상 교통으로 나를 수 있는 거리에 있었다. 반면 메소포타미아와 이집트 등 농업 생산성과 인구 밀도가 높은 지중해 지역에서는 양질의 목재와 주요 금속이 생산되지 않았다. 구리의 주요 원산지는 키프로스 섬이었다.[8] 지중해에서는 전무하다시피 했던 주석은 초기에는 중앙 아시아에서 메소포타미아를 거쳐 들여왔으며, 주로 우가리트(라스 샤르마)에서 교역이 이루어졌다. 나중에는 보헤미아, 브르타뉴, 콘월 등의 산지에서도 주석이 공급되었으며, 이베리아, 토스카나, 사르데냐에서도 소규모로 생산되었다. 레반트 상인들은 서쪽의 아드리아 해, 티레니아 해, 나중에는 대서양까지 진출했고, 금속을 지중해로 운반하던 육로와 이곳들을 연결시켰다. 이러한 무역로는 고대의 권력에 중요한 의미를 지녔을 뿐만 아니라 전략적으로도 중요했다. 금속과 목재에 대한 유혹은 메소포타미아 제국을 연이어 지중해 해안으로 끌어들였고 레반트 해상 계약 국가(contractor state)를 형성했다. 이러한 계약 국가는 광석을 제때 공급하기 위해서 사상 최대 규모의 무역망을 구축했다. 페니키아와 그리스의 상인과 정착민들이, 북유럽에서 들여온 주석의 거래 중심지인 티레니아 해에 진입하면서 금속 가공으로 형성된 또다른 문화인 에트루리아인들과 반목했다. 해상 무역을 장악하기 위한 경쟁은 점차 폭력적으로 변했고, 최초의 기록된 해상 전투가 사르데냐 해역에서 발발하기에 이르렀다.[9] "해상 운송에는 위험이 따른다는 사실이 분명했지만, 그럼에도 이는 육지의 통신을 뛰어넘어 지중해를 연안 지대와 항구가 면해 있는 연결로로 만들었다."[10] 이러한 환경의 오랜 지속과 해로와 항해 기술의 발전에 힘입어 바다를 드넓은 강 수준으로 인식하는 대안적인 분위기가 형성되었다.

무역과 연결성, 급격한 거래의 증가를 모두가 반기지는 않았다. 해상 무역은 진보, 변화, 권력 분산이라는 아이디어를 전파했는데, 이는 현상 유지를 원하는 육지 세력에 도전하는 일탈 문화의 모형이었다. 철학자와 지배자는 시민 질서와 정치적 안정성을 위협하는 "타락한 바다"를 경계했다.[11] 무역을 목적으로 바다로 나간 선박에는 상품뿐만 아니라 사람, 아이디어, 이미지도 함께 실려 있었다. 각 지역, 지중해 동부의 제국과 메소포타미아, 일반적으로 모두에게 개방되어 있던 바다 너머의 지역을 연결한 주체는 지배층이 아닌 여행가들이었다. 해양 기반 문화의 확산은 대체로 항구 도시와 그 도시에 인접한 배후지로 국한되었다. 바다를 통한 지적 연결성의 자유는 기존의 메시지를 변화시켰고 지배층을 소외시켰다. 해양 문화는 생활의 모든 측면에서 육지의 문화와 다른 의미를 가지고 있었다. 사제가 왕을 겸하던 메소포타미아와 이집트에서는 점성술의 전조를 읽기 위해서 천문학을 연구한 반면, 선원들은 "피난처를 발견하는 기술"인 항해술을 발전시키기 위해서 하늘을 살폈고 이를 세계관의 중심으로 삼았다. 두 세력은 서로 영향을 주고받았다. 그리스인들은 이집트에서 조각 예술을 도입하여 나일 강의 정적인 신의 모습에 인문주의 문화의 생명과 활기를 불어넣었다. 이집트인은 나일 강을 오가던 선박 설계를 페니키아로 전파했고 페니키아인들은 이를 바다 항해에 적합한 형태로 바꾸었다. 이러한 문화 교류는 그리스의 항해 발전에도 기여했다. 교류를 통해서 풍부한 아이디어가 양방향으로 전달될 여건이 충분히 마련된 것이다.

대부분의 고대 세계에서 바다는 기회보다는 위협에 가까웠다. 페르그린 호든과 니컬러스 퍼셀은 고대 지중해에서 해상 무역이 중요한 역할을 했음에도 "그리스와 로마의 저술가들 사이에서는 바다를 통해서 일어나는 소통이 선량한 사회 질서를 심각하게 해친다는 견해가 일반적"이었다고 결론

내렸다.[12] 왕, 사제와 정적인 문화가 지배하는 사회의 우려는 충분히 짐작할 수 있지만, 그리스인들조차 선박과 무역의 시대가 도래하기 이전에 화폐나 타락한 항해가 존재하지 않던 "황금기"가 있었다고 믿었다. 또한 토지와 농업이 항해보다 도덕적으로 우월하다고 생각했다. 로마는 이러한 생각을 초기 기독교에 전달했고, 기독교인들은 바다가 주는 폭넓은 지식이 사회를 "타락시키지" 않을까 경계했다. 무역, 어업, 농업의 인위적인 구분은 지중해 민족이 항상 육지와 바다 모두에서 식량을 얻었다는 현실을 망각한 것이었다.

미노타우로스, 이아손과 "아르고나우티카"로 완성되는 테세우스 전설에는 이런 사고의 어두운 측면이 반영되어 있다.[13] 금속 무역은 갈등의 씨앗이었던 반면에 무역이 경제적으로 미친 영향은 국가 간 힘의 균형을 변화시켜 육지의 부유층에게서 정치적 무게를 덜어내고 이 권력을 새로운 세력에 넘겨주었다. 금속 무역으로 발생한 이익 덕분에 해양 세력은 진지한 문화적 모형으로 자리 잡게 되었다. 철은 구리와 주석보다 손쉽게 구입할 수 있으며, 이러한 철의 편재성(遍在性) 덕분에 더 많은 금속이 사용되고 해상으로 운송되었다.

무거운 광석과 주괴의 운송을 위해서는 선박 설계에 개선이 필요했다. 이 과정에서 선창 화물 등 부피가 작은 물건을 교환할 기회가 늘었고, 특화된 계약자들이 등장했다. 미노스 문명의 크레타, 페니키아, 그리스 도시들은 청동기 경제를 추동한 연결성을 제공했고 사상과 교환 수단을 전파시켰다. 페니키아인들은 알파벳 문자 언어를 만들어서 무역의 과정을 간소화했고 그리스인들은 이를 받아들여 유사한 목적으로 사용했다. 반면 이집트의 상형 문자와 메소포타미아의 설형 문자는 사제-왕이 수행하는 의식 절차 이외의 용도로는 전혀 사용되지 않았고, 국제 무역이 발전함에 따라서 쇠퇴할 수밖에 없었다. 동아시아 언어에서 사용되던 복잡한 성어(成語) 역시 국제 무역에는 적합하지 않았다. 해상 무역의 또다른 결과물인 주화도 해양 도시에서 교환의 수단과 해상 공동체의 정체성을 나타내는 상징으로 발전했다.

문화적인 거부감에도 불구하고 바다는 고대 지중해에서 상상하는 세계의 중심에 있었다. 해상 운송이 육상 운송보다 훨씬 더 간편하고 비용도 덜들었기 때문이다. 해로는 관련 지역을 "연안 지대와 항구가 면해 있는 연결로"로 만들었다.[14] 바다가 전략적으로 중요하게 간주되기 오래 전부터 경제적 교환과 문화적 상호 교류를 결합하는 체계가 작동한 것이다.

기원전 16세기 중반에 히타이트, 이집트, 메소포타미아의 광대하고 소비 성향이 강했던 제국들은 제국의 통제를 벗어나는 먼 지역에서 목재와 금속을 수입했다. 울루부룬 난파선에서 엿볼 수 있는 해양 경제는 레반트를 티레니아 해와 연결했고, 문화적으로 구분되는 해양 국가의 발전과 해양 세력 전략을 실행하는 전제 조건을 마련했다. 무역의 규모와 가치는 바다를 매력적인 수익원으로 만들었다. 범선의 운항에는 안전한 항구가 필요했기 때문에 항구 도시가 발전했고, 이러한 도시에서 증가한 인구는 상업과 경찰 기능에 필요한 항해 인력을 공급했다.[15]

무역은 전략적 요지에 위치한 페니키아 등의 해양 도시와 국가들을 부유하게 만들었으며 인구, 관습, 신념을 전파하고 그리스 해안 정착지 등의 종교적 정체성을 변화시켰다. 그러나 항구가 해양 국가, 잠재적인 해양 세력으로 발돋움하기 위해서는 대륙의 위협에 맞설 일정 수준 이상의 안정성과 안보가 필요했고, 레반트 해안의 도시들은 이를 기대할 수 없었다. 내부의 안정은 투자를 유치하고 해상 상업을 지속시키는 정치적, 문화적 변화를 유지하는 데에 긴요했다. 청동기 시대의 무역은 상당 부분 왕실에 기반을 두고 있었지만 해양 사회는 같은 시대의 육지 사회와 비교해서 더 포용적이었고, 왕족 이외의 출신이나 여성을 참여시키는 경우도 많았다. 이처럼 무역 기반의 정치적 조직체에서는 정치 권력이 공유되었다. "해상 무역 가문의 연합체가 운영하던 독자적인 해양 국가는 비록 규모는 작았지만 막대한 부를 축적했다."[16] 우가리트(라스 샤르마)의 문서보관소는 상인 계층이 실질적인 정치 권력을 쥐고 있었고 해상 문화가 번영하고 있었음을 시사하지만, 여기에서 이들이 해군력을 갖추고 있었는지에 대한 단서는 찾을 수 없다. 우가리트는 메소포타미아와 지중해 사이의 상업 연결 고리로 번성했지만 도시는 대륙의 더 큰 국가에 휘둘렸다.

반면 섬에 위치한 크레타는 해양 국가로 기능하면서도 정복이나 조공을 요구하는 외부의 위협으로부터 자유로웠다. 기원전 2200년 이후에 지중해 동부의 상당 지역이 파괴되었을 때 크레타에서는 대대적인 사회 변화가 일어났는데, 이 변화는 기원전 1950년경에 최초의 왕실 조직이 탄생했을 때에 정점에 이르렀다. 범선이 발전하면서 크레타는 고립된 경제적 벽지에서 장거리 교역을 위한 안전한 전략적 허브로 변신했다. 남부 해안에 위치한 콤모스 항구는 풍계를 파악하기에 이상적인 장소였다. 덕분에 크레타의 상인들은 레반트, 키프로스, 에게 해, 이탈리아 해역까지 접근할 수 있었다. 크레타는 부의 원천이었던 키클라데스 제도의 식민 정착지를 비롯한 "배타적인 해양 네트워크"의 수출입항으로 자리 잡았고, 선박 운항을 촉진하기 위해서 암석을 깎아 만든 부두를 확보했다. 크레타는 주식인 밀을 수입하고 모직물, 포도주, 기름, 목재를 수출했다.

크레타는 지역을 아우르는 광범위한 해상 운송망과 무역 상대를 갖춘 주요 해상 세력으로 자리 잡았다. 그러나 페르낭 브로델의 지적처럼 오늘날에 생각하는 "해군력"을 갖춘 것은 아니었다. 맞서 싸울 만한 경쟁관계의 해군이 존재하지 않았고, 대륙에서의 정치 권력을 추구하지도 않았다.[17] 이 지점에서 그의 머핸식 분석은 큰 그림을 놓치고 만다(여기에서 머핸은 앨프리드 세이어 머핸을 지칭하는데, 그는 "강력한 해군을 보유한 국가가 세계적으로 더 강력한 영향력을 가질 수 있다"는 주장으로 잘 알려져 있다/옮긴이). 크레타 주민들은 이렇다 할 저항 없이 경제와 전략적 목적의 실질적 제해권을 얻었기 때문에 굳이 해양 권력을 확보하기 위해서 싸울 필요가 없었다. 같은 맥락에서 보면, 훗날 투키디데스가 미노스 문명의 탈라소크라시를 아테네 해양 세력의 전례로 해석했지만 이것은 미노스의 그것과 형태와 기능 면에서 판이했다. 미노스의 "탈라소크라시"는 교역소의 네트워크로서 해양 국가의 전형이었다. 규모가 작고 약했지만 민첩하고 경제적으로 효율적이었다. 크레타는 거대한 육지 제국과 경쟁하기는커녕 번영하기 위해서 육지 제국에 의지했다.

범선, 섬의 특징, 무역의 증가는 크레타가 해양 세력이 될 수 있는 조건을 조성했다. 미노스인들은 (전통적으로 해양 세력의 임무인) 해적과 싸우고 경쟁관계의 상인들을 제압하며 식민지를 보호하고 수익을 창출하기 위해서 해군을 보유했을 가능성이 있다. 기원전 1200년까지 이집트, 페니키아와의 무역에서 발생한 이익은 활력이 넘치는 왕궁 문화를 유지시켰다. 아크로티리에서 발견된 당대의 벽화에서는 독특한 형태의 전함과 무역선을 볼 수 있다.[18] 자원의 수요가 증가하면서 해양의 상인들은 중개인을 배제하고 육로를 공략하며 교역 속도를 높이고 상품에 드는 비용을 줄임으로써 경쟁 우위를 확보했다. 새로운 해로는 항해에 대한 지식을 발전시켰으며, 이러한 지식을 통제하기 위한 경쟁은 해전, 해양 권력 전략과 해양 세력 국가의 형성으로 이어졌다.

기원전 1950-1700년 크레타 동부에 이 지역의 거대 중심지들이 건설되었다. 이 중심지들은 기원전 1700년에 일어난 지진으로 파괴되었지만, 신속하게 재건되었다. 이후 화재로 제2차 파괴가 일어났으나 크노소스에 주요 거점 한 곳이 재건되었고, 기원전 1050년까지 이곳에서 중심지 기능을 수행했다. 이러한 왕궁은 정치와 종교 기능을 무역, 제조, 저장 기능과 결합시켰다. 크레타는 메소포타미아와 이집트에서 시리아를 거쳐 에게 해로 이어지는 상업 및 문화 네트워크의 흔적을 담고 있었다. 크레타의 왕궁 문화는 그 이전 시대의 육지 사회에서 큰 영향을 받았으며 돌아오는 화물에는 외부의 사상과 인공물들이 함께 실려 있었다.

크레타와 우가리트의 성공은 육지의 강대국이 영토를 차지하더라도 핵심 자원을 전달하는 바다 또는 해양 도시는 장악할 수 없었다는 사실을 보여준다.[19] 해양 국가들은 무역과 조공을 상대적인 독립성과 맞바꾸었다. 그러나 모든 상황은 무역 조건이 얼마나 온화한지에 달려 있었다. 당시 거대한 상업 도시였던 이집트의 아바리스에는 나일 강 삼각주에 기반한 힉소스 왕조가 들어섰으나, 이들과 크레타의 교역은 오래 지속되지 못했다. 나일 강 유역의 테베에 머물던 이집트의 지배층이 지중해 무역과의 연결을 담당하던 힉소스의 수도를 파괴했기 때문이다. 이로써 권력은 이집트의 중앙으로 다시 옮겨갔고, 과거의 내부 지향적인 문화가 되살아났다. 이러한 변화가 경제적으로 미친 영향을 살펴보면 기원전 1500년경 크레타 사회가 더 이상 해양에 기반하지 않은 이유를 알 수 있다. 이 시기에는 미케네 문명의 그리스를 비롯한 본토의 관심사가 지역을 장악했고, 대륙의 우가리트는 파괴되었다.

미노스의 탈라소크라시는 주요 세력을 연결하고 중개인에게 보상을 주던 개방된 무역망에서 흥하고 쇠했다.[20] 해양에 기반하고 선박을 중심으로 한 이러한 네트워크는, 동부와 남부 끝자락에 위치하여 육지에 둘러싸인 강 기반의 제국보다 크레타와 페니키아에 더 큰 영향을 미쳤다. 탈라소크라시는 지진과 파고도 이겨냈지만, 지역의 무역 체계가 붕괴되자 힘없이 무너지고 말았다. 무역이 일어나지 않으면서 해양 세력도 그 중요성을 상실했다.

크레타의 유산은 그리스에도 이어졌다. 과거의 항해 문화에 대한 민족 공동의 기억은 호메로스의 이야기에도 등장했고, 언어에 탈라사(thalassa)와 같은 크레타 단어, 밀과 올리브, 포도주, 무화과 같은 이름이 남게 했다. 그리스의 지식인들은 해양 세력을 구축할 때에 이러한 기억을 활용했다. 기원전 14세기에 지중해 동부는 청동기 시대의 3대 제국인 이집트, 메소포타미아, 아나톨리아의 히타이트를 연결했다. 3대 제국 모두 삼나무, 선박, 현지 제조품, 주석, 키프로스 구리와 더불어 이집트 예술가들이 아끼던 아프가니스탄 청금석 등 수입 사치품을 거래할 때에 레반트와 미노스 도시에 의존했다. 무역과 제조의 상승 효과는 이집트의 부를 견인했다. 반면 해안 도시는 육지에 둘러싸인 육지 강대국이 원하는 물건을 공급하면서 번영을 누렸다. 레반트 도시는 북쪽과 남쪽의 세력 범위권이었던 히타이트와 이집트의 지배를 인정했을지 모르나 다극 세계에서 상대적으로 독립적인 주체로 남아 있었다.[21]

이러한 체계는 기원전 1300-800년에 무너졌다. 거대한 인구 이동에 의해서 히타이트 제국이 무너졌고, 이집트도 심각한 피해를 입었으며, 지역의 지배층이 극적인 붕괴를 일으켰다. 그럼에도 해상 무역은 이어졌고 레반트의 여러 무역 중심지들도 명맥을 유지했다. 구리가 풍부한 키프로스는 파괴되었다가 신속하게 복구되어 이후 300년 동안 해상 무역의 중심지로 기능했다. "공격적인 상업 기업가 활동"에 "외해 탐험 분야에서의 기량 발전"이 더해지면서 기원전 13세기에는 키프로스의 물건이 사르데냐로 운송되

어 사르데냐의 금속과 교환되었다.[22]

바람과 해류, 천체 움직임에 대한 뱃사람들의 이해가 깊어지고, 세금에 서부터 노예화에 이르기까지 인적 접촉에서 발생하는 많은 문제 등 육지에 서 벌어지는 위험을 피해갈 수 있도록 기록된 경험이 축적되면서 무역이 계 속되었다. 해로의 이용으로 무역에 필요한 비용이 줄면서 지중해를 중심으 로 독점 상인들에 맞서는 움직임이 커졌는데, 이러한 활동의 중심에 키프 로스가 있었다. 키프로스인들은 거래할 구리를 싣고 서쪽의 해로를 탐험했 다. 새로운 무역 체계는 이전의 왕실 체계보다 유연하여 성공을 거두었고, 개방된 정치 구조가 경제 발전에 얼마나 중요한 영향을 미치는지를 분명히 보여주었다.

무역과 문화의 공격적인 혼합이 급속히 이루어지자 육지에서는 경각심 이 퍼져나갔다. 육지에서 해상과 관련된 모든 요소를 혐오했음을 보여주 는 단적인 사례로는 이집트인들이 침략해오는 "해양 민족"을 문명의 적으 로 그린 것을 들 수 있다. 이러한 비유는 보다 "문명화되었다"고 느끼던 사 람들을 향한 호소였다. "해양 민족"을 구체적인 인종 집단으로 인식한 것 은 정적인 사회가 바다를 통해서 생계를 이어가는 사람들에 무지했음을 보 여주며, 오늘날 학자들이 청동기의 종말은 적절했다고 판단하는 근거를 제공한다. 당시에 많은 사람들이 바다를 이용해서 이동했는데, 이들은 문 화나 민족성이 아니라 약탈부터 정착에 이르는 해상 경제의 야망을 공유했 다. 이들은 해상 무역에 대해서 큰 영향을 미치지 못하는 왕실 경제 모형과 그 모형이 작동하던 정적인 사회를 압도했다. 이 과정의 초점이 어디에 있 었는지는 키프로스의 청동기 신과 불안에 잠긴 이집트 사제가 그린 신전의 "해양 민족" 사이에 상당한 유사성이 발견된다는 점에서 유추할 수 있다. 이집트인들은 국적 없이 떠도는 여행자들을 불안하게 바라보았다. 이들에

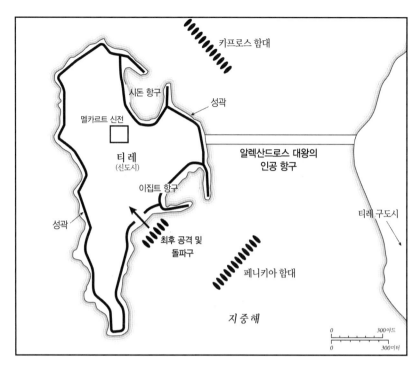

티레의 포위

게는 분명한 근거지나 지배자가 없었고 세금을 거두기가 어려웠으며, 정치 권력 공유라는 위험한 사상이 있었다. 대다수의 문화에서 바다를 위험과 타락의 원천으로 바라보던 시기에 "해양 민족"이 문명을 파괴한다고 비난 하기란 어려운 일이 아니었다. 이집트의 기록과 바이킹 활동에 대한 사제 들의 서술에는 매우 유사한 점이 있는데, 이는 플라톤의 주장에도 영향을 미쳤을 수 있다. 동일한 불안이 오늘날 중국과 러시아를 비롯한 일부 지역 에서도 발견된다.[23]

정적이고 단일한 정치와 사회 체계를 고수하던 육지의 도시와 국가들은 금속 공급의 통제권을 잃자 그 목적을 상실했다. 새로운 상인들은 토지나 권력의 상징이 아닌 이익을 추구했고, 공동의 경제적 목적을 위해서 협력할 수 있는 정치 구조를 발전시켰기 때문에 번성할 수 있었다. 철 제련술이 주로 선박을 통해서 전파되면서 왕실의 무역 독점도 막을 내렸다. 바다로 진출하고 협력을 통해 왕의 통제권에서 벗어난 해양 민족은 낡은 정체를 압도했고 필요한 경우에는 폭력에 의존했다.

레반트 해안, 키프로스, 크레타에서 새로운 유형의 국가가 발전하면서 상인 출신의 왕과 모험가가 결합되었고, 이들이 현지의 생산과 해상 무역을 통합했다. 이러한 해양 국가들은 소규모의 "도시"에 지나지 않았으나 거대한 부를 축적했다. 해양 민족과 긴밀하게 연결되었던 페니키아의 항구들이 그 전형적인 예로, 이곳은 "광범위하게 흩어져 있던 상인 공동체의 조각보와 같았으며 영토가 아닌 해상 무역이 세력권을 정의했다."[24] 이와 별개로 페니키아 공동체는 기원전 1500년경부터 마케도니아의 정복에 의해서 이 지역이 그리스의 영향을 받을 때까지 존재했다. 페니키아는 이집트의 쇠락, 경제 불황, 기원전 1140년경 히타이트 제국의 붕괴와 연관된 경기 하강 국면에서 신속하게 회복했고, 에게 해의 왕실 기반 경제가 붕괴하자 이것을 자신들의 성공적인 해안 국가를 반영한 새로운 정치 기구로 교체했다.

페르낭 브로델의 결정론적인 주장에 따르면, 페니키아는 "환경에 힘입어 해양 세력이 되었다." 항해에 유용한, 최대 폭이 11킬로미터인 인공항들이 긴 해안을 따라서 점점이 들어선 페니키아의 도시들은 대개가 숲이 우거진 산맥과 가파른 계곡이 배후에 있는 지역에 있었기 때문에 주요 육지 세력으로 발돋움할 기회가 거의 없었다. 대신 도시들은 서로 독립을 유지하면서 점차 해양으로 진출했다. 존 러스킨이 성서에서 읽었던 티레(성서의 "두로"를 일컫는다/옮긴이)는 자연항을 갖춘 섬이었는데, 나중에 인공항과 샘을 확보했다. 이처럼 이상적인 해양 세력의 근거지는 제해권을 지키고 식량을 수입할 수 있는 한 안전했다.[25]

기원전 12세기에 페니키아 도시들은 동서를 연결하는 핵심적인 무역 중심지로 부상했다. 이집트가 회복되고 무역을 다시 시작하자, 페니키아 도시들 가운데에서도 남단에 위치한 주요 도시, 티레가 가장 중요해졌다. 티레에서는 에게 해, 이스라엘과 홍해를 통해서 아프리카 동부까지 닿는 장거리 무역이 이루어졌다. 지역의 세력 변동에 맞추어 긴밀하게 변화한 티레는 이집트가 세력을 회복하고 예루살렘을 약탈하자 이스라엘과의 교류를 단절했다. 티레 사람들의 이익 추구는 정점에 달했고, 해상 무역 국가의 사람들로써 이들은 자신들의 생각을 교류할 훌륭한 지적 네트워크도 갖추게 되었다.[26]

페니키아인들은 보유하고 있던 토지를 최대한 활용하여 선진적인 농사법을 발전시키는 한편, 무역과 산업으로 생계를 이었다. 제조업은 외부로 나가는 선박에 실을 화물과 교환품을 제공했다. 티레의 염료와 염색한 천은 고대 세계에서 명성을 얻었으며, 이는 금속, 상아, 원석, 도자기, 유리 역시 마찬가지였다. 티레인들은 야간에 외해를 탐험하는 방법을 터득했고, 육지로 둘러싸인 내륙의 이스라엘조차 이를 기록할 만한 가치가 있다고 판단했다.[27]

폭발적인 경제 발전은 정치적 야망을 키웠다. 기원전 1000년경 티레를 비롯한 페니키아의 도시들은 이전의 무역국들과 비교했을 때 "패권과 영토적 측면에서 무역의 지형에 접근했고, 경제 논리를 통해서 정치 활동의 방향을 제시했다." 이 전형적인 해양 세력 제국들은 육지가 아니라 섬과 항구를 교역소와 중간 기착지로 활용했다. 페니키아는 키프로스에 세운 정착지, 스페인 남부의 카디스, 사르데냐에서 금속을 공급받았고, 기원전 8세기에는 카르타고를 세워 카디스로 가는 중간에 휴식을 취하는 장소로 활용했다. 카디스에서는 은과 주석을 대량으로 확보했다.[28] 훗날의 해양 세력 제

국들이 이와 동일하게 섬 입지를 활용한 것은 우연이 아니다.[29]

페니키아의 해양 세력은 철이 보편적으로 활용되면서 청동 상인들의 독점적 우위가 깨지고, 기원전 1000년경 아시리아 군이 레반트 해안에 출몰하여 조공과 통제권을 추구하면서 흔들렸다. 이집트는 변화에 대응했다. 기원전 10세기에 새로운 리비아 왕조는 이집트의 수도를 나일 강 삼각주의 타니스로 다시 옮겼고, 바다를 정복하는 세트(seth) 신의 역할을 강조했으며 에게 해에서 용병들을 고용했다. 당대의 양강이었던 아시리아와 이집트는 레반트와 그리스 선박에 의존했다.[30]

기원전 9세기에 페니키아는 구리 무역을 장악했으며, 북유럽 주석의 공급처인 티레니아 해로 향하는 키프로스의 경로를 차지하기 위해서 키프로스를 병합했다. 키프로스 역시 그리스와 무역을 했다. 전사, 상인, 장인이 금속과 무역에 접근하기 위해서 먼 지역에 정착했다.[31] 이들은 선박을 상징으로 사용하던 해양 세력 문화를 전파했고, 상거래 언어를 채용했으며 다원적인 정치에 참여했다. 기원전 7세기에 아시리아가 레반트와 이집트를 정복하여 보편 제국을 설립했을 때, 해양 세력의 매력이 분명해졌다. 거대한 군사를 거느린 소비 국가였던 아시리아는 메소포타미아 제국주의의 마지막 지역적 균형점이었던 이집트를 정복하여 티레를 굴복시켰다. 아시리아는 페니키아의 도시들을 예속했으며, 페니키아의 기술을 활용해서 함대를 만들고 전쟁 물자를 공급했다.[32] 페니키아의 도시들은 조공을 해결하기 위해서 국제 무역과 내부의 제조업을 확대시켰다. 한편으로 티레 정착지는 무장한 육지 제국의 지배, 전쟁, 포위와 조공의 증가로 카르타고의 독립 국가로 변모했다.

페니키아의 서부 식민지 건설은 기원전 800년경 헤라클레스의 기둥 너머 스페인의 대서양 해안에 위치한 카디스에서 시작되었다. 타르테소스(우엘

바)의 주요 항구에서 약 10킬로미터 거리에 있는 카디스 섬은 페니키아에서 멀리 떨어져 있어 영토 야욕을 피해 갔으며, 손쉽게 방어할 수 있었다.[33] 이들은 리우틴투 지역에서 들여온 금속을 수출하면서 대서양 주석 무역의 중심지로 부상했다. 정착민들이 해상에서 무엇에 주력했는지는 훌륭한 항구를 갖춘 섬을 선택한 데에서 알 수 있다. 페니키아인들은 완제품과 더불어 포도주, 정교한 도자기 등의 사치품을 현지의 광석 및 금속과 교환했다. 키프로스, 크레타, 라코니아는 초기에 구리와 철을 거래하던 상대였는데, 이는 호메로스가 여러 번 언급한 페니키아 항해에도 등장한다. 사르데냐와 시칠리아 역시 이 체계에 연결되어 있었다. 페니키아의 식민 활동은 비교적 가벼운 접촉이었다. 이들은 영토가 아닌 무역을 원했다.

페니키아와 카디스 지역의 상업적 관계는 바빌론이 기원전 573년에 티레를 약탈한 이후 느슨해진 것으로 보이지만, 기원전 3세기 카르타고인들에 의해서 다시 부활했다. 지중해 서부의 다른 페니키아 정착지 역시 카르타고의 수중에 들어갔다. 여기에는 이비사, 사르데냐의 해안 도시, 시칠리아, 서쪽으로는 포르투갈과 모로코의 대서양 연안에 위치한 전초 기지가 포함되었다.[34] 이러한 전초 기지들은 항해와 상업 지식의 가치를 인정하고 보호했지만, 티레와 카르타고의 무자비한 파괴, 소실을 피할 수 없는 기록의 성질, "패배자"에 대한 역사의 관심 부족 때문에 남아 있는 증거가 거의 없다. 모(母)도시와 대단히 멀리 떨어져 있던 페니키아 식민지들은 빠르게 독자적인 경제적, 정치적 사상을 발전시켰다.

페니키아와 그리스의 해양 국가들 모두 역동적인 식민지 개척자들이었다. 이들은 금속, 농지 혹은 선박을 위한 전략적 근거지에 접근하기 위해서 섬이나 고립된 입지를 공략했다. 이러한 근거지는 세력 범위를 규정했으며 해상 통신을 지배하던 전함을 지원했다.[35] 식민지와 해당 식민지를 건설한 도시는 문화적으로 강한 연대를 형성했다. 기원전 7세기 말에는 페니키아와 그리스 간의 무역이 단절되었다. 무역과 자원을 둘러싼 갈등은 기원전 6세기 말 페니키아 세계에 닥친 일반적인 위기의 결과일 수도 있다. 배리 컨리프는 이를 청동기 시대의 종말과 연결지었는데, 이 시기에 청동기에 기반한 지배층 사회가 잉여 농산물을 지배한 세력으로 대체되었기 때문이다. 철의 편재성(遍在性)과 인구의 급격한 증가가 원인으로 작용했을 수도 있다.[36] 이는 육지의 강대국들이 더 큰 규모의 전쟁을 벌일 수 있도록 만든 변화였다.

그리스의 도전으로 인해서 페니키아인들은 지역의 동맹과 협력해야 했다. 기원전 600년 포카이아 그리스인들은 에트루리아 경제 지역의 마실리아(마르세유)에 식민지를 설립하여 원주민들을 알프스 너머 시장에서 몰아내고 서쪽의 해안 지대의 상당 부분을 차지했다. 60년 후에는 고국을 점령한 페르시아인들을 피해서 더 많은 포카이아인들이 알라리아(오늘날의 알레리아)의 국제 무역 중심지를 차지했다. 이는 에트루리아와 카르타고의 이해관계를 위협했으며, 이로 인해서 기원전 535년경 사르데냐 인근에서 거대한 해전이 발발하기에 이르렀다. 이 전투 때문에 기원전 540년경 카디스에서 마실리아 상인들이 축출된 것으로 보인다. 결과적으로 북아프리카, 시칠리아 서부, 사르데냐 남부, 카디스 서쪽의 해역이 페니키아의 세력권에 포함되었고, 그리스는 에게 해, 아드리아 해, 이탈리아 남부를 지배했다. 티레니아 해는 나뉘었다.[37] 해양 권력 전략은 주요 시장으로의 접근을 통제하며 "영향권"의 경계를 지었다. 해양 세력은 배타적인 이익 범위를 유지하기 위해서 서로 다투었고, 이러한 이익 범위는 영토가 아닌 무역에 의해서 정의되었다.

카르타고의 해양 권력은 그리스의 상인들이 스페인 남부 대서양 연안의 풍부한 광상(鑛床)에 접근하지 못하도록 가로막았다. "헤라클레스의 기둥"은 그리스인들에게는 세상의 끝이나 다름없었다. 카디스의 카르타고 전함이 그 너머의 바다로 접근하지 못하도록 차단했기 때문이다.[38] 이와 같은 해군력의 전략적 활용은 기원전 6세기 혹은 5세기에 카르타고가 해양 세력 개념을 발전시켰음을 뜻하며, 이는 기원전 480년대에 테미스토클레스가 발전시킨 개념과도 유사하다. 페니키아의 아이디어는 그리스 해상 문화의 모든 측면에 영향을 미쳤으나, 해양 세력에 대한 그들의 접근은 기본적으로 해상과 경제적 측면에서 이루어진 반면 그리스는 강력한 군사적 요소에 집중했다. 페니키아에서는 찾아보기 어려웠던 전사 문화는 그리스의 정치를 호전적이고 분열적이며 오만하게 만들었다. 군사화된 오만함은 그리스의 해양 세력이 발전하는 데에 기여했으며, 그들이 무역과 독립을 위해서 싸우도록 부추겼다.

페니키아의 도시들은 인구가 적은 해양 국가로서 경제적 인내가 필요한 제한 전쟁에 효과적이었다. 이들은 해상 통신과 자본, 동맹을 활용했다. 그러나 이집트, 아시리아, 바빌론, 페르시아에 이어 마케도니아라는 거대한 군사 강국에 맞설 때에 이들은 완전히 무기력했다. 페니키아의 마을, 도시, 무역소 역시 상황은 마찬가지였다.

그들은 거의 예외 없이 규모가 작고 지리적으로 항해 가능한 해안 혹은 인근에 위치하며, 방어가 손쉬운 정착지였다. 연안의 섬, 반도, 곶은 이들이 선호하는 위치였다. 무역과 관련된 시설의 대다수가 천연 만, 항구, 석호나 하구 등 보호를 받는 정박지에 위치했다.[39]

이러한 해양 세력의 정착지들에는 상업 지구, 시장, 창고, 항구가 가장 두

드러졌다. 악취가 나는 염색 작업 등 생산 활동이 일어나는 지역은 부유한 주택가에서 떨어져 있었다. 도시는 자연항에서 시작되었으나, 티레와 시돈과 같은 대규모 도시들은 석조물이나 단단한 바위를 깎은 곳에 고도의 설계를 적용하여 인공적으로 조성한 항구를 추가로 갖추었다. 이러한 항구들에는 인상적인 도시 방어 체계하에서 좁고 벽으로 둘러싸인 입구로 방어하는 해군 기지가 포함되었고, 전함과 해군 기지가 무역로를 통제했다.

기원전 1000-800년에 페니키아의 "해양 상업 중개인 사회"는 민간 무역에 세금을 부과하여 부를 축적했다. 그러나 이들의 집단 정체성은 다른 민족이 부여한 것이었고, "페니키아인"조차 그리스인이 붙인 이름이었다. 손상되기 쉬운 파피루스 기록은 대부분 소실되었기 때문에, 페니키아의 역사는 그다지 관대하지 않았던 경쟁관계의 그리스인, 이웃의 이스라엘인, 포에니 전쟁으로 큰 충격을 받았던 로마의 손으로 기록되었다.[40] 증거가 소실되면서 페니키아인들이 해양 세력의 발전에 어떤 역할을 했는지 명확하게 알 수 없게 되었다. 이들이 어디에 우선순위를 두었는지, 기량은 어느 정도였는지에 대한 기록도 거의 남아 있지 않다.

다행히 중요한 문화 유물인 페니키아의 주화를 통해서 이들의 자아상을 엿볼 수 있다. 주화는 기원전 5세기에 널리 사용되어 해외에서 편리하게 물건 값을 치를 수 있게 했으며, 전략적이고 문화적인 힘을 표시하는 수단으로 활용되기도 했다. 페니키아인들은 많은 주화에 갤리 선을 새겼다. 시돈의 주화는 바다와 도시를 연결했고 성벽보다 갤리 선을 앞에 위치시켰다. 해마는 육지와 바다의 연결을 두드러지게 보여준 반면, 티레의 주화는 아테네의 올빼미를 이집트의 왕홀과 도리깨(왕권을 상징한다/옮긴이)를 결합하여 과거와 새 시대를 연결한 문화를 드러냈다. 이들은 표준 그리스 주화의 무게를 자신들의 주화에도 채용하여 상업 발전을 촉진했다.[41]

역동적인 해상 무역과 포괄적인 정치 발전의 연계성은 그 중요성을 아무리 강조해도 지나치지 않다. 페니키아 도시의 정치 구조는 상업, 해상의 의제를 반영했다. 왕은 정치적 주도권을 쥐고 있었고 종교적으로도 일부 중요성을 지녔지만, 공의회와 인민의회를 통해서 상인 지배층과 권력을 분담했다. 부유한 상인층에게 선거권을 부여하여 정책이 경제적 이해와 연결되었고, 왕은 바다의 중요성을 잊지 않았으며, 페니키아 도시의 위상을 높이는 선박 소유자들에게 발언권을 주었다. 소도시의 주민들에게는 정치적 현실주의자가 필요했다. 이들은 주로 강대국에게 직간접적으로 예속된 상태로 존재했기 때문에 적절한 시점의 타협, 지지나 공물의 제공을 통해서 경제적 이익을 보호했다.

항해 거리가 멀어질수록 상인들은 투자 시점부터 수익을 걷어들이는 시점까지 견딜 수 있는 자본이 필요했다. 이에 따라서 은행업과 더불어 무역과 투자를 연결하는 금융 "도시"가 등장했다. 해상 무역이 급증했다는 사실은 효율적인 항구 기반 시설의 발전을 통해서 짐작할 수 있다. 기원전 1500년 이전에 선박은 하역을 할 때에 거룻배에 의존하지 않고 부두를 이용했다. 교역량이 증가하면서 바빌로스와 같은 소규모 항구 대신 시돈과 티레 등 대규모 항구를 여럿 갖춘 지역들이 각광을 받았다. 기원전 1000년 레반트와 지중해 동부에서는 다목적의 부두를 갖추고 광석, 금속, 목재, 석재를 처리했으며, 인공항을 조성하고 항구와 시장을 오가며 물건을 나를 수 있는 수로를 팠다.[42] 이와 같은 활동은 뚜렷한 경제적 성과로 정당화되었다. 조차(潮差)가 낮은 지역에서는 단순한 시설만으로도 수시로 짐을 싣고 내릴 수 있었다. 티레는 북부에 6만 제곱미터 규모의 유역을 인공적으로 조성하여 수로를 남쪽 섬의 자연항 및 주요 시장 지역과 연결했다.

티레는 섬이라는 특성을 활용하여 당대 최대의 도시로 발돋움했으며, 아라비아와 스페인을 연결하는 광범위하고 역동적인 무역을 통해서 막대한 부를 축적했다. 섬, 정체성, 해양 세력이 어우러져 빚어낸 상승 효과는 이스라엘인들이 이웃 티레인들의 번영을 경이롭게 기록한 대목에서 분명히 드러난다. 고층 건축물이 빽빽하게 들어선 도시에는 방어 방벽 대신 항로 표지들이 들어서고, 도시 사람들은 새로운 신 멜카르트를 섬겼다. 멜카르트는 주기적인 생식, 바다, 외래의 모험 신으로, 멜카르트 신전은 사업에 투자한 해상 무역상들의 탐험 표지가 되었다. 금과 에메랄드로 장식한 쌍둥이 기둥이 인상적인 카디스의 멜카르트 신전에서는 지중해와 관련된 이야기가 울려퍼졌으며, 타르테소스 신전에도 이 기둥의 청동 모형이 있었다.[43] 쌍둥이 기둥은 그리스판 멜카르트인 "헤라클레스의 기둥"으로 자취를 남겼다. 따분한 무역 장소로 기능하는 곳에 종교적 구조물을 활용한 것은 페니키아 문화의 중심에 바다가 있었음을 보여준다. 이러한 발전은 페니키아가 외부의 강대국으로부터 종교적 자유를 누렸음을 의미한다. 이와 같은 자유로 인해서 티레는 시돈을 흡수하고 이스라엘과 식료품을 거래하여 환금성 작물에 집중할 수 있었다. "해상 제국" 모형은 군사 강대국이 이 지역으로 진출하면서 붕괴되었지만, "훗날 지중해 해양 도시가 훨씬 더 야심찬 수준으로 끌어올린 전략의 전조"였다.[44] 티레의 정책적 선택과 후대의 해양 세력들이 내린 선택 사이의 유사성은 경제적, 전략적 현실이 지속되었음을 반영한다.

페니키아 해양 세력은 2단 갤리 선(bireme)을 활용했다. 소규모의 견고한 이 갤리 선은 화물을 싣거나 노를 갖춘 다른 선박들과 전투를 벌이기에 적합했다. 그러나 페니키아 군대는 도시 방어 이외의 목적으로는 중요성을 인정받지 못했다. 소규모의 원주민으로 구성된 "신성한 부대"가 의식 절차를 수행하고 내부 안전을 담당한 반면, 대다수의 군대는 연합군이나 용병으로 구성되어 있었다. 이러한 도시들은 메소포타미아 제국주의자들의 거대한 병력과 공성 병기에 속수무책이었다. 이런 약점은 위대함을 가장한 페니키아의 치명적인 결함을 노출시켰다. 카르타고가 강대국이 되기 위해서 페니키아의 모형에서 벗어나려고 시도한 점에서도 이를 알 수 있다. 카르타고의 멸망은 해양 세력이 대륙의 패권국을 무찌를 수 있는 방법은 동맹의 체결밖에 없다는 중요한 교훈을 남겼다.

기원전 800-500년에 지중해는 단일 경제 체제가 되었다. 기원전 8세기에 기온이 서늘해지고 습도가 높아지면서 농산물의 수확량과 인구가 증가했는데, 에게 지방에서는 인구가 2배 수준으로 뛴 것으로 보인다. 이후 수확량이 감소하면서 해외 시장으로 진출할 수밖에 없게 되었다. 수입에 의존하던 인구에게 해로와 식민지의 확보는 점점 더 중요해졌고, 그리스 용병의 활동도 증가했을 것이다.

섬 지역으로서 티레가 가진 강점은 기원전 8세기에 아시리아가 레반트 해안을 장악하면서 무색해졌다. 도시는 정복자가 내민 조건에 굴복할 수밖에 없었다. 아시리아가 은 조공을 요구하면서 지중해에서 티레의 무역 활동이 증가했고, 물건과 사람, 사상이 먼 거리까지 전파되었다. 교역은 지중해에 국한되지 않았다. 유럽 북부의 물건과 광석은 잉글랜드까지 도달했던 지중해의 상품들과 교환되었다.[45] 이러한 교역의 대부분은 전략적 해양 권력 발전의 중심부에 있던 사르데냐 위주로 전개되었다. 페니키아인들은 적극적으로 새로운 시장을 개척했고, 이 과정에서 종종 외교관계를 활용했다. 교역과 도시의 확대는 철기 시대의 지중해를 연결하여 로마 지배의 기틀을 마련했다.[46]

페니키아의 해양 국가들은 상대적으로 지역에 힘의 균형이 존재하던 시기에 번성했으며, 서로 대립하는 둘 이상의 강국 사이를 오가면서 독립성을 유지했다. 이렇듯 우호적인 환경은 기원전 8세기 중반 군사적 관료 체계를 갖춘 아시리아가 레반트를 정복하면서 막을 내렸다. 티레는 명맥을 유지했지만, 다른 페니키아 도시들은 정복당했다. 또다른 강대국이었던 이집트마저 한 세기 후에 아시리아에 정복당하면서 지역의 균형은 무너졌다. 아시리아인들은 화려한 궁전으로 성공을 기념했으며, 레반트의 도시와 선박은 다른 노예 민족들을 정복해나갔다. 아시리아의 지배 기간 동안 무역 활동은 위축되었고, 정복된 영토는 외국인 총독에 의해서 관리되었다. 이들은 타민족을 강제로 이주시켰고 갈수록 많은 조공을 요구했다. "지역 경제의 강화와 재편"으로 "계획 경제"가 탄생하면서 대륙 제국 국가의 전형이 형성되었다.[47] 다극화된 국가 체제에서 상인들은 제한적으로만 세금에 노출되었으며, 이러한 노출을 피하지 못할 경우 망하고 말았다. 프레더릭 레인은 "상인들을 말살하는 왕은 자신의 권력을 깎아서 다른 왕들과의 경쟁에 내몰린다"라고 표현했다. 다극 체제에서 개인은 경제적 기회를 누리며 더 많은 부를 유지할 수 있었고, 이러한 부는 혁신으로 이어졌다.[48] 그러나 보편 제국의 군주들은 그런 원칙을 적용하지 않았다.

아시리아는 그 어느 때보다 많은 금속을 필요로 했고, 제국의 수요에 부응하도록 각 지역의 경제를 옷감, 염료, 상아, 기타 사치품에 특화시켰다. 기원전 730년에 티레는 금 4,500킬로그램을 조공으로 바쳤는데, 이는 장거리 무역의 급격한 증가와 기원전 701년 티레에서 일어난 봉기의 배경을 설명해준다. 많은 티레인들이 왕을 따라서 키프로스로 망명했다. 봉기에 동참했던 다른 도시들은 아시리아의 영토로 다시 건설되었다. 시돈은 이름이 바뀌었으며 이제는 세력권에서 벗어난 티레를 통제하는 유용한 경제적 도구로 이용되었다.[49] 그러나 아시리아 군의 활동 범위는 육지 영토(terra firma)에 그쳤던 것으로 보인다. 센나케리브 왕은 기원전 702년 티레의 함대가 아시리아 군을 피해서 도망치는 모습을 니네베에 부조로 남겼지만, 그들을 쫓아가기에는 기량이 부족했다.[50]

티레의 반란은 메소포타미아 강대국의 영향에서 벗어나 있던 그리스 상인들에게 기회를 제공했다. 그리스가 페니키아를 따라한 데에는 경의와 불신이 뒤섞여 있었다. 페니키아의 식료품과 포도주 문화, 문자 언어가 그리스에 미친 영향은 양국이 긴밀한 관계를 맺고 있었으며 의식적으로 서로의 문화를 차용했음을 시사한다. 이베리아에서부터 아티카에 이르기까지, 페니키아 문화와 정체성이 보편적으로 모방되었음을 보여주는 증거들이 많다. 실제로 해양 세력의 역사에서 지적 모방은 끝없이 이어졌다. 해양 세력 국가가 식민지를 통해서 확장에 나서면서 이들의 사상이 도달하는 범위와 무게도 커졌다. 무역로를 통제하기 위해서 차지한 섬과 하구와 같은 전략적 입지는 민족이 지역 정체성을 얻으면서 왕실 체제를 버린 최초의 지역에 속했다. 외국 상인들과의 경쟁을 경계하게 되면서 "외부인"에 대한 폄하와 선입견이 빠르게 형성되었다. 그리스인들은 페니키아가 교활한 행위를 저지르며 탐욕스럽다고 생각했다.[51] 그런 생각은 기원전 7-6세기에 문명을 형성한 상업 도시의 확장과 더불어 신속하게 퍼졌다. 국가는 해상 무역의 핵심 가치를 정립하고 법을 통해서 이 가치를 유지하도록 강제했다. 사회가 안정되고 대중이 정치 권력을 나누어 가지게 되면서 군사력은 혼돈 상태에서 질서를 찾았으며, 병사와 약탈자가 시민군과 상비 해군으로 변모하여 지배층이 아닌 국가의 이익을 위해서 일하게 되었다.

레반트에서 아시리아 제국이 파괴된 데에 이어 단명한 바빌로니아 왕국이 들어섰다. 바빌로니아는 이전의 제국을 집어삼키고 페니키아의 도시들을 파괴했으며, 기원전 587년에는 예루살렘을 약탈하고 주민들을 이주시켰다. 또한 기원전 572년에는 13년간의 포위 끝에 티레를 함락했다. 티레의 마지막 왕은 억류 상태에서 사망했다. 폭풍이 닥치기 전에 몸을 낮춘 시돈은 살아남아서 해안의 주요 도시가 되었는데, 정복자들이 철수하고 오랜 시간이 흐른 뒤에도 그 위치를 지켰다. 바빌로니아의 절대주의 체제, 압제적 자원 수탈, 해양 기반의 과두 공화제를 비롯한 대안적인 문화의 파괴는 보편 제국의 공통적인 특징이었다. 페니키아는 오랫동안 유지한 해상 지배력을, 중앙 집권을 추진하면서 해상 무역을 파괴한 메소포타미아 제국주의자들의 무모한 야만성과 대륙의 야망에 빼앗겼다. 키프리안 브루드뱅크는 "고도로 대륙적이고 충적토(沖積土)에 기반한 일부 제국에게 해상의 무질서가 가하는 위협은 경제적 유혹과 이익을 압도했다"라고 말했다.[52] 그러나 바빌로니아는 해상 활동을 억누르지 못했다. 해상 활동은 계속해서 이어졌고, 다른 해상 세력으로부터 이익을 취했다.

지중해가 급격한 경제 확장을 목전에 둔 시점에서 해상 경제의 조성에 지대한 역할을 했던 페니키아는 더 이상 그 이득을 나눌 수 있는 위치에 있지 않았다. 페니키아의 무역은 점차 페니키아의 오랜 경쟁자들로서 막대한 경제적 이득을 누리는 "자유" 그리스와 카르타고로 넘어갔다. 기원전 539년 페르시아가 바빌로니아를 정복했을 때, 시돈은 여전히 페니키아의 주요 무역 도시였고 그곳에는 해군 본부가 위치해 있었다. 페르시아는 해안의 무역 도시에 오직 맹종, 조공, 봉사만을 요구했다. 반란의 대가는 죽음과 파괴, 그리고 막대한 세금이었다. 반면 소아시아의 리디아 왕들은 상업을 촉진하고 지속 가능한 수준의 공물로 번영을 누렸다.[53] 크로이소스의 지혜는 해양 국가와 대륙 군사 제국 간의 차이점을 두드러지게 보여준다.

티레와 훗날의 카르타고는 다극 시대에 동맹과 자금, 외교를 활용하여 더 강력한 국가로부터의 역풍을 피하면서 해상의 반독립 경제 주체로서 번영을 누렸다. 군사 강국이 부상하더라도 최소한 그러한 강대국이 둘 이상이었기 때문에, 그들끼리 서로를 공격하여 해양 권력 운용자들이 활동할 공간이 생기는 한 재앙은 아니었다. 그러나 이들은 패권을 가진 초강대국과 맞붙지는 못했다. 알렉산드로스 대왕의 티레 함락이나 로마의 카르타고 궤멸은 해양 세력의 사상 그 자체를 파괴한 사건이었다.

메소포타미아의 보편 군주는 권력의 균형에 의지하면서 진정한 해양 세력의 조성을 촉진했던 페니키아 해양 국가들을 무너뜨렸다. 이러한 현상은 빠르게 확대되는 도시와 지역 경제 활동의 중심지에서 일어났는데, 상업을 보호하는 것은 물론 해양 시설과 부두, 항만에 자금을 제공하여 교역을 활성화하는 대형 항구와 무역 공동체로 이익의 균형이 이동했기 때문이었다. 도시들도 거대한 신전을 세웠고, 해양 세력의 그것과 동일한 도구, 기술, 원자재를 활용하여 등대로 이용했다. 이는 경제와 문화적 주체 간의 막대한 상승 효과를 엿보게 한다. 이들은 둘 다 세금이나 부유한 시민들의 예배 행위에서 자금을 확보했다. 당시 지중해 최대의 도시였던 카르타고는 무역에서 발생하는 이득을 통해서 빠르게 성장했고, 이탈리아 중부와 에게 해에서도 도시가 번성했다.

이러한 변화는 기원전 650년경 카르타고에서 시작된 해양 도시들의 정치 구조 변화와 관련이 있다. 이 과정에서 상인들은 이득을 얻었으며, 그리스의 해상세계에서 중간계층의 정치적 역할을 신장했다. 이제 해양 도시들의 지배자, 왕, 독재자 혹은 과두제 지지자들은 통치 과정에서 동의를 얻어야 했다. 당대 대륙의 군사 강국과 달리 카르타고는 원로원, 그리고 지식계층에서 매년 선출되는 2명의 집정관이 다스렸다.[54] 집정관은 "육지, 선박, 무역의 조합에서 권력을 얻었고 사제들과의 연계로 승인을 얻었다." 사제들은 새로운 국가의 권한을 강화하기 위해서 새로운 신을 섬겼다. 티레 왕실이 섬겼던 멜카르트는 바알 하몬으로 대체되었다.[55]

기원전 566년 아테네는 국가의 포용적인 종교 축제로 파나텐 축제(Panathenaea)를 제정하고, 값비싼 의식 행위와 대다수 아테네인들에게는 사치품이었던 육류를 대량으로 공급했다. 이는 페니키아 발전의 의식적인 되풀이일 수도 있고, 해양 국가의 정치, 알파벳 기록, 상업, 은행의 상승 효과일 수도 있다. 중요한 것은 플라톤의 지적대로 이러한 사상이 해상 무역을 통해서 전파되었다는 사실이다. 해양 국가들은 과두제, 혹은 민주주의 국가가 되어서 해상 무역에 자금을 지원하고 이것을 보호했다. 아테네의 과두제 지배층이 다른 과두 지지자들을 억누르기 위해서 하층민들에게 대중참여의 민주주의를 도입했을 때에는 토론, 권력 분산, 진보를 강조하는 시민 생활의 개념이 형성되었다. 평등화 작업은 느리게 진행되었지만, 솔론은 지배층의 책무를 시민의 의무로 만들었다.

새로운 정치 지도자들은 관대한 베풂과 웅장함을 통해서 확장된 정치적 통일체에 대한 지지를 얻었다. 먼 지역의 사상과 방법을 교류하는 문화 활동도 나타났다. 사모스의 폴리크라테스는 메소포타미아에서 과학자와 천문학자들을 초빙해서 도서관과 함대를 지었으며, 계류장을 완성하여 거대한 유산을 남겼다.[56] 훗날 그리스의 저자들은 폴리크라테스가 사모스를 해양 세력으로 만들었다고 결론을 내렸다. 그리스와 페니키아 모두 권력과 정체성을 드러내기 위해서 이집트의 모형을 기반으로 거대한 신전과 동상을 세웠다.

이러한 발전은 해양을 토대로 한 교역이 급격히 성장했음을 보여준다. 운송비가 감소하면서 범(汎)지중해 시장이 형성되었고, 무역에 주력하는 역대 최대 규모의 지역 중심지가 등장했다. 기원전 6세기 후반에는 에게 해가 주요 무역 기반이 되었고, "새로운 레반트는 독립적이고 역동적이며, 해상 무역의 중심지이자 동쪽의 거대하고 중앙 집권화된 대륙의 소비자들과 확대되는 자원, 시장 간의 접점으로 기능했다."⁵⁷ 아시리아가 레반트를 점령하자, 카르타고는 문화적으로는 여전히 연계되면서도 별도의 세력으로 성장했다. 이러한 과정은 페니키아의 무역 체제를 심각하게 훼손한 바빌로니아 정복으로 완성되었다. 페니키아의 상인들과 항해자들이 탈출하면서 이득을 본 카르타고는 이베리아 무역을 통제하기 위해서 서쪽의 바다를 폐쇄했다. 로마—카르타고 조약에서도 드러난 이 야심은 전문적인 해군의 창설과 국가가 관리하는 항구의 건설로 현실화되었다. 카르타고는 독립을 선택했을 때에 해양 세력이 되기로 결정했다.

페니키아의 파괴는 그리스 항해자들이 고통당하는 선구자들로부터 지식과 요령을 얻는 기회가 되기도 했다. 이 과정은 아테네 문학에서 추적할 수 있다. 바다가 점차 중요한 역할을 맡게 되자 일부 저자들은 땀투성이의 노꾼들과 시민 생활에서의 무역에 도전했다. 살라미스 해전 이후 아테네는 의식에서 승리의 공물로 시돈의 갤리 선들을 바치기로 했다. 페니키아의 탁월한 항해술과 해양 세력 문화 형성에서 그들이 해온 중요한 역할을 인정한 것이다. 궁극적으로 아테네 공동체는 번영을 가능하게 하는 독립을 위해서 싸웠다. 이것이야말로 그리스인들이 가치 있게 여긴 자유였다. 그리스가 얻기 위해서 싸운 사상과 여기에 동원된 3단 갤리 선(trireme : 3단 노선)에서부터 기록된 언어에 이르는 많은 도구에 이전 문명의 흔적이 남아 있다. 아테네의 해양 세력은 과거의 문화에 깊이 뿌리를 내리고 있었다.

무역망의 효율은 높아졌고, 도시 국가들은 점차 자국의 위상을 의식하게 되었다. 상업과 무자비한 폭력이 뒤섞여 있던 과거의 무한 경쟁 무역은 "이전과는 다른 영향력으로 대체되었다." 그리스와 카르타고는 영역을 표시하고 배타적인 해역을 정찰했다. 무역이 확대되고 선박의 규모가 커지면서 권력이 한 도시에서 다른 도시로 이동했다. 초기에 그리스 상업을 이끌었던 코린토스와 아이기나 대신 아테네가 부상했다. 아테네는 더 좋은 항구를 갖추고 있었고 동부의 무역망을 갖추기에 이상적인 장소였으며 중요한 은의 보관 장소이기도 했다. 교역품은 항구와 시장에서 세금이 부과되었기 때문에 거대 무역 도시, 특히 수출입항으로 기능하는 도시는 막대한 부를 누릴 수 있다는 현실적인 이유도 아테네의 부상에 영향을 미쳤다. 아테네는 부유한 상인들의 유입을 수용할 수 있는 거주지를 만드는 한편, 국가 정체성의 중요성을 인식했다. 대다수의 도시는 항구를 먼 곳에 두어 시민들을 불안정성과 무역 중심지의 문화 다양성으로부터 분리하고자 했다. 로마, 오스티아, 포르타스의 항구는 도시의 성벽에서 먼 곳에 위치했다.

기원전 5세기 중반에는 배타적인 무역로와 경제 구역 관리에 대한 경쟁이 심해지면서 전문적인 전함, 3단 노선과 값비싼 상비 해군이 탄생했다. 3단 노선의 시대에 해군력을 유지하는 데에는 막대한 비용이 들었기 때문에 해양 국가들은 새로운 자원을 개발해야 했다. 이전까지 민간에서 다목적으로 보유했던 펜테콘터(penteconter)는 두 줄로 노를 젓는 선박으로, 최대 50명의 노꾼이 동원되었고 무역과 전쟁 모두에 적합했다. 펜테콘터는 충각(衝角)으로 상대에게 강력한 타격을 입히는 3단 노선이 등장하면서 빛이 바랬다. 3단 노선의 상갑판에는 중장 보병이 전투와 육해군 작전을 위해서 배치되었다. 계단이 있고 서로 맞물린 형태로 170개의 노 젓는 자리가 마련되어 있던 3단 노선은 전투를 위해서 설계된 선박이었으며, 충각으로 들이받아 적의 배를 무력화했다. 3단 노선을 동원하면 군인이 아닌 항해술로 해상 통제를 이룰 수 있었다. 헤르만 발링가는 기원전 540년 시돈과 카르타고가 티레니아 해에서 포카이아 그리스인에게 패배하면서 돌파구가 마련된 것으로 보았다. 값비싼 새 설계 때문에 국가는 민간의 선박에 의존하기보다는 자체 함대를 구축해야 했고, "거대한 부를 이룬 일부 도시들"에 해군력이 집중되었다.[58] 투자를 보호하기 위해서 거대한 계류장 단지가 건립되었고, 이를 통해서 3단 노선을 해변에서 건조하고 수리할 수 있었다. 군사비 지출의 급격한 증가는 해양 세력이 얻는 경제적 이득으로 정당화되었다. 상인들은 보호, 과세, 정치 참여 측면에서 최상의 균형을 제공하는 도시로 이동했다. 외딴 지역은 점차 공급 중심지, 시장, 식민지로서 새로운 지중해 세계로 편입되었다. 기원전 500년, 지중해는 사실상 통합되었고 공통의 교환 수단으로 무역을 했다. 전쟁 기술도 점차 표준화되었다. 이러한 상승 효과를 일으킨 문화의 교류는 상업에 의해서 견인되었다. 역동적인 도시와 국가는 바다를 번영의 근원으로 바라보았다. 이들에게는 통제를 위해서 해군력이 필요했으며, 이 과정에서 이들은 해양 국가들로 변모했다.

해상 전투의 규모가 커지면서 해양 국가들에서 전략적인 기능을 수행하던 소규모 항구 도시나 섬이 해양 세력, 즉 규모가 크고 인구가 많은 국가로서 바다를 의식적으로 선택한 세력에게 압도당했다. 아테네가 해양 국가의 지적 모형을 얻은 것은 페니키아와 인근 아이기나 섬에서였을지 모르지만, 이들은 은, 폭발적으로 증가하는 수출, 흑해로부터의 곡물 공급을 관리한 덕분에 해양 세력으로 거듭났다.

고대의 또다른 해양 세력인 카르타고는 "굳건하게 바다를 지향했으며, 배후의 토지는 대체로 경시했다."[59] 기원전 7-6세기에 티레와 시돈의 도시가 노예화되어 카르타고가 무역의 허브가 되기 전까지 이들은 지역 공동체에 별다른 영향을 미치지 않았다. 식량에 대한 수요가 확대되면서 이 도시는 육지에서의 영향력을 확대해야 했다. 카르타고는 페니키아 해양 세력 모형을 보다 우호적인 환경에서 발전시켰다. 처음에는 사르데냐와 시칠리아에서 목재와 식량을 확보하고, 페니키아의 농업 방식을 접목하여 현지의 자원을 발전시켰다. 현지인들이 동화되기도 했다. 무엇보다 카르타고는 수익성이 매우 좋은 스페인의 금속을 통제했는데, 이 금속을 확보하는 무역로를 위해서 싸우기도 했다.

다른 강대국과 멀리 떨어져 있었던 카르타고는 육군을 유지할 필요성이 거의 없었다. 페니키아의 유산에도 대륙의 야만적인 중장 보병 전투는 존재하지 않았다. 영토 보호 비용을 아끼면서, 카르타고는 페니키아와 이집트가 바빌로니아에게 정복된 이래 지중해 최대의 도시로 발돋움했고 경제 중심지를 동쪽으로 옮겼다. 기원전 5세기에 카르타고는 "거대한 도시 국가로서 바다에서 강력한 영향력을 발휘했고 노예가 동원된 갤리 선으로 먼 항구들로부터 조공을 받았다. 그러나 훗날의 명백한 육지의 군국주의는 부분적으로 중무장하고 상대를 살피는 그리스 등 다른 세력의 압제에 대응한 것이었다."[60] 카르타고는 기원전 5세기에 화폐 경제 체제를 갖추었는데, 이는 주로 그리스의 영토가 된 시칠리아로 파병된 용병에게 급료를 지불하기 위해서였다.

지중해의 정치 체제가 폐쇄적인 형태를 띠면서 자원 경쟁이 격화되었고 가장 강력한 국가는 해군을 활용해서 폭력의 강도를 높이며 제국이 되기를 추구했다.[61] 많은 나라들이 인상적인 해군을 창설했지만, 해양 세력은 드물었다. 기원전 5세기에 아테네는 은과 인구의 증가, 시민을 사회적으로 존경받는 중장 보병으로 만드는 전사 문화를 기반으로 제국을 건설했다. 기원전 508-507년 민주주의 혁명 이후 이러한 자산은 엘리트 지도자들에 의해서 이용되어 중간계층의 정치적 중요성을 신장했다. 정치 참여의 증가는 예술, 연극, 상업과 같은 시민 생활에 반영되었다.

최초의 초강대국인 페르시아에 "군사를 동원할 인접 해역이 있었다면," 반도의 그리스를 아시리아 시대의 페니키아 도시와 같은 위치에 서게 했을 것이다. 페르시아는 지중해 유역 전체를 합친 것보다 더 많은 인구를 보유했으며 지중해 해안, 키프로스, 아나톨리아, 레반트, 이집트의 4분의 1 가까이를 지배했다. 또한 그리스와 카르타고 함대를 위축시킨 최초의 3단 노선을 포함한 거대한 함대를 지휘했으며, 이는 이전의 메소포타미아 제국에 존재했던 육지의 한계를 뛰어넘는 듯했다. 레반트와 이오니아 위성 도시들은 아티카의 도자기, 아르고스의 자주색 옷감을 멀리 있는 [이란의] 수사에 판매하는 무역으로 이득을 취했으며, 그 대가로 페르시아에 해군력을 제공했다. 이런 도시들은 조공을 바치는 해군 계약자들이었다. 페르시아는 해양 세력이 아니었으며 군대의 "세력 투사(power-projection)" 이외에 바다에 대한 감각이나 전략적 비전이 없었다.[62]

무역에 집중한 아테네는 페르시아 지배에 저항한 이오니아 그리스인들을 지원함으로써 다리우스 대왕의 분노를 샀다. 거대한 페르시아, 페니키아 함대는 기원전 494년 라데에서 저항 세력을 무너뜨렸고, 그리스 본토를 공격에 노출시켰다. 불과 14년 후 그리스는 전략적 통찰력과 전사 정신으로 살라미스에서 페르시아 함대를 꺾었다. 보편 제국의 흐름을 차단하고 근본적인 문화와 전략적인 요소로서 해양 세력의 시대를 연 것이다.

해양 세력의 발생은 기원전 2000–500년 지중해 동부라는 독특한 환경에 대응하여 발전한 차별화되는 사회–정치적 반응이었다. 해양 도시들은 육지에 둘러싸인 강대국인 이집트, 아나톨리아, 특히 메소포타미아의 자원 수요를 공급하며 발전했다. 이들은 선박으로 목재와 금속을 먼 거리에 실어 날랐다. 섬에 위치한 티레는 궁극의 해양 도시로서 바다를 통해서 부를 이룩하고 안보를 유지했다. 기원전 1000년 희소한 금속을 위해서 이러한 네트워크는 서쪽의 시칠리아, 사르데냐, 대서양으로 확장되었고, 상인과 공급자들 간의 문화 교류를 촉진했다. 무역을 하기 위해서는 경쟁 국가나 해적의 약탈로부터의 안전이 확보되어야 했다. 따라서 이는 해양 국가의 주된 임무로 자리 잡았고, 이내 해양 국가와 육지 국가의 중요한 차별점이 되었다. 지중해를 변화시킨 상인들은 해안의 도시나 그 주변에서 활동했으며 인공항의 구조와 시장의 지배를 받았다. 해양 제국은 무역을 통제하고, 세금을 부과하여 해양 안보 자금을 마련하기 위해서 세워졌다.[63] 바다를 통제된 공간으로 만들고 배타적인 통제를 합법화하는 것은 약탈자들을 해적으로 만들었고, 이러한 위협에 대한 대처는 해양 국가들에 내적인 정치적 합법성을 부여했다. 국가가 세금을 거두고 포괄적인 정체로 재편되면서 전문적인 상비 해군의 운용 자금이 확보되었다. 또한 해적에 대처하는 경찰력이 확대되면서 중요한 해로를 경쟁국이 차지하지 못하도록 저지했다. 이러한 변화를 가능하게 한 도구는 3단 노선이라는, 고대 해양 세력을 특징짓는 상징이었다. 반면 대륙의 독재 제국들은 일반적으로 해적이 일으키는 경제적 문제를 경시했으며, 해군력을 활용해서 해양 세력 국가를 억누르고 자국의 군사력을 투사했다.

많은 도시와 국가들이 바다에서 활동했지만 바다를 지배하는 것은 제해권이 유지될 때까지는 전략적 중요성이 크지 않았다. 청동기 시대의 강대국은 육지에 기반한 대륙 제국들로, 육지의 중심지에서 문제를 해결했다. 해양 권력은 중요한 국가들이 주요 물줄기로 분리되고, 해군으로 통제되며 경제 활동과 바다를 통한 육군의 이동이 차단되지 않는 한 진지한 전략적 선택지가 되지 못했다. 따라서 해양 세력 정체성은 오직 규모가 작고 약한 나라가 바다에 집중하는 비대칭적 이익을 얻는 경우에나 적합했다.

해양 국가들의 정책은 무역이 확대되면서 발전했다. 청동기의 왕궁 문화는 덜 정형화된 구조로 대체되었고 "강력한 상업 이해관계"를 지닌 지배층에게 장악되었다.[64] 무역은 제멋대로 구는 해양 지역의 세금을 놓고 경쟁하는 도시와 국가들의 지배를 회피했다. 해양 문화는 육지 세력에 영향을 미쳤고, 이전까지 대륙을 기반으로 한 정적인 이집트가 수도를 북쪽의 나일 삼각주로 여러 번 옮기도록 만들었다. 알렉산드로스 대왕이 새로운 해안 수도를 건설한 것은 이집트가 늦게나마 광범위한 지중해 세계에 편입되었음을 보여준다. 아랍 정복 이후 수도를 다시 카이로로 옮긴 것은 지중해에서 중동으로의 또다른 문화 이동을 보여주는 사례이다. 역동적인 해상 문화는 알파벳 체계를 만들었고 지역 언어를 그리스어, 카르타고어, 아람어, 라틴어로 좁혔다.

해양 권력은 기원전 5세기에 카르타고와 아테네가 해양 세력 제국을 건설하여 "지중해의 특성과 리듬에 더할 나위 없이 적응하고 이를 성공적으로 활용하면서" 주된 전략적 힘으로 부상했다.[65] 두 나라 모두 내부와 외부의 기회를 적절하게 조화시켰지만, 그들의 민중 정치와 부(富)는 육지 세력의 두려움과 질시를 불러일으켰다. 결국 기원전 480년 살라미스로부터 기원전 146년 카르타고의 멸망에까지 이르는 일련의 전쟁은 지중해를 해상 무역으로 연결된 단일 정치 및 경제 단위로 변화시켰다. 바다와 육지에서 모든 경쟁자들을 무너뜨린 로마라는 대륙 제국주의가 이 지역을 지배했다.

해양 기반의 문화와 대의 정부의 형태는, 규모도 더 크고 인구도 많은 데다가 범람과 수확의 주기가 반복되는 강 기반의 신정 국가로부터 반발을 샀다. 해양 기반의 문화가 지적, 물질적으로 희망과 진보를 불러왔기 때문이다. 사람들은 항구 도시에서 새로운 삶을 살았다. 그리스는 문화적 차원을 지배하고 알파벳 문자, 해상 무역과 전쟁에서의 성공을 통해서 역동적, 포용적 사고를 전파했으며, 서쪽의 위대한 강국인 로마와 카르타고에 영향을 미쳤다. 그 문화의 핵심은 시민의 정치 권한 창출과 페르시아 단일 문화의 강제에 대한 "그리스"의 저항에 있었다. 불안정한 시대에 부상한 해양 세력은 확대되는 해상 무역 체제에 대한 도전의 응전이었고, 거대하고 정적인 대륙, 군사 문화의 변덕으로 존재했다.

살라미스 해전은 해양 세력을 정치 세력으로 변화시켰다. 섬과 육지를 분리하는, 항구와 무역 도시가 인접한 좁은 해협에서 도시 국가들은 자신들의 아이디어를 지키기 위해서 자원을 모았다. 분산된 정치 구조와 뿌리 깊은 경쟁심으로 분열되어 제어하기가 어려웠던 이들은 숫자 면에서도 크게 열세였다. 게다가 지도자인 아테네인들은 이미 도시가 폐허로 변하는 것을 목격한 상황이었다. 이들을 구원한 것은 그리스 정체성이라는 공동체 의식이었는데, 이는 주로 반도 밖에서 여러 도시의 출신들이 모인 공동의 해양 조직에서 형성되었다. 존재론적 위협 앞에서 공동의 적에 맞서는 노력을 기울이기 위해서 상상된 조국, 그리스가 일시적으로나마 상정된 것이다. 이러한 일시성은 개인과 경쟁, 다양성을 강조하는 해양 문화의 산물이었다. 모순적이게도 그리스를 우위에 서게 한 전투 방식, 즉 3단 노선이 상대를 제압하면 중장 보병이 투입되는 방식은 끝없는 골육상잔에서 비롯된 것이었다. 헤로도토스가 옳다면, 동일한 방법으로 시라쿠사 그리스인들은 살라미스 해전이 벌어진 그날 히메라에서 카르타고에 승리를 거두었다. 이러한 승리는 지중해를 형성한 여러 과정에서 정점을 이루었다.

해양 세력이 페르시아의 야심에 결정타를 날린 것은 적절한 사건이었다. 그리스가 오늘날까지 울림을 주는 최초의, 열린 논쟁에 의무감을 느꼈음은 의심할 여지가 없다. 고대 지중해에서 발전한 해양 세력 국가는 다른 해양 제국의 모형이 되었다. 그런 국가의 마지막에 해당하는 영국은 에게 해를 지배했던 사상을 세계 제국에 적용했다.

2

해양 세력의 구축

아테네, 민주주의와 제국

19세기의 독일 화가 빌헬름 폰 카울바흐가 그린
살라미스 해전

해양 세력이라는 정체성과 전략의 현대적 개념이 정립된 것은 기원전 480
년 살라미스 해전 이후의 일이다. 최근에 일어난 사건들은 흐릿하고 신화
적인 과거에 비추어 해석되었고, 이 과정에서 과거의 사건에 참신성과 특별
함이 부여되었다. 아테네는 의식적으로 해양 세력이 되기를 택하면서 독특
한 문화 정체성을 발전시켰는데, 그 과정은 기존에 존재하던 사상과 사례
를 통해서 이루어졌다. 그리스 세계의 역동적인 변화에는 전례가 필요했고
이러한 전례는 재창조되거나 아예 새롭게 만들어지는 경우도 많았다. 신화
는 해양 세력을 만드는 작업에서 중심을 차지했다. 새로운 버전의 과거를

아테네 제국

독립 국가
속국
동맹 국가

트라키아

소아시아

프리기아

리디아

프로폰티스 해

비잔티움

아드리아 해

마케도니아

마그네시아

아이올리스

프리에네
미칼레
사모스

할로스 섬

렘노스 섬

림노스 섬

타소스 섬

시게움

에게 해

레스보스 섬

미틸레네

포카이아

키오스 섬

사모스 섬

안드로스 섬

델로스 섬

낙소스 섬

로도스 섬

린도스

카르파토스 섬

에페소스

밀레투스

에피담누스

아폴로니아

크르푸 섬

아나토리아

레우카스 섬

케팔레니아 섬

자킨토스 섬

아르카디아

라코니아

스파르타

이오니아 해

크레타 섬

지중해

게라라 섬

에게스타

시라쿠스

아이트나

카타나
레온티니

유비아

에레트리아

데케리아

아테네

메가라

코린트

시키온

엘리스

올림피아

메세니아

포키스

아티카

테베

보이오티아

테살리아

아브데라

0   100킬로미터
0   100마일

창조하는 일은 그것이 아테네 문화에 통합되고 예술, 문학, 과학, 국정 운영에 반영될 때까지 반복되었다.

해양 세력의 지적 역사는 아테네 모형을 적용한 그리스 문학의 비교적 짧은 목록에서 시작되었다. 이는 이론적으로나 실질적으로 당대의 사상과 접근법 이면에 있는 초창기 해상 패권의 발전을 모호하게 만들었다. 기원전 5세기 그리스는 해군을 창설하거나 해전을 일으키지 않았다.[1] 바다는 청동기 시대에 중요한 의미를 지녔고, 미노스의 탈라소크라시와 아가멤논의 트로이 원정 등 민족 공동의 기억을 남겼다. 이 기억은 크노소스의 멸망 이후 1,000년 이상 힘을 유지했다.

그리스의 해군력은 페르시아 전쟁 이전에는 비교적 중요성이 크지 않았다. 일부 그리스 국가들이 장거리 무역을 통해서 발전한 상업용 함대를 상당한 규모로 보유하기는 했지만, 메소포타미아와 이집트 지도자들이 파견한 페니키아 전함의 적수가 되지는 못했다. 그리스 국가의 "해군"은 두 줄로 노를 젓던 민간 소유의 펜테콘터로 구성되었다. 교역, 해적질이나 전쟁에 이상적이었던 이 배는 전사들을 태우고 고가의 화물을 실어 날랐는데, 이러한 활동은 선박을 만든 곳에서 제한적인 수요를 창출할 뿐이었다. 선원과 항해는 대다수 그리스 도시의 문화에서 주변부에 머물렀다. 해양 세력을 상대적으로 늦게 받아들인 그리스인들은 페니키아 선구자들의 문화를 상당 부분 차용했다.[2]

그리스는 문학 전통을 통해서 해양 세력이라는 개념을 후대에 전파했기 때문에 해양 세력 이론의 선구자가 되었다. 당시에 기록된 사상, 의견, 사건은 이후 전개된 모든 논의에 영향을 미쳤다. 살라미스에서 거둔 승리는 독특한 해양 세력 개념을 문학적으로 구성하도록 만들었다. 이것은 실재든 상상이든, 과거의 것을 숭상하던 육지 기반의 사회에 과도하게 새로워 보이지 않도록 하는 데에 필요한 신화를 만들었다. 헤로도토스와 투키디데스는 그리스 선도자들에게 페니키아가 어떤 기여를 했는지를 인정하면서도, 테미스토클레스의 혁신적인 해양 세력 주장을 점점 발전하던 그리스 탈라소크라시 개념의 정점으로 조용히 탈바꿈시켰다.[3]

이 과정에 대해서 두 사람이 서로 다른 설명을 제시했다는 점은 흥미롭다. 헤로도토스는 그리스와 야만인들의 관계를 연구하는 역사학자로서 미노스를 단순한 전설로 일축하고 사모스의 폴리크라테스에게 집중했다. 그는 폴리크라테스에 대해서 "해양 [탈라소크라티아] 정복을 계획하고 이오니아와 군도를 지배하는 희망을 품은 최초의 그리스인으로 알려진 인물"이라고 묘사했다.[4] 이 구절에서 헤로도토스는 처음으로 거대한 해군을 보유하는 것이 곧 해양 세력이 되는 것으로 인식했는데, 이러한 사고는 후대에도 이어졌다. 사실 사모스는 그런 야망을 펼치기에는 규모가 너무 작았고 폴리크라테스는 이집트 사이스 왕조와 해군 계약을 맺은 자에 불과했다. 사이스 왕조는 바다에 권위를 부여하는 문화 모형은 차치하고 거대한 선박을 건조하는 데에 필요한 목재를 생산할 수도 없는 대륙 세력에 속했다. 이집트의 왕들은 리디아 동맹과 페니키아 해군 중개상이 페르시아의 지배하에 들어가자 폴리크라테스와 계약을 맺었다. 페르시아가 기원전 525년 이집트를 정복했을 때, 사모스 해군력은 기울었고 페르시아는 기원전 517년 폴리크라테스를 처형했다.[5]

투키디데스도 역대 탈라소크라시의 목록을 작성하기를 열망했으며, 해양 세력의 장점과 단점을 논하기 위해서 미노스의 전설을 발전시켰다. 그의 미노스 해양 세력은 진보의 중요한 요소인 질서와 안정을 이루어냈고 해적의 마구잡이식 폭력과 절도를 제압했다. 아테네인들은 해양 세력의 경제적 이득을 다른 이들과 나누어 가지기를 원하지 않았기 때문에 바다를 정찰하는 임무를 물려받았다.[6] 펠로폰네소스 전쟁 기간에 지속된 이러한 정찰대의 임무는 아테네가 해양 세력에 정당성을 부여하는 데에 중요한 역할을 수행했음을 보여준다.[7] 투키디데스에 따르면 미노스는 질서를 유지하고 무역로를 통제하며 다른 도시에 대한 패권을 확보하기 위해서 해군을 창설했다. 많은 그리스 도시들은 상업적 이득을 공유하는 대가로 "노예화"를 자발적으로 받아들였는데, 여기에서 제국과 속국 국민들의 도덕적 실패를 엿볼 수 있다. 투키디데스는 동일한 결점이 아테네 제국의 중심부에도 자리 잡고 있음을 암시했다. 그가 미노스의 노예가 된 도시를 직접 언급하지는 않았으나, 독자들은 미노스의 지배가 아테네 건국 신화인 테세우스 전설에서 핵심이라는 사실을 알았다. 노예화의 대가로 유혈 희생이 발생했으며, 아테네의 청년들은 미노타우로스에게 살육당하고 잡아 먹혔다. 투키디데스는 이러한 잔인한 전조를 활용해서 해양 세력의 도덕적 기반에 의문을 제기했다. 미노스 제국주의를 향한 아테네의 분노는 아테네 제국주의를 향한 그리스인들의 분노에서 그대로 되풀이되었다. 그는 괴물은 항상 죽게 된다는 사실을 은연중에 드러냈다.

아테네는 무자비한 실력 행사로 델로스 동맹을 해양 제국으로 탈바꿈시켰다. 투키디데스는 독자들이 "아테네가 제국에 대한 승인을 얻어내는 노력을 기울이는 대신 다른 국가를 강압적으로 착취한 장기적 결과가 무엇인지" 깊이 생각해보기를 바랐다. 미노스의 통치는 해적들 때문에 혼란스러웠던 세계를 평정했지만, 탐욕으로 움직였다. 또한 이것은 미노스로부터 에게 해 제해권을 계승한 아가멤논이 조직한 거대한 해적질인 트로이 전쟁 이후 붕괴했다. 투키디데스는 이처럼 횡행하는 야망보다, 세련된 도시 국가의 질서와 안정을 선호했다. 자유를 누리는 한 스파르타와 아테네는 이 세계의 방벽과도 같았다. 외세의 통치에서 자유를 누리는 것이야말로 그들이 누릴 수 있는 최고의 선물이었다. 이는 페르시아 전쟁의 핵심 쟁점이었다. 투키디데스는 아테네의 야심 때문에 페르시아가 그리스 세계에 다시 발을 들여놓게 된 것을 한탄했다.[8] 투키디데스가 기록한 트로이 전쟁은 시칠리아 원정의 대표적인 전조였다. 두 경우 모두 권력과 부가 빚어낸 탐욕과 야망 때문에 일어난 재앙이었다.

폴리크라테스에 대한 헤로도토스의 해석은 해양 권력과 특수 전함의 연관성을 강조했다. 투키디데스는 국가가 해양 세력이 되기 위해서 싸울 가치가 있음을 깨달으면서, 해양 세력의 중요성이 변했음을 간파했다. 그는 기원전 7세기로 거슬러올라가서 포카이아(소아시아에 있던 고대의 항구 도시로, 해상 무역으로 번성했다/옮긴이) 그리스 상인이 스페인에 대한 접근성과 사르데냐 금속을 확보하기 위해서 페니키아, 에트루리아와 싸운 사례에서 해양 세력의 가치를 찾았다.[9] 전투 규모는 작았으나, 그들은 보병을 위한 이동식 전투 플랫폼에서 사용자의 항해술을 드러내는 단일 목적의 특수선으로 전함을 발전시켰다. 최초의 해전에는 펜테콘터가 동원되었다. 포카이아에 패배한 페니키아와 카르타고는 최초의 특수 전함인 3단 노선을 개발했다.

이 3단 노선은 해군력에 대한 구식 접근, 즉 근거리에서 무기를 던지고 보병이 전투를 벌이는 방식을 쓸모없게 만들었다. 그러나 3단 노선은 건조하고 운영하는 데에 많은 비용이 들어갔으며, 상업 목적으로는 쓸 수도 없었다. 더 이상 민간 소유의 선박을 동원할 수 없게 되자 국가는 자체 전함을 구축해야 했다. 3단 노선의 선원들은 복잡한 노 젓기 체계를 숙달하기 위해서 끊임없이 훈련해야 했다. 전투를 위한 소함대 군사 훈련도 이어졌다. 3단 노선 해군을 유지하기 위해서는 새로운 항구, 선박을 관리할 보관소, 대량의 선박 건조용 목재와 기타 물품 등에 대한 효율적인 관리가 필요했다. 요약하자면, 해군이 해양 권력 전략을 실행하게 되면서 운영비가 기하급수적으로 증가한 것이다.[10] 페르시아는 필요한 자금을 동원할 수 있었지만, 그보다 작은 국가가 경쟁력을 갖추기 위해서는 3단 노선을 유지할 수 있도록 문화를 근본적으로 개조해야만 했다.

3단 노선은 섬나라 혹은 페르시아 군에서 멀리 떨어져 있는 중간 규모의 국가가 육지 권력에 대한 전략적 대안으로 해양 권력을 채택할 수 있게 했다. 그러나 여기에는 비용이 많이 들었기 때문에, 3단 노선으로 구성된 함대를 운영하기 위해서는 화폐 경제와 새로운 수익원이 필요했다. 페르시아는 해군력을 계약자들에게 사들이다시피 했지만 아테네는 필요한 자원을 생산하기 위해서 국가를 개조해야 했고, 이 과정에서 해양 세력이 되었다.

페니키아의 도시들은 지중해 서부의 무역을 지키기 위해서 3단 노선을 선도적으로 개발했으나, 레반트의 강대국에게 해군 계약자로 기능하는 데에 머물면서 해마다 전문 서비스를 조공으로 바쳤다. 3단 노선을 처음으로 대규모로 채택한 나라는 사모스 함대에 자금을 댄 이집트였다. 기원전 530년 이집트와 사모스의 연합 함대가 페르시아의 이익을 위협하자, 기원전 525년 캄비세스 2세는 페니키아 함대를 동원하여 이집트와 "바다"를 침략, 정복했다.[11] 페르시아는 300척의 3단 노선과 새로운 기지, 보편 제국을 이루는 데에 필요한 전략적인 도구를 얻었다. 함대의 운영 비용은 평화 시에조차 제국의 수입에서 상당 부분을 차지했다. 이에 캄비세스 2세가 세금을 더 거두자 제국 전반에서 반란이 일어났다.[12] 관건은 무엇을 선택하느냐였다. 페르시아 해군은 레반트 해안 너머 이집트, 이오니아, 그리스, 이탈리아, 심지어 카르타고에까지 군사력을 과시하기 위해서 존재했다. 방어적 필요성이나 해양 세력으로의 정체성 변화, 페르시아 문화의 변화를 반영한 것이 아니었다.

페르시아의 야망은 이집트 정복으로 충족되지 않았다. 기원전 517년 페르시아 함대는 이집트 정복 이후 함대를 운용하지 않던 사모스를 점령했다. 정찰대가 그리스 세계 변방의 해군력을 가늠하기 위해서 시칠리아 서쪽으로 이동했다. 이오니아에 근거지를 두고 있던 또다른 함대는 그리스 도시들을 압박하는 데에 활용되었다. 기원전 500년에 이것은 낙소스가 페르시아의 지배를 받고 있는 이오니아의 도시들과 경제적으로 경쟁하지 못하도록 억눌렀다.

그리스 본토는 페르시아 제국의 바깥에 머물렀지만 이집트가 정복되었다는 사실은 독립이 위태로움을 의미했다. 페르시아의 힘과 부는 그 어떤 경쟁자도 압도할 수 있었다. 이오니아의 그리스인들이 기원전 500년 페르시아의 지배에 항거했을 때, 현지에 있던 페르시아의 3단 노선 300척과 추가로 53척을 건조할 수 있는 목재가 반란자들의 손에 들어갔다. 페르시아는 곧 페니키아 함대를 에게 해로 보냈다. 주요 해전에서 패배하기는 했지만 페르시아는 기원전 494년에 600척 이상의 3단 노선을 동원하여 다시 이오니아 해역에 모습을 드러냈다. 이들은 압도적인 힘과 뛰어난 기술, 뇌물 덕분에 라데에서 대대적인 승리를 거두었다. 본보기를 만들어서 규모가 더 작은 나라들에게 공포를 심어주고 이들을 굴복시키려고 한 것이다.

아테네는 라데에서의 패배로 3단 노선의 해군 구축에 돌입했고 이 값비싼 과정을 통해서 해양 세력으로 거듭났다. 이전까지 해양 국가들은 소규모 도시나 섬나라 같은 변방의 세력으로서 대륙의 강대국에 의해서 궁지에 몰린 모양새였다. 그러나 아테네는 달랐다. 규모가 더 크고 부유했으며, 독립적이었다. 무엇보다 그들은 민주주의를 채택했다. 아테네가 해양 세력이 될 수 있었던 것은 기원전 508-507년 클레이스테네스가 정치적으로 민주화 기틀을 다졌기 때문이었다. 테미스토클레스는 민주주의로 인한 정치,

사회, 문화적 결과를 활용하여 기원전 480년대에 아테네 해양 세력을 구축했다. 한 세대 만에 아테네가 두 번째의 근본적 변화를 맞은 것이다.

해양 세력이 되면서 초래된 새로움과 비용이 과두 지배층과 민중주의 데모스(demos) 사이에 열띤 논쟁을 불러일으킨 것은 어찌 보면 당연한 일이었다. 헤로도토스가 보기에 민주주의, 전략, 문화로서 해양 세력은 아테네를 "그 어느 때보다 위대하게" 만들었다. "독재에서의 해방은 새로운 힘과 신뢰를 창출하여 아테네가 한 세대 전에는 상상할 수 없었던 성공을 달성하도록 만들었다." 아테네인들은 그들 스스로를 위해서 싸웠기 때문에 그리스에서 가장 용감한 자들이 되었다.[13] 아테네가 해양 세력이 되기 한참 전에 민주주의가 아테네를 강하게 만들었다. 스파르타는 이를 경계했다. 아테네인들이 누리는 자유와 진보는 스파르타의 정적인 세계관에 대한 도전을 제기했다. 스파르타는 "아티카의 사람들이 자유를 얻게 되면 자신들처럼 강력해져서" 더 이상 스파르타의 지도력을 인정하지 않을까봐 우려했다. 스파르타는 지배적인 지위를 유지하기 위해서 아테네의 독재를 완력으로 회복시키는 방안을 제안했다. 코린토스가 반대하면서 스파르타의 계획을 저지했지만, 페르시아는 스파르타의 우려에 공감했고 평화를 원한다면 독재를 부활시켜야 한다고 아테네인들에게 말했다. 아테네 민주주의와 진보는 그리스에서 스파르타의 지배와 스파르타 노예 관리를 위협했고 페르시아의 이오니아 지배에도 문제를 일으켰다. 특히 스파르타의 우려는 아테네가 3단 노선의 해군을 만들기도 전에 제기되었다. 헤로도토스는 아테네의 문화적 차이를 연극을 참조하여 설명했다. 밀레투스가 페르시아 군대에게 파멸을 맞는다는 내용의 연극에 아테네 관객들이 눈물을 흘리자, 극작가는 "스스로의 불운을 떠올리게 한다"는 이유로 1,000드라크마의 벌금형을 받았다. 추가적인 공연 또한 금지되었다.[14]

아테네는 이오니아의 반란을 지원하고 사르디스에 있는 페르시아의 지역 수도를 파괴하는 것을 도우면서 대왕의 복수심을 샀다. 기원전 490년 다리우스 대왕은 600척의 3단 노선에 2만 군사를 태워서 그리스로 보냈다. 그리스에는 3단 노선이 턱없이 부족했기 때문에 페르시아 선박은 한쪽 노만 저으면서 군용 수송기처럼 기능했다.[15] 마라톤 해안에서 페르시아 군을 격파한 후, 아테네의 밀티아데스 장군은 위협을 막기 위해서는 해군의 대응이 필요함을 깨달았다. 테미스토클레스는 기존의 3단 노선 100척에 추가로 100척을 건조하고, 기원전 438년에는 지속적인 선원 훈련 비용을 마련하기 위해서 라우리움의 광산에서 은 채굴량을 크게 늘려야 한다고 아테네의 데모스를 설득했다. 아테네 최초의 3단 노선 100척은 라데 전투 이후 3단 노선 99척을 보유하고 있던 아이기나가 페르시아의 침략 기지가 되는 것을 막기 위해서 건조되었다.[16]

　아테네는 거대 함대를 유지하기 위해서 계획적으로 해양 세력으로 변신했다. 이 함대는 제해권을 차지하기 위한 전함으로 구성되어 있었다. 테미스토클레스는 페르시아가 아테네, 나아가 그리스 전체의 존립을 위협한다는 사실을 깨달았다. 페르시아는 군과 해군력을 바탕으로 독립을 유지하면서 심기를 거스르는 그리스를 억누르고, 이곳을 사트라프(Satrap : 고대 페르시아 속주의 태수/옮긴이)가 통치하는 속주로 만들었다. 테미스토클레스는 그런 위험을 근거로 들면서 새로운 민주주의 아테네를 해양 세력으로 만들고 민주주의를 강화해야 한다고 시민들을 설득했다. 이러한 급진적인 이중 재건은 정치 권력을 육상 지배층으로부터 도시의 민중으로 옮기고, 국가의 수익을 늘리며, 지배층을 공직으로 돌리고 해양 세력 제국주의의 기반을 닦았다.[17] 거대한 논쟁을 불러일으킨 이 과정은 문화로서의 해양 세력을 이해하기 위해서 중요하다. 3단 노선 해군을 조직하면서 막대한 비용이 발생한 것은 아테네를 해양 세력 제국으로 나아가게 만들었다.

다리우스 대왕은 마라톤에서의 패배에도 흔들림 없이 더 큰 규모의 작전을 계획했지만, 이집트에서의 반란으로 주의가 분산되었다. 기원전 486년 즉위한 크세르크세스 1세는 처음에는 관심이 없었으나 사촌인 마르도니우스와 아테네의 독재자 피시스트라티다이(페이시스트라토스의 두 아들/옮긴이)의 설득으로 행동에 나섰다. 헤로도토스는 크세르크세스가 "페르시아 영토를 신의 천국까지 넓히겠다"면서 "죄 있는 사람이든 우리에게 잘못을 저지르지 않은 죄 없는 자든 모든 사람을 지배하겠다"고 선언했다고 전한다. 이러한 불경스러운 외침은 한 사람이 유럽과 아시아 전체를 지배하는 것을 질시한 신들이 테미스토클레스에게 살라미스 승리의 영광을 돌릴 수 있게 만든 전조였다.[18] 그는 크세르크세스의 패배를 거만한 야심을 품은 데에 대한 신의 처벌로 보았다.

페르시아의 침공 계획은 기원전 483년 테미스토클레스가 해군법을 공개적으로 통과시킨 것에서 촉발되었을 수 있다. 크세르크세스가 아토스 산에 군사 목적의 운하를 파도록 명령한 직후, 그리고 기원전 480년에 페르시아 연안의 소유를 위협할 수 있는 해군력을 제거하기로 결정한 후였다. 이 마지막 부분이 중요하다. 이오니아의 반란과 그리스에 대한 페르시아 제국의 간섭에 민주주의 사상과 공격적인 상업이 더해지면서 페르시아의 정치 및 경제 모형에 대한 도전이 제기되기 시작했다. 크세르크세스는 1,200척의 3단 노선을 동원했는데, 이는 "고대에 동원된 최대 규모의 함대였으며 여기에 육군까지 더해졌다." 병력에는 레반트 근거지로부터 먼 곳에서 작전을 수행할 때에 필수적인 대규모의 예비 부대도 포함되었다. 대왕은 시칠리아와 코르푸를 포함한 모든 그리스 도시들이 영향을 받으리라고 예상했다. 크세르크세스는 거대한 함대를 동원하여 최대한의 효과를 누리고자 했다.

서쪽을 공격하는 방식으로 그리스 정복의 후속 작업을 이어가 다른 국가의 개입을 막고, 카르타고의 외딴 페니키아 도시를 복종시킬 가능성도 엿보았다.[19] 이와 같은 제국의 확대는 이전의 메소포타미아 지배자들의 야심과 다를 바가 없었다.

페르시아의 침략은 거대한 군사를 지원하고 유지하는 함대에 의존했다. 아르테미시움 곶을 항해하던 중에 다수의 선박들을 잃었고 테르모필레에서 지체되기도 했지만, 페르시아 군은 계속 진격하여 아테네를 점령하고 불태웠다. 시민들은 연안의 섬으로 도망쳤다. 그리스 도시들을 체계적으로 예속하려는 크세르크세스의 전략은 기원전 480년 살라미스 해전에서 물거품이 되었다. 한때 이동 수단으로 활용되었던 페르시아의 전함에 승선한 선원 숫자가 부족했을지도 모른다. 3단 노선은 한 줄에 60명만 노를 저어도 이동할 수 있지만, 그래서는 기량을 최대로 발휘할 수 없었다. 반면 그리스 선박에는 노꾼이 가득했고 추가로 보병도 타고 있었다. 이 때문에 테미스토클레스가 병목 지역에서 싸우기로 선택한 것이다. 병목 지역에서는 항해술의 중요성이 크지 않으며, 우세한 힘과 무장 보병이 효과를 낼 수 있었다. 헤로도토스는 그리스가 물러서지 않아서 승리한 반면, 페르시아 함대의 태도는 이와 달랐다고 지적했다.[20] 이는 중장 보병의 전투에 대한 설명으로 이해되어야 한다.

전투 당시 아테네는 과도기였다. 200척의 3단 노선을 보유하고 있었지만 선원이 채워진 것은 절반에 불과했고 나머지는 동맹국으로부터 임대했다. 이러한 인력 부족은 테미스토클레스 이래 아테네 해양 세력의 지도자들이 함대 구성을 위해서 제국 설립에 나서도록 만들었다.[21] 이유는 단순했다. 살라미스와 이듬해 플라타이아에서의 승리로는 그리스의 자유를 보장할 수 없었다. 페르시아의 위협에 맞서기 위해서는 단결과 동맹이 필요했다. 아테네는 이오니아와 이집트에서 그러한 동맹을 찾았다.

투키디데스는 신중하게 고른 단어들로 살라미스 해전이 문화적 변화에서 결정적인 순간이었다고 표현했다. 테미스토클레스의 혁신적인 개념은 고루하고 육지 기반이었던 아테네 시를 변화시켰다. 아테네는 마라톤을 영광의 절정으로 여겼으며, 단일 해양 제국의 수도로 보았다. 토머스 홉스는 이것을 아테네인들이 도시를 버리고 "선상에 올라 뱃사람이 되었다"고 해석했다.[22] 이는 전략적인 선택이 아니라 문화의 변화였다. 그 공과 책임은 테미스토클레스에게 있었다.

그러나 아테네가 바다에서 탁월함을 발휘하는 영광의 시대는 미래의 일이었고, 아직은 근본적인 변화를 더 이어가야 했다. 제2차 펠로폰네소스 전쟁(기원전 431–404)에서 승리하는 전술적인 기교를 얻기까지는 한 세대 동안의 전문적인 훈련이 필요했다. 기원전 480년 아테네인들은 사령선에 크세르크세스를 태우는 영광을 누렸던 시돈인들이 3단 노선 전투에 능함을 인정했다. 살라미스 해전 이후 시돈의 3단 노선 3척이 전리품으로 전달되었는데, 이는 라데 전투의 승리자이자 그들보다 먼저 해양 권력으로 군림한 세력에게 승리를 거두었다는 아테네인의 자부심을 보여주었다.[23] 델포이의 범그리스 예배지에 세워진 아테네 승전상은 3단 노선의 뱃머리를 잡고 있었다. 비용은 전리품으로 충당되었다. 해군은 아테네가 운영 비용을 지불할 제국을 소유하게 되었을 때에야 성숙 단계에 올라섰다.

규모는 축소되었으나 여전히 강력했던 페르시아 군이 기원전 479년 봄 아티카 반도를 다시 공격하자, 그리스 동맹 사이에 존재하던 근본적인 분열이 드러났다. 스파르타는 아티카의 동맹을 지원하는 것보다 코린토스 지협을 요새화하는 데에 더 관심이 많았다. 이 때문에 그들은 아테네 선박들로 이동하는 페르시아 군에 맞서 아테네가 펠로폰네소스를 지킬 수 있는 어떤 장벽도 없음을 지적한 후에야 군사를 보냈다. 해양 권력의 가치를 깨달은 페르시아의 마르도니우스 장군은, 대왕을 도와 그리스 나머지 지역을 정복하자고 아테네에 제안했다. 페르시아의 제안은 뒤늦게나마 스파르타가 행동을 개시하도록 이끌었다. 물론 앞으로의 갈등을 암시하는 날선 공방에서 스파르타의 사절은 페르시아 전쟁이 "제국을 확장하려는" 아테네의 야욕 때문에 발발했다고 비난했다.[24] 헤로도토스는 매우 통렬한 구절을 인용하면서 사람들에게 민주주의의 어두운 면을 인식하라고 강조했다. 그리스에서 페르시아의 제안을 수용하자고 말한 의원 한 명이 다른 의원들이 던진 돌에 맞아서 사망했는데, 그의 가족들 역시 의원을 죽인 이들의 아내와 아이들이 던진 돌에 맞아서 같은 운명을 맞았다.

헤로도토스는 아테네의 굳은 결의를 설명한 이후 플라타이아에서 승리를 거둔 육지전에 이어서 바다로 넘어갔다. 봄에 아테네가 주도하고 스파르타가 지휘한 그리스 함대는 사모스 섬 인근에서 페르시아의 함대를 공격했다. 이오니아의 반란 소식에 용기를 얻은 것이었다. 페르시아는 미리 경고를 받았거나 혹은 자금이 부족해서 페니키아의 분견대를 해산시켰다. 이오니아 그리스인들이 타고 있던 나머지 함대는 미칼레 곶으로 도망쳤다. 미칼레에서 선박은 해안가로 끌어올려져 서둘러 만든 방책(防栅)과 대규모 군사에 둘러싸였다. 이오니아 반란자들의 도움을 받은 그리스인들은 저항의 표시에도 굴하지 않고 육지에 내려서 아테네를 필두로 대형을 이루고 방책으로 돌진했다. 진영을 약탈한 이들은 페르시아 함대를 불태웠다. 이 승리로 인해서 이오니아 도시들의 반란은 더욱 거세졌고, 다음 전쟁의 불씨가 된 문화적 충돌이 다시 시작되었다. 스파르타는 이오니아 반란자들을 그리스 본토에 재정착시키기를 원했으나 아테네는 이오니아 제국을 선호했다. 그리스의 안전이 보장되면서 스파르타는 아테네의 크산티푸스에게 지휘를 맡긴 채 본거지로 돌아갔다.

이오니아 제도를 해방시킨 함대는 북쪽의 헬레스폰투스로 항해했다. 크세르크세스의 유명한 선교(船橋)가 바람과 파도에 흩어진 것을 발견한 그리스인들은 선박을 포위해서 이 선교의 유럽 쪽 끝에 해당하는 세스토스를 점령하고 유럽을 얻는 열쇠인 계류용 밧줄을 아테네 신전에 바쳤다. 유럽에서 야만인들을 쫓아낸 크산티푸스는 다른 잠재적 정복자들에게 엄중한 경고를 남겼고, 헤로도토스의 페르시아 제국의 흥망에 관한 순환 역사의 대미를 장식했다.

그리스는 세스토스를 점령하면서 살인, 강도, 성지 훼손의 혐의가 있던 아르타키테스라는 사트라프를 사로잡았다. 상당한 뇌물을 바쳤음에도 크산티푸스는 자비를 베풀지 않았다. "판자에 못 박아 계속 매달아두라. 아르타키테스의 아들은 그의 눈앞에서 돌로 쳐 죽여라." 이 처벌은 아르타키테스가 손에 그리스인의 피를 묻혔을 뿐만 아니라 그의 조부는 키루스에게 페르시아의 끔찍한 제국 전쟁을 부추겼다면서 정당화되었다.[25] 아르타키테스를 십자가에 못 박은 야만적인 행위는 강력한 메시지를 던졌다. 크세르크세스는 아시아에 조용히 머물러 있어야만 했으며, 그의 실패는 키루스와 캄비세스 2세가 오만하게 세계 제국을 추구하다가 실패해서 멸망하는 사건의 전조가 되었다는 것이다.[26] 아테네의 승리는 균형이라는 해양 세력의 중요한 목적을 회복시켰다.

페르시아를 유럽에서 몰아내면서 중심 무대는 필연적으로 그리스의 정치로 옮겨갔다. 제2차 펠로폰네소스 전쟁은 헤로도토스가 그의 책을 마무리 지은 기원전 430년경에 발발했다. 아테네와 스파르타는 그리스 세계의 패권을 놓고 싸웠지만, 독자들은 페르시아 전쟁에서 영웅과 교훈으로 삼을 사례를 찾았다.[27] 의도적으로 역사적 사건을 현재에 투사하면서, 헤로도

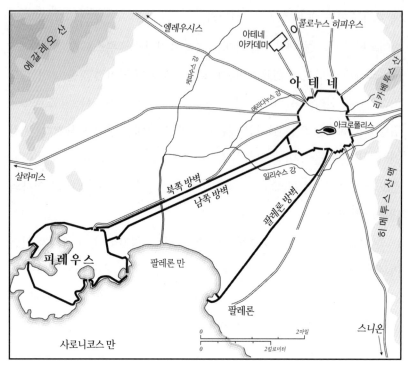

고대 아테네

토스는 기원전 480-479년에는 그리스에 매우 중요하게 작용했던 아테네의 결의와 결정이 "그리스의 자유와 대의에 대한 위협으로서 불가피하게 갈등과 고통을 안겨주었다"고 보았다. 그는 모순적인 전조라는 플롯을 통해서 이러한 주제를 전달하고 독자와 청자들이 과거와 현재를 연결 짓도록 했다. 투키디데스는 페리클레스에게 기원전 430년 "추도 연설"에서 헤로도토스를 인용하게 했다. 연설은 두 저자 간 주제의 연속성과 당대 시민들이 헤로도토스의 글에 익숙했다는 사실을 두드러지게 보여준다.[28] 아테네 제국주의에 대한 헤로도토스의 비평이 투키디데스에게 미친 영향에 대해서는 제대로 평가된 적이 거의 없다.

다양성을 반영하고 문화를 통해서 표현된 헤로도토스의 글은 다양한 문화를 비교하고 대조하는 확장된 연습이었다. 이것은 그리스 세계에는 낯선 단일 문화를 강제하는 위협이었던 페르시아 제국이 부상하면서 서사의 맥락을 제공했다. 헤로도토스는 야망과 예지력이 부족했던 스파르타와 확장적이고 역동적인 아테네인들의 문화 충돌을 예견했다. 투키디데스는 문화의 차이가 펠로폰네소스 전쟁을 야기했다는 주장을 한층 더 발전시켰다.[29] 스파르타는 사실상 자급자족 상태였고 군사적 균형이 지배하는 사회였기 때문에 해양 권력 전략을 두려워할 필요가 없었다. 스파르타인들은 아테네의 급진적인 민주주의, 제국주의, 확장, 즉 아테네를 아티카에서 전략적인 섬으로 만들고 제국의 위엄을 갖춘 요새로 만드는 "장벽"의 건설에서 정점을 이룬 해양 세력 문화를 아테네의 3단 노선보다 더 두려워했다. 아테네가 민주주의 국가에서 해양 세력으로 옮겨가면서, 해군력과 민주 정치의 급진적인 조합이 그동안 유지되었던 그리스의 힘의 균형을 위협하고 페르시아 제국주의와 스파르타의 권위에 도전했다. 아테네 제국의 상징은 3단 노선과 아테네의 위용이었다.

게다가 아테네 해양 세력의 특징은 테미스토클레스의 특징과 긴밀하게 연결되어 있었다. 테미스토클레스는 천재적이고 결단력 있는 인물이었지만, 잔인하고 교활하며 기만적이고 탐욕스럽다고 널리 알려져 있었다. 헤로도토스는 테미스토클레스의 책략이 기원전 480년 살라미스 해전 이전까지 다른 그리스 지역에서 아테네를 의심하도록 만들었다고 보았다. 그러나 페르시아 군과 함대가 하나의 전략적 단위를 구성했으며, 바다에서는 이들을 무찌를 수 있음을 이해한 사람은 테미스토클레스뿐이었다. 그는 전장을 살라미스로 선택하고 페르시아인들이 패배하도록 했음에도 승리의 공을 차지하지 못했다. 그의 의제는 명백했다. 살라미스 해전 이후 우선 그는 다른 그리스 도시들이 아테네 함대의 비용을 분담하도록 강제할 생각이었으며, 본보기 삼아서 인근의 안드로스 섬을 포위했다.[30] 아테네와 그리스 모두의 안전에 중요한 아테네 함대에 자금을 대기 위해서 아테네는 보다 넓은 경제적 기반인 제국이 되어야 했다. 투키디데스는 테미스토클레스의 기만과 술책이 아테네를 스파르타와 동일하게 만들었다고 강조했다. "아테네 해양 세력의 급작스러운 성장과 아테네가 페르시아 전쟁에서 보여준 대담함은 스파르타와 다른 그리스인들을 놀라게 만들었다." 투키디데스는 테미스토클레스를 아테네의 애국자로 보았지만, 정적들은 그의 "기만적" 행위를 민주주의와 해양 세력의 평판을 해치는 사례로 인용했다. 개인의 흠을 문화와 정체성의 일반적인 실패로 만든 것이다. 헤로도토스는 테미스토클레스가 나라에 어떤 해악도 끼치지 않았다고 판단한 반면, 투키디데스는 그가 상상에서나 실제에서나 스파르타와 충돌한 것을 훗날 아테네 정치의 기초로 활용했다.[31]

테미스토클레스의 "장벽"은 페르시아 전쟁 이전부터 건설되기 시작했다. 도시를 피레우스 항과 연결하여 아테네가 해양 권력 전략을 채택할 수 있도록 만든 것이다. 장벽은 아테네를 전략적 섬으로 변신시킴으로써 이들은 도시의 초점을 육지에서 바다로 옮기고, 도시의 민중들을 보호하는 한편 귀족들의 토지를 무방비 상태로 만들었다. 투키디데스에 따르면 테미스토클레스는 "아테네인들이 항해 민족이 되면 권력에 더해서 모든 혜택을 누리게 될 것"이라고 주장했으며, "사실 아테네인들의 미래가 바다에 있다고 그들에게 처음 말한 이가 그였다. 따라서 그는 제국의 기초를 닦기도 한 것이다."[32]

투키디데스는 페르시아 전쟁과 제2차 펠로폰네소스 전쟁 사이의 기간에 대한 간략한 설명에서, 아테네 제국이 통제와 자원 확보를 위해서 이집트에서 전쟁을 벌인 것을 비롯하여 어떤 공격성을 보였는지를 강조했다. 델로스 동맹을 맺은 후에 아테네는 육지와 해양에서 완력을 휘둘러 동맹국으로부터 조공을 받는 아테네 제국이 되었다. 이후 기원전 466년경에는 소아시아 남부의 에우리메돈 강에서 페르시아 함대에 큰 승리를 거두었다. 이 전쟁에서 3단 노선에는 보병을 위한 갑판 공간이 추가되었다. 아테네는 더이상 해상에서 경쟁자들을 두려워하지 않았으며, 자신들의 힘을 발휘하는 데에 주력했다.[33]

아테네는 스파르타가 영예를 거절한 이후에는 기원전 479년 미칼레에서의 승리 이후 결성된 에게/이오니아 동맹의 리더십만을 받아들였다. 델로스 동맹은 독립을 안보와 바꾸었는데, 아테네의 보호로 이오니아 도시와 섬들은 페르시아 제국의 바깥에 위치할 수 있었다. 동맹은 아테네의 안보를 위한 자금에 중요한 역할을 했고, 아테네는 동맹에서 지배적인 세력이었다. 아테네 해양 세력의 유지 비용은 스파르타 군사력의 그것보다 훨씬 컸다. 병사보다 함대가 더 비쌌던 것이다. 아테네는 동맹을 세금의 기반으로 활용하여 상업과 육상에서 거두는 세수를 더했다. 저항하는 도시는 정복하여 선박과 성벽을 허물고 동맹 회의에서의 투표권을 박탈했으며 납세를 강요했다. 많은 경우 저항은 페르시아의 지배나 스파르타의 패권을 선호하는 과두제 지도자들이 일으킨 것이었다. 아테네가 위성 국가들이 민주 정부를 채택할 것을 원한 것도 놀랄 일이 아니다.[34] 민주주의는 전략적 무기가 되었다.

처음에 동맹은 페르시아와의 지속적인 전쟁으로 유지되었다. 에우리메돈 강에서 거둔 승리를 축하하기 위해서 붉은 그림식(red-figure : 그리스에서 발달한 항아리의 장식 수법으로 도상 부분을 적갈색 그대로 남겨두고 배경을 흑색으로 칠하는 것이 특징이다/옮긴이) 방패를 만들었는데, 여기에는 "페니키아 선박의 장식용 뱃머리를 들고 있는" 아테나가 그려져 있었다. 동맹은 이내 조공 체제로 바뀌었다. 아테네는 현금으로 함대를 유지하고 훈련을 실시하여 전술적으로 우세한 전문 해군을 만들었다. 사실상 아테네는 동맹의 군대를 해체하고 그들을 자신들의 속국으로 만들었다. "아테네 권력의 기초는 함대였다. 대부분 제도와 해안 도시들로 구성된 델로스 동맹은 강력한 함대로만 통제될 수 있었다." 동맹에서 전함을 보유한 회원국의 숫자가 줄어들면서 아테네는 바다에서 절대적 우위를 점하게 되었다. 해양 권력은 동맹국의 수출입을 통제했다. 수출입은 육지전을 하지 않고도 중단시킬 수 있었던 한편, 저항하는 도시는 포위 공격전 기술로 정복할 수 있었다. 기원전 460년에는 키오스, 레스보스, 사모스에서만 선박을 제공했고 나머지 지역에서는 현금을 지급했다. 10년 후 아테네는 동맹의 도시들에 주둔지를 설치했는데, 기원전 431년 전쟁이 발발하면서 이러한 추세가 더욱 두드러졌다.[35]

동맹의 정당성은 외세의 위협과 해적질로부터의 안보를 근거로 확보되었다. 동맹군은 해적의 근거지인 스카이로스 섬을 점령했으며, 나아가 아테네는 제2차 펠로폰네소스 전쟁 기간 동안 반(反)해적 정찰을 수행했다. 정복하기보다는 회유하는 쪽이 비용이 적게 들었기 때문에 동맹의 금고를 아테네로 옮기고 이 자금으로 도시를 제국의 수도로 변신시켰을 때, 섬에서 거두는 공물은 줄었다.[36] 아테네는 섬의 의견을 본토 공동체의 의견보다 더 진지하게 받아들였다. 도서 기지는 아테네 제국에서 가장 중요한 에게 해와 헬레스폰투스를 지키기 위한 전략적 열쇠였기 때문이다. 섬의 통제권을 상실하면 에게 해는 경제 고속도로에서 전쟁터로 바뀔 터였고, 아테네의 제해권을 회복하는 데에는 많은 비용이 들 수밖에 없었다. 사모스 정복에는 1,200달란트가 들었다. 아크로폴리스에 있는 동맹의 막대한 준비 통화 덕분에 아테네는 3단 노선과 포착전에 기반한 해상 통제 전략을 펼수 있었다. 동맹의 수입은 아테네가 강대국으로 활동할 수 있게 했다.[37] 이와 같은 장기적인 자금의 마련은 해양 권력 전략에서 언제나 중요했다. 페르시아 전쟁 이후 아테네는 동맹국이 바치는 조공을 "일반적인" 수준으로 낮추었으나, 기원전 431년 스파르타와의 전쟁이 발발하자 지금까지의 동맹을 함대로 억압하면서 추가로 현금을 징수하고 무역을 통제했다. 이렇게 종속된 공동체의 자원을 착취하자 반란이 일어났다.[38]

기원전 465년 타소스에서 봉기가 일어나고 아테네의 친(親)스파르타 귀족 지배층 대신에 급진적 민주주의자들이 테미스토클레스에게서 통치를 물려받으면서 아테네와 스파르타의 관계가 훼손되었다.[39] 도편추방을 당하고 소아시아에서 머물고 있었지만, 해양 세력 국가 건국의 아버지인 테미스토클레스는 여전히 막강한 영향력을 행사하고 있었고, 권좌로 복귀하기를 꿈꾸었다. 그의 명성은 경쟁관계에 있는 정치 이론가들이 자신의 입장을 나타내기 위해서 활용하는 전쟁터로 변했다. 헤로도토스와 투키디데스의 글에서 현저하게 다루어지는 데에서 테미스토클레스가 당대에 지녔던 중요성을 엿볼 수 있다.

에우리메돈에서의 승리 이후 테미스토클레스와 같은 파(派)인 에피알테스와 페리클레스가 선출되어 아테네 군을 지휘하게 되면서 민주화가 더 활발히 진행되었다. 아테네 의회가 이토네의 노예 반란을 진압하기 위해서 지원군 파견을 두고 논의했을 때, 에피알테스는 공개적으로 스파르타가 "천적"이라고 언급했다. 이후 투표에서 귀족인 키몬이 승리하여 스파르타 지원군을 이끌었으나 에피알테스는 키몬의 부재를 틈타 추가적인 민주 개혁을 밀어붙였고, 기원전 461년 그를 도편추방했다. 스파르타는 동맹이 "혁명적인 정책"을 분쟁 지역에 도입할까 경계하여 예를 갖추지 않은 채 키몬과 그의 아테네 군을 성급하게 돌려보냈다. 이러한 모욕은 페르시아 전쟁을 함께한 동맹을 와해했고, 델로스 동맹이 아테네 제국으로 급격히 변하도록 만들었다.[40]

제국은 하드파워(군사력, 경제력 따위를 앞세워 상대방의 행동을 바꾸게 하거나 저지할 수 있는 힘/옮긴이)와 법적 지배를 결합했다. 아테네 법원이 고등법원이 되었고 민주주의자들에게 우호적인 판결을 내렸으며 점차 델로스 동맹의 상위 관할권을 잠식했다. 아테네의 법은 효과적인 경제 착취를 위한 핵심 요건인 지속성과 안정성을 옹호했다. 동맹, 후일에는 속국의 조공 의무를 합법화했고, 이러한 의무를 정당화하는 공개 토론을 마련했으며 무력의 행사를 인정했다. 궁극적으로 아테네의 법은 선박과 군사 지원을 현금 납부로 전환함으로써 동맹국의 독립을 효과적으로 뒤엎었다.[41] 법은 해군력과 함께 작용하여 후일에는 속국으로 전락한 동맹국의 자원으로만 유지될 수 있었던 제국을 지탱했다.

신(新) 해군의 최초 목적은 살라미스와 미칼레에서 달성되었지만 아테네는 스파르타와 달리 간단히 고향으로 돌아갈 수 없었다. 페르시아의 공격으로부터 도시를 보호하기 위해서 이들은 해상 그리스와 긴요한 선박 건조용 자원 대부분을 그리스 외부에서 동원해야만 했다. 밧줄과 돛은 이집트에서, 목재와 타르는 마케도니아에서 공수했다. 자원 의존성과 경제적 필요성으로 인해서 아테네는 더 넓은 세계와 소통했고 제국주의를 향한 유혹은 더욱 커져갔다.[42]

거대한 3단 노선 함대를 운영하는 데에 막대한 비용이 들었기 때문에 해군력의 선두에 합류하고자 하는 나라는 거의 없었다. 부유한 지배층에게 부담을 분산하도록 정치 체제를 근본적으로 변화시키지 않는 한 선박과 기반시설을 유지하는 데에 드는 비용을 감당할 수 있는 나라가 없었던 것이다. 미칼레, 이어서 에우리메돈 강에서의 승리는 아테네 해양 세력의 경제적 기반을 확대하여 해군을 유지할 수 있는 제국을 형성했다. 아테네는 거대한 자원을 갖춘 페르시아 제국을 무찌름으로써 해양 세력이 되었다. 새로 얻은 부는 축제를 통해서 국민들에게 분배되었다. 주로 육류를 제공하거나 사람을 고용하고, 사공들에게 급여를 지불하거나 국민들에게 새로운 정체성을 부여한 다른 혜택을 주는 형태였다. 자금과 민주주의는 아테네의 민중주의 지도자들이 국가에 새로운 정체성을 부여할 수 있도록 만들고 정치 권력의 균형을 바꾸었으며 사회적 평등이 확산되는 결과를 두려워한 중무장 기병에게 경각심을 불러일으켰다.

기원전 450년대에는 부와 권력이 이집트를 페르시아의 지배에서 분리하려는 야심을 부추겼다. 아테네는 이집트 반란 세력에 지원군을 보내서 해양 세력에서 강대국으로 발돋움하고자 했다. 동맹 내부에서 제기된 반대는 묵살되었고 스파르타는 한발 물러섰다. 독립 이집트의 부활은 강대국 동맹을 만들고 페르시아 군의 힘을 분산시키며 전략적 자원을 보호하는 효과가 있었다. 아테네는 이집트의 독립만이 페르시아의 패권에 대한 균형을 이룰 길임을 알고 있었다.

한 세대 남짓 만에 아테네 제국이 급격한 성장을 이루면서 대륙의 강국은 근심에 빠졌다. 이들은 안정과 질서에 관심이 더 많았기 때문에 사회를 평등화하고 안정성을 해치는 민주주의가 아테네 해군력으로 구현되는 것을 두려워했다. 투키디데스에 따르면, 이러한 두려움은 제2차 펠로폰네소스 전쟁의 주요 원인으로 작용했다.[43] 성공은 아테네의 야심과 오만함을 키웠다. 페르시아의 침략을 한 번도 아니고 두 번이나 물리친 아테네는 페르시아를 상대로 한 전쟁, 혹은 카르타고 정복을 입에 올렸다. 스파르타가 경계하기 시작한 것도 놀랄 일이 아니었다. 귀족 동맹의 제거와 에피알테스의 개혁, "장벽"의 건설은 아테네의 안보를 강화한 한편, 이집트에서의 성 공으로 해외에서의 존재감을 확대하고 민주주의를 촉진했다.

크산티푸스의 아들 페리클레스는 아테네가 스파르타를 무찌르고 이오 니아와 에게 해에서 영향력을 유지할 수 있을 것이라고 생각했다. 기원전 461년에 페리클레스가 사실상 국가수반이 되었을 때, 해양 제국과의 직접 적인 연관성으로 인해서 아테네는 필적할 상대가 없을 정도로 부유해지고 명망이 높아졌다. 이는 아테네 사회를 변화시켰다. 그는 유권자들에게 약 탈과 이익을 약속하면서 비위를 맞추어 민중을 매우 공격적으로 장악했다. 그는 두 차례나 스파르타와의 전쟁을 수락했고, 이는 시민들을 충동질하 는 대신에 아테네의 야심에 대한 스파르타의 깊은 우려를 낳았다.

제1차 펠로폰네소스 전쟁(기원전 460-445)은 아테네의 민주주의 국가와 델로스 동맹의 응집력, 해양 권력 전략의 시험대였다. 전쟁은 하나의 전략 적 요소에 지배되었다. 아테네가 메가라와 게라네이아의 요충지를 장악하 면서 스파르타가 아티카로 향하는 길이 차단되었다. 또한 메가라에서 활 동하는 아테네의 전함은 코린토스 지협의 양쪽을 장악했다. 아테네가 메 가라를 장악한 동안 스파르타 군은 아티카에서 별다른 성과를 올리지 못 했다. 일부 아테네 귀족들이 옛 정치 질서를 회복시키기 위해서 스파르타 에 문을 열 계획을 세웠으나 기회가 닿지는 않았다. 스파르타라는 육지 세 력은 심각한 타격을 입히는 데에 실패한 반면, 아테네의 오랜 적인 아이기 나 섬은 정복당했고 군이 해체되었으며 항복하여 동맹에 가입하고 말았다. 아테네 함대는 기원전 456-455년 라코니아 해안을 약탈하면서 기테이온 의 스파르타 해군 기지를 파괴했다. 그러나 해양 권력은 아직 결정적인 힘 을 발휘하지 못했다. 아테네의 성공의 열쇠는 육지에 있었다.[44] 기원전 454 년 이집트에서의 실패로 모든 것이 틀어졌으나 투키디데스는 패배의 규모와 이에 동원된 아테네 군, 선박 수를 부풀림으로써 시칠리아에서의 재앙을 가렸다.

이집트에서의 실패는 아테네 정치에 일말의 현실 감각을 불어넣었다. 민주주의자들은 도편추방을 당한 귀족 키몬을 소환하고, 스파르타에 우호적인 그의 평판을 이용하여 평화 협상을 시도했다. 결국 아테네는 스파르타에게 해양 제국을 인정받는 대가로 육지의 제국이라는 허울을 포기했으며, 스파르타가 주도하는 펠로폰네소스 동맹의 동맹국들을 회유하지 않기로 약속했다. 결정적으로 메가라가 스파르타 진영으로 돌아갔다. 이집트에서의 실패가 동맹 내부에서 불화를 일으켰으나 반격을 계획하는 페르시아로 인해서 아테네는 동맹 내부를 결집해서 제국으로 나아가는 수밖에 없었다. 기원전 451년 키프로스 해안의 살라미스에서 페르시아 함대에 거둔 두 번의 짜릿한 승리는 칼리아스 평화 협정으로 이어졌고, 에게 해와 아나톨리아 남부에서 페르시아 함대를 몰아냈다. 페르시아 조약과 아테네-스파르타의 30년 평화로 대외적 안정이 이루어지자 아테네는 제국과 아테네 민주주의자들을 통합하여 내부 권력을 강화할 수 있었다. 평화가 도래하면서 델로스 동맹에 대한 정당성도 사라졌지만, 제국의 탄생으로 아테네는 동맹의 자원을 활용해서 "위대함을 유지할" 수 있었다.[45]

아테네는 도시를 장식하여 힘을 과시했다. 경탄을 불러일으키는 건축물과 장엄한 의식은, 크세르크세스의 파괴 사건을 아테네를 유지하면서도 물리적 도시를 넘어서는 의지와 독특한 인적 자원을 상징하는 미덕으로 만들었다. 도시는 석재가 아닌 사람으로 구성되어 있었다. "사실상 테미스토클레스는 도시를 물리적 결속에서 해방시켰다. 도시가 철저히 파괴당했음에도 폴리스는 여전히 아테네인들의 정신에서 유지되었다." 이상, 개념, 상상 속 도시로서 아테네의 생존은 모두 이러한 정신에서 비롯된 것이다. 역사학자들은 아테네를 위대하게 만든 사상을 연구한 반면, 철학자들은 최고의 정부 형태에 대해서 논했다. 도시가 위기를 맞이하여 탈출할 때에 선택의 중요성을 인식했기 때문이다. 살라미스는 도덕을 위해서 물리적 도시를 버리는 대담함을 발휘하고 끝내 놀라운 승리를 이룬 도시 아테네의 정체성을 형성하는 시금석이 되었다. "배에 오르다"는 역동적이고 광활한 아테네 정신을 압축적으로 보여주는 표현이다.[46] 이전까지 지주가 지배하는 내륙 도시였던 아테네는 살라미스 해전 이후 해양 도시로 인식되었다. "장벽"은 도시를 피레우스까지 연결했고, 새로운 신전 단지는 전쟁터를 잘 바라볼 수 있는 조망을 제공했으며, 3단 노선은 주화와 도기에 일반적으로 등장하는 대상이 되었다. 아테네의 통치자들은 계류장, 항구, 신전, 기타 공공시설을 활용하여 새로운 정체성을 강화했다. 예술은 건축물에서부터 질그릇 조각에 새겨진 낙서에 이르기까지 모든 수준에서 정책적 선택을 강화하는 역할을 했다.

이러한 과정은 위에서부터 시작되었다. 페리클레스는 델로스 동맹의 기금을 활용하여 크세르크세스의 군대가 파괴한 아크로폴리스를 재건하고 민주주의를 유지했으며, 아테네를 위대한 해양 세력 수도로 탈바꿈시켰다. 작업은 제1차 펠로폰네소스 전쟁이 막을 내리는 시점에 시작되어 평화 시의 고용을 창출하고, 숙련된 노동자들이 귀족의 자비가 아닌 국가에서 지급하는 급여로 살아갈 수 있도록 했다. 아테네의 지배층은 제국의 통치가 도시에 "바람직하지 않은" 영향을 미쳐 아테네 시민들, 아티카의 아테네인들에 대한 통제력을 강화한다고 생각했다. 민주주의와 해양 세력은 이미 국가에서 받는 급여에 의존했고, 그 결과 민주주의와 제국 모두를 지지하던 시민들 사이에서 상당한 해군 "세력"이 구축되었다.[47] 이러한 강력한 시민 집단이 항구를 지배하고 과도 지배를 부활시키려는 시도를 지속적으로 막았다.

민주주의는 9미터 높이의 거대한 아테나 상(像)으로 승리를 축하했다. 맨 앞에서 싸우는 자라는 의미의 "프로마코스(Promachos)"라는 별명이 붙은 이 아테나 상은 마라톤 전투에서 페르시아로부터 얻은 전리품으로 만들어졌다. 아테나는 도시의 전쟁의 신으로, 해양 세력이 되기 훨씬 전에 선택되었다. 기원전 456년경 세워진 이 아테나 상은 아테네가 거둔 두 번의 위대한 성취이자 페르시아 전쟁의 처음과 끝을 장식한 마라톤 승리, 칼리아스 평화 협정을 기렸다. 이 기념물은 프로필레아와 파르테논 사이에 있는 아크로폴리스의 중요한 자리에 위치했으며, 그리스 세계 최대 규모의 건물 내부에 있는, 상아와 금 장식의 거대 아테나 상과 쌍을 이루었다. 전쟁과 지혜를 상징하는 이 도시의 여신은 무장을 하고 투구를 쓴 채 방패를 옆에 두고 손에는 창을 들었다. 신을 중장 보병으로 형상화한 것은 아테네인들이 여전히 과거의 장갑 보병 전투의 영광을 높이 샀다는 사실을 보여준다. 도시인들은 살라미스가 아닌 마라톤을 기렸던 것이다.[48] 아테나 상은 기원전 4세기 민주주의 국가의 부활을 이끌었으나 몇 세기 후에 콘스탄티노플로 옮겨졌고, 베네치아라는 해양 세력이 승리한 제4차 십자군(1202–1204) 기간 중에 파괴되었다.

승리의 여신 아테나 상은 감히 제국 아테네의 힘에 도전하는 육지와 바다의 모든 세력에게 경고를 보냈다. 또한 항해 표지 역할을 하여 방문한 선박을 도시로 이끌었다. 지리학자 파우사니아스에 따르면, "아테네로 향하는 선박은 수니온을 지나자마자 아테나의 창 끝과 투구의 꼭대기를 볼 수 있었다."[49] 아테네는 기원전 440년대 중반부터 수니온 곶에 포세이돈 신전이라는 또다른 항해 표지를 세웠다. 해양 세력을 기념하는 이곳은 해군 기지로 활용되었으며, 계류장도 갖추고 있었다.[50] 이처럼 값비싼 기념물은 동맹이 제국으로 변화하면서 얻은 경제적 성공에서 비롯되었는데, 이 체제의 핵심에는 피레우스라는 수출입항이 자리하고 있었다.[51] 이는 항해자들에게 힘과 도구의 상징이기도 했다. 이와 같은 거대한 시각적 변화를 통해서 아테네인들은 파르테논 단지의 프로필레아가 해양 세력 정체성을 강조하도록 만들었다. 새로운 변화로 인해서 파르테논을 떠나는 모두가 해양 세력 제국주의의 근원인 살라미스의 전경을 볼 수 있었다.

새로운 공공 기념물, 항해 표지의 건설과 더불어 피레우스, 다른 아테네 항구에 3단 노선 계류장까지 갖춘 명실상부한 국가수반 페리클레스는 에욱시네(흑해/옮긴이) 인근에서 "존재감을 알리기" 위해서 평화 시기의 항해에 나섰다. 항해는 거대한 해양 제국의 힘과 위용을 드러냈으며, 주변국에게 전쟁을 단념하게 하고 민주주의 운동을 지지하며 무역을 보호했다. 함대의 이면에는 바다와 그 바다에서 일어나는 무역의 장악을 노리는 정치적 계산이 도사리고 있었다. 만연한 경제 제국주의는 메가라 법령을 촉발시켰다. 메가라가 아테네 제국 외부에 머물자 메가라의 선박들이 "동맹"의 항구를 이용할 수 없도록 배제하는 처벌을 내린 것이다. 법령의 의도는 전쟁 대신 경제 제재를 부활시켜 스파르타와의 30년 평화 협상을 피해 전략적인 위치를 회복하는 것이었다. 많은 이들은 메가라 법령이 제2차 펠로폰네소스 전쟁을 촉발한 주된 원인이라고 생각했다. 이것이 스파르타 세력에 중대한 위협을 가했다. 동시에 암브라시아 만 포르미오에서 아테네 함대가 보인 활동은 기원전 435년 코르키라와 갈등을 빚기 이전에도 코린토스의 권위에 도전했다.[52]

민주주의 아테네는 전쟁을 갈망했다. 대왕을 무찌르고 지역의 옛 패권국인 스파르타를 눌렀으며 20년 만에 델로스 동맹을 제국으로 변화시킨 아테네인들은 거대한 제국 도시를 건설했다. 아테네는 시칠리아의 시라쿠사를 앞질러 그리스 세계의 기적으로 발돋움했다. 기원전 440년대 아테네에는 비교할 수 없는 수준의 위대한 건축물, 힘의 표현과 상징들이 몰려 있었다. 도시는 제국이 되고자 하는 결의와 더불어 그리스 세계에서의 문화 지도력을 갖추고자 했다. 문화적 탁월함은 "아테네의 힘과 부의 증가"를 드러냈고 다른 그리스 국가들에 깊은 감명을 주었다.[53] "초라한" 스파르타와는 극명한 대비를 이루는 것이었다. 투키디데스는 그러한 외적 표현이 천박하다고 여겼지만, 이는 이후 세계를 매혹시켰다. 전쟁이 임박해도 아테네는 충돌을 피하려는 시도를 하지 않았다. 그저 신전 건설에 쏟던 노력을 장벽과 해군 시설 건설에 돌렸을 뿐이다. 시민들은 전쟁을 치를 준비가 되어 있었고 이성적인 의견은 묻혀버렸다. 전쟁은 동맹을 제국으로 변신시키는 과정을 완성했다.[54]

전쟁의 전망을 놓고 토론하던 스파르타의 아르키다무스 왕은 자신의 군대가 아티카 반도에 손해를 끼쳐도 아테네는 그 보상으로 국외의 육지를 활용할 준비가 되어 있음을 인식했다. 한편 도시와 피레우스의 요새화는 아테네를 해군으로 만들었다. 테미스토클레스는 항구를 도시보다 가치 있게 여겼으며 시민들에게 전쟁 시에 도시를 버리고 항구에서 재결집할 것을 촉구했다. 이는 매우 과감한 결정이었는데, 계획된 결정이었을 가능성이 있다. 극단적인 선택을 피하기 위해서 아테네는 기원전 458-457년 "장벽"을 건설하여 아테네를 대륙에 위치한 섬으로 만들었다.[55] 이 장벽을 통해서 아테네는 테미스토클레스가 플라타이아에서의 승리 이후 예상한 스파르타의 침략에 맞섰다.

장벽이 완공되고 제국을 지배하며 전문적인 기능을 갖춘 독보적인 해군을 확보한 페리클레스는 펠로폰네소스에서 두 번째 전쟁 가능성에 맞닥뜨렸다. 민주주의와 해상 사회를 갖추고 팽창 의도를 가진 아테네에게는 자금, 해군력, 테미스토클레스가 마련한 도구를 사용할 기술력 또한 있었다. 펠로폰네소스 반도 사람들은 바다에서 아테네의 적수가 되지 못했다. 페르시아 전쟁 이후 값비싼 훈련을 감당할 수 있었던 세력이 아테네뿐이었기 때문이다.[56] 페리클레스는 아테네 시민들에게 육지의 노예가 되지 말고 군을 위해서 해상 무역을 수행하며 해외의 재산을 이용하여 국내의 수요를 확보할 것을 촉구했다. 이와 같은 비대칭 전략은 해양 세력을 "매우 중요하게" 만들었다.[57] 페리클레스는 아테네인들이 섬사람들이었다면 무찌르기가 더 어려웠을 것이라고 언급하며 "장벽"이 건설된 이유를 상기시켰다. 해양 권력 전략은 장벽 밖에 있는 모든 것의 파괴를 승인하기도 했다. 페리클레스는 이것이 새로운 전략이 아님을 강조하기 위해서 고의적으로 살라미스의 구호인 "배에 오른다"를 활용했다. 기원전 480년 테미스토클레스와 같은 시각으로 "도시"를 바라본 것이다. 양자 간의 연관성은 뚜렷했다. 테미스토클레스는 크산티푸스의 아들이자 미칼레와 세스토스에서 승리를 거둔 자로서 페리클레스가 채택한 아테네 해양 세력 제국주의의 지적 선도자였다. 『아테네인의 헌법(Athenaion Politeia)』의 저자이자 "노(老) 과두주의자"로 알려진 무명의 아테네 평론가가 강조했듯이, 이러한 급진적 조치는 잃을 것이 거의 없거나 전무한 이들에게는 매우 쉬운 길이었다. 즉 도시 내부의 분열을 강조한 것이다. 페리클레스는 "추도 연설"에서 폴리스에는 구조보다는 사상으로 정의되는 도시의 비전이 성공의 열쇠라고 밝혔다. 그는 아테네의 사상과 국민들의 특성을 찬미하고 도시가 현실을 넘어 품고 있는 비전을 강조했다. 아테네인들이 있는 곳이 바로 아테네였다. 그가 도시와 아티카 땅의 안보보다는 멀리 있는 불확실한 곳을 바라보도록 독려했을 때에 그가 상상했던 "무제한의 제국"은 해양 세력이었다.

페리클레스는 아테네인들에게 바다의 지배자인 탈라소크라트(thalassocrat)는 원하는 곳은 어디나 갈 수 있고 대왕에 맞설 수도 있음을 상기시켰다. 해양 세력의 영향력은 동맹보다 훨씬 더 먼 지역에까지 이르며, 그가 "싸구려"라고 표현한 육지나 주택보다 더 가치가 있었다. 투키디데스가 페리클레스의 만트라를 반복하면서, 아테네가 해군을 유지하고 도시를 지키며 제국을 더하지 않는다면 스파르타를 패배시키리라고 말한 것은 비평가로서의 입장을 취했기 때문이었다. 그는 아테네가 최후의 패배를 맞은 주요한 책임이 민중주의 지도자와 일반적인 아테네인들에게 있다고 보았는데, 이들은 스스로가 이 정책에서 멀어지도록 야망과 탐욕을 허용한 사람들이었다. 그러나 시칠리아로 향하는 길을 표시하여 국민들을 새로운 영토로 가게 하고 아티카 반도와 조상들의 땅을 버리도록 부추긴 사상은 페리클레스의 의제를 잘못 판단한 것의 연속일 뿐이었다.

페리클레스는 제해권의 제한적인 해상 전략을 받아들였고, 펠로폰네소스와 이집트의 무역을 차단하기 위해서 크레타의 핵심 해군 기지를 점령하고 해안 도시를 공격했으며 무역을 방해했다. 그의 접근은 아테네가 수십 년간 "동맹"에게 사용했던 강압적인 경제와 군사 전략의 연장선상에 있었다.[58] 이와 동시에 그는 육지에서 스파르타에 "결정적" 승리를 안겨주지 않기 위해서 요새화된 도시에서 방어력에 의존했다. 페리클레스는 이 전쟁이 장기전이 될 것이며 비용도 매우 많이 필요하리라는 점을 인정했지만, 아테네가 제국을 확장하려는 유혹을 피한다면 성공할 것임을 의심하지 않았다. 제1차 펠로폰네소스 전쟁의 경험은 그의 분석을 일부 지지했다. 그러나 그는 메가라의 통제권 상실이 미친 영향과 스파르타 군의 힘을 약화할 주요 군사력과의 동맹의 필요성, 전쟁의 피할 수 없는 "저항"을 과소평가했다. 그 결과 아티카의 인구를 도시 안으로 유입시키면서 파멸적인 장티푸스가 발병했고, 페리클레스 자신과 아테네 인구 3분의 1이 목숨을 잃었다.

페리클레스의 전략은 실패로 돌아갔으나, 스팍테리아에서의 수륙 양면 작전은 놀랄 만한 성공을 거두면서 기원전 421년 니키아스 화약에서 우호적인 조건을 이끌어냈다(니키아스 화약의 명칭은 협상을 도운 아테네 장군의 이름에서 따왔다). 스팍테리아는 시칠리아와 동부의 제국을 확대하는 계획을 포함하여 제국의 조공을 재평가하는 계기를 마련하기도 했다. 투키디데스의 지적대로, 평화는 아테네의 야심을 키울 뿐이었다. "페리클레스의 제국주의는 아테네의 민중이 항구적인 평화에 안주하기에는 지나치게 큰 힘과 욕구를 만들어냈다."[59]

전쟁이 재개되자, 아테네의 알키비아데스 장군은 테미스토클레스와 클레온처럼 해양 권력 전략에 육지의 동맹국이 필요함을 깨달았다. 그는 스파르타의 시선이 계속 펠로폰네소스와 메가라를 점령에 머물기를, 전략적 요새인 코린토스 지협을 차단하기를 바라면서 아르고스와 동맹을 맺었다. 이러한 접근은 성공할 뻔했다. 그러나 스파르타가 기원전 418년 만티네이아에서 승리를 거두면서 동맹이 깨졌고, 이어 아르고스의 민주 정부도 무너졌다.

만티네이아에서의 패배는 진지한 전략적 반성을 일으키는 대신에 아테네가 오랫동안 질시하고 야심을 품었던 시라쿠사에 주목하게 만들었다.[60] 시칠리아는 페리클레스의 웅장한 도시에 새겨진 오만함으로 인한 과잉 열망으로 재앙을 맞았다. 그러나 시라쿠사의 재앙은 아테네의 저력을 드러내는 것이기도 했다. 아테네의 해군 기지가 장악한 해양 권력의 무대에서 민주주의는 일련의 승리를 거두었고, 스파르타에게 평화를 제안했다. 그러나 아테네의 저력보다는 권력의 오만함이 더 컸다. 급진적인 민중은 그때까지 적수가 없었던 해군력을 동원했지만, 그들의 강점이 사실은 얼마나 취약한지를 이해하지 못했다. 아르기누사이 전투에서 승리를 거둔 지휘관들을 마땅한 구실 없이 처형하는 오류를 범하면서 상황은 더욱 악화되었다. 이러한 자만심은 재앙을 불렀다. 아테네는 기원전 405년 아이고스포타모이에서 페르시아의 지원을 받은 스파르타 함대에 패배했다. 아테네 함대를 해안에서 몰아내고 민주주의를 탄압하는 데에 전전긍긍했던 동맹은, 승리를 거두자 아테네의 민주주의를 과두제로 바꾸고 함대를 12척으로 줄였으며 "장벽"을 무너뜨렸다. 이러한 조약은 일시적인 조치였지만, 해양 제국과 이 제국으로부터 공급받던 자원을 상실한 것은 곧 아테네가 더 이상 강대국이 아님을 뜻했다. 마사 테일러가 말한 것과 같이, "투키디데스는 페리클레스가 보여준 지혜의 전형적 예가 되기는커녕 마치 연설을 통해서 페리클레스의 예측이 얼마나 빗나갔는지 강조하려고 한 듯하다. 스파르타는 바다에서 싸우는 법을 터득했고 아티카를 점령했으며, 페르시아의 지원을 얻어 전쟁에서 승리했다."[61]

아이고스포타모이에서의 처절한 패배로 해군 정치 체제가 크게 약화되자 과두제인 "30인 참주정"이 권력을 잡고 민주주의 절차의 전복을 시도했다. 이들은 민주주의의 상징을 바꾸거나 제거하기 시작했다. 프닉스의 의회를 바다가 아닌 내륙을 향하도록 옮겼으며, 참주들은 계류장을 파괴할 계획을 세웠다. 해군과 가장 급진적인 민주주의자들의 고향인 피레우스에 대한 증오심은 뚜렷했다.[62] 이것은 단순한 감정이나 해양 문화에 대한 지역적 반감이 아니었다. 해군과 제국을 유지한 민주주의적 평등화에 대한 증오는 뿌리가 무척 깊었다. 피레우스의 시민들은 민주적 반(反)혁명을 이끌었다.

제국의 공물 덕분에 아테네는 "해양을 다스릴 만한 거대한 함대를 유지할" 수 있었다.[63] 아테네는 해양 세력 정체성을 채택하여 강대국이 되었으며, 자원이 풍부한 해양 제국을 건설하여 그 정체성을 유지했다. 해양 세력은 제해권과 법정, 순양함, 변호인에게 의지했다. 평화 시에 해적과 기타 낮은 수준의 문제를 다루는 정찰 임무는 제국의 세금과 법을 정당화했다. 아테네는 역사상 최초의 탈라소크라시로서, 해양 세력을 실제 힘으로 착각한 것을 용서받을 수 있다. 대륙에 유의미한 동맹을 두지 않은 상태에서 아테네는 그저 경제 고갈 전략을 통해서 유사한 규모의 육지 세력을 꺾을 수 있을 뿐이었다. 적이 돈을 경멸하고 밀집 대형의 보병 전투를 찬미하는 상황에서는 이마저도 어려웠다. 아테네의 탁월한 정치인들은 이러한 딜레마를 간파했으며 이에 따라서 외교술을 구사했다. 다른 이들은 모든 것을 위험에 빠뜨리는 전략도 불사했는데, 예를 들면 바다를 기반으로 결정타를 날리는 비현실적인 전략으로 제국을 유지하는 제해권을 지키고자 했다.[64]

시라쿠사에서 원정군이 패하면서 바다에서 적이 아테네에 도전할 수 있게 되었다. 이전에 얼마나 많이 승리를 거두었든 관계없이, 아테네는 해군의 성공을 항구적 평화로 바꿀 만한 군사력을 갖추지 못한 상황이었다. 전쟁에 들인 노력은 제한적이었다. 선박을 침몰시키고 고용된 노꾼을 수장하는 전략으로는 절대 스파르타를 꺾을 수 없었다. 반면 아테네 해양 세력 제국은 해전에서의 단 한 번의 패배로 무너지고 말았다. 선택지가 주어졌을 때에 그리스의 도시와 섬들은 아테네의 통치로 얻을 수 있는 경제와 안보 차원의 이익 대신에 자유를 원했다. 현지의 과두정은 다른 모든 해양 세력과 마찬가지로 굴복시키기 어려운 상대였다. 아테네에서부터 영국에 이르기까지 주로 토지와 지역에 이해관계가 있는 지도자들은 해양 제국을 근본적인 문화의 충돌로 인식하고 분열을 이끌었다.

포괄적인 정치와 해양 세력 간의 연관성에는 수정이 필요하다. 모든 해양 세력들은 포괄적인 정치 체제, 과두정 공화국에 의해서 만들어지고 유지되었다.[65] 상대적인 정치적 포용성은 해양 세력 국가를 건설하는 데에 중요한 역할을 했으며, 해양 세력 정체성의 전제보다 앞선다. 반면 전략적인 측면에서 정치적 포용성과 해양 권력 사이에는 연관성이 없다. 해군력은 의지와 부를 갖춘 모든 나라, 모든 정치 체제에서 형성될 수 있었다. 페르시아의 해군력은 아테네보다 훨씬 더 컸지만 헤로도토스나 투키디데스 가운데 누구도 페르시아 제국을 해양 세력 제국으로 설명하지 않았다. 해양 세력을 만드는 데에는 포괄적 정치를 비롯한 정치, 사회, 재정적 변화가 수반되어야 했으며, 토대가 마련된 후에야 해양 국가 혹은 도시는 문화적으로 구별된 정체성에 이를 수 있었다. 아테네에서는 과두제에서 민주주의로의 변화라는 새로운 정체성의 핵심이 문화적 변화에 앞섰다. 3단 노선을 선택하는 것은 그리스 도시들에게는 어려운 일이었다. 대다수가 해군력의 새로운 기준을 맞추기 위해서 자금을 댈 수 없었고, 이는 해군과 관련하여 인상적인 명성을 갖춘 여러 나라들도 마찬가지였다. 주로 자금 지원을 위해서 필요한 정치의 변화를 감내할 의지가 없었기 때문이었다. 오직 민주주의의 아테네만이 새로운 해군을 유지할 수 있었으며, 그랬기 때문에 아테네는 두 차례의 정치적 혁명을 거쳐서 해양 세력 제국으로 거듭났다. 대다수 그리스 국가들의 해군력은 아테네가 팽창하던 바로 그 시점에 축소되었다. 그리스의 로도스 섬의 예는 이러한 분석을 지지한다. 로도스의 귀족은 훗날 베네치아의 귀족처럼 해군 활동에 밀접하게 관여했고, 이는 광범위한 대중 역시 마찬가지였다.[66] 로도스는 위험한 세계에서 해양 기반의 안보와 경제 개발에 집중하여 국력을 키웠고, 정치 구조 전반에서 권한과 이익을 분배했다. 해양 세력이 되기에는 규모가 너무 작았지만 민주주의의 로도스 섬은 상당히 오래 유지되었다.

해양 세력의 탄생에는 국가의 대대적인 변화가 필요했다. 국가의 전함이 건조 및 유지되고, 국가 소유의 무기고가 운영되며, 국가의 항구 시설이 작동해야 했기 때문이다. 이에 따라서 국가의 수입이 크게 증가해야만 했고 해양 관련 인구의 대규모 고용도 필요했다. 이는 대체적으로 간과되어온 사회적 혁명이다. 비록 "충격은 크세르크세스의 침략으로 인한 거대한 소동으로 흡수되었지만, 변화의 규모를 간과해서는 안 된다."[67] 아테네의 민주주의는 부유층에게 함대의 운영 비용을 지불할 의무를 지웠으며, 이로 인해서 장기적이고 치열한 정치 공방이 이어졌다. 이 과정에서 강력한 문학이 탄생하기도 했다. 3단 노선의 운영비와 유지비를 관리하던 3단 노선 사령관들이 자금을 지불했다. 그들은 주로 지배층이었는데, 연극, 도시 사업, 기타 의식 기능의 자금 지원 역시 맡고 있었다. 지배층은 공개적으로 수치를 당하지 않으면서도 발전하는 아테네 정치 체제에 내재된 평등화 경향으로부터 계층을 보호하기 위해서 이 부담을 수용했다. 동원될 선박의 숫자가 정해지면 해마다 남성들이 지명되었다. 해당 역할을 다른 사람이 맡는 것이 더 적합하다는 점을 증명할 수 있는 경우에만 부담을 면제받을 수 있었다.[68]

지배층이 3단 노선의 사령관을 맡아서 용기와 관용을 조합한 지위를 유지했지만, 전쟁이 장기화되면서 막대한 비용이 필요해지자 정치적 불화가 생겼다. 이에 3단 노선을 이끄는 일이 개인의 차원에서 전 계층이 공유하는 국가적 차원의 임무로 변화했다. 귀족의 용기에 대한 신화는 아테네 지배층에서 소중하게 간직되었다. 시간이 흐르면서 3단 노선 인력의 임금이 표준화되었고, 예상하지 못한 높은 비용을 발생시킬 여지가 있던 요인들이 정기적인 세금에 가깝게 바뀌면서 부담이 분산되었다. 과두정을 전복하는 데에 승리한 민주주의자들은 불만에 찬 계층에 대한 양보로 공동 사령관을 허용했다. 여기에는 3단 노선의 사령관 후보들이 1,200-1,500명으로 확대되는 부가적인 이점이 있었다.[69] 아테네인들은 이러한 체제를 통해서 강력한 해군을 유지하고 불과 80년 만에 사회, 정치, 경제적 기초를 재건한 해양 세력으로의 변모, 민주주의, 세금 인상, 전쟁 국가를 이룩했다. 이와 같은 변화가 시민들 사이에서 엄청난 불화를 일으켰음은 놀랄 일이 아니다.

과세 기반을 장기적, 효율적으로 관리하는 것이 해양 세력의 유지에서 관건이었다. 5단, 6단으로 규모가 더 커진 새로운 전함 때문에 비용이 증가하고 3단 노선의 각 노 젓는 사람 자리에(138–142쪽 참고) 두 사람이 노 하나를 젓게 되어 기원전 350년대의 아테네는 계층 기반을 확대할 필요가 있었다. 국가가 자금을 지원할 수 없을 때에 자발적으로 공공에 기여하도록 호소하기 위해서였다. 국가는 많은 선박들을 보유하고 있었기 때문에 인력과 보관에 자금이 필요했다. 기원전 340년대에 데모스테네스는 개인의 부를 기반으로 3단 노선에 자금을 대도록 체제를 바꾸고, 과세 기준을 보다 공정하게 만들며 참여를 확대하는 개혁을 단행했다. 이러한 변화로 민중과 부유한 지배층 사이의 관계가 변화했다. 국가의 자금 지원에서 부유층이 차지하는 비중도 기원전 4세기 중반에는 60–70퍼센트였다가 기원전 340년대에는 20퍼센트로 줄었다. 3단 노선의 사령관은 인정을 받고자 했다.[70] 그렇다고 그들이 의무를 달가워하지는 않았다.

패배는 반성의 계기가 되었다. 해양 세력에 대한 최초의 분석에서 아테네 지배층은 애국심과 당면한 정치 의제의 균형을 이루려는 노력을 기울였다. 페리클레스가 화려한 수사로 해양 세력에 대한 신뢰를 표현한 연설은 투키디데스를 납득시키지 못했다. 훗날 클라우제비츠가 마찰, 기회, 인간 실패라는 전쟁의 실체를 분석하면서 강조한 현실을 투키디데스가 이미 인식하고 있었기 때문이다. 이러한 전쟁의 실체로 인해서 아테네는 궁극적인 성공을 거두지 못했다. 제국의 조공 체제는 취약했으며 속국의 충성심은 폭력으로 유지된 것에 불과했다. 압제적인 체제는 스파르타가 자유의 수호자

노릇을 하도록 만들었다. 투키디데스는 페리클레스의 주장을 장기적인 현실과 대조했다. 해양 세력을 유지한 문화, 정치, 전략적 사상은 적을 만들면서 사회를 위험에 빠뜨리고 안정을 해쳤다. 테미스토클레스가 공격적으로 민주주의를 주창하면서 스파르타 체제를 위협한 반면, 아테네는 선도적인 해상 국가로서 코린토스를 대체했다. 페리클레스의 성공은 열위의 세력이 주도권을 쥘 때에 따라오는 재앙을 강조할 뿐이었다. 결국 스파르타의 힘과 페르시아의 자금이 바다 위의 선박과 지배권보다 오래 지속된 것으로 드러났다. 아테네는 전략적 한계를 인식하지 못했기 때문에 그 해양 세력은 최종 시험에서 실패했다. 패배 이후 아테네는 놀라울 정도의 회복력을 보여주었으나 정치적인 통찰력은 취약했다.

투키디데스는 아테네의 해양 세력 제국주의를 옹호하지 않았다.[71] 페리클레스의 지도력을 찬미하기는 했지만 아테네 제국의 종말을 안타까워하지는 않았다. 아테네 제국이 기초한 대중 민주주의와 제국이 지지한 문화적 전제에 반대했기 때문이다. 페리클레스는 클레이스테네스와 테미스토클레스가 세운 민회라는 정치적 조직체의 포로가 되었다. 민회는 성공을 거둘 것으로 예상되었고, 힘과 영광의 오만함에 젖어 있었다. 또한 그들은 근본적인 취약함을 간파하지 못했고 실패한 장군과 반란을 일으킨 속국을 처벌하기를 좋아했다.[72] 투키디데스의 글은 민주주의, 제국주의, 해양 세력에 대한 일관성 있는 비평이었다. 게다가 상승 효과를 일으키는 국권에 대한 이 사상은 통제가 불가능한 것으로 드러났다. 그의 정책 제언은 암울했다. 민주주의와 제국주의, 해양 세력의 고리를 끊으라는 것이었다. 불과 한 세대 남짓 만에 아테네는 강력한 보편 제국에 맞서서 승리한 영웅적인 도시 국가에서 당대의 미노스인 바다의 폭군으로 전락했다. 헤로도토스와 투키디데스는 모두 착각에 빠진 아테네 시민들에게 진실을 말하면서 의사결정 절차에 문제를 제기하고, 임박한 재앙에 대해서 설명했다. 아테네 해양 세력은 독재였고, 멜로스 회담에서 드러나듯이 그 핵심에는 제국주의 딜레마가 있었다. 일부 독자들은 그들의 주장을 이해했지만 대다수는 맥락과 모호함을 무시한 채 해양 권력 전략의 이점에 대한 단순한 메시지를 읽는 데에서 만족하고 말았다.

투키디데스가 해양 세력의 광범위한 결과에 대해서 강조했지만, 19세기 역사가들은 아테네가 해양 세력을 전략적으로 선택했다며 그의 글을 의도적으로 오독했다. 독일 학자들이 가진 대륙 중심의 가정은 아테네 해양 세력이 단순한 전략 이상이라는 진실을 모호하게 만들었다. 저명한 해양 교수의 한 사람인 에두아르트 마이어는 밀티아데스와 테미스토클레스가 마치 당대 베를린의 정치가인 양 설명하고 지배적인 육군에 위대한 해군을 추가할 것을 요구하는 한편, 아테네의 민주주의를 "영구적인 무정부 상태"라고 비난했다.[73] 그는 민주주의가 해양 세력보다 앞섰다는 사실은 무시했다. 당대의 많은 이들처럼 마이어 역시 전쟁을 역사적 필요로 간주했으며, 민주주의를 혐오하고 위대한 인물, 자유 의지, 기회를 계획적인 분석 도구보다 강조했다.[74] 기원전 480년 이후의 아테네를 빌헬름주의 독일의 전조로 여긴 것은 매우 부정직한 태도였다. 그는 자신이 그토록 혐오했던 영국이 근대의 아테네였음을 알아야 했다.

사반세기 동안 마라톤과 에우리메돈 강에서 전투를 벌이면서 아테네는 해양 세력 제국으로 변신했고, 규모와 질적인 측면에서 다른 모든 그리스 함대를 능가하는 3단 노선의 유지에 필요한 정치, 재정 구조를 만들었다. 이를 통해서 이오니아에서 대왕을 무찌르고 이집트에서는 그의 통치에 맞섰다. 아테네가 시도했던 것은 빌헬름주의 세계 정치(Weltpolitik)가 구축하려던 바로 그 보편 제국의 패배였다.[75] 게다가 토지와 부를 갖추지 못한 도시 인구의 권한을 강화하여 아테네 해양 세력의 정치 기반으로 삼은 민주주의는 빌헬름주의 국가의 지도자들이 혐오한 체제였다.

아테네는 페르시아 보편 제국에 대한 두려움 때문에 값비싼 해군을 지원하는 해양 세력으로 탈바꿈했는데, 투키디데스는 그리스 국가의 발전에서 이것이 탄탄한 기반이 되는지 의문을 제기했다.[76] 민주 정치로의 변화는 토지나 재산이 없는 사람들의 권한을 강화하고, 지도자들이 미래의 번영이라는 비전으로 민중을 속이도록 부추겼다. 이러한 정치 구조를 활용해야 했던 페리클레스는 모든 시민을 아우르는 정체성을 만드는 수밖에 없었다. 이 정체성이란 내부의 경제 재분배를 통한 평등화가 아니라 바다와 제국에서의 활동을 통해서 지켜내는 번영에 기초했다. 경제 재분배는 사회적 갈등과 항구적인 안정을 해칠 위험이 있었기 때문이다. 스파르타는 민주주의와 불화의 문화, 아테네 해양 세력 제국을 만든 대담함에 놀랐다. 해양 권력 전략은 해양 세력 국가의 질병 매개체에 불과했다. 승리를 거둔 스파르타는 아테네의 정치 체제를 과두정으로 전환하고 함대를 파괴했으며 "장벽"을 무너뜨렸다.

투키디데스는 해양 세력 국가의 탄생과 페리클레스의 해양 권력 전략에 대한 비평을 『펠로폰네소스 전쟁사(*Histories*)』의 서두에 실었다. 페리클레스는 아테네의 시선을 성벽과 육지로 둘러싸인 아티카의 전통 도시에서 그들이 지배하던 바다로 옮기고, 스파르타 군이 아티카를 파괴한 것을 해양 권력과 제국이 보상할 것이라고 주장했다. 투키디데스는 이에 동의하지 않았다. 그는 아테네의 패배를 토지를 소유하고 스파르타와의 전쟁에서 잃을 것이 많았던 과두제 지배층과 토지와 잃을 것이 없던 도시 민중 간의 불화에서 비롯되었다고 보았다. 새로운 정체성으로 빚어진 결과는 "아테네가 심지어 동맹관계도 아닌 섬(과 아테네가 섬으로 상상할 수 있었던 해안 지역)에까지 특별한 소유를 느낀 것"이었다. 섬을 향한 아테네인들의 관심은 멜로스와 시칠리아에 대한 공격을 예고했다.[77] 이와 같은 집착은 카르타고, 베네치아, 네덜란드 공화국, 영국의 정신세계에도 존재했다. 해양 세력은 섬 또는 해안의 소유를 위치와 기능 측면에서 고려해서 싸울 가치가 있다고 여겼으며, 모든 섬들이 자신들의 소유라고 생각했다.

기원전 429년 페리클레스가 사망할 당시에는 아테네의 해양 세력 정체성이 여전히 우세한 상황이었다. 민중은 권력과 이익을 위해서 바다를 바라보았고, 페리클레스의 후손들이 이전의 방식을 이어가도록 압박했다. 페리클레스가 국가 정책에서 민중과 능숙한 소통을 이어간 것은 나중에 민중주의 지도자들이 표를 얻기 위해서 부와 사치를 약속하도록 부추겼다. 무역과 수입 곡물에 의존한 도시 거주자들은 토지와 농업의 오랜 가치에 이해관계가 별로 없었고, 새로운 비전을 주저하지 않고 받아들였다. 투키디데스는 해양 세력 문화가 전략적으로 지나친 확장을 시도한다고 비난했다. 아테네인들은 그들이 지닌 힘 이상으로 대담함을 보였는데, 이동에 적극적인 의지가 있고 이러한 욕구를 품자마자 곧 실행할 수 있다고 생각했기 때문이다. 그들은 다른 사람들의 재산을 존중하지 않았고, 자신들의 힘의 한계를 인정하지 않았다. 도시 국가에서 해양 세력으로의 이동은 델로스 동맹을 "독재"로 변화시켰다. 멜로스에서의 학살은 제국의 권위에 도전하는 섬에 대한 합당한 응징이었으며, 결과적으로 아테네보다 더 큰 섬인 시칠리아를 정복하려다가 마주한 재앙으로 이어졌다. 시라쿠사에서의 마지막 전투에서 니키아스는 그들이 바로 "도시"라는 사상으로 사기가 저하된 군을 결집하려고 했다. 투키디데스는 아티카의 성벽을 두른 도시와 그 너머의 육지를 선호했다. 플라톤도 마찬가지였다.

니키아스 화약에서 아테네인들은 해양 권력의 전략적 무게와 범위를 심각하게 과대평가했으며, 그 크기에 관계없이 모든 섬이 그들의 소유라고 여겼다. 기원전 416년 멜로스에 대한 공격은 이러한 오만함이 빚어낸 결과였다. 멜로스는 단순히 섬이라는 이유로 정복당했으며 그 섬은 아테네의 소유가 되었다. 극단적인 폭력의 사용은 다른 주요국들에 아테네의 힘을 분명히 보여주었다. 그 외의 조치는 아테네를 약해 보이게 하고, 아테네의 해양 권력 전략을 경시하게 만들었다. 아테네가 만티네이아에서 실패했을 때, 그들은 아티카를 지키는 대신에 시라쿠사를 공격하는 방안을 선택하여 토지에 기반한 이전의 체제를 버렸다.[78] 이는 스파르타의 브라시다스가 펼친 전략에 대한 반응일 가능성도 있었다. 브라시다스는 중요 목재와 해군 저장 설비를 공급하던 외딴 도시인 암피폴리스를 공격하여 스팍테리아에서 재앙을 맞은 인물이다. 페리클레스가 이 제국/해군 도시를 고찰한 것은 아티카보다는 "아테네"에 가까웠으며 브라시다스가 예상했듯이 아테네인은 싸울 준비가 되어 있었다. 투키디데스는 도시를 지키지 못하여 실각했으며, 민중주의 지도자인 클레온은 도시를 회복하려다가 전투 중에 사망했다. 그러나 아테네인들은 여러 해 동안 시칠리아를 바라보았고 심지어 그 너머의 카르타고에도 눈독을 들여왔다. 투키디데스의 지적처럼 "먼 곳을 동경하는" 자들이 되었던 것이다.[79] 이는 해양 세력이 보이는 전형적인 집착이었고, 스파르타와 다른 대륙 민족의 편협한 세계관과 분명한 대조를 이루었다.

페리클레스가 제시한, 바다 너머로까지 이어지는 도시 비전에 사로잡힌 아테네인들은 스파르타를 무찌르기 위한 간접적인 전략으로 시라쿠사와의 전쟁을 선택했다. 해양 세력에게는 명쾌한 전략이었다. 투키디데스는 함대가 출항하고 막대한 인력과 자금이 투입되는 저속한 장면을 날카롭게 꼬집었는데, 이는 진정한 도시가 바다 건너가 아닌 아티카에 존재한다는 생각을 보여준다. 아테네는 육지의 주적에 맞설 동맹이 필요했다. 그래야만 스파르타 군이 아티카를 유린하는 것과 같은 명백한 반격을 막을 수 있었다. 이러한 현실은 페리클레스의 가장 재능 있는 후계자였던 알키비아데스에 의해서 실현되었다.[80]

테미스토클레스의 살라미스 책략은 시민들을 물리적인 도시 밖으로 인도하는 돌이킬 수 없는 길을 닦았다. 이는 아테네를 대담하고 외부 지향적이며 역동적이고 공격적으로 만들었다. 그는 아테네를 물리적 구조가 아닌 정신 상태, 소속감으로 바꾸었는데, 근본적으로 부적절한 생각이었다. 항해하는 코린토스 정착자들의 후손 투키디데스는 시라쿠사인들이 아테네 해양 세력을 표현하는 결정적 발언을 언급했다. 페르시아가 침략하려고 하자 아테네를 두고 바다로 나아갈 줄만 아는 본토 사람이라고 무시한 것이다.[81] 이러한 통찰력 깊은 지적은 아테네가 해양 세력이 되는 것이 지리적 불가피성에 의한 것이 아닌 의식적 선택이었음을 보여준다. 선택의 요소에는 결과가 있었다. 아테네의 항해술은 특출한 기술이 아니었다. 그것은 누구든지 습득할 수 있었다.

"장벽"으로 아테네는 진정한 섬이 되었고 "민주주의의 영원한 지배"를 확립했다.[82] 투키디데스의 지적대로 아테네의 장벽 건설은 내부 귀족들의 반대에 부딪혔다. 이들은 민주주의 통치가 이어지는 것보다는 스파르타와 화해하는 방안을 선호했다. 장벽의 파괴는 스파르타 승리의 상징이었다. 장벽이 민주주의와 긴밀하게 연결되어 있었기 때문이다.[83] 궁극적으로 문화와 정체성으로서의 해양 세력은 민중 정치와 세금을 인상하는 전시 상태에 달려 있었는데, 이는 펠로폰네소스 전쟁에 관여한 모두가 분명히 알 수 있었다. 아테네를 단순한 해양 전략의 주창자로 취급한 당대의 전략가들은 전략이 단순히 논쟁의 한 측면에 불과하다는 깊은 진실을 무시했다.

투키디데스는 그보다 더 많은 것을 알았으며 아테네의 패배를 적의 행동이 아닌 정체, 내부 분쟁 때문이라고 보았다. 이는 분명 모순이었다. 그의 독자들은 기원전 404년의 제2차 펠로폰네소스 전쟁에서의 패배가 외부 요소에 의한 것임을 알았다. 스파르타 군은 여전히 무방비 상태의 도시를 차지하고 있었다. 그는 모순을 활용해서 동료 시민들에게 패배에 대한 민주주의의 책임을 받아들이라고 촉구했다. 아티카의 도시가 아닌 "제국, 함대, 힘"에 초점을 둔 페리클레스의 해양 세력은 승리가 아닌 패배를 불러왔다. 투키디데스는 페리클레스의 후계자들이 그의 정책을 수행하는 데에 실패한 것을 비판하기는커녕 동일한 궤도를 걸으면서 해양 세력을 신뢰한 대중에게서 주도권조차 상실했다고 주장했다. 궁극적으로 그는 아테네가 몰락한 원인을 아티카와 도시를 희생시켜 탐욕을 추구하고 제국을 정복한 데에서 찾았다. "투키디데스는 아테네의 부상에서 이미 몰락을 인지했다. 그는 제국 그 자체를 추구(하고 정복)하는 데에서 멸망을 본 것이다."[84]

해양 세력에 대한 투키디데스의 고찰은 지지가 아닌 경고로 읽어야 한다. 이는 테미스토클레스와 페리클레스의 해군 비전에 대한 필수적인 교정이었다. 기원전 411년 아티카에서 과두 반란이 일어났을 때, 사모스에서 아테네 함대가 보인 반응은 그의 결정적 주장과 맞닿아 있다. 물리적 도시와 페리클레스의 해양 세력 비전 중에서 선택해야만 하는 상황에 몰렸을 때, "민주주의" 함대는 자신들의 도시를 공격하지 않는 방안을 선택했다. 스파르타가 다르다넬스를 통해서 식량 공급을 차단할 기회를 주지 않기 위함이었다. 물리적 도시를 방어하기로 선택하는 것은 투키디데스가 전달하고자 했던 교훈이었다. 그는 아이고스포타모이에서 해군이 최후의 패배를 당한 것이나 피레우스에 승리한 스파르타 함대가 도착한 일을 언급하지 않았다. 이는 실질적인 재앙, 즉 아테네가 스파르타와 페르시아라는 꺾을 수 없는 동맹과 충돌하도록 만든 역동적이고 공격적인 해양 세력 정체성으로 변화한 데에 따른 부작용이었다.

문화 현상과 전략적 힘으로서 아테네 해양 세력이 보여준 놀라운 회복력은 패턴을 정립했다. 상업적 번영, 민주 정치, 제국의 권력 간의 연관성이 형성되자 이 연관성은 아테네를 지배하고 정의했다. 문화적 해양 세력은 빠르게 뿌리를 내렸다.[85] 펠로폰네소스 전쟁에서의 패배에도 불구하고 아테네는 회복하고 재건하여 제국의 과정을 재개했는데, 이런 일이 한 번도 아니고 두 번이나 일어났다. 결국 페리클레스 제국의 자원을 상실한 도시는 대륙의 군사 강국에게 압도당했다. 마케도니아의 필리포스 2세는 그리스 본토를 군사적으로 장악한 후에 아테네의 기지와 에게 해의 해군 자원을 능숙하게 차지했다. 육지에서 해양 세력을 짓밟는 전략은 그의 아들인 알렉산드로스 대왕에게서 반복되었으며,[86] 2,000년 후에는 나폴레옹 보나파르트에 의해서 다시 시도되었다.

기원전 323년, 알렉산드로스 대왕이 사망했다는 소식은 해양으로 진출하려는 아테네의 노력과 정치적 야망을 또다시 충동질했다. 이 그리스의 후계 국가는 아테네 해양 세력 문화를 진멸하고 이와 더불어 200년 동안 유지되어온 독특하고 고유한 사상도 파괴했다.[87] 3단 노선 시대의 열띤 논쟁에서 비롯된 아테네의 풍부한 문화유산은 역사, 철학, 연극, 심지어 민주주의라는 개념에 자취를 남겼다. 아테네 해양 세력은 후대의 도시, 국가, 사상가들에 의해서 몇 번이고 되살아났다. 로마에서 미국에 이르기까지 몇몇 국가들이 아테네가 누린 해군 영광의 상징을 휘두르고 투키디데스의 주장을 바꾸어 말하며 그 개념을 채택했다. 그러나 결국 해양 세력이 되는 데에는 실패했다.

해양 세력에 대해서 남아 있는 고전 문헌은 지배층의 저자들이 작성한 정치와 문화에 미친 결과에 대한 비평이 주를 이룬다. 대안적인 의견이 얼마나 적극적으로 묵살되고 시간이 흐르면서 스스로도 침묵하게 되었는지는 가늠하기 어렵지만, 최소한 지배층의 열렬한 비평은 해양 세력에 우호적이고 강력한 친(親)민주주의 의견이 존재했음을 시사한다. 지배층의 저자들은 독자들이 해양 권력 전략을 만들고 사용하는 기술을 이해하고 있다고 가정했으며, 아테네 시민들은 테미스토클레스와 페리클레스에 의해서 변질된 해양 세력이라는 데에 초점을 맞추었다. 구조적 변화와 해양 세력 간의 연관성을 인식한 저자들은 정치의 안정적인 회복을 위해서 바다를 저버릴 것을 권했다. 타소스의 스테심브로투스가 이를 처음으로 지적한 것으로 보이는데, 그가 태어난 섬에는 아테네 제국주의의 상흔이 남아 있었다. 반면 "노 과두주의자"와 플라톤은 주장을 발전시켰다. 해양 세력을 추구하는 것은 선원을 비롯해서 건축가와 매춘부 등 근로자들을 지원하는 모든 필수 인력의 유입으로 인한 아테네의 인구의 팽창으로 이어졌다. 그들은 이제 피레우스 항을 다시 건설해야 했다. "노 과두주의자"는 해양 세력 사회의 부상에 대해서 모순적인 논평을 남겼다.

아테네의 빈곤층과 일반인들은 함대를 지키고 도시에 권력을 부여했다는 점에서 가문이 좋고 부를 지닌 자들보다 형편이 나아야 한다. 타수(舵手), 갑판장, 장교, 뱃머리의 망보는 자, 선장은 중장 보병이나 좋은 가문의 사람들을 대신해서 도시에 권력을 주는 이들이다.

그는 아테네에서 "우리가 노예의 노예가 되고 있다"라고 지적했다. 테미스토클레스가 노(櫓)로 도시를 타락시켰다고 생각한 사람은 그뿐만이 아니었다.[88]

십중팔구 "노 과두주의자"에 대한 반응으로, 투키디데스는 해상 제국 의제에 분열의 특성이 있음을 인정했다.[89] 실제로 그가 페리클레스의 "추도 연설"에서 해양 세력을 다룬 부분은 비교적 새로운 주장으로 해석할 수 있다. 이는 제1권에서의 도입 성격으로 다룬 바와 일관되는 것이다. 제1권에서 그는 제국의 핵심인 해양 권력이 육지전에서의 하찮은 결과보다 우월함을 강조했다. 해양 세력은 아테네를 부유하게 만들었지만 기원전 404년에는 패배를 안겨주었다. 제국은 성공적이고 영광을 누리는 듯했으나 독재의 형태였고, 멜로스 회담과 같은 힘든 선택을 요구했다. 제2차 아테네 동맹은 논란에 다시 불을 붙였다. 기원전 355년 이소크라테스는 해양 세력이 압제적이고 사기를 저하하며 독재, 불평등, 나태, 무법, 탐욕, 갈망의 원인이라고 비판했다. 이는 노를 저어서 국가로부터 생활비를 받는 하층민들에게 정치 권력을 넘겨주었을 때에 일어나는 명백한 결과였다.[90] 크세노폰은 노 젓는 사람들의 고역을 혐오하는 전형적인 귀족으로서, 아테네가 해양 세력을 추구하는 대신 고국에 머물면서 제조업으로 이익을 누려야 한다고 주장했다. 플라톤은 『법률(Nomoi)』에서 평화를 추구하는 도시는 시선을 바다에 두지 말 것을 권하면서 이러한 주장에 논리적인 결론을 더했다. 그는 해전은 중장 보병의 전투보다 비겁하기 때문에, 항구는 사람들에게 이동성과 의심을 준다고 주장했고 살라미스에서의 승리를 평가절하했다.[91] 아리스토텔레스는 플라톤을 놀라게 한 위험성에 수긍하면서도 해안 입지의 전략적이고 경제적인 이익을 인정했다. 그는 해외와의 교류와 무역이 폴리스의 정신적 심장부에 침투해서 위험한 전염을 일으키지 못하도록 도시와 항구 사이에 분명한 경계와 벽을 세워 사실상의 저지선으로 쓸 것을 제안했다. 바다를 지배하는 섬 도시가 되는 것이 도덕적으로 옳지 않다고 여겼음에도 해양 권력은 여전히 중요하다고 본 것이다. 아리스토텔레스의 모형에는 당대의 현실이 반영되어 있다. 헬레니즘 시대에 해군은 대안적인 문화와 전략적인 개념을 제공하기보다는 대륙 독재 국가들의 군사 활동을 지원하는 데에 그쳤다.[92] 제국을 빼앗긴 아테네는 마케도니아의 군사력에 압도당했다. 아테네 민주주의와 수사법은 팔랑크스(밀집 전투 대형/옮긴이)와 공성 병기의 적수가 되지 못했다. 동맹을 사거나 거대 함대를 운용할 자금이 없었기 때문이다. 헬레니즘 저자들은 해양 권력을 이해했으나 그 세계에는 해양 세력이 존재하지 않았다. 예를 들면, 그리스에서 가장 해양 국가에 가까운 로도스의 경우 규모가 너무 작았다.[93]

　로마인들은 해양 세력에 대한 그리스의 비판을 되풀이했다. 키케로는 그리스의 부패와 불운이 대다수 그리스 도시가 바다와 가까웠기 때문에 찾아온 것이라고 지적했다. 리비우스도 이러한 반(反)카르타고 선전을 반복했다. 폴리비오스는 로마와 카르타고를 비교하면서 육지 세력의 도덕적 우월성을 강조했으나 해양 세력의 개념은 살피지도 않았다. 그리스 독자들에게 로마의 부상을 설명하는 그리스인 인질이 얼마나 새로운 주인에 맞게 말을 만들었는지는 판단할 수 없는 문제이다.[94] 로마인들은 카르타고의 문화를 폄하하는 데에 플라톤의 비평을 활용했다. 도시가 바다에서 일정 거리 떨어져 있어야 한다는 주장은 기원전 150년에 전쟁을 목적으로 활용되었고, 이는 제3차 포에니 전쟁으로 이어졌다. 이러한 사건들은 아피아인들이 원로원에서 폴리비오스의 사라진 문헌 혹은 플라톤을 직접 인용해서 해양 세력을 비판하는 연설을 하도록 부추겼다.[95]

　해양 세력에 대한 그리스인들의 적대감은 항해 이전의 "황금기"라는 분명하지 않은 시대, 그리고 투키디데스를 포함한 지배층 저자들의 반민주주의 편향과 영웅적 보병 전투로 정의되는 개인의 명예에 대한 집착으로 형성되었다. 해양 세력은 농사나 농토 없이도 식량을 공급하고 국민들을 먹였으며, 그들이 해양 산업에 종사할 수 있도록 만들었다. 헤로도토스는 모든 그리스가 살라미스의 영광에 젖어 있고 페르시아의 위협으로부터 벗어난 시기에 글을 쓰는 큰 혜택을 누렸다. 그러나 역사의 아버지인 그조차 아테네의 제국주의적 독재를 인식하고 비판했다. 두 편의 위대한 역사서는 시대를 초월하여 후대에 전해졌는데, 그 책들이 권력과 정체성에 대한 보편적인 주장을 담고 있고 이러한 주장이 독자들에게 공통적인 관심사였기 때문이다. 문헌은 아테네의 저자들이 이전의 저자들과 얼마나 긴밀하게 연결되어 있었는지를 분명히 보여준다. 그들은 자기 사회에 몰두하고 다른 사람들이 이것을 어떻게 이해할지에 대해서 집착한, 역동적이고 발전하는 사회의 일원으로서 연결성을 유지했다. 제국이 짧은 영광을 누리고 오랜 시간이 흐른 뒤에도 논의는 계속 이어졌다. 문헌은 메소포타미아와 이집트 통치자의 고정된 목록에 그치지 않았다. 그것은 해양 세력 국가가 된다는 것이 무엇을 의미하는지에 대한 살아 숨쉬는 고찰이었다. 유사한 다른 나라들에서의 증거는 논쟁이 정체성에 중요한 역할을 한다는 점을 시사한다. 이 때문에 로마는 카르타고의 문학을 파괴하기로 한 것이다.

아테네는 해양 국가가 되기로 선택한, 최초의 유의미한 규모의 국가였다. 아테네 이전의 해양 세력은 섬 혹은 소도시였거나 대륙의 강대국이 형성한 세계에서 움직이는 주변부의 집단이었다. 페니키아에서 사상과 방법을 빌려오기는 했지만 아테네는 보다 군사화된 형태의 접근법을 취했다. 이미 민주주의 사회였던 아테네는 갑작스럽게 은을 얻게 되자 전함을 구축했다. 전함은 아테네의 독립을 지켜주었고 이후에는 함대를 유지할 제국을 구축하게 했다. 이는 도시를 해양 세력 강대국으로 만들었다. 민주주의 정치와 해군력의 결합은 해양 세력에 문화적으로 막대한 결과물을 가져다주었고, 당대의 육지 세력을 겁먹게 했다. 아테네가 미칼레와 에우리메돈 강에서 놀라운 승리를 거두자 스파르타의 근심은 커졌는데, 투키디데스는 이 것이 펠로폰네소스 전쟁의 주된 원인이라고 지목했다. 해양 권력 전략을 유지하기 위해서는 3단 노선의 해군에 들어가는 막대한 비용을 마련해야 했고, 이에 아테네는 제국으로 뻗어나가야 했다. 델로스 동맹은 아테네가 이끄는 상호 안보 협정에서 제국주의 "독재"로 변질되었다. 도덕적으로 정 당화할 수는 없지만 아테네 해양 세력에는 반드시 필요한 절차였다. 해양 세력이 되면서 아테네인들은 제국, 영광, 번영, 지위라는 결실을 맛보았고 이를 포기할 생각이 없었다. 기원전 411년 과두 집단은 장기간의 해전으로 인해서 지배층에 경제적 부담이 가해진 데에 반발하여 쿠데타를 일으켰으 나 피레우스에서 해군 인구에 패배했다. 해양 세력 국가들은 당대에 등장 한 최초의 보편 제국과 경쟁하는 데에 필요한 자원을 확보하기 위해서 제 국이 되었다. 이들의 수사는 방어와 생존에 집중되었지만, 실상은 제국과 다름없었다. 이들은 정복과 착취에 열을 올렸다. 아테네 제국주의에 고대 그리스의 숙적인 스파르타가 (라코니아와 메세니아를 제외한) 그리스를 해 방시키겠다는 명분으로 싸운다며 맞섰다. 그러나 페르시아의 금으로 사들 인 그 자유는 오래가지 못했다.

3

불타는 카르타고 함대

"카르타고를 건설하는 디도", 패권을 장악하려던 나폴레옹의
실패를 상징적으로 보여주는 J. M. W 터너의 1815년 작품

두 번째 거대 해양 세력인 카르타고는 항상 해양 도시였다. 이 도시는 기원
전 9세기 중반에 아시리아의 통치자 샬마네세르 3세가 정복한 이후 티레인
들에 의해서 계획적으로 건설되었는데,[1] 페니키아의 건립자들은 말이 아닌
선박을 타고 이 땅을 밟았다. 그들은 지상의 전초 기지 대신 티레와 타르테
소스의 중간에 해상 허브를 구축했다. 카르타고의 정치는 해상 무역을 중
시했으며, 사하라 사막 이남의 경로를 개발한 것은 나중의 일이었다. 카르
타고의 진화는 무역로와 자원의 통제에 대한 갈등, 명백히 성격이 다른 육
지 중심의 군사 문화를 가진 그리스와 로마 경쟁자들과의 충돌에 의해서
형성되었다.[2]

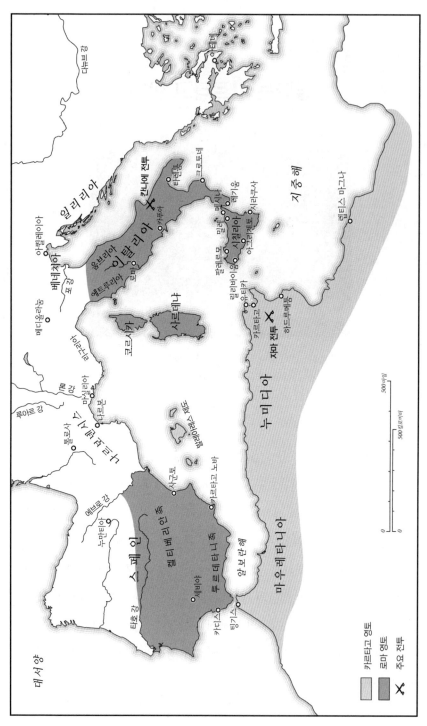

대서양

일리리아

아퀼레이아

베네치아

포 강

메디올라눔

카눈나 강

움브리아
에트루리아
로마   이탈리아
에트루리아

칸네 전투 ✗

타렌툼
카푸아

크로토네

코르시카

사르데냐

티레니아 강
마실리아
나르보

볼레이브레스 제도

레기움
메시나
파노르무스
릴리바이움
아그리겐툼
아크라가스
시라쿠사

팔레르모
시칠리아

렙티스 마그나

지중해

마우레타니아

누미디아

자마 전투 ✗
카르타고
하드루메툼

아이나우스 강

케레
이베르 강
누만티아

사군툼

카르타고 노바

이베리아족
켈티베리아족
루르데타니족

세비야
카르타고

가디스
팅기스

알보란 해

카르타고 영토
로마 영토
✗ 주요 전투

0   500마일
0   500킬로미터

제2차 포에니 전쟁 중 로마와 카르타고

티레의 카르타고 건설자들은 바다에서 전략적, 경제적 이득을 추구했다. 그들은 경작할 수 없는 토양이 아니라 상업적 통제 측면에서 성공을 가늠했다. 또한 배후지를 정복하려고 시도하는 대신에 그들이 점유했던 제한된 지역의 현지 통치자에게 조공을 바쳤다. 식량은 수세기 동안 시칠리아, 사르데냐 등에서 수입했다. 페니키아 경제가 카디스의 금속에 의존했기 때문에 레반트로부터 이베리아까지의 항로를 통제하는 것이 아프리카에서 땅을 차지하는 일보다 훨씬 더 중요했다. 카르타고는 티레의 모형을 따라서 시칠리아 해안의 모티아와 같은 섬의 해군 기지를 확보하고, 카르타고와 유티카를 연결한 이후 아프리카와 시칠리아 사이의 해협을 이용해서 무역을 통제했다. 사르데냐의 남쪽 해안에 위치한 기지는 알보란 해로 이어지는 북부 항로를 폐쇄했다.[3] 누군가 카르타고의 탈라소크라시에 도전하면 신속한 응전이 일어났다.

카르타고는 화살촉 모양의 반도에 위치하고 육상에서 손쉽게 방어를 할 수 있었고, 멋진 해변과 항구 시설을 갖추고 있었다. 이곳은 키케로의 묘사대로 항구에 둘러싸여 있었고, 운하로 연결되었다. 튀니스의 라군에 있는 자연항은 기념비적인 인공항으로 대체되었다.[4] 시간이 지나면서 도시는 일정하게 구획되었고 웅장한 도시 건축물을 조성했다. 항구와 성전 사이에 위치한 중심부에는 아고라와 의회가 있었다.[5]

기원전 671년의 아시리아 포위 공격을 비롯해서 레반트 해안에서 메소포타미아의 권력이 성장하자 티레인들은 서쪽으로 이주했다. 기원전 550년까지 카르타고는 실질적으로 독립을 유지했고 상당한 함대를 소유하고 이베리아로 가는 항로를 지배했으며 서쪽 페니키아 식민지의 정치적, 경제적, 종교적 지도 세력으로 인정받았다. 기원전 540-535년 사이에 카르타고와 에트루리아는 코르시카를 점령하려는 그리스를 무찔러 티레니아 해에서 연합국의 통제력을 확보하고, 그리스가 스페인 광산에 접근하지 못하도록 차단했다. 그러나 동쪽에서 일어난 극적인 사건으로 인해서 카르타고는 광범위한 세계와 관계를 유지하게 되었다. 기원전 525년에 캄비세스 2세는 메소포타미아의 초강대국에 페르시아가 카르타고를 상대로 사용할 것으로 예견된 페니키아 해군을 더해 이집트를 정복했다. 티레인이 자신들이 만든 "아이"를 상대로 하는 항해를 거부하자 위협이 사라졌다. 기원전 509년 카르타고는 로마와 조약을 체결했다.[6]

티레와의 접점이 점차 사라지면서 카르타고에는 공화정의 형태가 발전했다. 매년 2명의 집정관이 선출되어 도시를 이끌었고, 상원에서는 전쟁과 평화에 관한 굵직한 문제들이 해결되었다. 시민들은 정치적으로 상당한 영향력을 행사했으며 공개 시위도 심심치 않게 일어났다. 상원은 다른 지역의 해양 세력들과 마찬가지로 제한 전쟁, 상업 계약, 용병 부대를 선호했다. 공화국 카르타고에서는 대의 정부를 유지하는 데에 필요한 견제와 균형이 유지되었다. 아리스토텔레스는 카르타고 헌법이 성공적이었다고 간주했는데, 이 헌법이 독재나 폭민 정치에서도, 승리와 패배 상황에서도 유지되고 발전했기 때문이다.[7] 페니키아 도시는 부를 위해서 상거래에 의존했기 때문에 상인 과두 집권층에 반응할 필요가 있었다. 반면 카르타고는 식민지이자 교역소, 나아가 아프리카의 강국으로 발전했다. 여기에 육지의 이해관계가 생기면서 의사결정이 복잡해졌다. 육지 기반의 가문은 별개의 계급을 형성했지만, 로마의 계급이 권력을 독점하는 것을 질시할 수 있을 뿐이었다. 제1, 2차 포에니 전쟁을 향해가면서 경쟁관계에 있던 해상과 육지 세력의 이해관계가 충돌했지만 육지 기반의 지배층은 언제나 무제한 전쟁보다는 제한된 패배를 선택했다. 아테네에서와 마찬가지로 귀족의 논쟁에서 국민들이 점점 더 중요한 의미를 지니게 되었다.

해양 국가로서 카르타고는 많은 문화권의 흔적을 지니고 있었다. 카르타고 문화는 그리스와 이집트의 영향을 받으면서 그 기원인 페니키아의 문화와 구별되었다. 혼인에 대해서 민족이나 계급 간에 제한이 없었던 이곳에 이민자들이 동화되면서 도시가 성장했으며, 그 결과 북아프리카, 그리스, 이탈리아와 강한 연관성을 지닌 새로운 사회가 건설되었다. 이곳에서는 여성이 재산권을 보유했고 경제적으로도 활발하게 활동했다. 노예 소유는 보편적이었다.[8] 카르타고는 점점 더 스페인과 그 배후의 자원에 눈독을 들이기 시작했는데, 이와 같은 관심사의 이동은 동전에 새겨진 문양의 변화에서도 엿볼 수 있다. 선박 문양이 말과 야자수, 여신으로 대체된 것이다.[9] 이러한 상징들은 카르타고가 해양 세력에서 대륙 제국으로 옮겨가는 과도기를 보여준다.[10]

카르타고의 전략적 문화에는 상업/해양에 대한 관심, 정복과 영토보다는 안정과 번영을 중시하는 시각, 동맹국과 용병의 필요성을 강조한 부와 취약한 인력 기반의 조합, 무엇보다도 국가를 보존하기 위한 자발적인 타협이 반영되어 있었다. 카르타고는 섬을 "중요한 연결점"으로 사용한 "최초의 진정한 지중해 내부 제국"이었으며,[11] 베네치아와 영국의 분명한 선례였다. 공격적이고 영토를 탐하는 시칠리아의 그리스 정착자들에 이어서 로마 공화국과 영토 경쟁을 벌이면서 카르타고는 이기기 어려운 전쟁을 치르게 되었다. 이들은 경쟁국의 무자비한 군사 문화에 대응할 방책이 전혀 없었고, 시범 전투에서도 대개 실패했다. 그러나 이러한 접촉으로 카르타고는 점차 그리스화되었고, 이러한 특징은 군사 분야에서 가장 두드러졌다.[12]

카르타고는 그리스의 군사 방식을 채택했지만 시민 군사, 희생, 명예로 요약되는 군사 문화까지 흡수하지는 않았다. 티레의 건국자들처럼 선박, 자금, 용병을 활용한 전투를 선호한 것이다. 심지어 한니발조차 공격성이 부족했다. 제한적인 승리를 거두어 힘의 균형을 이루는 그의 전략/정치 모형은 강대국보다는 티레와 같은 주변부의 무역 공화국에 적합했다. 카르타고는 먼저 갈등을 일으키기보다는 침략에 대응할 가능성이 높았으며, 군사를 일으키기를 기피했다. 이 사회의 좌우명은 현실주의 정치였다. 카르타고의 지도자들은 패배한 동맹국을 재빨리 버리고 타협을 선택했다. 해양 세력으로서 카르타고는 해군을 국가의 주된 군대로 간주했다. 카르타고는 제한적인 해상 갈등을 일으켰으며, 이는 대개 중요한 무역로와 섬 기지, 자원을 통제하기 위함이었다. 이들은 카르타고인 스스로가 건조한 함대에 희생 가능한 용병들을 배치했다. 공격적이고 영토를 탐하는 그리스와 로마가 핵심 자원이 있는 지역에 발을 들였을 때에는 대응을 했지만, 영토를 거느린 제국을 계획적으로 추구하지는 않았다.[13]

그리스 정착민으로 구성된 국가가 시칠리아의 생산지를 확보하기 위해서 위협을 가하자 카르타고는 주된 작전을 실시했다. 기원전 480년에 히메라에서 시라쿠사 그리스인에게 참패한 이후 카르타고는 70년 동안 시칠리아 동부로 돌아가지 않았다.[14] 이 사건으로 사회에 대대적인 변화가 생겼고 정부 구조가 변화했으며 국내 생산에 대한 관심이 커졌다. 카르타고는 고립주의를 표방했는데, 이 과정은 토지 귀족들의 부와 정치 권력의 증가와 밀접하게 연관되어 있었다. 해상 무역은 불안정하고 보상이 유동적인 반면, 토지 기반의 부는 안정적이었고 장기적으로 권력을 키울 수 있었다. 아리스토텔레스가 높이 평가했듯, 카르타고는 고대판 베네치아처럼 질서와 원칙이 정립된 귀족 공화국이 되었다. 과두제 정치는 그리스 문화와 새로운 신의 전파와 더불어 힘을 얻었고, 이러한 지도자들 중에서 다수는 시칠리아의 그리스인이었다. 시라쿠사와의 전쟁에는 비용이 많이 들고 마땅한 해결책도 없었지만 카르타고는 제해권을 얻어서 도시와 함대 운용에 필요

한 세수를 확보했다.[15]

결국 카르타고에는 시칠리아가 필요했다. 갤리 선을 통해서 이베리아로 향하는 항로를 통제하기 위해서는 시칠리아의 기지를 확보해야 했다. 기원전 410년에 아테네를 격퇴한 후에 시라쿠사 시가 시칠리아를 지배하면서 카르타고가 재차 이곳에 개입하게 되었다. 그러나 카르타고는 승리에 필요한 군사적 노력을 동원할 준비가 되어 있지 않았기 때문에 수십 년 동안 갈등이 이어졌다. 카르타고는 해군 기지를 확보했고 정치적 영향력이 충분했기 때문에 섬 정복을 원하지 않았다. 이와 같은 결정을 유지하려는 시도는 기원전 340년 엘리트 시민 부대인 신성대(Sacred Band)를 포함한 대규모 카르타고 군이 매복 공격으로 거의 멸절당하자 재앙을 맞았다. 이에 카르타고에서는 시민 병사를 해외로 파병하는 전통이 막을 내렸다. 이후에는 오로지 해군력과 용병에 의존해서 제한적인 승리를 거두어 목적과 약속을 지키는 데에 그쳤다. 기원전 310년에 시라쿠사의 독재자 아가토클레스는 전쟁 양상을 바꾸어 "결정적" 전투를 위해서 북아프리카로 군대를 보냈다. 침략은 실패로 끝났지만 카르타고 정치에는 지각 변동이 일어났다.[16] 당시 로마와 카르타고는 서쪽의 그리스 국가들에 대항하여 동맹을 맺고 있었다.

카르타고는 요충지인 시칠리아 해군 기지를 보유했으나 그리스인들이 점한 시칠리아를 장악하지 못했고, 장기간의 접촉 과정에서 그리스화되었다. 또한 아프리카 배후 지역으로 뻗어나갔는데, 기원전 396년 그리스 여신 데메테르가 마고의 유명한 농업 백과사전에도 등장한 데에서 농업에 대한 관심이 생겼음을 엿볼 수 있다. 올리브, 포도주, 과일, 생선 소스와 더불어 자색 염료, 가죽 공예품, 도자기와 같은 페니키아 규격품이 주요 수출품이 되었다. 카르타고가 확장되면서 국내의 식량 공급 문제는 대중의 불만을 피하려는 정치 지도자들의 핵심 관심사가 되었다.[17] 도시는 서아프리카와 사하라 이남의 아프리카에서 공급된 금과 귀금속을 대량으로 보유했으며, 스페인 남동부의 카르타고 노보(카르타헤나)에서는 은을 들여왔다. 이러한 부는 기원전 3세기 카르타고의 경제에 연료를 공급했고, 이베리아 남부를 정복한 바르카(카르타고의 명문가로, 한니발 역시 이 가문의 출신이다/옮긴이) 군대에 지급되었다.

기원전 300년경 카르타고는 소수의 다른 대도시와 마찬가지로 지역 경쟁의 한계를 벗어났다. 로마, 카르타고, 알렉산드리아, 셀레우키아의 수도 안티오크의 인구는 10만 명 이상이었다. 기원전 2세기경 지중해 분지의 인구는 3,500만-5,000만 명으로 기원전 8세기와 비교해서 약 2배 수준이었다. 이러한 성장은 인구 밀집도가 낮은 지역에서 두드러졌다.[18] 이로 인한 자원 경쟁이 지중해 사회를 재편했다. 카르타고는 인력, 곡물, 목재를 제외한 나머지 모든 자원이 풍부했다. 약점을 만회하기 위해서 이들은 정착지의 인구 밀도를 높이고 영구적인 정착이 일어나도록 시도했으며, 식량과 원자재의 지역 기반을 개발하고자 노력했다. 그러나 용병, 시칠리아 곡물, 사르데냐 목재에 대한 의존이 결국 카르타고의 파멸을 불러왔다.[19] 카르타고가 티레의 상업 전초 기지에서 육지 기반의 국가로 발전하면서 자원의 수요도 증가하자, 헬레니즘 세계의 주변부에서 부상하던 또다른 강국인 로마와의 충돌이 불가피해졌다. 기원전 3세기에 지중해를 지배한 로마, 카르타고, 동쪽의 헬레니즘 군주국이 어떻게 상호 작용하는지에 미래가 달려 있었다. 모두가 강점과 약점을 가지고 있었지만 카르타고만이 유일하게 해양 세력이었다. 이 도시는 막대한 부와 해상력을 갖춘 상태에서 경쟁에 뛰어들었지만, 이탈리아의 군국주의 공화국에 적수가 되지는 못했다.

로마는 해상 도시가 아니었으며, 강을 건너는 것을 전략적으로 통제했다. 로마의 영토는 기원전 640년 직후에 바다에 이르렀지만, 시칠리아와 남부 이탈리아의 그리스 도시 국가들을 포함한 항해 국가와 비교하면 해군역량 면에서 크게 뒤처졌기 때문에 육지 기반의 국가로 남았다. 기원전 394년에야 로마는 처음으로 전함을 확보했고, 그 이미지를 새긴 주화를 주조했다.[20] 그렇다고 로마가 바다로 관심을 돌린 것은 아니었다. 로마는 티레니아 해의 거대 섬에서 카르타고의 해상 지배와 통제를 인정하면서 이탈리아 반도에 집중했다. 기원전 348년의 신성한 조약에서 로마는 카르타고 서쪽 또는 사르데냐에서 무역을 하지 않기로 합의했으며, 기원전 306년에는 조약을 갱신하여 시칠리아를 포함한 카르타고의 "이익권"을 인정했다. 대신 카르타고는 이탈리아에 관심을 두지 않았다. 조약의 내용은 청동판에 기록되었다. 양국 간의 권력의 균형은 수세기에 걸쳐 변화했지만 로마라는 육지 권력과 카르타고라는 해양 세력 사이에는 뚜렷한 구분이 있었다.[21] 최후의 카르타고 조약이 체결되고 10년 동안 로마인들은 이탈리아 반도의 끝자락까지 진출했다. 카르타고와의 관계는 기원전 272년에 타렌툼의 항복으로 이탈리아 반도에 대한 로마의 지배가 완성되고 훌륭한 항구가 확보되면서 변하기 시작했다. 로마는 카르타고를 고립시키기 위해서 프톨레마이오스 2세와 조약을 맺었다. 조약에 따라서 이집트는 제1차 포에니 전쟁(기원전 264-241) 중에 2,000달란트를 대출해달라는 카르타고의 요청을 거부했다.[22]

19세기의 위대한 역사학자들은 로마와 카르타고의 전쟁을 다루면서 고대 역사에 기록된 로마인들이 설명하는 원인을 주저 없이 받아들였다. 토머스 아널드, 테오도어 몸젠, 에두아르트 마이어와 그들의 추종자들은 카르타고 측이 그리스어와 라틴어 문헌으로 남긴 다른 견해의 가능성은 무시하고 "오리엔탈리스트" 주장을 받아들여 "동쪽"의 무력해진 카르타고가 전쟁의 원인을 제공했다고 보았다. 로마의 주장이 힘을 얻은 것은 그들이 승리했기 때문이었다. 로마를 대변하는 입장에서는 로마가 갑작스럽게 카르타고와의 전쟁 상황에 맞닥뜨렸으며 사실은 전쟁을 원하지도, 예상하지도 않았고 준비도 되어 있지 않았다고 주장했다. 이처럼 겉만 그럴듯한 주장의 당시 청자는 동쪽의 강력한 헬레니즘 국가들이었다. 그러나 실제로는 로마가 우연히 제1차 포에니 전쟁에 휘말렸다고 볼 수 없다. 이탈리아와 시칠리아에서 헬레니즘의 우위를 확립하려는 피로스의 시도에 로마인들의 시선은 반도 너머를 향했고, 이탈리아 남부의 정복에 이은 곡물과 자원이 풍부한 섬의 정복은 어찌 보면 자명한 후속 조치였다. 로마가 사전에 전쟁을 계획했음은 분명하다. 기원전 264년 전쟁을 선언할 당시 로마는 인상적인 함대를 보유하고 있었고 효과적인 행정과 명령 구조, 조선소, 창고를 갖추고 있었다. 로마의 해군은 군사력을 시칠리아로 겨냥하는 데에 필수적인 기반이었다.[23]

로마의 해군이 무능했다는 근거 없는 믿음은, 새로운 함대가 전쟁 발발 이후 카르타고의 난파선을 복제해서 건조하고 "무(無)로부터" 대단한 해군을 이루어냈다는 신화를 지지한다. 이 또한 전쟁이 사전 계획되었음을 숨기기 위해서 꾸며낸 이야기이다. 이러한 터무니없는 주장을 차치하고서라도 로마 전함은 카르타고의 가볍고 기민한 선박인 "4단" 노선이 아닌 시라쿠사의 대형 "5단" 노선을 모형으로 건조되었다. 시라쿠사의 설계는 해전에서의 승리의 균형추를 카르타고의 항해술에서 보병의 전투력으로 이동시켰다. 로마 함대에는 해상 전통을 지닌 동맹 도시의 인력이 동원되었으나 해양 도시인 오스티아와 안티움(안치오)은 선박과 인력 공급을 면제받았다.[24] 주요 조선 자원이었던 실라 숲을 기원전 267년에 브루티아인에게서 빼앗은 것은 로마가 해전을 계획하고 있었다는 설득력 있는 증거이다.[25]

로마는 전쟁을 준비했으며 개전 시기를 저울질했다. 함대도 없이 근해의 섬을 상대로 전쟁을 시작했다면 바보 같은 짓이었을 것이다. 그러나 강력한 해군을 건설했다고 로마가 해양 세력이 되었다고 볼 수는 없다. 어디까지나 로마는 군사 국가를 유지했으며, 해군은 주요 공격력인 육군의 전략적 도달범위를 확장하는 데에 활용되었다. 제1차 포에니 전쟁 중에 폭풍우와 기상의 위협으로 로마 함대가 입은 손실은, 함대가 민첩하지 못하고 사령관들은 미숙했으며, 유명하지만 곧 폐기된 코르부스(corvus)라는 까마귀 부리 모양의 사다리가 매우 무거웠음을, 특히 육군이 해군을 지휘했음을 방증한다. 오만한 장군들은 해군에 여러 차례 재앙을 일으켰으나 로마인들은 배움이 빨랐다. 제1차 포에니 전쟁이 끝날 무렵 그들은 고전적인 들이받기 공격을 할 수 있었고, 코르부스를 없앴다. 대륙의 일부 군사 강국들은 효과적인 해군을 거느렸는데, 특히 로마, 독일, 미국을 비롯한 일부는 해군의 기량이 탁월했다. 육지 권력에게 중요한 점은 해군의 전문성이 아니라 장기적으로 함대를 국가의 핵심 기관으로 유지할 의지가 있느냐였다. 로마는 해군에 초점을 둔 적이 없었다. 명예, 영광, 약탈을 제외하면 바다에서는 사회적 위상과 군사 활동으로 인한 명성을 찾을 수 없었다. "바다를 증오하고 두려워하는" 로마 지배층에게 해군은 "인기가 없었다."[26] 로마의 함대는 로마의 군사력을 한 대륙에서 다른 대륙으로 이동시킬 수는 있었지만 전쟁에서 승리하는 결정적 무기는 아니었고, 로마의 힘을 표현하는 방법도 아니었다. 로마는 주변의 땅을 정복함으로써 바다를 통치했다.

시칠리아 전쟁의 그다지 유쾌하지 않은 또다른 유산은 섬에 남은 대규모의 무급 용병들이었다. 이탈리아의 마메르티니 용병들이 메시나를 점령하고 성인 남성들을 학살했을 때, 카르타고인들은 그들을 제거하려고 했다. 로마는 시칠리아의 침략을 위해서 꼭 필요한 교두보인 도시를 신속히 장악했으며 이 섬을 카르타고의 영역에 두기로 한 오랜 조약을 깨뜨렸다. 본토 정복을 완료한 로마인들은 원로원을 운영하는 로마-캄파니아 귀족들이 원하던 새로운 상업적 기회를 마련할 준비가 되어 있었다. 시칠리아에서의 상업적 접근성과 전략적 해군 기지를 유지하기 위해서 한 세기 이상 동안 싸워온 카르타고는 완전한 통제를 추구하는 권력이 제기하는 새로운 도전에 직면했다. 140년 동안의 전쟁에서 시칠리아 확보에 실패한 카르타고는 로마에 대한 군사적 위협이 되지 못했다. 그들에게는 이탈리아를 침략할 능력도, 의도도 없었던 것이다.

기원전 264년에 선출된 로마 집정관은 전쟁을 선택하여 영광과 이익을 얻고자 했다. 카르타고는 해외에 진출하는 데에 분명한 장벽이었지만, 제1차 포에니 전쟁과 더불어 이탈리아 북부의 갈리아에서도 벌어진 전쟁은 합리적인 전략보다 개인의 야망과 제국의 확장이 우선되었으며, 로마가 카르타고를 동등한 상대로 간주하지도 않았음을 보여준다.[27] 거만한 로마가 전쟁 사유(causus belli)로 든 마메르티니 패거리의 무가치한 주장은 계획적 침략에 구실을 제공했다. 실제 이유는 개인과 제국의 야망이었고 아마 카르타고의 부와 권력이 증가한 데에 대한 투키디데스의 우려도 섞여 있었을 것이다.

로마는 카르타고의 해상 및 상업적 부를 주시하면서 적을 전복하고 좌절시키기를 계획했고, 점점 야욕을 키워갔다. 로마의 다른 인근 국가들은 빈곤했기 때문에 침략 대상으로서 큰 매력이 없었다. 로마는 함부로 맺은 조약을 청동판에 새겨 문서보관소에 넣고는 간단히 무시했다. 그들은 불법 행위를 덮기 위해서 공격적인 선전을 했고, 이는 2,000년이 흐른 후에도 효과적인 선전 방식으로 활용되었다. 19세기의 민족주의 역사가들은 로마를 본보기로 삼으면서, 사실은 로마가 규약을 깨뜨렸음에도 카르타고가 부정직했다고 매도했다.[28]

카르타고는 방어를 위해서 전쟁을 했으며 그 목적을 바꾸는 데에 관심도 없었다. 카르타고의 제한적인 방어 전략은 로마의 영토를 확장하고 원로원 의원들을 부유하게 하려는 무자비하고 냉혹한 방법에 적수가 되지 못했다. 로마의 자원은 인상적이었을지 모르지만 전쟁에서 그보다 중요한 것은 승리하려는 정치적 의지였다.

시칠리아는 군사, 동물, 식량, 기타 보급 면에서 양쪽이 모두 의존하던 큰 섬으로, 고전적인 해상 전략의 무대였다. 바다의 통제는 군대의 성공에 결정적인 역할을 했으며 제1차 포에니 전쟁에서는 고대 역사상 최대 규모의 함대가 전투를 벌였다. 카르타고는 지역의 해군력이었지만 이탈리아 남부의 자원을 이용해서 함대를 만든 지 얼마 되지 않은 상황이었기 때문에 경험이 부족했다. 로마는 초기에 패배를 거둔 이후 코르부스를 활용해서 연승을 거두었다. 로마 해군이 카르타고의 전함을 사로잡을 수 있도록 해준 코르부스는 해전에서 로마의 군사화에 대한 비유로 활용되었으며, 이전 세기에 발전해온 새로운 대형 전함을 상징했다.

3단 노선은 단순한 설계의 선박으로, 속도와 들이받는 기술을 활용하여 적의 선박을 무력화하는 해양 세력의 무기였다. 선박의 운용은 숙련된 조타수와 노 젓는 인력에 달려 있었다. 그러나 대항구에서 시라쿠사인들은 더 많은 보병들이 승선한 무거운 전함이 정면 공격을 가하는 해상 기술을 무력화할 수 있음을 보여주었다. 시라쿠사의 디오니시우스 1세는 카르타고 해군의 기술에 맞서서 "5단" 노선을 개발했다. 이 5단 노선은 노를 젓는 3개의 층에서 위의 2개 층에 2배의 인력을 배치할 수 있었고, 그렇게 함으로써 숙련된 인력을 추가하지 않고도 노꾼을 300명 이상으로 늘릴 수 있었다. 5단 노선은 직접적으로 배를 부딪치거나 앞부분을 들이받는 전략으로 3단 노선을 이길 수 있도록 설계되었으며, 숙련된 조타수의 필요성을 최소화했다. 처음으로 5단 노선이 등장한 것은 기원전 397년이었다.[29] 그러나 5단 노선은 3단 노선보다 속도가 느리고 추진력이 떨어졌다. 해상에서의 강점을 유지하기 위해서 카르타고는 노 젓는 자리에 2명의 노꾼이 탄 두 줄의 선박으로 4단 노선을 개발했으며 5단 노선은 기함으로 활용했다. 밀레 전투에서 로마인은 100척의 5단 노선과 20척의 3단 노선을 사용했으며 4단 노선은 사용하지 않았다.

제1차 포에니 전쟁 중에는 해전이 빈번하게 일어나고 비용도 많이 들었으나 전략적인 결정력은 떨어졌다. 지역 해군 기지를 유지하는 한, 양측은 상실한 배를 교체하고 새로운 선원들을 동원해서 다시 전투에 투입할 수 있었다.[30] 기원전 256년 양측이 전략적 교착 상태에 빠졌을 때, 마르쿠스 아틸리우스 레굴루스라는 집정관이 아가토클레스의 전략을 되살려 주요 해전에서 북아프리카로 향하는 해로를 확보하고 카르타고 인근에 군대를 상륙시켰다. 로마가 육지에서 "결정적인" 승리를 거두면서 카르타고는 시칠리아, 코르시카, 사르데냐에서 철수하고 함대를 해체하며 이탈리아 남부의 도시들처럼 속국으로 전락하는 처지에 내몰렸다.

레굴루스의 요구를 거절한 카르타고는 스파르타의 군인 크산티푸스를 기용했다. 크산티푸스는 험한 지형에서 전투를 벌이면 로마의 전세가 유리해지고 카르타고의 밀집 대형, 기갑 부대와 코끼리 부대는 무력화된다는 사실을 간파했다. 레굴루스는 패배하여 사로잡혔으며 군대도 무력화되었으나, 로마의 전쟁 시도에는 영향이 없었다. 반면 레굴루스의 전쟁과 그가 일으킨 리비아 농민 봉기는 카르타고에 심각한 타격을 입혔다. 바로 이 때문에 카르타고에서 정치 권력이 상인들로부터 지주들로 이동한 것이다. 지주들은 아프리카에 집중하고 전쟁을 바다와 시칠리아로 국한하는 방안을 선호했다. 기원전 249년 드레파눔에서 카르타고 해군에게는 기동술을 활용할 수 있는 공간이 충분했고, 96척의 로마 갤리 선을 포획하여 해전에서 진귀한 승리를 거두었다. 동시에 시칠리아에서 하밀카르 바르카(한니발의 아버지)라는 새로운 장군은 소규모의 전문 병사들과 전투를 벌여 방어전을 수행했다. 또다른 해전에서 대규모 호송대를 잃자 카르타고 지도부는 비교적 온건한 조건으로 평화 조약을 맺었다.

카르타고는 전쟁에 대한 정치적 의지를 상실했으나 야심 있는 원로원과 뛰어난 인력을 보유한 로마는 약탈과 정복 전쟁을 이어갔다. 카르타고는 평화를 위해서 많은 비용을 치렀다. 일단 시칠리아에서 철수했으며, 2,000 달란트의 전쟁 배상금을 지불하고 시라쿠사를 공격하지 않겠다고 약속했다. 카르타고는 로마의 동맹이 되었는데 이는 과두 정치 지도부의 정치적 야망에 부합하는 것이었다. 로마가 제한적 승리를 거두었다는 것은 곧 카르타고 군대가 제약을 받지 않았음을 의미했다.[31]

평화 조약이 체결된 이후 카르타고는 도시 주위를 배회하는 해체된 용병 부대에 급여를 지급하지 못했고, 이로 인해서 국가를 파괴 직전까지 몰아넣은 반란이 일어났다.[32] 이러한 갈등으로 일어난 사회 평등화의 위협에 로마인들은 크게 놀랐으며 위험이 이탈리아로 전염되지 않도록 하기 위해서 용병 지원을 거부했다. 대신에 그들은 지도자들의 손에 정치 권력이 유지되도록 문화적 동맹관계에 있는 카르타고의 지주들을 지원했다. 시라쿠사의 히에론조차 과거의 적에게 식량과 자금을 보낼 정도였다. 기원전 238년에 로마인들은 반역자들로부터 사르데냐 섬을 받아들이기를 거부했다. 로마인들은 분명 카르타고를 두려워하지는 않았지만 민중 봉기로 인한 혼란과 불안정보다는 차라리 카르타고를 선호했다. 로마가 두려워한 것은 탈라소크라시가 아니라, 민중의 권력이 발휘하는 급진적 정치인 데모크라티아(demokratia), 즉 민주주의였다.

로마의 관용으로 이득을 본 하밀카르 바르카는 용병을 짓밟고 권력을 확보했다. 그는 지주가 이끄는 원로 공의회를 새로운 의회로 신속하게 대체하고 민족주의적 민중주의에 기반한 바르카 가문의 정치 기반을 구축했다. 평등화를 추구하는 포괄적 정치와 성공을 거둔 장군의 조합은 로마의 입장을 급격히 뒤집었다. 기원전 237년 로마는 평화 조약을 어기고 사르데냐와 코르시카를 점령했으며 카르타고가 사르데냐를 다시 점령하지 못하도록 차단했다. 동시에 배상금을 요구했는데, 이는 사태를 더 악화하는 전쟁 위협이었다. 그러나 카르타고는 저항할 입장이 아니었다. 축출된 과두 지배자들이 로마에 의견을 개진했으나 민회에서는 바르카 가문의 개혁을 지지했다. 카르타고의 시민들은 당시 로마 시민들보다 훨씬 더 큰 정치 권력을 가지고 있었다. 로마의 야심은 시칠리아와 사르데냐로도 채워지지 않았다. 그들은 일리리아와 그리스로 이동하기에 앞서서 얄팍한 구실을 핑계 삼아서 리구리아를 정복했다.[33]

하밀카르는 오랜 제해권 전략을 유지한 섬 기지를 상실하자 카르타고의 권력을 제해권에서 이베리아의 육지 제국으로 옮겼다. 새로운 제국은 카르타고의 과도한 간섭 없이 전쟁 배상금을 지원하고, 전쟁 자금을 확보하며 향후 일어날지 모르는 전쟁에 대비해서 거대 군사를 일으키도록 지원했다. 알렉산드로스 대왕에게 큰 영향을 받은 하밀카르는 카르타고 군대를 전투에 강한 기병과 코끼리 부대로 재건했다. 이베리아의 국경에서 이어진 전쟁터에서 유년기를 보낸 하밀카르의 아들 한니발은 로마, 마케도니아와 달리 시민들을 보병으로 배치하는 전술에 문화적으로 익숙했고, 전쟁터에서의 군사적 영광과 전사(戰死)가 카르타고의 방식이 아니라고 보았다. 하밀카르 또한 종교적 충성의 대상을 바꾸어 그리스의 신 제우스와 헤라클레스를 숭배했다. 멜카르트/헤라클레스는 이베리아 국가를 수호하는 신이 되었고, 하밀카르 가문과 밀접한 관련을 맺었다. 페니키아 종교에서 전례가 없었던 인간과 신의 그리스식 연계로 인해서 바르카 가문의 통치자들은 스페인에서 발행된 은화에 옷을 입은 모습으로 새겨졌다. 이 동전에는 시라쿠사의 디자인과 카르타고의 문자가 결합되었다.[34] 카르타고에서 하밀카르의 지지자들은 로마를 향한 적대감을 활용했으며 이는 저렴한 캄파니아 수입품에 힘입어 반이탈리아 폭동으로 이어졌다. 로마의 위협에도 불구하고 대중의 적개심은 정치적으로 힘이 있었다.

로마는 이베리아에서 하밀카르와 그의 사위 하스드루발의 제국이 확장되자 이를 경계했다. 이후 에브로 강 남쪽에서 카르타고의 영향력이 확대되는 것을 억제하기 위해서 냉정한 경고를 보내고 지역 장벽 조약을 맺었다. 질베르 피카르는 이 조약이 카르타고의 영토를 사실상 에브로가 아닌 후카르 강 이남으로 제한한다고 지적했다. 조약으로 사군토의 마을이 로마의 보호를 받게 되자 이들은 마땅히 전쟁을 선포하기에 이르렀다. 그러나 이미 로마는 사군토의 귀족 집단이 민중을 대표하는 당을 학살하도록 지원하고 있었다.

이 지역에서의 도발은 지중해의 다른 모든 국가들을 위협하는 로마의 경제적, 군사적 침략 정책의 한 요소에 불과했다. 이베리아 국가의 새 수장이 된 한니발은 로마 세계에서 확산되는 불안을 제1차 포에니 전쟁의 결과를 되돌릴 기회로 인식했다. 첫 번째 전쟁에서 로마의 동맹이었던 캄파니아조차 군사력, 정치력, 경제력을 확장하고 있는 맞설 수 없이 막강한 나라와 손을 잡는 것에 의구심을 품기 시작했다. 한니발은 이탈리아 남부의 그리스 도시들이 로마 보편주의에 경각심을 가지는 상황을 기회로 보았다. 그는 카르타고가 단독으로는 로마를 패배시킬 수 없음을 알고 있었다. 광범위한 연합을 형성해야만 강력한 공화국을 제압할 수 있었고, 새로운 델로스 동맹을 체결해야만 새 시대의 페르시아를 억제할 수 있었다. 그의 계획은 이베리아에서 전쟁을 시작한 후에 전투 경험이 풍부한 군사들을 활용하여 로마의 무게중심인 군대를 무찌르고 다른 국가들이 연합에 동참하도록 독려하는 것이었다. 그는 인기에 의지하여 도시와 국가들을 자신의 편으로 불러 모았다. 페르시아처럼 로마 역시 언제나 귀족당의 후원을 받았다. 한니발은 합리적인 정치가였으며, 알렉산드로스 대왕이나 나폴레옹보다는 윌리엄 3세에 훨씬 가까웠다.

고전 세계의 마지막 전사였던 한니발이라는 그리스 세계의 외부인은 확대일로의 군사 국가 로마가 제기하는 실존적 위협을 인식하고 있었다. 로마는 단지 그렇게 할 수 있다는 이유만으로 조약을 어겼으며, 다른 나라들의 영토와 부를 빼앗았다. 한니발이 헤로도토스나 투키디데스의 저작을 읽었는지는 증명할 수 없지만, 그 가능성은 높다. 그는 대부분의 지배자와 카르타고 상인들처럼 그리스어를 말하고 쓸 줄 알았으며 그리스어를 쓰는 프톨레마이오스 이집트와 가까운 관계를 유지했다. 전쟁, 외교, 정책에 대한 한니발의 접근은 보편 제국의 부상에 저항하는 그리스의 전통으로 이해할 수 있다. 한니발의 부하이자 그리스의 "공식 역사가"였던 시칠리아의 실레누스는 헬레니즘 세계 전반에 영향력을 미치는 글을 썼다. 그러한 문헌은 반패권 연합의 구축을 꾀하는 한니발의 계획에서 중요한 요소였다. 그는 로마에 대항하여 해양 세력 전략을 채택했고, 막강한 패권을 억제하고 균형을 회복하는 제한적인 연합전을 일으켰다. 로마는 민중을 기반으로 한 민회로 유지되고 제해권으로 연결된 카르타고와 주요 그리스 국가들의 연합이 로마의 자원을 고갈시킬까봐 경계했다.

고전 세계는 너무 오랫동안 로마를 오해했다. 그들이 야만적인 군사를 무장시키고, 무한한 탐욕과 정복욕을 지닌 문화이며, 이해할 수 없는 또 하나의 정치 행위자일 뿐이라고 본 것이다. 한니발은 로마가 존재하는 한 어떤 도시나 국가, 제국도 안전할 수 없음을 깨달았다. 천재적인 전술만으로는 카르타고가 단독으로 로마를 무찌를 수 없음을 잘 알고 있던 한니발은 동맹을 찾았다. 그는 속국들의 불만을 활용하고 주요국으로 연합을 구성해서 이탈리아 반도에서 로마 제국을 해체하고자 했다. 테미스토클레스와 같은 통찰력을 갖추지 못한 정치인들뿐이었던 동방의 헬레니즘 국가들은 각자 자신들의 길을 걸었다. 이들은 한 사람의 사령관 아래 함대를 결집시키지도, 한 사람의 장군 아래 육군을 결집시키지도 않았다. 카르타고, 마케도니아, 셀레우키아로 구성된, 로마를 억누를 가능성이 있었던 거대 연합체는 상호 불신 때문에 설립되지 못했다.

폴리비오스는 제2차 포에니 전쟁(기원전 218-201)이 발발한 원인으로 로마의 사르데냐 점령과 추가적인 배상금 요구, 로마를 향한 하밀카르 바르카의 분노, 스페인에서 카르타고가 거둔 성공에 대한 로마의 불안을 꼽았다. 하밀카르에게는 분노할 만한 이유가 있었다. 로마는 신뢰할 수 없고 약속을 깨는 제국주의자들로서, 세계 정복에 관심이 있고 또다른 강대국이 존재할 가능성을 참지 못했다. 특히 해상에서의 부와 정치적 포용성을 토대로 한 해양 세력은 용납될 수 없었다. 한니발은 카르타고가 생존하려면 로마를 저지해야 한다는 사실을 알고 있었다. 로마가 이미 전쟁을 결정했음을 제대로 간파한 한니발은 그들이 행동하기 전에 주도권을 잡았고, 사군토과 이베리아의 위성국을 약탈했다.[35]

앨프리드 세이어 머핸은 한니발의 전략에 해양 권력이 미친 영향에 대한 유명한 주장을 했는데, 여기에서 그는 중요한 점을 놓쳤다. 갤리 선은 머핸이 연구한 전함과는 매우 다른 전략적 도구였다. 노꾼들이 빽빽하게 승선한 카르타고의 미끈한 목제 선체에는 날마다 250인분의 물과 식량이 필요했고, 효율적으로 쓰기 위해서는 해변에서 건조하는 기간도 필요했다.[36] 갤리 선으로 바다를 지배하기 위해서는 지역의 기지를 확보해야만 했다. 한니발은 적당한 기지를 얻지 못했기 때문에 이탈리아를 침략할 수 있는 거대하고 효과적인 카르타고 함대를 사용할 수 없었다. 시칠리아와 사르데냐를 잃으면서 티레니아 해에서 카르타고의 해군 활동은 무력해졌고, 이탈리아 해안에 닿을 수 있는 해군의 능력도 제한되었다. 이러한 전략으로는 전면적인 침략을 감행할 수 없었다.[37] 한니발의 전략은 남부 이탈리아에서 해군 기지를 확보하는 방안으로 전개되었다. 기원전 216년 아풀리아의 칸나에에서 승리를 거둔 한니발은 자신의 역량을 뛰어넘어 로마 공화국을 전복하려고 하지 않았다. 또한 겹겹이 무장한 로마를 포위하지도 않았다. 그 대신에 그는 해군 기지를 확보하기 위해서 남쪽으로 진격했다. 이는 해상 전쟁과 연합이 제한된 상황에서 카르타고가 펼 수 있는 핵심적인 전략이었다. 마케도니아의 필리포스 5세는 카푸아의 지도력과 카르타고의 보호 아래에 로마를 이탈리아 연합에서 위성 도시로 축소시킬 목적으로 한니발이 초안을 작성한 조약에 서명했다.

그러나 로마인들은 패배나 정치적 타협을 거부했다. 칸나에에서 재앙을 맞기는 했어도 로마는 완전한 동원이 가능한 전쟁 국가였고, 전쟁에 필요한 자원도 충분했다. 로마는 일부 파괴적인 전쟁만으로도 제압될 수 있는 오래된 농업 국가와는 비교할 수 없을 정도로 회복력이 강한 정치/경제 구조를 갖춘 사회였다. 한니발이 이탈리아 해군 기지를 확보하는 데에 실패하면서 로마 함대는 카르타고와 마케도니아가 연합군을 형성하지 못하도록 할 수 있었다. 나폴리는 저항했으며, 한니발이 타렌툼을 장악한 후에도 로마인들은 항구의 통제권을 잃지 않았다. 마찬가지로, 시라쿠사가 동맹에 합류했을 때에도 로마는 신속하게 육지와 바다로 도시를 봉쇄했다. 전쟁 기간 내내 로마 함대는 이탈리아 해안을 지배했으며 카르타고는 전투를 피했다. 바다를 장악한 로마는 전략적 우위를 점하여 이탈리아에서 한니발을 이베리아, 카르타고, 마케도니아로부터 차단시켰다. 아드리아 해에서 해군이 활약하며 마케도니아 군을 그리스에 묶어놓았기 때문에 로마는 싸움의 시기와 장소를 선택할 여유마저 누렸다. 기원전 206년 로마는 최초의 공격으로 바르카 이베리아를 정복했으며 기원전 202년에는 아프리카에서 "결정적인" 승리를 거두었다.[38]

기원전 209년 로마가 타렌툼을 회복하면서 한니발은 해군 기지를 확보할 수 있는 최선의 기회를 놓쳤다. 동맹이 없는 상황에서 한니발은 오직 로마가 용기를 잃고 평화 조약을 수용하기를 바랄 수밖에 없었으나 그런 일이 벌어질 가능성이 매우 낮다는 사실은 그도 알고 있었다. 오히려 로마의 장군 스키피오는 시선을 북아프리카로 돌려서 레굴루스의 전략을 더 강력하고 뛰어난 전술로 반복했으며, 카르타고에는 정치를 분열시키는 온건한 조건을 제시했다. 민중은 한니발이 돌아와 자신들을 구원해주기를 바랐지만, 과두 지배층은 강화(講和)를 원했다. 지배층은 뜻을 이루기 직전이었으나 마침내 한니발이 돌아왔고, 결국 조약은 무효화되어 새로운 군대가 소집되었다. 그러나 기원전 202년, 카르타고 인근의 자마에서 패배한 한니발은 전쟁을 종식시킬 수밖에 없었다.

스키피오는 승리를 십분 이용하여 1년 전에 제안한 조건을 다시 꺼내들었다. 기원전 201년의 평화 조약에서는 전쟁 배상금이 2배로 뛰었으며 카르타고가 보유할 수 있는 함대가 절반으로 줄었다. 전후 카르타고는 10척의 3단 노선, 정찰 임무를 수행하는 순양함을 보유할 수 있었고 전투에 쓰이는 4단이나 5단 노선은 가질 수 없었다. 스키피오는 카르타고가 무장 해제되고 속국의 지위가 되면, 로마와 마찬가지로 민중주의 정치를 두려워하는 과두 정부하에서 카르타고와 로마가 평화를 유지할 수 있으리라고 믿었다. 그는 과두 지배층이 카르타고를 지중해의 해양 세력에서 농업에 주력하는 속주로 탈바꿈시키기를 바랐다. 스키피오는 자마 전투 이후 카르타고를 파괴하지 않았다. 그럴 필요가 없다고 생각했기 때문이다. 거대한 도시를 방어하기 위해서는 오랜 기간의 포위가 필요했기 때문에 그 사이에 정적들이 그를 대신해서 집정관에 오르고 정치와 경제적 보상을 차지할 위험도 있었다.[39]

일단 평화 조약이 체결되자 스키피오는 카르타고의 해양 세력을 불태웠다. 스키피오는 "선박을 바다로 가져가 불태우라고 명령했다. 일각에서는 노로 이동하는 모든 종류의 선박이 500척 정도였다고 전한다. 모든 선박들이 갑자기 화염에 휩싸이는 광경에 사람들은 마치 카르타고 자체가 불타는 듯한 비탄에 빠졌다." 이와 같은 극단적인 조치 뒤에 있는 메시지는 분명했다. 도시 앞에서 함대를 불태운 것은 로마가 진정으로 경계하던 카르타고 민중에게 로마가 해양 세력에게 승리했음을 보여준 것이었다. 카르타고인들이 눈물을 흘린 것도 놀랄 일이 아니었다.[40] 로마는 자신들이 어떤 조치를 취하고 있는지 정확히 알았다. 육지 세력이 승리를 거두었고 해양 세력은 해체되었으며 아가토클레스, 레굴루스, 스키피오의 공격 전략에 속수무책이었다. 함대가 없는 카르타고는 군단을 일으키거나 북아프리카로 군대를 이동시키지 않아도 충분히 제지할 수 있고 무엇인가를 강제하거나 강탈을 할 수 있는 상대였다. 바다를 통해서 봉쇄할 수도 있었는데, 이는 수입 식량에 의존하던 거대 도시에는 끔찍한 위협이었다. 카르타고의 과두 지배층은 식량 공급이 중단되면 정치적 혼란이 찾아오리라는 것을 알았다. 이러한 우려는 세대를 넘어 해양 세력 민주주의 사회에서 정치 지도자들이 공감한 사안이었다.[41] 육지 기반의 과두 정부에게는 이상적인 징계였다.

한니발은 스키피오의 제안을 받아들였고, 의회에 물리적으로 개입하여 로마를 향한 과격한 발언을 중단시켰다. 이는 적에 대한 동조가 아니라 정치적 지혜였다. 한니발도 아버지처럼 패배를 기회 삼아서 국가를 재건했다. 로마가 마케도니아와 셀레우키아에서 전투를 치르던 기원전 196년에 한니발이 집정관으로 선출되었다. 그는 대중의 정치 기반을 새롭게 하고 세제 개혁을 단행하며 기존 지배층의 부패를 폭로하여 과두 지배층의 권력을 무너뜨렸다. 한니발의 정적들은 로마로 건너가서 그가 "복수"를 계획하고 있다는 그럴듯한 주장을 펴며 기반을 다졌다. 로마는 군사 공격을 두려워할 이유가 없었으나, 마력을 지닌 지도자가 동원하는 "대중의 힘"을 경계했다. 한니발은 자유와 정치 권력을 얻기 위한 대중의 움직임을 내세울 수 있는 분명한 인물이었다. 카르타고에서 과두 지배층을 자극한 것은 테베레의 귀족 공화국 사회의 질서 또한 위협했다. 한니발은 제거되어야 할 인물이었고, 오랫동안 위험을 감지한 그는 기원전 195년 동쪽의 셀레우키아로 재빨리 피신했다.[42] 이후 기원전 192–189년에는 로마에 맞서 셀레우키아 편에서 싸웠으나 성공을 거두지는 못했다. 로마는 한니발의 민중주의 정치 브랜드가 헬레니즘 세계에서 되살아나지 않도록 그를 끝까지 추적했다. 한니발이 제기하는 위협은 그가 기원전 183–181년 마르마라 해안의 리비시아에서 자살로 생을 마감할 때까지 사라지지 않았다. 한니발은 로마에 대한 헬레니즘 세계의 저항을 이끈 마지막 지도자였으며, 자마 전투는 보편 제국을 중단시킬 가능성이 있었던 마지막 전투였다. 그는 보편 제국의 힘이 지나치게 커지지 않도록 막음으로써 세계의 균형을 되돌리기 위해서 싸웠고, 자신의 고향이 해양 세력으로서 번성하고 문화적으로 독특한 정치적 조직체를 유지할 공간을 마련하기 위해서 애썼다.[43] 그의 이름과 카르타고라는 도시의 이름이 온전히 남아 있는 한 로마는 절대 안전할 수 없었다.

두 번의 포에니 전쟁으로 로마는 해양 세력을 다루는 방법을 파악했다. 스키피오의 평화 조약을 시작으로 로마는 패배한 적의 해군을 체계적으로 파괴했다. 경쟁자가 없다면 로마는 큰 비용을 들이지 않고도 바다를 지배할 수 있었다. 1922년 워싱턴 조약에서도 로마의 접근 방식은 반복되었다. 외교를 활용해서 미국이 대륙적/군사적 특성을 유지할 수 있는 수준으로 해양 세력의 해군을 축소시킨 것이다.

두 번의 패배에도 불구하고 카르타고는 여전히 지중해 최대의 항구 도시이자 막대한 부를 창출하는 거대 도시였다. 그 위치나 문화 같은 본질적인 특징상 농업 생산으로 물러날 도시가 아니었다. 카르타고 정체성의 중심에는 2개의 기념비적인 인공항이 자리해 있었다. 도시의 규모가 커지면서 기원전 4세기에 매립된 원래의 인공항은 포에니 전쟁 중에 바다의 인접 지역을 지배했다. 도시와 바다 사이에는 거대한 암반을 토대로 세워진 큰 장벽이 있었고, 이로써 카르타고는 바다와 적에 대항할 준비가 되어 있었다.[44] 거대 장벽은 카르타고를 세상에 드러냈고 항행용 수로를 통해서 무역을 일으켰으며 의식, 상업, 군사 기능을 결합한 구조물이자 무역에 과세하는 막강한 군대화된 세관 역할을 했다.[45] 두 번째 항구 체계는 정사각형의 상업 항구가 원형의 내항으로 이어지는 구조로, 거대한 해군 공창(工廠)이 위치해 있었으며 170척의 갤리 선이 보관되었다. 이와 같은 독보적 구조물이 항구의 외부를 차지하는 한편 내부의 섬에는 해군 본부가 위치했다. 갤리 선을 위한 일반적 기능을 수행하도록 지어진 일반적인 건축물로서는 가장 인상적이었다. 건축에 쓰인 석재는 도시가 파괴된 지 300년 후에 다른 도시의 건설에 쓰였다. 원형 항구에 대한 기억은 여전히 경탄을 불러일으킨다. 아피아누스는 자신의 글 "포에니 전쟁"에서 독특한 해양 세력의 오랜 영향력을 증언했다. 그는 설계의 동질성, 계류장과 저장소, 전체를 조망할 수 있는 지휘 본부의 조합에 대해서 강조하는 한편, 높은 장벽과 좁은 문으로 인해서 외부인이 내부에서 벌어지는 일을 알 수 없었다고 지적했다.[46] 카르타고에 대한 이야기에서 원형 항구는 예술가가 복원한 모습 혹은 무참히 파괴된 폐허의 이미지로 심심치 않게 다루어진다. 고대 해양 세력의 상징적인 이미지로 남아 있는 것이다. 데이비드 블랙먼과 보리스 란코브는 그 의미를 다음과 같이 요약했다.

강대국에게 기념비적인 계류장은 중요한 특징이자 목표였다. 이들은 계류장을 통해서 정치적 메시지를 전달하고자 했고, 잠재적인 적에게 과시할 뿐만 아니라 시민의 자부심을 고양하고자 했다. 때로는 한 나라 내부의 정치적 경쟁자들에게 신호로 작용했을 수도 있다.……시각적 효과는 엄청났다. 바다를 건너온 (다수의) 방문자들은 계류장에 깊은 인상을 받았다.

이와 같은 복합시설의 건축에 나타난 위협을 과소평가해서는 안 된다.……카르타고가 거대한 계류장 단지를 건설한 것은 부분적으로는 로마의 지배에 대한 위협으로 간주되었고 이로 인해서 제3차 포에니 전쟁과 카르타고의 종말이 찾아왔다.

군항은 "방문객들에게 국가의 부와 힘을 과시하기 위해서" 건설되었다.[47] 제2차 포에니 전쟁 이전인 기원전 3세기 말에는 목재를 사용하여 건설된 계류장이 반세기 후에는 석재로 다시 건축되었는데, 정교한 설계에 거대한 규모와 대칭을 가미했고 힘과 질서의 이미지를 전달하여 카르타고의 자부심과 야심을 드러내는 궁극적인 상징이 되었다. 카르타고의 힘과 정체성을 보여주는 이러한 표현은 제3차 포에니 전쟁이 발발하기 불과 몇 년 전에 완성되었다. 이 거대한 건축물을 채울 전함이 얼마 없었다는 것은 별로 문제

가 되지 않았다. 건축물 자체가 카르타고의 의도를 표현했기 때문이다.[48]

　로마는 계류장을 정치와 문화적 상징으로 본 아테네의 문헌을 읽었기 때문에 원형 항구의 의미를 이해하고 있었지만, 카르타고에 필적하기 위한 시도는 하지 않았다. 로마가 계류장을 보유했다는 고고학적 증거는 없다. 헬레니즘 시대에 카르타고 외에 계류장을 보유했던 유일한 곳은 로도스라는 작은 섬나라였다. 보리스 란코브는 로마에 계류장이 있었을 것이라고 주장했다.[49] 그러나 로마는 해양 세력이 문화적 중요성을 부여한 갤리 선 함대에도 투자를 하지 않았다. 계류장에 대해서도 마찬가지 태도를 보였을 가능성이 있다. 벽돌과 석재로 만든 계류장에는 많은 투자금이 들었고 적어도 제국 시대가 도래하기 전까지의 로마는 대륙을 기반으로 하는 대다수의 군사 강국처럼 해군을 상설기관으로 여기지 않았다. 우선, 로마는 함대를 권력의 상징으로 활용하지 않았다. 따라서 해군력을 과시하는 건축적 표현이 필요하지 않았다. 로마는 바다에서 패배하지 않았으며 단기적으로는 전쟁에서 한 번도 지지 않았다. 새로운 선박을 건조하고 선원들을 훈련할 시간은 충분했다. 로마는 기존의 함대를 유지하기보다는 필요할 때에 선박을 새로 건조하는 방안을 선호했다. 고급 목재와 풍부한 인력 자원도 갖추고 있었다. 문헌에서 말하는 로마의 계류장이란 고고학적 증거를 거의 남기지 않는 단기적인 목재 구조물을 지칭할 것이다. 로마는 기본적으로 거대한 계류장이 전달하는 메시지를 되풀이하기를 원하지 않았다. 로마가 보기에 계류장과 포괄적인 민중주의 정치는 카르타고가 바다를 통해서 전파하는 평등화 사상의 양대 위협이었다. 로마는 뱃부리 장식을 한 기둥으로 매우 다른 상징을 만들어냈다. 미칼레에서 카이오 두일리오가 승리를 거둔 후에 포획한 갤리 선의 충각으로 장식한 두일리오의 기둥이 해군의 영광을 드러내는 표현이 아닌 해양 세력을 상대로 거둔 승리를 나타내는 데에 활용된 것이다. 해양 세력의 상대인 대륙의 적들은 해군의 상징으로 뱃부리 장식이 있는 기둥을 선택하기 시작했다. 파리, 상트페테르부르크, 워싱턴에서 이러한 기둥들이 발견된다.

그러나 로마는 카르타고를 잘못 보았다. 그들은 패배를 최후의 결과로 받아들이거나 로마의 지배를 인정하지 않았다. 바르카의 실패한 군사 전략 모형을 부활시키지도 않았다. 한니발은 자마 전투 이후 군사적 선택을 포기하고 국민들에게 평화를 받아들이며 포괄적인 정치, 경제력, 진정한 해양 세력을 중심으로 국가를 재건하자고 설득했다. 그가 성공하자 카르타고의 과두제 지지자들은 마찬가지로 민중주의 정치를 경계하던 로마인들과 함께 한니발을 제거할 계획을 공모했다. 이 계획은 카르타고인들이 만든 것으로, 로마의 회유와는 무관했다.

한니발은 카르타고의 미래가 도시의 운영 자금을 마련하는 해상 무역의 회복과 발전에 있음을 알고 있었다. 또한 해로를 지키는 경찰 역할을 하는 해군도 유지해야 했다. 스키피오가 카르타고에 10척의 3단 노선을 남겨둔 것은 우연이 아니었다. 당시 3단 노선은 강력한 순양함 역할을 했으며 전함은 아니었다. 카르타고 해양 세력 문화의 회복력에는 국가의 역사에서 해상 무역이 차지한 중요한 역할, 이어져 내려온 페니키아 유산, 아테네를 비롯해서 과거와 현재의 다른 해양 세력과의 연관성에 대한 인식의 증가가 반영되었다. 카르타고는 마케도니아 군대의 영광, 무장 군사와 코끼리에 잠시 시간을 허비했지만 해상 무역과 제조로 다시 돌아갔다.

카르타고의 경제는 제2차 포에니 전쟁 이후 빠르게 회복되었다. 무역과 농산물 수출로 도시는 부강해졌으며 새로운 공공사업에 자금을 지원했다. 거대한 공공사업은 전후 재건이 성공적이었음을 상징한다. 카르타고를 표현한 공공사업에는 대규모 군항이 포함되었는데, 이는 부와 자신감에 대한 표현으로서 재건된 국가의 민회에서 건설했다. 규모와 우아함, 힘이 결집된 원형 항구는 탈라소크라시의 아테네가 보유했던 계류장을 압도했으며 강력한 해군을 수용하고 유지할 준비가 되어 있었다. 로마인들이 공개적으로 파괴한 함대는 카르타고가 지닌 힘의 궁극적인 상징이었다. 계류장은 바다를 통해서 이 도시를 찾은 모든 이들의 애를 태우고 상상력을 자극했다.

자마 전투 이후에도 지속된 적대감과 "카르타고의 평화", 한니발의 죽음은 로마의 진정한 관심이 전략적인 것이 아니라 정치적인 것이었음을 보여준다. 로마는 어떤 형태로든 해양 권력 전략을 두려워하지 않았으며 카르타고를 중요한 군사 강국으로 간주하지도 않았다. 제2차 포에니 전쟁 이후 점증한 경계심은 사회와 정치에 대한 것이었다. 원로원은 카르타고라는 해양 세력이 계급과 특권을 위협하는 평등화 정치 경향의 진원지라고 판단했다. 자마 전투 이후 10년 동안 헬레니즘 사회의 강국을 격파한 로마는 얼마든지 카르타고를 파괴할 수 있었다. 마케도니아의 마지막 파괴 이후 10년 동안 원로원은 또다른 정복과 약탈 전쟁을 물색했다. 카르타고는 지중해에서 가장 부유한 국가들 가운데 하나였으며, 기원전 152년에 50년간의 전쟁 배상금 상환을 마쳤다. 로마에 근심을 끼치지도 않았다. "로마가 전쟁을 일으킬 구실은 무척 빈약했지만" 약탈에 대한 기대는 야심 가득한 원로원 의원들을 부추겼고, 손쉽게 군대를 동원했다. 윌리엄 해리스의 지적처럼, 기원전 149-146년의 제3차 포에니 전쟁은 "압도적으로 강력한 국가가 이웃 나라를 무자비하게 공격한" 사건이었다. 폴리비오스는 원로원이 실제 전쟁 사유를 알리지 않기 위해서 전전긍긍했다고 지적했다. 전쟁을 선포한 나라로 비추어지기를 원하지 않았기 때문이다.[50] 로마는 여전히 헬레니즘 세계의 여론에 관심을 기울였으며 한니발의 민중주의 연합이 부활할까봐 우려했다. 그러나 로마의 결정은 제국의 팽창과 사적인 욕심을 뛰어넘는 실존적 갈등, 즉 대안적 문화를 파멸시키기 위한 목적에서 내려진 것이다. 유일한 합리적인 설명은 로마가 카르타고라는 해양 세력의 정치를 너무나 두려워한 나머지 이 도시가 귀족의 지배를 받으며 농경 배후지에 머물거나 아예 멸망해야 한다고 결정했다는 것이다.

카르타고가 군사적 보복에 나선 증거는 없었다. 그들은 조약을 어기고 군대를 키우거나 해군을 재건하지도 않았다. 실제로 유순했던 카르타고인들은 강대국의 대열에서 강등된 사실과 제국의 종말을 조용히 받아들였으며, 평화를 지키기 위해서 더 많은 희생을 할 준비가 되어 있었다. 로마는 이익을 얻기 위해서 계획적으로 제국을 확장하고 단일 문화를 형성하기 시작했다. 해리스는 "'정당한' 사유가 있든 없든 로마는 해마다 적 혹은 그밖의 세력을 상대로 전쟁을 계획하고 의도했다"라고 결론지었다.[51] 로마의 대륙적 접근과 해양 세력의 세계관을 이끄는 상업적 관심사에는 극명한 차이가 존재했다. 카르타고는 무역이 부를 얻는 매우 효과적인 방법이라는 것을 보여주었으나, 카르타고의 모형은 포괄적인 정치 문화를 채택한 국가에서만 작동했다.

야심찬 누미디아의 국왕 마시니사에게 에워싸인 데다가 로마와의 조약으로 막대한 해군이나 군사를 동원할 수 없었던 카르타고는 거대한 상업 항구의 뒤로 보이는 계류장을 정체성의 상징으로 강조하고, 이것을 독립국으로서의 존재 기반으로 삼을 수밖에 없었다. 그러나 계류장의 상징성에도 불구하고 이들은 로마의 해군 통제에 어떤 도전도 제기하지 않았다. 전함이 건조되었다는 증거도 없으며, 심지어 로마가 들은 소문조차 목재를 비축했다는 소식에 불과했다. 제3차 포에니 전쟁에서 사용된 모든 카르타고 군함은 갑작스럽게 건조된 것이었고, 아마추어들로 채워졌다.

기원전 155년에 민중 정당이 카르타고를 장악했다. 이들은 민족주의 수사학과 로마의 간섭에 대한 피로감을 활용했고, 50년 동안 전쟁 배상금을 갚은 지금 행동에 나설 준비가 되어 있었다. 민중 정당은 로마를 지지하는 정치적 경쟁자들을 추방했고, 리비아 농민들이 마시니사의 압제에 저항하도록 선동했다. 마시니사의 중앙 집권 정책에 부족 지도자들과 농민들이 반기를 들었는데, 이는 카르타고가 더 나은 조건을 제시하여 왕의 권위를 약화시킬 수 있도록 했다. 지역 패권 국가인 로마가 보낸 중재자는 임무에 실패했다. 이들 중에는 제2차 포에니 전쟁에 참전했던 대(大) 카토도 포함되어 있었다. 카토는 자신이 목격한 장면에 크게 놀랐고 로마로 돌아온 후 "카르타고를 파괴해야 한다"는 만트라를 주장하기 시작했다. 이에 스키피오 일가는 필적할 만한 외부 세력이 없다면 로마의 대중은 귀족의 권위를 거부할 것이라며 반대했다.[52] 카토가 카르타고의 무화과를 휘두른 일화가 유명하지만, 사실 그가 놀란 대상은 카르타고의 농업이 아니었다. 그는 마고의 저명한 농업 백과사전을 읽었으며 다수의 로마 엘리트와 마찬가지로 백과사전의 지혜를 활용했다. 이와 유사하게 두 도시 간 무역의 균형은 거의 중요하지 않았다. 카토가 놀란 것은 장엄한 규모의 새 군항을 목격했기 때문일 가능성이 더 크다. 이오니아의 우아한 기둥은 민주주의자들의 부와 야심을 잘 드러냈다. 한편으로는 로마에 대한 적대감이 커지고 있다는 소문도 돌았다. 카르타고 의회에서 선출한 급진적 성향의 민중주의자인 기스코 집정관은 공개적으로 로마에 대한 증오를 부추겼다. 카토는 카르타고에서 열정이 타오르고 점차 적대감이 커지고 있음을 깨달았다. 카르타고의 귀족과 지주들은 그의 두려움에 동조했다. 카르타고가 복수를 결정했다고 판단한 카토는 다른 원로원 의원들에게 로마가 카르타고에서 얼마나 가까이 있는지를 보여주기 위해서 무화과를 꺼내들었다. 기스코의 지도 아래 의회는 해군과 육군의 재무장에 찬성했으며, 반란군의 왕자가 누미디아를 정복하도록 군대를 조직하는 것을 지원했다. 로마는 "시칠리아와 이탈리아 남부에 근접한 아프리카 북단에서 맹렬한 혁명이 조직되고 있다"라는 결론을 내렸다.[53]

이는 고립되어 일어난 사건이 아니었다. 헬리니즘 세계 후기에 정부와 사회 안정성에 대한 일반적 위기가 진행되던 가운데 발생한 이 사건은 카르타고와 그리스의 평등화 민중주의 운동이 로마의 정치적 통일체에 악영향을 미치리라는 두려움을 불러일으켰다. 평등화 정치는 심각한 위협이었다. 페르가몬의 아탈로스 3세는 귀족 정치 질서를 지키기 위한 유일한 방법은 왕국을 로마에 넘겨주는 것이라고 결론지었다. 마케도니아는 기원전 152년에 반란을 일으켰으며, 시리아와 이집트는 사회적 혼란에 빠져 있었고, 기원전 198년 이탈리아의 세티아에서는 카르타고 노예들이 촉발한 노예 반란 음모가 진행되었다. 이는 최하층 계급이 끊임없이 일으켰을 폭력적인 저항과 봉기, 한니발과 마케도니아 전쟁에서부터 이어져 내려온 비참한 상황으로 인해서 더해진 흉포함과 규모의 확대, 로마 귀족의 방어를 무력화시킬 수 있는 위협의 단면을 잘 드러냈다.[54] 옛 정치와 사회 질서, 수세기의 다극 국가 체계를 주로 개인의 권한 강화를 위해서 무너뜨린 로마의 귀족들은 자신들의 행동으로 빚어진 혼란스러운 결과에 직면해야 했다.

사회 질서에 대한 로마의 시각은 지중해의 세계 건너편에서 붕괴되고 있었다. 그리스에서는 제2차 마케도니아 전쟁(기원전 200-197) 이후 로마의 보수 동맹인 아카이아 동맹이 갑작스럽게 노선을 바꾸어 민중 민족주의의 중심으로 부상했다. 이들은 부유층의 재산을 몰수하고 반(反)로마 시각을 옹호했다. "그들은 매우 선진적인 사상을 지닌 풍부한 노동 계급 인구를 통해서 다시 한번 거대한 상업, 산업의 중심지로 변모한 코린토스에 주로 의존했다."[55] 기원전 150년 로마는 카르타고를 상대로 한 전쟁에 명분이 필요하다고 판단했다. 4년 후에는 그런 겉치레조차 없이 아카이아 전쟁을 시작했다. 로마는 그리스에서 가장 강력하고 놀라울 정도로 민주화된 나라가 범그리스 동맹을 형성하기 전에 침몰시키기 위해서 아카이아를 의도적으로 자극했다. 로마가 다극 체제 또는 다른 국가들의 존재를 우려하지 않았다면 전쟁에 휘말리지 않았으리라는 설명은 그 우려가 원인이 되었음을 설명해준다.

카르타고는 질서를 회복하는 절차를 시작하기에 좋은 장소였다. 규모가 크고 부유했으며, 눈에 띄게 분노에 차 있었고, 로마와 매우 가까웠으며 민회가 이끌고 있었다. 신 해군 공창은 잠재적인 군사적 위협을 상징했으며, 누미디아와의 국경 문제는 명분을 제공했고, 카르타고의 부는 원로원과 군의 탐욕을 부추겼다. 앞선 두 번의 전쟁에서 제한적인 패배를 인정한 로마인들은 카르타고가 위협이 되기 전에 문제 발생을 차단하기로 결정했다. 로마는 동맹이라는 허울뿐인 구실을 핑계 삼아서 요구에 나섰다. 마메르티니 폭도와 사군토 대신 누미디아가 등장했다. 기원전 150년 마시니사는 로마와 추방된 카르타고 과두제 지지자들의 지원을 업고 카르타고의 영토를 침범했고, 마침내 카르타고가 행동에 나서도록 만들었다. 과두제 지지자들의 등장은 로마가 느낀 진정한 공포가 대안적인 문화/정치 체계에 대한 것이었다는 주장을 뒷받침한다.

카르타고의 부활에 대해서 로마는 민중주의 정치, 종교, 해상 문화와 상업적 방식을 문제 삼았다. 로마의 지도자들은 무방비 상태에 있는 국가에 전쟁을 선포하기 위해서 헬레니즘의 시라쿠사에서 촉발된 모욕을 기초로 원로원의 외국인 혐오증을 선동했다. 카토가 적절히 표현했듯이, 그 목적은 카르타고라는 이름, 물리적인 도시 자체, 카르타고인, 무엇보다도 카르타고가 대표하는 문화를 "파괴하는" 데에 있었다. 이는 상대를 멸망시키는 전쟁으로, 해양 세력의 도전에 대해서 대륙의 패권이 보인 궁극적인 반응이었다.

로마에서 군대가 동원되자 카르타고는 기스코와 다른 민중주의자들을 신속하게 제거하고 그들 가운데 상당수를 살해했다. 귀족들에게 권력을 돌려주고 무장 해제하여 재앙을 피하기를 바랐던 것이다. 그들은 로마가 자비를 베풀기를 바라면서 무기, 전함과 더불어 지배층 가문의 자제 300명을 인질로 넘겨주기까지 했다. 그러나 모두 헛된 시도였다. 카르타고의 타협 의지에는 한계가 있었다. 기원전 150년 로마가 도시를 물리적으로 파괴하고 해안에서 약 13킬로미터 이내에 인구를 제거하도록 요구했을 때, 카르타고는 이를 받아들일 수 없었다.

일각에서는 로마의 요구가 단순히 카르타고 상업에 대한 공격일 뿐이라고 주장한다.[56] 이 주장은 플라톤이 "부패한 바다"에 대해서 우려를 표하고, 평등화하는 정치에 대해서는 도시를 무너뜨리고 "부패한 바다"에서 13킬로미터 이내에 거주하는 인구를 이동시켜서 농민으로 살아가도록 만들라고 조언한 것을 무시한 해석이다.[57] 귀족 지도자들은 로마 귀족들과 의견이 같을 것임을 알아차린 카르타고인들은 보다 결단력 있고 마지막까지 싸울 인물들로 지도자를 교체했다.

로마는 카르타고가 도시를 파괴하고 내륙으로 이동하리라고 기대하지 않았다. 그들은 카르타고가 해양 세력이 아니더라도 해상 무역을 토대로 운영되는 해양 국가임을 알고 있었다. 로마는 의도적으로 해양 세력 문화를 궤멸했는데, 이는 포괄적인 정치와 해상 무역에 대한 깊은 두려움을 반영한 정책적인 조치였다. 기원전 146년 코린토스의 붕괴는 "카르타고의 파괴는 위협적인 이웃만이 일으킬 수 있는 적대감에 기인한 것이 아님"을 확인해주었다.[58] 카르타고와 코린토스 모두 로마에 전략적 위협이 되지 못했다. 양국은 민회가 있고, 획기적인 성공을 거둔 해상 경제의 중심지였으며, 평화로운 무역이나 반패권 연합과 동맹에 대한 자금 지원, 전략적 힘을 얻기 위한 부의 교환, 즉 해양 세력의 고전적인 전략인 제한 전쟁을 통해서 전쟁, 군대, 과두제의 로마에 대안적인 문화 모형을 제공했다.

　카르타고에 최후통첩을 전달한 집정관 카토가 플라톤 지지자였음은 놀랄 일이 아니다. 그는 바다에 인접한 도시를 신뢰하지 않았다. 무역으로 불안정한 기운과 불확실한 관습이 유입되기 때문이었다.[59] 플라톤이 제시한 이상적 사회는 육지에 기반했고, 농민들의 노동과 귀족의 통제로 움직였다. 이 사회는 견고하고 가치 있으며 안정적인 미래를 약속했지만, 역동성은 떨어졌다. 이를 위해서 로마는 카르타고에 멸망을 원하지 않으면 경제와 문화적 자살을 하라고 요구한 것이다.[60]

　카르타고는 "육지로 돌아갈" 수 없었다. 그들은 바다를 통해서 이 땅에 도착했으며 계속 해양 민족으로 살아왔다. 처음부터 "해양 도시"였던 카르타고는 플라톤이 부패의 매개체로 인식한 민족이 세운 곳이었다. 로마는 카르타고 민중의 모범적인 힘과 항해자들의 정치적 힘, "민주주의의 가장 극단적 형태"를 지지하는 장인들을 경계했다. 두려움에 빠진 로마 원로원 의원들은 계급과 복종이 존재하는 안정적인 사회를 추구했으며, 위협이 되는 해양/민중주의 문화의 지중해 해양 도시들을 제거했다. 카르타고나 코린토스는 로마에 군사적 위협을 제기하지 않았지만 아테네의 예가 로마의 두려움을 자극했다. 해양 세력, 해군력, 노 젓는 사람들의 규율과 연관된 포괄적이고 급진적인 정치는 아테네가 페르시아, 스파르타, 마케도니아에 저항하도록 이끌었다. 해군 공창은 이러한 사상의 물리적 증거이자 궁극적인 상징이었다. 로마가 거대한 군항과 급진적이고 반로마 성향의 카르타고 민중의 조합에 놀란 것은 어찌 보면 당연한 일이다.

궁극적으로, 마지막 포에니 전쟁은 바다와 육지, 육지 기반의 귀족 과두제 지지자와 민중주의 민회, 군사 제국과 상인의 문화 충돌이었다. 카르타고가 기존의 터전을 떠나서 육지로 이동해야 한다는 로마의 요구는 대중의 분노를 일으켰다. 이탈리아인 거주자들이 학살을 당했고 민주주의자들이 권력을 회복했으며 도시는 재무장에 나섰다. 이전의 전쟁과 달리 마지막 전쟁은 죽음을 불사한 전쟁이었다. 전쟁의 원인이 영토, 무역이나 힘이 아닌 정체성과 문화에 있었기 때문이다. 도시는 운명론적 결단으로 방어되었다. 많은 카르타고 지도자들이 극단적인 민주주의자였다. 제1, 2차 전쟁과 달리 제3차 전쟁에서는 대규모 전투가 벌어지지 않았다. 그저 3년 동안 포위 공격이 지속되었을 뿐이며 그 결과도 모두 예측 가능했다. 해군이 취한 유일한 행동이란 원형 항구에서 카르타고인들이 잠시, 우유부단하게 출격한 정도에 그쳤다.

전쟁의 결과에는 의심의 여지가 없었다. 로마는 카르타고와 코린토스를 한 번의 군사 작전으로 무너뜨릴 군사력이 있었다. 스키피오는 카르타고의 상징인 군항을 통해서 굶주림과 폭격으로 약해진 방어자들과 그 너머의 도시에까지 대대적인 공격을 퍼부었다. 누구도 살려두지 않았다. 도시는 6일 동안 저항했다. 내부의 5만 명은 노예로 팔렸다. 이들이 죽음을 맞거나 노예로 팔렸다는 사실은 로마가 거둔 승리의 성격을 요약적으로 보여준다. 로마인 탈주자들과 이탈리아 용병들은 로마의 정의를 마주하는 대신에 불타는 신전에서 죽음을 택했다. 도시 전체가 파괴되고 불에 탔다. 민중주의 정치와 해양 세력이 다시 살아나지 못하게 만들기 위해서였다. 전설에 따르면 로마인들이 땅에 소금을 뿌렸다고 하는데, 이는 땅을 황폐화시키는 고대의 상징적인 조치였다. 사실상 그런 조치는 불필요했으며 실행에 옮겼다면 엄청난 양의 소금이 필요했을 것이다.

　폴리비오스는 한때 제자였던 스키피오가 불타는 도시를 보며 눈물을 흘렸다고 기록했다. 스키피오는 헬레니즘 문화의 유산과 그의 가문을 상징하는 정치 사실주의를 강조하며 그가 내린 조치의 결과를 고찰했다. 두 사람 모두 이미 항복한 카르타고를 파괴하는 것이 고전 규범에 대한 잔혹한 행위이자 문자 그대로 신성모독임을 알았다. 카르타고의 사절들은 도시를 스스로 파괴하라는 요구를 받았을 때에 대해서 기술했다.[61] 스키피오는『일리아스(*Ilias*)』에서 프리아모스 왕이 "도시, 국민, 제국의 불가피한 멸망"에 대해서 고찰하는 구절을 인용하며 그가 로마의 멸망을 예견했음을 인정했다. 로마는 해양 세력이나 민중주의 정치가 아닌 절대 권력의 부패로 멸망하고, 카르타고에서 배를 타고 온 야만적 무리에게 약탈을 당할 것이었다.

　카르타고의 운명은 로마의 문화적 불안을 보여준다. 로마는 그리스 문명의 보물을 고국으로 가져갔지만 카르타고에는 이를 허용하지 않았으며, 그들의 도시와 예술 작품, 언어를 맹렬한 분노로 멸절했다. 카르타고는 철저하게 그리스화된 도시로, 동쪽의 부패하고 무력한 악마로 묘사되었다. 파괴 중에 로마인들은 금전적 가치가 있는 물건을 모두 약탈했으나 카르타고의 예술과 문화적 유물에는 거의 관심을 기울이지 않았다. 서적들 가운데 로마로 옮겨진 장서는 없었고, 남은 것들은 전부 아프리카 왕들에게 전달되었다. 약탈한 조각상은 카르타고가 아닌 "그리스"의 유물로 기록되었다. 카르타고인들은 오랫동안 조각상을 수집했다. 한니발의 유명한 수집품 중에는 리시포스의 탁월한 청동상인 "헤라클레스"가 포함되어 있었다.[62] 시칠리아의 원 소유주에게 반환되지 않은 동상은 순식간에 사라졌고, 카르타고와의 연결 고리를 잃었다. 코린토스에서 약탈된 그리스 예술 작품은 더 좋은 대접을 받았으나 두 문화의 의미는 상실되었다.

예술 작품을 대거 약탈하고 문화적 상징을 대대적으로 파괴한 로마 군의 행위는 훗날 나폴레옹과 히틀러가 패배한 적의 지위를 낮추고 가치를 떨어뜨리기 위해서 취한 조치로 되풀이되었다. 이들은 약탈한 보물을 새 지도자의 수도로 가져가서 지배에 대한 권리를 강화했다. 약탈한 예술 작품의 상당수는 실제로 예술적 가치가 있었지만, 로마인들이 이것들을 로마로 가져간 것은 자신들의 문화를 풍부하게 만들기 위해서가 아니라 카르타고, 그리스 혹은 자신들의 지배하에 들어온 다른 지역의 문화를 파괴하기 위해서였다. 로빈 워터필드가 지적했듯이, 약탈은 "제국의 압제 도구"였다. 동상에는 실질적인 금전적 가치와 함께 문화적, 종교적 힘이 있었다. 제3차 마케도니아 전쟁(기원전 171–168)으로 얻은 마케도니아의 왕실 도서관은 나라의 역사와 문화에 막대한 중요성을 지니고 있음에도 집정관 파울루스에게 빼앗겼다. 로마는 이런 식으로 필리포스 2세와 알렉산드로스 대왕이 만든 나라의 지적 유산을 파괴했다.[63] 로마는 파괴를 지지하는 주장의 다른 측면에는 관심이 없었다. 그들은 대륙 군사 강국으로, 보편 제국을 일구는 일에 몰두했다. 반면 해양 세력은 호기심을 유지하며 새로운 사상에 열린 태도를 취했으며, 해상 세력이든 대륙 세력이든 과거의 기록을 보존하기 위해서 노력했다. 아테네는 헤로도토스가 쓴 『역사(*Historiae*)』의 주된 독자로서 지리학의 발전에 기여했고, 그리스 너머의 세계에 매료되어 있었다. 아테네인들의 이러한 태도는 카르타고인에게서도 발견된다. 카르타고의 지리를 간접적으로 알려주는 밑그림은 그리스를 매혹했던 무한한 호기심을 카르타고인들도 지니고 있었음을 보여준다. 대규모의 자료들은 물론 그리스인들의 문헌으로 남아 있다. 베네치아, 네덜란드 공화국, 영국 역시 국경 너머의 세계와 당대, 역사에 대해서 유사한 견해를 지녔으며, 경제적 이해관계와 문화적 호기심에 이끌렸다.

궁극적으로 로마는 단일 문화를 형성했으며, 군사력, 육지, 부에 주된 관심을 가진 원로원 계급이 약간의 헬레니즘 세계관으로 이끈 사회였다. 훗날 로마의 저자들이 공중도덕의 타락을 한탄하면서 이것이 "동방의 사치품"에 급습을 당한 데에서 비롯되었다며 탓한 것도 놀랄 일이 아니다. 사실 사치품은 자발적으로 구입되었으며, 이전의 스파르타와 마찬가지로 로마도 외부에서 유입된 방식으로 빠르게 무너졌다. 로마의 문화적 기여는 헬레니즘 세계를 충격에 빠드린 전례 없는 야만성이었다. 로마 공화국은 평화를 추구하지 않았다. 그들은 전쟁을 이용해서 적을 완전히 예속시켰다.

코린토스를 점령한 후에 "원로원은 혁명가들[민주주의자들]이 공포에 질리도록 도시를 쑥대밭으로 만들었다."[64] 같은 두려움이 카르타고를 멸망으로 이끌었다. 시민 민중주의의 자취를 없애기 위해서 로마인들은 2개의 거대 도시와 고상한 문명, 해양 세력 문화를 1년 만에 휩쓸어버렸다. 이는 경쟁자들을 겁박하여 굴복시키기 위해서 그들의 간담을 서늘하게 하는 힘의 조치였다. 로마는 카르타고라는 유령으로 마비된 기존 국가의 붕괴를 통해서 동쪽에서 제국을 확보했는데, 오스발트 슈펭글러는 이를 "저항의 결핍"이라고 불렀다.[65] 셀레우키아의 안티오쿠스 3세와 폰투스의 미트리다테스의 사람과 말, 코끼리로 구성된 거대한 군대는 과시의 목적이 컸다. 이들은 로마 군대와 맞닥뜨리자 그 군대의 부적절성으로 인해서 자멸했다. 해군도 나을 것이 없었다. 로마의 보편 제국은 정치적 진공 상태에서 형성되었다.

로마는 카르타고와 코린토스, 해양 세력이 제기하는 도전을 제거했다. 해양 세력의 도전이 강력했던 적이 없었음에도, 오직 문화적 의미로 인해서 로마는 두려움을 느꼈다. 이 과정에서 지중해의 육지와 바다 사이에 존재하던 취약한 균형이 깨지고 보편 제국이 탄생했으며, 로마에는 자금, 보물,

노예가 쏟아져 들어왔다. 갑작스럽게 부와 노예들이 유입되면서 공화국은 심각한 손상을 입었고 이는 궁극적으로 로마의 힘을 무너뜨렸다.

카르타고가 파괴되고 40년 만에 로마의 해군은 더 이상 강대국을 상대할 필요가 없어졌다. 이 때문에 로마는 곧 약화되었고, 해적이 들끓게 되었다.[66] 바다에 대한 감각이 없었던 로마는 해양 세력이 맡아온 정찰대 임무를 무시했고, 해상 무역을 보호할 필요성을 인식하고 있던 마지막 해양 국가인 로도스는 치명적으로 약화되었다. 폼페이가 해적 문제를 해결했을 때에 로마는 자신들의 방식으로 군대를 동원하여, 플라톤이 언급한 내륙으로 "해적"을 쫓아냈다. 그들을 도덕적으로 더 뛰어난 농민으로 만들기 위해서였다.[67]

해양 세력을 파괴하기로 선택하기는 했지만 로마인들은 헤로도토스와 투키디데스의 문헌을 읽고 그것을 가치 있게 여겼다. 그러한 관심으로 해당 문헌이 세대를 뛰어넘어 전수될 수 있었다. 이는 해양 세력의 지적 역사, 회복 과정, 재사용과 재구성에 중요했다. 고대 세계의 통찰력과 이해는 해양 세력이 중단된 1,000년 동안에도 유지되었고, 새로운 논쟁을 불러일으켰다. 고대 세계의 지적 유산이 르네상스 시대의 서구 인문주의의 극적인 발전에 영감을 준 것은 널리 인정되지만, 이러한 배움이 바다를 통해서 콘스탄티노플에서 베네치아로, 유럽을 통해서 전파되었다는 사실은 거의 인식되지 않는다. 투키디데스의 그리스어 문헌은 베네치아에서 인쇄된 덕분에 16세기 초에 네덜란드와 영국에 도달할 수 있었다. 저자의 고향인 에게 해와 매우 다른 환경인 춥고 어두운 나라에 이 문헌이 미친 영향으로 최후의 강력한 해양 세력이 형성되었다.

새로 발간된 로마의 문헌은 카르타고의 인문주의 사상에 문화적 적대감을 드러냈는데, 이는 포에니 전쟁이 문화적 충돌이었으며 총력전이었음을 방증한다. 리비우스가 제2차 포에니 전쟁이 끝날 때에 제시한 카르타고 함대의 파괴에 대한 냉철한 설명, 제3차 전쟁 이후 로마 제국의 영속성에 대해서 폴리비오스가 예측한 암울한 미래는 그리스 저자들의 작품과 함께 서양 엘리트 교육의 기본 요소로 사용된다. 르네상스에서부터 냉전 시대까지 고전이 읽히고 번역되었으며, 죽음의 운명과 싸우는 서양의 정신에 흡수되었다. 이러한 과정은 새로운 해양 세력이 새로운 형태의 로마 제국, 즉 오스만 튀르크, 합스부르크 스페인, 프랑스의 부르봉 왕조, 러시아의 표트르 대제에 맞닥뜨렸을 때에 가장 두드러졌다. 프랑스 혁명과 나폴레옹 제국은 로마가 의도적으로 카르타고의 멸망을 이끌었던 방식을 새롭게 되풀이했다.

로마와 카르타고의 전쟁은 알려진 세계의 지배를 놓고 벌어진 경쟁으로 종종 표현되지만, 실제로 두 나라의 세계관은 극명하게 달랐다. 로마는 더 많은 영토와 부, 권력과 통제를 원했다. 이와는 대조적으로 카르타고 해양 세력은 무역로를 확보할 수 있고 지중해 경제의 확장을 통해서 이익을 얻을 수 있는 보다 안정되고 균형 잡힌 세계를 추구했다. 로마의 지배로 무역의 "비공식 제국"이 위협을 받자 카르타고는 수단과 방법이 극히 제약되어 있었음에도 저항할 준비가 되어 있었다.

제1차 포에니 전쟁이 해군 기지와 자원을 두고 벌어진 전쟁이라면, 제2차 전쟁은 다극 체계에서 로마를 억제하고 동쪽의 헬레니즘 세계와 소규모 이탈리아 국가를 활용하여 거대한 군사적 상대에 균형을 이루려는 시도였다. 한니발은 적을 몰살하려는 계획을 세우지 않았다. 그는 로마가 적절한 크기로 축소되면 국제 체제의 유용한 일원이 될 수 있다고 믿었다. 제3차 포에니 전쟁에서 로마는 카르타고를 전멸시켜 범지중해의 민중주의 운동을 이끄는 중심지가 되지 못하도록 막았고, 승리에 대한 보상을 원하는 원로원의 탐욕을 채워주었다. 카르타고와 코린토스의 종말은 문화적 차이에 대한 뿌리 깊은 두려움에서 기인했으며, 이 두려움은 단일 문화를 형성하고 이를 제국으로 부르는 조치로만 해결될 수 있었다.

기원전 146년에 카르타고와 코린토스는 조직적으로 파괴되었고, 그 서적과 명문(銘文), 예술 작품과 조각상은 파괴되거나 제거되었다. 카르타고는 지도에서 사라졌고 역사를 부인당했다. 이는 도덕성에 대한 거대한 이야기가 되어 열등한 "동방" 문명의 끔찍한 일화를 덧입었고, 카르타고의 배신과 인신 공양이라는 이야기를 통해서 그리스−로마 전통과 단절되었다. 선한 로마인들이 악에 승리를 거둔 것이다. 한니발은 전형적인 반(反)영웅으로서 비상하지만 도덕적으로 흠이 있는 인물로 그려졌다. 로마는 그를 교활하고 피에 굶주려 "죽을 때까지 싸우도록" 주장한 인물로 재창조하여 모욕을 주었다. 그러나 실제로 한니발은 전형적인 해양 세력 정치인으로서, 냉징하고 조약과 타협을 할 때에 비범한 판단력을 보여주었다. 카르타고와 코린토스는 로마의 무역 중심지로 재건되었고, 해양 민족이 아닌 거대 군대의 이익을 위해서 위대한 과거를 모방한 조직이 되었다. 포괄적인 정치와 경제적 뿌리로부터 분리된 해양 세력은 이후 1,000년 동안 등장하지 않았다. 이 기간 중에는 해상 전문화, 상업, 정치적 포용성, 해군의 정찰 임무 수행과 같은 해양 국가의 주요 관심사가 경시되었다.

4

무역, 전쟁, 의식
베네치아 해양 국가

베네치아 아르세날레의 정문 마그나 포르타

해양 세력 국가의 존재를 1,000년 동안이나 찾아볼 수 없었음에도 불구하고 무역과 탐험은 계속되었다. 연안국, 특히 보스포루스 해협과 대니시 해협(캐나다 북극해 군도의 스베르드루프 제도를 관통하는 해협/옮긴이)과 같은 요충지를 통제했던 국가들은 세금을 부과했다. 마찬가지로, 잉글랜드와 비잔틴이 이탈리아, 아프리카를 야만적으로 침략한 사건에서부터 아랍과 러시아가 콘스탄티노플, 노르만을 정복한 일에 이르기까지 바다는 여전히 중요한 장소였으며, 군대는 해로를 통해서 이동했다. 그러나 해양이라는 공간에 대해서 불안감을 품고 있던 일신교 세계에서 바다는 주변부에

베네치아 기지, 대상로

베네치아 기지
베네치아 대상로
기타 지선

트라브존
아마스라
흑해
콘스탄티노플
갈리폴리
마르마라 해
포카이아
네그로폰테
모돈
코론
모돈
라구사
자라
나폴리
나폴리 만
풀리아 항구
시칠리아
몰타 섬
로마
피사
제노바
코르시카
사르데냐
튀니스
지중해
크레타 섬
칸디아
로도스
아탈리아
아드리아
키프로스 섬
안티오크
아크레
야파
다미에타
알렉산드리아
카이로
나일 강
안테오크
250마일
250킬로미터
포 강
다뉴브 강

머물렀다. 그들에게 바다는 과세 대상인 영토의 통제를 위해서 전쟁이 벌어지는 장소일 뿐이었다. 대부분의 전투는 육지에서 전개되거나 선박이 육지 전투를 위한 기지 역할을 하는 연안에서 일어났다. 전문적인 해군이 거의 존재하지 않는 데다가 거대한 함대가 맞붙어 싸울 만한 전투도 없었기 때문에 고대에 선박을 침몰시키는 무기로 쓰였던 충각도 전함에서 자취를 감추었다. 전함에서는 높은 수준의 전문 기술을 요구했던 무기 체계 대신에 그리스의 화기 투척 장비, 공성 병기와 같은 보병 전투용 또는 육상 무기가 활용되었다.

근본적으로, 어떤 나라나 정치가도 육지에서 바다로 눈을 돌릴 만한 이점을 발견하지 못했다. 그들은 아테네나 카르타고와 같은 부유하고 강력한 도시 국가를 움직이게 만든 외부 자원에 대한 의존성 때문에 고통받지도 않았다. 게다가 해양 세력이 남긴 지적 유산도 사라져버렸다. 비잔틴 수도원이나 이슬람 도서관에 남아 있는 중요 기록의 사본조차 바다를 혐오하는 성직자들에게서 비난을 받았다.[1] 고대의 문헌이 전쟁과 정복, 종교와 정치적 정설에 도전하려는 유럽인들의 의지로 인해서 전파되자, 고대 해양 세력이 보유했던 사상, 기술, 특히 정치적 선례가 새로운 해양 세력에게 제공되었다. 그리스 사상이 가톨릭에서는 이교 문헌으로 금지된 반면에 이교의 베네치아와 신교의 북유럽 해양 세력 국가에서는 금지되지 않았던 것은 우연이 아니다. 이러한 사회는 개방적이고 포용적이며 탐구심이 많았으며 바다를 강조했다. 이들의 세계관은 로마의 주류와는 달랐다.

해양 세력 국가의 부재 속에 해상 도시들에게 기회가 마련되었다. 이들은 육지에 기반을 둔 제국 주변부에서 주요 강대국의 의존국으로 존재하거나 문화와 거리 때문에 서로 분리된 적대적인 정치 세력들 사이에서 중개자 역할을 하면서 기민하게 움직이고 모호한 입장을 취하는 주체로 활동했다.

이와 같은 주변부 국가들 가운데 하나가 근대 최초의 해양 세력이 되었다. 이는 그들에게 힘이 있었기 때문이 아니라 오히려 그들이 취약하고 의도적으로 차별화를 추구한 덕분이었다.

베네치아의 정체성과 정책은 초창기부터 해상에서의 번영을 중심으로 형성되었다. 과세할 만한 토지가 부족한 국가는 소금, 포도주에 대한 관세에 의존했다. 베네치아가 다른 이탈리아 지방을 형성한 세속적이고 정신적인 지배 체계의 바깥에 존재했다는 점은 눈여겨볼 만하다. 베네치아는 가톨릭 신앙을 지지했으나 교회를 통제했는데, 이는 로마 가톨릭, 특히 엄격하고 권위적으로 이교도와의 무역을 금지하고 항해를 불허하는 가톨릭의 태도가 해양 세력 문화와 양립할 수 없었기 때문이었다. 베네치아는 세속적인 영역에서 비잔틴과 역사적 연결 고리를 유지했으며, 신성 로마 제국의 권위를 인정하지 않았다. 이와 같은 선택 덕분에 제국을 자처한 베네치아는 황제와 교황의 세력권에서 벗어나 있는 섬을 기반으로 양 세력 사이를 중재할 수 있었다.[2] 베네치아가 영속할 수 있었던 이유는 왕의 지배와 급격한 정책 변화로부터 공화국을 지켜내기 위해서 포괄적인 과두 정치 체제를 채택하여 선거, 견제와 균형을 활용한 데에 있었다. 이탈리아 공화국 내에서 독특한 특성을 유지한 베네치아 정부는 강력한 관료제와 고도의 법률 체계를 갖추고 있었다. 이러한 체계는 국민을 가문과 파벌이 아닌 국가에 소속시켰고, 공적 갈등을 귀족 정치의 종말로 특권과 지도력을 확립할 때까지 지연시켰다. 제노바의 역사가 막을 내리게 만든 그 갈등이었다. 국가의 수반인 도제(Doge : 베네치아의 총독/옮긴이)는 다른 귀족들에 의해서 선출되었으며, 10세기부터는 권한에 엄격한 제약을 받았다. 도제는 협의회, 원로원과 함께 정부를 구성했으나 독단적인 행동을 시도하면 차단당하거나 심지어 처형을 당할 수도 있었다. 이러한 정치적 안정 덕분에 베네치아는 1,000년 동안 번성하고 생존할 수 있었다.

국가의 이러한 정치 구조는 개인의 권력을 제한하고 왕조의 통치를 방지했다. 중세와 근대 초에 이탈리아에서 군벌, 왕조, 용병 대장(condottierri), 급진적인 공화주의자, 스페인의 국왕, 신성 로마 제국의 황제, 심지어 교황까지도 도시와 국가의 통제를 놓고 전쟁을 벌이면서 시민 폭력과 정권 교체가 반복되었음을 감안하면 이러한 안전장치는 반드시 필요했다. 베네치아는 행정 체계가 복잡하고 권력을 제한했으며, "바다와의 결혼식(베네치아 공화국의 해상 패권을 상징하는 의식으로, 예수의 승천을 기념하는 승천 대축일에 거행되었다/옮긴이)"을 비롯해서 교회 행렬 등 정부의 공식 행사를 진행했다. 하류층을 계속 만족시키기 위한 행사에는 가득 찬 곡물 창고와 값싼 식료품이 동원되었다. 베네치아는 견고한 토대 위에 안정성과 지속성을 유지했으며, 베네치아의 지배층은 도시의 구조를 국가가 이룬 최고의 성취이자 베네치아의 궁극적인 예술 작품이라고 생각했다. 지배층은 육지 영토(terra firma)에서 온 귀족들, 외지인과 하층민들에게 배타적이었다. 교회는 안정성의 중심에 있었지만, 베네치아의 종교를 장악할 수는 없었다. 베네치아가 이교도들과 교역을 한다는 이유로 교황에게 두 번 이상 파문을 당했기 때문이다. 베네치아인들은 독실한 가톨릭 신도들이었지만 교황의 명령에 얽매이지는 않았다. 이것이 헨리 8세가 로마의 성직록을 사절한 사례와 유사하다는 점은 시사하는 바가 크다.

베네치아는 항상 차별화를 꾀했다. 바다는 이 도시를 육지의 발전으로부터 고립시켰고, 사회 구조를 형성했으며, 베네치아 사람들은 바다를 배경으로 의식용 행렬을 진행했다. 베네치아의 신화에 따르면 도시는 신의 섭리에 따라서 바다에서 고요하게 부상했으며, 별다른 노력 없이 바다를 지배했다고 한다. 그러나 현실은 신화와 판이했다. 베네치아의 해양 세력은 다른 해양 세력 국가들과 마찬가지로 "자연적"으로 형성된 것이 아니었다. 해양 세력 정체성은 의도적으로 형성되었고 해군력으로 유지되는 해상 무역의 중요성을 인식한 귀족 지배층에 의해서 끊임없이 재가공되었다. 베네치아는 해양 세력이 되기로 선택하고 영토 확장보다 해상 무역을 중시하면서 점차 섬 제국의 형태를 갖추어나갔다. 제국의 특성은 지중해 동부와 흑해를 오가는 갤리 선으로 무역을 수행하는 후방 업무에 의해서 결정되었다. 규모가 작고 이동에 많은 인력이 필요한 선박은 안전한 항구에 자주 정박하면서 선원들에게 이틀 이하의 재충전 기회를 주어야만 했다. 안전한 항구가 확보되지 않으면 베네치아의 무역은 타인의 선의에 기댈 수밖에 없었다. 베네치아가 강력한 세력이 되면서 제국이 형성되었다. 노동력과 영토가 아닌 부와 자원을 갖춘 강국이었던 베네치아는 제해권과 알프스를 통한 핵심 교역로를 통제하는 데에 필요한 자원을 확보하기 위해서 인근의 본토로 세력을 확장했다. 이 과정에서 해상 공화국은 육지 세력으로 전환되었으며, 다른 나라의 적대감을 샀다. 이들은 베네치아 공화국이 누리는 부와 독특한 정치 체제를 경계했다.

물리적인 도시는 인공적으로 조성한 섬의 소규모 지역 공동체들의 집합에서 시작되었는데, 이러한 특성은 20세기까지 유지되었다. 각 공동체는 도로가 아닌 배로 연결되었고, 오솔길은 말과 바퀴 달린 운송 수단이 지나가기에는 적합하지 않았다. 이는 의도적으로 취한 정책적 조치였으며 문화적으로도 영향을 미쳤다. 16세기 전까지 베네치아의 지도층은 운하 위에 주택을 짓고 1층, 혹은 바다에 면한 층에서는 무역을 수행했다. 또한 조밀한 지층 평면도를 기초로 건물을 위쪽 방향으로 확장하여 숙박 시설을 만들었다.[3] 건물의 좁은 전면은 외적인 보여주기에 활용되어 본토의 다른 도시와는 구별되는 세속적, 영적 건축 양식으로 발전했다.

1000년까지 베네치아는 해안, 하천, 석호(潟湖)에서 주로 거룻배로 상거래 활동을 하는 지역 세력에 불과했다. 이들은 어업에 종사하거나 소금을 생산했으며, 수입한 사치품을 농산물로 교환하여 도시를 운영했다. 이러한 무역 행위로 무장 경비들이 무역을 지키고 호위하는 무장 항해가 자리를 잡았고, 정치와 종교적 독립을 통해서 무역의 자유를 중시하는 고유의 정치 구조가 형성되었다. 도시는 수입품을 가공하여 가치를 더하는 한편, 전략적 자원, 특히 조선용 목재를 확보하여 바다를 항해하는 선박을 유지하고 발전시켰다. 무역에서 발생한 이익은 베네치아의 해양 권력을 지탱했다. 992년 베네치아는 전함을 보내서 비잔틴의 호의를 얻었고, 그 보상으로 관세 인하를 얻어냈다. 그러고는 지배층과 피지배층 모두에게 실망스럽게도 무역을 차지하기 위해서 비잔틴의 약점을 가차 없이 파고들었다. 베네치아와 다른 이탈리아 상인들에게서 확보되는 관세가 줄어들자 한때 위대함을 누렸던 비잔틴 제국은 급격히 쇠락했다. 비잔틴의 무역을 보호했던 위대한 해군은 쇠퇴했으며 제국의 해양 세력 실험은 실패로 돌아갔다.[4]

그렇더라도 비잔틴은 이전 시대의 패권이자 핵심 교역의 연결 지점으로서 베네치아가 따라야 할 분명한 본보기였다. 베네치아는 비잔틴의 위성 도시 역할을 중단한 후에도 오래 유지해온 동방과의 문화적 연계성을 지속하여 강력하고 지속적인 차별화를 꾀할 수 있었다. 또한 동쪽에 위치한 정체성, 섬이라는 입지, 해군력을 기반으로 이탈리아의 다른 지역과 거리를 유지할 수도 있었다. 비잔틴과의 연계성은 12세기 산마르코 대성당의 양식에 영감을 주었다. 대성당은 유스티니아누스가 콘스탄티노플에 세운 600년 역사의 하기아 아포스토리 성당을 기초로 한 뒤에 그리스 양식으로 장식한 옛 정교회 건물이었다.

정치 측면에서 베네치아는 콘스탄티노플을 넘어 옛 로마를 지향했으며,

공화국의 유산을 재해석하고 로마의 인공물과 건축물을 다시 활용하여 국가와 귀족의 정체성을 유지했다. 이들은 이슬람교의 이집트에서 성 마르코의 유해, 날개 달린 사자, 첨두아치를 가져왔으며, 카이로의 맘루크 알현실을 본보기 삼아서 도제의 궁전을 꾸몄다.[5] 이러한 차용은 시간이 흐르면서 역사적 문헌, 예술, 건축물에 자연스럽게 녹아들었으며, 이 독특한 국가의 공식적인 진실로 굳어졌다. 그러나 베네치아는 이탈리아에서 유일하게 로마의 유산이 없는 도시였다.[6] 역사가 없는 베네치아가 과거에 집착했다는 사실은 작은 역설이다.

1177년에 베네치아인들은 교황과 신성 로마 제국 황제의 화해를 중재하면서 자체적인 역사를 형성하기 시작했다. 이들은 정치적 신기원을 이룬 이 화해 사건을 매해 승천일에 열리는 "바다와의 결혼식"이라는 의식을 통해서 기념했다. 행사에서 도제는 의식을 위해서 마련된 갤리 선에 올라 석호로 이동한 다음 금반지를 바다에 던졌다. 이러한 행사를 여는 배경에는 베네치아의 전형적인 실력 과시가 자리하고 있었다. 북부 이탈리아를 통제할 수 없었던 황제는 아드리아 해의 상업 통제를 베네치아에 맡긴 상태였다. 이 시기에 베네치아는 강력한 해양 국가로 발돋움했으며, 해군과 해상 분야에서 지역을 대표하는 주체로서 비잔틴과 무슬림 사이의 교역을 수행했다. 베네치아는 전쟁을 통해서 강국으로 거듭났다. 1204년 도제 엔리코 단돌로는 이슬람으로부터 성지를 되찾고 기독교 도시 두 곳을 정복하기 위해서 제4차 십자군을 일으키고 몸소 지휘했다. 십자군은 자라(옛 자다르의 도시 인근 지역)를 회복하여 베네치아에 통치를 맡기고 비잔틴 제국을 전복하여 값을 치렀다. 비잔틴의 잔해 위에 설립된 라틴 제국은 베네치아에 막대한 전리품을 선사했다. 베네치아는 산마르코 대성당의 페디먼트(pediment)에 설치된 유명한 4마리 청동 마상(馬像)을 이때 손에 넣었으며,

무역 특혜를 얻어냈다. 뿐만 아니라 바다에 대한 감각이 전무하던 프랑크의 군주들로부터 아드리아와 에게 해를 잇는 섬 기지를 구매할 기회도 얻었다. 단돌로의 승리를 계기로 베네치아는 "소국에서 초강대국으로 변모했다. 영토가 몇 배나 커졌으며 지중해 무역의 지도자로 올라섰고 비잔티움을 넘어 패권을 주장했다."[7] 무역을 보호하기 위한 폭력 행사는 새로운 현상이 아니었다. 886년 베네치아는 무역 확장에 대한 강한 의지를 나타내면서 경쟁하던 항구인 코마키오 항을 약탈했다. 교황이 일련의 금지령을 내렸음에도 베네치아는 무슬림에게 전략 물자, 무기, 금속, 선박 건조용 목재를 판매하는 무역을 시종일관 수행했다.[8] 도시는 교황에게 파면당했지만 베네치아인들은 언제나 무역을 신앙보다 중요하게 여겼다. 베네치아는 1204년까지 무역을 지키기 위해서 싸웠으며, 이후에는 섬 제국과 해군력을 동원하여 무역을 지키기 위해서 노력했다. 한편으로는 부, 권력과 새로운 역사적 인공물을 동원하여 베네치아의 과거를 재구성하면서 비잔틴과의 연관성을 강조하기도 했다. 비잔틴이 더 이상 정치적 지배를 행사할 수 없었기 때문이다.

베네치아는 1204년에 마련된 기회를 활용하기 위해서 토지를 포함한 자본의 대체 투자처를 법적으로 차단하여 해상 경제를 이룩했다. 지배층이 도시에 남아 있도록 고안된 이러한 법안은 16세기까지 유지되었다.[9] 중세에 권력이 정점에 달했을 때, 베네치아는 안정적인 정치 체제를 유지했다. 아직 귀족 정치의 종말로 경직되기 전이었다. 반면 다른 세력들은 안팎으로 혼란에 빠져 있었다. 해양 세력이 해적, 노예 무역, 전쟁으로 힘을 키우기는 했으나, 프레더릭 레인이 지적했듯이 해양 세력은 "운송과 평화로운 거래에 따른 이점이 유지되는 일에 더 관심"을 쏟았다.[10] 안정된 상태의 베네치아는 중요한 고객을 멀어지게 만들 위험이 있는 해적을 멀리했다. 반면 불안정한 상태의 제노바는 결국 제노바 해적을 통제하지 못하고 시장을 잃었다.[11] 궁극적으로 "베네치아는 공물을 얻을 수 있는 영토를 소유하는 대신에 해양 권력을 추구했다."[12] 그들은 자신들이 항해 중개인으로서 지원했던 주요 육지 세력이 아닌 상업 분야의 경쟁자를 희생시켜서 무역의 조건을 개선했다. 만약 두 강국이 충돌하면 베네치아는 상업에 피해를 끼칠 가능성이 적거나 베네치아에 유리한 무역 특권을 제공하는 쪽의 편을 들었다. 다른 민족 간에 전쟁이 벌어지면서 베네치아는 중세에 가장 위대한 해양 국가로 발돋움했으며, 잠시 동안은 해양 세력 강대국에 오르기도 했다. 해양 세력의 언어를 창조하기 위해서 베네치아는 전쟁과 무역 선박의 현실과 표현을 결합했다.

제4차 십자군 덕분에 막대한 이익을 얻은 베네치아는 경쟁자들을 제치고 선도적 위치에서 지중해 동부의 "해군 기지 제국"을 사들였다.[13] 이에 따라서 아드리아 해와 크레타, 훗날에는 키프로스까지 연결되었다. 아크레, 알레포, 알렉산드리아, 콘스탄티노플과 같은 거대한 무역 허브와 거래하는 해양 세력 국가에게 이상적인 섬 기반이 마련된 것이다. 도제 단독로는 신뢰를 잃은 비잔틴의 화폐를 대체하기 위해서 국제 무역에 필수적인 표준 화폐를 구축했다. 비용이 많이 드는 항해를 지원하기 위해서 은행 체계를 발전시켰고, 환어음으로 자금 이동을 쉽게 만들었다. 베네치아는 상대적으로 정적인 상거래에서 최대한 많은 이익을 내기 위해서 경쟁자들을 배제하는 방식으로 무역을 통제했다.

베네치아는 독점적인 공급자가 가격을 올려 이익을 취하지 못하도록 시장을 분산시키고 다변화된 공급망을 유지하기 위해서 애썼다. 이들은 사업에서 종교적 차이를 문제 삼지 않았기 때문에 비잔틴, 이집트의 맘루크와도 거래했다. 828년 알렉산드리아에서 성 마르코의 유해를 가져온 사건은 아바스 총독과의 긴밀한 관계를 엿보게 한다.[14] 시리아를 지배하던 이집트와 베네치아 모두 향료 무역으로 이익을 누렸으며, 튀르크의 군벌과 몽골의 황제에 맞섰다. 최대의 교역 도시인 카이로가 베네치아의 건축에 영향을 미친 것은 당연한 일이었다.[15]

해도(海圖)와 나침반을 활용한 항해술의 발전으로 1300년 이후 겨울과 야간에도 지중해를 항해할 수 있게 되면서 연간 그리스 호송대 수도 배로 늘어났다. 베네치아의 무역이 안정화됨에 따라서 외국 항구에 상주하는 상인들이 정기적으로 연락을 주고받기 시작했다. 상업이 자본화되었고, 1262년에는 장기 채권이 출현했다. 이는 베네치아가 사회 응집력을 유지하고 문화 프로젝트를 후원하는 자선 길드에 안정적인 수익을 제공하게 했다. 다른 해양 세력 국가들과 마찬가지로 베네치아의 주요 수입원은 토지세가 아닌 관세였다.

지중해 동부의 주도적인 수출입항이던 베네치아는 인근의 알프스 경로를 통해서, 훗날에는 플랑드르로 항해하는 국영 갤리 선을 통해서 북유럽을 아시아, 중동, 지중해와 연결했다. 중계 무역 모형을 채택하면서 항구를 들고 나는 물품에 세금을 부과했고 이에 따라서 수익도 늘었다. 독일 상인들이 은을 가져와 베네치아에서 물건을 구입하면 베네치아인들은 그 은으로 레반트로 가서 물건을 구입했다. 독일인들은 1228년에 자체적인 교역소를 부여받았다.

베네치아 무역에는 두 가지 유형의 선박이 활용되었다. 거대한 상업 갤리 선은 일정을 맞추고 나포를 피하기 위해서 노를 활용했으며, 주로 향료와 비단 거래에 쓰였다. 노꾼과 선원들은 실력이 뛰어난 베네치아 전문가들로, 급여를 받았으며 전시를 위한 숙련된 노꾼 조직을 유지했다. 다만 인적 자원이 제한적이었고 취약했다. 베네치아는 정기적이고 안전한 운송을 기반으로 무역을 통제했으며, 런던, 브뤼헤, 안트베르펜까지 도달한 무역 체제의 중심부에서 수출입항의 지위를 유지하면서 프랑스의 무역 장벽을 피해갔다. 북부의 갤리 선은 현지에서 양모와 주석을 싣고 돌아왔다. 대형 화물, 곡물, 원자재를 실은 선박은 규모가 점점 커졌고 항해에 적합해졌으며 전투용 갤리 선의 호위를 받았다.

불가능을 모르는 성공이 이어지면서 1290년대에는 베네치아에 현실과 거리가 먼 생각이 퍼지기 시작했다. 기독교 함대를 인도양에 파견하여 무슬림의 향료 무역에 개입함으로써 경제적 성공을 이어갈 수 있으리라고 판단한 것이다. 이는 권력의 절정기에 이른 도시가 오만함과 야망에 사로잡혀 있었음을 방증한다.[16] 1300년 이후에도 베네치아의 경제적 제국주의는 이탈리아 본토의 반란에서 살아남았다. 무역 특혜와 아드리아 해의 통제에 힘입어 베네치아로 자금이 계속 유입되었다. 리구리아 해안의 역동적인 해상 공화국이던 제노바는 유연하고 국가 통제가 느슨한 정치 구조에 힘입어 1250년 이후 경제 분야에서 베네치아의 경쟁자로 떠올랐다. 베네치아가 제노바와 전쟁을 벌이면서 콘스탄티노플에서 관심이 멀어진 틈을 타 1261년에 그리스가 콘스탄티노플을 장악했고, 베네치아가 누리던 상업적 특권은 제노바의 차지가 되었다. 1291년 마지막 십자군 왕국인 아크레가 몰락하고 아드리아 해에서 제노바에 패배하면서 베네치아의 손실은 더욱 커졌다. 베네치아는 13세기 말에 이르러서야 비잔틴 무역의 통제권을 회복했으며, 안드로니코스 2세를 압박하여 제국의 시장에서 무관세를 인정받았다.

규모가 작고 인구 밀도가 높은 항구인 베네치아는 전염병에 매우 취약했다. 1347-1349년, 1575-1577년, 1630-1631년에 전염병이 돌면서 경제 발전에 제동이 걸렸고 도시도 변화했다. 첫 번째 전염병으로는 말 그대로 인구가 반 토막 났으며, 이후 전염병이 돌 때에도 피해 규모가 약간 줄었을 뿐이었다. 동양과의 무역이 전염병이 유입된 원인이었다. 인적 손실은 이민자들의 지속적인 유입으로 메울 수 있었지만, 이민자들은 역동적이었고 기본적으로 베네치아인도, 항해자들도 아니었다. 전염병 발생 이후 베네치아 경제는 화학 약품, 유리, 야금, 제지, 사치품 등 수출용 원자재를 가공하는 형태의 특성이 강해졌다. 이러한 산업은 해상 무역의 부산물이기는 했지만 한편으로는 대안이 되기도 했다. "베네치아는 13세기 수준의 거대 해상 국가라는 위상을 다시는 회복하지 못했다. 그러나 여전히 필적할 상대가 없는 해군력을 갖추고 있었다. 다만 베네치아의 강점은 거대한 규모의 상인과 선원이 아닌 장인과 상인이 창출하는 부로 옮겨갔다."[17]

프레더릭 레인의 지적대로, 이러한 변화는 분열의 씨앗을 품고 있었다. 에게 해, 흑해, 이집트로 향하는 해로를 놓고 제노바와 결론을 내지 못한 전쟁을 두 번이나 더 치르는 과정에서 전염병의 발발로 인한 베네치아 갤리선의 인력난이 고스란히 드러났던 것이다. 베네치아는 동맹으로부터 인력을 구했는데 항해술보다 외교를 활용해서 더 많은 성과를 얻었다. 도제 안드레아 단돌로는 시민들의 무너진 자부심을 회복하기 위해서 인문주의 역사를 만들어냈다. 그의 후계자 마리노 팔리에로는 최근의 역사가 남긴 교훈을 전혀 다른 방식으로 해석했다. 그는 최근의 패배와 시장의 상실이 구체제 탓이었다고 보는 중산층 해상 경제 주체들의 지지를 업고 공화국을 전복하고자 시도했다. 팔리에로의 시도는 선출된 지도자가 권력을 잡았던 이탈리아 전역의 상황을 보여준다. 팔리에로는 결국 두칼레 궁전의 계단에서 참수되었고, 그의 초상화는 역대 도제들의 초상화 기록에서 삭제되었다. 이는 베네치아의 정치가 안정되었음을 방증한다. 이렇듯 베네치아는 내부에서 결단력 있는 조치를 취했으나 외부에서는 고전을 면하지 못했다. 헝가리가 달마티아를 점령했고, 베네치아의 정착민들이 키프로스로 초대한 제노바인이 파마구스타를 장악했다. 국채는 30년 사이에 10배나 증가했다.

베네치아는 인내력, 외교, 자금을 동원하여 버텼다. 1379년 제노바 군대가 베네치아의 앞바다까지 진입하여 도시를 위협했으나 베네치아 군은 맞서 싸워서 승리를 거두었다. 이후 자금은 지배적인 전략 도구로 활용되었다. 베네치아는 현지의 통치자들에게서 중요한 항구를 사들였고, 세력을 확장하는 오스만 튀르크에 맞서서 항구를 방어했다. 사령관을 비롯한 베네치아 군대의 병사들은 용병으로 구성되었는데, 특히 그리스와 크레타 출신이 탁월했다. 1386년에 공화국은 아드리아 해를 보호할 요새화된 입지를 확보하기 위해서 코르푸 섬을 매입하고, 이 섬으로 대륙의 라구사를 대체했다. 아르고스와 나플리오는 1388년에, 두라초와 스쿠타리는 1396년에 각각 매입했다.[18] 달마티아 해안 역시 1409년에 전함이 아닌 자금을 동원하여 회복했다.

매입을 활용한 제국주의 역시 베네치아의 힘을 이용한 것이지만, 요새에 주력하는 새로운 태도는 변화한 현실을 반영한 것이었다. 규모와 실력을 기반으로 해군이 손쉽게 지배력을 행사하는 시대는 지나갔다. 해군이 일련의 패배를 겪었음에도 베네치아는 향료 무역을 비롯하여 동양과 서양 간의 고부가가치 무역을 독점했으며 이슬람 세계의 분열이 가져온 기회를 적극 활용했다. 맘루크 이집트와 오스만의 술탄이 무역을 놓고 대립하면서 베네치아는 가격을 낮게 유지할 수 있었다. 공화국의 시선은 여전히 동쪽을 향해 있었고, 귀족들은 해군과 상업 분야에 종사했다. 산마르코 대성당은 애국심과 관대함을 지닌 선장들이 동방에서 가져온 고대 석조물로 장식되었다. 비잔틴의 세부적인 표현은 베네치아 고딕 건축물에서 중요한 양식으로 남았다.

시간이 지나면서 베네치아의 공공 건축에서 세 가지 요소가 강조되었다. 산마르코 광장은 권력, 신앙, 정치를 위한 무대로 발전했고, 리알토는 상업 중심지가 되었다. 베네치아의 교역품을 나르고 전투에 동원되는 갤리 선을 건조하던 아르세날레는 유럽의 군대 작업장을 가리키는 일반 명사가 되었다. 한 세기 전 바다에 면한 땅에서 해군 작업장과 창고로 시작된 아르세날레는 1204년 이후에는 전함 건조 공장, 국영 조선소의 중심지로 변모했다. 13세기 말에는 거대한 밧줄 제조 공정이 새로 추가되어 공동의 조선업 중심지로 올라섰다. 보병 무기와 공성 장비도 이곳에서 제작되고 보관되었다. 1326년에는 거대한 선박을 용이하게 건조할 수 있도록 공창을 도시 북단에 위치한 습지로 확장했다. 공화국은 무역 갤리 선과 전투용 갤리 선을 대량으로 건조하고 유지하기 위해서 긴급한 해상 수요에 대응할 수 있는 정규직 인력인 아르세날로티(Arsenalotti)를 운영했다. 다른 유럽 국가들이 국영 조선소를 건설하기 훨씬 전의 일이었다. 아르세날로티는 국가가 부여한 특권을 누렸고, 소방 활동과 의식 임무 등 도시의 중요한 역할을 맡았다. 비상 시에 도제가 석호의 모든 선박 회사를 동원하여 아르세날레에서 작업하도록 명령할 권한이 있었다는 사실은 매우 중요한 의미가 있다. 아르세날레의 연이은 건설은 공화국과 해군의 관계를 정의했다.[19]

15세기 중반 베네치아는 약점을 극복하고 바다에서는 아테네를, 육지에서는 스파르타를 뛰어넘어 로마 공화국을 모방한 제국이 되고자 했다. 과거에 중재와 재량권을 활용하여 경쟁자들을 견제했던 베네치아는 이제 로마 개선문으로 대표되는 권력의 무대와 겉치레, 고대의 영광을 재현하는 데에 관심을 쏟았다.[20] 도시에서 새로운 언어를 채택한 중심지는 바로 아르세날레였으며, 오스만이 콘스탄티노플을 정복한 직후 대대적인 재건이 시작된 것도 우연이 아니었다. 베네치아 최초의 인문주의 작품인 "육지의 문"

이 새로 건설되었는데, 이는 육지 영토의 로마 개선문을 연상시켰다. 깊은 인상을 주기 위한 목적으로 만든 건축물이었다. 또한 10년 후에는 주변 경관을 해치는 주택을 강제로 매입하여 허물고 도제가 외국 사절들과 방문하여 연례 의식을 치를 수 있도록 "넓고 아름다운 거리"를 조성했다. 베네치아에서 최초로 조성된 개선로였다.[21] 의식용 수문, 육지의 문, 높은 벽돌 벽은 오로지 해외의 강국들에 감명을 주고 위협을 단념시킬 목적으로 계산된 장치였다. 새로운 건축물들은 모두 유럽에서 이야기 거리로 회자되었고, 베네치아를 방문한 지배층에 힘을 과시하는 용도로 활용되었다.

그러나 이러한 공간에 대한 접근은 엄격하게 통제되었다. "불후의 베네치아에 로마의 느낌을 더하려는 최초의 진지한 시도"였던 아르세날레 벽은 군사적으로 효용이 없었다. 이 벽들은 아르세날로티의 질서를 바로잡는 한편 외국 첩자들을 쫓는 역할을 했다. 오랫동안 베네치아인들은 정보와 기밀을 중시하는 것으로 유명했다. 기밀 유지와 집요한 정보 수집은 베네치아의 대표적인 특징이자, 훨씬 더 큰 적을 상대하는 해양 세력 국가의 필수 도구였다. 지식 기반 국가였던 베네치아는 세계 모형과 지도를 제작하면서 도시의 입지를 구축하고 힘을 투사할 수 있었다.[22] 1547년에는 국영 바지 선 부친토로(Bucintoro)를 위해서 새로운 계류장과 창고가 건설되었다. 1591년에는 무기고에 미켈레 산미켈리의 설계를 재활용한 출입구가 설치되었다.[23] 이는 둘 다 외국의 방문객들에게 깊은 인상을 심어주었으며, 아르세날레의 권력을 강화하는 역할을 했다.

이언 펜론의 표현처럼 베네치아를 "의식의 도시"라고 부른다면, 아르세날레의 정문 마그나 포르타(Magna Porta)는 의식의 핵심에 해양 세력을 위치시킨 것이다. 베네치아인들은 아테네와 카르타고로까지 거슬러올라가는 해양 세력의 궤적에 베네치아가 있음을 알고 있었다. 이들은 고전을 읽었으며 아가멤논의 미케네부터 호메로스의 델로스에 이르기까지 고대 그리스의 유적을 조사했고 카르타고의 유적을 살폈다.[24] 그리스의 섬에서 발견한 고대 돌 사자로 아르세날레 외부를 장식했으며, 돌 사자 위에는 421년의 도시 신화를 사실로 전환시킨 명문을 새겨넣었다. 그리스와 로마의 조합은 이탈리아에서 강대국이자 바다의 지배자(dominio maris)에 해당하는 베네치아의 입지를 보여준다.[25] 이는 그로부터 10년 이내에 베네치아가 오스만 제국의 술탄과 전쟁을 벌일 때에 분명히 드러났다.

보여주기 식 건축물 너머에서 진짜 전쟁이 일어났고, 1470년 이후 베네치아는 오스만 제국의 거침없는 진격에 압도당했다. 오스만 제국은 거대한 인력과 자원을 보유한 대륙의 패권으로, 내부 안정을 위해서 끝없는 정복을 이어갔다. 전쟁은 영토, 무역, 돈을 차지하기 위한 목적으로 수행되었다. 종교는 전쟁이 동기기 아니라 유용한 선전 도구에 불과했다.[26] 궁극적으로 베네치아와 오스만의 전쟁은 해양 세력과 대륙 패권이 겨루는 제국 간의 갈등이었다. 그러나 앞서 아테네와 페르시아, 카르타고와 로마가 존재론적 갈등을 벌인 것과 달리 베네치아와 오스만은 제한적 수준에서 갈등을 벌이는 데에 관심이 있었다. 둘 다 각각 다른 지역에서 심각한 위협에 직면해 있었고, 특히 베네치아는 절대 교역에서 눈을 돌린 적이 없었기 때문이다. 베네치아의 해군 패권은 오스만 제국에 실존적 위협이 되지 않았으며, 그저 베네치아가 레반트 무역을 통제하면서 오스만 제국의 안보에 중요했던 수입이 줄었을 뿐이다.

베네치아의 해외 제국(Stato da Mar)은 도시의 연장선상에 있었으며, 다른 해양 세력 국가들의 사례와 매우 유사했다. 이는 일련의 요새화된 항구로 지배되었고 갤리 선 항구를 갤리 선 계류장, 작업장, 대형 범선용 공간을 갖춘 무기고가 있는 해군 시설과 결합했다. 이러한 도시들은 현지 주민, 외부의 침입자들을 막기 위해서 사방으로 요새화되었다. 특히 아드리아 해 남부의 관문인 코르푸, 펠로폰네소스의 남서단에 위치한 모돈(메토니), 베네치아를 콘스탄티노플, 알레포, 알렉산드리아로 잇는 주요 노선에 위치하여 지중해 동부 전체에서 중심점이었던 크레타의 칸디아(이라클리온)가 핵심이었다. 1211-1669년 사이에 크레타는 용병 군대에 드는 비용을 줄이기 위해서 베네치아 귀족의 영지 기능을 했다. 크레타 섬 북쪽 해안에 위치한 요새화된 세 도시, 즉 수도인 칸디아와 지역 중심지 카니아, 레티몬에는 베네치아의 이해관계가 반영되어 있었고 세 개의 항구 모두가 개발되었다. 칸디아는 50척의 전함을 수용할 수 있었다. 15세기 중반에는 오스만 제국의 포위 공격과 전략적 고립 위협에 대처하기 위해서 새롭게 요새화가 진행되었다.[27] 막대한 비용이 들었지만 베네치아가 패배해서는 안 될 공격을 물리치고 무역망을 보존하는 데에 도움이 되리라는 희망으로 지출이 정당화되었다.

베네치아의 대비와 정보망에도 불구하고 1453년 콘스탄티노플이 함락된 사건은 베네치아의 예상을 벗어난 일이었다. 그동안 관심이 온통 본토에 집중되어 있던 탓이었다. 상대적인 권력 공백이 발생하자 베네치아는 이 기회를 살려서 북부 이탈리아에서 주요 강국으로 올라섰다. 오스만 제국이 중동과 발칸에서 패권을 쥔 가운데, 이 전쟁은 공화국에 자금을 제공하던 교역망과 바다의 자원을 사용할 수 없게 만들었다. 시선을 옮길 때에 어떤 위험이 따르는지는 투키디데스의 시칠리아 원정에 대한 기록을 통해서 고전 교육을 받은 정치가들이라면 충분히 감지할 수 있었을 것이다. 그러나 그리스어 문헌에 대한 접근은 당시로서는 아직 일어나지 않은 미래의 일이었다. 육지 영토로의 이동은 현명하고 심지어 필연적이라는 주장이 제기되기에 이르렀다.[28] 어떤 이유에서 단행되었든, 이러한 결정은 이웃 나라에 중요하고도 부정적인 영향을 미쳤다. 베네치아가 "일반" 국가처럼 행동하기 시작하자 베네치아가 지닌 부와 권력은 반도의 다른 모든 국가들에게 위협이 되었다. 게다가 안정적이고 성공적인 공화제는 세속 정부와 신정(神政) 모두에게 이념적 도전을 제기했다. 베네치아는 이탈리아 전쟁에서 용병 장군이 이끄는 용병 군대를 동원했으나, 이 과정에서 동방 교역을 장악하는 데에 제기되는 근본적인 위협에 신경을 쓰지 못하게 되었다. 오스만 제국의 콘스탄티노플 정복에 놀란 베네치아는 자국보다 유리한 위치에 있는 신흥 패권과의 타협을 추구할 수밖에 없었다. 또한 이들은 모든 해양 세력의 지도자들에게 반향을 불러일으킨 새로운 전략적 모형을 채택해야 했다. 콘스탄티노플은 메흐메드 2세가 기독교 국가에 제기하는 도전의 마지막 사례가 아니었다. 그러한 도전은 베네치아의 시야에 있는 이탈리아 본토에서 발생할 것이었다.

베네치아는 "제해권을 유지하고, 바다로부터 보호받을 수 있는 도시를 지키고, 여건이 허락할 때에 더 많이 거두어들이고, 해상 공격으로 튀르크의 침략 행위에 보복하는" 페리클레스의 전략을 썼다. 신앙과 육지에 기반한 야망으로 움직이던 당대의 대륙 세력은 오스만과의 전투에서 번번이 패했다. 베네치아는 오스만 술탄이 "튀르크 군대의 온 힘"을 베네치아로 집중시키는 세속적, 종교적 구실을 주지 않기 위해서 애썼다.[29] 이러한 태도는 해상 무역 국가의 이익에 부합했으며, 무엇보다 현명한 조치였다. 그러나 어렵게 얻은 지혜라도 때때로 환기가 필요했다. 죽음을 목전에 둔 교황 피우스 2세가 일으킨 종교 전쟁에 휘말린 베네치아는 이탈리아의 동맹이 등을 돌리면서 1479년에 많은 영토를 잃었다. 베네치아는 무역을 지키기 위해서 그러한 손실을 받아들여야 했다.

1500년에 베네치아는 육지로의 이동이 순조롭게 진행되어 수입의 3분의

1은 본토의 도시에서, 4분의 1은 해외 영토에서, 나머지 4분의 1은 지방 판매세에서 얻었다. 베네치아가 해외 영토를 거느리는 데에 드는 비용이 현지에서 걷히는 세금과 맞먹은 반면, 본토에서 드는 비용은 걷히는 세금의 4분의 1 수준에 불과했다.[30] 베네치아는 육지 영토의 지주, 주민들에게 정치 권력을 넘겨주지 않고도 영토 확장의 목적, 영토에 보유한 소유물을 지키는 데에 필요한 군대를 조직할 방법을 고려해야 했다. 이 질문은 이미 아테네와 카르타고에서도 제기된 바 있는데, 앞으로 네덜란드 공화국과 대영 제국에서도 되풀이될 것이다. 베네치아 지도층이 궁전의 바다 층을 무역에 사용하지 않게 된 것도 이 시기이다. 오래된 건물은 개조되었으며, 새로운 건물은 위대한 가문이 공화국을 통치하는 이유를 드러내는 설계로 변형되었다.[31]

튀르크와의 두 번째 전쟁의 결과, 1499년에 베네치아는 동방으로 통하는 중요한 지역인 모돈과 코론을 잃었다. 오스만의 침략자들은 베네치아의 목전에서 마을을 불태웠다. 프레더릭 레인은 이 사건들을 베네치아 역사의 전환점, 즉 "쇠퇴"의 시작점으로 보았다. 그러한 판단은 국가의 운영 방식에 대한 오래된 인식을 반영한 것이자 자국의 모범 사례를 찾는 미국 역사학자의 시각이 더해진 것이다. 1500년 이후, 해로를 만들고 무역을 하고 유지했던 해상 패권은 훨씬 더 큰 세력의 묵인 아래에 있었다. 이 세력은 골든 혼(이스탄불에 위치한 만/옮긴이)에 자체 아르세날레를 보유하고 있었고 크세르크세스에 필적할 만한 수준의 항해 속주민을 공급받고 있었다. 베네치아의 입장에서는 다행스럽게도 오스만은 무역보다 토지에 더 관심이 있었기 때문에 공화국은 동방과의 무역을 상당 부분 유지할 수 있었다. 그렇다고 해도 방어 비용은 증가할 수밖에 없었다.[32]

공화국이 두 눈을 잃으면서 에게 해에서 베네치아의 영향력이 약화된 데에 이어, 이들을 구원하기 위해서 보낸 함대의 불명예스러운 행동으로 인해서 근본적인 의문이 제기되었다. 베네치아의 해양 세력 문화는 쇠퇴하기 시작했는가? 수세기 동안 지중해 해전에서 비교적 안정적인 상태가 유지되었지만, 대형 포와 대규모 항해 선박의 출현은 전쟁에 새로운 변화를 일으킬 요소를 도입했다. 이전까지 베네치아는 대인용 소화기(小火器) 발사와 백병전에서 탁월함을 발휘했으나 변화는 불가피했다. 1499-1500년의 전쟁에서는 최초로 중포(重砲)가 선박을 침몰시키는 무기로 사용되었다. 1453년 오스만의 대포가 콘스탄티노플에서 거대한 바위로 베네치아의 갤리 선을 침몰시키던 순간, 새로운 시대가 왔다. 1470년 오스만의 포병은 네그로폰테 항구를 탈환하려는 베네치아의 시도를 저지했다. 1499년에는 최대 2,000톤의 거대 범선에 무기가 실렸다. 그런 거대한 무기를 갤리 선 함대에 싣는 것이 관건이었다. 전략적 차원에서 보면 긴밀하게 연결된 기지를 오가는 민첩한 갤리 선은 물 적재와 선원들의 요구에 따른 제약을 받았다. 이 때문에 해안에서 몇 주일 동안 외부 지원을 받지 않고도 바람에 따라서 움직이는 선박과 같은 화력을 낼 수 없었다. 전장에서 바람의 힘과 노의 추진력을 통해서 움직이는 선박들은 전략적으로 응집력을 발휘해야 했기 때문에 특별한 선박 조종술과 엄격한 규율이 필요했다. 범선이 추진 진지를 차지하고, 전진하는 적의 갤리 선에 포를 발사함으로써 노를 저어 움직이는 선박이 합류하기 전에 적의 대형을 무너뜨리는 전술이 점점 활용되었다. 이를 위해서 지휘관들은 바람의 방향이 전술에 유리하게 바뀌기를 기다리거나 선박을 견인했다. 이런 전략은 모두 시간이 많이 들고 불확실성도 컸다. 소규모 범선은 보다 민첩했지만 위용이 떨어졌다.

베네치아 해군의 위력은 1490년대에 정점에 이르렀다. 제노바는 프랑스의 침략으로 인해서 주의가 분산되었으며, 술탄이 함대를 동원해서 네그로폰테를 장악했음에도 오스만의 지휘관들은 해상 전투를 피했다. 술탄이 1499년에 새로운 함대를 동원하자 베네치아는 안토니오 그리마니 총사령관의 지휘 아래 12척의 거대한 갤리 선, 44척의 일반적인 전투용 갤리 선, 4척의 대형 무장 상선, 10척의 거대 범선, 14척의 범선을 펠로폰네소스 남서 해안에 위치한 모돈에 집결시켰다. 베네치아 기지는 아테네인들이 스파르타의 자만심을 꺾은 스팍테리아에서 가까웠다. 베네치아인들이 존치오라고 불렀으며 오늘날에는 나바리노로 알려져 있는 만이다.[33] 오스만이 코린토스 만의 레판토에 위치한 베네치아 요새를 포위하기 위해서는 중포를 싣고 모돈을 지나쳐야 했다. 오스만 군이 동원한 선박의 수가 더 많았지만, 오스만의 갤리 선은 대다수의 범선과 마찬가지로 가벼웠으며 2척의 거대 선박만이 예외적으로 예니체리 보병 군단으로 가득 찬 상태였다.

거대 범선과 갤리 선 기술에 대한 전문성에서 우위를 점하리라고 자신한 그리마니는 코론과 모돈에 군사를 배치하고 기회를 기다렸다. 오스만의 다부드 파샤 제독은 공해에서 전투를 감행하지 않고 함대를 존치오로 이끌었다. 8월 12일 출항한 다부드는 튀르크 군사들이 지원하는 해안을 따라서 항해했다. 그리마니는 뒤에서 불어오는 바람을 이용해 공격했는데, 베네치아의 거대 범선을 동원하여 공격을 시작하기 좋은 조건이었다. 안토니오 로레단은 베네치아의 무장 상선 2척으로 튀르크의 가장 거대한 선박을 공격했다. 대포 공격을 주고받고 근거리에서 격전을 벌인 후에 그리마니와 다부드, 로레단의 화력이 모두 소진되었다. 베네치아는 당황한 적의 함대를 무너뜨리고 전략적 목표를 달성하기 좋은 위치에 자리를 잡고 있었다. 그러나 베네치아는 머뭇거렸다. 범선과 거대 갤리 선은 오스만의 선박을 몇 척 나포했으나 대포 사격을 주저하며 추격을 포기했다. 굉음과 분노 속에 베네치아의 작은 범선 1척이 가라앉았고 선임 장교들은 구형(球形) 포탄 세례를 받고 전사했다. 그러자 그리마니가 자신보다 젊고 인기가 있는 지휘관인 로레단을 고의로 지원하지 않았다는 소문이 돌았다. 사실이야 어떻든 초기의 실패는 만회가 가능한 수준이었으나 그리마니가 또다른 공격을 명령했을 때에 거대 갤리 선이 다시 뒤로 물러났고 범선은 적진에 뛰어들 기미를 보이지 않았다. 결론 없는 소규모 접전이 벌어지는 사이에 튀르크는 코린토스 만에 진입했고 레판토는 함락되었다. 전략상의 재앙이었다.

패배한 베네치아는 결의를 다지면서 그리마니를 해임하고 투옥했다. 그리마니는 부하들의 비겁함과 불충을 탓했다. 이어서 범선을 지휘하던 알비제 마르첼로 사령관이 투입되었으나 투석 공격으로 2명의 부하를 잃고 물러나는 데에 그쳤을 뿐이다. 그의 행적은 날아오는 무기가 심리에 어떤 영향을 미치는지 잘 보여준다. 마르첼로는 그리마니의 허술한 전략과 혼란스러운 지시를 탓했다. 총사령관은 군사를 조직하는 데에 실패했고 더 큰 그림을 그리지 못했다. 그리마니는 변화한 환경에 적응하지 못한 원로원의 지시를 따랐고, 결과적으로 모든 선임 지휘관들을 함대 후미에 위치시켜서 모범을 보이거나 기회에 제대로 대처할 수 없었다. 로레단은 모범을 보인 용기 있는 지휘관이었으나 그를 대신할 인물은 나오지 않았다. 1년 뒤에 존치오 인근에서 또다른 해전이 벌어졌고, 이번에도 규율의 부재라는 문제가 노출되었다. 모돈, 코론, 존치오는 오스만 군대의 손에 들어갔고 술탄은 이스탄불로 함대를 철수시켰다. 존치오 해역에서 맛본 두 번의 실패는 허술한 전술, 비효율적인 리더십, 불안정한 신병 모집 문제가 반영된 결과였으며 베네치아의 제해권을 종식했다.

튀르크 함대가 물러간 뒤에 베네치아는 일련의 인상적인 수륙 양용 작전을 펼쳐 중요한 근해 기지를 확보했다. 베네데토 페사로는 선원들이 점령한 마을을 약탈하도록 허용했으며 비도덕적인 오스만 지도자들을 처형했고, 아무리 관계가 좋아도 시범 전투에서 실패한 함장들을 자르거나 처형했다. 페사로는 장교들의 규율을 다지고 수병의 사기를 진작했으며 신병 모집 방식을 개선하여 베네치아의 기량을 크게 회복시켰다.[34]

튀르크의 중포는 상대를 심리적으로 크게 압박했지만 재장전이 거의 불가능하다는 문제가 있었다. 존치오에서 거대 범선 간의 전투는 발사체와 날카로운 무기 공격을 주고받는 양상으로 바뀌었으며, 이때는 베네치아가 승리를 거두었다. 절박해진 튀르크는 방화 장치를 사용하여 3척의 무장 상선을 모두 불태웠다.[35] (최초의 전투는 아닐지라도) 최초의 해군 전투로서 규모 면에서나 중요성에서 의미가 있었던 이 전투는 목판화로 새겨져 유럽 전역에서 판매되었다.[36] 중포의 도입과 더불어 새로운 야만의 시대가 찾아왔다. 존치오에서 패배한 베네치아의 두 번째 함대의 함장 알바노 다메르는 술탄 바예지드 2세의 명령에 따라서 이스탄불에서 토막이 났다.

존치오 전투 이후 베네치아는 해양 제국의 요새를 강화했지만 이 전략적 체제는 오스만이 1516년에 이집트의 맘루크 왕조를 정복하여 단일 패권의 이슬람 제국을 세웠을 때에 무력해졌다. 이제 술탄은 해군 자원에 향료 무역까지 거머쥐었다. 베네치아의 해외 제국은 바르카 가문의 카르타고와 마찬가지로 패권이 바다를 장악하자 육지 세력에 압도당했다. 일부 전초 기지는 순식간에 무너졌고 키프로스 섬은 한 번의 공격으로 제압당했다. 그나마 크레타 섬은 제대로 방어되어 칸디아에서 오랜 포위 공격을 견뎠는데, 1669년에 베네치아에 방어를 견딜 해군력과 자금이 부족해 함락되고 말았다. 고립된 항만 도시의 영웅적인 방어는 메흐메드 2세가 네그로폰테를 점령한 1470년부터 코르푸를 성공적으로 방어한 1716년에 이르기까지 베네치아 해전의 기본으로 자리 잡았다. 코르푸의 요새는 해군의 승리 이후 새 부대가 육지에 진입하면서 구출되었고, 합스부르크의 육상 방어로

지원을 받았다. 베네치아의 함대는 코르푸 해역을 자유롭게 개방해왔다.[37]

존치오에서 대실패를 거두고 10년 뒤에 베네치아는 육지 진출 계획에서도 저지를 당했다. 이탈리아가 베네치아의 정책을 좌우하기 시작한 가운데 1509년에 베네치아보다 밀라노와 더 가까운 아냐델로에서 벌어진 전투에서 베네치아가 패배하면서 육지에 대한 야욕은 쇠퇴하게 되었다. 프랑스, 제국, 교황, 다른 이탈리아 국가들로 구성되었으나 오래가지 못한 캉브레 동맹이 베네치아에 맞섰고, 아냐델로 전투 이후 베네치아의 육지 제국은 빠른 속도로 무너졌다. 여기에서 흔히 간과되는 중요한 사실이 있는데, 당대 최대 규모의 유럽 동맹은 베네치아에 맞서기 위해서 구성되었다는 것이다. 그만큼 베네치아는 대륙 절반의 세속적, 종교적 지도자들을 두려움에 몰아넣는 존재였다. 캉브레 동맹은 곧 베네치아가 강대국의 지위에 있었음을 보여준다. 공화국이 상실한 영토 대부분을 1516년까지 빠른 속도로 회복한 데에서 이를 확인할 수 있다. 결국 캉브레 동맹은 와해되었고 베네치아는 영속했는데 이 역시 시사하는 바가 있다. 1529년 이후 베네치아는 중립 정치를 지지했으며, "국제 문제에서 베네치아의 역할이 이전보다 덜하며 1490년대 외세의 침략으로 [이탈리아] 반도가 합스부르크와 프랑스의 손에 들어갔다는 현실 인식이 커지면서 자긍심도 줄었다." 교황과 카를 5세가 1529년 볼로냐에서 평화 협정을 체결하면서 베네치아를 무시한 것은 "베네치아의 군사 승리주의가 막을 내리고 새로운 시대가 왔음을 알린 사건"이었다.[38] 이후 베네치아의 운명은 프랑스와 스페인의 이해관계 사이에서 균형을 맞추고 조정하는 역할에 달려 있었다.

차마 반격에 나설 수 없었던 베네치아는 새로운 상황에 적응하기 위해서 로마의 문화적 겉치레를 활용하여 과거를 윤색했다. 1516년에 공식 역사학자가 임명되었고, 10년 후에는 로마의 겉모습을 건축물에 도입할 건축가가

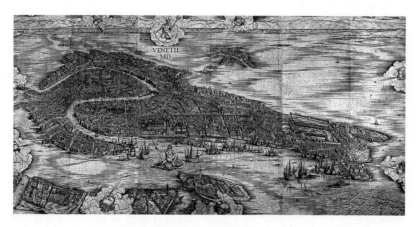

야코포 데 바르바리의 "베네치아 전경"

지정되었다. 이탈리아의 다른 대도시와 달리 고전적인 발자취가 없었던 베네치아는 도심 공간을 정치, 의식, 예술 효과를 위한 공간으로 재창조했다. 산마르코 광장, 석호와 연결된 피아체타, 두칼레 궁전은 제국의 힘과 장엄함을 연상시키는 로마식 광장으로 재구성되었다. 이 공간에서 베네치아는 새로운 로마, 예루살렘, 콘스탄티노플로 변형되어 외국의 세력과 대중(popolari)에게 깊은 인상을 남겼다.

베네치아에서 로마의 정체성이 새로 창조되는 동안, 이것은 베네치아의 힘을 정상화하는 유용한 기능을 수행했고, 공화국을 눈에 띄게 육지에 기반을 둔 형태로 만들었다. 공화국의 오랜 미덕은 하층민들을 통제하는 훌륭한 수단이었다. 재구성된 정체성은 위험의 회피와 안정성을 강조했다. 이는 캉브레 동맹과의 전쟁 중에 베네치아를 장악한 과두 지배층의 관심사에도 부합했다. 지배 계급층이 분리되면서 과거의 지배층 가문으로 구성된 집단이 권력을 장악했다. 이는 "공화국 주민의 생활과 정치에 대한 모든 결정을 내리는 긴밀하게 통합한 소집단"이라는 베네치아 지배층의 경직화가 가장 심각한 단계에 이르렀음을 보여준다.[39] 이와 동시에 과두 지배층은 육상에 대한 투자 금지 조치를 해금했다. 과거의 로마, 로마 공화국의 건축물로 방향을 바꾼 것은 베네치아가 더 이상 해양 세력이 아님을 반영한 것이었다.

베네치아는 안팎의 시선을 의식하여 과거의 문헌과 이미지를 재구성했다. 네덜란드의 새로운 예술 작품, 유화와 이탈리아 인문주의 문학이 국가의 힘을 전달하는 역할을 했다. "최초의 위대한 해양 화가"인 비토레 카르파초는 갤리 선과 범선을 소재로 베네치아의 특수성과 힘을 표현했다. "카르파초처럼 선박을 중시한 화가는 없었다."[40] 그는 당대의 선박을 매우 자세하게 표현한 것으로 정평이 나 있는데,[41] 그의 작품에는 오스만이 팽창하고 이탈리아와의 전쟁으로 베네치아 모형에 도전이 제기되는 시대의 불안이 담겨 있다. 베네치아는 기존의 정치와 사회 질서를 강화하고 국가의 영속성과 권력을 표현하기를 갈망했다. 왕, 군대, 확장된 영토가 없는 상황에서 베네치아인들은 웅장한 건축물, 과시하듯 진행되는 의식, 적절하게 진화하는 "베네치아 신화"를 창조했다. 그 결과물의 규모와 호화로움에 외국의 방문객들은 압도되었다.

1516년에 카르파초는 관청의 의뢰로 도시와 상업의 안전을 강조한 우화를 담은 "산마르코의 사자"를 완성했다. 그림에서 교황의 사자는 반은 육지에, 반은 바다에 몸을 담그고 평화의 메시지를 전달한다. 이 평화는 배경의 함대로 상징되는 무역에 반드시 필요했으며, 공작 저택은 안정과 정부, 법을 나타낸다.[42] 그림이 제작된 시기도 중요했다. 카르파초의 "베네치아의 신화"는 아냐델로에서 재앙을 맞고 에게 해 무역망의 핵심 요소를 오스만에게 빼앗긴 직후에 완성되었다. 동쪽의 지배자들과 서쪽의 경쟁자들 모두와의 평화를 원했던 베네치아는 양측에 권력의 상징과 강한 해군으로 깊은 인상을 주고자 했다. 이러한 상징은 양쪽 모두를 향했으며 한편으로는 내부 시민의 자긍심과 사회 응집력을 유지하는 데에도 도움이 되었다.

1297년에 확립된 폐쇄적인 사회 구조로 인해서 지배층은 시민 활동, 의식, 축제를 통해 하층민의 지지를 얻어야 했다. 15세기 후반에 부상한 자선 기관인 위대한 학교(Scuole Grandi)는 이전의 다양한 사회계층을 아우르는 공동체를 만들었는데, 자선 활동으로 강화된 이 공동체는 역사, 종교 이미지로 표현되었다. 그들은 공동의 위치나 직업을 중심으로 개별 공동체와 집단들을 단결시켰다. 하층민에게 지도자 역할을 부여하는 이 축소된 형태의 공화제에서는 시민이나 대중이 지도자였다. 역사, 종교 예술로 장식되었던 이들의 회합 장소는 베네치아의 과거와 그들의 번영에 대한 신의 역할을 부각했다.

역사화(歷史畫)는 도시와 가문의 영광을 강조하는 기록으로 전달되도록 구상되었다. 귀족 후원자들은 자신들의 가문을 예찬하는 예술 작품을 구매했다. 인쇄술이 발전하기 이전에는 문서를 접할 기회가 드물었기 때문에 그 역할은 그림에 맡겨졌고, 따라서 그림은 진실성을 전달하도록 고안되었다. 주요 공공건물의 벽에 걸린 그림은 역사적 증거로 빈번하게 인용되었다. 그림을 의뢰한 인물들이 신뢰할 만했고 사건 가까이에 있었기 때문이다. 오래된 그림은 기록물의 성격도 강하게 띠고 있었기 때문에 복제되었다. 베네치아의 역사가들은 그림을 인용했을 뿐만 아니라 자신들의 주장에 일부러 그림을 포함시켜 역사에 삽화를 넣는 길을 열었다. 이러한 작업은 공공의 역사에 강력한 시각적 요소를 결합시켜 국가의 명성을 드높이는 한편, 과거와 현재의 조치를 정당화하는 역할을 했다. 동쪽과 서쪽이라는 두 세계의 주변부에서 기능하던 소규모 해양 세력 국가에는 특히 중요한 작업이었다. 인문주의는 베네치아의 시선을 서쪽의 육지로 이동시켰고, 과거의 로마에 더 가까워지도록 만들었다. 육지에서 옛 로마 영토를 확보한 베네치아는 점차 제국의 장엄한 건축물을 선호하게 되었다. 오스만의 위협이 눈앞에 닥치고 육지의 제국주의가 다른 이탈리아 국가들의 적개심을 불러 일으키자 베네치아의 식자층은 서둘러 과거를 재구성했다. 1487년에 마르 코 안토니오 사벨리코가 펴낸 공식 역사서는 리비우스의 『로마사(*Ab Urbe Condita Libri*)』를 면밀하게 본보기 삼아서 작성된 것이다.[43]

1500년에 베네치아의 전경을 담아낸 야코포 데 바르바리의 목판화는 도시의 명성과 독특한 특징을 기념하는 작품으로, 공화국의 상징인 선박의 중요성을 부각시켰다. 이 작품은 지도라기보다는 유럽 최고의 해상 세력 으로서 동서양 간의 무역에 뛰어난 베네치아의 우월성을 강조한 그림에 가깝다.[44] 바르바리는 해안가에 거대한 돛대가 3개인 상선을 배치했고 아르세날레를 자세하게 묘사했다. 또한 갤리 선을 등장시켜 베네치아의 해군력을 강조했다. 별다른 배경을 가미하지 않은 이 그림에서 선박은 암울한 고비를 맞은 베네치아의 역사에 떠오른 희망을 상징했다. 베네치아인들은 명성, 영광, 이익을 모두 상실한 시대에 선박을 통해서 위대함에 대한 환상과 사회 통합을 유지했다.[45]

베네치아는 해양 세력의 예술과 더불어 최신 문학의 기술도 받아들였다. 베네치아의 육지 영토에 위치한 파도바 대학은 법률과 실용 예술 분야에 장학금을 지원했다. 인문주의 학문은 페트라르카의 활동과 인문주의에서 핵심을 차지하는 그리스와의 교감 증가에 힘입어 부상했다. 콘스탄티노플과 다른 비잔틴 영토에서 쫓겨난 그리스의 학자들은 서양 최대의 그리스 상인 공동체가 형성되어 있던 베네치아로 터전을 옮겼다. 1468년에 베사리온 추기경은 그리스 장서를 공화국에 기증했는데, 이는 그리스 문화와 학문을 1453년의 재앙으로부터 지키기 위함이었다.[46] 이 장서들은 그리스 망명자들이 불을 지핀 인문주의 학문과 고대 문헌을 서양세계에 전파한 알두스 마누티우스라는 선구적인 출판인에 의해서 인쇄되어 풍부한 전통으로 이어졌다.[47] 베사리온의 유산을 보관하기 위해서 2016년에 건립된 마르차나 도서관은 그리스 고전 판본을 전시함으로써 마누티우스의 작업을 기념했다.[48] 1502년 5월에 투키디데스의 작품이 발간된 데에 이어 4개월 후에는 헤로도토스의 문헌이 발간되었다. 투키디데스 저서의 표지는 굵은 글씨체로 인쇄된 영어 단어 "Library"로 장식되었다. 해양 세력의 핵심 사상을 담은 다른 사본과 마찬가지로 투키디데스의 저서 역시 한때 잉글랜드인이 소유하고 있던 장서였다. 마누티우스는 잉글랜드의 윌리엄 래티머, 토머스 리나테라는 인문주의자들과 친분이 있었으며, 두 사람은 각각 옥스퍼드, 케임브리지에서 학생들을 가르쳤다. 마누티우스의 사본은 두 대학에서 찾아볼 수 있다.

베네치아는 두 세계와 두 시대 사이의 중간자로서의 해양 세력을 서양에 소개했다. 해양 세력의 주요 문헌인 투키디데스 저서의 출판은 시기상으로도 적절했다. 16세기 베네치아는 해양 세력으로서의 정체성이 약화되고 자원 측면에서도 약점을 드러내는 등 여러 가지 문제들에 봉착한 상태였다. 지중해 동부에서는 광대한 오스만 제국이 아시아 무역의 모든 종착지를 장악하면서 베네치아의 영향력이 축소되었다. 값비싼 전쟁을 치르던 독점 공급업자들은 가격을 인상했다. 이러한 현상은 베네치아가 식료품, 전략적 원자재, 노동력, 북쪽으로 향하는 길목의 관리를 의존하는 이탈리아 본토에 집중되어 있었다. 아냐델로에서의 재앙으로 이탈리아 제국을 일시적으로 상실하면서 '무적의 베네치아'라는 통념도 깨졌다. 육지와 바다에서 모두 공격을 받아 중요한 해군 기지와 영토를 잃은 베네치아는 이제 운이 다한 것처럼 보였으며, 그저 오래된 섬, 몇 군데의 기지, 서구세계의 영광 가운데 하나였던 60년 전의 유물이 남은 곳으로 전락한 듯했다. 쇠퇴에 대한 인식이 베네치아인의 정신에 침투할 수밖에 없었다. 1512년 피에트로 아레티노는 모든 사물, 선박, 국가, 인간이 가진 야망의 덧없음에 대해서 고찰했다. 아냐델로 사건이 발생하고 2개월 후에 도제 로레단은 육지 영토에서의 팽창을 계획하여 비싼 희생과 재앙을 촉발한 정책을 비난하고 용병에 의존해온 것을 개탄했다.

바다에서는 이런 일이 일어나지 않는다. 우리가 지배하고 있고 자체적으로 임무를 수행하며 진정한 열정을 가지고 있기 때문이다. 누구 때문에 우리가 바다에서 멀어져 육지로 눈을 돌렸는지 알 수 없다. 맨 처음의 조상들로부터 내려온 전통인 탐험은 우리에게 많은 유물을 남겼고, 우리가 이 분야에만 관심을 유지해야 한다고 경고한다.[49]

로레단의 베네치아는 해양 인력이 건설했고, 해양인들의 모범을 따라야 했다. 최근 일어난 재앙에 대한 로레단의 해석에서는 베네치아 해양 세력이 신의 도움이나 지리를 활용할 것이 아니라 의식적이고 계획적으로 구성되어야 했다는 생각이 드러난다. 이후 8년 동안 베네치아가 육지 영토를 회복하면서 이러한 우려도 잠시 잦아드는 듯했으나, 여전히 큰 우려는 남아 있었다. 베네치아는 더 이상 강대국이 아니었으며 심지어 이베리아 반도 내에서도 강자가 아니었다. 이베리아 반도는 1527년에 로마를 약탈당하면서 합스부르크의 영향에 압도되어 있었다.

고전 예술과 건축은 여러 문제들에 직면한 베네치아의 대처를 이끌었다. 볼로냐 조약으로 이탈리아에 대한 카를 5세의 영향력이 드러난 1529년, 토스카나의 건축가 야코포 산소비노가 산마르코 광장을 감독하도록 임명되었다. 산마르코 광장은 베네치아 의식의 중심지로서, 12세기 말에 운하를 메우고 교회를 무너뜨려 조성한 공간이었다. 도제 안드레아 그리티는 건축의 부활로 문화, 상업, 지혜와 정의라는 미덕을 표현하여 베네치아의 명성을 회복하고자 했고, 산소비노는 도제의 의제를 실현시키고자 했다. 도제의 아이디어는 오직 고전 건축으로만 전달될 수 있었으며, 2년 전 합스부르크의 약탈을 피해서 로마에서 도망 온 산소비노는 도제의 의제를 수행할 준비가 되어 있었다. 그가 설계한 로제타, 마르차나 도서관, 조폐국(造幣局)은 바실리카와 광장의 전망에 웅장함을 부여하고 바다에서 보이는 경관에 아름다움을 더했다. 이와 같은 지혜, 부, 권력의 상징이 리알토로 이전된 육류 시장을 대체했다. 마르차나는 "르네상스 학문의 신전"으로서 새로운 알렉산드리아 도서관이었으며, 두칼레 궁의 지혜를 강조했다. 고전의 위대한 신은 두칼레 궁전 바깥의 거대한 인물상을 떠올리게 했다.[50] 도시의 곡물 창고는 조폐국과 함께 사회를 통제하는 핵심적인 역할을 했다. 새로운 건축물은 베네치아를 내적 평화와 안정을 누리는 섬으로 변모시켰고, 피렌체 공화국과 로마가 루터의 군사들에게 약탈을 당하는 등 이탈리아 반도가 외국 군대에게 지배되는 상황으로부터도 분리했다.

지배층이 외부에서 수행되는 의식을 지켜보던 건축물인 로제타는 베네치아 제국의 권력, 지혜, 준비성, 정부의 조화를 상징하는 우아한 외벽으로 장식되었다. 시간이 흘러 키프로스, 크레타를 잃자 외벽의 의미도 변화했다. 두칼레 궁전은 고전에서 모티프를 얻어 장식되었고, 산소비노는 의식에 쓰이는 거인의 계단에 거대한 마르스, 넵튠의 상을 배치했다. 마르스와 넵튠은 각각 베네치아의 양대 기둥인 전쟁과 바다를 상징하는 신이었다. 바로 이곳에서 도제들이 즉위했으며 도제 팔리에로가 참수당했다.[51]

1550년 베네치아 건축은 고전과 바로크 형식에 지배되었고, 견제하는 시민의 위대함이라는 의제를 반영했다. 그러나 이 언어는 베네치아만의 메시지를 유지하기 위해서 미묘하게 수정되었다. 비트루비우스(로마 시대의 건축가/옮긴이)가 남긴 고대 로마 문서는 안드레아 팔라디오와 인문주의자 귀족 다니엘레 바르바로가 1556년에 베네치아에서 출판했다. 바르바로와 팔라디오는 육지 영토의 도시인 비첸차, 로마 교회와 관련된 인물이었다.[52] 팔라디오의 새로운 설계는 육지와 교회의 개념을 이전까지 독특하고 절충적인 건축의 특징을 보이던 도시로 옮겨놓았다. 그의 위대한 교회인 산조르조 마조레와 일 레덴토레는 산마르코 광장의 가시선을 세심하게 확대하여 도시의 의식 공간으로 바치노 디 산마르코를 들여왔다. 산마르코 광장이 육상의 행사를 위해서 조성되었다면, 3개의 등거리 지점은 해상 무대를 구성했다. 베네치아와 교황청이 대립각을 세우던 시기에 팔라디오는 바로크의 로마 요소를 뒤틀기 위해서 해양 환경을 미묘하게 적용했다. 팔라디오가 비트루비우스의 건축물에서 발전시킨 고전직 건축물은 가톨릭과의 관계가 박탈된 베네치아에서 환영받았다. 인근 메스트레의 곤돌라 사공 집안에서 태어난 팔라디오는 교황의 파문에 저항하기 위해서 해양 환경을 이용했다. 해양 공간에서 도가나와 산타 마리아 델라 살루테는 베네치아가 투사하고자 했던 비전에 세속적이고 영적인 초점을 적절히 조합하여 제공했다. 1631년 마지막 요소가 완성되자 바치노 디 산마르코는 "영적, 정치적 의미가 빼곡하게 들어찬 베네치아 신화의 무대"가 되었다.[53] 베네치아의 정체성은 바다와 연결되었으며 바다에서 그 위용을 가장 잘 확인할 수 있었고, 베네치아의 사람들의 시선은 바다를 향하게 되었다.

베네치아는 의도적으로 정체성을 구성하는 궁극적인 사례가 되었다. 베네치아인들은 여러 곳에서 사상과 인공물을 빌려와서 자신들의 역사를 창조했을 뿐만 아니라 해양 입지를 활용하여 환상적인 건축물을 세웠다. 특히 베네치아인들은 모든 예술 도구를 활용하여 영향력을 확대했다. 건축물, 그림, 문학, 음악이 어우러져 신화를 만들어냈으며 취약한 해양 도시 국가를 영속하는 공간으로 탈바꿈시켰다. 베네치아인들은 운하와 배를 이용하여 차별점을 부각했을 뿐만 아니라 바다에 인접한 공간을 활용하여 도시의 독특한 문화를 강조했다. 중세와 근대 초의 베네치아는 석호를 아울렀을 뿐만 아니라 도시도 번성을 누렸다. 어민, 염전업자, 본토 여행자들이 거주하는 수역에는 "도시에서 신망 높은 수도원"이 있었다. 베네치아 사람들은 섬의 특징을 십분 활용하여 방문자가 도시를 경험하는 방식을 통제했다. 정부는 도시로 향하는 4개의 수로를 통제했다. 이 건축물은 지체 높은 방문자들의 눈앞에 압도적인 위용을 자랑하는 경관이 펼쳐지기 전에 무엇이 나올지 추측하도록 만들었다. 그중에서 키오자에서 남쪽으로 이어지는 노선이 가장 인상적이었다. 방문자들은 평범한 석호를 따라서 21킬로미터를 가다가 거대한 교회가 위치한 좁은 운하 산조르조에 진입했다. 그러다가 운하는 바치노 디 산마르코로 접어들어 "도시의 주요 시민, 종교 건축물에서 절정의 계시"를 얻게 되고 두칼레 궁전, 피아제타, 종탑, 시계탑, 대성당을 만나며 산소비노의 도서관, 조폐국으로 인도되었다. 많은 사람들이 압도당하는 것이 당연했다.[54]

바다에서 진입하는 직접적인 경로에는 미켈레 산미켈리의 인상적인 산안드레아 요새가 있었는데, 이는 바다와 연계된 안정성과 힘을 표현하는 우의적인 석조 걸작이었다.[55] 베네치아는 방문객이 먼발치에서 도시의 규모와 위용을 감상하도록 작은 섬에서 하루를 묵게 함으로써 방문 경험을 의도적으로 연장시켰다.

베네치아의 종탑은 또한 석호의 수로 안내인에게는 주요 표지 역할을, 바다 위의 선박에게는 탐험 표지 역할도 했다. 이를 통해서 항해사들은 위치와 거리를 정확하게 계산할 수 있었다.[56] 도시를 방문한 잉글랜드인 토머

스 코리엇은 종탑을 항로 표지로 금방 식별했다.[57]

건축물을 항로 표지로 활용하고 권력과 의식 공간으로 표현한 베네치아와 다른 해양 세력 간의 상승 효과는 분명했다. 파르테논, 카르타고의 원형 항구, 암스테르담의 담 광장, 거대한 해군 무기고, 템스 강을 따라서 런던으로 진입하는 고도로 정교한 경로, 틸버리의 요새, 울리치의 조선소, 바로크의 웅장함을 덧입힌 그리니치 궁전에서는 모두 동일한 의제를 다루었다. 5개의 해양 세력 국가들은 해상 무역, 해군력, 세속적 정체성을 긴밀하게 연결하는 해상 세력의 건축물을 만들었다.

베네치아에서 치르는 의식은 도시의 독특한 해양 특징과 상업을 중시한다는 점을 강조하는 그림에 반영되었다. 잉글랜드의 대사였던 헨리 워턴 경은 1611년에 제작된 큰 그림을 손에 넣어 이튼 칼리지에 기증했다.[58] 그림은 엘리트 청년, 미래의 정치가, 시민 지도자 세대에게 강렬한 시각적 자료로서, 라 세레니시마(La Serenissima : 베네치아 공화국/옮긴이)를 찾은 방문자들에게 시각적 자료와 본보기를 제시했다. 어떤 이들은 순회 여행을 하고 카날레토의 작품을 수집했으며, 무역, 제국, 해군력에 초점을 맞추는 상업 공화국으로서 과거와 현재의 해양 세력 국가 간의 상승 효과를 이해했다.

육지 영토의 제국이 대체로 복원된 1516년에는 토지에 대한 투자를 가로막던 13세기의 법이 유명무실한 상태였다.[59] 이는 그리스가 중요한 해양 전초 기지를 상실한 것에 대한 대응으로 이해해야 한다. 새로운 법적 구조는 베네치아 귀족을 해외 무역에서 배제하고 육지 영토에 광범위한 토지를 소유한 토지 귀족을 형성했다. 권력 기반이 무역에서 토지로 옮겨가면서 해양 도시와 연결된 브렌타 강을 따라서 팔라디오풍 저택들이 들어섰다. 법이 단순하면서도 사리를 추구하는 방향으로 변화되면서 무역, 권력, 정체성 사이의 중요한 상승 효과가 약화되었다.

1529년에 합스부르크의 보호하에 반도에 평화가 찾아오면서 베네치아라는 도시의 장려함을 로마 양식으로 보여주는 새 시대가 열렸다. 로마 양식을 새로 도입한 안드레아 그리티 도제의 치세를 기념하는 메달의 배경에는 베네치아의 권력과 번영의 기구이자 상징인 갤리 선이 새겨졌다. 베네치아가 빌려 입은 옷은 이 도시의 정체성에 중대한 영향을 끼쳤다. 고대 로마는 해양 세력 국가에게는 원수였다. 독재적인 대륙 제국을 상속한 이들이 바로 오스만 술탄, 합스부르크 황제와 로마 교황이었다. 지중해에서 가장 큰 상업 중심지인 베네치아는 새로운 카르타고였다. 그러한 연관성은 리비우스의 독자이자 그를 잘 아는 베네치아의 인문주의자들에게 분명했음에도 베네치아는 로마의 정체성을 선택했다.[60]

초점이 육지로 옮겨갔음에도 불구하고 베네치아는 잃어버린 동방의 시장을 대체하기 위해서 새로운 교역을 모색했다. 15세기 후반에 새로운 해양 세계가 열리자 옛 경쟁자인 제노바는 서쪽으로 눈을 돌렸고 스페인의 아메리카 사업에서 인심 좋은 고객이 되었다. 베네치아는 역동적인 인쇄 산업을 통해서 최신 지식의 수집과 전파를 조직하며 상업적인 감각을 뽐냈다. 1550년대에 10인 위원회의 조반니 바티스타 라무시오 위원은 고대 그리스에서부터 최근의 원정대에 이르기까지 주요 여행 기록 모음을 최초로 출간했다. 그의 비판적인 방법론은 실용적인 필요를 만족시켰다.[61] 또한 공식 문서로서 베네치아의 해상 진취성의 부활을 뒷받침하는 아이디어와 권위를 전파했다.

베네치아에는 다행스럽게도, 포르투갈인들이 아프리카의 희망봉 탐험에 성공한 이후에도 향료 무역은 붕괴되지 않았다. 리스본의 독점자들은 가격을 높게 유지하기를 원했고 덕분에 베네치아는 한 세기 더 경쟁력을 유지할 수 있었다. 베네치아의 향료 무역은 17세기 초에 네덜란드가 향료제도를 차지하여 농장에서 시장까지의 공급을 독점하면서 막을 내렸다. 곧 베네치아는 암스테르담에서 향신료를 구매했고, 아직 남아 있던 그리스 섬에서 생산된 포도주와 말린 과일을 북부 유럽으로 수출하는 등 다른 무역으로 눈을 돌렸다. 그러나 해양 사업에서의 수익이 줄자 이들은 육지 영토의 더 수익성 좋은 사업에 투자를 늘렸다. 17세기에 베네치아는 사실상 식료품을 자급자족하는 상태였고 "세레니시마의 부가 바다에 의존하는 정도도 줄었다."[62] 베네치아는 더 이상 해양 세력이 될 필요가 없었다.

이와 동시에 무역의 방식도 변화하고 있었다. 국영 갤리 선으로 부피가 작고 부가가치가 높은 향료, 비단, 사치품 등을 실어 나르던 무역은 1530년대에 막을 내렸다. 이로 인해서 베네치아의 "연결된 기지, 정찰, 무역 호송 체계"가 가지는 가치와 국가의 역할이 축소되었다. 거대한 상선은 국가의 자산이었으나 이제 부피가 더 큰 상품, 식료품, 원자재를 나르는 민간 소유의 범선이 그 역할을 대신했다. 돛대가 3개인 정교한 선박이 점차 갤리 선을 대체했으며 새로운 항로를 개척했다. 이때 베네치아인들은 잉글랜드의 범선과 치열한 경쟁에 직면했다. 중무장한 잉글랜드 선박은 무역뿐만 아니라 약탈할 준비도 되어 있었다. 잉글랜드는 상업적인 필요, 엘리자베스 치세에 부상한 해양 세력 이념, 이오니아 건포도에 대한 수요의 증가에 따라서 움직였다. 베네치아는 더 이상 동서양 간 무역의 결정권자가 아니었기 때문에 수입이 크게 줄었다. 이로 인해서 국가가 더 높은 관세를 부과하자 잉글랜드 상인과의 밀수, 결탁이 증가했다. 1571년 레판토에서 큰 승리를 거둔 지 10년 만에 동부의 해양 제국은 무너지기 시작했다.[63]

16세기 중반 베네치아는 전쟁, 화재, 재앙을 예고하는 것으로 널리 알려져 있던 전염병, 보다 직접적으로는 경기 하강에 직면한 가운데 새로운 도시, 종교 의식을 열어 사회 모든 계층을 종교로 결속하기 시작했다. 이러한 드라마는 1565년 오스만의 몰타 공격으로 시작되었는데, 베네치아 내부에서는 이 사건에 대한 의견이 갈렸다. 일각에서는 또다른 튀르크 전쟁이 불가피하다고 생각했으나 다른 이들은 동방의 무역을 유지하기 위해서 술탄과의 평화를 원했다. 네덜란드, 카르타고식 사고방식과의 상승 효과는 분명했다. 베네치아는 무역에 기반한 부를 갖추고 있었기 때문에 강력했다. 따라서 적과도 거래할 필요가 있었다. 전쟁은 비용이 많이 들고 성공할 가능성도 적었기 때문에 직접적인 공격만이 베네치아를 전쟁에 끌어들일 방법이었다. 1570년 튀르크는 제국의 동쪽 끝에 위치한 키프로스를 공격했고, 아르세날레에 큰불이 나면서 베네치아의 힘이 약해졌다. 안토니오 브라가딘이 파마구스타의 해군 기지를 영웅적으로 방어하면서 공화국은 자원을 동원할 시간을 벌었다. 한편으로는 브라가딘이 끔찍한 운명을 맞으면서 모두가 상황을 분명하게 인식하게 되었다. 수비대는 안전 통행을 포함한 조건에 굴복했으나, 결국에는 처참하게 학살당했다. 튀르크인들은 인력과 시간을 상당히 낭비하게 만든 브라가딘을 성문 밖에서 이틀 동안 고문했고 산 채로 가죽을 벗겼다. 몇 주일 뒤에 그 목격담이 인쇄되었다.[64] 공화국은 로마 교황과 합스부르크 군주들을 크게 신뢰하지 않았음에도 해외 제국을 지키려는 마지막 희망으로 스페인에서 피우스 5세의 신성 동맹에 합류했다.

전쟁에는 새로운 무기가 동원되었다. 존치오 전투 이후 갤리 선에 선박을 파괴하는 무기인 중포가 장착되었다. 오래 전부터 대서양에서는 느린 속도로 움직이는 선박이 표준이었으나, 이제는 기지, 요새, 수륙 양용 작전이 지배적인 지중해 전투에서 무장한 갤리 선이 핵심적인 역할을 했다. 갤리 선은 해안 가까이에서 작전을 수행하면서 육상 방어전에 참여하고 병사

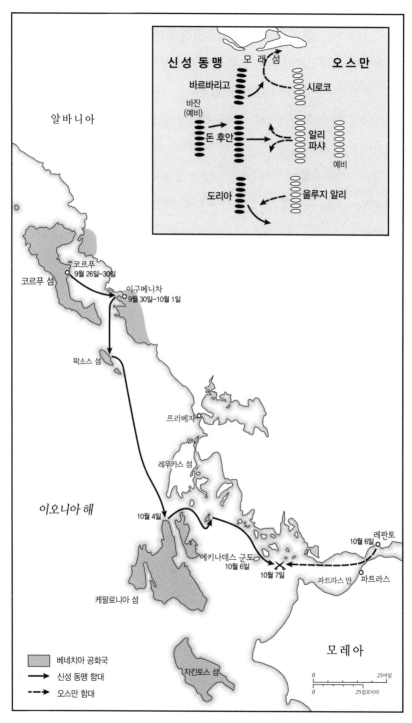

알 바 니 아

신 성 동 맹

모 래 섬

오 스 만

바르바리고

시로코

바잔
(예비)

돈 후안

알리
파샤

예비

도리아

울루지 알리

코르푸 섬

코르푸
9월 26일–30일

이구메니차
9월 30일–10월 1일

팍소스 섬

프리베자

레우카스 섬

이오니아 해

10월 4일

레판토
10월 6일

에키나데스 군도
10월 6일

10월 7일

파트라스 만 파트라스

케팔로니아 섬

베네치아 공화국

신성 동맹 함대

오스만 함대

모 레 아

자킨토스 섬

0   25마일

0   25킬로미터

레판토 해전

들을 상륙시킬 수 있었다. 베네치아 갤리 선의 설계와 건조는 고대 문헌을 활용하면서 향상되었는데, 인문주의 학습은 실용적인 베네치아인들에게 일반적으로 찾아볼 수 있는 태도였다.

1560년 지중해 갤리 선은 강력한 전방 발사 포 5문과 강력한 중앙 무기, 두 쌍의 경포를 장착했다. 베네치아의 배에는 무장 상태의 전문적인 노꾼과 약탈 기회를 노리는 일반인이 승선했다. 반면 오스만과 스페인의 선박에서는 족쇄를 찬 노예들이 노를 저었다. 1550년대에 스칼로치오 (scaloccio)라는 노 젓는 방식이 도입되어 여러 사람들이 각각의 노를 젓게 되면서 노련한 노꾼의 수요가 줄었다. 한 사람의 솜씨 좋은 노꾼이 4명의 신병에게 지시를 내릴 수 있었다. 이에 따라서 갤리 선의 규모가 커졌고 더 많은 군사들을 태울 수 있게 되었다. 대포를 장착하고 더 많은 노꾼이 배에 타면서 갤리 선의 전술력이 향상된 반면, 전략적인 기동성은 떨어졌고 운용 비용도 크게 증가했다. 이와 동시에 대포의 비용이 하락하면서 범선을 효율적인 전함으로 변신시켰다. 거대한 갤리 함대에 필요한 막대한 물자는 이미 범선을 통해 충족되고 있었다. 새로운 플랫폼에 총과 군인을 배치하는 사소한 절차였다. 게다가 상업적인 갤리 무역의 종말은 곧 베네치아가 더 이상 전문 노꾼을 배출하지 않음을 의미했다.

16세기에 전함은 소유주의 전략, 전술적 사고에 맞추어 세심하게 조정되었다. 요새를 구하고 해적을 추적하는 데에 사용된 베네치아의 갤리 선은 속도가 더 빠르고 상대적으로 적은 병력을 태웠으며 성능이 뛰어난 포와 포병에 의존했다. 베네치아 지휘관들은 숙련되었고 의지가 강했으며 비겁함과 어리석음은 불명예로 이어진다는 사실을 잘 알고 있었다. 가장 강력하게 무장하고 인적 자원이 풍부했던 스페인의 갤리 선은 수륙 양용 공격에 맞게 설계되어 속도와 민첩성이 떨어졌다. 반면 오스만의 선박은 섬과 해안 지역의 전략적 작전을 위해서 병사와 포를 운반했고, 민첩성과 신속한 도피를 중요시했다. 술탄이 원한 것이 제해권이 아닌 영토였기 때문이다.[65] 1550년 이후 갤리 함대의 전술적 능력이 정점에 이르렀지만 비용과 전략적 기동성은 훼손되었다. 갤리 함대가 전쟁에서 맞붙는 것은 양측 모두가 싸우기를 원하는 매우 드문 경우에나 가능했다.

이 무렵 베네치아는 바다에서 오스만 제국과 합스부르크에 밀렸다. 두 제국은 방대한 자원을 보유하고 있었고 해상 속국도 많았다. 오스만이 고대 페르시아와 마찬가지로 해상 속국에게 전함을 요구한 반면, 합스부르크는 제노바와 같은 예속국, 나폴리와 같은 속국, 바르셀로나와 같은 국내 중심지에 의존했다. 게다가 베네치아는 끔찍한 딜레마에 직면한 상태였다. 베네치아에는 우방이 없었다. 합스부르크는 베네치아의 독립에, 오스만은 제국과 무역에 위협을 가했다. 16세기에 이러한 위협에 맞서 균형을 잡는 과정에서 베네치아는 해양 제국 대부분을 잃었다.

1570년대까지는 오스만이 주도권을 잡았다. 오스만의 중앙 집권 제국은 말썽을 부리는 기독교 세계보다 동원력과 배치에서 더 효율적이었다. 1571년 키프로스를 정복한 술탄 셀림 1세는 오스만의 전략을 변경하여 알리 카푸단 파샤에게 스페인, 베네치아, 교황 연합군인 신성 동맹의 갤리 함대를 무찌를 것을 명령했다. 각각 200척 이상의 갤리 선을 거느린 두 함대는 10월 7일에 코린토스 만에 위치한 베네치아의 항구였던 레판토에서 만났다.

최후이자 최대 규모의 갤리 선 전투에서 두 함대가 정면으로 맞붙었다. 양측 모두 각자의 장점을 극대화하고 결점은 숨기며 적의 약점을 이용하려고 했다. 펠리페 2세의 이복형제인 돈 후안 데 아우스트리아가 지휘한 신성 동맹은 대형 기함으로 오스만의 중심부를 파괴하는 한편 측면의 소함대로 오스만의 측면 공격 계책을 차단할 계획을 세웠다. 가벼운 갤리 선을 보유하고 숙련도가 높은 베네치아는 연안 지역을 맡았다. 기독교 진영은 선박과 병사가 더 많았으며, 일반적으로 더 높은 갑판에서 싸웠다. 오스만은 연합군의 양 측면을 노리는 고도의 전술적 민첩성에 의존했다.

화력에 가치를 부여하는 방법을 익힌 베네치아는 불필요한 무역 갤리 선을 중무장하고 노와 돛을 모두 사용하는 갤리어스 선으로 변신시켰는데, 각 선박은 갤리 선 5척의 포보다 많은 포를 장착했다. 진격하는 오스만 편대를 해체하기 위해서 6척의 갤리어스가 돈 후안의 전열보다 앞에 배치되었고 분함대마다 2척이 배치되었다. 4척은 기독교 진영의 중심부와 왼쪽에 배치되어 갤리 선을 침몰시키고 오스만의 진격을 방해했다. 그럼에도 오스만의 오른쪽 진영이 베네치아 측면에 접근했다. 오스만이 계속 파고들자 베네치아의 아고스티노 바르바리고 제독은 전열을 능숙하게 선회했고, 해안에서 대포와 백병전으로 튀르크를 공격했다. 이 과정에서 바르바리고와 많은 베네치아 장교가 전사했다.

알리 파샤는 기독교 진영의 기함을 맹공격하여 중심부를 옭매었으며 측면에서는 소함대가 결정적인 공격을 가하도록 했다. 이때 돈 후안의 느린 선박이 이점을 제공했다. 함수포로 목표 지점에 포를 발사하면 양 측면에도 영향을 미쳤기 때문이다. 방향을 트는 선박들은 전부 파괴당했다. 선박이 말 그대로 오도 가도 못하는 상황이 되자 군사들은 밀집 상태의 갑판에서 화기를 발사하고 배에 오르려고 시도했으며 다른 갤리 선에서 새로 병사를 공급받았다. 마침내 다수가 갑옷을 입고 있고 강력한 머스킷 총을 사용하는 스페인 보병이 알리 파샤의 기함에 침투했다. 총에 맞은 알리는 사로잡혀 돈 후안의 기함에 끌려왔고 즉시 참수되었다. 오스만의 중심부는 무너지고 말았다.

연합군의 오른쪽 날개를 맡고 있던 2척의 갤리어스 선은 주둔지에 도착하지 못했다. 이 틈을 타서 오스만의 사령관인 울루지 알리가 육상에 있던 제노바의 잔 안드레아 도리아 제독을 무찔렀다. 울루지는 도리아의 노출된 오른쪽 측면을 계속 위협했고 기독교 진영의 소함대를 중심부에서 이탈시켰다. 틈이 생기자 그는 신속하게 파고들어 돈 후안의 측면을 향했다. 그는 오스만의 중심부가 무너지는 와중에 주요 전장에 도달했고, 연합군의 새로운 병력을 맞닥뜨렸다. 전투에 패하고 제독이 전사하자 그에게 남은 선택지는 퇴각뿐이었다. 울루지가 이끌던 30척의 갤리 선은 이날 오스만 진영에서 재앙을 모면한 유일한 병력이었다.

오스만 선박의 60퍼센트 이상이 나포되었고 3만 명 이상이 전사하거나 포로가 된 반면, 붙들렸던 기독교 진영의 갤리 선들은 대부분 풀려났다. 전쟁이 거의 막바지에 다다르자 기독교 진영에서 승리를 거두어도 얻는 것이 별로 없게 되었다. 이들은 주요 정책에서 합의에 이르지도 못했다. 전쟁의 진정한 결과는 1572년에 분명해졌다. 급히 건조된 200척 이상의 오스만 갤리 선이 그리스 해역에 다시 등장한 것이었다. 이번에 울루지 알리는 모돈의 대포 사정거리에서 교묘하게 전투를 회피했고 연합군은 공격을 감행하지 않았다. 오스만은 함대를 교체할 수는 있었지만 노련한 궁수, 수병, 특히 하사관과 도선사를 되돌릴 수는 없었다. 새 함대는 레판토 전투에 동원된 함대의 그림자일 뿐이었다. 베네치아와 스페인은 숙련된 선원을 모두 처형했고, 이는 수십 년 동안 이어질 손해를 끼쳤다. 튀르크의 병사들은 갤리 선의 훌륭한 노예로 쓸 수 있었지만 선원들은 그냥 살려두기에는 너무 위험한 존재들이었다.

레판토에서의 승리로 코르푸와 달마티아는 오스만의 공격으로부터 구원되었으나 키프로스를 회복하지는 못했다. 볼테르는 레판토 전쟁이 속 빈 구경거리로 이렇다 할 결과물이 없었다고 폄하하는 오랜 전통을 만들었다.

그러나 이러한 주장은 16세기 베네치아와 기독교 국가의 정신세계를 오해한 데에서 비롯된 것이다. 레판토는 기독교의 서양세계를 고무하는 막대한 영향을 미쳤고, 수십 년 동안 이어져온 튀르크의 성공을 신의 개입에 공을 돌릴 만한 방식으로 종식시켰다. 베네치아에서는 존치오로 거슬러올라가는 오랜 신뢰의 위기가 막을 내렸다. 이는 비관적인이 미래를 예상하던 공화국이 정체성을 재구축하기 시작한 상징적인 사건이다.[66]

베네치아는 레판토 해전을 계기로 해군의 기량을 다시 기리면서 해군의 영웅주의를 찬미했고 공화국이 여전히 전투력을 유지하고 있다는 사실에 안도했다. 세바스티아노 베니에르, 아고스티노 바르바리고의 영웅적인 지도력은 전쟁 포로들로 마지막을 장식한 로마 개선식에서 축하를 받았다. 사회의 모든 계층이 전쟁에 이해관계를 가지고 있었고, 귀족, 조선공, 노꾼은 세속적, 종교적 요소들이 어우러진 일련의 행사에서 해양 세력 정체성을 기렸다. 인구의 상당수가 바다와 관련을 맺고 있는 시대에 해군의 영광은 공통의 관심사였다.

그러나 언제까지나 영광에 젖어 있을 수는 없었다. 베네치아는 동양과 교역을 해야 했기 때문에 튀르크 세계와의 협상을 진행할 수밖에 없었다. 합스부르크와 오스만 세력 사이에 낀 상태에서 10인 위원회는 은밀하게 평화 회담을 시작했다. 베네치아는 강력한 대륙 세력들 중의 하나와 협력해야 했다. 이때 튀르크는 경제적인 면에서 더 나은 선택지였다. 원로원은 전쟁을 계속하기를 원했지만 나이가 더 많고 현명한 사람들은 다른 결정을 내렸다. "배를 지키는 나라"에는 선택지가 많지 않았다. 전쟁으로 인해서 치러온 대가도 막대했다. 갤리 함대를 운영하는 데에는 막대한 자원이 들었다. 한껏 고무된 시민들에게 평화가 달갑지 않은 선택이 될 것임을 깨달은 정부는 레판토 승리의 기념을 서둘러 마무리했다.[67]

장엄한 베네치아의 시대도 저물고 있었다. 1572년, 1573년에 기독교와 그다음에는 오스만 제국의 수륙 양용 함대가 튀니스를 점령하고 재탈환한 것은 전투용 갤리 선의 마지막 주요 작전이었다. 이후 함대는 다시 동원되지 않았다. 베네치아의 갤리 선은 해적 퇴치 작업으로 돌아갔다. 반면 스페인 동맹은 1588년에 영국 해협에 도달하지 못했다. 존 길마틴이 강조했듯, 지중해의 전투용 갤리 선은 "진화의 막다른 골목"에 있었다. 갤리 선은 단거리 이동을 위해서 건조되었으며 인력이 고도로 집중되었고, 작전을 이어가기 위해서는 요새화된 해군 기지가 필요했다. 갤리 선과 선원들은 며칠에 한 번씩 안전한 해안에 정박해야 했다. 선체를 정기적으로 청소하고 기름칠을 하지 않으면 전투 효율성이 급격히 떨어졌기 때문이다. 노꾼들도 휴식을 취하고 음식과 물을 공급받아야 했다. 게다가 갤리 선의 노를 젓는데에 필요한 기술은 경제 활동에서 중요성을 잃었고 노예든 자유인이든 사람을 동원하는 비용이 상승했다. 전략적인 힘은 내구성, 기동력, 지속 가능성이 더 뛰어난 범선으로도 발휘될 수 있었다. 노로 움직이는 전함은 해안과 하천에서의 작전에는 여전히 유용했지만 갤리온 선이 등장하면서 모든 상황이 변했다.[68]

전투용 갤리 선의 존재감 약화가 거대한 세력이자, 지중해 세계의 중심이던 베네치아의 쇠락과 맞물렸음은 우연이 아니었다. 선박, 국가, 원양 항해라는 개념이 빠르게 확대되었으며, 보다 근본적으로는 도시 국가인 베네치아의 범위를 넘어섰다. 이번에도 육지의 패권 제국은 해양 세력을 주변부로 밀어냈다. 최후의 해양 세력은 더 큰 바다를 호령하는 거대 국가가 되겠지만, 이 해양 세력 역시 대륙의 패권국에 압도당할 것이었다.

전성기가 지나가기는 했지만 갤리 선은 여전히 쓸모가 있었다. 1574년에 프랑스의 앙리 3세는 폴란드에서 돌아가던 길에 베네치아를 방문했다. 국왕의 행차를 기념한 축제는 베네치아의 동맹이 합스부르크에서 프랑스로 교체되었음을 분명히 보여주는 행사였다. 해양 세력의 문화를 표현한 축제는 경쟁자를 쫓아내는 것이 아닌 동맹에게 깊은 인상을 주려는 데에 그 목적이 있었기 때문이다. 앙리는 리도 섬에 임시로 설치된 의식용 아치와 로지아(loggia : 한 방향 또는 그 이상의 측면이 개방된 회랑 또는 주랑/옮긴이)를 통해서 도시에 진입했다. 셉티미우스 세베루스를 위해서 건설된 로마 아치를 토대로 팔라디오가 설계한 이 아치는 틴토레토와 베로네세의 역사화로 장식되었다.[69] 이것들은 베네치아를 처음 방문한 앙리 3세의 시선이 산마르코 광장 주변의 축제장에 집중되도록 세심하게 고안되었다. 1529년 헨리 8세가 카를 5세에게 깊은 인상을 주기 위해서 그레이브젠드와 그리니치 사이의 템스 강을 활용한 것, 혹은 아크로폴리스, 카르타고의 대항구에서 바라보는 경관에서 이와 유사한 지점을 찾을 수 있다. 권력을 표현하는 의식은 해양 세력의 무기고에서 주요 자산이었다. 베네치아의 환영 행사에는 무역선과 전쟁선이 대거 등장했지만, 마지막은 베네치아의 상징인 갤리선이 장식했다. 도제는 금으로 장식한 부친토로(도제가 타는 갤리 선/옮긴이)에서 앙리 3세를 맞았고 두 사람은 이 배를 타고 도시를 둘러보았다. 앙리는 대운하의 중간에 위치한 카포스카리(Ca'Foscari)에 묵었는데, 이곳은 베네치아의 차별점이 뚜렷하게 부각되는 장소였다. 아르세날레는 의식에서 중요한 기능을 맡았다. 국왕이 오찬을 즐기는 동안 노동자들은 갤리 선을 조립하여 프랑스에 잊을 수 없는 기억을 심어주었다. 한 세기 후에 콜베르가 루이 14세의 전함을 건조할 때에도 아르세날레가 모범 사례로 꼽힐 정도였다.[70] 그러나 아스레날레의 사례와 같이 해양 자원을 집중하는 것이 해양 세력 국가에서나 가능하다는 사실은 장관도, 국왕도 알지 못했다. 국왕의 방문으로 베네치아는 술탄과 손잡고 펠리페 2세에 맞서는 강력한 동맹을 얻어 그 모든 노고와 비용을 상쇄할 수 있었다.

값비싼 비용을 치르고 평화와 무역을 얻은 공화국은 튀르크의 추가 침략을 막기 위해서 방어를 재정비했다. 1573년에 술탄과의 조약에 따라서 함대를 60척의 갤리 선으로 제한해야만 했던 베네치아는 향후 필요할 때에 선박을 더 건조할 수 있도록 늑재(肋材)를 대량으로 생산했다. 고대에 사용된 방법을 발전시킨 건조 기술은 앙리 3세에게 선을 보이기도 했다. 아르세날레는 작업장이자 국가 권력의 상징으로 격상되었다. 주요 출입문에는 날개 달린 승리의 여신상이 추가되었으며, 거대한 밧줄 작품이 매우 실용적인 양식으로 새로 설치되었다. 아르세날레는 고전적인 주량 현관(portico)으로 국가의 이념을 표현하는 부친토로의 화려한 계류장, 무기고와 더불어 고위급 방문자들에게 선보이는 장소가 되었다. 힘을 과시하는 장소로서 베네치아의 건축물은 산소비노의 조폐국에서도 반복되었다.[71] 오스만의 공격 능력이 레판토 해전 이후 크게 약화되기는 했어도 이러한 조치는 튀르크의 접근을 막는 데에 도움이 될 수 있었다. 부친토로에 의식용 계류장이 설치된 시점은 갤리 선이 주변부로 밀려나던 때와 맞물렸다. 베네치아의 위대한 힘이 썰물처럼 빠져나가던 상황을 더없이 적절하게 보여주는 장면이다.

전쟁이 끝난 것은 행운이었다. 베네치아에서는 1575-1577년에 또다시 치명적인 전염병이 발병하여 인구의 4분의 1이 사망했다. 신선한 예배 의식과 절차가 도입된 데에 이어 역병이 지나갔음을 기념하는 레덴토레 교회가 건설되었다. 1577년 레판토 해전의 영웅 세바스티아노 베니에르가 도제에 올랐는데, 이는 그가 그 자리에 적임자여서가 아니라 영웅적인 지위를 기념하기 위함이었다. 예술, 건축물, 아르세날레의 산출물로 표현되는 해군력과 신의 보호로 인해서 베네치아는 질병과 쇠락을 통제할 수 있었다.

비록 스페인과 교황을 적으로 돌렸지만, 1570년대의 위기가 지나자 레판토 해전은 베네치아의 도상에서 다시 중심부에 자리를 잡았다. 신이 정한 이 극적인 승리는 베네치아인들이 새로운 이스라엘인들로서 선택받은 민족임을 의미했다. 또한 이는 베네치아의 신화를 한층 더 발전시켰으며, 연속성과 질서를 유지하기 위해서 진화를 거듭하던 과거에 새로운 아이디어를 부여했다. 두칼레 궁전 내부의 공적인 장소이자 베네치아 해양 세력의 중심지였던 공간은 화재로 황폐화되었다가 이후 수년에 걸쳐서 뛰어난 건축가, 예술가의 손에 다시 태어났고 공화국의 오랜 해양 세력 역사로 장식되었다. 레판토의 영광과 앙리 3세의 방문은 울림이 이어지는 상징적 사건으로서 각 장식의 정점에 위치했다.

공화국 역사에서 종종 일어났듯, 베네치아 지도층은 베네치아의 신화가 자신들의 자신감을 드러내는 동시에 사회 통제의 수단으로서 기능하는 한편 최근 역사의 교훈을 반영하도록 교묘하게 조정했다. 그 신화의 기초는 불안정했지만 베네치아가 최후의 몰락을 맞을 때까지 계속되었다.[72]

상대적인 쇠퇴를 피할 수는 없었지만, 베네치아는 놀라운 기술을 발휘하여 그 과정을 통제했다. 베네치아는 아테네와 카르타고가 맞은 운명을 피해서 두 세기 더 무역 강국으로서 존속했다. 네덜란드와 영국이 베네치아의 궤적을 따랐고, 권력에서 멀어지는 방식을 비롯한 많은 부분을 모방했다. 그 어느 때보다 막강하고 대륙 패권에 열중하는 강국이 지배하고, 그러한 세력이 해양 세력 국가의 해군력을 압도하는 자원을 보유한 데다가 무역에 의존하는 체계를 무너뜨릴 만한 경제력을 갖추고 있는 시대에 베네치아는 매우 신중한 행보를 보일 수밖에 없었다. 자원의 규모와 영향력이 어느 수준을 넘어서자 해양 세력이 지닌 비대칭적인 이점과 해양 세력의 사업에 자금을 제공하던 제국도 사라졌고, 베네치아는 2등, 혹은 3등의 지위로 밀려날 수밖에 없었다. 거대한 패권 제국의 형성은 변화하지 않는 베네치아를 쇠퇴하게 만들었다. "베네치아는 그대로였으나 그 주변의 세계는 변화했다."[73] 특히 중요했던 상업 해운 분야에서는 쇠퇴가 불가피했다. 미국의 상선 건조와 지원금에 대해서 정통한 프레더릭 레인은 베네치아와 미국의 강력한 유사점을 발견했다. 그는 두 공화국이 해양 세력으로 출발했으나 점차 전혀 다른 성격으로 변화했으며, 선박 건조와 운영에서 비교우위를 상실했다고 지적했다. 양국은 보호주의 법안에 의지했다. 미국은 대륙의 군사 패권으로 진화했으나, 베네치아는 보다 효율적이었던 네덜란드와 잉글랜드의 해운으로 인해서 설 자리를 잃었다. 관세 장벽으로는 이들을 시장에서 배제할 수 없었다.[74] 주변부의 행위자들과 북해에서 온 선박에 의지한 아드리아 해의 해적 때문에 베네치아 해운의 비용은 더 증가했다. 결국 보호주의는 실패했다. 베네치아에게는 국내 해운업을 유지하는 것보다 지역의 무역에서 지배력을 유지하는 것이 더 중요했다.

1560년 이후 한 세기 동안 원래의 패권이던 오스만 제국에 맞서서 해양 제국을 지키는 과정에서 베네치아의 경제와 교역망은 큰 타격을 입었다. 베네치아가 해양 제국을 형성해야 했던 이유인 동부의 교역망은 17세기 중반에 크레타 섬을 잃은 후에는 경제적인 효용을 잃었다. 남아 있는 섬을 유지하는 것이 경제적인 잠재 가치가 크지 않았음에도 베네치아는 섬의 방어에 집착하여 그렇지 않아도 쇠락한 국가에 거대한 부채 부담을 더했다. 시장은 점점 중요성이 커지던 잉글랜드를 비롯한 민첩한 경쟁자들에게 빼앗겼다.[75]

바다에서 제압당하고 동부의 중요 기지를 상실한 베네치아의 경제적 관심사는 투자 수익률이 더 높고 안정적이던 육지 영토로 이동했다. 베네치아는 해양과 연계되었던 때의 유산이 유용한 기회와 보상을 제공했음에도 다른 이탈리아 국가들과 비슷한 모습으로 빠르게 변신했다. 다른 이탈리아 중심지에서는 전쟁과 불안이 가져온 틈을 메우기 위해서 제조업이 확대되고 있었다. 베네치아가 힘을 잃으면서 수출입항에서 제조 도시로의 전환도 서서히 진행되었다. 산업과 자본, 가치를 부가하는 절차, 이자를 추구하는 대출이 해운업을 대체했다. 페르낭 브로델이 지적했듯이 16세기 말의 베네치아는 "이탈리아에서 가장 중요한 산업 도시"였다.[76] 직물 제조업의 폭발적인 성장으로 도시 빈곤층이 일자리를 얻었으며 고급 유리의 생산은 유럽의 과학과 사치품 시장을 장악했다.

민간 무역이 약화됨에 따라서 정부는 주된 고용자가 되었고, 대사관, 교회, 해군, 육지 영토 도시들과 해양 제국의 관청에서 귀족을 위한 일자리를 발굴했다. 17세기 초 베네치아는 공적 부채를 상환했다. 세금이 줄었으며 지도층의 많은 가문들은 국가에 의지하게 되었다. 이탈리아의 다른 지역과 마찬가지로 은행업이 발전했다. 다만 네덜란드와 영국의 해양 세력 제국주의가 중시했던 특허 회사와 합자회사는 시간이 흐른 뒤에야 채택되었다.

13세기에 베네치아는 의도적으로 해상 경제를 조성했으며 토지를 비롯한 자본의 대안적인 출구를 차단했다. 최초의 자본주의 경제는 해상 보험, 호송, 해군 정찰 등 무역을 장려하는 조치를 비롯한 국가의 지속적인 개입으로 유지되었다. 1516년에 대체 투자 금지를 철회하면서 베네치아의 귀족들은 대부분 해외 무역에서 빠져나갔다. 17세기에 부유한 상인들은 외국인을 포함한 별개의 집단으로서 권력의 수단에 직접 접근할 수 없는 이들이었다.[77] 값비싼 해상 활동에 대한 국가의 지원은 줄어들었다.

베네치아가 쇠퇴하던 무렵 베네치아의 문화는 유럽에서 중요한 요소가 되었다. 이 도시의 색다른 측면은 유럽 대륙과 영국제도 전역의 방문자들을 사로잡았다. 식자층이 알두스 마누티우스에게서 그리스 문헌을 구입하던 1500년 이전에 잉글랜드인들은 베네치아에서 자신들과의 공통점을 발견했다. 그리스 문헌으로 교육받은 권력자들은 이를 자신의 서재에 보관하고 정책에도 반영했다. 지리학자이자 점성술사, 항해자이며 "대영 제국"이라는 용어를 만든 존 디는 알두스 판 투키디데스의 저서 사본을 3부 보유했다. 프랜시스 월싱엄과 윌리엄 세실 역시 사본을 가지고 있었고, 월터 롤리 경도 이것을 가지고 있었으며 토머스 홉스는 이것을 영어로 번역했다. 이와 동시에 세실의 아들 로버트는 월싱엄과 함께 리처드 해클루트가 라무시오에게서 영감을 받아 집필한 위대한 항해 개요서인 『영국 국민의 주요 항해, 무역, 발견(*The Principal Navigations, Voyages and Discoveries of the English Nation*)』(1589)을 지원했다. 이와 같은 차용은 공개적이고 의식적으로 분명하게 이루어졌으며, 이로써 해양 세력의 무대는 석호에서 템스 강으로 이동했다.

두 해양 세력 국가 간에는 명백한 상승 효과가 있었다. 둘 다 "해상 무역에 크게 의존하는 거대한 상업 중심지가 지배했으며, 도시 행정 측면에서도 유사점이 있었다.……런던과 베네치아는 속해 있던 국가를 장악했으며 실질적으로 도시 간의 경쟁이 없었기 때문에 유럽 대부분의 나라들과 차별화되었다."[78]

베네치아는 잉글랜드가 해양 세력을 구상하고 자체적으로 구축하기 시작하던 시기에 이미 해양 세력 정체성에서 멀어지고 있었다. 잉글랜드 연방의 공위 시대(interregnum)에 런던 상인 지배층의 권한은 확대되었고, 그들의 중요성은 1660년 왕정 복고 이후에도 유지되었다. 1688년에는 새로운 입헌군주국에서 권력의 일부를 차지하여 자본과 영향력을 지닌 토지/상업 분야의 공동 과두 집권층을 형성했다. 베네치아는 이미 1610년대에 이러한 변화를 예견했다. 그들은 네덜란드와 잉글랜드의 상인들이 베네치아의 경제적 개념을 모방하고 베네치아의 시장에 침투하는 것을 목격할 수 있었다. 잉글랜드의 성공은 베네치아 해양 세력의 회복을 촉구하는 이유와 자신감의 근원이었다. 제임스 1세의 대사였던 헨리 워턴 경이 원로원에 잉글랜드와 베네치아 모두 번영과 힘을 바다에 기대고 있음과 무역과 국정 운영이 긴밀하게 연결되어 있음을 상기시켰으나, 청중이야말로 이러한 주제에 대해서 잉글랜드의 그 누구보다 더 잘 알고 있었음을 알지 못했다는 것은 대단한 역설이다.[79]

1650년대 베네치아는 중대한 문제에 직면했다. 바다에서 오스만 제국의 침략에 맞서기에는 취약한 상태였던 베네치아는 잉글랜드와 네덜란드의 도급업자들에게 무장 범선을 빌렸다. 이 범선들은 전투에서 승리하는 데에는 도움이 되었으나 경제를 도탄에 빠뜨렸다. 베네치아는 잉글랜드 연방의 강력한 해군과 그 해군이 잉글랜드 상업의 확대를 직접 지원하는 모습을 동경했다. 이는 모두 단돌로 도제가 통치하던 베네치아를 연상하게 했다. 잉글랜드는 단순한 사람들일지도 모르나 매우 강력했고, 훌륭한 동맹을 형성할 수 있었다. 베네치아는 1651년에 제정된 잉글랜드 항해법이 1602년에 제정된 베네치아의 법을 발전시킨 것임을 알고 있었다. 그러나 베네치아는 약화된 자산을 경쟁에서 보호하기 위해서 애쓴 반면, 잉글랜드는 역동적이고 확장적인 분야를 촉진하는 데에 주안점을 두었다.[80] 베네치아 지도부가 바다에 대한 관심을 잃는 동안 신흥 세력인 잉글랜드 연방의 상인 지도층은 해군을 활용하여 그동안 베네치아의 상업에서 중요한 부분을 차지했던 레반트 무역을 점차 잠식했다. 잉글랜드가 라 세레니시마를 의도적으로 공공연히 모방했음은 런던이 그것을 얼마나 주시했는지를 잘 보여준다. 데이비드 옴로드는 잉글랜드 항해법이 베네치아 모형에 기초하여 "잉글랜드의 해운과 장거리 교역이 발전할 수 있는 중요한 국가 독점"을 형성하는 "매우 대담한" 시도였다고 주장했다.[81] 항해법이 런던의 상인들과 정치 세력을 연결하는 해양 세력 문화, 정체성을 유지하는 정책을 추진하기 위해서는 권위 있는 해군력, 국가의 상승 효과, 바다, 힘이 필수적이었다.

17세기에 무역이 줄어들자 베네치아는 아드리아 해를 지키는 데에 주력했다. 국가의 행정은 여전히 귀족의 손에 있었는데, 그들은 민주주의는 안중에도 없었다. 베네치아를 다스리던 지도층들은 상업을 포기하고 새로운 소명을 발견했다. 무역을 수행하기에는 자존심이 세고 농업에 종사하기에는 베네치아 성향이 강했던, 부자와 권세가로 구성된 이 촘촘한 집단이 국가와 교회의 요직을 독점한 것이다. 계급 체계는 이들의 자존감과 도시에서의 지위를 보전해주었다. 모험심 있는 귀족들은 육군이 아닌 해군과 식민지 정부에서 자리를 차지했다. 고위직으로 올라갈 발판이 될 수 있는 자리였다. 무역에서 벗어나 토지와 국가로 옮겨가기로 결정을 내리는 것은 해양 세력 국가에서 부를 얻기 위해서 일어나는 공통적인 반응이었다.

18세기로 접어들면서 잉글랜드의 고전주의자이자 수필가, 정치가인 조지프 애디슨은 베네치아 무역의 쇠퇴가 귀족으로 구성된 정부가 이익보다 특권에 더 관심을 둔 데에서 비롯되었다며 비판했다. 당시 베네치아 귀족들은 무역이 품위 없는 행위라고 생각했으며, 새로 부를 얻은 상인들도 귀족들의 전철을 밟았다.[82] 교육을 받은 잉글랜드인 사람인 애디슨은 무역 국가가 참신함과 변화에 열린 자세를 취해야 한다고 강조했다. 또한 그는 베네치아가 바다에서의 강점을 경시했다고 비난했다. "베네치아는 [에게 해] 군도의 모든 섬을 손아귀에 쥐고, 그 결과로 유럽 최대의 함대와 수병들을 보유했을 수도 있다." 공화국은 그저 존재하기 위해서 존재하는 것으로 보였다.[83] 그러나 잉글랜드는 베네치아에서 영감을 얻기도 했다. 자국에서 부상하는 해양 세력으로서의 정체성을 살필 수 있는 우아한 옛 시대의 거울과 같았기 때문이다. 베네치아에 대한 잉글랜드인들의 이해는 잉글랜드인들이 베네치아의 취향을 만족시키던 프란체스코 과르디의 그림이 아닌 카날레토의 재기 넘치는 작품을 선호했다는 점에서 엿볼 수 있다.[84]

육지 영토로의 이동은 상업적 부를 보호하기는 했지만, 역동적인 성장을 유지하기 위해서 귀족의 지배에 의존하던 해상 공화국은 어려움에 직면했다. 베네치아의 위엄 있는 귀족들은 안온한 삶을 선택했다. 일부는 정치적 절차를 안내하고 국가의 이미지를 알리기 위해서 역사를 기록했다. 이들이 기록한 역사는 두칼레 궁전을 장식하기 위해서 창조된 위대한 예술에서도 발견된다. 이와 함께 베네치아의 귀족들은 외부의 통제를 거부했다. 1606년에 파올로 사르피가 분명히 밝혔듯이, 베네치아인들은 교황의 가톨릭 교도들이 아니었다. 그들은 부적절한 영토 제국주의의 과잉을 비롯해서 보편적인 권위를 거부했다. 교황이 가톨릭 진영의 반격을 지휘하며 스페인과 동맹을 맺었을 때, 베네치아의 지도층은 돌격 부대인 예수회를 베네치아 바깥으로 쫓아냈다.[85] 베네치아에서는 교회가 아닌 국가가 공적인 경의를 표해야 할 궁극적인 대상이었다. 이러한 관념은 해양 세력으로서 누리던 영광의 시대보다 더 오래 지속된 문화에 반영되었고, 1700년에는 경화되기에 이르렀다. 화려하게 금을 입힌 궁전, 미술, 음악, 연극의 웅장함에서 하층민과 사회적 거리를 유지하려는 자아의식이 드러났다. 이는 관광객들을 매료시켰다. 베네치아의 지도층은 매력적인 대상이 되었다.

전염병, 전쟁, 부채 때문에 약화된 베네치아는 대륙의 광대한 군사 제국이 지배하는 시대에 강대국으로 기능할 수 없었다. 근본적인 변화를 꾀할 정치적 역동성이 부족했던 베네치아는 외교, 중립화, 값비싼 요새화로 관심을 돌렸다. 1718년 이후 공화국은 튀르크로부터 보호받기 위해서 중립적인 자세를 유지하면서 오스트리아에 의존했다. 1702년에 프랑스는 아드리아 해에 전함을 파견하여 그해의 "바다와의 결혼식" 행사를 취소할 것을 촉구했다. 이 행사의 취소는 곧 "아드리아 해에서 외국 전함의 작전을 통제한다는 베네치아의 주장을 종식시키는 상징성"을 가지고 있었다.[86] 약화된 해군력과 위세는 권위의 약화를 반영했으며 관세는 징수되지 않았다. 한편 오스트리아는 아드리아 해와 독일을 연결하는 대안적인 장소로 트리에스테를 개발했다. 빈사 상태의 해양 국가는 토지와 산업에서 발생하는 이익으로 명맥을 유지했고, 해양 세력이 되는 것은 헛된 꿈으로서, 전략이나 경제적 현실이 아닌 공화국을 홍보하는 데에 도움이 되는 유산 정도로 보였다. 그러나 해상 제국의 경제적 가치가 무너졌음에도 해양 세력이라는 이미지는 베네치아의 정체성에 깊이 각인되어 있었다.

베네치아의 지평선이 축소되면서 육지 영토가 가진 매력은 커졌다. 베네치아 제국의 마지막 전초 기지는 이오니아 제도, 경제적 중요성이 떨어지는 요새와 해군 기지였다. 한때 레반트의 관문이었던 코르푸는 아드리아 해를 보호하는 방어 요새가 되었다. 중요한 점은 해양 국가(Stato da Mar)도, 육지도 베네치아의 정치 체계에 통합된 적이 없다는 것이다. 베네치아는 해양 세력으로서의 위엄을 유지했으나 해양 제국을 건설하는 비용은 경제적 보상을 넘어섰다. 그러나 베네치아 지도층은 명백한 대안으로서 육지 영토로 눈을 돌리고 "일반" 국가를 건설하며 본토의 지방과 권한을 나누는 일에 전혀 관심을 보이지 않았다.[87] 베네치아는 해양 도시 국가로 남아서 이탈리아의 다른 지역과 차별화되기를 고집했고, 독립과 고유성을 유지했다. 베네치아의 관점은 끝까지 유지되었다. 베네치아에서 영웅은 여행자, 상인, 제독이었다. 동방과 700년간 이어온 교류로 인해서 베네치아에는 이탈리아나 유럽과는 다른 문화가 형성되었다.

비평가들은 마지막 세기에 공화국이 부패하고 쇠퇴했다는 점만 부각했지만 여기에는 또다른 측면도 있다. 베네치아는 1718년 이후 평화를 지키면서 지난 세기에 발생한 국가 채무를 절반으로 줄였고 지역의 이류 세력이라는 새로운 현실에도 적응했다. 18세기 후반 베네치아에서는 자본가와 선장을 모두 베네치아인만으로 구성하지는 못했지만, 작지만 의미 있는 해군/해양의 부흥이 있었고 상업 활동도 증가했다. 베네치아의 상인들은 최초로 홍해의 제다 항에서 사업을 시작하여 1770년부터 커피를 거래한 유럽인들이었다. 그 도시는 레반트 상업에서 주요 참가자였다.[88] 이처럼 새로운 에너지는 귀족 정치가 재개되고 부유한 상인이 상석을 차지하도록 했다.

상대적인 쇠퇴와 해군의 지배력 상실이라는 현실에도 불구하고 베네치아는 살아남았다. 이들은 주요 수출입항과 경제 중심지를 유지했다. 쇠퇴의 징후는 부흥하는 상업으로 상쇄되었다. 1780년대에는 북아프리카와의 무역이 성행하고 조선업이 부활했으며 항구는 그 어느 때보다도 붐볐다. 게다가 베네치아의 해군은 바르바리 해안에서 활발하게 활동하면서 조약과 새로 제정된 해양법을 준수했다. 균형 잡힌 다극 세계에서 베네치아는 비전이 있었다. 베네치아는 군주와 실정이 난무하던 시대에 안정적이고 안전한 공화 정부로서 고유한 특징을 유지했다. 축제의 화려함과 사치, 연극과 연주회의 기쁨 뒤에는 해양을 기반으로 한 또다른 정체성을 형성하는 데에 도움이 된 관념과 이미지가 남아 있었다.

18세기에는 베네치아 해군이 전열함과 갤리 선을 조합하여 부활했다. 더이상 베네치아인이 전함을 지휘하지는 않았다. 장교와 선원들 다수가 용병으로 활약하면서 바다를 버린 귀족을 대체했으며, 하층민은 고향에서 일하는 데에 만족했다. 주요 전투가 없는 상황에서 해군은 상업을 지원하고 해적과 해적 국가를 퇴치했다. 경제는 계속 성장했고 특히 섬유 산업이 호황을 누렸으며 식량도 수출했다. 심지어 바다나 인근에서 고용된 인구의 비율도 증가하고 있었다. 이는 전쟁과 전염병이라는 요소를 배제하면 베네치아인들이 해양에 지속적으로 관심을 기울였다는 현실을 보여준다. 베네치아는 강대국 지위가 흐릿한 기억으로 멀어진 시점에서도 이익을 누리는 해양 국가로 남았다.

안젤로 에모 제독이 1785년에 튀니스를 공격한 것은 에모 제독을 자신들의 편으로 여기던 베네치아의 귀족들에게 해양 권력의 전략적 중요성을 보여주는 계기가 되었다. 해적 국가에 대한 징계는 해상 무역의 위험과 비용을 줄이는 기능을 했다. 엔리코 단돌로의 후계자였던 에모 제독은 아르세날레와 선박 건조 사업에 다시 활력을 불어넣었다. 연대기에 일어난 흥미로운 반전과도 같이, 베네치아 해군 역사상 최후의 사건을 기념하는 에모 제독의 기념물이 베네치아 해군 박물관의 입구를 차지하고 있다.[89]

1792년에 베네치아는 선도적인 항구와 조선의 중심지이면서 효율적인 해군을 보유하고 있었으며, 유럽에 휘몰아친 전쟁에서 이익을 누리고 해양 세력 정체성을 회복할 수 있는 이상적인 위치에 있었다.[90] 그러나 5년 뒤 공화국은 제압당했다. 급진적이고 폭력적인 변화가 지배하던 새로운 세계가 가지는 의미를 이해하지 못하고 육지 영토의 거대한 토지를 경계했던 지배층은 프랑스의 통치에 제대로 싸워보지도 않고 굴복했다. 1797년 5월 12일, 라 세레니시마는 자멸했다. 이전에 그 어떤 점령군도 밟지 못했던 산마르코 광장은 프랑스 군에게 점령되었다. 나폴레옹 1세는 조폐국을 비우고 아르세날레를 약탈했으며, 선박에 총과 물자를 실어 프랑스 함대에 합류하도록 파견했다. 프랑스는 아르세날레에 있는 베네치아의 상징을 훼손했으며, 스키피오가 카르타고 전장을 파괴한 사건을 의도적으로 재현하여 산조르조 섬에서 부친토로를 불태웠다. 나폴레옹은 리비우스의 기록에 새로운 내용을 더했다. 그가 피운 불꽃은 베네치아의 독립, 과두 정치, 무엇보다 해양 세력의 종말을 이끌었다.

해양 세력의 실체가 석호에서 자취를 감춘 지 오래였지만 나폴레옹은 남아 있는 상징을 불태웠다. 해양 세력을 가리키는 모든 표현을 혐오했기 때문이다. 그는 로마가 카르타고에 한 것과 유사하게 조직적으로 베네치아의 이름과 명성을 파괴했으며, 베네치아의 정체성을 규정한 문서보관소와 예술적 보물을 약탈했다. 5개월 후에 그가 오스트리아에 넘겨준 약탈품은 1805년 새로운 해군 기지를 구축할 때에 다시 돌아왔다. 안트베르펜과 덴헬데르에는 지역 영웅의 이름과 정체성을 살린 함대가 구축되었으나, 베네치아에서 재건된 함대에서는 과거의 자취를 찾아볼 수 없었다.[91] 나폴레옹은 베네치아의 과거가 전달할 메시지를 경계했을지도 모른다. 이후 나폴레옹은 대륙 제국주의의 타오르는 횃불을 베네치아의 마지막 계승자들에게 적용하기 위해서 애썼다.

나폴레옹은 조직적으로 도시를 훼손했다. 운하를 메우고 공공 정원을 조성했다. 이곳은 오늘날 비엔날레 예술 축제가 열리는 장소로 잘 알려져 있다. 그의 행위는 스키피오의 전례와 마찬가지로 프랑스, 오스트리아, 이탈리아 본토의 정권이 보편적인 의식을 형성한 위대한 과거, 곤란한 질문을 계속 제기하는 과거를 상기시키는 잔재에 억눌리지 않도록 했다. 나폴레옹이 실각하자 오스트리아가 나폴레옹의 작업을 이어갔는데, 이들은 중부 유럽의 병사들을 해양 도시로 집결시키고 베네치아를 특별한 장소로 만든 모든 요소들을 파괴하여 통제가 손쉽도록 했다. 역설적이게도, 항구인 베네치아를 폐허로 만든 마지막 주자는 영국이었다. 영국이 나폴레옹의 이탈리아 제국을 봉쇄하면서 지역의 무역이 파괴되었고, 베네치아로 향하던 배가 다른 피난처로 이동한 것이다.

옛 비잔틴의 위성 조직으로서 의식적으로 해양 세력이 되기를 선택한 베네치아만의 특징은 신의 개입과 허구의 로마 유산을 조합한 건국 신화를 통해서 유지되었다. 신화는 지속적으로 발전되어 도시의 위엄을 세우고 결속을 다지는 도구로 활용되었다. 그러나 그러한 신화는 대항 서사도 낳았다. 패권 제국인 합스부르크 스페인은 첩자와 고문으로 요약되는 독재적 과두제 국가인 베네치아에 대해서 "암흑의 전설"을 만들고 악의 침몰을 부각시켰다. 이 과정에서 도움을 받았을 만한 세력에는 제노바의 예속자들도 포함된다. 나폴레옹은 "암흑의 전설"을 퍼뜨려, 지시를 잘 따르는 역사가에게 베네치아 문서보관소를 활용하여 스페인의 역사를 다시 쓰도록 지시했다. 군수 전문가 출신인 피에르 다루는 "피해자는 그런 운명을 맞을 만했다"라는 결론을 내렸다. 다루의 저서가 발표된 1815-1818년은 베네치아의 운명이 결정된 시기였다. 빈 회의에서 베네치아는 바다에 관심이 없던 오스트리아의 차지가 되었다. 나폴레옹은 다루의 저서를 유배지인 세인트헬레나 섬에서 읽었다. 1797년의 주석은 제2판에서 추가되었는데, 이는 나폴레옹이 베네치아 공화국을 파괴한 것을 옹호하여 시대의 죄책감을 누그러뜨렸다. 그는 해양 세력 국가라는 개념을 비난하면서 대륙 기반의 강대국을 옹호했다. 그러나 다루의 저서는 곧 신망을 잃었다. 레오폴드 폰 랑케가 다루의 책이 위조된 문서를 사용했음을 폭로하면서 영어로 번역되지 못했기 때문이다.[92]

프랑스와 오스트리아의 점령으로 세력이 크게 위축되고 결국 이탈리아로 흡수되면서, 근대 국가의 영토 한계를 뛰어넘어 지역 해양의 심장으로 고동치던 베네치아의 본질도 무너졌다. 해양의 독립적 대도시였던 베네치아는 대륙 국가에 위치하여 로마, 토리노, 밀라노의 지배를 받는 작은 도시 가운데 하나로 전락했다. 베네치아를 지배하는 정치적 조직체에서 바다는 더 이상 중심을 차지하지 못했다. 이탈리아는 나폴레옹이 시작한 파괴를 이어가서 독특한 해양 도시였던 베네치아를 산업과 농업이 지배하는 대륙 지역과 동질화했다. 베네치아는 상업 분야에서의 영광을 잃었으며, 거대한 관광용 선박이 아름다운 바다 경치를 압도했고, 좁은 거리에는 나태한 사람들이 가득해졌다. 이러한 과정은 석호 위에 조성된 도시가 베네치아의 전부인 양 베네치아의 문화에서 바다를 지우는 작업과 병행되었다. 이는 제국 시대 이후에 옛 해양 제국을 상상하는 일반적인 접근이다. 터무니없이 축소된 베네치아는 아드리아 해의 끝자락에 위치한 화려한 관광지로, 멋진 문화유산이 마구잡이로 모여 있는 듯한 장소로 쪼그라들었다. 베네치아에는 선박도 없다. 부친토로, "바다와의 결혼식" 의식은 추억이 되었다. 교회와 국가, 영토가 독특한 해양 세력 정체성을 압도했다. 한때 지역적이고 해상의 성격을 지녔던 베네치아의 가톨릭은 이제 로마와 육지의 성격을 보인다. 현대 베네치아의 상징은 전쟁과 무역에 동원된 갤리 선이나 레판토 해전의 영웅적인 갤리어스 선이 아닌 소박한 곤돌라, 수상 택시이다. 도끼와 자귀 소리가 울려퍼지는 아르세날레에서는 모형 갤리 선을 만든다. 한때 바다를 지배하고 해양 제국을 건설했던 베네치아가 현대성의 버팀대이자, 전쟁과 반란, 정복, 혼돈으로 어지럽던 지역에 안정과 질서의 불빛을 비추던 장소임을 세계에 보여주는 것이다.

도시의 장엄함, 화려한 의식, 고전적인 상징은 도시의 방문자들에게 라세레니시마의 목적과 힘을 보여주었다. 베네치아 해양 세력 국가와 해상 제국에서 위대한 건축물은 바다를 향해 있었고, 이곳에 접근하는 방문자들에게 깊은 인상을 주도록 설계되었다. 또한 이는 힘과 안정성을 나타내는 과거의 사례와 연결되었으며, 이곳이 취약한 제국의 난공불락임을 알렸다. 광장과 바치노 디 산마르코에 조성된 의식 공간은 도시와 그들이 의존하는 사업을 기념했다. 오늘날 방문자들이 끝없이 베네치아를 찾지만 보지 못하는 것이 있다. 바다에 인접해 있지만 베네치아를 만든 이들이 아드리아 해의 주인으로 이 도시를 조성한 의도를 알지 못하는 것이다. 해양 세력이라는 개념 자체가 이질적이다 보니 베네치아는 18세기의 관광객들을 위해서 개발한 화려함과 호화로운 모습으로 도시를 규정해왔다. 사람들의 발길이 닿지 않는 곳에 위치한 음산한 아르세날레는 역사적 의미가 얼마나 쉽게 흐려질 수 있는지를 사색하는 이들을 위한 조용한 공간이 되었다.

해양 세력 국가로서 베네치아는 제해권을 확보하고 인근 이탈리아 본토에서 영토를 차지하면서 해상 무역을 위한 장소로 두각을 보였지만, 이런 사실은 베네치아 안팎의 논평가, 역사가들에게 단순하거나 대안적인 개념으로 취급되지 않았다. 베네치아는 지중해의 더 큰 나라들이 육지의 문제에 주력하던 시기에 어수선한 세계의 변방에서 강대국 지위를 얻었다. 이러한 상황이 변하자 본래의 육지 패권국은 해군을 창설하여 무역을 통제하고 제국을 확장했다. 베네치아는 이와 같은 도전에 맞서기 위해서 석호 너머에서 육상 기지를 확대하고 점점 더 높아지는 해군력의 수준을 유지하는 데에 필수적인 목재, 노동력, 식량을 확보했다. 지배적인 해군을 통해서만 해외의 상업 제국을 거느릴 수 있었고, 상선, 상선을 보호하던 갤리 선을 위한 일련의 섬 기지들을 유지할 수 있었다. 섬 제국은 인력, 자금, 식량, 원자재를 제공하는 자원이 풍부한 지역 아테네와 카르타고의 해양 세력을 지탱했다. 부유하고 역동적인 해양 세력 국가가 육지 세력으로 활동하기 시작하는 순간, 대륙의 경쟁자들은 경각심을 품을 수밖에 없었다.

베네치아 무역 제국은 레반트의 주요 항구와 도시들을 연결하는 해군 기지와 섬의 연결망에 의존했다. 이러한 항구는 노를 저어 이틀 이내에 도착할 수 있는 거리에 위치했는데, 이는 내구력이 부족한 무역 갤리 선에는 중요한 요건이었다. 베네치아는 이탈리아 본토와 그 외부에서 속령을 소유하면서 상업을 연결하고 전략적 필요를 충족할 수 있었다. 속령들은 서로 연결되었고 독립성을 유지했다.[93] 이들은 육지와 해양 제국을 연결했으나 해양 세력으로서의 정체성은 유지했다. 해양 세력이 부여하는 비대칭적 전략, 경제적 이점을 누릴 때에만 이탈리아 북부의 힘없고 작은 도시 국가가 강대국으로 기능할 수 있었다. 처음부터 끝까지 베네치아는 바다로 정의된 나라였다. 17세기에는 바다가 더 이상 부의 주요 원천이 아니었으나 여전히 베네치아의 정체성, 의식, 문화를 지배했다.

대륙의 패권은 베네치아의 부와 이데올로기가 가하는 위협에 대처하기 위해서 해군을 창설했다. 이에 베네치아는 함대와 아르세날레가 억지력을 갖출 수 있도록 개선했고, 이러한 상징을 고전적인 문화 형식으로 외부에 알렸다. 베네치아는 외교를 활용하여 위험을 사전에 경고했으며 부를 이용하여 동맹을 구축하고 정치적 지원을 얻었다. 이러한 조치에는 불가피한 현실의 도래를 미루는 효과가 있었다. 베네치아는 강대국의 지위를 계속 유지할 수 없었고, 육지와 해양 제국을 정치 구조에 통합하기를 거부하고 있었다. 궁극적으로 모든 해양 세력 국가에 제기된 중요한 질문은 먼 지역의 섬과 대륙으로 영토를 확장하면서 독특한 문화를 어떻게 유지하느냐였다. 속령들은 핵심적인 정체성을 변화시키거나 희석할 위험이 있었다. 대부분의 해양 세력은 직접적으로 통치하거나 귀족의 영지, 기업의 소유 등을 통해서 해외 속령에 대한 정치적 우려를 무시하는 방안을 선택했다. 베네치아는 세 가지 모형을 모두 사용했다. 강대국의 기준이 상향되자 베네치아는 아테네나 카르타고와는 달리 상대적 쇠퇴를 관리하는 방안을 택했다. 다행히 오스만 제국의 팽창하던 힘이 누그러졌고, 지역의 다른 세력은 다른 문제에 집중했다. 18세기에는 점차 산업화되고 육지에 관심이 커지기는 했으나 베네치아는 여전히 지역에서 중요한 주체로 남아 있었다. 네덜란드 공화국도 같은 궤도를 따라갔다. 베네치아와 암스테르담은 강대국 지위를 누릴 때보다는 쇠퇴기에 뚜렷한 유사점을 보였다. 1790년대 말 유럽의 해양 국가가 프랑스 공화국이라는, 로마를 원형으로 하는 새로운 패권 제국으로 인해서 제노바와 더불어 거대한 화염에 사로잡히기 전에, 베네치아와 암스테르담은 모두 부유하고 상업적이었으며 해양 성격을 유지했다. 1815년에 빈 회의에서 나폴레옹은 제노바와 베네치아를 대륙 국가에 포함시키는 안을 비준했으나 영국은 전략적인 이해관계를 위해서 네덜란드를 회복시키고 그들에게 힘을 실어주었다. 영국에서 일부는 제노바의 부활을 원했지만 베네치아는 스페인과 프랑스의 선전으로 짓밟혔다. 영국이 근대 최초의 해양 세력 국가에 대한 신화와 현실을 제대로 이해하기까지는 수십 년이 걸렸다.[94]

　베네치아는 진정한 해양 세력이었으며 해상 무역을 하는 제국이자 바다와 연결되어 있는, 해군력으로 보호받은 강대국이었다. 제국과 해군은 국가의 자긍심을 유지시켰고 기념비적인 공공 건축물로 이를 지지했다.[95] 그러나 다른 모든 해양 세력과 마찬가지로 베네치아 역시 본토의 육지 영토를 활용하면서 대륙의 패권과 충돌하게 되었다. 두 제국은 정치적인 대표 없이 베네치아의 자유와 권력에 자금을 지원했다. 해양 세력은 단순히 해로를 통제하는 행위 이상으로 국가를 형성한 정체성이었으며, 국가가 식민지와 정복 영토를 다스리는 방식이었다. 베네치아는 관세 수입으로 사업 전반에 자금을 제공하는 주요 수출입항을 중심으로 제국의 경제 활동을 중앙 집권화했다. 문화와 정체성으로서 해양 세력이 수행한 중요한 역할은 거대한 역경에 맞서 섬 제국을 오랫동안 고통스럽게 방어했다는 점과 해양 세력의 경제적 가치가 하락한 뒤에도 해군을 유지한 점, 독립을 누린 마지막 수십 년 동안에 바다가 부상한 점에서 확인된다. "베네치아 신화"가 현실을 과장했을 수도 있지만, 그들은 탄탄한 기반을 갖추고 있었다.

베네치아는 해양 세력의 지적 역사에서 중요한 위치를 차지한다. 이들은 고전과 근대 세계, 동양과 서양을 잇는 가교인 동시에 해양 세력 후계자들의 모범이다. 네덜란드와 잉글랜드 모두 자체적으로 해양 세력이 되기 위해서 베네치아의 문화와 정체성을 면밀히 살폈다. 19세기의 영국인들은 베네치아를 선도 국가의 하나로 꼽고, 이 도시가 바다 덕분에 부상한 후에 폐허가 되어 스러져간 기저의 현실을 파악했다. 1851년 대영 박람회가 열린 해에 존 러스킨은 베네치아 문화에 대한 기이한 조사를 수행하면서 이것을 다가오는 파멸에 대한 유의미한 경고로 받아들였다.[96] 공화국이 활력을 상실한 이유에 대한 러스킨의 분석은 중요하게 간주되었는데, 이는 정확성 때문이 아니고(실제로도 정확하지 않았다), 베네치아의 힘을 유지하기 위해서 구성된 독특한 해양 세력 정체성이 공적인 문화와 사적인 문화에 반영되어 있던 도시가 처한 현실을 매우 자극적인 비유를 들어서 전달했기 때문이었다.

"바다를 여는 것은 얼마나 큰 이익인가"[1]

네덜란드 해양 세력 국가

해양 세력의 신전 : 암스테르담의 해군 무기고와 본부

네덜란드 공화국은 일반적으로 해양 세력으로 인식되어왔다. 성공적인 해군의 지원 아래에 어업, 포경, 무역업 등 바다에서 광범위한 경제 활동을 벌이고 아시아, 아프리카, 아메리카 대륙에 광활한 제국을 거느렸기 때문이다. 그러나 해양 세력이라는 정체성은 이 나라의 역사에서 짧은 예외에 속했다. 공화국이 해양 세력으로 기능한 것은 20년에 불과하며 이 정체성을 온 국민이 마음에 새긴 적도 없었다. 다만 해양 세력이라는 개념은 이 정체성이 사라진 오랜 후에도 유지되었으며 나폴레옹이 공화국을 없애버릴 때까지 지속된 논쟁의 일부를 차지했다. 네덜란드 해양 세력 국가가 혼돈 속

네덜란드 제국

지중해

대지마 섬

포르모저 섬

네덜란드령 동인도

인도

실론

고아

인도양

모리셔스 제도

네덜란드

네덜란드령 케이프 식민지

황금 해안

상투메 섬

아크라

엘미나

세인트 헬레나 섬

대서양

뉴 암스테르담

네덜란드령 앤틸리스 제도

베르빈

수리남

하와이 섬

태평양

네덜란드 제국

에 무너지자 200년 동안 해양 세력 정체성을 탐내던 잉글랜드가 그 역할을 이어받았다. 이 과정에서 잉글랜드는 북유럽 최초의 해양 세력이었던 네덜란드가 개척해놓은 개념과 방법에서 큰 이익을 보았다. 잉글랜드는 네덜란드가 발전시킨 개념, 방식, 상품을 극적으로 활용했으며, 이와 함께 은행가와 숙련된 장인들이 대거 이동한 것은 근본적인 변화를 보여준다. 이러한 움직임은 의도적인 모방으로 가장 잘 이해할 수 있다. 이 과정에서 세 번의 해전이 벌어졌는데, 이는 두 나라가 해양 세력이 되기 위해서 경쟁을 벌인 유일한 시기였다.

저지대 국가들(Low Countries)은 주요 하천과 브뤼헤, 겐트, 나중에는 안트베르펜 항구의 지배를 받아 오랫동안 해양 전통을 유지했다. 지방 의제가 지배하는 지역들은 관심사가 서로 달랐으나, 부르고뉴 공작의 후계자인 황제 카를 5세의 중앙집권 정부에 맞서면서 힘을 모으게 되었다.[2] 사적 이익을 추구하는 지방의 저항은 합스부르크에 대한 광범위한 반대에서 중요한 부분을 차지했고, 네덜란드 반란으로 이어졌다. 홀란트는 이웃 플랑드르와 달리 청어 어장을 보호하기 위한 전함에 비용을 지불하고자 하지 않았고, 그 대신 안전통행권에 자금을 제공하기를 원했다. 암스테르담, 하우다, 하를럼, 레이던은 카를 황제의 과세 시도에 반대했으나 황제가 섭정하면서 어업을 금지하자 마지못해 물러섰다.[3] 1550년대 홀란트에서 세금을 인상하고자 한 추가적인 시도는 네덜란드의 반란을 촉발하는 중요한 계기로 작용했으며, 1572년 브리엘 항구를 점령한 칼뱅주의자들의 사략선들이 바다에서 반란을 이어갔다. 해상 과세에 오랫동안 반대했던 암스테르담은 1578년에 뒤늦게 반란에 참여해서 의도적인 선택을 내린 여러 도시들 중의 하나가 되었다. 암스테르담의 선택은 1585년 안트베르펜으로 도망친 칼뱅주의자 난민들과 달리 정치와 종교적 신념이 아닌 상업 중심지의 확대로 인한 경제적 이익을 반영한 것이었다.

반란 이전에 부르고뉴의 17개 주에서 걷힌 세금 내역은 네덜란드 공화국을 구성한 북부의 7개 주가 경제에서 주변부에 불과했음을 보여준다. 홀란트가 낸 세금은 플랑드르와 브라반트의 절반 수준에 그쳤다. 네덜란드 수출 무역에서 암스테르담이 차지하는 비중은 4퍼센트에 불과했던 반면에 안트베르펜은 80퍼센트가 넘었다. 반란 이전 암스테르담의 주요한 해외 무역 상대는 발트 해의 국가들이었으며, 그 품목은 국내 소비를 위한 곡물 수입이 주를 이루었다. 네덜란드의 반란은 이러한 균형에 변화를 일으켰다. 암스테르담은 안트베르펜 난민들에게서 무역과 금융의 강력한 네트워크를 물려받아 도시를 이베리아, 지중해와 연결시켰다. 새로 탄생한 공화국은 어류, 곡물, 소금 등 수입 식품과 더불어 선박 건조를 위한 산업용 목재, 철과 같은 주요 원자재에 의존했다. 1585-1610년에는 아시아, 카리브 해, 브라질, 북극의 사업에 힘입어 과거의 무역이 강화되었다. 해양 세력이 되기에 적합한 이유가 있었지만, 한편으로는 육지에 둘러싸여 농업에 기반하고 대륙의 국경이 노출될까봐 우려하는 공화국은 암스테르담과 홀란트가 주도하는 흐름을 따를 이유가 없었다.[4] 이러한 입장 차이는 각 주와 도시들이 각자의 특권을 지키기에 혈안이 되어 지방 의제가 큰 영향을 미치는 지역에서는 중요한 의미를 지녔다. 반란을 일으킨 주가 해양에 주력하면서 특수주의(particularism)가 독특한 특징이 되었다. 국가는 제왕에 준하는 공(公) 가문과 토지 귀족들과 권력을 공유한 강력한 경제 주체들의 지지에 의존했다. 이러한 포괄적인 관계는 새로운 국가를 전제적인 스페인, 프랑스와 구별 지었다. 이를 통해서 권력을 나눠받은 자본가들은 그 권력으로 "국가 자원을 비대칭적으로 배분하여" 자신들의 이익을 우선시하는 데에 사용했다.[5]

그러나 공화국은 육지를 기반으로 세워져야 했다. 지구상에서 가장 강력한 국가인 합스부르크 스페인을 능가하려는 정치적 의지를 현실화시키기 위해서는 인적, 경제적 소모전에 대비할 필요가 있었다. 이에 육지와 해양에서 다양한 이익 집단들이 자원을 모았으며, 군사 지도자를 수용하고 전문적인 군대와 거대한 요새화를 진행할 자금을 모집했다. 해군 활동이 반란에서 유용한 역할을 맡기는 했지만 새로운 국가의 영토를 보전하거나 안전을 보장하기에는 역부족이었다. 반면 섬나라 잉글랜드는 기본적으로 해군으로 영토를 보전했다. 스페인 무적함대에 대한 1588년의 군사 행동은 네덜란드에도 중요한 의미가 있었지만, 독립을 위한 전쟁이 끝난 것은 60년이나 후의 일이었다. 1600-1609년에는 지상전이 절대적으로 중요했고 비용도 많이 들었기 때문에 네덜란드는 해군 운용을 민간에 의존할 수밖에 없었다. 그렇다고 육지전이 없었다면 상비 해군을 창설했을 것이라고 확신할 수도 없다. 공화국은 해양 세력이 아니었다. 원수(Stadholder)를 맡고 있던 오라녀-나사우 공은 총사령관도 겸했기 때문에, 베네치아의 도제와 왕중간에 위치한 군사 지도자 격이었다. 공은 해군 제독이기도 했으나 바다에서 지휘한 적은 없었으며, 함대의 지휘는 다른 지휘관들에게 맡겼다. 원수는 네덜란드의 독립을 함대가 아닌 육군에게 우선적으로 맡겼다. 1609년이후 원수들은 그 지위를 세습하기 위해서 육군에 의지했다. 원수들의 야망은 최초의 도시 국가 암스테르담과 홀란트 주의 반대에 부딪혔다. 이들은 해양 세력 공화국의 강력한 해군이 수호하는 평화로운 상업 정책을 선호했다. 그러나 암스테르담이 추구한 해양 세력 의제는 국가 정체성으로받아들여지기는커녕 공화국을 분열시키는 정치적 전쟁에서 이론의 여지가있는 하나의 선택지 정도로 취급되었다. 이처럼 상반되는 국가 개념으로인해서 벌어진 갈등이 17세기 네덜란드의 정치 지형을 형성했다. 권력은 육지에서 바다로, 공에게서 공화국으로 이동했으며, 해상 무역과 제국은 광대한 부와 세련된 문화로 요약되는 짧은 "황금기"를 열었다.

암스테르담의 주장은 선박과 무역이 지배하던 경제적 현실을 반영한 것이었다. 당시 노동 인구의 40퍼센트 이상이 해양 부문에서 직간접적으로 종사하고 있었다.[6] 200년 동안 공화국은 평시나 전시에 해상 운송을 해군 순양함으로 보호했고, 이러한 보호 활동은 지방세 형태로 무역에 직접적인 영향을 미쳤다. 그러나 해군을 유지하기 위한 자금이 제대로 마련된 적은 없었다. 세금 회피가 일어났는데, 이는 "네덜란드 사회의 분열적인 특성이 국가 단위의 조치가 일어나지 못하도록 끊임없이 방해했기 때문이었다."[7] 7개의 주로 구성된 네덜란드 국가는 해양 세력을 핵심적인 국가사업으로 받아들인 적이 없었다.

1650년 이전에 공화국은 전략적 해양 권력과 제해권을 얻으려고 시도하지 않았으며, 바다를 통제하기 위한 전투 함대를 건설하지 않았고, 해양 세력으로 활동하지도 않았다. 그저 잉글랜드가 해협을 통제하며 도전을 제기하자 이에 응수하고, 암스테르담이 지배하는 과두 공화제가 원수의 권한을 중단시키면서 해양 세력을 향한 야심과 수단을 갖추었을 뿐이다.

1653-1672년에 원수가 없었던 "진정한 자유당" 공화국은 참된 해양 세력으로 기능했다. 포괄적 정치와 해군력으로 정의되는 이 체제는 유럽 체제에서 강대국이 예외적으로 보인 행보에 속했다. 전함의 운용 비용은 7개 주가 처한 현실을 드러냈다. 해양의 3개 주는 의도적으로 해양 세력 정체성을 선택한 반면, 육지에 둘러싸인 나머지 4개 주는 선택을 달리했다. 이 때문에 공화국의 이념적, 문화적 핵심은 해양 세력 강대국으로 기능하는 내내 유동적인 형태를 보였다. 최초의 경제 패권국으로서의 "황금기"는 1672년의 재앙으로 막을 내렸다. 프랑스의 침공으로 뒤늦게 전략적 현실이 인

식되면서 지사와 육군이 부활했다. 영토가 제한되고 인력이 부족한 대륙 국가로서 공화국은 육지에서 벌어지는 우려할 만한 일들과 긴 국경선을 지키는 일에 관심을 쏟았다. 여기에는 함대가 아닌 비용이 많이 드는 고정적인 방어와 상비 육군이 필요했다. 이후 40년 동안 해양 세력의 전함 대신에 국가의 존립을 보장할 요새, 군대, 동맹군이 중요해졌다. 네덜란드는 안보를 위해서 해양 세력이라는 정체성을 버렸다.

1579년 공화국을 탄생시킨 위트레흐트 동맹은 스페인에 맞서는 7개 주의 방어 동맹이라는 성격을 띠고 있었다. 동맹은 7개 주를 동등하게 대표하는 25인의 자문 위원으로 구성된 의회에 권한을 위임하여 권리를 보장받았다. 이러한 구조는 과거의 구조와 반란으로 지켜낸 권력 분립을 반영한 것으로, 독특한 정치 체제를 통해서 지역의 예외주의를 지키는 한편, 스페인의 중앙집권화 시도에 저항하는 "국가적" 열망으로 연결되었다. 이론상 이러한 체제는 도시, 주, 국가가 협상하고 타협하여 올바른 의사 결정을 내리도록 고안되었으나 실제로는 홀란트가 경제와 정치적 영향력을 이용하여 상대적으로 덜 부유한 주에 자금을 제공하며 지배적인 역할을 맡았다. 중앙 정부는 체제에 따라서 역할을 제한받았기 때문에, 중앙 정부는 개별주의 의견을 조정할 수는 있어도 통제할 수는 없었다. 당대의 전제 군주제와 달리 유연한 체제 덕분에 다양한 이해관계가 통합되자 안정성이 확보되었고, 특히 경제를 견인하던 무역과 과세에서 정교한 균형이 이루어졌다.[8] 의회는 홀란트와 공화국의 수도를 겸한 헤이그에서 매일 만나 전쟁, 외교 정책, 연방 세금에 대해서 결정을 내렸다. 조치를 취하기 위해서는 만장일치로 의견이 모아져야 했다. 헤이그는 원수가 있는 곳이기도 했다. 공화국은 지역 과두 지배층이 지배하는 대표 집단과, 선출된 수반이 전체적 조정을 하는 형태를 결합했다. 또한 공화국에서 홀란트의 지배적 지위, 홀란트에서 암스테르담의 지배적 지위를 인정했다. 홀란트의 주 정부에서 도시는 19표 중 18표를 보유했고 귀족이 나머지 1표를 행사했다. 체제는 협의와 협상을 촉진하여 이익 집단을 아울렀다.

"부르주아의 재정, 군사 국가"는 잉글랜드와 프랑스의 지원에 힘입어 1588년에 사실상 독립을 달성했으며, 최초의 근대 경제를 이루어냈다. 영국-네덜란드 군대가 스페인 함대에 승리를 거두면서 공화국은 적극적으로 순찰, 호송, 보험 시장 개발 등에 나섰고, 플랑드르 사략선의 해상 위협을 줄이는 일에 집중할 수 있었다. 스헬트 강어귀의 봉쇄로 안트베르펜과 남부 지방의 경제는 도탄에 빠졌으나 한편으로는 스페인이 바다로 군대를 보내는 일도 중단되었다. 사략선이 번성하면서 투자 기회와 가용 자원도 줄었다. 바다에서 안보가 확보되면서 공화국은 해상 무역에 집중하게 되었지만 재정난 때문에 해외의 해군 활동을 준(準) 제국으로 커진 합자 회사에 위임했다.[9]

해군은 네덜란드 국내 정치의 복잡성과 역동적으로 변화하는 국제적 맥락을 가시적으로 보여주는 존재였다. 경제와 계약의 방법으로 전략, 조직의 문제를 해결한 시장 중심의 사회에서 창설된 해군은 반란 이전의 호송대, 어업 순찰대, 1572년 "바다의 거지(Geuzen : 에스파냐의 압정에 반항한 네덜란드 프로테스탄트교도 및 그들의 동맹/옮긴이)" 사략선이 자연스럽게 발전한 집단이었다. 해군은 중요한 연안과 내륙 수역을 관리하고 육해군의 작전을 전개하며 포위전을 지원하여 전략적 문제를 해결했으며, 플랑드르의 하천을 차단하고 스페인의 무역을 봉쇄했다. 이와 더불어 상업 분야의 지속적인 요구사항이었던 상선과 어업 선단 호송이라는 임무를 수행했다.[10] 호송과 인가(認可)의 비용은 1572년에 결정되었다. 선박, 인력, 자금, 보급품에 대한 막대한 수요 때문에 해군은 근대 초기 유럽에서 가장 복잡한 조직이 되었다. 해군과 관련된 이러한 경험은 대형 무역회사가 위용을 자랑하는 함대를 운영하는 경제에 폭넓게 영향을 미쳤다. 해군의 임무를 수행하기 위해서는 막강한 순양함이 필요했는데, 대부분은 현지 상인들에게서 빌렸다. 아시아와 지중해의 무역에서는 전투를 치를 수 있는 더 큰 규모의 선박이 필요했다. 선박 대여로 이익을 본 다수의 선주들은 지역의 해군 위원회에서 자리를 차지했다. 무장한 상선, 사략선, 특허 기업으로 구성된 "구 해군"은 스페인 해군 잔당에게 승리를 거두었다.[11]

의회와 더불어 해군 제독(원수가 존재할 당시), 일상적인 행정을 처리하던 5개의 해군 본부 협회가 해군을 지휘했다. 협회 체제는 상업 지배층의 다양한 이해관계를 반영하여 20년 동안 발전했는데, 본래 1597년에 임시조치로 합의된 이 조직은 지방의 이해 당사자들이 지방세를 관리할 수 있다는 이유로 1795년까지 유지되었다.[12] 세 곳의 협회는 홀란트, 암스테르담, 로테르담에 있었으며, 북부 지역의 협회는 호른과 엥크하위전이 교대로 대표했다. 나머지는 미델베르흐, 도큄에 위치했고 1645년 이후에는 하를링언의 협회가 제일란트, 프리슬란트를 위해서 기능했다. 대다수의 업무는 경제적 성격을 띠었으며 해군 본부 위원회를 운영하던 상업 지배층은 대규모 무역회사인 네덜란드 동인도회사와 서인도회사의 운영에도 관여했다. 그 결과 "무역회사가 자사의 상업적 이해를 지키기 위해서 조직적으로 폭력을 사용할 이유가 생겼고, 폭력을 행사하여 다양한 권리를 누렸다."[13] 호송과 인가 비용의 수취를 관리하는 업무 때문에 현지의 상인 지배층은 막대한 정치 권력을 누렸으며, 국가는 이들의 운송을 보호했다.

해군 본부를 지휘하던 상인들은 해군을 활용하여 자신들의 상선을 보호했다. 공화국의 국력이 약해진 이후에도 해군 호위함이 오랫동안 지속되었다는 점은 해상 활동이 경제적으로 얼마나 중요했는지를 보여준다. 평시에는 상업 보호에 드는 자금을 현지에서 수취하는 호송, 사략선 활동 및 적국과의 무역에 대한 인가, 내륙 주에서 거두는 수입세로 충당했다. 그러나 자금은 항상 부족했기 때문에 내륙의 4개 주는 홀란트, 제일란트에 부족분을 충당해달라고 요청했다. 전시에는 의회가 추가로 세금을 거두었고 암스테르담 자본 시장에서 공채를 발행했다. 이는 지방 의회를 활용하여 더 많은 자금을 확보했던 지역 해군 본부 위원회의 보조금으로 지출되었다.[14]

비효율적이라며 조롱당하기 일쑤였음에도 지역의 해군 본부 체제는 모든 해양 세력 국가에게 일반적이었던 무역과 전쟁 간의 연계성을 활용하여 17세기 동안 해군을 성공적으로 유지했다. 해군 위원회가 효율적으로 운영되지 않을 이유가 없었다. 항해와 무역에 대한 배경지식이 있는 사람들이 운영했을 뿐만 아니라 북유럽에서 최고 수준으로 집중되어 있는 해상 자원을 활용할 수 있었기 때문이다. 사리사욕을 채우는 것만으로도 건전한 의사 결정이 이루어졌다. 중계 무역에 의존하는 경제는 반란이 일어나기 훨씬 전부터 운송의 안전, 호송에 우선순위를 두었고 선호하던 방식을 계속 유지했다.[15] 호송이 함대 전투, 순양, 플랑드르 항구 봉쇄보다 더 중요했다.[16]

해군은 "집단적으로나 제도적으로" 해상 방어 민병대로 간주되었고, "육군보다 덜 위협적이면서 국가적인" 성격을 띠었다. 성공을 거둔 제독들은 국가적 영웅으로 추앙받았고, 개인과 집단의 전기를 발간하여 지위를 공고히 했다.[17] 그러나 선원들과 장교들은 일반적으로 "해양 세력"인 국가권리당(State Rights Party)이 아닌 오라녀 당파를 지지했다. 장교들 중에서 귀족 출신은 드물었다. 미힐 드 로이테르의 국가권리당 정치, 요한 드 비트와의 우정은 오라녀의 지지자인 코르넬리스 트롬프 제독과의 관계를 저해했고, 1672년 함대의 전투 효율성을 위협했다.

1650년 이전에는 대다수의 네덜란드 전함이 소규모로 대여한 상선이었으며, 중간 규모의 전함 일부가 양쪽을 지지했다. 이들은 주력함이라기보다는 순양함에 가까웠다. 전투는 전술적인 지시 없이 백병전이 벌어지는 아수라장의 연속이었다. 우선시된 것은 마우리츠 공이 육군에 강조한 응집력과 통제가 아닌 선박 조종술과 활력이었다. 네덜란드는 잉글랜드로부터 해전에 임하는 새로운 방법을 터득했고, 1650년대 잉글랜드인들은 네덜란드의 군사적 수단들이 작동하도록 만들었다.

네덜란드 해군력의 한계는 1598년에 펠리페 3세가 육지전을 경제전으로 전환하면서 드러났다. 스페인과 포르투갈의 상업과 식민지를 상대로 국가가 지원한 전쟁에서 패하면서 주의 해군 본부는 빚더미에 올랐다. 이에 공화국은 사략선과 신설 동인도회사라는 비국가 주체에게 해전을 맡길 수밖에 없었다. 의회는 재정 인센티브를 제공하고 분산된 요소들을 결합하여 동인도회사를 설립하도록 도왔다. 1602년 동인도회사의 이사회는 네덜란드 경제가 아시아에서 주도적인 지위를 차지하고 합스부르크 제국을 약화시킬 수 있도록 자사 선박에 포르투갈 선박을 나포하는 임무를 부여했다. 30척 이상의 포르투갈 무장 상선이 나포되었고, 특히 1604년에 야코프 판 헤임스케르크가 나포한 선박에서는 400만 길더 상당의 약탈품을 확보할 수 있었다. 이에 동인도회사는 나포를 정당화하기 위해서 법 전문가인 휘호 흐로티위스를 고용하기까지 했다.[18] 동인도회사는 해양에서 기회를 유지하기 위해서 아시아에 기지를 확보했으나, 고대 이후로 이러한 기지가 그러했듯이 해양 세력의 자취는 별개의 육상 기관으로 발전하여 자원 수탈에 주력했다.

1604년 잉글랜드가 스페인과 강화하면서 잉글랜드의 사략선이 네덜란드의 항구로 이동하여 네덜란드 해역에서의 활동을 2배로 늘렸고, 스페인에게 강화 회담에 나서도록 압박했다. 1607년에 동인도회사의 전폭적인 지

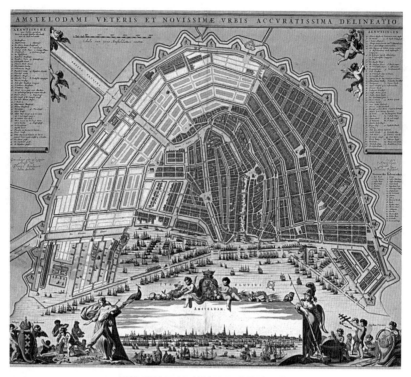

해양 세력 도시, 상업의 요새화된 보루 :
다니엘 스탈파에르트의 1662년 암스테르담 지도

지를 받던 헤임스케르크의 국영 함대는 지브롤터 만에서 스페인 함대를 격파했다.[19] 이로 인해서 이베리아 무장 함대의 발이 유럽에 묶이면서 스페인의 무역은 위축된 반면, 네덜란드는 아시아에서 활동을 시작하면서 지중해 항로를 확보했다. 또한 암스테르담에서 제공한 해군력은 공화국의 권력과 이익에 적합한 수준으로 설정되어 원수의 무익한 군사 활동과 대조를 이루었다. 그럼에도 바다는 여전히 부차적인 장소에 머물렀다. 독립은 육지에서의 활동으로 보장되었고, 오직 육군으로만 적대적인 침략을 막을 수 있었다. 이러한 현실은 공화국이 덴마크, 잉글랜드, 프랑스, 스웨덴 군주가 건조한 대형의 고급 전함을 무시한 이유를 설명해준다. 무역을 위해서 싸우는 것이 아니라 바다를 지배하려는 목적으로 건조된 위협적인 도구는 우월한 상업 감각과 민간의 폭력에 기대던 공화국에게 별다른 관심을 불러일으키지 못했다.

1588년 이후 해상 경제를 통해서 서비스 부문이 강화되었으며 산업화와 더불어 대규모의 도시화가 진행되었다. 암스테르담의 인구는 1600년에 5만 명에서 1650년에는 20만 명으로 증가했다.[20] 스페인과의 12년 휴전 협약(1609)은 암스테르담의 이익에 부합했으며, 네덜란드의 해양 기업을 전시의 제약으로부터 자유롭게 했다. 1621년 원수가 전쟁을 하기로 결정하자 네덜란드의 상업은 플랑드르 사략선의 위협에 노출되었고, 공화국의 해군 활동은 증가할 수밖에 없었다. 마르턴 트롬프가 1639년 10월 21일 다운스 전투에서 스페인 군의 호송대를 격파하면서 전쟁은 끝났지만, 플랑드르 사략선의 활동은 프랑스가 1646년에 됭케르크를 장악한 이후에야 잦아들었다. 스페인은 1648년에야 공화국을 인정했으나 네덜란드 해운은 이미 수십년 동안 스페인 경제에 중요한 역할을 하고 있었다. 비용이 많이 들고 비생산적이었던 전쟁으로 암스테르담의 과두 지배층은 평화를 더 간절히 원하게 되었다.[21] 이에 따라서 이들은 잉글랜드의 사략선이 가하는 위협이 커졌음에도 1649년에 재정 부담을 줄이기 위해서 다수의 전함을 매각했다. 독립과 평화의 중요성이 커졌지만, 그 둘 모두 국가의 정체성을 확립하지는 못했다.

정치 조직이 심각한 양극화를 보인 가운데 원수와 오라녀 지지자들은 전쟁, 군대와 강경한 칼뱅주의 신앙을 옹호했다. 반면 국가권리당(1650년 이후 진정한 자유당[True Freedom Party])은 이 모두에서 근본적으로 의견을 달리했는데, 이와 같은 대립이 17세기의 네덜란드 정치를 지배했다. 초기에는 공화제가 원수의 권한을 제한했으나, 마우리츠 공이 1618년에 쿠데타를 일으키면서 시 자문단, 주 의회, 정적들의 민병대를 처단하고 원수의 개인적인 권한을 대대적으로 신장하고 왕실 통치의 가능성을 높였다.[22] 국가를 지탱하던 경제 부분에서 정치 권력을 강제로 분리하자 마찰이 생겼다. 해양 세력 국가의 정치 구조에는 무역과 자금에 관련된 인물이 포함되어야 했다. 마우리츠는 대외 정책, 전쟁, 외교에 대한 권한을 장악하면서 성장하던 도시 국가는 배제했는데, 이는 1621년에 스페인과 전쟁을 재개하기로 결정을 내렸을 때와 마찬가지였다. 1625년 이후 그의 후계자 프레데리크 헨드릭은 "자신이 주재하는 의회에서 점차 영향력을 키웠다.……그를 견제할 수 있는 것은 암스테르담의 상인 귀족이 좌우하는 홀란트 주뿐이었다. 이들은 자금을 보류함으로써 프레데리크 헨드릭을 견제했다. 이 도시의 해상 이익은 원수의 정책으로 충족되지 않았다."[23] 공과 도시 간의 경쟁관계는 스페인과의 전쟁이 막바지로 치달으면서 위기를 맞았다. 프레데리크 헨드릭은 프랑스와의 동맹을 통해서 왕조 통치를 보호하고자 했으며, 이는 프랑스의 건축과 장식 예술에 반영되었다. 1641년 그는 국왕의 권한을 장악하기 위한 주요 계획으로 안트베르펜 점령을 기획했다. 전장에서 가로막힌 프레데리크 헨드릭은 마스트리흐트와 안트베르펜을 교환하는 방안을 제안했는데, 이는 암스텔 강 세력들이 간과할 수 없는 계획이었다. 스헬트 강을 다시 개방하면 암스테르담이 피해를 입게 되기 때문이었다. 1647년 프레데리크 헨드릭이 사망하면서 암스테르담의 지도자들은 이듬해 뮌스터 평화 협정에서 원하는 의제를 다룰 수 있었다.

스페인과의 두 번째 전쟁으로 해운 손실이 발생하자 암스테르담과 홀란트는 원수에 맞섰다. 이들은 해양 세력 정체성과 연계된 정치 모형을 원했다. 평화는 네덜란드 경제에 극적인 변화를 불러일으켰다. 발트 해의 해운 서비스와 국내 농업에서 발생하는 이익은 줄어든 반면, 잉글랜드의 관심이 분산되고 베네치아와 오스만의 전쟁으로 튀르크와 유럽 사이의 무역 상당 수를 확보하게 되면서 사치품을 거래하는 "부유한 무역"에서 발생하는 이익은 증가한 것이다.[24] 이러한 호황으로 투자 방식이 형성되어 네덜란드 문화의 "황금기"를 조성했으며, 진정한 자유당의 해양 세력 국가에 자금이 공급되었다. 정치적 변화의 기회는 우연히 찾아왔다. 1650년에 젊은 원수 빌럼 2세는 홀란트의 도시를 위협하기 위해서 군대를 파견하여 원수의 권위를 되찾았다.[25] 그러나 몇 달 후에 그가 갑자기 사망하면서 암스테르담과 홀란트는 공화국을 재편할 기회를 얻었다.

이러한 갈등은 모든 해양 세력에서 토지와 무역, 귀족과 상인 사이에 벌어지는 긴장을 보여준다. 공화국에서 암스테르담은 아테네, 카르타고, 베네치아처럼 패권 도시로서 국가의 정치, 경제, 문화를 결정짓는 도시가 아니라 동급 중의 최고(Primus inter pares)였다. 네덜란드에서 정체성에 대한 투쟁은 해양 세력 도시 국가와 바다에 이해관계가 없는 농업 기반 주들 사이의 대결이었다.

네덜란드는 암스테르담과 홀란트, 제일란트, 프리슬란트의 다른 해안 도시들이 원하던 진정한 자유당의 해양 세력 정체성을 고려한 적이 없었다. 또한 겉치레를 유지하여 육지에 기반을 둔 정치적 조직체의 성격을 모호하게 만들었다. "해안선" 뒤에서 비교적 안전을 누린 홀란트가 마치 "장벽" 뒤에 있던 페리클레스 시대의 아테네처럼 절반은 섬의 성격을 가졌다고 인식했을 수는 있지만, 사실 공화국은 섬나라가 아니었다. 1600년에 전쟁의 기운이 잦아들면서 암스테르담은 전쟁과 불안 대신 평화와 번영을 추구했다. 이후 40년 동안 이 부유한 도시는 북부의 베네치아를 자처하면서 운하를 완성하고 아시아, 발트 해, 지중해와의 상업이 국가의 정책에서 주를 이루는 도시 국가 제국을 추구했다. 암스테르담의 지배층은 원수의 권한을 억제하고 군대를 축소하며 세금이 없는 무역 제국을 건설하기를 원했다. 이러한 목표는 과거의 전통, 새로운 영웅, 경제력을 기반으로 한 해양 세력 정체성을 통해서 추진되었다.

공화국 정신을 향한 정치 투쟁은 혹독했고 유혈 사태로 번졌다. 해양 세력의 권력과 부가 커지면서 도시 국가는 점차 제국의 속성을 지니게 되었고, 제국의 전형으로 발전했다. 해양 세력은 깊은 인상을 남기기 위해서 먼 지역에 바다 위에서의 업적을 기념하고 제국 영토를 구축하여 지위를 공고히 하고 납세자, 유권자, 방문자들에게 해양 세력이 지니는 매력을 알렸다. 문화적 우위를 차지하기 위한 예술적 경쟁은 정치적 갈등을 반영했으며 우려스러웠다. 암스테르담의 건축물은 상업, 해군력, 계급 없는 사회라는 새로운 비전을 형성했다. 문화적 갈등의 시발점은 암스테르담의 구교회(Oude Kerk)에 야코프 판 헤임스케르크의 화려한 기념비를 건립한 사건이었다. 1607년 지브롤터 대전에서 전사한 헤임스케르크는 스페인을 모욕하고 지중해를 열었으며 아시아 시장과 12년 휴전 협약을 얻어냈다. 그의 승리는 공화국이 주요 해군력으로 부상하는 계기를 마련했다.

10년 동안 네덜란드가 육지나 바다에서 이렇다 할 승리를 거두지 못한 상황에서 그의 영웅적인 죽음은 여론을 움직였다.[26] 기념비는 이전까지 육군의 육지전과 원수가 지배하던 서사에 제동을 걸었고, 마우리츠의 아버지이자 초기 원수인 빌럼 1세의 기념비보다도 먼저 건립되었다. 홀란트의 요한 판 올덴바르네벨트 행정 장관은 이 기회를 살려서 해군이 보호하는 평화와 무역의 해양 세력 이념을 널리 알렸다.[27] 올덴바르네벨트와 암스테르담은 무역을 신장하고 보호하는 국군으로서 대부분의 비용을 자체 부담하는 해군을 지지했는데, 이는 세금으로 운영되고 주로 용병으로 구성된 육군과는 성격이 반대였다. 올덴바르네벨트는 의회에 국장(國葬)과 공공 기념물에 자금을 지원해달라고 설득했다. 레판토 해전 이후 베네치아와 엘리자베스 여왕 시대의 잉글랜드에서 추앙받던 영웅적 해군 제독이 이 정당 정치의 선전에 활용되었다. 빌럼 1세 이후 최초로 국장을 치르면서 국장이라는 사건의 의미가 변질되었다. 기념비의 건립은 전례도 없는 일이었다.

헤임스케르크의 교회인 구교회에는 다수의 암스테르담 해군 제독과 선원들이 속해 있었다. 기념비에는 공화국의 의제를 강조한 피렌체의 도상이 사용되었는데, 이는 헤임스케르크를 헤라클레스와 연결시켰다. 라틴어 비문에서는 그가 "헤라클레스 해협에서 헤라클레스와 같은 용기를 발휘한" 것에 경의를 표했다. 헤임스케르크는 합스부르크 스페인의 상징과 같던 헤라클레스의 기둥에서 스페인의 지배를 깨뜨렸다. 그의 기념비는 카를 5세의 기념비를 대체했으며, 도상은 뤼카스 얀스 바게나에르가 1584년에 펴낸 저명한 서적 『항해사의 거울(Der Spieghel der zeevaerdt)』의 표제지 이미지를 담고 있었다.[28]

의회는 선구적인 해양 예술가인 헨드릭 프롬이 원수에게 선물한 기념비적 그림을 포함하여 지브롤터를 다루는 다른 작품들을 의뢰했다. 이 도상은 오로지 지휘관만 명성으로 보상을 얻는다는 가정에 도전을 제기한 것이었다. 1611년 암스테르담의 시민 역사는 헤임스케르크의 기념비를 이용하여 해양 세력 정체성을 확립했다.[29] 이 기념비는 유명한 제독의 행위를 기념하여 도시 국가 제국의 상업, 정치적 의제를 정당화했다. 이러한 명백한 선전은 오라녀 지지자들의 반발을 샀고, 이런 반발은 1619년 올덴바르네벨트를 처형한 데에서 절정에 달했다.

헤임스케르크의 기념비 이후 해군 장교를 기리고 미래 세대에 영감을 불러일으키는 세속적인 기념비들이 종교적 장소에 잇달아 건립되었다. 이 기념비들은 그것이 없었더라면 삭막했을 칼뱅주의 예배당에 기념비를 세워 국가를 위해서 희생한 인물들을 기렸다. 뿐만 아니라 범유럽의 지배층이 읽을 수 있는 라틴어를 통해서 해군 영웅을 숭배하는 메시지를 국제적으로 전하고, 문헌과 이미지도 전파했다. 60년 후에 해군 영웅주의의 추종이 막을 내렸을 때, 암스테르담의 신교회(Nieuwe Kerk)에 위치한 미힐 드 로이테르의 기념비는 잃어버린 정체성에 대한 애도를 상징하게 되었다.

유럽에서 가장 역동적인 상업 도시이자 산업 도시였던 암스테르담에는 국가의 통제에 맞설 이유가 충분했다. 육지전에서 상대적으로 고립되어 있던 암스테르담의 상인들은 유럽을 침략하는 위험을 감수하기보다는 해양 상거래에서 발생하는 이익을 얻는 데에 주력했다. 암스테르담은 해양 기업, 관련 산업을 선호하는 중계 무역 모형을 발전시켜 네덜란드 항해자들이 경제적인 선박과 해운 서비스를 개발하도록 유도했다. 이들은 유럽 무역의 대부분을 수행하고 국가에 자금을 지원했다. 80년간의 독립 전쟁 기간 동안 그렇지 않아도 유럽 최고 수준이었던 네덜란드의 세금 부담은 4배나 증가했다. 세금은 가장 부유한 지역인 홀란트에서 가장 많이 걷혔고, 홀란트 내에서는 가장 부유했던 도시인 암스테르담에서 가장 많이 거두어졌다. 홀란트에서 걷힌 세금은 국세의 58퍼센트를 차지했고 암스테르담에서만 전체의 25퍼센트가 걷혔다. 다른 해양 주인 프리슬란트와 제일란트는 각각 12퍼센트, 9퍼센트를 납부한 반면 내륙의 4개 주에서 걷힌 세금은 전체의 6퍼센트에 미치지 못했다. 1582년 이후 의회는 표준 수입세를 거두어들여 다섯 곳의 해군 본부에 직접 지급했다.[30]

공공 부채의 탄생으로 자본가가 국가에 예속되었고, 정치적 대표성이 없던 이들의 이해관계는 상업 부문과 밀접한 연관성을 맺으면서 인정되었다.[31] 지역의 세금 관리와 해양 재정은 해양 자금 지원이 장기적으로 보았을 때에 독단적이거나 임의적으로 정해지지 않도록 했다. 상인 지배층은 비용과 이익의 균형을 신중하게 추구했다. 합자 회사와 은행이 무역과 전쟁에 자금을 지원했으며 새로운 신용 체제의 등장으로 무역의 흐름이 개선되었다. 암스테르담 은행은 다른 신생 국가와 마찬가지로 베네치아의 은행을 본보기로 삼았으며, 글로벌 금융의 중앙 어음교환소 역할을 했다. 소규모 은행은 영세 무역상과 장인을 위해서 기능했다.[32] 합자 원칙은 운하 건설, 배수 시설 사업, 항만 건설, 선박 소유, 해상 보험에도 적용되어 소유권과 이익, 위험을 상인과 노동자 계층에게 분산시켰다. 경쟁자들이 전쟁과 점거에 정신이 팔려 있을 때에 변화를 추진한 네덜란드는 해상 무역에서 차지하는 비중을 매우 빠른 속도로 높일 수 있었다. 해운 서비스는 자원에 의존하던 특징을 강점으로 탈바꿈시켰다. 암스테르담은 확장되던 세계 무역 체제의 중심지가 되어 상품과 서비스를 이동 및 분산시켰으며 관세와 운송료로 운영되던 해군의 보호를 받았다.

얀 글레테가 지적했듯이, 공화국 체제는 경제적 이익을 증진시키는 데에 매우 효과적이었으며, 당대의 어떤 전제 국가보다 군대, 해군, 경제력을 효율적으로 동원했다. 이들은 지방세와 국세를 대출과 결합한 복잡한 금융 체제로 과중한 재정적, 군사적 부담을 견딜 수 있었다.

인구 규모를 감안하면 17세기에 네덜란드보다 전쟁을 위한 자원 동원 능력이 뛰어난 국가는 없었다. 네덜란드는 기업의 설립을 인가하고 무역과 해외 전쟁을 조직했다. 또한 국가에 의해서 조직된 적군보다 효율적이었다.

중요한 사실은 공화국이 높은 수준의 세금을 별다른 저항 없이 수십 년 동안 유지할 수 있었다는 것이다. 다른 해양 세력들과 마찬가지로 포괄적 정치 체제로 인해서 많은 세금을 납부하는 상인들에게 막대한 정치 권력이 부여된 덕분이었다.[33] 상인들은 세금이 자신들의 이익을 보호하는 데에 사용되도록 표를 행사했다. 또한 육지와 바다에서 보호를 받으면서 상업이 크게 성장하자 추가로 해군력에 투자하여 상거래의 기반을 넓혔다. 안정적인 재무 상태 덕분에 금리가 하락하면서 공화국은 신용도가 낮은 경쟁관계의 전제 국가들보다 효과적으로 전쟁을 치를 수 있었다. 효율적인 세금 징수로 국가는 병사, 선원, 계약자들에게 정기적으로 급여를 지불함으로써 충성을 얻어냈다. 국가는 왕실의 강압이 아닌 합의에 의해서 유지되었다. 그러나 그러한 합의는 취약했다.

반란 이전에 네덜란드 주들은 비교적 높은 수준의 세금을 부담하는 대가로 안전을 얻었지만, 동떨어진 전쟁을 치르거나 행정의 중앙집권화, 가톨릭 신앙을 다시 강요하려는 시도에는 반대했다. 반란으로 인해서 지역의 금융 중심지가 안트베르펜에서 암스테르담으로 이동했고, 암스테르담은 해양 권력 전략을 활용하여 이전의 주요 도시를 앞질렀다. 그리고 런던이 점점 더 큰 위협을 제기하자 유사한 절차를 반복하려고 했다. 그러나 군사력에 의존하는 "일반" 대륙 국가를 선호한 이후의 원수들은 이러한 모형에 도전을 제기했다.[34]

원수들에게는 그럴 만한 충분한 근거가 있었다. 해상 병력은 독립 전쟁에서 유용한 보조적인 역할을 수행했으며 방어비 지출에서 25퍼센트밖에 차지하지 않았다. 전쟁은 주로 전문성이 뛰어난 육군이 벌였는데, 육군은 공화국을 파괴하지 않으면서 공화국 내부에서 벌어지는 갈등에 대처하기 위해서 창설된 집단이었다. 병사들은 훈련이 잘 되어 있었고 전문적이었으며 혁신적인 전략을 사용했다. 이들은 스페인이라는 경쟁자보다는 고전 문헌에서 영향을 받았다. 인구당 육군의 규모는 프랑스보다 훨씬 더 컸지만, 대다수가 외국인이었고 네덜란드 장교단과 부사관이 지휘했다.[35]

공화국은 쓰라린 경험이 있었기 때문에 군대의 과시와 허식의 유혹에 영향을 받지 않았다. 육군은 국가의 자부심이나 국력의 상징이 아닌 국경을 지키기 위한 필요악이었다. 그러한 시각은 지배층에만 국한되지 않았다. "황금기"에 네덜란드의 군사 예술은 권태, 부도덕함, 낭비를 강조했다.[36] 육군은 자유에 심각한 위협을 가했다. 원수들은 1619년과 1650년에 군대를 활용하여 시민 정부를 전복했다. 암스테르담의 상인 과두 지배층이 국가 정책을 재편하기 위해서 해양 세력 정체성을 추구한 것도 놀랄 일이 아니다.[37] "진정한 자유당" 공화국은 값비싼 군대를 없애는 대신에 가치 있고 잘 연결된 민병대를 신뢰했다. 이념적인 육군은 위기 시에 실패할 수 있었다.

궁극적으로 공화국은 해양 세력이 처했던 전형적인 딜레마에 봉착했다. 공화국의 규모는 땅덩어리로 보나 인력으로 보나 전통적인 강대국이 되기에 충분하지 않았다. 그러나 생존을 위해서는 강력한 육군이 필요했다. 육군에 투입되는 재정적, 정치적 비용은 해양 세력 국가를 형성하는 데에 방해가 되었다. 국경을 지키기 위해서 육군을 본격적으로 동원하게 되면 해군 운용에 필요한 자금이 거의 남지 않게 되었고, 높은 수준의 세금은 해상 활동을 저해했다.

육군이 암스테르담의 성문을 위협한 직후인 1650년에 빌럼 2세가 갑작스럽게 서거하면서 의회는 원수직을 공석으로 남길 수 있게 되었다. 암스테르담은 30년 전에 올덴바르네벨트가 반역죄로 처형당했던 권력 투쟁의 결과를 뒤집어 공화국의 권력을 장악했다. 1651년 "대의회"는 원수의 사후에 태어난 아들을 제쳐두고 공화국 의제에 집중하여 주가 얼마 전에 상실했던 권한을 회복시켰다.[38] 권력이 원수의 궁에서 암스테르담 시청으로 이동함에 따라서 공화국은 암스테르담과 다른 해양 도시의 경제적 이익을 보호하기 위해서 의식적으로 해양 세력이 되기를 추구했고, 대공(大公)과 육군은 정치인과 더 큰 규모의 해군으로 대체되었다. 이러한 결정은 잉글랜드와의 전쟁에서 발생한 재앙과도 같은 결과로 탄력을 받았다. 암스테르담이 호송 비용과 인가 비용을 3분의 1 늘리면서 해군 본부 5개의 유동성이 크게 개선되었다. 암스테르담이 이 모든 일을 주도하고 있음은 해외 무역에서도 확인되었다. 암스테르담이 이끌었던 발트 해, 아시아, 지중해 무역은 번성한 반면에 카리브 해와 브라질에서 제일란트의 이익은 줄어든 것이었다.[39] 홀란트의 요한 드 비트 행정 장관이 1653년에 주도한 진정한 자유 정권은 근본적으로 암스테르담이 독주하는 체제였다. 육상에서의 독립을 위해서 연방/중개 국가를 발전시킨 1648년 이후 정권은 해상 경제 패권을 지키기 위해서 이 모형을 재가동했다.[40]

드 비트에게는 원수의 통치를 중단시킬 개인적, 정치적 이유가 모두 있었다. 그의 아버지는 원수 빌럼 2세가 투옥시킨 도르드레흐트 의원이었다. 1651년에 드 비트는 마르턴 트롬프 제독과 함께 홀란트 해군 위원회에 합류했으며, 예술과 전략적 측면을 포함하여 해군과 평생에 걸친 관계를 시작했고, 해군력을 대외 정책의 핵심에 위치시켰다. 그의 형제인 코르넬리스는 1652년에 로테르담 해군 본부에 합류했으며 도시의 상류층과 결혼했다.[41] 두 형제는 함대를 타고 바다를 누볐다.

몇 개월이 지나자 무장한 잉글랜드 연방이 새로운 공화국에 도전장을 내밀어 제해권을 놓고 갈등이 벌어졌다. 잉글랜드는 네덜란드의 번영이 달려 있는 영국 해협에서 지배권을 주장하면서 전쟁과 무역을 위해서 통행하는 선박에게 경의를 표할 것을 요구했다. 잉글랜드 전함을 마주쳤을 때에 중간 돛과 선기를 내리는 것은 잉글랜드의 지배를 상징하는 것으로, 곧 현금을 요구하는 행위로 변할 여지가 있었다. 또한 이는 네덜란드 선박을 공격에 취약하게 만들었다. 공화국은 잉글랜드의 요구를 거절하면서 흐로티위

1 새벽을 맞는 해양 세력을 기념한 프레스코화 : 산토리니에서 발견된 이 프레스코화를 비롯한 미노아의 그림들은 최초의 탈라소크라시를 형성한 선박, 항구, 어업을 강조한다.

2 펠로폰네소스 전쟁 초기에 아테네 해양 세력 국가에서 지도자이자 이론가로 활동한 페리클레스. 그의 명성은 민주주의에서 유래된 정치적 문제와 그러한 정체성의 완전성을 강조한 투키디데스의 불멸의 역사서를 통해서 굳건해졌다.

3 상징적인 선박 : 아테네의 3단 노선을 본보기 삼아서 제작한 올림피아스 호가 항해 중인 모습. 전략적으로 움직이기 위해서 노를 선체 안쪽에 배치했다. 전시에 아테네 전함은 기동력과 충돌면에서 두드러졌다. 청동으로 만든 충각은 적의 가벼운 선체를 뚫고 들어가 그들을 침몰시켰다. 전투가 끝난 후에는 전리품을 해안으로 끌고 와서 보수했다.

4 해양 세력 도시 : 근대에 재구성한 모습을 통해서 카르타고에서 원형 군항이 도시와 바다를 연결하는 데에 매우 중요한 역할을 했음을 알 수 있다. 성벽에서 바다를 조망할 수 있었으며, 언덕에는 신전이 모여 있었다.

5 1571년 레판토 해전은 베네치아가 거둔 최고의 성취이며, 강대국으로서 베네치아의 지위가 정점에 이르렀음을 보여준다. 노와 포를 활용하는 베네치아의 기술은 패권을 다투는 대륙의 경쟁자였던 오스만 튀르크, 합스부르크 스페인이 가진 막대한 자원 앞에서는 시대에 뒤처진 것이었지만, 그럼에도 레판토 해전은 베네치아의 위대함을 상징하는 사건으로 기억되고 있으며 최고의 갤리 선 전투이자 기독교 진영이 거둔 승리의 상징으로 간주된다.

6 거장 세바스티아노 델 피옴보가 잔 안드레아 도리아를 그린 습작(삽입된 사진은 윌리엄 헨리 퍼스가 모사한 작품). 도리아는 제노바를 약화시킨 혼란을 바로잡고 경제를 재편했다. 이 작품은 제노바 해양 국가의 통치자이자 카를 5세의 용병, 해군 대원수였던 그를 깊이감 있고 세밀하게 포착했다.

7 암스테르담 시청 : 네딜란드 해양 세력 국가의 고전적인 궁으로, 공화주의라는 덕목과 네딜란드 해군에 자금을 지원한 전 세계적 경제 지배의 수호자 역할을 했다. 1650–1672년 진정한 자유당은 국가의 초점을 바다에 두었으나 재앙과도 같은 결과를 맞이했다.

8 한 세대 안에 네딜란드 해양 세력 국가는 처절하게 전복되어 육지의 국경 수호에 좌우되는 준(準) 전제정으로 교체되었다. 1686년에 아들 빌럼 판 더 펠더는 네딜란드 해양 세력을 위한 애가 격으로 암스테르담을 배경으로 한 "코르넬리스 드 트롬프의 기함 하우덴 레이우 호"를 그렸다. 트롬프는 새로운 정권의 눈 밖에 났으며 그가 지휘하던 선박도 폐기되었다.

9 포르투갈의 요새를 지나는 영국 선박의 모습. 무슬림 침입자에 맞서기 위해서 장벽에 십자가를 두른 벨렝 탑은 육지와 관련된 아비스 왕조의 큰 우려를 상징했다. 그림은 영국의 화가 존 토머스 세레스가 영국의 포르투갈 경제 장악을 기념하여 그린 것이며, 리스본이 영국의 해군 기지 역할을 한 현실이 반영되어 있다.

10 표트르 대제는 상트페테르부르크 바다에 새로운 수도와 더불어 주요 해군 기지를 세우면서도 선왕들과 마찬가지로 육지에서 시선을 거두지 않았다. 크론시타트의 요새는 해양 세력에 대한 러시아의 대응을 보여주는 결정적인 상징으로, 세계 최대의 해양 방어 집합체였다.

11 표트르 대제가 포괄적인 정치와 영국 함대를 유입시키는 통로로서 바다를 두려워했다면, 보다 종교심이 강했던 다른 러시아인들은 성서의 홍수와 연결된 격변의 전조로서 바다를 경계했다. 이러한 감성은 이반 아이바좁스키가 그린 "아홉 번째 파도"에 잘 표현되어 있다.

12 네덜란드 원수 겸 잉글랜드 왕이었던 윌리엄 3세는 육지에서 전투를 치르고 바다보다 육지에서의 영웅적인 활약을 높이 샀으나, 루이 14세가 유럽 대륙에서 프랑스의 패권을 잡지 못하도록 막는 데에 해양 세력을 활용했다. 이 과정에서 그는 2개의 해양 세력을 통합했으며 권력이 암스테르담에서 런던으로 넘어가는 것을 지켜보았다.

13 크론시타트와 벨렝이 항상 장벽 역할을 했지만 도버의 오래된 성과 항구는 확장하는 영국 기업의 상징이자 무역과 소통의 개방된 창구로 빠르게 부상했다. 리처드 윌슨이 그린 1747년 "도버"는 J. M. W. 터너가 이곳을 무대로 그린 많은 작품들의 전조 역할을 했다.

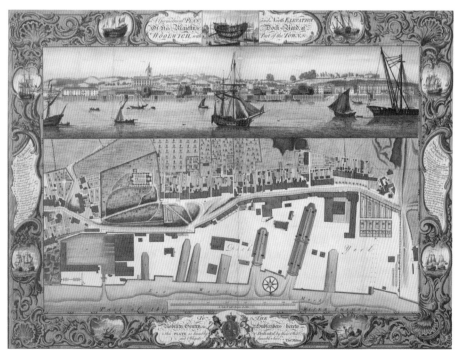

14 영국은 베네치아의 전례를 따라서 해군 작업장을 국가의 혼을 엿볼 수 있는 창으로 만들었다. 위 그림은 영국의 힘을 정의했던 헨리 그레이스 어 듀 호부터 로열 조지 호에 이르기까지 위대한 여러 1급 함선들을 건조한 5개의 거대한 조선소 가운데 가장 규모가 작았던 울위치의 모습을 묘사했다. 해군업의 힘을 묘사한 그림은 해양 세력의 구조를 파악하는 데에 관심이 있던 외국인들을 매료했다.

15 성스러운 유물로 추앙받았던 주력함 : J. M. W. 터너가 넬슨 제독의 시신을 태우고 스핏헤드에 머물고 있는 HMS 빅토리 호의 모습을 담은 그림이다. 터너에게 위대한 선박은 영국다움의 정수였다. 목조 전함이 사라지고 증기선이 부상하면서 그는 선박에 대한 접근법을 발전시켰다.

16 현대의 다른 많은 포괄적인 자유 국가들과 마찬가지로 영국은 더 이상 강대국이 아니지만, 여전히 선박의 자유로운 이동과 세계 무역에 의존하고 있다. 이들은 세계 무역을 통해서 지난 수 세기 동안 지켜온 해양 세력 정체성과 연결되어 있다. 2018년 영국 왕립 해군은 역대 최대 규모의 전함인 6만5,000톤급 HMS 퀸 엘리자베스 항공 모함을 진수했으며 이 항공 모함은 50년간 활동할 계획이다.

17 현대의 해군은 장비와 사진에 집중하고 있다. 최첨단 전투 역량을 보여주는 최근 사례로 공개된 위 사진은 함재기(艦載機)인 F−35 라이트닝 II가 1만5,000톤급 스텔스 구축함 USS 줌왈트 호 위로 나는 모습을 보여준다.

18 해양 세력 강대국이 존재하지 않는 가운데 1945년 이후에는 미국이 제해권을 행사해왔다. 구 소련 에 이어 중화인민공화국이라는 신흥 세력은 이에 도전을 제기한다. 향후 관건은 대륙 국가들이 바다 를 나누어가질 수 있느냐이다. 사진과 같은 합동 해군 훈련은 공동 운영이 가능함을 시사한다.

스의 "자유로운 바다"를 거론했고, 전쟁을 준비했다. 결국 중상주의 경제가 전쟁을 야기한 셈이다. 잉글랜드의 상인들과 선주들은 연방이 세금으로 구입한 강력한 함대로 네덜란드의 무역을 잠식하기를 바랐다. 네덜란드의 한 소논문에서는 "잉글랜드가 황금 산을 향해서 진격하고 있지만 우리는 철의 산을 향해서 가고 있다"라고 표현했다.[42] 전쟁은 바다에서 벌어질 것이며 군사는 필요하지 않았다.

전쟁이 발발하자 드 비트는 홀란트 해군 위원회를 지휘하여 트롬프의 불만(네덜란드 해군이 대여한 상선으로 주로 구성되어 전쟁에 부적절하다)에 대처했다. 상선은 특수한 목적으로 건조된 전함에 보조를 맞추기에는 지나치게 느린 데다가 중포를 견디기에도 약했고, 상인 장교들은 신뢰하기 어려웠다. 전쟁 이후에는 소규모의 임대 상선 일부가 교체되었다. 해군은 잉글랜드와의 두 번째 전쟁에서는 거대한 동인도회사의 선박을 사용했으나 세 번째 전쟁에서는 그러지 않았다.[43] 1652-1654년 네덜란드는 영국 해협을 통제하기 위해서 건조된 전함에 속수무책으로 당했다. 잉글랜드는 네덜란드가 무역을 지키기 위해서 전쟁을 벌이도록 압박했으며, 전투가 벌어지자 네덜란드를 꺾고 암스테르담을 봉쇄했다. 타격을 받은 암스테르담 거리에서는 풀이 자랐고 진정한 자유 정권은 휘청거렸다.

잉글랜드 연방은 새로운 도전을 제기했다. 스페인과 달리 잉글랜드는 상업적 해양 세력 국가를 건설하려는 진정한 자유당의 의제를 공유했고, 우위를 차지하기 위해서 싸울 준비가 되어 있었다. 공화국에 값비싼 전함과 더불어 기존의 호위 세력이 필요하다는 사실을 깨달은 드 비트는 주저했다. 그는 통합과는 거리가 먼 해양 세력 국가에 정치적 문제가 벌어지리라는 것을 알아챘다. 경제적 파탄과 정치적 혼란에 직면한 드 비트는 공화국의 주요 전략 체제인 육군과 국경 요새에 대한 지출을 줄이고 전함을 건조했다. 1652년 10월 해군이 패배하자 의회는 전쟁세를 거두고 부채를 발행하여 30척의 전함을 새로 건조했다. 얼마 지나지 않아서 드 비트는 홀란트의 행정 장관이 되었고, 1653년 7월에는 사실상 국가수반이 되었다. 2년 후에는 암스테르담의 저명한 과두 지배층인 비케르 가문의 여성과 결혼했다. 1659년에는 문장(紋章)을 얻고 투구에 이를 새겼으며, 전용 마차도 문장으로 장식했다.[44] 드 비트와 공화제 지지자들은 국가와 해양 세력을 연계시켰고 지역의 해군 본부가 전후에 전함을 팔지 못하도록 새로운 전함을 주의 자산이 아닌 국가의 소유로 만들었다. 이러한 "신 해군"은 상설 조직이었으며 전문적인 전함이었다.

제1차 영국-네덜란드 전쟁에서 공화국은 살아남기 위해서 잉글랜드의 함대를 꺾고, 안트베르펜을 봉쇄했듯이 런던을 봉쇄하여 굴복시켜야 했다. 그러나 새로운 선박이 건조되기도 전에 트롬프가 전사하면서 해군과 민중의 사기가 저하되었다. 또한 단기적으로 잉글랜드가 봉쇄 조치를 취하면서 경제가 도탄에 빠질 위험이 커졌고 새로운 정권의 권위가 약화되었다. 경제적인 어려움으로 내부의 불안이 커지자 원수의 지지자들이 목소리를 내기 시작했다. 패배로 인한 결과를 최소화하려면 상당한 외교술을 발휘해야 했다.

패배는 함대의 사기가 얼마나 약했는지를 드러냈다. 선원의 절반은 용병이었고, 의회는 상선의 인력보다 더 낮은 임금을 지급했다. 게다가 해군 본부 협회는 급여를 체불하고 형편없는 음식을 제공한 것으로 악명을 떨쳤다. 군인들은 빈번하게 반란을 일으켰다.[45] 잉글랜드와 달리 징용을 허용하지 않았던 네덜란드에서는 항해자들을 강제로 징발할 수 없었다.[46] 모든 계급의 선원들이 제대로 통제되지 않았다.[47] 10년 후에 드 비트는 영국의 윌리엄 템플 대사에게 1666년의 4일 전투에서 잉글랜드의 선원들이 "앞선 두 차례의 전쟁에서 승리했을 때와 비교해 우리 나라와 불굴의 선원들보다 더 많은 존경을 받았다"라고 털어놓았다. 그는 네덜란드 선원들이 넷째 날은 차치하고 둘째 날에도 굴복했음을 인정했다.[48]

패배를 맛본 "요한 드 비트는 강한 해군이 얼마나 중요한지 깨달았다."[49] 1654년 이후 막대한 비용이 투입된 "신 해군"은 전투 시 해상 통제를 확보하도록 전문적인 장교단이 지휘했으며 전투 목적으로 건조된 상설 함대를 갖추었고, 새로운 포격 전략을 사용했다.[50] 해군은 "진정한 자유당" 공화국의 이념에서 핵심적인 역할을 차지했다. 이 해양 세력 국가는 유럽의 다른 강대국과 과거에 원수 통치 시의 전제적이고 육지에 기반한 관심사와는 구분되는 대단히 강력한 정체성을 정립하기를 열망했다.[51] 새로운 함대를 운용하는 데에는 자금 지원의 증가와 더불어 호송대가 필요했다. 전함은 공화국을 해양 세력 강대국으로 탈바꿈시켰으나 재정난에 처한 지역의 해군 본부 대신 의회를 통해서 자금을 조달하게 되면서 분열이 일어났다. 육지에서 바다로 방어의 초점이 이동하자 내륙의 주는 경계하면서 불만을 제기했다.[52] 게다가 드 비트가 "암스테르담의 이익"을 위해서 발트 해에 대한 상업적 접근을 보호하는 "신 해군"을 배치하자, 해외에서는 전함에 내포된 강대국의 인상과 이에 연관된 해군의 선전에 우려를 가지기 시작했다.[53] 드 비트의 함대는 페리클레스의 3단 갤리 선과 마찬가지로 대포보다 더 가공할 만한 위력적인 무기를 휘둘렀다. 무기는 "자유의 표시"로 포장되었으나 모든 전제 국가들에게 위협으로 인식되었다.[54] 명백한 경제 제국주의는 암스테르담을 만족시켰지만 프랑스의 관측자들은 전함을 세계 무역을 장악하려는 네덜란드의 열망과 연관 지었고, 전제 국가에서는 공화국의 "무례함"에 깊은 우려를 나타냈다.

제1차 영국-네덜란드 전쟁으로 드 비트는 "신 해군"의 억지 효과를 활용하여 또다른 전쟁의 발발을 피하고자 했다. 여기에는 공화국을 유지하면서 오라녀 지지자들의 주장을 차단하는 한편 무역을 보호하려는 복잡한 셈법이 동원되었다. 공화국은 해양 세력으로서 만족한 상태였기 때문에 전쟁을 치를 필요가 거의 없었으며, 오직 국가의 생존과 필수적인 무역을 위해서만 싸웠다. 그러나 번성을 누리지 못한 경쟁자들은 드 비트의 고상한 목적을 거만한 야망으로 인식했다.[55] 드 비트는 값비싼 방어 준비를 통해서 억지력을 추구하는 과정에서 중요한 조건을 놓쳤다. 상대가 합리적인 행위자인 경우에만 억제가 가능하다는 사실이었다. 찰스 2세나 루이 14세는 드 비트의 공화국에 대해서라면 논리와 이성을 동원하여 접근하지 않았다. 그들에게는 개인의 명성, 평판 그리고 존경이 더 중대했다. 잉글랜드 연방과 마찬가지로 새로운 공화국도 국기를 바꾸어 기존 오라녀 가문의 깃발 대신에 공화국을 상징하는 삼색기를 사용했으며, 전함의 이름도 공화국의 이념을 반영하여 변경했다. 1639년 트롬프는 기함에 원수의 아내 이름을 붙였다. 1666년 드 로이테르는 "자유"와 같은 형용사와 지명으로 수식되는 보다 평범한 7개의 주(de Zeven Provincien)라는 이름의 함대에 올랐다. 평범하기로 따지면 대포 100문을 자랑하는 잉글랜드의 바다의 군주 호에 상대가 될 수 없었다.

전쟁을 피하기 위해서 자금과 자원을 동원하여 실력을 과시하는 전략은 언제나 해양 세력 외교의 핵심이었다. 해상 열병식, 아테네의 계류장, 카르타고의 대항구, 베네치아의 아르세날레가 모두 그런 역할을 수행했다. 해상 무역에 의존하는 국가는 바다를 자유로운 상태로 유지하고 전쟁 비용의 발생을 피하는 한편 인구를 제한해야 했다. 네덜란드의 경우 국경이 취약하기 때문에 전쟁은 더더욱 바람직하지 않았다. 국경이 취약한 이유는 진정한 자유당 정권이 육군에 대한 지출을 낭비이자 정치적 위험이라고 간주하고 예산을 줄이고 그 자금으로 "신 해군"을 지원했기 때문이다. 암스테르담의 상인들은 자유를 억제할 가능성이 있는 육군에 자금을 공급하는 방안에 반대했으나, 내륙의 주에서는 국가의 세금으로 전함을 지원하는 데에 반대했다.

1619년 원수 마우리츠 공은 반역죄를 물어 올덴바르네벨트를 처형했다. 30년 후에 진정한 자유당의 지도부는 동일한 운명을 피하고자 헤임스케르크의 기념비를 세운 선구자들이 마련한 토대 위에 "신 해군"의 이념을 채택했다. 드 비트는 새로운 정치 체제를 정당화하려는 시도에서 1662년 피터르 드 라 카우르의 급진적인 소논문을 발전시켰다. 『홀란트를 위하여(The Interest van Holland)』는 육지의 국경 방어에 드는 비용을 회피하고, 드 라 카우르가 강조했듯이 "육군에 비용을 지불하는 수치"를 면하기 위해서 홀란트를 다른 지방으로부터 분리하는 방안을 공공연하게 옹호했다. 공화제는 무역, 어업, 제조업을 보증하는 최상의 체제이며, 강력한 함대로 중립성과 자유 무역, 해상 운송을 보호하고 전쟁을 억제할 수 있었다. 지중해 호송대가 네덜란드의 무역을 바르바리 해적선으로부터 보호했기 때문에, 해적에 노출되는 것은 운 나쁜 국가의 선박들뿐이었다. 번영은 진정한 자유당이 원했던 네덜란드 정체성의 핵심이었다. 물론 함대는 정치적으로 공화제에 속했고 공화제를 지향했다. 그러나 드 비트는 잉글랜드와의 또다른 전쟁이 치명적인 결과를 가져올 수 있음을 알고 있었다.[56] 오라녀의 지지자들이 군사력과 중앙집권화된 권력을 강조한 반면, 진정한 자유당은 올덴바르네벨트의 관심사를 따라서 개별주의 주권을 옹호했다. 공화국의 경제 중심지인 암스테르담의 지배가 가능했던 것은 이 때문이었다.

이전까지 공화국은 해양 국가로 기능했지만 제해권을 다툴 함대가 없었다. 원수의 지배하에서 방위비 지출의 비중은 육군이 우세했으며 대다수의 네덜란드인들은 이 체제를 수용했다. 1650년 군사 쿠데타 이후 암스테르담과 홀란트는 "정치적으로 굴복하도록 위협하는 데에 사용될까 우려되는 육군을 증강하기 위해서 해군의 힘을 희생하지 않겠다고 결의를 다졌다." 공화국을 장악한 진정한 자유당 정권은 잉글랜드 함대 때문에 해군이 약화될 경우, 치명적인 결과가 발생할 수 있음을 깨달았다. 따라서 국가는 바다에 접근할 수 있도록 설계된 국영 함대에 자금을 지원하여 공화국의 정치적 중요성을 높이고 해상 무역을 보호하는 능력을 키웠다. 전함은 해군의 전략적 역할을 방어적 순찰에서 "홀란트 주의 경제적 이해"를 지키고 "유럽에서 힘의 균형을 유지하는" 보다 야심찬 임무로 끌어올렸다.[57] 공화국은 해양 권력의 도구를 얻었는데, 드 비트는 이를 해양 세력 국가에서 "상업 번영을 이루기 위한 필수불가결한 조건"이라고 주장했다. 그는 전쟁 비용이 "엄두도 내지 못할 정도로 막대할" 것임을 잉글랜드와 프랑스에게 주지시키기 위해서 해군력을 배치했다. 해군력이 네덜란드 내부의 자유를 위협할 수 있는 육군의 필요성을 줄이기만을 바랐던 것이다.[58] 그러한 우아한 계산은 17세기 국제 현실을 무시한 것이며, 원수의 부활을 바라는 오라녀 지지자들의 열망을 간과한 판단이었다. 해양 세력 정체성은 지속적으로 논쟁을 초래했다. 내륙의 주들은 해양에 주력하는 정책에 반대했다. 제일란트는 암스테르담이 발트 해와 지중해에서 거두는 이익이 자신들이 카리브 해에서 얻는 이익보다 우선시된다고 생각했고, 드 비트가 암스테르담의 상업적 이익을 보호하기 위해서 공격적으로 새로운 함대를 활용한 탓에 1664-1667년에 제2차 영국-네덜란드 전쟁이 발발했다고 판단했다.[59]

네덜란드 공화국의 지도부는 여러 상황과 긴급한 사태에 직면하면서 해양 세력 문화와 정체성을 만들 수 있었는데, 이는 그 시기에 필요한 사항을 제대로 간파한 결정이었다. 독일, 프랑스, 스칸디나비아, 잉글랜드 출신의 이주자들이 뒤섞인, 부유한 7개 주의 사람들을 한 국가에 융합시키면서도 급격한 경제 성장을 지속시키기 위한 조치였던 것이다. 이 과정은 과거와의 단호한 단절로 시작되었으나 오래된 현실의 핵심적 요소는 유지되었다.

공화국은 스페인으로부터 독립하기 위해서 오래 투쟁해왔다. 군인과 포위, 승리, 비극, 끝없이 이어진 인내가 공화국의 정체성을 형성했다. 이 나라에는 구약의 가치와 로마와의 연계성이 강하게 남아 있지 않았다. 그러나 해양에서 기량을 발휘하는 전통이 남아 있었고, 공화국 내부의 중요한 세력이 의식적으로 바다, 상업, 해군력을 중심으로 대안적 정체성을 형성했다. 1610년에 박식한 인문주의자였던 휘호 흐로티위스는 바타비족(Batavi : 게르만족의 일파로 네덜란드의 선조로 여겨진다. 고대 로마의 로마화 정책에 저항했다/옮긴이)이 로마에 대항한 신화에서 정체성을 발전시켜 반란과 과두 지배층의 지배에 대한 법적 정당성을 제시했다.[60] 그의 저서에는 암스테르담 시와 홀란트 주의 선택이 반영되었다. 과거의 위대한 해양 세력은 도시 국가였으며 국가 정책을 장악한 경제적 강자, 암스테르담에는 이러한 특성이 다수 존재했다. 암스테르담의 시의회에서는 국제관계, 전쟁, 평화와 더불어 지방 정부, 자선 단체에 대해서 토론했으며 앞선 해양 세력의 사례에 대해서도 잘 알고 있었다.

도시의 운하 체계는 암스테르담을 새 시대의 베네치아로 만들기 위해서 건설되었다. 한편 아테네에서 토지나 군사적 명성에 얽매이는 귀족, 해양 산업의 활기 넘치는 남성들, 지배층과 부르주아 사이에서 벌어진 문화 충돌은 상당히 비슷한 수사와 폭력적 양상으로 암스텔에서도 재현되었다. 1600-1672년 사이에 문화적 우위를 점하는 세력은 계속 바뀌었는데, 원수들은 중앙에 집중된 권위와 군사력이라는 로마식 개념을 발전시켰으며, 자금과 무역을 관리한 사람들은 해군의 영광, 영웅적 제독, 상업, 탐험을 위해서 싸웠다. 과거는 사상의 전쟁터가 되었다. 정치적 책략은 고전의 우화를 통해서 설명되고 장엄하게 표현되었는데, 암스테르담 사람들은 베네치아 역시 동일한 수단을 사용했음을 알고 있었다.

이론상 암스테르담은 아테네, 카르타고 또는 베네치아보다 국가에서 차지하는 권위가 약했지만 실제로는 연합주(United Provinces)를 지배하는 위치에 있었다. 1645-1648년 사이에는 평화 협정을 좌우하여 국가를 통제했으며 "신 해군"을 활용하여 덴마크가 외레순 해협을 통과하는 선박에 부과하던 외레순 통행료(Sound Dues)를 암스테르담의 핵심 무역에 대해서는 하향 조정하도록 압박했다. 암스테르담의 지도층은 국가와 동인도회사를 운영하여 아시아에서 제국을 관리했다.[61] 고전적인 교육을 받았던 인물들은 당시로서는 보기 드물게 활발히 여행을 했고 베네치아의 식자층이 그랬듯이 무역에도 관여했다. 암스테르담의 귀족들은 고대사와 근대사에 정통했을 뿐만 아니라 이를 문서로 펴내기까지 했다. 니콜라스 빗센은 고대 문헌을 통해서 조선(造船)을 연구했으며, P. C. 호프트는 통치자들에게 역사의 가치를 강조했다. 이 밖에도 지도와 수로 안내서가 발간되었으며, 도시에서는 이탈리아의 공식 역사가를 초빙하여 자신들의 덕행을 유럽에 알리고자 했다.[62] 요한 드 비트의 인문주의 교육에는 그리스어도 포함되었다.[63] 드 비트는 최초의 해양 세력 국가 지도자인 테미스토클레스와 페리클레스에 대해서 정통했으며 그의 공화국은 과거의 해양 세력과 놀라울 정도로 유사했다.

베네치아 귀족들이 다소 강요된 로마의 과거에 기반하여 도시와 개인에 대한 자부심을 가졌다면, 암스테르담의 부르주아들은 공화국 실험의 참신함에 자긍심을 느꼈다. 한편 육지와 해양 간의 문화적인 갈등은 과거에 대한 접근법에 혼란을 일으켰다. 암스테르담의 지도자들은 타키투스에게서 발견되는, 자유를 사랑하는 바타비족 선조들의 모습을 채택하고 묘비에 라틴어 비문을 남겼는데 여기에 스키피오 아프리카누스가 특히 종종 인용 되었다. 17세기 초의 한 소논문은 아프리카누스가 카르타고에 맞섰던 전 략을 활용하여 서인도제도에서 스페인을 꺾을 것을 주장하기도 했다.[64]

이러한 문화적 충돌의 상당 부분은 건축, 회화, 인쇄물을 통해서 표현되 었다. 안트베르펜과 브뤼셀로부터 새롭게 분리되어 지역에서 오랫동안 문 화 수도의 역할을 한 새로운 공화국에는 미술에 조예가 깊은 전문가가 부 족했다. 국가적 메시지를 전달하고, 반란 중에 칼뱅주의자들의 우상 파괴 로 사라진 종교 예술품의 부족을 해소하기 위해서는 전문가를 신속하게 충원해야 했다. 이 때문에 전통과 부르고뉴-플랑드르 시대의 전문성을 기 반으로 하되 가톨릭 의제를 벗겨낸 새로운 예술이 탄생했다. 운 좋게도 과 거 문화와의 연계성은 휴지기에도 명맥을 유지했다. 당대의 위대한 예술가 페테르 파울 루벤스는 안트베르펜에 머물면서 합스부르크와 프랑스를 위 해서 작품 활동을 했으나 새로운 공화국과 계속 접촉했다. 17세기 중반에 는 지배층이나 왕실의 후원이 아닌 중간계층의 지원에 힘입어 역동적인 네 덜란드 예술 시장이 발전했는데, 후원자들은 네덜란드 정체성의 중심부에 바다를 위치시켰다.[65] 그림은 사적인 전시 품목으로 친숙하게 활용되었고, 선박의 그림과 더불어 초상화가 걸렸다. 암스테르담의 부상하는 해양 세력 문화는 공적 소비를 위한 지배층의 후원과 헤임스케르크의 기념비로 대표 되는, 부르주아 가정집의 벽에 걸린 예술 작품과 결합되었다.

바다는 반란 이전의 플랑드르 예술에 등장했으며, 해양 기업과 해군의 영광과 보조를 맞추어 그 수요가 증가했다.[66] 기존의 모형을 세련되게 발전 시킨 네덜란드의 대다수 예술 작품과 달리, 이 그림들은 종교 개혁에 힘입 은 바다의 풍경과 선박에 대한 사실적인 묘사로 참신함을 더했다. 종교 개혁 이전의 해양 이미지는 정형화되어 있었으나, 공화국이 1580년대 중반에 반란의 해양 요소를 기릴 당시에는 할렘의 예술가인 헨드릭 코르넬리스 프롬(1562/3–1640)이 바다 풍경의 사실적인 묘사를 발전시켰다. 그의 초창기 걸작은 잉글랜드의 제독인 에핑엄의 하워드 경을 위해서 스페인의 무적함대를 유화와 태피스트리 밑그림으로 그린 작품이다. 이는 하워드 경이 브뤼셀에서 접한 카를 5세 황제의 튀니스 태피스트리에서 영감을 받은 것으로, 군주에게 어울리는 권력, 부, 영광 등을 표현했다.[67] 하워드를 위한 작품은 해전에 지도, 해도를 연결하고 해수면의 관점을 새롭게 채택했다. 프롬은 또한 연합주의 부상하는 도시 중심지를 기리기 위해서 도시 풍경화라는 새로운 장르를 개척했다.

프롬의 작품에 고객들이 몰리고 이 그림이 비싼 값에 판매되자 모방이 잇따랐다. 해양 예술이 전문 분야로 인정받았으며, 해양 예술 분야의 예술가를 자처하는 집단도 형성되었다. 진정한 자유당 시대의 해양 세력 문화와 해양 예술 사이의 상호 연관성은 놀라울 정도로 강하다. 1650–1675년 사이에 암스테르담에서 활동한 해양 예술가의 숫자는 10명에서 20명으로 2배가 되었다가 다시 10명으로 줄었다. 하를럼과 로테르담에서의 감소폭은 더욱 가팔랐다. 네덜란드와 이탈리아 시장에 작품을 공급하던 안트베르펜에서는 시장의 붕괴가 지연되었으나, 1680년대에 이르러서는 활동하는 총 예술가가 1660년대의 절정기 대비 4분의 1에도 미치지 못하는 수준으로 급감했다.[68]

공공 전시를 위해서 유화와 태피스트리로 표현한 순수 예술과 더불어 역동적인 인쇄 문화도 발전했는데, 이는 프롬이 실력을 발휘한 또다른 분야였다.[69] 1651년 진정한 자유당 정권의 핵심 모티프인 해군 이미지의 활발한 전파는 월간지를 통해서 일어났다. 『홀란트의 메르쿠리우스(*Hollantsche*

Mercurius)』는 해상 사건을 보도하여 국가의 도상 분야에 영향을 미쳤고, 숙련된 예술가와 판화가들이 계속 배출되도록 했다. 단색의 인쇄물은 점점 더 해양 세력 이미지를 찾는 독자들의 욕구를 만족시켰다. 물론 소비의 대다수는 암스테르담과 더불어 바다와 연계된 지역에서 이루어졌으며, 땅으로 둘러싸인 헬데를란트에서는 찾는 이가 드물었다. 또한 이러한 이미지는 유럽 전역으로 전파되어 해양 세력이 거론되는 모든 곳에서 흥미와 모방을 자극했다.[70]

의회는 예술의 외교적 가치를 인식하고 해외의 왕족들에게 암스테르담 예술 거래상으로부터 확보한 새로운 네덜란드 예술품과 옛 거장들의 그림을 선물했다. 특히 프롬의 작품들은 플랑드르 해양 예술품을 오랫동안 즐겨온 잉글랜드의 왕실에 적합한 선물이었다. 선물의 목적은 의회가 1610년에 프롬의 그림 "지브롤터 전투"의 사본을 헨리 왕세자에게 선물하기로 결정한 데에서 엿볼 수 있다. 불과 1년 전에 원수를 위해서 제작된 작품의 사본이었다.[71] 잉글랜드는 진의를 간파했다. 제임스 1세는 1612년 하워드 경에게서 무적함대가 그려진 태피스트리를 구입했으며 "이것을 스페인 대사를 맞는 연회장에 전시했다. 이를 통해서 약점을 드러내지 않은 채 스페인과 대화를 이어갈 수 있음을 시사한 것이다."[72] 명백한 승리자가 연회장에 이 작품을 전시하자 스페인 대사는 병중이라는 거짓 핑계를 둘러댔다. 작품을 마주하는 일을 피하고 왕족과 대화 중에 작품이 언급되어 수치를 당하지 않기 위해서였다.[73]

프롬은 1613년 잉글랜드 함대가 국왕의 장녀와 보헤미아의 프리드리히 5세를 태우고 플리싱언으로 진입하는 모습을 기록했으며, 1623년에는 스페인에서 포츠머스로 돌아가는 모습을 담았다. 왕실 해군의 위엄을 분명하게 보여주는 상징이었다.[74] 이와 같은 그림은 이미 왕실의 수집품을 통해서

한 세기 동안 해양 세력 이미지에 노출되었던 잉글랜드의 관객들에게 전시되었다. 헨리 8세는 공격적인 해양 세력의 이념을 널리 알리기 위해서 1540년대의 플랑드르 작품을 구매했는데, 이러한 그림들이 잉글랜드의 취향을 형성했다.

1621년, 독립 전쟁이 재개되면서 네덜란드 예술가들이 중요한 물감 재료를 얻을 수 없게 되자 그들의 그림 속 색조는 음울한 분위기로 변했다.[75] 아버지 빌럼 판 더 펠더(1611–1693)는 프롬의 호화로운 팔레트에 새로운 기법을 더해 단색의 펜화를 그렸다. 그는 선박과 전투를 놀라울 정도로 정밀하게 표현하여 기술적 기록과 예술적 창조를 혼합했다. 의회, 지역의 해군 본부, 해군 제독과 외국 사절을 비롯한 지배층이 이러한 값비싼 단색의 그림을 의뢰했다. 판 더 펠더는 트롬프의 1639년 다운스 전투 승리도 작품으로 남겼다. 1650년 이후 진정한 자유당의 해양 세력 국가에서 해양 예술은 이념적인 무기가 되어 국가 정체성을 나타내는 중요한 수단으로 기능했고, 네덜란드의 해군 기량을 전 세계에 알렸다. 공화국은 판 더 펠더를 공식적인 전쟁 예술가로 임명했다. 1653년 판 더 펠더는 예술 작품과 문서를 통해서 전쟁 목격담을 남기기에 앞서서 트롬프에게 메시지를 전달했다. 그는 영국–네덜란드 전쟁 중에 여섯 차례 이상 해전에 참전했다.[76] 이는 우연이 아니었다. 판 더 펠더는 해양 세력 문화의 설계자인 요한 드 비트와 긴밀하게 협력했던 것이다.

공공장소와 개인의 주거지에 해양 작품이 전시되었다는 점은 암스테르담 지배층의 경제적, 정치적 현실을 보여준다. 이들은 무역을 통해서 이익을 누렸고 선박으로 여행을 했으며 북적이는 항구는 일상적인 풍경이었다.[77] 그림은 포연 속에 해상 영광을 담는 것과 더불어 암스테르담 항구를 해양 경제력, 전함과 무역선의 풍성함으로 표현했으며, 배경에는 위대한 상업 도시를 묘사했다. 이러한 이미지는 베네치아와 제노바에서 영감을 얻었는데, 특히 제노바의 작품은 저지대 예술가들에게는 낯익은 것이었다. 해양 세력이 무역, 방어와 결합되어 발산하는 상승 효과는 도시 국가 제국에 연결된 국영 선박, 상업, 전쟁으로 표현되었다. 작품에는 선전자들의 목적이 뚜렷하게 드러나 있었는데, 이것이 판화로 제작되면서 국내외의 많은 감상자들에게 전파되었다.[78] 항구와 해상 활동을 담은 장면이 시청과 개인의 주택을 장식했다. 원수가 부활하고 오랜 시간이 지난 1686년 암스테르담 항구 관리소는 아들 빌럼 판 더 펠더에게 암스테르담을 배경으로 한 "코르넬리스 드 트롬프의 기함 하우덴 레이우 호"를 그려달라고 의뢰했다. 하우덴 레이우 호는 저명한 오라녀의 코르넬리스 트롬프 제독이 기함으로 사용한 최상급의 선박이었다.[79] 작품은 준공공장소로서 폭넓은 해양 관련 집단이 만나고 교류하는 항구 관리소에 전시되었다. 그러나 작품의 분위기는 과시보다는 애잔함을 풍겼다. 드 비트의 해양 세력 국가가 기억 속으로 저물면서 작품이 완성된 해에 전함은 해체될 운명을 앞두고 있었기 때문이다.[80] 유명세를 날리던 옛 선박은 암스테르담이 네덜란드 해양 세력을 대표하지 않고 새로운 정권을 지지한다는 정치적 메시지를 전달하기 위해서 사용되었을 것이다. 하우덴 레이우 호야말로 네덜란드 최후의 위대한 해양 작품에 적합한 소재였다. 2년 후 빌럼 3세의 잉글랜드 침공은 해양 세력의 해군과 그 해양 세력에게 영감을 받은 예술이 표현하는 마지막 과시가 되었다. 1688년 이후에는 잉글랜드에서 이 작품을 구매했다.

해양 예술이 공공장소와 사적 공간을 장식했다면, 해양 세력 강대국의 수도에는 웅장한 건축물이 필요했다. 장엄함에 규모, 장식, 기능을 겸비한 파르테논, 카르타고의 대항구, 산마르코 광장이 기준을 제시했다. 암스테르담은 해양 세력을 기념적인 건축물로 표현한다는 과제를 해결하기 위해서, 무역 촉진을 위한 "항구적" 평화를 약속한 1648년 뮌스터 조약에서 승리한 것을 기념하기로 했다. 공화국의 심장부에 위치한 제국의 수도인 암스테르담의 시청은 정치와 경제를 논하는 지배적인 의회로서 시의회와 주변 공간을 새로운 건축 언어로 재건하여 평화와 세금 감면을 기렸다. 새로운 건물에는 무역 제국을 구축하고 영토를 얻으면서 대대적으로 확장된 도시 사업을 위한 공간이 포함되었다. 또한 이 건물은 한편으로 궁전을 건축하는 원수들의 문화적 영향에 대응했다. 제노바와 베네치아의 공작 저택과 겨룰 수 있는 상징적인 건축물을 짓겠다는 결정은 부르고뉴 시대로 거슬러 올라가는 화려함과 전시, 겉치레에 물들어 있던 당시 이 지역의 분위기를 보여준다. 건물은 다양한 인문주의 미덕을 기렸으나 겸허함은 찾아볼 수 없었다. 군주들은 그런 과시가 처음부터 도시에 내재되어 있던 속성이라는 판단에 간담이 서늘해졌다.

시청은 건축가의 도시 계획을 통한 제국 권력의 표현물이었다. "단일 표현물로서 가장 복잡한 형태로, 건물의 한계를 뛰어넘어 공간을 확장했으며 그 효과는 누적되었다."[81] 정치, 무역, 금융, 법이 하나의 압도적인 통일체에 결합된 새로운 건물과 비교해서 원수의 궁이나 인근의 신교회는 초라해 보였다. "신성한 공화국"을 추구하는 칼뱅주의 강경파와 호전적인 오라녀 지지자들은 결코 만족할 수 없었다. 건축에 찬성표를 행사한 사람들은 원수 빌럼 2세가 사망하자 원수직을 유예시켜 "진정한" 공화국에 대한 신뢰를 나타냈다.

1648년 10월에 초석을 놓을 당시 시인 요스트 판 덴 폰덜은 아테네, 로마의 건축과 제국을 비교하며 암스테르담이 세계 무역에 미치는 영향력을 강조했다. 폰덜은 이어 무역과 자금력을 갖춘 베네치아, 안트베르펜의 공공 건물과의 뚜렷한 차이점도 제시했다. 건축물의 시각적인 효과를 강화하기 위해서 주변 공간이 정리되었고, 새로운 산마르코 광장으로 바뀌기 위해서 항구의 평범한 댐에는 계획적으로 건물, 위치, 장식이 결합되었다.[82] 캐서린 프리맨틀은 시청 건축으로 홀란트에 고전 건축이 도입되었다고 지적했다. 이는 베네치아의 바로크 양식을 보고 그것을 본래의 역동성에 종말을 고하는 기이한 이식이라고 표현했던 러스킨과 같은 맥락에서 이해한 것이다. 이전까지 네덜란드의 공공건물은 플랑드르 전통에 따라서 벽돌을 사용한 고딕 양식으로 지어졌다.[83] 루벤스가 1622년에 해양 공화국의 이상향인 제노바를 새긴 판화는 네덜란드가 고전으로 회귀하는 데에 중요한 역할을 했다. 루벤스의 벗이자 원수의 참모였던 콘스탄테인 하위헌스는 그리니치의 퀸스 하우스에 들러 루벤스의 화려한 천장화가 있는 이니고 존스의 연회실을 방문하고, 이탈리아 북부에 위치한 팔라디오의 건축물들을 둘러보았다. 그는 여러 언어들로 작성된 중요한 건축 문헌을 보유하고 있었다. 네덜란드의 고전주의는 하위헌스의 상관인 프레데리크 헨드릭 원수의 프랑스식 취향으로부터 큰 영향을 받았다. 1630년대에 두 사람은 헤이그에 고전 양식의 저택을 짓고 도시 중심지를 재단장했다. 중요한 국가, 왕조에 어울리는 수도로 다시 탄생하기 위해서 네덜란드 역사상 최초의 대규모 도시 재건에는 근대성, 힘, 권위의 언어가 활용되었다.

왕조의 메시지를 인식한 암스테르담은 로마 공화제의 엄숙함이나 아테네의 장엄한 민주주의 요소처럼 더 적절한 건축 모형이 있었음에도 불구하고 새로운 건축 모형을 빌려왔다. 암스테르담은 반(反)종교 개혁의 언어인 바로크의 전복을 꾀했다. 이 도시는 마치 베네치아의 팔라디오가 그랬듯이, 루벤스가 익힌 제노바 고전주의의 영향을 받아서 장식 의장을 가미했다.[84] 부조와 조각은 안트베르펜의 장인들이 만들었다. 그러나 고전적 도상의 영향을 지배적으로 받았음에도 새로운 건축물은 성직자들이 세속 정부에 어울리지 않음을 드러내는 성서의 부분을 인용하고 있었다. 해양과 관련된 주제는 값비싼 수입 석재나 회화, 조각상으로 표현되었으며, 당대의 번성과 미래의 풍요로움을 자랑했다. 한편 궁전 1층의 대리석 바닥에는 암스테르담의 교역 범위를 보여주는 반구의 지도 2개가 상감기법으로 새겨져 있었다. 지도에는 아벌 타스만이 새로 발견한 뉴 홀란트(오스트레일리아/옮긴이)도 포함되어 있었다. 이 공간은 방문자들에게 암스테르담을 세계 무역의 강자로 인식시켰으며 의원들에게는 책임감을 일깨웠다. "그 규모와 위용에 필적할 수 있는 대상은 상트페테르부르크와 스페인의 에스코리알, 베네치아의 두칼레 궁전뿐이었다."[85]

벽에는 넵튠이 바다를 잠재우는 모습, 파에톤의 추락이 묘사되어 있었고, 그중에서 파에톤의 추락은 야심을 과시할 때의 위험에 대한 강력한 경고를 전달했다. 이 메시지는 오라녀 가문을 향한 것으로, 1650년 원수였던 빌럼 2세의 서거를 기념하는 메달에도 새겨졌다. 평화가 찾아오자 병사들은 해산되었다. 그러나 해양 세력의 비전이 도전에 직면할 것을 알고 있었던 도시의 설계자들은 1층 바닥 아래에 특수 목적의 무기고를 만들어 1만 2,000자루의 머스킷 총을 보관했다.[86]

해양 세력의 언어와 상징은 포괄적이었다. 아테네에 있는 바람의 사원을 기초로 건축된 종탑에는 옛 시청의 장식 요소였던 풍향계가 있었다. 무역을 예찬한 새로운 구조물은 진흙투성이의 땅에 건설되었는데, 안정적인 건물을 짓기 위해서 노르웨이산 목재 더미를 토대로 하고, 독일에서 수입한 석재, 이탈리아에서 들여온 대리석이 이용되었다.[87] 1655년 건물의 준공을 기념하여 주조된 메달에는 이아손의 아르고 호가 황금 양피를 암스테르담 항으로 가져오는 모습이 묘사되었는데, 이는 합스부르크 제국주의의 중요한 상징을 뒤엎는 시도였다. 고대 선박을 정교하게 되살린 묘사는 암스텔에서 아테네가 환생했음을 강조했으며, "바다를 여는 것은 얼마나 큰 이익인가"라는 라틴어 구절은 도시의 정신과 해양 세력 국가를 지배하려는 야망을 드러낸 것이었다. 이는 "단일 표현으로는 가장 복잡한 형태로, 건물의 경계까지 공간을 확장했으며 그 효과는 누적적이었다.……정부의 지위와 덕목에 걸맞았으며 도시 내부인들과 이 도시에 감탄하는 세계를 향해서 위대함을 선포했다."[88] 이는 같은 시대에 프랑스가 로마 역사를 해석한 것과 극명한 대조를 이루었다. 프랑스는 보편 제국을 향해서 나아갔기 때문이다. 100년 후 영국은 한걸음 더 나아가서 런던 제국의 심장부인 서머싯 하우스에 세속적인 해양 세력 신전을 지었을 뿐만 아니라 해군 본부를 설치하기도 했다.

시청의 도상은 서쪽의 페디먼트로부터 큰 영향을 받았다. 여성으로 묘사된 암스테르담은 도시의 문장 아래에서 바다, 무역, 세계 항해, 부의 이미지에 둘러싸여 무역에 대한 세계의 경의를 받는 모습이었다. 막시밀리안 황제가 하사한 왕관은 암스테르담을 "제국 도시"로 만들었다. 평화와 번영을 기리는 건물에서 4개의 대륙은 암스테르담 제국에 경의를 표했다.[89]

새로운 제국의 본부와 더불어 해군의 창고는 피레우스의 계류장, 카르타고의 대항구, 베네치아의 아르세날레 못지않게 경이롭고 강렬한 인상을 남겼다. 제국의 시청이 암스테르담의 야심을 보여주었다면, 1656-1661년 해군 본부와 무기 저장고의 건설은 도시의 무역을 가능하게 한 힘을 드러냈다. 거대한 벽돌 건물은 제1차 영국-네덜란드 전쟁 이후 대대적으로 확장된 "신 해군"의 저장고와 보급을 관리하는 곳이었는데, 항구의 시야를 압도하는 이곳의 외양을 의도적으로 시청의 전면과 비슷하게 장식하여 도시 국가의 해양 세력 정체성을 굳건히 했다.[90] 폰털이 지적했듯이 새로운 건물은 해군이 "그 어느 때보다 차분하게 함대를 연이어" 구축할 수 있도록 했고, "바다의 폭군에게 두려움을 심어주었다."[91] 독자들은 폭군이 잉글랜드인들을 지칭하고 있음을 알았다. 다른 해군 본부는 암스테르담의 예를 따르지 않았다.[92] 암스테르담 공화국의 거대한 두 공공건물은 권력의 도구였다. 이 건물들은 방문객들에게 깊은 인상을 남기고 모방 욕구를 자극했으며, 그것이 독특하고 특별하다는 인식을 심어주었다.

진정한 자유당을 주로 위협하는 세력은 프랑스와 잉글랜드였다. 프랑스라는 대륙의 패권 제국주의와 종교적 열정이 공화국의 생존을 위협했다면, 스페인의 무역 통제에 주의를 기울였던 콜베르의 중상주의 명령 경제는 네덜란드의 번영을 위협했다. 잉글랜드는 스페인에 함께 대항하는 유용한 동맹이었던 네덜란드 공화국을 멸절시키는 일에 관심이 없었지만 해상 지배력을 행사하고자 했고, 이는 네덜란드의 정책과 양립될 수 없었다. 또한 잉글랜드는 해양 공간을 대륙화하여 "잉글랜드" 해역에서 네덜란드 선박의 어업 행위에 세금을 부과했고 잉글랜드 국기에 경의를 표할 것을 요구했다. 존 셀던의 『폐쇄해양론(Mare Clausum)』에 근거한 이 주장은 상징적인 바다의 군주 호 등 강력한 함대의 지원을 받았다. 3개 층의 갑판에 청동 대포를 갖춘 바다의 군주 호는 잉글랜드를 두려움의 대상으로 인식시켰다. 네덜란드 선원들이 "황금 악마"라는 별명으로 부를 정도였다. 잉글랜드 연방은 대륙의 군주제 지지자들에 맞서서 바다를 통제하고 잉글랜드의 교역을 보호하기 위해서 특수 목적의 함대를 건조했다. 1652년에는 네덜란드 선박이 해협을 이용하지 못하도록 가로막으면서 네덜란드가 해양 경제 우선순위를 놓고 싸움에 응하도록 압박했다. 잉글랜드는 승리를 거두었음에도 중상주의 사상가들이 기대했던 이익을 누리지 못했다. 네덜란드 해양 세력이 풍부한 재정을 보유하고 있었기 때문이다. 결국 네덜란드는 강대국의 지위와 해양 세력 시대의 역동적인 경제가 위험에 처하는 상황을 무릅쓰고 독립국으로서의 생존을 위해서 싸웠다.

1660년에 찰스 2세가 복위하자 암스테르담은 우호적인 관계를 맺기 위해서 왕에게 호화로운 선물을 보냈다. 원수도 이에 동참하면서 방위 동맹을 맺고 무역에서 양보를 얻어내고자 했다. 찰스는 원수가 요트, 미술품, 기타 공예품의 선물을 보낸 데에 감사를 표했으나 동맹은 체결하지 않았다. 찰스의 신하들이 네덜란드의 조건 수용을 용납하지 않았던 것이다.[93] 이는 1653년 해군의 금융 거래가 "신 해군"에 더 이상 적합하지 않았다는 점에서 중요한 의미를 지녔다. 세금 징수에 대한 논쟁이 거세졌고 프랑스의 특사는 드 비트의 체제가 오래가지 않을 것을 예감했다. 드 비트는 무역 손실로 오라녀 가문이 부활하는 사태를 피하기 위해서 해군세를 인상하고 억지력을 제공할 함대를 다시 건조했다.[94] 그러나 새로운 함대가 1665년 잉글랜드의 의사 결정에 별다른 영향을 미치지 못하면서 잉글랜드와의 전쟁을 막을 수 없게 되었다. 공화국은 결국 로스토프트에서 잉글랜드에 크게 패했다. 드 비트는 내부의 무질서를 사전에 방지하기 위해서 15세의 오라녀 공이 귀환하는 함대를 방문하지 못하도록 가로막았다. 그는 오라녀 공이 자신의 정권과 해군 간의 이념적 연결 고리에 도전하는 것을 용납할 수 없었다.[95]

진정한 자유당 정권이 추진한 해군 정책은 국가 전체의 이익이 아닌 일부분의 이익에 부합했다. 그러면서 잉글랜드 군함과 법적 의견에 주목하기보다는 내부에서 오라녀 지지자들이 제기하는 도전에 맞서는 데에 주력했다. 함대는 물리적, 이념적 도구로서 해양 세력 문화가 대륙의 군사적인 대안에 승리를 거두었음을 상징했다. 이러한 충돌은 모든 해양 세력 국가에서 예외 없이 발생했다. 요한 드 비트와 진정한 자유당 해양 세력의 생존은 성공을 계속 이어가느냐 여부에 달려 있었다.

제3차 영국-네덜란드 전쟁에서 네덜란드는 야심만만한 중앙집권 상업 국가에 맞서서 상업적 이해관계를 방어했으나 여전히 육지의 특성에 지배를 받았다. 잉글랜드의 강력한 해군은 섬의 보호를 위해서 창설되었지만 점차 무역을 위해서 싸우는 성격으로 변화했고, 몇십 년 후에 공화국이 강대국의 지위를 내려놓을 때에는 잉글랜드가 해양 세력 정체성을 이어받을 수 있도록 했다.

잉글랜드의 정책 입안자들은 네덜란드 세력의 해양, 경제적 기반을 잘 알고 있었다. 헤이그에 머물고 있던 윌리엄 템플 경은 관찰력이 뛰어나고 호의적인 특사였는데, 드 비트의 공화국을 독특한 해양 세력 국가로 간주했다. 그가 보기에 공화국은 대륙의 군사 강국이 되기에는 인적 자원이 부족하고 취약했지만, 한편으로는 막대한 부를 보유하고 있었고 강대국의 면모도 갖추고 있었다. 또한 템플 경은 또다른 해양 세력 공화국이었던 베네치아와 네덜란드 사이의 유사점을 발견했다. 베네치아 역시 용병에 의존했으며 경제력을 소모하는 기나긴 제한 전쟁을 치렀다는 것이다.[96] 궁극적으로 네덜란드의 적은 인구는 공화국이 강대국으로 올라서는 데에 장애물로 작용했다. 1688-1713년 전쟁에서 대다수의 육군 병사와 절반 정도의 수병이 지난 수십 년 동안 그래왔듯이 용병으로 구성되었다.[97]

템플 경은 지리적 결정론의 초기 사례들을 조합하여 해양 세력을 면밀히 분석했으며, 네덜란드가 토지의 부족, 수입 의존성으로 압박을 받았다고 주장했다. 선박을 건조하는 데에 필요한 목재와 철, 기타 원자재가 국내에서 생산되지 않았고 항구는 위험에 처해 있었음에도 네덜란드는 바다에서 유럽의 나머지 국가들 모두를 합친 수준에 맞먹는 막대한 무역과 상선을 운용했다. 템플 경이 보기에 네덜란드가 지닌 중요한 이점은 정부의 체제에 있었다. 독단적이거나 독재적인 지배 아래에서는 무역이 쇠퇴하기 때문이다. 물론 이는 드 비트의 견해이기도 했다. 두 사람이 대화를 나누는 과정에서 드 비트의 의견이 템플 경의 주장에 반영되었을 것이다. 공화국에 그다지 호의적이지 않았던 조지 다우닝도 무역, 드 비트의 국가, 해군 간의 상승 효과에 대해서는 잘 알고 있었다. 네덜란드 해군의 재정 기반에 잘 드러난 정치, 무역, 전쟁의 상승 효과는 중요한 의미가 있었다. "상선의 호송대는 평화시에도 모든 지역을 누볐으며, 특히 여러 예기치 못한 사고에서 무역을 보호하고 해외에서 국가의 신뢰도를 높였다. 또한 전함의 수병들을 양성하는 지브롤터 해협에서 집중적으로 활동했다." 네덜란드는 부의 원천을 특별한 곳에서 얻은 반면, 잉글랜드는 검소하게 살면서 사치품을 재수출하는 등 네덜란드의 방법을 모방했다. 조지 다우닝은 해군의 승리가 북해에서 부를 이전시키리라고 믿었던 요크 공을 비롯하여 부활한 왕실의 중상주의 사상가들을 비난했다. 네덜란드 패권의 종말은 많은 무역 국가들에게 이익을 안겨주었고, 공화국은 잉글랜드에 굴복하는 대신에 신성 로마 제국에 합류했다. 조지 다우닝은 호전파들에게 기다릴 것을 경고했다. 네덜란드의 국력이 썰물처럼 빠져나가고 있었지만 그들은 사치를 누렸다. 공화국의 무역은 잉글랜드, 프랑스, 스웨덴, 덴마크가 추가적으로 유럽 시장에 진출하면서 감소하기 시작했다. 곡물 가격의 하락은 유럽 북부에서의 아시아 제품 판매 감소와 유럽 남부에 대한 해운업 감소로 이어졌다. 대형 화물의 감소는 베네치아, 제노바, 네덜란드에 타격을 입혔고, 잉글랜드가 지중해 무역을 차지하게 만들었다. 템플 경은 베네치아에서부터 포르투갈, 안트베르펜에서부터 암스테르담에 이르기까지 탁월한 상업 국가의 역사를 추적했다.[98] 그의 판단은 합리적이었다. 진정한 자유당 체제가 전복되고 공화국이 육지 기반의 원수에게 지배를 받는 시대로 돌아가며 잉글랜드가 "공화국"이 되자, 상업의 중심과 권력이 암스테르담에서 런던으로 이동했던 것이다.

잉글랜드와 연합주가 바다의 지배를 놓고 경쟁하는 동안 프랑스의 지도자들은 둘 중에 누가 세계 무역을 독점하여 부르봉의 제국 사업에 해를 입힐까 주시했다. 프랑스는 해양 세력이 될 의향이 없었다. 그들은 스페인의 영토와 부에 진지한 관심을 가진 반면 해양 세력 국가의 공화국 정치 모형에는 깊은 불신을 보였다. 프랑스는 제2차 영국-네덜란드 전쟁(1665-1667)에서 균형을 이루기 위해서 미약하나마 네덜란드의 동맹 역할을 했다. 그러나 솔베이 해전과 성 야고보의 날 전투에서 참패했음에도 1667년 6월 네덜란드 해군이 메드웨이 습격에서 승리를 거둔 것은 프랑스의 원조가 불필요했음을 보여준다.[99]

드 비트의 승리가 회복력 강한 이념적 도전을 제기하리라는 사실을 인식한 프랑스는 1667년 여름 브레다에서 평화 협상에 서명하기 전에 네덜란드 상업에 전면적인 공격을 퍼부었다. 잉글랜드의 해군 작전이 네덜란드 경제에 미친 영향은 제한적이었지만, 프랑스의 관세는 암스테르담의 수익성 높은 설탕 무역에 급격히 악영향을 미쳤다. 프랑스가 무너뜨리고자 했던 네덜란드의 무역은 아시아, 카리브 해 지역의 농산물, 스페인의 해운업 수요가 주를 이루었다. 루이 14세는 징벌적 관세를 활용하여 세관에서 무역을 봉쇄했다. 또한 프랑스 군사는 스페인령 네덜란드의 일부를 점령했다. 드 비트는 1668년 공화국, 잉글랜드, 훗날에는 스웨덴을 아우르는 3국 동맹에 프랑스가 참여하지 못하도록 배제시켰다. 동맹은 프랑스가 1659년 당시의 국경 너머로 진출하지 못하도록 억제했다. 토지와 요새를 무역, 식민지보다 훨씬 가치 있게 여겼던 루이 14세는 보상이 줄어들자 네덜란드를 무너뜨리려는 노력에 박차를 가했다.[100] 3국 동맹은 루이 14세가 절대 용서할 수 없었던 공개적인 굴욕을 안겨주었고, 몇 달 후에 루이 14세와 찰스는 공격을 계획했다.

　드 비트는 오라녀가 부활하지 못하도록 해양 세력의 과두 지배층을 유지하기 위해서 정교하고 균형이 있는 체제를 고안했다. 프랑스 동맹이 제공하는 육상의 안보에 의존하면서도 네덜란드가 해양 세력 강대국으로 기능하는 체제였다. 루이 14세의 심기를 건드린 네덜란드는 육군을 부활시켜야만 했는데, 드 비트의 정권이 오라녀 가문에게 권력을 넘겨주지 않는 한 육군의 부활은 불가능했다.

　루이 14세의 중상주의 해군, 식민지, 재상이던 콜베르의 판단도 분명했다. 프랑스의 패권은 스페인의 권력 잔재에 기반하고 있었으나 목표를 이루기 위해서는 네덜란드 상업을 무력화할 필요가 있었다. "네덜란드가 무역을 지배하는 한 해군력은 계속 성장하고 강력한 힘을 갖추어 유럽의 평화와 전쟁을 좌우하는 결정권자 역할을 하고, 왕의 계획에 제약을 가할 것이다."[101] 이는 해양 세력 국가가 보편 제정에 맞서서 희망할 수 있는 전부였다. 네덜란드의 자금과 이념은 태양왕의 자신만만한 야심에 위협을 가했다. 콜베르는 네덜란드의 경제 모형을 거부하고 명령 경제를 이루었으며 힘으로 무역을 지키기 위해서 보호주의와 거대 함대를 결합했다. 프랑스의 관세는 네덜란드 경제에 심각한 타격을 입혔고, 콜베르는 "안트베르펜에 장기적인 야망"을 품었다.[102] 1648년 뮌스터 조약으로 스헬트의 교역이 폐쇄되었으나 이는 네덜란드 남부가 스페인의 지배 아래 있을 때에만 적용되는 조치였다. 이 영토가 프랑스의 지배하에 들어오면 제재를 받지 않았다. 만약 프랑스가 스헬트에서 교역이 이루어지도록 허용하면 공화국은 엄청난 타격을 입게 될 터였다. 그러나 1701년 루이 14세가 네덜란드를 견제하기 위해서 이러한 위협을 가했을 때에는 네덜란드가 원수의 지휘 아래에 단결하도록 만드는 역효과만 낳았을 뿐이다.[103]

암스테르담의 세계관은 바다를 통한 무역, 발트 해, 동인도회사가 지배했는데, 특히 동인도회사가 아시아에서 육지 제국으로 급성장하고 있었다. 회사는 정부의 독립된 기관이었지만 드 비트의 지도력 아래에 국가 정책을 좌우하는 인물들에게 관리되었다. 전쟁으로 인해서 설립된 회사는 포르투갈을 아시아에서 몰아냈으며, 민간 자원을 독립 전쟁에 투입하여 인도양, 인도네시아 군도를 장악했다.[104] 아시아 무역 수행, 스페인과 포르투갈 선박 공격, 요새 건설, 조약 비준, 방어전 수행의 권한을 보유한 동인도회사는, 찰스 복서의 표현에 따르면, "국가 안의 국가" 또는 반은 분리되어 있는 제국이었다.[105] 윌리엄 템플 경은 동인도회사가 사실상 주권 국가라고 판단했다. 동인도회사가 40–50척의 "군함"과 2만 명의 병사를 보유하고, 북부 유럽과 아시아의 무역 관리, 아시아 제품과 발트 농산물, 곡물, 목재, 철의 교환을 수행했기 때문이다. 국가, 제국, 기업 간의 상승 효과에 대한 설득력 있는 설명에 따르면, 인도산 초석(硝石)에 대한 의존도로 인해서 네덜란드와 잉글랜드의 동인도회사 모두 정부에서 큰 영향력을 얻었다.[106] 동인도회사 모형은 네덜란드의 모든 해외 소유물에 적용되었다. 국가는 경제와 전략 구조에서 핵심 요소인 제국의 관리를, 계약을 통해서 기업에 맡겼다. 기업은 현지, 지역 정부와 여러 공통된 속성이 있었으며 지도자가 동일했다. 제한된 책임은 국가와 투자자들 모두를 보호하는 기능을 했다. 동인도회사는 경제의 주된 주체가 되었으며, 이 회사의 주식은 암스테르담 거래소에서 주요 종목으로서 경제의 풍향계 역할을 했다. 배당률은 12–50퍼센트에 달했다.

암스테르담의 지도층은 서인도회사와 수리남 협회의 지배 구조에도 영향을 미쳤으며, 암스테르담, 홀란트, 공화국 정부와 상업 제국을 연결했다.[107] 수리남에서는 많은 이익이 발생했지만, 서인도회사는 초기부터 의존한 국가의 자금과 군사 지원에서 벗어나지 못했다. 1640년대에 동인도회사와 서인도회사를 통합하여 하나의 무역 제국을 형성하려는 시도가 있었으나 동인도회사의 반대에 부딪쳤다. 동인도회사는 상인들이 정치 권력에서 배제되던 이베리아의 "조공" 제국 모형을 적용하는 것에 반대했다. 그것이 공화국의 해양 세력 정체성에서 중요한 구조인 정치적 포용성을 무너뜨리려는 시도였기 때문이다. 드 비트는 제2차 영국-네덜란드 전쟁 동안에 이 체제를 보다 효과적으로 활용하면서 기업으로부터의 대출과 다른 형태의 지원을 얻어냈다. 그 대가로 동인도회사는 강화 협상에 나섰으며 이해관계를 지켰다. 회사는 언제나 세금 감면을 원했다.[108]

네덜란드 해양 세력의 중심부에 있는 도시 국가 암스테르담을 근대판 카르타고라고 비유한다면, 절반은 분리되어 있다시피 한 동인도회사의 아시아 영지는 바르카 가문의 이베리아나 다름없었다. 인도네시아 군도에 기반을 둔 동인도회사는 대륙의 특성을 갖추기 시작하면서 육지의 지배와 독점 공급을 강조했다. 해상 무역을 새로운 시장으로 확대하는 대신에 경쟁하던 잉글랜드 상인들을 내쫓았고, 현지의 저항을 억눌렀다.[109] 조지 다우닝이 지적했듯이, 네덜란드의 "바다의 자유" 개념은 영국의 바다에만 적용되었을 뿐 아프리카, 아시아의 바다는 무력으로 폐쇄되었다. 동인도회사는 아시아에서 폐쇄해양론을 주장한 반면에 북해에서는 청어 어업을 위해서 자유해양론을 주장하는 모순된 태도를 보였다.[110] 네덜란드는 이베리아 국가를 대신하여 제국주의의 주체가 되면서 이베리아의 방법을 채택했다. 폐쇄된 무역 체제는 비효율적으로 변화하여 가격을 끌어올렸고 고전 해양 세력과 반대되는 모습을 보였다.[111]

1688년 이후 동인도회사는 아시아 무역에서 지속적으로 수익을 잃었다. 교역량이 증가했음에도 "황금기"의 수익과 비교해서 비용이 3배 더 증가했다.[112] 네덜란드가 후추 판매에서 적자를 보는 경우가 허다했다. 1713년 이후 동인도회사와 아시아의 제국은 더 강한 나라의 묵인 아래에 존재했으며, 영국과의 관계를 개선하려는 어떤 조치도 취하지 않았다.[113] 바다에서 더 이상 경쟁할 수 없고 중요한 무역의 통제권을 상실한 상태에서 제국은 부패하고 무능했으며, 먼 지역의 제국을 경영하는 비용은 증가했다. 이에 더해서 재정 기반이 취약해져 대출로 운영 비용을 마련하면서 동인도회사는 재앙을 맞을 수밖에 없었다. 공화국처럼 명성과 이미지를 중시한 동인도회사는 거대한 암스테르담 창고를 건설했다. 항구적인 힘과 중요성을 표현한 이 창고는 1822년에 결국 무너지고 말았다.[114]

동인도회사의 쇠퇴는 1672년 이후 내리막길을 걷던 공화국의 추세를 보여준다. 상인 지배층 출신으로 구성된 17인 위원회가 무역과 정부 서비스, 토지의 이해관계를 조정하고 가문의 권력 기반을 안정화했다. 피터 버크의 암스테르담 지도층 분석에 주로 등장하는 이름은 페머 가스트라의 동인도회사 역사에도 빈번하게 등장한다. 이들 중에서 다수는 레반트 무역, 암스테르담 정부, 나아가 홀란트와 연합주 정부와 관련을 맺고 있었다. 새로운 과두 지배층을 형성한 이들은 동인도회사를 고상한 집단으로 만들었다. 경제가 절정에 달하고 공화국이 유럽의 국가 체제에서 정상화된 1690년 이후에는 암스테르담 회의소 소속의 상인들을 배제하여 세습 지배층을 무역으로부터 분리시켰다.[115] 이 과정은 모든 해양 세력 국가에서 발견된다.

1713년 이후 17인 위원회는 바다에 대한 관심에서 멀어진 대신 값비싼 육상 확대 방안을 두고 논쟁을 벌였다. 해양 세력 국가와 전략적인 해양 권력이 쇠퇴했음을 분명히 보여주는 흐름이었다. 1713년 이후 영국은 네덜란드의 아시아 시장에 진출하여 한때 막강한 세력이었던 네덜란드를 은밀히 무너뜨릴 계획을 세웠다.[116] 네덜란드 제국은 인도에서 1783년에 자취를 감췄는데 이 해는 동인도회사가 영국 동인도회사에 아시아 해역에 대한 자유로운 접근을 허용한 때였다. 같은 시기에 네덜란드의 향료 독점도 막을 내렸다. 10년 후에 영국은 프랑스의 진출을 막기 위해서 트링코말리의 전략적 해군 기지를 점령했다. 이 기지로 인해서 영국은 벵골 만, 말레이 해안, 말라카 해협을 장악할 수 있었다. 동인도회사는 1796년에 국유화되었으며, 1800년에 해체되었다.[117]

1667년 가을, 네덜란드 해양 세력 국가가 절정에 이르렀을 당시에는 훗날 어떤 결과가 전개될지 내다볼 수 있는 사람이 거의 없었다. 모두가 제2차 영국-네덜란드 전쟁으로 신속하게 평화가 찾아오리라고 예상했다. 양국은 각자의 국내 문제로 관심이 분산되어 있었고, 평화 회담은 이미 일정이 정해진 상태였다. 요한 드 비트는 해양 세력의 탁월함을 발휘하여 10년이상 세워온 계획을 실천에 옮겼다. 그는 암스테르담의 지지 기반이 피해를 입히지 않도록 전쟁에서 승리하여 상업적 손실을 막아야 했다. 무엇보다 16세의 오라녀 공의 열정이 타오르지 않도록 막아야 했다. 오라녀 공은 스튜어트의 후손으로, 찰스 2세에게 네덜란드 정치에 간섭할 빌미를 제공할 수 있었다.

잉글랜드 함대가 자금 부족으로 발이 묶여 있을 때, 미힐 드 로이테르와 코르넬리스 드 비트는 네덜란드의 함대를 이끌고 템스 강어귀까지 진출하여 시어니스의 새 요새를 무너뜨렸고, 채텀에서는 상징적인 로열 찰스 호 등 5척의 전함을 나포하거나 불태웠다. 요한 드 비트와 그의 아이디어, 에너지, 비전이 거둔 승리였다. 그는 평화 협상이 비준될 때까지 함대를 해상에 두면서 그의 외교술이야말로 "최고의 전권 대사"라고 여겼다.[118] 메드웨이 습격과 뒤이어 체결된 브레다 조약 덕분에 진정한 자유당 공화국은 부상하던 오라녀 지지자들의 열정을 억누를 수 있었다.

당대에 작성된 소논문에서는 메드웨이에서의 승리를 오라녀 공의 역할을 제한한 1667년 6월의 "항구적 칙령"과 연결 지었다. 사실 이는 암스테르담/홀란트 지배층의 해양 세력 공감대를 깨뜨린 신흥 중앙당(Emerging Centre Party)이 드 비트에게 강요한 조치였다. 드 비트가 힘을 제한당하자 드 비트의 처가였던 비케르 가문 대신에 옛 동맹인 쿤라트 판 뵈닝헌과 힐리스 팔케니에르 세력이 힘을 얻었다. 이들은 하를럼의 행정 장관 가스파르 파걸과 연합하여 원수가 부재할 경우 공화국에서 가장 중요한 공직이었던 라드의 행정 장관을 축출했다. 칙령은 양날의 검으로 작용해서 홀란트, 이후에는 위트레흐트의 원수직을 없앴으나 사실상 오라녀 공이 성년이 되면 총사령관에 오를 수 있도록 만들어 당파 갈등의 불씨를 남겼다.[119]

브레다에서 찰스 2세는 해양 주권을 인정받기 위해서 노력했으나 네덜란드에 맞선 그의 주장은 미약한 수준이었다. 권력과 위신의 상징주의는 드 비트의 공화국과 마찬가지로 복원된 스튜어트 왕조에서도 매우 중요했다. 드 비트와 찰스 2세 모두 세 개의 측면이 존재하는 게임에 연루되었는데, 여기에서 루이 14세가 가장 좋은 패를 쥐고 있었다. 드 비트는 프랑스 패권에 저항하는 잉글랜드와 동맹을 맺는 것은 진정한 자유당 정권과 강대국 지위를 유지하는 데에 치명적일 수 있음을 알고 있었다. 네덜란드는 "전쟁의 긴급 사태로 인해서 육상에서 벌어지는 전투에서 중대한 부담을 지게 되지만 잉글랜드는 그 부담을 바다에서 지게 되기" 때문이었다.[120] 섬나라 잉글랜드는 대륙의 공화국보다는 언제나 더 강력한 해양 세력이었으나, 그럼에도 방위 비용을 육군에게 지출하는 것은 곧 오라녀 지지자들에게 힘을 실어주는 것이었다.

그러나 드 비트와 그의 지지자들이 메드웨이 습격이라는, 네덜란드 해양 세력의 절정을 이룬 공격을 감행했을 당시 이러한 우려는 아직 일어나지 않은 미래에 불과했다. 주로 네덜란드 내부를 겨냥한 이들의 선전은 극단으로 치달았고, 네덜란드어와 그림은 잉글랜드의 군주를 크게 자극했다. 코르넬리스 드 비트는 찰스 2세가 존경했던 얀 드 바엔에게 의뢰하여 도르드레흐트 시청을 담은 거대한 그림에 코르넬리스 자신과 더불어 시어니스에 피어오르는 불꽃, 연기를 배경으로 네덜란드 국기가 펄럭이는 모습을 그리게 했다. 코르넬리스 비숍은 평화와 정의, 자유와 일치의 상징으로 장식된 비슷한 우화 이미지를 창조했다. 이와 같은 작품은 언어와 그림으로 네덜란드의 성공을 그린 사례에서 그나마 점잖은 축에 속했다. 이러한 공격의 설계, 생산, 보급의 수단은 네덜란드가 장악하고 있었고, 잉글랜드는 네덜란드의 공세에 할 말을 잃었다. 찰스 2세는 대응을 위해서 해양 세력 예술을 갖추어야 한다고 생각했다. 1672년 전쟁 선포에서 그는 특히 드 바엔이 그린 도르드레흐트 그림을 파괴하라는 명령을 내렸다. 그림에는 로열 찰스 호가 박람회장의 볼거리로 활용되는 수치스러운 모습이 강조되어 있었다. 이와 같은 명령이 널리 알려지자 도르드레흐트에서 오라녀를 지지하는 군중이 그림에 린치를 가했는데, 이는 그리 놀라운 일이 아니었다.[121] 궁극적으로 메드웨이 습격은 치명적인 결과로 이어졌고, 스티븐 백스터가 "채텀을 공격하는 것이 현명했는가?"라는 질문을 던지기에 이르렀다.[122] 메드웨이에서 네덜란드 공화국은 해양 세력에게 허용된 범위를 넘어섰다. 그들은 행동과 말, 그림을 통해서 군주에게 모욕감을 주었으며, 이러한 모욕은 공개적으로 힘과 결과를 과시하면서 더 큰 파장을 일으켰다. 5년 후 정권은 결국 격랑에 휩쓸리고 말았다.

로열 찰스 호가 조용히 해체된 1673년, 네덜란드 미술 시장은 붕괴되고 있었다. 주문이 사라졌고, 그렇지 않아도 포화 상태인 시장에 그림이 추가로 공급되면서 가격이 하락했다. 많은 예술가들이 해외로 이주했다. 시장이나 가격 어느 것도 회복되지 않았고, 정교하고 통찰력 있는 작품 대신에 하청 작업과 설익은 조치가 자리 잡았다.[123] 연합주 바깥에 시장을 확보하고 있던 예술가들이 이주하기 시작했는데, 여기에는 해양 세력을 대표하는 예술가인 빌럼 판 더 펠더 부자(父子)도 포함되어 있었다. 두 사람은 런던으로 이주하여 "왕의 실링"을 지급받으며 일했다.[124] 훗날 아들은 위대한 작품을 남겼다. 오라녀가 부활한 네덜란드의 취향은 바다로부터 멀어졌고, 건축 역시 공화국의 항구 도시라는 도시와 관련된 의제보다는 귀족들의 가정 생활에 주력하게 되었다.[125]

해양 세력 국가는 절대주의/대륙/군사 정권에게 지속적인 증오와 경계의 대상이었다. 이는 해군력이나 선박의 문제가 아니라, 포용성이 떨어지는 다른 정부의 정당성에 제기되는 정치 구조에 관한 문제였다. 해양 세력이 내부 응집력을 공고히 하기 위해서 체제의 우월성을 널리 알릴 때에 이들을 향한 역선전(counter-propaganda)은 이들의 상업 가치, 비겁함, 신뢰할 수 없음을 조롱했다. 나폴레옹이 공화국을 "상인국"이라고 비웃은 것은 스파르타가 아테네를 비웃었던 모욕의 궤적에서 가장 최근의 사례에 속했다. "진정한 자유당" 공화국은 메드웨이 습격 이후 국내의 요인들로 인해서 해양 세력 의제를 지나치게 중시했고, 프랑스의 패권 야망에 맞설 수 있는 명백한 동맹인 잉글랜드와는 멀어졌다. 한편으로는 군사력을 향상시킬 필요성과 국민들에게 해양 세력 정체성이 뿌리를 내리지 못했다는 현실을 무시하는 과오를 저질렀다. 중산층과 노동 계급은 암스테르담 지배층이 사적이익을 위해서 권력을 남용한다고 생각하며 지배층을 혐오했다. 드 비트는 자신의 지도력을 신뢰하지 않던 암스테르담 지배층이 중시하는 의제를 만족시킬 능력도, 그럴 의지도 없었고, 육군 없이 프랑스와 잉글랜드 사이에서 균형을 이루기 위해서 노력했다. 한편으로는 여론을 무시하고 오라녀 공이 집권하지 못하도록 막았다. 결국 그의 체제는 1672년에 무너졌다. 국가 세금으로 운영되던 값비싼 "신 해군"이 끝내 전쟁 억제력을 발휘하지 못한 해였다.

윌리엄 템플 경은 종교적, 정치적 근거에서 분열되어 있던 오라녀와 국가당(State Party) 사이에 끊임없는 긴장감을 조성했다. 이는 "나라에 취약한 측면을 만들었고 시기만 맞아떨어지면 멸망으로 이어질" 수 있었다.[126] 라드 행정 장관에 대한 공화국 내부의 지지가 줄어드는 가운데 오라녀 공이 성인이 되었다. 많은 사람들이 변화의 기회를 엿보았다. 공화주의자의 정직성조차 장애물로 작용했다. 암스테르담의 주요 인사들은 드 비트가 정치, 경제 문제에서 드러내놓고 공정한 조치를 취한 것에 분개했다.[127]

1668년 드 비트는 3국 동맹을 통해서 공화국의 국제적 지위를 공고히 하고 국내에서는 안정을 유지하고자 했다. 3국 동맹은 루이 14세를 스페인령 네덜란드에서 철수하도록 만들고, 다시 돌아오지 못하도록 압박했다. 이러한 조치에 태양왕은 모욕감을 느꼈는데, 드 비트는 잉글랜드의 제해권 주장을 저지하고 대규모 군대의 운용 가능성을 피하기 위해서 태양왕의 지지가 필요한 상황이었다. 그는 태양왕의 대륙적 야심을 억누르기 위해서 잉글랜드의 지지를 얻어 3국 동맹의 효율성을 높여야 했다. 그러나 그의 지지자들은 동맹과의 무역을 잃지 않을까 우려했다. 잉글랜드나 프랑스 어느 한쪽과도 긴밀하게 협력할 수 없었던 공화국은 외교술에 의지했지만, 동맹 없이 사건을 통제하거나 전쟁을 억제하는 일은 쉽지 않았다. 진정한 자유당은 상충되는 문제들 사이에서 균형을 잡을 수 없었다. 1667년과 1668년의 승리는 의회 없이 지배하려는 스튜어트 왕조의 야심과 프랑스의 자금으로 인해서 무위로 돌아갔다. 1670년에 은밀하게 체결된 도버 조약은 공화국의 외교적 입지를 망가뜨렸다. 찰스 2세와 루이 14세가 존재만으로 왕권에 도전이 되는 공화국에 대한 서로의 분노를 만족시키기로 합의한 것이었다.[128] 그러나 둘의 뜻이 하나로 일치된 것은 아니었다. 루이 14세는 로마의 관점에서 새로운 카르타고를 짓밟아야 한다고 생각한 반면, 찰스 2세는 더 많은 무역을 차지하고 프랑스에 맞설 수 있는 신뢰할 만한 동맹을 헤이그의 오라녀에게서 얻고자 했다. 결국 양자의 분열은 공화국을 구했다. 그러나 드 비트 정권까지 구하지는 못했다.

도버 조약으로 드 비트는 딜레마에 빠졌다. 스튜어트의 피가 섞인 공의 지휘 아래에 원수가 다스리는 체제로 돌아가지 않으면 공화국은 잉글랜드와 프랑스의 공격을 받게 될 것이었다. 어떤 경우든 진정한 자유당 공화국의 미래는 암울했고 해양 세력은 잉글랜드로 넘어갈 것이었다. 드 비트가 올덴바르네벨트의 전례를 따라서 참수를 당할 가능성도 있었다. 많은 지지자들이 원칙을 저버릴 준비가 되어 있었으나 드 비트의 뜻은 확고했고, 안타깝게도 이는 현명하지 못한 처사였다. 위기를 맞자 네덜란드 육군과 해군은 혼란에 빠졌다. 1667년 이후 해군 본부에서 선박과 인력을 줄여 비용을 절감하는 동안 잉글랜드는 함대를 다시 건조하기 시작했다. 1671년 1월 드 비트는 의회에서 해군, 육군에 대한 예산을 늘리는 데에 성공했고 72척의 함대로 찰스를 저지할 수 있으리라고 기대했다. 11월에 그는 전쟁이 불가피하다는 점을 인정하고 해군을 동원했다. 드 로이테르는 잉글랜드의 침공을 막기 위해서 선제공격을 준비했고, 솔베이 전투에서 승리하면서 공화국의 수명을 12개월 연장시켰다.[129]

그러나 솔베이 전투의 의미는 크지 않았던 것으로 드러났다. 공화국은 섬이 아니었기 때문이다. 더 이상 "자신의 영광을 가리는" 상황을 좌시할 수 없었던 루이 14세는 1672년 4월 6일 전쟁을 선포했다. 드 비트의 찬란한 공화국은 태양왕의 위엄에 위협이 되는 존재였다. 루이 14세는 암스테르담의 폐허에 새로운 로마 제국을 건립해서 전 세계가 지켜보는 가운데 네덜란드 군을 모욕하여 네덜란드가 정부와 해양 세력 정체성을 버리고 대륙의 규범에 순응하도록 압박할 셈이었다. 불의한 프로테스탄트 공화국은 강대국 행세를 하는 만용을 부렸기 때문에 파괴되어야 했다. 루이의 적대감이 얼마나 강한지 이해하지 못했거나 그럴 의지가 없었던 드 비트는 전쟁의 원인을 보다 근본적인 차원으로 생각했다. "루이 14세의 스페인령 네덜란드 점령 욕구를 네덜란드가 방해했기" 때문이라고 해석한 것이다. 루이 14세는 1668년의 3국 동맹을 자극하지 않기 위해서 개전을 선포할 때에 이 문제를 거론하지 않았다.[130]

해양 세력 공화국은 어리석은 자들의 낙원에서 살고 있었던 셈이었다. 많은 사람들이 루이 14세의 의제가 무엇인지 인식하고 있었고, 특히 프랑스, 잉글랜드, 뮌스터 사이의 적대적 연합을 지하세계의 문을 지키는 머리 셋 달린 케르베로스로 묘사한 네덜란드 예술가는 이를 정확히 인식하고 있었다. 그는 이 짐승의 옷깃에 카토가 외쳤던 "카르타고를 타도해야 한다"는 모토를 새기기까지 했다.[131] 몇 주일 만에 프랑스 군대는 위트레흐트까지 점령했고, 점령당하지 않은 홀란트/암스테르담과 나머지 지역 간에 극심한 분열이 되살아났다. 세계에서 진정한 우방이나 뛰어난 육군을 갖추지 못했던 진정한 자유당 정권은 전쟁이 시작되자마자 무너지고 말았다. 드 비트의 해군이 해전에서 승리를 거두었으나 육상에 기반한 공화국의 4개 주를 구원하기에는 역부족이었다. 대신 드 로이테르가 1673년에 뛰어난 활약을 하면서 충성을 맹세한 국가가 사라지지 않도록 막고, 자원을 바다에서 육지로 옮겨 연합주를 구했다.[132]

공화국을 정상화하는 과정은 전례 없이 야만적인 정치적 행위로 시작되었다. 드 비트와 그의 형제에게 암살 시도가 일어난 것이다.[133] 공화국의 상당 부분이 점령당한 상태에서 드 비트의 체제는 쑥대밭이 되었고, 암살 시도로 부상을 당한 드 비트는 물러났다. 몇 주일 후에 그와 동생 코르넬리스는 헤이그 거리에서 찢겨 죽었다. 진정한 자유당 공화국이 붕괴하자 1672년 7월 7일 빌럼 3세가 원수직을 수행하게 되었다. 빌럼은 국가의 재정과 전략적 자원을 신속하게 동원하여 육군을 재건하고, 네덜란드의 생존과 번영이 달려 있던 유럽의 국가 체제를 방어하기 위해서 범유럽 연합을 구성했다.

루이 14세는 크세르크세스가 그랬듯이, 자신이 경멸한 적을 과소평가하는 우를 범했다. 태양왕의 군사들은 해안선을 침투할 수도 없었고, 오스트리아의 합스부르크가 이끄는 제국이 전쟁에 뛰어들면 기존의 형세를 지킬 수도 없었다. 빌럼 3세는 영구적인 존속을 위해서 해양 세력의 예외주의를 희생했으며 왕에 준하는 지위를 활용해서 군주들의 분노를 누그러뜨리거나 잦아들게 했다. 또한 잉글랜드로부터 대대적인 지원을 얻어냈다. 빌럼이 드 로이테르를 희생하여 오라녀 국가의 새로운 현실을 조성한 것은 상징적인 조치였다. 드 로이테르가 희망 없는 전투에서 싸우는 동안 빌럼은 네덜란드의 7개 주를 모두 회복했다. 그는 시의회를 처벌하도록 군사를 보내서 내부 통제를 강화했다. 드 비트가 그토록 경계했던 조치였다.[134]

정권의 변화, 루이 14세와의 길고 힘든 전투는 공화국을 근본적으로 변화시켰다. 공화국은 더 이상 독창성과 특별함을 추구하지 않았다. 빌럼은 드 비트의 예외주의자들이 주창한 진정한 자유당 해양 세력 대신에 대륙의 군사 국가로 변화하여 잉글랜드와 스페인, 합스부르크 신성 로마 제국과 손을 잡고 프랑스의 패권 야욕에 맞섰다. 루이 14세는 공화국을 파괴하지 못했지만 드 비트의 죽음으로 해양 세력 국가는 막을 내렸다. 빌럼 3세는 여생을 보편 제국을 향한 루이 14세의 야망에 맞서는 데 바쳤으나 이는 어디까지나 육지에 기반한 국가 원수로서 취한 조치였다.[135] 빌럼 3세에게 최고의 동맹은 프랑스의 왕이었다. 암스테르담이 10년 동안 빌럼의 정책에 반대했음에도, 빌럼 3세는 1685년 낭트 칙령의 철회와 1687년 프랑스와의 새로운 관세 전쟁으로 1688년 잉글랜드를 침략할 때에 필요한 자금을 확보할 수 있었다. 빌럼이 취한 정책의 주요 수혜자는 프랑스의 군사력에 훨씬 덜 노출되어 있었던 잉글랜드였다.[136] 루이 14세가 경계했듯이 네덜란드의 실패는 잉글랜드가 해양 세력의 바통을 이어받는 길을 마련했으며, 과거 200년 동안 진행된 과정에는 저지대의 사상, 이미지, 방법이 큰 영향을 미쳤다.

1688년 오라녀 공 빌럼은 루이 14세가 형성한 정치적–전략적 균형을 깨뜨려서 장인을 퇴위시키고, 공화국의 안보와 번영을 위해서 영국–네덜란드 동맹을 맺었다. 새로운 로마 제국을 건국하려는 루이 14세의 야망과 명령 경제는 영국과 네덜란드 간의 무역 경쟁관계와 전쟁에 대한 최근의 기억을 누르고 승리를 차지했다. 왕립 해군과의 동맹으로 네덜란드의 상인들은 장기적 이익을 희생시켜 단기 이익을 취했다.[137] 무역은 거대 함대에 꽂힌 국기를 따른다는 말이 있다. 빌럼의 나라는 프랑스를 저지하기 위해서 20년 동안 특별한 군사적 노력을 유지하여 "해양 세력"이 되었다. 이미 경제적 차원에서 절정기를 지난 공화국은 빌럼 1세의 치세 때와 마찬가지로 육지에서 벌어지는 값비싼 인내의 전쟁에서 참호를 파고 버텨야만 했다.

1672-1713년 사이에 벌어진 세 차례의 주요 전쟁은 진정한 자유당 공화국의 "황금기"에 네덜란드의 해양 세력을 지탱했던 경제 기반을 침식했다. 1672-1677년의 제1차 전쟁에서 "해외 무역 체제, 주요 도시들이 심각한 타격을 입었으며 장기적으로 내리막길을 걷게 되었다." 1680년대에 잠시 회복기를 거친 이후 "해상 세력이자 산업 강자로서 홀란트의 영구적이고 되

돌릴 수 없는 쇠퇴는 1688년에 9년 전쟁이 발발하고 그로 인해서 네덜란드 경제에 여러 해로운 결과들이 발생하면서 시작되었다." 상대적인 쇠퇴는 1720년에 스페인 시장을 상실한 데에 이어 발트 해의 곡물 무역을 빼앗기면서 절대적인 쇠퇴로 굳어졌다. 발트 해에서의 무역은 1688년 동맹으로 약화되었다. 잉글랜드가 지역에서 지배적인 해군력으로 부상하면서 네덜란드에서 보험료가 인하되었고, 잉글랜드는 발트 해 해군 창고에서 네덜란드의 수익성 좋은 수출품이 적에게 공급되는 것을 차단했다.[138]

네덜란드는 육상에서의 기반을 지키기 위해서 값비싼 대가를 치렀다. 1688년 이후 자신들의 역할이 바다에서 부차적인 것에 그치는 현실을 수용한 것이다. 육군과 요새에 대한 지출은 증가한 반면, 해군의 역할은 부수적인 차원으로 축소되었다. 1652-1713년 사이에 "네덜란드 국가 정책에 대한 이해관계로 움직이는 함대는 의회에서 자금을 지원받았다." 드 비트는 "육군이 평시에 군사력을 유지할 수 있게 되면서 자원의 제한 없이 연방과 육지 국가의 이해관계를 지키는 함대에 자금을 지출했다. 함대는 연방과 육지 국가의 세금으로 운영되었고, 순양 함대는 관세로 관리되었다."[139] 유럽의 국가 체제의 균형 있는 부활에 주력했던 빌럼 3세는 해군을 외교적 도구로 활용했는데, 3개 층의 갑판을 갖춘 전함 15척을 포함해서 함대를 100척까지 늘렸다.[140] 이와 같은 투자는 제일란트와 프리슬란트 해군 본부에 집중되었고, 이로 인해서 이곳들의 부채가 크게 증가했다. 빌럼 3세가 1702년에 사망한 후, 해군은 핵심 임무인 무역의 보호로 돌아갔다. 공화국의 새로운 지도자인 안토니 하인사위스 행정 장관은 "해군을 진정으로 중시한 적이 한 번도 없었다. 해군 작전은 잉글랜드에 맡겼으며, 지역의 해군 본부가 독립을 주장하도록 만들었다."[141] 1702년 이후 의회는 순전히 방어적인 임무를 위해서만 해군을 활용했다.[142] 이러한 전략에는 위험이 거의 따르지 않았다. 1692년 이후 루이 14세의 전함은 급격히 내리막길을 걸었던 반면에 프랑스의 육군은 공화국과의 경계에 머물렀으며 프랑스의 사략선이 활개를 쳤다. 네덜란드는 스페인이 승계 전쟁을 치를 때 세금을 거두는 대신 신용을 활용한 탓에 1713년에 빚더미에 앉았고, "외교가 마비되었으며 해군에 대한 지출은 삭감되었다." 부채 부담은 정책과 자금을 놓고 지방의 반발을 샀다. 전후의 경제 부흥은 스페인, 스페인계 아메리카, 지중해와의 무역이 얼마나 회복되느냐에 달려 있었다. 이는 암스테르담 시의회가 강조했듯이, 프랑스의 부르봉 왕조와 명령 경제의 방식을 스페인으로부터 멀리 떨어뜨려놓을 때에만 가능했다. 이러한 의제가 실패로 돌아가면서 도시의 사기는 저하되었다. 위트레흐트 평화 협정을 체결하기에는 힘이 약했던 공화국은 영국-프랑스의 거래를 받아들여야 했다. 국경 조약으로 프랑스-벨기에 국경을 지키기는 했으나 이는 네덜란드의 전략적 이익이 아닌 영국의 이해에 도움이 되었다. 전시의 지출을 회수할 수 있는 경제적 이익은 발생하지 않았고, 네덜란드는 결국 전비를 지불하지 못하는 상태에 이르렀다.[143] 위트레흐트 이후 전함 건조에는 더 이상 세금이 투입되지 않았다. "신해군"은 기억에서 잊혀갔고, 야프 브루에인은 1652년 이전 "구 해군"의 기능을 수행하는 "2등 해군"이라는 이름을 붙여주었다. 신 해군은 네덜란드 상거래를 보호하고 호송과 인가에 대한 비용을 받았다. 한편 페핀 브랜던은 상인 지배층이 자신들의 이해관계를 보호하기 위해서 단순하고 효율적인 호송 순양함에 주력하는 대신에 막대한 예산으로 제해권을 지키는 함대를 버린 것은 의도적으로 내린 결정이었음을 강조하며, "2등"이라는 용어를 사용한 것을 비판했다. 1713년 이후 해군은 탁월함을 유지했지만 규모는 축소되었으며, 의도적으로 영국의 해상 지배력에 무임승차했다(오늘날 서양 국가들이 미국의 해군 지배력에 기대는 것과 마찬가지이다). 그러다가 네덜란드 해양 국가의 상업적 이익이 영국의 세계 무역 지배에 심각한 위협이 되자 문제가 불거지기 시작했다. 갈등 국면에서 네덜란드에는 바다를 지배하는 함대가 필요했으나 그런 함대를 건조하기에는 이미 시기상으로 늦은 상태였고, 제4차 영국-네덜란드 전쟁(1780-1783)이 발발하자 재앙 수준의 손해가 일어나는 것을 막을 수 없었다. 영국 왕립 해군은 호송에 주력하던 네덜란드 해군을 무시했기 때문에 그들의 주요 함대는 영국이 아니라 프랑스, 스페인을 경계하고 있었다. 브랜던이 지적한 바와 같이, 네덜란드의 지역의 해군 위원회는 무역량의 증가에 따라서 관세 회비를 줄이고 평상시에는 국가 보조금을 늘렸는데, 특히 1780년 이후 보조금이 급증했다.[144] 1713년 이후 네덜란드 해군의 취약함은 점점 의도적인 선택의 결과가 되었다. 이러한 선택은 해상 무역에서 멀어져가던 상인 지배층의 이해관계가 반영된 것이었다.

네덜란드 해양 세력이 정점에 달했던 채텀 습격의 영광은 오래가지 못했다. 빌럼 3세는 공화국을 과거로 되돌려놓았다. 이제 네덜란드는 준(準)군주가 다스리는 군사 국가로서, 암스테르담 출신들이 운영하는 강력한 상업과 제국 자산을 보유했다. 현실적으로 네덜란드 해양 세력의 "쇠퇴"는 드 비트의 해양 세력 기획이 실패로 돌아간 이후 다시 대륙화를 추진한 결과일 뿐이었다. 1692년에 해양 세력이 쥐고 있었던 삼지창은 네덜란드가 1667년 심한 모욕감을 주었던 왕의 정부(情婦)를 모형으로 한 브리타니아(영국 브리튼 섬에 대한 고대 로마 시대의 호칭/옮긴이) 여신에게 넘어갔다. 1713년 이후 축소된 해군은 실제 행동은 차치하고 언어나 그림으로라도 더 이상 통제를 시도하지 않았던 바다에서 정적 무역을 호송하는 수준에 그쳤다. 네덜란드의 해양 세력 문화는 이내 시들었으며, 최고의 예술가들은 해양 예술 시장을 쫓아 1672년에 잉글랜드로 터전을 옮겼다. 도시를 지배했

던 과두 지배층은 해양과 관련된 상징을 버리고 대신 암소와 들판을 선택했다.[145]

짧게나마 강대국의 위치에 올랐던 네덜란드 해양 세력 국가는 단번에 멸망하지 않았다. 이들은 경제적 안정에 진정으로 안도했다. "정상화된" 공화국에서 금융을 재건하기 위해서는 수십 년 동안 평화가 이어져야 했는데, 이를 위해서 무장 서비스에 대한 자금 제공이 중단되기 시작했다.[146] 이는 쇠락에 대한 객관적인 교훈을 남겼다.[147] 잉글랜드는 반대 방향으로 움직여 스코틀랜드, 아일랜드를 편입하여 영국이 되었고, 훨씬 더 큰 해양 세력 제국을 유지할 수 있는 내부 기반을 다졌다. 이 제국이 20세기 중반까지 지속된 반면, 규모가 축소된 네덜란드는 1713년 이후 해양에서 기존과 같은 노력을 이어갈 수 없었다. 해양 세력 국가에서 규모는 언제나 중요한 측면을 차지했다. 규모가 너무 크면 불가피하게 대륙 규모의 육지 제국이 되며, 규모가 너무 작으면 고대 로도스와 중세 제노바와 같은 해양 국가에 머물고 만다. 규모의 기준은 당대 육상 세력이 가하는 도전에 맞서는 과정에서 시대에 따라 변화하지만, 그 변화가 직선적으로 일어나지는 않는다.

공화국은 베네치아의 전례를 따라서 쇠락을 관리하는 모습을 보였다. 번성하던 과두 지배층은 공화국을 지키기 위해서 해양 세력과 강대국을 결합한 독창적 모형을 버렸다. 해양 세력이 되기를 의식적으로 선택했듯이, 후일의 선택 역시 의식적이고 합리적인 사고에 기반을 두었다. 요한 드 비트의 진정한 자유당 공화국은 온전한 해양 세력의 실험으로서 베네치아보다더 대담했으며 오만과 전멸의 미묘한 경계를 오갔다. 드 비트는 2개의 패권국가, 즉 루이 14세의 대륙 프랑스와 찰스 2세의 해양 잉글랜드 사이에서공화국을 지키기 위해서 억지력과 양강의 외교적 균형에 의존했다. 이러한지위는 육지에서는 이룰 수 없는 것이었다. 드 비트는 네덜란드의 예외주의를 매우 자극적인 방식으로 강조했으나 이는 지속 가능한 전략이 아니었다. 빌럼 3세는 공화국을 살리기 위해서는 기존 체제에 합류하고 입지, 규모, 인구에 따른 국력의 기본적 한계를 수용해야 함을 인식했다. 빌럼 3세의 외교술 덕분에 공화국은 강대국처럼 행동할 수 있었다. 그러나 실제로 네덜란드는 강대국이 아니었으며, 이는 빌럼 3세의 사후에 분명하게 드러났다.

쇠락의 징후는 통치 계층의 경제 활동을 통해서 추적할 수 있다. 국가의 주요 자리에 오른 이들은 지대를 통해서 수익을 얻었고 상인과 해군 방어 사이의 연계를 끊었다. 1700년 이후에는 위험이 큰 해상 탐험 대신에 지방채에 투자했다. 해군 위원회에는 선원이 없었는데, 이 때문에 상인들은 자체적인 압력 단체를 구성했다. 이 집단은 무역을 보호하는 순양함의 필요성을 강조했고, 해군 정책과 해양 권력 정책에 대한 국가 차원의 접근을 종식시켰다.[148] 상업 분야의 자극이 사라지면서 토지 소유자들에 기반한 지대 경제가 일반적인 것으로 자리를 잡았다. 1618년 암스테르담 지배층의 33퍼센트는 직업이 없었고, 10퍼센트는 전원에 거주했다. 1748년이 되자 이 수치는 각각 73퍼센트와 81퍼센트로 증가했다. 애덤 스미스가 지적했듯이, 모든 상인들은 귀족 계급이 되기를 원했다. 역동적 경제에는 신선한 상인 가문이 지속적으로 공급되어야 했다. 이민이 1680년까지 암스테르담에서 기업가 정신을 유지시켰다. 이후 경제가 둔화되자 사회적 변화도 멈추었다. 1720년에는 공공 부채가 매력적인 투자처가 되었다. 베네치아 지배층의 관심사가 무역에서 토지로 이동한 반면, 암스테르담 지배층의 관심은 무역에서 채권으로 옮겨갔다. 두 도시에서 정부의 역할은 역동적인 상인 지배층을 경직시키는 데에 그쳤다.[149] 1795년 옛 공화국은 프랑스 혁명에 압도당했고, 연방의 중개국은 중앙의 단일 국가로 대체되었으며 결국 나폴레옹의 지배를 받았다. 이러한 구조는 1815년 이후 네덜란드 연합 왕국으로 계승되었다.

연합주는 1648년 조약으로 스페인이 지역에서 패권을 상실한 이후 진정한 자유당 정권하에 해양 세력이 되었다. 이와 같은 결정을 내릴 수 있었던 것은 자금과 무역을 장악한 사람들이 정치 절차에 포함되어 "관료와 자본가가 동등하게 상호 작용할 수 있었기" 때문이다. 이는 전제적이고 대륙 기반의 로마 제국을 표방한 스페인, 프랑스와 대조를 이루었다.[150] 네덜란드는 포괄적 구조를 발전시켜 육지 기반의 독립 전쟁에 자금을 지원했다. 이 구조를 통해서 드 비트의 해양 세력 국가가 부상할 수 있었다. 그러나 대륙의 군사 위협은 계속되었다. 20년 후에 정권과 그들이 자발적으로 선택한 해양 세력 정체성은 공화국의 정치 모형과 번성에 반감을 가지고 있던 프랑스의 부르봉 왕조의 패권 야욕으로 파괴되었다. 이러한 과정은 그들 자신 외에는 누구도 암스테르담이 존재할 권리가 있다고 믿지 않는 군주적 세계에서 조용히 진행되었다. 정권을 찬양했던 이들에게는 지원할 수 있는 힘이 없었다. 진정한 자유당 지도층은 "해양 주권"을 원하는 잉글랜드가 가하는 위협과 네덜란드 경제 패권에 미칠 피해를 과대평가한 반면, 루이 14세가 제기하는 실존적 위협은 과소평가했다. 드 비트는 두 군주 사이에서 균형을 잡기 위해서 노력하는 한편, 오라녀의 쿠데타를 막기 위해서 육군을 축소하고 함대에 자금을 지원하여 바다를 장악하고자 했다. "예외주의"를 자처한 공화 정권은 국가 정체성을 확립하기 전인 1672년에 붕괴되고 말았다. 붕괴가 해전이 아닌 유럽 강대국 정치의 지리적-전략적 맥락에서 발생했다는 사실로 인해서 패배의 의미는 모호해졌다.

네덜란드 해양 세력 국가는 단기간에 실패한 실험으로, 일반 대중의 관심을 끌지 못했다. 심지어 함대를 지켰던 선원들조차 오라녀 정권에 계속 충성했다. 공화제 지지자들은 해전에서의 승리를 바탕으로 독특하고 새로운 국가 정체성을 발전시키고자 했으나 그 체제를 유지하지는 못했다. 공화주의자들이 국내의 지지를 유지하기 위해서 거칠게 선전할수록 잉글랜드를 비롯한 잠재적 동맹은 경악했고, 공화국으로부터 멀어졌다. 잉글랜드는 프랑스의 패권을 억제하는 데에 도움을 줄 안정적인 동맹을 절실히 필요로 하는 입장이었다. 이 점에서 크롬웰과 찰스 2세는 뜻이 같았으나 모두 네덜란드에 실망하고 말았다. 암스테르담은 잉글랜드와의 동맹으로 발생하는 경제적 비용을 따졌지만 동맹의 절대적인 필요성은 간과했다. 네덜란드는 잉글랜드의 무역과 큰 연관이 없었기 때문에 잉글랜드의 조치에 별다른 영향을 받지 않았다.

드 비트의 진정한 자유당 시대에 네덜란드가 강대국 지위를 누렸던 것은 근본적인 현실이 아닌 지역의 권력 공백 덕분이었다. 프랑스 제국, 잉글랜드가 잠재력을 발현하기 시작하자, 소규모 공화국은 맞서 싸울 수 없었다. 빌럼 3세는 루이 14세의 "보편 제정"을 막기 위해서 네덜란드의 이해관계를 희생시켜 동맹을 구축했고, 이 과정에서 네덜란드가 처한 현실을 인식했다. 그러나 그가 일으킨 전쟁은 공화국의 고혈을 짜냈다.[151] 그는 프랑스의 야심을 꺾고 네덜란드가 급격히 쇠락하지 않도록 관리했으며, 해양 세력이 암스테르담에서 런던으로 옮겨가는 과정을 원활하게 만들었다. 결국 공화국의 방어 비용이 국가를 짓눌렀고, 국가를 잠시나마 강대국으로 만들었던 해양 세력 정체성을 버려야 했다. 파괴와 쇠락의 선택 앞에서 연합주의 정치적 지혜가 어떤 선택을 내릴지는 자명했다.

해양 세력 국가는 세계 무역에서 네덜란드가 누리던 우월한 지위 덕분에 자금을 확보했는데, 그러한 지위는 베스트팔렌 조약(1648) 이후 유지된 평화의 산물이었다. 번영과 공공연한 과시는 주변의 질시를 불러일으켰고,

해양 세력을 유지시킨 상인 과두 지배층은 루이 14세의 프랑스를 비롯한 절대 군주 국가들을 놀라게 만들었다. 1660년대 후반부터 프랑스의 관세 부과와 산업 보호 조치로 인해서 네덜란드의 시장은 폐쇄되었다. 반란 이전부터 지역 경제 활동의 중심이었던 스페인이 1702년에 힘을 잃으면서 발트 해의 곡물과 목재, 네덜란드의 어류, 아메리카의 설탕, 담배, 인디고 염료, 모피, 아시아 사치품 등의 무역과 남부 유럽 시장 간의 상호 작용에 의존하고 거대한 화물 운송과 산업 생산 증가가 뒷받침하던 복잡한 상업 체계가 무너졌다. 1688-1713년의 전쟁으로 인한 수요로 과도한 세금이 부과되면서 네덜란드의 금융, 자금, 신용은 말라버렸고, 지도부는 파괴 대신에 쇠퇴를 선택했다. 국내의 부채, 토지, 동인도회사 주식에서 발생하는 이익으로 연명하는 방안을 택한 것이다. 피터 버크는 이들과 베네치아의 지배층, 즉 기업과 위험 부담으로 형성된 가문이 지주와 채권 보유자로 변화하는 과정을 설명했다.[152] 사이먼 샤마는 1672년의 처절한 경험으로 독창성에 내재된 실존적 위험이 드러난 이후 암스테르담 지배층이 귀족화되고 국제 체제에서 네덜란드 국가의 "정상화된" 소규모 국가의 한계를 때맞추어 인정한 것이라고 풀이했다. 일단 해양 세력 강대국이 되기를 포기하자 공화국은 루이 14세의 패권 야망에 맞서서 현상 유지를 위한 동맹을 찾을 수 있었다. 당대에는 1672년 공화국과 캉브레 동맹(1508)에 맞선 베네치아 간의 유사성에 주목했다.[153] 강대국 지위를 포기한 네덜란드의 "선택"은 의식적인 것이었으며, 1650년에 해양 세력이 되기로 결정한 조치와도 일관되었다. 논리는 간단했다. 1713년 이후 네덜란드의 경제는 역동적으로 성장할 수 있는 시장과 자원의 부족 때문에 절대적으로는 아니라고 해도 상대적으로 침체기에 들어섰다. 또한 진정한 자유 체제에서 운용되었던 전함이 없이는 해군은 바다를 호령할 수 없었다. 인구와 유럽의 영토는 큰 변동 없이 유지되었지만 네덜란드의 경쟁 국가는 확장되었다. 동인도회사를 원양 기업에서 토지와 곡물에 기반한 기업으로 변신시키는 과정을 주도한 세력이 안정과 질서를 선택한 것은 우연이 아니다. 1713년 이후 무역이 정체되자 네덜란드의 자본은 금리가 더 높고 투자 기회가 풍부했던 런던으로 유입되었다. 영국이 해양 세력 국가로 발돋움하는 데에 네덜란드의 자금이 보탬이 된 것이다.[154]

베네치아를 모방하려는 암스텔의 시도는 실패로 돌아갔다. 공화국은 진정한 자유당 정권이 유럽의 결정권자, 세계 무역의 패권, 온 인류의 정치 모형이 되기를 열망한 짧은 기간 동안에만 진정한 해양 세력이었다. 그리고 이후의 해양 세력 국가에 강력한 유산을 남겼다.

6

해양 국가와 해외 제국
관점의 문제

해양의 상징 : 요한 베른하르트 피셔 폰 에를라흐의 "로도스의 거상"

바다와 깊은 관련이 있거나 해외에 제국을 거느린다고 해서 해양 세력이
되는 것은 아니다. 일부는 해양 국가였지만 강대국 지위를 꿈꾸기에는 규
모가 너무 작았고, 반대로 대륙 세력이었지만 해외에 기반을 확보하는 것
이 핵심 관심사를 위해서는 부차적으로 유용하다고 여기는 나라도 있었다.
해양 국가들은 해양 세력 정체성을 상당 부분 공유했지만, 강대국이 되기
에는 규모가 작았다. 대륙 국가들은 기존의 문화를 바꾸거나 해양 세력이
되기를 열망하지 않고도 해양 제국을 얻었다. 고대의 로도스 섬, 근대 초기
의 제노바와 포르투갈 제국은 해양 세력의 정의를 발전시켰다. 이들을 통

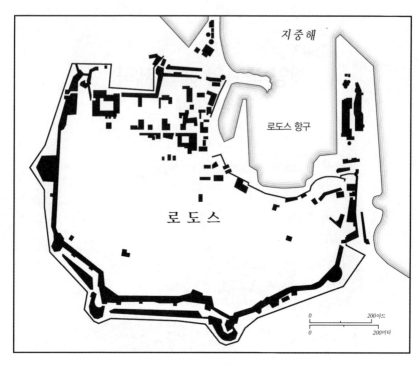

로도스 섬

해서 국가가 해양 기반의 정체성을 채택하고 발전시키는 데에 국제적 맥락
이 미친 영향을 살펴볼 수 있다. 로도스와 제노바는 강대국에 도전하지 않
으면서 자국의 부와 안보를 향상시키기 위해서 바다를 이용하는 독특한
방법을 발견했다. 반면 포르투갈과 스페인은 대규모 해외 제국을 거느렸다
는 이유로 일반적으로 해양 세력으로 인식되지만, 이들은 해양 세력은 차
치하고 해양 국가가 되는 데에도 관심이 없었다. 이베리아의 제국은 수백
년 동안 지속되었으나 문화의 핵심은 바다의 영향을 받지 않는 상태로 남
아 있었다. 절대주의 왕정, 로마 가톨릭, 육상에 기반한 야망, 귀족의 특권,
독점적 경제 모형을 고수한 것은 물론이고, 선원과 바다, 새로운 아이디어
에 대한 지속적인 멸시는 이들을 계속 대륙 세력으로 남아 있게 만들었다.

짧은 기간이나마 사실상 무적의 제해권을 행사한 이후 이베리아의 국가들은 제노바와 네덜란드의 계약자들이 무역을 관리하고 수송하며 재정을 지원하도록 허용했다. 경쟁자들이 제해권에 도전장을 내밀자, 이들은 상업을 보호하기 위해서 육지의 방어에 의존하고 해양 세력, 해양 국가와의 동맹에 기댔다. 정착지의 식민지는 새로운 국가로 발전했지만 결국 군국주의, 독재 정치, 로마 가톨릭, 소농에 대한 과세라는, 본국을 망친 그 조합을 그대로 답습했다. 이베리아 해양 제국은 레콩키스타, 로마의 권력을 드러내는 상징에 계속 뿌리를 두었다.

해양 국가에서 해양 세력 강대국으로 발돋움하는 과정에서 아테네와 카르타고가 대륙 경쟁자들의 적대감을 불러일으킨 반면, 다른 해양 국가들은 스스로의 약점을 인정하고 야망을 억눌러 아테네, 카르타고가 맞은 운명을 피해갔다. 이러한 해양 국가들은 해양 세력 모형의 핵심 요소를 유지했다. 상업과 함대, 상업 지배층이 지배하는 상대적으로 포괄적인 과두 의회에 의존했으며, 육지 강대국과의 충돌을 피했다. 이들은 자제, 양보, 연합세력을 구축하며 현실 정치를 받아들였다. 군대는 전함이 아닌 무역을 보호하기 위한 순양함이 주를 이루었다.

로도스는 소규모 고대 해양 국가의 하나로, 힘은 약했지만 자기 위치를 잘 아는 무역 도시였다. 도데카네스 제도에서 최대 규모이고 소아시아의 육지로부터 멀리 떨어져 있던 로도스 섬은 남쪽의 이집트, 페니키아와 북쪽의 다르다넬스, 에게 해 사이의 무역로를 통제하기에 이상적인 장소였다. 그리스어를 구사하는 섬사람들은 페르시아에 공물을 바쳤으며 살라미스 해전에서는 크세르크세스를 위해서 싸웠으나 나중에 아테네 덕분에 자유를 얻었다. 이 지역의 과두 집권층은 스파르타로 전향했지만 펠로폰네소스 전쟁으로 페르시아의 지배에 들어갔다. 기원전 409–408년에는 로도스 섬의 지배 구조가 변화했고, 소규모 무역항 3개가 자원을 모아 경제와 정치 권력을 로도스 북단의 요새화된 새 항구로 옮겼다.[1] 내부 불화를 겪은 이후 변화를 단행하면서 로도스의 해상 정체성은 훨씬 굳건해졌다. 해양 국가 문화가 가져온 경제 자원으로 구축된 첨단의 항구 시설은 그리스 세계 전반에 걸쳐 가장 인상적인 요새가 되었다. 고대 세계에서 최고로 인정받던 공화정체는 과두제와 민중주의의 과잉으로 인한 문제를 피하고 해상 무역을 발전시키는 데에 필요한 안정성을 제공했다. 무역으로 얻은 혜택을 공유함으로써 사회는 조화를 이루었다. 국가는 빈곤층을 지원했으며, 부유한 시민들은 야심찬 의식을 수행했다. 당대에 로도스에서 아테네와의 유사성이 나타난 것은 단순한 우연의 일치가 아니었다. 로도스는 그 시대의 가장 세계적인 도시로서 공공, 민간 분야에서 놀랄 만한 건물과 인상적인 예술 작품들을 자랑했다.

　해군은 섬과 수입된 곡물, 선박 건조용 목재 운송을 위해서 비용을 지불한 해운업을 보호했으며, 레반트와 에게 해 사이에 위치한 중추적 위치와 항해술을 십분 활용했다. 로도스는 지역 상업을 형성했으며 중요한 이집트 곡물 무역을 관리했다. 해군 공창을 엄호하고 전함을 건조했다. 이것들을 지키는 일은 로도스인들의 몫이었다. 로도스의 남성 시민 대다수가 해군 복무 경험이 있었으며 무역에 종사했다. 저명한 로도스인들의 경우 일반 선원으로 일했다는 점은 자랑스럽게 여기면서도 군 복무는 경시했다. 대륙으로 파병된 군대는 대부분 용병으로 구성되었다. 도시가 포위당하지 않는 한 무역업을 버리고 군 복무를 선택할 로도스인은 거의 없었다. 함대 사령관은 해군을 지휘하면서 고위직을 지내고 조약을 체결할 권한을 가졌다. 해군은 해적 활동을 억제하는 데에 주력했으며 로도스 해양법은 보편적으로 준수되었다.

기원전 323년 알렉산드로스 대왕이 사망하자 그의 제국은 대륙 제국, 곧 마케도니아, 셀레우키아, 이집트로 나뉘어 각축전을 벌였다. 덕분에 규모가 작고 자원이 풍부한 로도스는 독립적인 정체성을 유지할 수 있었다. 마케도니아 수비대는 조용히 축출되었고, 이들은 더 이상 조공을 바치지 않게 되었다. 로도스인들은 이제 무역 활동에 주력했다. 이러한 "자유"는 훗날의 제노바, 네덜란드 정치 모형과 매우 유사했다. 로도스는 헬레니즘 경제 활동의 중요한 기능인 국제 비즈니스의 허브로서 은행과 금융의 중심지가 되었다. 또한 이곳은 나일 강, 흑해, 티레니아 해, 폰투스에서부터 카르타고까지 아우르는 그리스어를 사용하는 세계에서 곡물이 지배하는 무역 네트워크의 중심이었고, 이집트 곡물 무역을 독점했다. 로도스는 폰투스 곡물 선적으로 인해서 흑해 무역의 요충지인 다르다넬스에 깊은 관심을 기울일 수밖에 없었다. 고대 세계에서 가장 중요했던 대량 무역을 지배하면서 섬은 긍정적인 효과를 누리고 부를 얻었다. 그러나 여기에는 취약점도 있었다. 주식(主食)의 거래에 위협이 제기되면 경제가 도탄에 빠지고 상인들이 파산하며 정치 체제가 불안정해질 가능성이 있었던 것이다. 로도스는 강대국과 경쟁하기에는 규모가 너무 작았다. 외교와 무역을 계속하기 위해서는 강대국의 상호 적대감에 의존해야만 했다. 헬레니즘의 무역 체제에서는 섬이 중요했다. 기원전 228년에 로도스가 지진으로 황폐화되자 모든 강국들이 원조를 보냈을 정도였다.

로도스는 자금을 활용하여 전략적 우위를 얻고 현금, 무기, 물품을 동맹국에 지원했으며 적대국을 돈으로 매수했다. 대규모의 토지 전쟁이 지배적이었던 시대에 로도스의 부는 권력의 균형을 유지하고 경제 활동을 보호하는 데에 사용되는 중요한 전략적 영향력을 지니고 있었다. 해적 무리와의 전쟁은 "끝없이" 이어졌으나 부의 열쇠를 쥐고 있던 이집트는 로도스의 전략적 계산에서 특별한 자리를 차지했다.[2] 헬레니즘 세계가 균형을 유지하는 한 로도스는 안전했고 번영을 누릴 수 있었다.

로도스는 주요 무역 상대국인 프톨레마이오스 왕조의 이집트를 지지했지만 그들과 동맹을 맺는 일은 피했다. 그러나 로도스는 지역 무역과 해군의 통제를 원하는 야심찬 세력에게 매력적인 표적이었다. 기원전 315년 마케도니아의 통치자 안티고노스 1세 "외눈박이 왕"은 이집트를 공격하는 데에 해군이 필요해지자 로도스에 선박을 제공하라고 요구했다. 기원전 306년 안티고노스는 더 많은 지원을 요청했고, 그의 아들인 "포위하는 자" 데메트리오스 1세가 도시를 공격했다. 그러나 로도스는 해군과 튼튼한 성채, 이집트의 원조에 힘입어 공격을 막아냈다. 포위 공격이 이어지는 동안 마케도니아는 그리스 세계에서 로도스 상인들을 보호했는데, 이는 안티고노스가 타협을 통한 평화 속에서 섬의 주민들과 좋은 관계를 유지하기를 원했음을 보여준다. 로도스인은 승리를 기념하기 위해서 부와 장엄한 항해 표지를 상징하는 태양신 헬리오스를 30미터 높이의 청동 "거상"으로 제작했고, 이 자금을 마련하기 위해서 데메트리우스의 환상적인 포위 공격 장치를 판매했다.[3] 로도스는 알렉산드로스의 후계자들이 그의 유산을 물려받기 위해서 경합을 벌이는 한 독립과 번영을 유지할 수 있었다.

그러나 이러한 이점은 마케도니아의 필리포스 5세가 이집트의 약점을 이용해서 헬레니즘 세계를 불안정한 상태로 몰아가면서 사라졌다. 로도스는 균형을 회복하고 마케도니아가 부추기는 해적 활동을 저지하기 위해서 필사적으로 노력했다. 그러면서 로마가 마케도니아에 개입하여 균형을 이루어주기를 바랐다. 로마는 이 기회를 파고들어서 필리포스를 자극하고 그에게 사실상 불법적인 조건을 요구했다. 로도스는 위험을 줄이기 위해서 로마에게 구속되는 조건 없이 로마의 우방 지위를 확보했다. 폴리비우스의 지적대로 로도스는 140년 동안 로마에 협력하면서도 결코 동맹을 체결하지 않았다. "그들은 통치자나 왕자가 원조와 동맹의 희망을 잃지 않기를 바라면서 누구에게 구속되거나 맹세, 조약을 통해서 관련을 맺지 않았다. 그저 모두에게 이익을 누리는 데에 방해물이 없는 상태를 유지하고자 했다."[4] 해양 세력과 해양 국가가 바다를 어떻게 바라보는지를 가장 잘 표현한 문장이다.

로도스는 영토의 안전을 확보하고 필리포스 전쟁의 핵심을 이루는 해적 활동을 종식시킬 수 있도록 로마-마케도니아의 제2차 전쟁이 조속히 종결되기를 열망했다. 로도스 사람들은 이 지역이 상거래를 확보하기에 충분한 영향력을 행사할 수 있는 집단으로 남고, 필리포스와 페르가몬의 야망에 저항하기를 기대했다. 주요한 전쟁 목표는 "아시아의 모든 시장과 항구에 대한 자유"였다. 섬 주민들은 마케도니아에 피해를 입힐 생각이 없었다. 그들은 그저 자신들에게 제약을 가하고 대륙적 경향을 띠는 국가에 대항하여 옛 힘의 균형을 회복하고 무역의 안전을 확보하기를 원했다.

로도스의 기여는 대규모의 육상 작전이 지배하는 로마 전쟁에서 몇 차례의 해양 통제 임무를 수행하고 소규모의 상륙 작전을 펼치는 등 미미한 수준에 그쳤다. 필리포스의 크레타 "동맹"에 맞서서 해적 방지에 중점을 두었고, 해군을 부분적으로 동원했을 뿐이다. 로마와 페르가몬은 바다에서의 도움이 거의 필요하지 않았으며 로도스에는 병사가 얼마 없었다. 이처럼 자기 이익을 지키려는 해양 국가의 기여는 대륙 권력에게 큰 신뢰를 주기 어려웠을 것이다.

로마가 셀레우키아와 전쟁을 벌일 때, 로도스는 본토의 항구를 추가적으로 솜씨 좋게 확보했다. 전략적 역할에 한계가 있었지만, 로도스는 더 많은 영토를 차지하고 로마가 활발하게 활동하던 델로스를 제외한 키클라데스 제도를 장악했다. 세 힘이 균형을 이루던 이전의 헬레니즘 세계는 이집트가 점점 더 취약해지면서 로마와 셀레우키아의 양강 체제로 변했다. 섬 주민들은 강력한 두 대륙 세력이 영토를 놓고 경쟁을 벌이는 한 중립성을 유지할 수 있었으나, 이는 그들이 로도스 무역에 피해를 주지 않을 때에만 가능한 이야기였다. 또한 "어느 한 편이 상대에게 결정적인 승리를 거두면 지중해 동부는 또다시 어느 한 나라의 통치 아래에 들어갈 수 있었다." 그러면 "로도스의 외교는 어느 곳에도 기댈 수 없게 될 것이었다."⁵ 제3의 세력이 부재한 가운데 로도스에게는 안타깝지만 양 "강대국"의 마지막 결전이 벌어질 가능성은 높아지고 있었다.

셀레우키아의 안티오쿠스 3세가 그리스를 침략하고 이에 로마가 반격하자 로도스는 로마 함대가 델로스에 도착할 때까지 중립을 유지했다. 당시 셀레우키아 군대는 패배를 맛보고 있었다. 이때까지도 로도스는 동쪽에 머문 역사가 없는 로마가 그저 안티오쿠스를 처벌하고 물러가리라고 예상했다. 로도스의 해군은 기원전 191-190년에 시데와 미오네수스에서 각각 승리했다. 첫 번째 전투에서는 한니발의 페니키아 함대를 물리쳤고, 두 번째 전투에서는 로마를 구원했다.

셀레우키아가 패배하고 무장 해제된 상태에서 로도스와 페르가몬은 서로 함락된 항구에 대한 통제권을 주장했다. 이에 로마는 영리한 절충안을 내놓았다. 로도스가 소아시아와 인접한 바다에서 권한을 유지하는 한편 페르가몬은 로도스의 흑해 곡물 무역을 통제하는 다르다넬스를 얻는 방안이었다. 이제 로마는 지중해의 초강대국이 되었다. "로도스는 오직 로마의 특별 허가를 얻을 때에만 독립과 힘을 유지할 수 있었다. 원로원의 태도가 변하기라도 하면 로도스는 강력한 동맹을 잃게 되는 셈이었다."⁶ 해양 국가 로도스는 대륙 패권 제국의 변덕으로 존재했는데 이 제국은 로도스와 관심사를 공유하지도, 특별한 기술에 가치를 부여하지도 않았다. 로마의 시야에서 문제가 멀어진 동안 로도스는 페르가몬의 다르다넬스 봉쇄를 뒤집을수 있었다. 그러나 페르가몬과의 관계는 악화되었다.

이러한 줄타기는 로도스의 전함이 마케도니아 페르세우스 왕의 셀레우키아 출신 신부를 결혼식에 호송하면서 막을 내렸다. 헬레니즘의 두 왕조를 향한 선의에 마케도니아는 선박 건조용 목재와 금으로 보상했다. 불쾌해진 로마는 최근 로도스에 할양했던 리키아 주의 독립 시위를 지원했다. 이런 상황에서 로도스의 계산적인 외교는 여론에 밀렸다. 로마의 오만과 "그리스"의 지지에 흔들린 로도스의 대중은 로마와 달리 그동안 긍정적인 관계를 구축해온 페르세우스를 지지했다. 로도스의 지도자들은 로마와의 전쟁에서 페르세우스가 패배할 것임을 간파하고 페르세우스의 편에 서지 않을 생각이었으나, 민중주의 선동가들은 마케도니아의 편을 드는 의제를 밀어붙였다. 결국 힘이 균형을 이루면서 페르세우스의 불운에 동참할 근거가 없어졌다. 로도스는 로마에 지원을 보내지 않았다.

제3차 로마-마케도니아 전쟁에서도 로도스의 외교는 경제적 이해관계에 좌우되었다. 전쟁으로 곡물 무역이 타격을 입으면서 로도스는 로마에 시칠리아 시장에 대한 접근을 요청하게 되었다. 또한 경제적 손실이 커지자 로마와 그리스에 주둔하고 있던 로마 군에 중재자를 보냈다. 페르세우스가 피드나에서 결정적인 패배를 당한 후에 이 중재자들은 멸시를 당했다. 로도스는 로마의 비위를 맞추기 위해서 친(親) 마케도니아 무리를 처단하는 조치를 취했다. 그러나 로마에서는 약탈을 원하는 야심찬 원로원들이 전쟁을 요구하고 있었다. 전쟁이 결정되지는 않았으나 원로원은 수년 동안 압박을 이어갔고, 로도스에서 원하는 동맹을 거부했다. 로도스는 한 세기 동안 중립을 지키고 거리를 두었으나 이제 더 이상 선택의 여지가 없었다.

로마에 종속된 상태로 존재하거나 아예 사라지는 수밖에 없었다. 로도스의 중립성은 로도스의 힘이 아닌 주변국들의 힘의 균형에 달려 있었다. "그런 중립이 가능한 세상은 마침내 피드나 전장에서 막을 내렸다." 로도스는 로마의 속국이 되었다.[7] 기원전 146년 로마가 카르타고와 코린토스를 파괴하여 보편 제국을 이룬 후에는 더 이상 선택지가 없었다.

로마는 델로스를 상업 경쟁자로 발전시키고 로도스 본토의 영토 할양을 취소했다. 그러나 명백한 적대감은 상당 부분 절대 권력의 무심함 속에 가려졌다. 폰투스의 미트리다테스의 지원으로 그리스 세계에서 이탈리아 상인들이 대대적으로 학살을 당하는 동안, 로도스는 그들에게 피난처를 제공했다. 로도스의 경제적 모형, 제한된 규모 등의 측면에서 로마에게 로도스는 가장 충성스러운 속국이었을 것이다.

사실 로도스는 위협이 되기에는 규모가 작은 해양 국가라는 점에서 경시되었다. 이들은 점령당하거나 약탈당한 적 없이 곡물 무역을 유지했으며, 기원전 164년 로마의 동맹이 되었을 때에는 해상 상업을 유지하고 일정 부분의 자유를 얻기도 했다. 로마가 지중해 전체를 호령한 보편 제국 시기에 로도스는 경제 번영을 이어가기 위해서 굴복을 선택했다. 이 결정은 합리적이었으며 상인, 은행가, 중개인들이 다스리는 섬에서 취할 수 있는 유일한 선택이었다. 로마와의 평화는 사업에 더 이로웠으나 이로 인해서 해적의 활동이 급증하게 되었다.

기원전 164년 로도스의 역사는 사실상 막을 내렸지만, 로도스는 이후로도 두 세기 동안 독립을 유지했다. 로마 제국의 규모가 워낙 컸기 때문에 제국의 수도는 벽지의 소도시를 안중에 두지 않았다. 크레타의 해적을 처리하는 데에 씨름하던 로도스는 폼페이우스의 뒤늦은 군사 행동에 합류했다. 기원후 44년 로도스는 아시아의 행정 속주로 편입되었고 무역을 이어갔다. 기원전 2세기부터 무역 활동이 약화되기는 했지만 도시는 부를 유지했고, 철학, 예술, 그리스 문화의 살아 있는 박물관으로서 교육과 관광 도시로 각광을 받았다. 로도스에서 가장 위대한 예술 작품인 라오콘 상이 문화의 충돌, 신들의 심판, 번성하는 해양 국가의 파괴를 나타내는 것은 우연이 아닐 것이다.

로마의 속주가 된 로도스의 운명은 제국 통치와 민족 국가의 시대에 해양 국가가 맞는 전형적인 사례였다. 아말피, 제노바, 심지어 베네치아 역시 해상 국가와 해상 무역, 포괄적인 정치 체제를 증오하는 대륙의 동질화된 문화 모형에서는 자유와 정체성을 상실할 수밖에 없었다. 로도스의 경험은 다른 해양 국가에서도 반복되었다. 그런 제약을 벗어난 경우는 거의 없었다. 해양 세력으로 발돋움한 나라들 중에서 일부는 권력의 쇠퇴기에 로도스와 동일한 해결책을 선택했다. 후퇴와 체념이 파괴보다는 나았다.

1653년 제노바 공화국 의회는 베네치아, 연합주, 잉글랜드, 제노바라는 4개의 해양 세력 공화국이 동맹을 맺어야 한다고 주장했다.[8] 잉글랜드와 연합주가 전쟁을 벌이면서 이렇다 할 결과가 도출되지는 않았지만, 이것은 과두 공화제와 해양 국가 간의 연계성이 드러난 사례이다. 법으로 구속되는 통치 체제인 공화제가 꼭 민주주의인 것은 아니다. 몽테스키외는 공화국이 귀족이나 과두정의 지배를 받을 수 있다고 지적했으며, 이 모형은 모든 진정한 해양 세력에 해당한다. 몽테스키외는 잉글랜드에서 정치 권력이 왕으로부터 의회로 넘어가서 군주의 역할이 세습 수장에 그치게 된 1688년에 잉글랜드가 "공화국"이 되었다고 인식했다.

대다수의 중세 후기 및 근대 초기 유럽의 공화국들은 상업 도시 국가였으며(베네치아, 제노바, 피렌체가 여기에 포함된다), 이들이 공화국을 선택한 데에 대한 개괄적인 설명은 이미 제시되었다. 한자(Hansa : 중세 북유럽

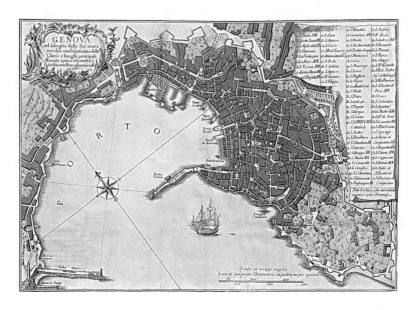

조반니 로렌초 귀도티의 1766년 제노바

상인 조합/옮긴이)와 플랑드르의 항구 도시들은 유사한 정부 형태를 선택
했으나 고대사에는 별다른 관심을 보이지 않았다. 사리를 추구하고 특별
한 형태의 경제 활동에 지배되는 귀족 공화정은 군주가 다스리는 더 큰 규
모의 육지 세력에 취약했다. 육지 권력은 무역과 국가에 얽힌 이해관계 없
이 부의 재분배를 추구하는 이들에게 세금을 부과했다. 이와 같은 공화제
는 민족 국가와 다국적 제국이 등장하면 쇠퇴했다.

아테네, 카르타고, 베네치아, 네덜란드 공화국, 영국이라는 5개의 공화국
은 해양 세력 국가가 되었다. 그 외의 세력은 너무 규모가 작거나 더 큰 육
지 세력에 빈번하게 노출되어 다른 선택을 했다. 산에 둘러싸여 있거나 배
후지와 연결되는 주요 하천이 없거나, 인구를 부양하기에 충분한 비옥한
토양이 없는 중세 제노바는 바다에서 식량과 이익을 구했고, 육로를 활용
하여 북부 이탈리아와 프랑스로의 접근을 시도했다. 로마의 도로 체계가

무너지자 제노바의 입지가 중요해졌다. 잠시 비잔틴의 지배를 받은 제노바는 1453년에 콘스탄티노플이 함락될 때까지 비잔틴과 경제적 연관성을 유지했다. 제노바는 해적 활동을 통해서 마련한 자본으로 상업을 지원했고, 지역에 해양 세력이 부재했을 때에는 지중해 건너편과 에욱시네까지 도달하는 한편, 스페인, 북부 유럽, 대서양까지 연결하는 무역 제국을 형성했다. 인구가 베네치아의 절반에 불과했던 제노바는 해양 세력 지위를 얻기에는 규모가 작았을 수 있다. 제노바가 해상에서 베네치아를 꺾었을 때조차 이들은 내부에 불안을 품고 있었으며, 제해권을 유지할 만한 수익원도 없었다. 베네치아는 해양 국가에서 해양 세력으로의 전환에 성공하여 쇠약한 비잔티움의 잔재 속에서 섬 제국의 길을 개척했다. 제노바에는 내부 응집력과 자원이 부족했다. 그들은 무역을 놓고 피사, 베네치아와 경합을 벌였으며, 인근 해역을 통제하기 위해서 코르시카를 점령했고, 리구리아로 진출하여 토지를 매입하고 현지 지배층을 포섭했다.

제노바에서 "자유"는 무역의 자유, 중앙 집권화된 독재 정부에서 불가피한 과세로부터의 자유를 뜻했다.[9] 베네치아와 달리 강력한 중앙 집권 구조가 없었던 이 작은 나라는 당파 간의 폭력으로 얼룩졌다. 1444년 산조르조 국영은행이 거래를 중단했을 때에도 은행은 도시의 채무를 계속 관리하고 세금을 징수하며, 투자자에게 배당을 지급했고, 휘하의 도시 및 식민지를 관리했다. 나라는 은행의 주주들에 의해서 운영되었다. 제노바는 종종 통치를 이양했던 해외의 통치자들에게 이러한 사실을 교묘하게 숨겼으며, 은행을 활용해서 귀족 과두 지배층이 실질적인 권력을 유지할 수 있도록 했다. 제노바는 민간의 부와 해군력, 용병에 의존하는 반(反)국가 상태에 가까웠다.

1435-1528년 사이에 경쟁관계의 파벌이 지속적으로 도전을 제기하면서

제노바에는 폭력적이고 불안한 변화가 빈번하게 일어났다. 유일하게 안정적인 요소는 혼돈뿐이었다. 프랑스와 밀라노의 통치자들이 상업적 기반의 피지배인들의 경제적 요구에 번번이 부응하지 못하는 와중에, 현지의 도제는 경쟁 파벌에 의해서 제거되었다. 베네치아의 질서와 안정이 이탈리아 전역에 표지와도 같은 역할을 했다.[10] 1500년까지 반세기 동안 두 도시의 운명은 극명하게 갈렸다. 베네치아의 무역액은 연간 75만 두카트 규모로 증가했으나, 제노바의 무역액은 12만5,000두카트로 감소했다. 1453년 오스만 제국의 콘스탄티노플 정복으로 제노바의 흑해 제국이 종말을 고했고, 베네치아가 1474년에 키프로스를 회복하면서 쇠퇴가 본격화되었다. 지중해 서부, 북아프리카에서 무역에 다시 주력하려는 시도는 이베리아, 잉글랜드, 프랑스 상인과 극심한 경쟁에 부딪쳤다. 이 무역의 상당 부분은 국가가 직접 개입하지 않는 대형 민간 무장 상선이 수행했다.[11] 제노바 내부가 정치적 불화를 겪으면서 해적이 상업적 관계를 끊임없이 방해했다. 반면 베네치아는 외교와 보상을 통해서 지중해 향신료 무역을 포함한 중요한 시장을 지켜냈다. 이로 인해서 제노바의 조선업이 급격하게 위축되었고, 인구 대비 해양 관련 종사자들의 비율도 크게 줄었다. 스티븐 엡스타인은 "베네치아는 시민의 평화를 보존할 길을 찾았으나 제노바는 그렇지 못했다"라고 지적했다.[12] 국내의 무역업이 쇠락하자 제노바의 은행가들은 포르투갈의 아시아 항해를 포함한 해외 기업에 투자했고, 리스본, 세비야, 카디스에서 중요한 돌파구를 마련하기 위해서 기존의 입지를 적극 활용했다. 마치 오스만 제국이 동방 무역을 재편했던 것처럼, 제노바의 항해가인 크리스토퍼 콜럼버스가 아메리카를 발견한 것을 계기로 제노바의 주안점이 이동했다. 아메리카에서 유입되는 금괴는 제노바의 경제를 변화시켰다. 이베리아의 보호주의로 인해서 제노바의 상인들은 제노바를 무시한 채 이베리

아의 체제 내에서 활동했다.[13]

1482년 아라곤의 페르난도는 자신이 제노바의 은행과 상업 네트워크에 의존하고 있음을 인식했다. 카스티야가 레콩키스타를 완성할 군사력을 동원함에 따라서 페르난도의 중앙 집권 군사 국가에서는 아라곤과 카탈루냐의 주요 경제 주체들이 무력화되었다. 그는 제노바의 해군과 상업 권력을 활용하여 무역로와 자원의 흐름, 대출을 확보했다. 또한 스페인의 준독립 지역이 해양 국가로 기능하도록 두지 않고 외국의 계약자들이 많은 역할을 맡을 수 있도록 허용했다. 해양 국가들은 중앙 집권화된 스페인 국가와 달리 군벌과 지주가 아닌 상인, 은행가가 경영하는 국가였다. 상대적으로 멀리 떨어져 있고 정치력이 약했던 제노바는 문제가 생기면 관계를 단절할 수 있었다.[14] 이러한 관계는 스페인의 발전에 반영되었다. 세비야를 점령한 카스티야는 지브롤터 해협을 통제하고자 했다. 초기에 "해군 작전에 동원된 장교와 병사들은 이탈리아 용병들이었으며, 여러 해 동안 세비야의 해상 무역은 무슬림이나 피사, 제노바가 좌우했다."[15]

해양 국가로서 제노바가 기본적인 해상 공화국 모형을 따라서 통치되는 동안, 베네치아는 엔리코 단돌로라는 도제가 실현시킨 해양 세력의 야심을 유지하는 문화를 형성했다. 제노바는 해양 국가에 머물렀기 때문에 자신들의 부를 웅장한 건축물이나 공공 전시물에 투자하지 않았다. 강대국을 향한 야심이 없다 보니 예술을 통해서 지위와 정체성을 드러낼 필요가 없었으며, 따라서 제노바에서는 해양 세력 문화를 표현하는 지역 예술 학파가 발전하지 않았다. 제노바의 후원자들은 플랑드르와 기타 이탈리아 예술가들을 고용하여 일반적인 예술 작품을 만들었다. 야코프 부르크하르트는 고귀한 문화를 향한 제노바의 잘 알려진 열망을 강조했다. "제노바의 사례는 불안정한 부, 거대한 상업, 내부의 무질서가 먼 곳의 식민지 소유와 어떻게 양립할 수 있는지를 분명하게 보여준다."[16] 부르크하르트는 제노바와 비교할 수 없을 정도로 거대한 해양 제국을 거느린 베네치아가 질서를 유지했다는 사실은 무시했다. 바다의 중요성을 인식하거나 제노바 같은 해양 국가가 되는 것의 의미가 무엇인지 알아차리지도 못했다. 제노바의 지배층은 문화적으로 표현하는 고상한 세계에서 경쟁하는 대신에 내부의 무리끼리 좁은 골목에서 싸움을 벌이는 방안을 선택했다. 그들은 제노바 자체의 이미지를 창조하지는 못했다.

루벤스를 비롯한 플랑드르, 네덜란드의 예술가들은 제노바에서 일하면서도 대부분은 유럽 북부의 후원자들을 위해서 노동력을 제공했다. 리구리아의 암석 해안과 제노바 항구는 네덜란드의 여러 해양 작품에서 배경으로 등장했다.[17] 지배층의 전시는 국가보다는 가족에 집중되었다. 공화국의 산조르조 궁전에는 도시의 훌륭한 작품들을 전시한 거대한 방이 있었는데, 한 세기 후에 네덜란드에서 이 문화를 받아들였다.

제노바 해양 국가가 국가의 통제보다는 민간의 계획에 의존하여 영향력을 행사한 반면, 해양 세력 강대국이었던 베네치아는 거대한 대륙 세력과 피할 수 없고 이길 수도 없는 갈등에 휘말렸다. 지중해가 숫자는 적지만 더 강력한 국가로 나뉜 가운데 베네치아가 육지에 눈을 돌리면서 강대국들에게 경각심을 불러일으켰다. 반면 제노바는 신성 로마 제국, 프랑스, 이후에는 스페인에 예속된 상태를 유지했다. 합스부르크의 군대가 1522년 도시를 약탈했을 때에야 그들은 "해외 통치와 자유의 종말로 인한 실질적 희생이 무엇인지 철저히 깨닫게 되었다."[18] 대륙 강대국들 간의 갈등에서 노리개로 전락한 제노바에는 독립과 무역의 자유를 유지할 자금과 인력이 부족했다. 제노바는 어느 편에 설지 선택해야 했고 안정적인 정부를 구축해야만 했다. 1528년 제노바는 권력을 행사하던 프랑스의 프랑수아 1세에게 반기를 들었다. 그가 사보나 항에 제노바와 경쟁관계의 경제 중심지를 조성하여 제노바의 존재 이유를 위협했기 때문이다. 이는 로마가 델로스를 개발한 것과 놀라울 정도로 유사하다. 그러나 제노바는 로도스와 달리 선택지가 있었는데, 이는 다극의 국가 체제하였기 때문에 가능한 일이었다.

제노바의 귀족이자 민간 용병이었던 안드레아 도리아는 프랑스가 지지하는 정부를 전복하고 신성 로마 제국의 황제이자 스페인의 왕인 카를 5세와 손을 잡았다. 도리아는 국가의 개입이나 높은 세금 부과 없이 무역과 이익을 누릴 자유를 확보했다. 아메리카에서 금이 유입되면서, 프랑스 지배하의 제노바 상인들은 확대되던 카를 5세의 제국에서 배제된 상황이었다. 새로운 동맹의 체결은 상업 지배층의 이익에 부합했다. 카를 5세는 제노바의 헌법과 경제적 이익을 존중하기로 약속했으며, 도리아의 갤리 선을 고용하고 도리아를 지중해 함대 사령관으로 임명하는 한편, 제노바 은행에서 자금을 빌려서 함대를 운영할 비용을 마련했다.[19] 이로 인해서 도리아는 부유해졌고, 도시에서 영향력을 행사하게 되었다. 제노바의 전함은 스페인이 프랑스, 무슬림의 위협에 대처할 수 있도록 만들었다. 제노바의 항해, 은행 분야 전문가들은 신세계의 개발을 도왔다. 도리아는 정치 권력을 폐쇄된 귀족들의 과두 지배층과 부유한 상인들에게만 부여하는 새로운 헌법을 통해서 내부 질서를 유지하는 한편, 다른 계층의 정치 권리는 없애고 외세의 영향력을 줄였다. 2년마다 선출되는 도제가 최고위직을 맡았으며, 상인계층이 모든 중요한 결정을 내렸다. 마침내 제노바는 안정을 얻었고 과두 공화국으로서 분명한 해양 국가의 정치 모형을 확립했다. "자유", 즉 자유롭게 무역하고 최소한의 세금을 납부할 자유를 누리는 공화국이 재탄생한 것이다. 그러나 도리아는 배경에 머물면서 대법원을 이끌고 체제를 유지하는 법을 수호했다. 도리아는 신중하게 자신을 공복(公僕)으로 낮추면서 고위직에 오르는 것을 회피했다.

도리아가 합스부르크 스페인에서 금융가이자 민간 용병으로서 활동한 것과 달리 제노바는 국가가 아닌 예속자에 불과했다. 제노바 경제의 무게 중심은 1566년에 키오스 섬을 튀르크에 빼앗기면서 서쪽으로 이동했지만, 스페인의 금이 도시로 유입되면서 수익성이 높은 은행업이 형성되었다.[20] 제노바는 스페인계 아메리카의 무역, 금융 분야에서 큰 비중을 차지했다. 로버트 로페즈의 표현대로, "펠리페 2세의 치하에서 결코 해가 지지 않았던 자랑스러운 제국은 실상 제노바의 경제 식민지나 다름없었다." 1638년 스페인계 아메리카에서 외국인을 배제하던 규제는 제노바에는 해당되지 않았다. 제노바인들은 이후 300년 동안 제국의 체제에 깊숙이 관여했다.[21]

제노바의 독특한 정치 구조와 안드레아 도리아가 중요한 개인 자산으로서 함대를 지휘했다는 사실은 그가 전투를 꺼린 이유를 설명해준다. 그의 개인적 명성은 실질적인 힘을 갖추지 못했던 제노바의 정권을 지탱했다. 제노바는 사실상 도리아의 사업이나 다름없었고, 갤리 선도 그의 자산이었다. 베네치아와 네덜란드 공화국에서 공적인 의식들이 치러졌다면, 도리아는 카를 5세를 즐겁게 만들기 위해서 지은 궁전에서 개인의 지위를 유지하면서 자신이 합스부르크의 지배권에 기여한 바를 강조했다. 도리아는 파도를 진정시키는 넵튠의 모습으로 영웅적인 선구자들과 함께 배치되었으며, 카를 5세는 제우스로 표현되었다. 황금 양모에 대한 인용은 1531년 도리아가 받은 합스부르크 훈장을 통해서 황제와 제독을 연결시켰다.[22]

도리아의 결정은 현명하고 시기적절한 것으로 입증되었다. 강대국이 자웅을 겨루는 시대에 독립적인 해양 국가가 설 자리는 없었다. 제노바는 경제적으로 가장 매력적인 강대국과 장기적인 관계를 유지하면서 경제 활동을 이어갈 수 있었다. 선택을 강요받았을 때에는 제국/스페인의 보호를 받아들이는 대신에 은행업의 연결성과 새로운 시장에 대한 접근 권한을 얻어 냈다. 제노바는 전쟁과 해군을 포기하는 정치적 수완을 발휘하여 경제와 도시의 온전함을 유지시키는 광범위한 해양 정책을 개발했다.[23] 외세의 침략을 피하기 위해서 예속국이자 대륙 강대국의 중개상으로 기능했던 것이다. 다극 세계였기 때문에 제노바에는 선택의 자유가 있었다. 그러나 보편 제국이 출현하자 제노바는 로도스와 마찬가지로 복종을 강요당했다. 국가에 해군을 두거나 영토를 통제하겠다는 야망이 없었던 제노바는 스페인의 육지에 기반한 세계관을 위협하지 못했다. 제네바는 해양 세력 국가가 아닌 작고 약한 예속국이었기 때문에 스페인에 위협이 되지도 못했다. 고대 로도스처럼, 제노바 역시 무역을 보호하고 해적을 퇴치할 소규모의 호위함을 유지하면서 실존적 위협을 피하기 위해서 도시의 "자유"를 수호하는 여러 세력의 상호 이해에 기댔다.[24]

제노바의 경제는 해상 무역에서 은행, 금융 서비스로 전환되었다.[25] 공화국에는 자금이 없었지만 제노바는 부유했고, 항만 업무, 도시 방어, 심지어 전쟁에도 손쉽게 자금을 댈 수 있었다. 국가에 해군을 두지 않는다는 결정은 계획하에 이루어진 것이었다. 제노바의 지배층은 국제적인 영향력을 발휘할 수 있는 다른 수단을 사용했다. 스페인의 축은 왕실이 대출 이자의 지급을 유예하고 바다에서 제노바의 소유권을 묵살한 17세기 초반에 흔들렸다. 공화국을 용병 계약자로 취급했다는 것은 스페인 제국이 더 이상 효율적인 선박이나 장기 대출에 신경 쓰지 않았음을 시사한다. 이 시기에는 보다 저렴하고 효율적인 네덜란드, 잉글랜드의 해상 운송과 호송대가 각광받으면서 이탈리아 선박을 빠르게 대체했다.[26] 이러한 변화에 대처하여 제노바도 선박 소유에서 은행업으로 신속하게 전환했지만, 스페인과 제노바 사이의 정금(正金) 운송과 플랑드르로의 육로 운송을 위해서 일부 국가 갤리 선은 유지했다. 제노바는 수출입항으로 변신하여 자체적인 해운을 대체했고, 호의적인 관세 정책을 채택하여 항구로 무역을 유치했다. 도시는 해군이나 상선을 운영하지 않은 채 국제적인 영향력을 확보했다. 얼마 가지 않아서 항구는 네덜란드 선박들로 붐볐다. 잉글랜드는 다른 자유항인 인근의 리보르노를 사용했다.

스페인이 저물면서 제노바의 입지도 좁아졌다. 은행가들은 스페인에서 다른 곳으로 자금을 이동시켰으며, 1635년에 제노바 의회는 스페인과의 동맹을 거부했다. 베네치아가 해양 세력 국가가 되기를 선택하면서 제노바는 생존을 위해서 아예 바다를 포기했다. 다른 선택을 하기에는 규모가 너무 작고 취약했기 때문이다. 공공의 적이 없는 상황에서 상업 경쟁자들을 압도할 보편 제국, 곧 1653년의 공화국 동맹은 실패했다. 잉글랜드와 네덜란드의 전함은 리보르노 인근에서 무역을 차지하기 위한 전쟁을 벌였다. 제노바가 제해권을 놓고 싸우는 상황은 상상할 수 없었다. 부상하는 국가와 경쟁을 벌일 수 있는 수익과 자원이 부족했던 제노바는 쇠락하는 스페인 제국의 지배를 피하기 위해서 자유항으로 변신했고, 강대국의 장악에 맞서서 보호를 위한 폭넓은 경제 체제를 구축했다.

스페인은 프랑스의 부르봉 왕가, 프랑스 군대, 프랑스 함대, 프랑스의 야망에 제노바가 노출되어 해상 공화국이 어떤 형태로든 존재할 여지를 주지 않는 보편 제정이 설립되는 것을 거부했다. 해양 공화국의 존재 자체가 루이 14세의 왕권에 대한 모욕이었다. 제노바가 무역과 은행업의 유지를 원한다면 취약성을 인정해야 했다. 1684년 제노바의 갤리 선 몇 척을 스페인에 매각하는 과정에서 분쟁이 발생하자 프랑스 함대 한 척이 도시를 공격했다. 루이 14세는 제노바의 도제를 베르사유로 불러들여 독립국으로 행세한 무례함을 공개적으로 사죄할 것을 요구했다. 제노바는 서둘러 남은

포르투갈 제국

해안 탐험

해양 탐험

교역소

해상 무역로

영향력 행사와 무역이 일어난 지역

태평양

하와이

대서양

태평양

인도양

항료제도

대니카섬

마카오

페구

인도

고아

실론

모리셔스 제도

포르투갈

아조레스 제도

마데이라 제도

케이프 베르데

모잠비크

소팔라

브라질

해군들을 처리했다.[27] 루이 14세는 도제의 수치를 태피스트리에 묘사하여 로마로 보내면서 가톨릭의 유럽에서 권력이 어디에 있는지를 교황에게 상기시켰다. 베네치아 공화국 역시 프랑스 대사가 왕자의 탄생을 공개적으로 축하했을 때에 적대적인 메시지를 받았다.[28] 루이 14세의 가혹한 조치에는 공화국에 대한 본능적인 혐오와 해양 세력에 대한 뿌리 깊은 경멸이 반영된 것이었다. 이탈리아의 해양 국가들은 프랑스 제국의 지배에 저항하는 데에 대한 경고를 받았다.

굴욕을 받았음에도 불구하고 제노바는 독립을 유지할 수 있었다. 프랑스가 로마 같은 해양 패권이 아니었기 때문이다. 루이 14세의 권력은 지중해에서 활동하는 "잉글랜드, 네덜란드, 스페인 함대의 존재 덕분에 제한되었다. 공화국의 강점은 손쉽게 해체할 수 있는 갤리 소함대가 아닌, 항구를 둘러싼 이해관계에 있었다."[29] 루이 14세가 "해양 세력"에게 패배한 것과 더불어 자신들이 명백한 "무방비" 상태였기 때문에 제노바는 한 세기 동안 중립을 유지할 수 있었다. 이후 로마 공화국을 따라서 보편 제국이 된 프랑스 공화국은 대륙의 초국가에 제노바를 간단하게 편입시켰다. 공화국이 경시되고 영국이 프랑스로부터 유용한 해군 기지를 빼앗는 데에 혈안이 되어 있었기 때문에 제노바는 1815년까지 독립할 수 없었다.

제노바의 사례는 해양 국가의 한계를 두드러지게 보여주지만, 이들은 베네치아 해양 세력 국가 못지않게 오래 유지되었다. 이러한 과두 공화정은 네덜란드를 비롯한 유럽 전역의 사상가들에게 영감을 불러일으켰고 유럽 북부의 해양 세력 국가 형성에 도움을 주었다.

세계 해상 제국이 되는 것과 문화 정체성을 가지는 것의 의미가 혼동되면서 흔히들 포르투갈을 해양 세력으로 가정하는 우를 범하고는 한다. 그러나 포르투갈은 이베리아의 규모가 더 큰 이웃 국가들과 마찬가지로 대륙에 기반한 성격을 유지한 반면, 포괄적인 정치, 경제적 역동성, 해양 세력 정체성을 구성하기 위한 해양에의 관심은 부족했다. 이베리아의 해양 제국은 상업적인 성공보다는 종교를, 제해권보다는 대륙에서의 팽창을 강조하고, 진취성과 기업을 파괴하는 특정 경제 모형을 강제하는 왕정에 지배되었다. 이베리아의 군주들은 모든 경제 주체들이 대륙과 관련된 관심이 지배하는 체제 내에서 기능하도록 강제했다.

포르투갈의 제국주의는 종교적 열심에 이끌린 것이며, 식량 부족, 현금 부족에 따른 북아프리카 정복과 연관되어 있었다. 포르투갈의 제국 건설은 1415년 이베리아의 손에 남아 있던 모로코 도시 세우타를 점령하면서 시작되었다. "항해자" 엔히크 왕자는 설탕, 노예, 금을 찾기 위해서 아프리카의 서해안 탐험을 추진했고, 다른 지역과 연안 거주지로 탐험을 확대하도록 자금을 지원했다.[30] 아시아와의 향신료 거래 통제권을 확보하자 포르투갈의 중앙 집권 명령 경제는 이 기회를 무분별하게 활용하여 국내와 북아프리카에서의 사업을 위한 왕실 재정을 채웠다. 왕실 독점으로 인해서 가격이 높게 유지되었고 거래량이 저조했으며 민간 기업은 배제되었다.

왕실의 지배는 진취성을 무너뜨렸고, 의사 결정을 늦추었으며, 제국에 강력한 종교적 의제를 부담시키고 초기의 해양 세력 문화를 파괴했다. 1511년 포르투갈은 말라카의 거대한 아시아 무역의 중심지를 점령했으나 무슬림 상인을 배제하는 종교적 편견과 왕실 독점으로 인해서 곧 항만을 쓸모없게 만들었다.[31] 포르투갈의 통치자들은 해외에서 발생한 이익을 북부 아프리카의 영토 확장과 종교 활동에 사용했다. 종교적 의제는 제국의 통치와 포르투갈 식민지의 소규모 인구를 교회의 손에 넘겨주었다. 1319년에 시작된 이러한 왕실/교회의 동반자 관계 때문에 상인들은 설 자리를 잃었으며, 선교 사업과 상거래 간의 이해가 불일치하여 무슬림과의 상거래가 악화되었다.[32] 엔히크 왕자는 자금 관리를 맡고 있던 그리스도 수도회를 통해서 탐험 자금을 지원했다. 포르투갈 제국 사업의 궁극적인 상징은 벨렝 탑의 벽과 포르투갈 무장 상선의 돛에서 흔히 볼 수 있는 붉은 십자가였다. 이는 강력한 육상 의제를 지닌 성전(聖戰) 조직인 그리스도 수도회의 휘장이었는데, 그 조직은 모로코에서 유혈 사태로 최후를 맞이했다. 대체 자본이 없던 포르투갈의 해상 무역은 종교적 명령에 좌우되었다. 왕에게 특권을 받은 예수회는 민간 무역을 통해서 해외 기지를 유지했는데, 이 때문에 일반 상인은 필연적으로 불이익을 입을 수밖에 없었다. 왕과 교회의 관계로 인해서 포르투갈에서는 해양에 대해서 국가적 노력을 기울이는 포괄적인 정치 조직이 발전하지 못했다. 성직자들이 자신들의 의제를 추진하기 위해서 상인들을 지원한 반면, 왕은 포르투갈 상인을 정치 권력과 경제적 기회에서 배제했다.

상인들이 정치적으로 강력한 권력을 발휘하지 못한 포르투갈은, 자금을 제공받고 리스본에서 안트베르펜까지 수입품을 이동할 때에 제노바의 은행가, 상인, 해운에 의지했다. 안트베르펜 역시 제노바의 은행이 장악하고 있던 시장이었다.[33] 아시아에서 포르투갈의 세기가 진정한 해양 세력에 의해서 마감된 것은 우연이 아니다. 이 해양 세력은 해상 제국주의를 유지하는 데에 필요한 포괄적인 정치와 열린 경제로 형성된 공화국이었다.

엔히크 왕자에서부터 세바스티앙 1세에 이르기까지 포르투갈 왕실의 정신세계를 지배한 것은 전장의 영광을 위한 기사도를 추구하는 일이었다. 아비스 왕가는 명예, 이교도에 대한 십자군 전쟁, 포르투갈 세력의 확장에 집착했다. 재정적 보상을 인지한 주앙 2세는 해상으로의 확장을 추진했다. 1496년 그가 사망한 후에 "행운왕" 마누엘 1세는 유럽에서 자신의 위상을 높이는 사업에 재정적 이익을 투입했다. "모든 기독교인들의 왕이 되기를 꿈꾸었던" 그는 페르난도와 이사벨 여왕의 장녀와 결혼했다. 두 사람의 장남은 이베리아의 모든 왕국을 물려받으면서 아비스 왕조의 꿈을 실현했다.[34] 마누엘은 아내와 아들이 사망하자 아시아의 부를 이용하여 국가를 중앙 집권화하고 왕권을 신장하는 한편 모로코를 공격했다. 또한 스페인의 호의를 얻기 위해서 유대인들을 축출했다. 이때 많은 유대인들이 저지대로 이주한 것은 원래의 해양 세력과 대륙 국가 간의 근본적인 문화 차이를 보여준다. 마누엘은 해양 자원, 항해 과학, 기업, 국가 활동의 주요 원천을 희생하여 대륙의 야망에 집중했고, 포르투갈이 해상 무역과 제국이 되는 데에 주력하는 해양 세력이 되지 못하도록 만들었다.

아시아의 부는 명망 있는 건축물의 건설에 사용되었다. 벨렝의 탑과 수도원, 신트라의 궁전이 그 예이다. "마누엘" 양식에서는 포르투갈의 제해권을 상징하는 밧줄과 혼천의를 쉽게 찾아볼 수 있다. 마누엘의 환상적인 탑은 해양 활동을 나타내는 데에 오랫동안 사용되었지만, 십자가가 새겨진 기독교의 요새로서 타호 강 건너편 보루의 지원을 받아 무슬림 침략자들로부터 리스본을 지키기도 했다. 마누엘 양식 건축물의 주요 상징은 십자가로, 왕실과 기독교 절대주의의 상승 효과를 나타냈다. 포르투갈은 해양 세력을 기렸지만 그 의미를 이해하지는 못했다. 마누엘 정권은 종교심이 투철한 데다가 절대주의를 지향했고, 대륙 성격이 강했다.[35]

존 엘리엇은 합스부르크 스페인이 안고 있던 핵심 문제에 대해서 "그들은 십자군 이상에 물들어 있고 레콩키스타에 익숙했다. 아메리카를 정복함으로써 영광과 전리품을 얻고자 했으며, 자본주의 발전에 가장 불리한 열정을 영속화한 교회와 귀족이 권력을 지배했다"라고 지적했다.[36] 찰스 복서는 상업적 해운의 역사에서 더 많은 증거들을 발견했다.

포르투갈 제국은 분명 해상 제국이었음에도 불구하고 식민지 무역을 수행할 만한 선원이나 선박이 늘 부족했고 때로는 외국(주로 잉글랜드)의 선박을 활용했다.[37]

포르투갈은 아시아와 아메리카에 대양을 가로지르는 제국을 건설했음에도 해상 무역이라는 품위 없는 사업을 선택하는 대신 귀족의 육상 기반 문화를 유지했다.

포르투갈과 해양 세력의 관계는 마지막 두 해양 세력 국가를 형성한 새로운 사상과 과거의 지식을 전달하는 전달자로서의 역할을 수행하면서 더 복잡해졌다. 포르투갈 항해자들은 지중해, 대서양을 연결하는 그리스, 유대인, 아랍의 해양 과학을 섭렵하여 15세기 후반 유럽의 세계관을 형성했다.[38] 또한 대(對) 아시아 무역을 위해서 대형 선박을 건조하면서 원양 항해 선박을 개발했지만 16세기 후반에 이르러서는 주요 경쟁자들에 비해서 설계와 생산성이 떨어졌다. 그들은 많은 선박을 건조하지 않았고, 상업적 손실은 불어났으며 조선과 상업 분야의 투자는 고갈되었다. 한편 포르투갈은 해전에 대한 최초의 중요한 서적을 발간했는데, 바로 도미니크 수도원의 수사 페르낭 올리비에라가 쓴 『해전의 새로운 기술(*Arte de guerra do mar*)』(1555)이다. 올리비에라는 헨리 8세의 왕실을 방문한 것을 비롯해서 해양에 대한 경험이 풍부했음에도 바다를 "음란하다거나" 부패한 개념으로 인식하도록 만든 장본인인 성 아우구스티누스의 영향을 받았다. 바다가 신의 말씀을 전파하기 위해서 사용되는 경우에도 예외는 없었다.[39] 포르투갈의 왕족과 성직자들처럼 올리비에라는 개종을 주된 목표로 여겼다. 남아 있는 책은 한 권뿐인데, 이는 이 책의 인쇄 부수가 많지 않았음을 보여준다.[40] 식민지에서의 보상이 점점 세속적인 국가로 흘러들어갔음은 당연한 일이었다. 올리비에라의 런던 체류를 계기로 튜더 왕조 말기에는 포르투갈의 항해자, 문서, 해도, 경험이 적극 활용되었다. 다수의 자료는 1580년 이후 동 안토니오가 망명 생활을 하던 궁에서 발견되었다. 포르투갈 항해자들로부터 수혜를 얻고 포르투갈 무장 상선으로부터 탐험과 상업에 대한 지식을 얻은 잉글랜드인들은 신중하게 포르투갈의 흔적을 지웠다. 포르투갈 선원들과 긴밀하게 협력했던 월터 롤리 경과 올리비에라가 상이한 접근법을 취했다는 사실은 시사하는 바가 있다. 포르투갈의 수사는 국가를 부패시키는 바다를 경계한 반면, 야심만만한 잉글랜드인은 바다에서 미래를 엿보았다.

롤리가 집필을 시작할 당시 포르투갈은 더 이상 독립국이 아니었다. 1578년 세바스티앙 1세는 아시아 무역에서 발생하는 이익으로 군대를 키우고 모로코를 침략했다. 영토/이념의 십자군 전쟁은 포르투갈과 아비스 왕조 모두에게 재앙으로 막을 내렸다. 세바스티앙과 포르투갈의 많은 귀족들은 알카세르 키비르 전투에서 포르투갈인들 못지않게 신앙으로 단결한 모로코 군의 손에 죽음을 맞았다. 막대한 인력과 자금 손실, 위상의 추락을 당한 포르투갈은 1580년 펠리페 2세의 합스부르크 세계 제국에 편입되었다. 합스부르크의 지배하에서 포르투갈 제국은 네덜란드 공화국의 공격을 받았다.[41] 스페인은 포르투갈과 마찬가지로 아메리카와 아시아의 부를 착취하여 유럽에서의 전쟁을 이어갔다. 네덜란드 공화국과 잉글랜드의 역동적인 무장 상인들에게 공격을 받은 이베리아인들은 바다를 포기하고 영토를 수호하기 위해서 요새로 돌아갔다.

포르투갈의 약점은 합자회사인 동인도회사가 아시아 제국을 압도할 때에 두드러졌다. 동인도회사는 포르투갈의 약탈과 더불어 포르투갈의 전문성을 키운 포르투갈계 유대인으로 구성된 공동체, 그리고 과두 공화정이

후원한 암스테르담 주식시장에서 자금을 확보했다. 포르투갈은 손실에도 불구하고 문화적으로 영토를 통제하는 것과 종교 문제를 해상 무역보다 중시했다. 선박의 건조는 자본, 목재, 숙련된 인력의 부족으로 정체되었다. 선박, 선원의 공급이 제한되면서 포르투갈은 북유럽, 지중해로 향하는 주요 무역로를 포기할 수밖에 없었고, 독점 상태나 마찬가지였던 아시아, 아프리카, 브라질 시장에 주력했다. 이곳에서의 운송 역시 상당 부분 외국인들이 담당했다. 포르투갈 독립 전쟁으로 자본과 인력이 바다에서 이탈하면서 포르투갈의 상선은 고사 상태에 내몰렸다. 이베리아의 권력자들과 전쟁을 벌이던 네덜란드가 사업을 넘겨받았는데, 이들은 포르투갈의 제품을 차지하고 운송하여 솜씨 좋게 이익을 취했다.

1580-1640년까지 스페인의 포르투갈 통치 기간에는 유럽 이외 지역의 영토 관련 합의, 자원 채굴이 두드러졌고 왕실의 독점으로 무역이 제한되었다. 항해와 십자군의 영광, 신사적인 행동에의 집착을 향한 카스티야의 경멸은 포르투갈의 행동을 제한했다. 1640년에 독립한 포르투갈에는 스페인과 네덜란드로부터의 보호가 필요했다. 잉글랜드는 안보를 제공하는 대신에 왕실 간의 결혼을 통해서 불평등한 동맹을 맺었다. 잉글랜드는 스페인, 네덜란드와의 평화를 중재하는 대가로 탕헤르, 봄베이를 얻고 포르투갈 시장에 진출했다.[42] 포르투갈이 해상 경제의 실질적 주도권을 잉글랜드에 넘겼을 때, 이들은 비로소 해양 세력 제국의 일부가 되었다. 리스본은 잉글랜드의 팽창하는 해양 제국에서 바다를 수호하던 해군 기지가 되었고 따라서 잉글랜드 전함을 심심치 않게 볼 수 있었다. 잉글랜드 해군의 비품과 장비는 벨렝에 위치한 마누엘 왕의 거대 수도원 지하에 보관되었다. 지하에는 아직도 세바스티앙 1세를 기다리는 빈 공간이 남아 있다.

1640년 이후 제국은 왕실 독점 기업으로 거래되던 설탕, 담배, 금을 브라질로부터 공급받으면서 부활했다. 1690년 이후에는 브라질의 금이 포르투갈 경제를 장악했는데, 이 가운데 상당량이 영국으로 흘러들어가 포르투갈이 얻을 수 없던 상품과 서비스를 구매하는 데에 사용되었고, 유럽과 제국의 안보를 유지했다. 포르투갈은 번영을 좌우하고 제국에 필요했던 상업 운송이나 해군력을 창출하는 데에 실패했다. 상업은 외국인들이 차지했으며 "포르투갈의 해군에는 위신이 없었다."[43] 영국의 해양 권력 뒤에서 안전을 보장받던 포르투갈은 아시아 제국이 네덜란드와 잉글랜드의 압박으로 무너지는 가운데 한 세기 동안 식민지 착취를 이어갔다. 1740년에 포르투갈은 인도에서 유일하게 고아에 발자취를 남겼다. 1700년 이후 포르투갈의 제국주의는 대륙 세력의 기지인 브라질과 브라질의 플랜테이션 경제를 부양하던 서아프리카 노예 무역 기지에 초점을 맞추었다. 이처럼 브라질에는 포르투갈의 식민지 노력이 집중되었으나, 1820년대에 브라질이 독립하면서 제국은 유명무실해졌다.

예수회는 1640년 이후의 제국주의에 막대한 영향을 끼쳤다. 이들은 왕실의 후원을 등에 업고 무역을 통해서 종교 사업에 자금을 지원했다.[44] 마르키스 폼발이 1760년대에 이들을 제거하자 세속적 교육과 관리의 기반이 없던 제국은 크게 위축되었다. 비효율적인 왕실의 무역 독점 사업은 실패했고, 밀수입과 불법 거래가 빈사 상태의 제국에 주요 경제적 출구가 되었다. 이익은 포르투갈이 아닌 영국의 차지가 되었다. 결국에는 브라질의 식민지가 모국을 능가하기에 이르렀다. 1792년 영국 제국의 특사이자 행정관인 매카트니 경은 포르투갈의 미래가 수도를 리우데자네이루로 옮기는 데에 달려 있다고 결론을 내렸다. 포르투갈은 취약했고 역동적인 식민지의 부속 기관에 불과했다. 매카트니는 중국 시장의 개척을 앞두고 억압적인 "상업 규제와 제한"이 브라질 혁명을 촉발하리라고 예상했다. 이러한 독점 수단은 대륙 의제를 위한 것이었다. 영국의 공격적인 무역과 나폴레옹의 전쟁은 포르투갈이 태도나 인력 측면에서 지탱할 수 없었던 제국의 와해를 재촉했다.[45]

해양 제국의 몰락은 포르투갈이 단 한 번도 바다를 국가 정책이나 국가의 정체성의 핵심에 두지 않았다는 현실을 도드라지게 만들 뿐이었다. 포르투갈의 문화에서 바다는 19세기 말에 영웅적 탐험가와 식민지 관리자들이 활동하던 과거를 돌아보면서 뒤늦게 중요한 위치를 차지하게 되었다. 이러한 메시지는 살라자르가 마누엘 왕의 벨렝 탑이라는 전혀 배경이 다른 건축물에 파시스트 기념물을 나란히 세우면서 정점에 이르렀다. 1580년까지 포르투갈은 제국에서 얻은 이익을 유럽과 북아프리카의 육지 기반 사업에 투입했다. 이는 토양과 농업이 무역보다 가치 있게 대접받는 극도로 보수적인 문화를 보여준다. 노예 플랜테이션은 항해보다 더 "신사다운" 사업으로 간주되었다. 제국은 포르투갈의 해외 식민지와 유럽의 국경을 지켜줄 수 있는 해양 세력 강대국과의 불평등한 동맹을 통해서만 보호받을 수 있었다. 보호의 대가로 잉글랜드는 상업적 특권과 더불어 포르투갈이 방어할 여력이 없는 탕헤르, 봄베이의 핵심 해상 허브의 양도를 요구했다. 포르투갈 해외 제국의 특징은 이베리아의 경직된 사회 질서를 남아메리카의 열린 공간과 기꺼이 맞바꾼 소작 식민지 주민들이 형성했다. 일시적으로 머물 뿐인 상인들과 달리 소작농들은 정착하여 포르투갈이 제해권을 상실했음에도 브라질을 유지할 수 있도록 만든 정체성, 대륙적 성향을 통합하고 발전시켰다.[46]

포르투갈은 한 번도 해양 국가가 아니었으며 해양 세력은 더더욱 아니었다. 포르투갈은 중앙의 절대 주권자와 권위주의적인 보편 교회로부터 지시를 받는 명령 경제를 유지했다. 무역으로 발생한 이익은 왕의 절대 지배와 교회의 권한을 증대시키는 데에 사용되었다. 대부분 외국인으로 구성된 상인 계급을 정치적으로 포용하려는 움직임은 없었다. 포르투갈의 주요 군사력은 스페인과의 국경을 방어하고 북아프리카에서 전쟁을 이어가는 육군으로 유지되었다. 귀족과 육지 기반의 관심사가 바다를 통한 교류보다 압도적으로 컸다. 포르투갈의 농업 식민지가 유지되는 동안, 무역 수출입항의 대다수는 무역을 통제했던 진정한 해양 세력 국가로 넘어갔다.

해양으로의 팽창을 통해서 창출된 기회를 이용하는 데에 사회적으로나 정치적으로 준비가 부족했던 이베리아인들은 왕실의 독점, 선교 사업, 바다를 폐쇄한 대륙의 법적 지배에 주력했다. 플랑드르, 네덜란드, 제노바의 계약자들에게 해운과 은행 서비스를 제공받으면서 해양 제국의 발전이 제한되었기 때문이다. 이들은 성 아우구스티누스와 마찬가지로 바다를 위험하고 그 너머에 광업과 농업을 통해서 착취할 땅이 있는 공간으로 인식하는 데에 그쳤다. 아시아, 아메리카 제국은 간절히 원하던 유럽과 북부 아프리카 영토를 대신했다. 요약하자면, 이베리아의 해양 제국은 무역, 신앙, 상업이 아닌 토지를 중시했다. 두 나라 모두 근본적으로 대륙에 기반을 둔 것이다.

해양 국가와 해양 제국이 종종 해양 세력과 혼용되지만, 기저의 현실은 현저하게 달랐다. 카르타고, 베네치아, 네덜란드 공화국을 제외한 대부분의 해양 국가들은 해양 세력 강대국이 되기를 꿈꾸지 않았다. 대신 다극 정치 체제에서 대륙의 강대국 사이에서 성공적으로 기능했다. 위대함을 갈망하기에는 규모가 작거나, 현명하거나 분열되어 있었던 이들은 경제적 존재 이유이자 모든 정치적 영향의 원천인 바다에 절대적으로 좌우되었다. 해양 세력 국가와 마찬가지로 보편 제국 시대에 고통을 받았으나 이들에게는 해양 세력 국가처럼 저항할 수 있는 힘이 없었다.

중요한 사실은 해양 국가도, 해상 제국도 정체성이 구축된 상태는 아니었다는 점이다. 이러한 바다에 대한 문화적인 반응은 위치, 종교, 토지에 기반한 오래된 현실이 반영된 것이다. 포르투갈과 같은 해외 제국은 더 이상 존재하지 않지만 해양 국가의 중요성은 그 어느 때보다 더 커졌다. 종합해 보면 현대의 해양 국가는 해양 세력이 지성적으로 받아들였던 위대한 경제, 정치와 관련한 진보 의제의 비전을 유지하고 있다. 해양 국가가 없었다면 세계는 문화적 다양성이 없고 창의성을 지속시키는 의견 교환이 일어나지 않는 암울한 곳이 되었을 것이다. 루이 14세는 해양 세력을 혐오했다. 나폴레옹은 해양 세력을 제거했지만 우리는 그 존재가 지속되어왔음을 기려야 한다. 해양 국가 정체성은 활발하게 유지되고 있으며, 이는 유럽의 성격과 미래에 관한 논쟁에서 특히 중요하다. 해양 국가는 핵심 가치 면에서 충돌을 일으키는 중앙 집권의 대륙적이고 제한적인 경제, 정치 모형을 배격한다.

대륙 해군력의 한계
절대주의, 명령 경제, 일당 국가

러시아 해안을 방어하는 철갑 전함 표트르 벨리키 호

로도스와 제노바가 규모와 야망이 부족하여 해양 세력의 범주에 들지 못했다면, 포르투갈은 대륙의 절대주의와 명령 경제를 고수하기 위해서 앞서서 채택했던 포괄적 정치 모형을 의식적으로 거부한 경우였다. 이들 가운데 누구도 강대국 지위를 얻지 못했는데, 이는 해양 권력이나 대륙 권력이 될 역량이 부족했기 때문이다. 반면 대륙의 군사 세력에서 중요한 집단은 강대국이나 초강대국의 지위뿐만 아니라 해군 패권을 다투기 위한 해상 세력의 해군력을 발전시키는 데에 성공했다. 페르시아, 로마, 오스만 제국, 합스부르크의 스페인, 부르봉의 프랑스 등을 비롯한 이들은 앞에서 해양 세력의 대척점에 있는 세력으로 다룬 바 있다. 제7장에서는 시선을 다른 나라로 돌려보고자 한다. 오늘날에는 더 이상 해양 세력 강대국이 존재하지 않기 때문이다. 존 러스킨의 계보는 1945년에 끊어졌다. 이제 해양 세력 강대국 의 자리에서는 대륙의 군사 패권국인 초강대국이, 머핸이 주장한 해상 권력의 잠재적 유용성의 지배를 받는 해군으로 제해권을 차지하기 위해서 다툰다. 이러한 패권국의 대륙 의제는 해양 세력의 유산을 물려받은 오늘날 해양 국가의 해양 세계관과 충돌한다.

제7장에서는 일반적인 정치적, 경제적, 전략적 요소를 갖춘 의식적 문화 구조물인 해양 세력 국가의 개념을 사용하여 대륙의 군사 강대국이 해군에 관한 야망을 어떻게 발전시켰는지 알아보고, 접근법의 타당성을 검증하며, 그 결과를 살펴본다. 이러한 국가들에는 해양 세력 국가가 가진 한계와 약점이 없다. 이 국가들은 대부분 규모가 크고 자급자족하며, 육군을 주요 전략 도구로 활용한다. 또한 국가와 경제는 일반적으로 중앙의 지시를 받으며, 경제 주체를 정치 권력에서 배제한다. 오늘날의 분명한 사례로는 중국을 들 수 있는데, 중국의 굴기하는 해군력은 해양 세력과 혼동되어왔다. 가장 좋은 사례는 러시아이다. 러시아는 몽골의 침략과 내부 분열을 겪고 "서양"과 경쟁하기 위해서 신속하게 그 상처를 회복한 거대한 육지 제국이다.[1] 러시아는 로마와 스페인 제국 못지않은 거대한 육지 세력으로서 전략적 도구로 강력한 해군을 창설했지만, 해양 세력이 될 의도는 없었다. 러시아나 소련은 여전히 강한 해군력을 보유하고 있지만, 러시아의 예외주의와 불안정한 지정학적 구조를 강조하는 현 시점에만 국한된 연구들 때문에 실제 현실에 대한 이해가 제대로 이루어지지 않는 실정이다. 함대가 바다로 향하기를 멈추고 러시아가 더 이상 해군으로 위협을 가하지 않자, 해석은 역사가들의 손에 맡겨졌다.

야코프 부르크하르트가 해군을 만든 나라에 대해서 남긴 유명한 말처럼, 해군은 "예술 작품"으로서 그 형태가 무한한 문화적 구조이다. 해군의 형태에는 국가의 성격이 반영되어 있으며, 그것이 국가 또는 제국 문화에서 차지하는 위상을 조사해보면 해군을 잘 이해할 수 있다. 표트르 대제의 해군 사업을 혁명 정권의 맥락에서 조사해보면 대제가 강력한 해군을 만든 이유와 육지로 둘러싸인 국민들에게 해양 세력 정체성을 강요했는지 여부를 알 수 있다.

바다에 대한 러시아의 관심은 서양과의 연관성에 관련된 "최종 부산물"이었다. 16세기 러시아의 확장 시도는 발트 해, 아조프 해, 흑해, 카스피 해에 대한 접근을 거부당하는 장벽에 부딪쳤다. 잉글랜드는 모스크바에 도달하기 위해서 북극의 아르한겔스크로 항해했다. 이반 4세도 해군을 구상했으며, 보리스 고두노프는 선박을 사들였고, 초기 로마노프 왕조는 하천의 함대와 원양 선박을 건조했다. 그러나 이는 기술 이전과 관리의 개선 차원에서 이루어진 것이었고, 문화의 수혈은 이루어지지 않았다. 16세기에 러시아는 서구의 종교나 세속적인 사고에 관심이 없었으며 오직 "유용한" 지식만을 중시했다.[2] 취약한 국경을 지키는 일이 전략적 우선순위에 있었으며 러시아의 인상적인 인적 자원에 선원들이 포함되는 경우는 거의 없었다. 독재 정치와 강력한 교회를 포함한 몽골의 지배가 남긴 쓰디 쓴 유산은 삶의 모든 측면을 아우르는 막대한 권위를 러시아에 부여했다. 문맹률이 매우 높고 토착 상업 중산층, 자본 유동성이 부족한 이 나라는 해양 정체성과 같은 기이한 사고는 차치하고 참신한 사고와 무역이 번성할 수 있는 비옥한 토양조차 되지 못했다. 러시아에서는 언제나 해양 세력 문화를 건설하는 일이 힘들었지만, 그나마 표트르 대제가 이를 시도했다는 주장이 종종 제기되고 있다.

표트르 1세(1672-1725)는 베네치아, 네덜란드 공화국, 잉글랜드를 모방하여 해군과 해군 기반시설을 구축했다. 대제의 해군은 상비 조직으로서, 국가 소유의 전함으로 구성되었으며, 운용에 필요한 조선소, 기반시설, 신병 모집, 인력 유지를 위한 실행 계획과 행정력을 갖추고 있었다.[3] 한때 해군은 국가 권력의 도구이자 상징이었다. 게다가 표트르는 1개가 아닌 3개의 해군 조직을 구축했다. 처음에 만든 두 해군은 아조프 해, 핀란드 만의 하천과 연안 작전을 위한 소형 선박들로 구성되었다. 한편 마지막 해군은 외해역에서 활동할 수 있는 선박들을 갖추었다. 전자는 포위, 육상전과 연계된 활동 등 해상/육해군 작전에서 적극적으로 활용되었고 많은 경우에 성공적이었다. 마지막 해군은 본질적으로 과시를 목적으로 한 모방에 그쳤으며, 현명하게도 발트 해를 지배하기 위해서 배치된 영국 함대와 맞붙지 않았다.

표트르 대제 이전의 러시아에는 이렇다 할 해양 전통이 없었다. 특히 러시아인은 걱정스럽고 기이하며 위험한 황무지에서 살면서 해상 전통을 구축할 열망을 거의 품지 않았다. "표트르의 개혁"에서 가장 중요한 변화는 해양으로의 전환이었다. 다른 차르들도 근대화를 추진했을 수 있으나, 확고한 신념을 가진 표트르만이 러시아를 바다로 인도했다. 그는 문자 그대로 항해를 즐겼고, 바다를 여행하며 해양 과학과 실용적 기술을 익히고 선박을 건조하며 함대를 지휘하고 러시아의 미래를 바다에 건 최초의 차르였다. 그는 새로운 제국 수도를 바닷가에 건설했는데, 이는 베네치아와 암스테르담을 조합한 흥미로운 결과물이었다.

표트르가 거둔 성과의 종결부에 해당하는 1720년 해군법에서 대제는 러시아 해군 발전의 여명기가 부친인 차르 알렉세이에게서 시작된다고 보는 적절한 과거를 만들어냈다. 이는 해양 계획을 위한 것이었다. 알렉세이의 계획은 표트르의 관심을 촉발시켰고, 어린 차르가 항해, 기하학, 선박을 연구할 수 있도록 서양의 기술자를 초빙했다. 표트르는 1693년에 러시아의 유일한 항구인 아르한겔스크에서 출항하는 영국-네덜란드 상선을 통해서 처음으로 바다를 접했다. 1694년의 두 번째 경험에서는 북극을 더 길게 항해했는데, 이후 표트르는 돈 강과 아조프 해에서의 전쟁을 위해서 보로네시에서 함대를 건조했다. 1697년에는 해양 세계를 배우기 위해서 배를 타고 홀란트를 방문했다. 바다는 표트르의 근대화 개혁에서 핵심 의제였다. 그는 비용을 따지지 않았다. 네덜란드인들이 기술 이전에 필수적인 도구인 설계도로 선박 건조 방법을 가르쳐주지 못하자 그는 잉글랜드로 옮겨 갔다. 1698년 1-4월에 그는 뎁트퍼드 해군 공창에 머물고 일하면서 전문가를 고용하여, 자신을 위해서 선박을 만들고 항해와 탐험을 가르치고 근대 해군을 창설하도록 의뢰했다. 잉글랜드가 해양 분야에서 탁월하다는 사실을 인식한 것은 표트르의 새로운 해군 창설에서 중요한 기여를 했다. 러시아의 해군 문화와 해군 왕조에는 영국을 예찬하는 유산이 남았다. 표트르는 잉글랜드에서 선박을 건조하고 스핏헤드에서 잉글랜드 권력의 궁극적인 표현인 모의 해전을 관전했으며, 해안을 공격하도록 설계된 새로운 군함에서 대형 박격포의 시험 발사를 지켜보았다. 표트르는 당대 해양 세력국가의 중심지인 뎁트퍼드에서 카마던 후작, 존 벤보를 포함한 진취적인 해군 장교들과 시간을 보냈다. 당시 템스 강에는 공공과 민간의 조선소가 즐비했는데, 선박 건조, 과학, 해군 기술, 새로운 정치 체제가 담긴 해양 세력의 축소판이라고 할 만했다. 민간 소유의 상선으로 구성된 거대한 함대로 활력이 넘쳤던 하천은 인도, 중국까지 역동적인 상거래를 하는 젖줄이었다.

뎁트퍼드에서 표트르와 가깝게 지냈던 카마던 후작 제독은 잉글랜드에서 주요 조선공과 전함의 설계, 건조, 준비에 숙련된 고위급 장인, 일부 토착 잉글랜드 해원, 러시아인들에게 선원이 되는 방법을 알려주고 항해 교사 역할을 할 잉글랜드 선원 등 네 가지 유형의 숙련된 인력을 선발할 것을 권유했다. 실제 선발된 인력의 수는 정확히 알려지지 않았으며 일부는 간첩이었던 것으로 보인다. 카마던은 이에 대한 보상으로 담배 계약을 제공했는데, 이는 당시 러시아에서 잉글랜드의 이해관계를 반영한 조치였다.[4]

표트르가 세이즈 코트의 정원과 시설물을 엉망으로 만든 일화는 유명하다. 세이즈 코트는 저명한 해군 행정관이자 해군주의 작가 존 에벌린의 저택으로, 에벌린이 존 벤보에게 다시 빌린 공간이었다.[5] 윌리엄 3세는 까다롭고 따분한 손님인 표트르가 해군, 목공에 관한 이야기를 끝없이 늘어놓는 것을 지루하게 여겼다. 그는 기지를 발휘하여 차르가 "로열 트랜스포트" 호라는 멋진 요트를 타고 고향에 돌아가도록 했다.[6] 표트르는 잉글랜드의 왕실 예술가인 고드프리 넬러 경에게 최초의 초상화를 얻었는데, 그 초상화에서 그는 전신 갑옷을 입은 근대 서양의 남성으로 그려졌고, 해양의 분위기를 물씬 풍겼다.[7]

표트르가 잉글랜드에 도착한 시점은 잉글랜드가 해양 세력 강대국으로 거듭난 직후였다. 잉글랜드는 1692년 바르플뢰르 라우그 전투에서 거둔 승리를 국채의 발행, 잉글랜드 은행에 연계된 거대한 선박 건조 사업과 연결했다. 전시에 운용된 육군은 1697년에 해체되었다. 잉글랜드 선박은 모든 바다를 누볐고, 모든 수준과 모든 측면에서 해양 지식을 풍부하게 보유하고 있었다. 한편 정치 국가는 잉글랜드가 섬나라이고 해상 국가이며 독특한 성격을 지니고 있음을 인정했다.

런던에서 표트르의 경험이 함대 건설과 해양 도시의 수도인 상트페테르부르크 건설에 얼마나 많은 영향을 주었는지는 짐작만 할 수 있을 뿐이다.

그러나 그는 불과 10년이라는 기간 동안 이전까지 세계사에서 내륙으로 둘러싸여 있던 대륙 국가를 눈에 띄게 "해군화"하는 데에 성공했다. 러시아의 그 어떤 통치자도 바다를 순전한 마음으로 포용한 전례가 없다는 사실도 중요하다. 함대를 국가의 우선순위에 두고, 손수 모범 사례를 만들었으며, 새로운 바다의 정복을 개혁의 핵심에 두었다는 점에서 표트르는 이전의 통치자들과 달랐다. 러시아의 다른 지도자가 국가 문서에서 선구자로서의 기술을 자랑하는 모습은 상상조차 하기 어렵다. 반면 표트르는 바다, 선박, 해군, 권력을 모든 수준에서 이해하고 있었다. 그의 통찰이 얼마나 분명했었는지는 표트르 사후에 증명되었다. 해군의 구조, 인적 자원, 기반시설이 무시되고 잊혔으며 부패하기 시작한 것이다. 300년이 흐른 지금도 표트르는 러시아 역사상 가장 위대한 해군 주창자로 남아 있다. 그는 자신이 만든 국가에서 영예를 누리지 못하는 예언자나 마찬가지인 존재이다. 상트페테르부르크(당시 레닌그라드) 출신인 블라디미르 푸틴은 이 문제를 이해할 수도 있겠지만, 해군에 관한 표트르의 비전은 여전히 문서상의 계획으로만 남아 있을 뿐이다.

해군 양성 계획은 표트르가 전근대적이고 절반은 아시아의 성격을 띠는 러시아를 근대 서양의 강대국으로 탈바꿈시키는 데에 핵심이었다. 그의 계획은 당대 세계인을 매료했으며, 지속적으로 관심을 끌었다. 대부분의 일화들은 해군 양성이 러시아에 이질적인 아이디어, 기술, 체제를 도입하는 데에 어떤 기여를 했는지를 강조한다. 표트르는 중무장하고 확장을 지향하는 서유럽 국가가 지배하던 세계에서 러시아가 생존하고 번영할 수 있도록 국가 문화를 재구성했다.[8] 그는 불과 한 세대 만에 의제를 설정했다. 1725년 표트르를 기린 송덕문(頌德文)에는 근대의 군사 지도자 표트르의 모습을 담은 판화가 묘사되어 있다. 넬러는 영웅적 지도자가 전통 복식으로 중무장하고 전함, 거대한 서양 도시, 근대의 모든 도구, 과학 관련 인쇄물, 지구의, 천체에 둘러싸여 어머니 러시아에 감사하는 모습을 남겼다.[9] 장엄한 우화는 근대화의 기본 동인으로 바다를 강조했으며, 마침 작품을 남긴 예술가도 네덜란드인이었다. 역사학자들은 혁명의 중심에 해군이 있다는 표트르의 주장을 수용하면서도 대부분 최종 결과에 우연성이 미친 역할은 간과했다.

표트르는 매우 기이한 차르였다. 그는 배, 선원, 항해를 좋아했으며, 소년 시절에 항해를 배웠다. 유일한 해양 항구인 아르한겔스크를 통해서 서양으로 여행하면서 바다에 대해서 더 자세히 알게 되었다. 그는 돌아와서 남부의 하천, 이어서 발트 해에 함대를 띄웠으며 조선 기사와 조선공 확보에 나섰다. 그가 서양화(西洋化)에 기여한 점은 특이함뿐이라는 주장은 어리석다. 17세기 러시아는 근대화하거나 멸망할 수밖에 없었지만, 해군을 만들기로 한 결정은 자연스럽거나 불가피한 일이 아니었다. 대북방 전쟁이라는 긴급한 사건으로 결정된 일도 아니었다. 러시아는 중부 유럽, 스칸디나비아, 코카서스, 페르시아를 정복하기 위해서 바다를 건널 필요가 없었다. 게다가 한 세대 만에 다른 나라의 해군보다 앞서간 러시아 해군 발전의 규모는 전례가 없는 것이었다. 1700년에 러시아는 발트 해에 접근할 수 없었으나 1721년에는 러시아 함대가 바다를 지배하여 스톡홀름과 코펜하겐에까지 황실의 힘을 과시했다.

그러나 이 과정을 서양 또는 해양의 관점에서 해석해서는 안 된다. 표트르는 해양 세력 국가를 만들 계획이 없었다. 30년이 넘는 시간 동안 그는 국가의 이익을 위해서 여러 형태의 해군을 만들었지만 그 이상은 아니었다. 정서적으로나 개인적으로 바다와 교감하기는 했으나 그의 정책을 주도한 비전은 전략적이며 기능적이었다. 배를 향한 소년의 열정이 아닌 논리와 기회에 이끌려 해군을 창설한 것이다. 그는 1695년에 해군이라는 자산의 필요성을 인식했다. 튀르크가 해상 보급선을 보유했기 때문에 그의 군대는 아조프의 오스만 요새를 점령할 수 없었다. 1696년에 급하게 건조된 러시아 선박이 요새를 고립시켰고 항복을 얻어냈다. 이러한 실용적인 접근 방식이 표트르의 해군 비전을 형성했다.[10] 그는 러시아 버전으로 카이사르의 모토 "왔노라, 보았노라, 이겼노라(Veni, vidi, vici)"를 새긴 의식의 문과 넵튠이 차르에게 굴복하는 모습을 담은 메달로 승리를 축하했다. 이후 그의 치세를 설명하는 데에 고전적인 해군 상징주의가 다수 활용되었다. 이처럼 생경한 상징에서 과거 로마와 관계를 맺고자 하는 열망이 시작되었고, 1721년 제국 선언으로 절정에 이르렀다.[11] 빌려온 상징과 고전어로 허세를 부리는 것은 피지배자들에게 자신의 치적을 드러내기를 열망하는 권력자들이 보인 전형적인 행동이었다. 그러나 상징의 디자인은 더 깊은 메시지를 전달했다. 표트르는 로마인과 마찬가지로 넵튠이 되기를 원하지 않았다. 그저 넵튠이 자신의 육지 제국에 굴복하기를 바랐을 뿐이다.

아조프에서 승리를 거두었지만 러시아는 대양에 접근할 수 없었다. 얕고 육지로 둘러싸인 아조프 해로 유입되는 돈 강의 삼각주를 요새가 지키고 있었기 때문이다. 흑해는 오스만과 크림 타타르 예속국이 차지한 케르치 해협의 중무장한 요새 너머에 있었다. 해협을 통과할 수 없었던 러시아 선박이 발휘할 수 있는 전략적 잠재력은 제한적이었다. 표트르는 프루트 강에서 오스만에게 패배하자 상징적인 중요성을 지니고 있던 아조프의 새 도시들과 타간로크를 버렸다. 남쪽에서 러시아의 권력의 한계를 인식한 표트르는 관심을 발트 해로 돌렸다. 1700년, 그는 오스만과의 평화적 관계를 맺은 다음 날 스웨덴에 전쟁을 선포했다.[12]

전쟁은 표트르의 계획에서 중요한 역할을 했다. 승리, 신의 심판은 통치

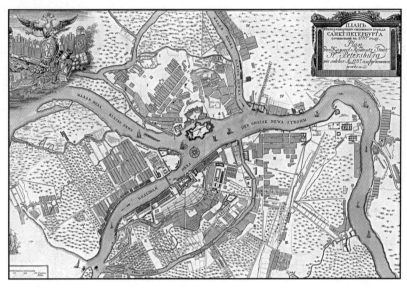

바다의 새로운 도시 : 조제프 니콜라 드릴의 상트페테르부르크 계획(1737)

에 정당성을 부여했고 급진적인 조치가 유효함을 확인시켜주었다. 이는 서로 맞물려 있는 순환적인 과정이었다. 러시아를 서구화하는 과정에서 전쟁은 불가피하게 치러야 하는 비용과도 같았고, 비용을 마련하기 위해서는 러시아가 서구화에 성공해야만 했다. 대북방 전쟁에 대한 법적 정당성, 스웨덴 영토에 대한 오래된 주장, 최근 스웨덴이 가한 모욕 등은 중요하지 않았다. 목표는 앞에서 로마노프 왕조가 시도했던 발트 해 연안의 점령이었고, 이 부분에서 표트르는 타협하지 않았다. 그의 전쟁 계획은 덴마크가 스웨덴의 해군력에 대립각을 세우는 동안 러시아가 육지로 진격한다는 것이었다. 그러나 군사적 패배와 경제 붕괴로 덴마크는 몇 달 만에 평화를 추구했다.[13] 표트르는 해안이나 선박이 없는 상태에서 대니시 해협에서부터 미래의 상트페테르부르크에 이르는 발트 해 연안 제국을 유지해온 스웨덴 함대에 맞서야 했다.

342

표트르는 요새, 해군 무기고, 새로운 수도를 건설하기 전에 우선 군사적 수단으로서 발트 해에 교두보를 마련했다. 해군 창설의 중요성은 1706년에 두드러졌다. 스웨덴 육군이 승승장구했기 때문에 표트르는 평화를 위해서라면 상트페테르부르크 포기를 제외한 모든 조치를 취할 준비가 되어 있었다. 그러나 스웨덴의 칼 12세는 타협할 필요성을 느끼지 못했고 양국 간에는 전쟁이 계속되었다.[14]

표트르의 결정은 러시아에 적합하지도 논리적이지도 않았다. 그는 네바 강 삼각주에 위치해서 홍수에 취약한 저지대 제도에 상트페테르부르크를 건설했다. 베네치아와 비교하더라도 우호적이지 않은 환경이었다. 하천은 연중 거의 3분의 1의 기간 동안은 얼어 있었고, 겨울에는 낮이 짧았으며 기온이 낮았다. 관목류가 자라는 토양은 농업에 적합하지 않았다. 무엇보다도 장소가 개방되어 있어 바다에서의 공격에 취약했다. 마치 표트르가 현대적인 도시 설계의 가능성을 실험하기 위해서 의도적으로 선택한 장소처럼 보였다. 해군이 새로운 대도시와 바다를 통제한다는 점이 이론적인 근거를 제공했지만, 이는 사치스러운 낭비성 기획이었다. 수도의 위치를 정한 표트르는 유럽에 깊은 인상을 심어주기 위해서 도시를 조성하기 시작했다. 고전적인 양식의 장엄한 석조 건물, 넓고 곧은 도로, 가로수가 늘어선 대로와 운하가 도시의 여러 지역들에 다른 유형과 기능을 배치한 논리적인 계획 위에 세워졌다.[15] "네덜란드 양식의 해군 기지, 무역 중심지"로 간주된 운하는 수송 목적보다는 암스테르담과 베네치아와의 연관성을 위해서 사용되었다.[16] 운하를 작동시키기 위해서 암스테르담과 베네치아에서 기술자들이 초청되었지만, 사실 도로망으로도 교통량을 충분히 처리할 수 있었다. 이처럼 표트르의 운하는 비현실적이었을지는 모르지만 중요한 상징적인 기능을 수행했다. 바로 도시에 해양 성격을 더한 것이다. 여러 언어의 문서들을 활용해서 건(乾)뱃도랑과 기타 해양 기반시설이 구축되었다. 표트르 대제는 이 문서의 일부를 러시아어로 옮겼으며, 직접 건축과 조선 관련 문서의 초안을 작성하기도 했다.

1703년에 두 곳에서 작업이 시작되었다. 우선 코틀린 섬의 요새(훗날의 크론시타트)는 도시 건설을 가능하게 한 중요한 수비 요새였고, 해군 본부 조선소는 새 도시의 건설 사업이었다. 조선은 표트르가 집착하던 분야였다. 러시아는 1688-1725년에 무려 1,200척의 원양 선박을 건조했다.[17] 표트르는 발트 해 연안을 차지하기에 앞서서 선박을 관리할 해군 본부를 세웠다. 러시아의 모든 해군 활동을 책임지고 있던 해군 본부는 나중에 해군부로 알려진 복합 건물에 기반을 두고 있었다. 여기에는 조선소, 밧줄 작업장, 요새, 교회와 해군 병영, 작업자의 숙소와 장교들의 거처가 포함되었다. 네바 강변을 장악한 시설은 해군과 새로운 수도 간의 구조적, 철학적 상승 효과를 강조했다. 또한 "다양한 산업의 생산을 결합한 18세기 러시아 최대의 산업 단지"였다.[18] 1717년에는 여러 작업장과 권력의 표현이 결합된 작품을 세상에 공개될 준비가 완료되었고 판화도 제작되었다. 이제 러시아의 지도층과 외국 정부는 차르가 그동안 어떤 작업을 해왔는지 직접 확인할 수 있었다. 개인적인 연관성을 강조하기 위해서 예술가 로스트보체프는 제국의 조사를 수행했으며, 갤리 선에는 차르의 기가 휘날리도록 했다. 에너지, 질서, 해군 본부의 성과는 외국인 방문객을 끌어들였다. 그중 일부는 이것을 두고 베네치아의 아르세날레와 직접 비교하기도 했다. 아르세날레에서처럼 이곳에서도 베네치아 조선공들의 손에서 수백 척의 갤리 선이 건조되었다. 참나무를 사용해서 건조한 전함은 카잔에서부터 강 하류까지 2년 동안 이동했다.[19]

표트르의 해군부는 해군 혁명에서 강력한 상징이었다. 1700년에 사용된 부조가 이번에도 활용되었다. 넵튠은 차르에게 해양 세력의 삼지창을 건네주었고, 차르 옆에는 지혜를 상징하는 미네르바가 손에 헤라클레스의 곤봉을 쥔 러시아의 젊은 여신으로 그려졌다.[20] 표트르는 운하, 조선소, 창고의 도시인 암스테르담의 중심에 뎁트퍼드와 아르세날레의 결합물인 훌륭한 조선소를 배치했다. 해군 본부는 외국 기술자들과 장인, 1696년 아조프 전투를 위해서 선발된 인력으로 채워졌다. 후에 토목 공사로 숙련된 사람들이 해군 본부에 배치되었고, 다른 업무보다 해군에 우선권을 부여했다. 표트르가 사망한 후에 해군의 명령 체계는 무너졌다. 1730년대에 노동자들은 남쪽으로 이동하여 드네프르와 돈 강에서 배를 만들었다. 이들은 10년 후에 스웨덴과의 또다른 전쟁을 위해서 강제로 동원되었다.[21]

표트르는 자신의 최초의 작은 배를 "유물"로 탈바꿈시켜 해군 사업을 지원하는 역사를 만들었다. 이는 1720년 제작된 '해군 조각상'의 우화적인 표지화에 묘사되어 있다. 선박은 보존되고 행진에 활용되었으며, 1720년 9월에 페오판 프로코포비치 대주교가 상트페테르부르크에서 전달한 "러시아 함대의 찬양의 설교"에서는 숭배의 대상이 되기까지 했다. 판화는 이 작은 배가 스웨덴에 대한 승리의 기초를 놓았다는 메시지를 전하는 역할을 했으며, 해군력을 국가를 영광스럽게 하는 원천으로 지지했다. 1723년 표트르는 네바 강을 따라서 해군 본부까지 직접 배를 타고 이동하여 본부에 도착했다. 뭍에서는 포를 쏘아올려 생일을 맞은 차르와 그가 탑승한 배를 맞았다. 이를 지켜본 프랑스 대사는 차르가 권력을 유지하고 확대하기 위해서 고안한 모든 계획에서 "해군에 가장 심혈을 기울였다"고 표현했다. 표트르의 선박은 표트르 개혁의 궁극적인 상징으로서 러시아의 해군력을 나타내는 징표가 되었다. 1872년에는 로마노프의 차기 해군주의자인 콘스탄틴 대공이 표트르 탄생 200주년 기념행사에서 표트르의 배와 함께 모스크바에서 행진하여 해군이 "러시아를 강대국 반열에 올려놓았음"을 강조했다.[22] 제2차 세계대전 중에 소련이 표트르의 업적을 부활시킬 때에는 배를 네바강의 장려한 증권거래소 건물에 위치한 상트페테르부르크 해군 박물관에 전시했다.

표트르는 서구의 설계와 기술을 받아들여 해군 본부를 위한 근대적 요새를 만들었다. 이러한 결정은 공공 설계와 건설에 중요한 영향을 미쳤다. 1700년 모스크바에서 고전 건축 양식이 사용되자 표트르는 아조프에서 로마식으로 성공을 기념했다. 보편적인 서양 언어인 고전 양식은 서양에서 러시아가 서양 국가임을 인정하도록 만들었다. 외국에서 유학한 러시아의 귀족들은 눈앞에 펼쳐진 새로운 세계에 대해서 호의적으로 보고했다. 베네치아를 방문한 톨스토이 백작은 도시가 "멋지다"며 "풍부하고 조화로운 건축"을 찬양했다. 다른 러시아인은 팔라디오의 유명한 건축물 안내서를 바탕으로 집필했다. 표트르는 서유럽인들도 이해할 수 있는, 러시아 권력을 표현하는 새 언어를 만들기 위해서 궁에서 그의 신하들이 좋아하던 이탈리아 양식을 강조했다. 그가 건설한 새로운 수도에서는 유럽의 양식이 분명하게 드러났다. 1710년 영국의 대사 찰스 휘트워스는 표트르가 "이곳이 제2의 암스테르담이나 베네치아로 불리는 날"이 오기를 바랐다는 점을 강조했다. 새로운 함대가 우선순위이기는 했으나 휘트워스는 분위기가 변화하고 있음을 감지했고, 방어에 부적당하다고 판단했다. 베네치아에 대한 그의 언급은 표트르와 가깝던 멘시코프 왕자에게서 유래했을 가능성이 있다. 멘시코프는 도시에 관광객이 몰려올 것이며, 외국인들이 러시아의 힘과 위엄에 놀랄 것이라고 주장했기 때문이다.[23] 하노버에서 온 프리드리히 베버는 이 말에 동의하며 영국 독자들에게 이것이 "세계적인 기적"이라고 소개했다.[24]

멘시코프는 선견지명이 있었다. 1739년에는 베네치아의 프란체스코 알가로티 백작이 호기심을 충족시키기 위해서 도시를 찾았다. 그는 "웅장한 운하"와 크론시타트의 거대한 배들, 차르를 기리는 "안나"라는 거대한 3층짜리 갑판을 갖춘 선박에 감명을 받았다. 그러고는 배를 타고 좁은 해협을 따라서 상트페테르부르크로 이동했다. "승리를 축하하는 이 길, 네바의 신성한 길은 아치나 신전으로 장식되지 않고" 낮은 관목 숲으로 뒤덮여 있으며, 좋은 입지로 보이지 않았다. 그러다 어느 순간 경관이 변화하여 웅장한 건물로 가득한 제국의 도시가 위용을 드러냈다. 베네치아를 연상시키는 모습은 바다에서 바라볼 때에 가장 강렬하게 다가왔다. 그러나 육지에 오른 알가로티는 차르가 운하를 그저 겉모습을 모방한 데에 불과하고, 건축물은 이탈리아, 프랑스, 네덜란드의 양식을 뒤섞은 "서자"와 같다며 비판했다. 예리한 이 베네치아인은 화려한 겉모습 뒤에 감추어진 형편없는 설계와 서둘러 건설한 구조물을 간파한 것이다.[25] 러시아는 외적으로 바로크 양식을 적용했으나, 그 본질에는 그다지 인상적인 구석이 없었다. 입지와 건설 속도를 고려하면 그럴 수밖에 없었을 것이다. 표트르의 도시는 그의 해군과 마찬가지로 허영으로 추진된 거대한 사업이었다. 도시와 해군 모두 근본적으로 러시아의 외양을 변신시켰지만, 이후 수 세기가 흐르도록 도시의 바깥에 사는 인구에는 거의 영향을 미치지 못했다. 표트르는 러시아가 서양을 지향하도록 움직였으나 이 사업은 1725년, 1825년, 1925년에도 완성될 기미를 보이지 않았다. 러시아는 포괄적 정치, 열린 경제, 해상 정체성, 국경 너머의 세계를 향한 호기심과 같이 해양 세력과 연관된 서구 진보의 중요한 요소는 받아들이기를 거부했다. 표트르는 근대 요새, 전함, 항해 장비, 인쇄기, 천체, 망원경 등 서양의 여러 기술들을 러시아에 도입했지만, 이는 근대적 요소를 과거에 적용하는 데에 그쳤다. 해양 세력 문화는 표트르의 러시아에서 제자리를 찾지 못했다. 그 정체성의 뿌리가 앞선 수백 년 동안 형성된 것이 아니었기 때문이다. 잉글랜드의 경우 진정한 해양 세력 정체성을 구축하는 데에 200년 이상이 걸렸다. 표트르는 자체적인 해양 세력 정체성이 미처 준비되어 있지도 않고 국민들이 관심을 보이지도 않는 상태에서 불과 20년 만에 이를 강제했고 부작용이 일어나자 성을 냈다. 해양 세력의 옷을 입는 것과 실제 해양 세력이 되는 것은 별개의 문제였다.

1709년 폴타바에서 러시아가 스웨덴에 패배를 안기고 스웨덴의 발트 수비대가 전염병으로 타격을 입은 후에 표트르는 발트 해 계획을 완료했다. 1710년에는 비보르 지방을 강탈하면서 상트페테르부르크를 육지와 바다에서 안전하게 지킬 수 있었다. 또한 발트 지방을 점령하여 리가와 레발(탈린) 등 제대로 구축된 항구를 러시아에 편입시켰다. 이와 함께 독일어를 구사하는 귀족이 무장 병력을 이끌었다.

러시아가 발트 연안에서 갑자기 두각을 나타내면서 다른 해상 세력들은 경각심을 느꼈다. "특히 영국은 스웨덴이 완전히 무너져서는 안 되며, 북방 세력 간의 균형을 유지해야 한다고 주장했다."[26] 이러한 균형은 러시아가 발트 해의 해군 자원 공급을 독점하지 못하도록 하기 위함이었다. 이를 위해서 영국은 1713년부터 발트 해에 왕립 해군을 보내서 폐쇄된 해역에서 러시아의 계획을 좌절시키는 한편, 하노버의 이익을 증대시켰다. 러시아의 확장주의는 영국의 해군력 앞에 무기력했다. 1725년에는 왕립 해군이 레발 해역에 출몰하여 덴마크가 슐레스비히 위기 때에 러시아에 맞설 수 있도록 도왔다. 영국의 해군력은 러시아가 발트 해 계획의 한계를 인식하게 만드는 계기였다.

린지 휴스는 표트르의 통치에 대한 비판적인 설문에서 핵심적인 질문을 던졌다. "표트르는 해군을 중시했는가?" 그녀의 대답은 여느 해군 분석가의 답보다 더 선명하고 예리했다. 해군은 유지에 비용이 많이 들었지만 더 높고, 기본적으로 육지에 기반한 목표를 달성하는 데에 도움이 되었다. 표트르의 계획에서 영토 문제가 최우선이었다는 사실은 아조프 함대의 가장 중요한 역할이 "튀르크와 타타르를 계속 경계하는" 것이었음을 의미한다. 이와 함께 1709년에 아조프에서 보여준 표트르의 활약은 폴타바 전투 직전에 벌어진 대북방 전쟁에서 오스만의 개입을 저지했을 가능성이 있다. 몇년 후에 표트르는 불편한 튀르크 전쟁을 피하기 위한 협상용 패로 아조프 함대를 희생시켰다. 해군력은 대륙 국가에게 유용할 수 있었으나 해양 세력 정체성은 그렇지 않았다.

발트 해의 갤리 함대는 핀란드의 전략적 도시인 헬싱키를 점령하는 데에 도움이 되는 이동성, 화재 지원, 수륙 양용 능력을 제공했다. 표트르는 페오도어 아프락신 제독을 임명하여 핀란드가 해상 무대임을 인정했다. 러시아는 1714년 항코에서 벌어진 갤리 선 전투로 핀란드의 수도 투르쿠(아보)를 점령했으며, 1720년에 그렌강에서 승리하여 올란드 제도도 확보했다. 상트페테르부르크에서는 영국-네덜란드 함대보다는 레판토 해전을 닮은 이 사건을 기념했다. 이는 해군의 탁월함보다는 발트 해 지정학의 새로운 시대를 상징하는 사건이었다. 러시아 함대는 스웨덴의 군대를 상대로 수륙 양용 작전을 수행한 것 이상으로 이렇다 할 조치를 취하지 않았다. 러시아는 갤리 함대를 창설할 수도 있었지만, 표트르는 전함을 구입하고 주로 홀란트를 통해서 서양의 숙련된 인력을 고용하는 함대를 구성했을 뿐이다. 1713년 이후 그는 구매자의 시장에서 유리한 위치에 있었다. 스페인 왕위 계승 전쟁이 막을 내리면서 전함, 장교, 수병이 잉여 상태였다. 영국에서 구입한 선박은 일반적으로 본래의 이름을 유지했다. 표트르의 전열에는 브리타니아 호, 포츠머스 호, 데번셔 호가 포함되었는데, 이는 세계에서 가장 강한 해군의 영광과 자신의 함대를 연결지으려는 의식적인 시도였다. 서둘러 건조한 러시아 선박은 단기 자산에 불과했고, 중고로 구매한 선박이 더 나았다. 덴마크의 평론가 게오르크 그룬트는 "제독의 배를 비롯해서 선박들은 대개 상태가 형편없었다. 소나무로만 건조되었고 목재 위의 철은 품질이 나빴다. 1710년에는 차르도 오래된 선박 네 척이 항해에 적합하지 않다고 인정할 정도였다"라고 밝혔다.

전투 함대는 서양의 기준에 크게 미치지 못했고 그 형편없는 수준을 물량으로 간신히 메꾸고 있었다. 그럼에도 불구하고 10년이 되지 않는 기간에 실질적인 해상 함대가 탄생한 것은 인상적인 성과였고, 분명한 한계에도 불구하고 표트르의 필요를 충족시켰다. 스웨덴의 함대가 수륙 양용 작전을 전개하지 못하도록 막고 지역에서 전략적 수단을 확보한 것이다. 궁극적으로 해군은 상트페테르부르크 앞바다를 지키고 힘을 투사하며, 1720년에 스톡홀름 변두리를 급습하는 데에 핵심 자원이었다. 어떤 경우에도 러시아의 목적은 영토에 있었다. 차르는 발트 해의 중심부를 확보하자마자 해군의 역량을 카스피 해로 돌려서 페르시아를 공격할 수 있도록 인력과 전문성을 재배치했다. 이번에도 표트르의 전함은 영토 확장을 목적으로 육지 공격을 지원했다.[27]

노르웨이 출신으로 핵심 관리자이자 해외 용병의 모집을 맡고 있던 코르넬리우스 크라위스 제독은 대북방 전쟁이 막을 내린 것은 또다른 계획의 시작임을 알고 있었다. "모든 유럽 국가뿐 아니라 아시아의 더 많은 지역에서 우리의 함대를 크게 우러러보고 있다. 따라서 모든 것을 최상의 상태로 유지하는 것이 중요하다." 로마가 로도스를 격파했듯이, 함대는 러시아가 막강한 육군의 힘을 토대로 부근의 해상 세력을 꺾을 수 있도록 도울 것이었다. 범선을 배치한 목적은 해군력, 국력, 왕권을 상징하는, 3층 갑판을 갖춘 1급 함선들을 빠르게 확보한 데에서 확인할 수 있다. 루이 14세의 솔레유 루아얄 호, 잉글랜드의 로열 소버린 호, 브리타니아 호, 빅토리 호는 규모가 크고 금박으로 장식되어 있었으며 각 선체에 러시아 육군 전체보다 더 많은 화력을 갖추고 있었다. 반면 발트 해의 해군은 그러한 배를 거의 만들지 않았으며, 규모가 작은 전함에 주력하고 천흘수선을 보유하는 데에 그쳤다. 1급 함선의 설계 및 건조는 조선 기사와 조선공들을 평가하는 궁극적인 시험대였다. 표트르는 당시 바다를 떠다니는 최대 전함이었던 로열 소버린 호에서 근무했던 선원들을 고용했다. 그는 1706년과 1719년에 영국 일급 함선의 설계도를 확보했으며, 영국의 강력한 상징을 빌려오기를 원했다. 표트르의 지시로 건조된 4척의 1급 함선 중에서 3척에는 육지전의 승리와 차르의 이름을 붙였다. 이러한 황권의 상징에 바다를 활용하는 경우는 드물었다.[28]

러시아 해군의 발전은 차르의 삶, 야망과 밀접하게 연관되어 있었다. 린지 휴스는 "육군과 달리 함대는 차르의 끊임없는 관심이 아니었다면 존속할 수 없었을 것이다"라고 지적했다.[29] 표트르 역시 이를 누구보다 잘 알고 있었다. 전쟁 후에도 발트 해 함대를 유지하고 권력, 위세, 전문성을 강화하고자 한 그의 노력은 이미 죽을병에 걸린 상황에서도 러시아의 미래를 위한 그의 목표를 지속시키려는 필사적인 몸부림이었다. 항해 전통이 없는 나라에서 자신이 남긴 광범위한 유산, 어려운 임무를 이어가기 위해서는 신뢰할 수 있는 해군이 필요했다. 그는 엄격한 기준을 마련하기 위해서 해상 훈련, 연례 기동, 선박과 시설의 개별 검사를 고집했으며, 기준에 미치지 못하면 가혹한 처벌을 내렸다. 그는 영국 왕립 해군의 전문적인 문화에 "채찍"을 더했다. 임무를 위임할 수 없거나 심지어 임무 수행이 불가능한 경우에도 해군 계획을 밀어붙였으며, 그러한 노력은 그가 숨을 거두는 순간까지 계속되었다. 사실이 아닐 가능성이 있지만, 그가 물에 빠진 수병을 구하려다가 얻은 병으로 죽음을 맞았다는 이야기는 그만큼 그가 해군에 깊이 관여했음을 보여준다.

표트르는 해상에 있을 때마다 해군의 지위를 이용했다. 1712년의 두 번째 결혼식에서 그는 해군 제복을 입었으며, 외국 태생의 제독이 신랑 들러리 역할을 맡도록 했다. "궁정 생활은 함대와 관련된 상징과 의식으로 장식되었으며, 조각과 메달에서 넵튠이 수없이 인용되었고 함대의 '할아버지'를 기리는 축제가 열렸다." 상트페테르부르크를 그린 그림에 선박이 포함되지 않는 경우는 거의 없었다. 가장 잘 알려진 작품은 A. F. 주보프가 1716년에 그린 전경으로, 건물을 중심부의 좁은 구역에 배치하고 전면의 바다에는 배들이 들어찬 모습을 담았다. 주보프가 1714년에 그린 바실리 섬을 담은 전경에서는 항코에서 나포한 스웨덴 선박들이 주를 이룬다.[30] 표트르 시대에는 뼛속까지 대륙적 기질을 지닌 국민들에게 해양 문화를 전하기 위해서 공식 작품에 선박을 담았다. 표트르는 상트페테르부르크의 시민들에게 러시아에서 서양식으로 건조한 선박과 바지선이 동원된 보트 경주와 해군 행렬에 참석하도록 요청했다. 또한 같은 이유로 공공건물에 서양식 건축 양식을 적용하고 육군이 서양식 제복을 착용하도록 했다. 표트르는 과거와의 완벽한 단절을 원했지만, 그가 사망하면서 생전에 중시했던 의제도 희미해졌다.

표트르의 해군은 하천, 호수, 해안에서의 활동으로 두각을 나타냈지만 러시아에서 바다는 언제나 육지와 요새에 대한 관심에 밀렸다. 수륙 양용 능력이 러시아의 영토를 확장하는 데에 유용하기는 했지만 러시아가 해양 세력이 될 필요는 없었다. 1696-1721년에 표트르가 거둔 성공은 수륙 양용 능력에 대한 그의 이해를 보여준다. 연안에서 육군과 해군이 협력하면서 표트르의 제국은 서쪽으로 확장되었다. 이전까지 취약한 도로 사정 때문에 불구 상태였던 러시아의 육군은 해상 병참 지원 덕분에 자원 집약적 포위 공격을 비롯한 근대적인 전쟁 방식을 활용할 수 있게 되었다. 1721년 이후 전투 함대를 만들기로 한 결정 역시 타당했다. 표트르는 지역 강대국을 장악하고 외부 위협을 차단하기를 원했다. 바다, 배, 선원, 조선공과 직접 교감하면서 그는 자신의 계획에서 훌륭한 리더십을 발휘할 수 있었다.

그러나 범선에는 러시아가 보유하고 있지 않고 생산할 수도 없던 자원이 필요했다. 표트르는 해외 조선소의 장인, 선원, 해군 장교를 고용했다. 그러나 황제의 명령이라고 해도 러시아인들은 바다에 대한 깊은 문화적 반감을 극복할 수 없었다. 표트르의 모든 계획에서 특히 함대는 외국의 전문성에 가장 크게 의존했으며, 탁월함을 유지하기 위해서는 외부 요소를 주입해야 했다. 표트르는 신뢰할 수 있는 러시아인에게 지휘를 맡겼으나 해군 간부단을 구성하려는 시도는 실패로 돌아갔다. 그러니 해외 전문가들이 종신 계약 압박을 받은 것도 놀랄 일이 아니다. 영국의 첩자 존 딘은 이것을 약점을 드러내는 징후라고 말하면서 이것은 "러시아인들이 해군 합류를 꺼려서 비롯된 일"이며, 그 원인으로 러시아의 "바다에 대한 반감"을 꼽았다. 러시아의 귀족층에서는 지원자들이 드물어서 대부분이 차르에게서 자원을 격려하는 서신을 받았을 정도였다. 하급 계급의 인력은 군대식으로 해결되었다. "일반 사병들은, 처음에는 기존에 항해 지식을 갖추고 있던 해안과 하천 지방에서 징발되었지만 나중에는 차르의 명령에 따라서 다른 지역에서도 징집되었다." 해병은 1705년에 창설되었다. 해군의 규정은 번역된 외국 문서를 주로 따랐다.[31]

계획을 유지하기 위해서 표트르는 바다를 혐오하는 "옛 러시아"에 대한 문화적 공격을 가했다. 과거와 편협한 지역주의는 지양해야 할 대상이었다. 그는 상대가 부유층이든 빈곤층이든 상관없이 모든 백성들에게 자신의 구상을 설명하고 바다와 해군을 중시하는 견해를 강요했다. 마치 해적 왕처럼 그의 선박은 존경의 대상이었다. 그는 배에 역사와 정체성을 부여하여 시인들이 호메로스와 노르웨이 전설에 등장하는 영웅의 무기처럼 선박의 영광을 노래하도록 했다. 또한 해군과 선박은 러시아의 문화적 재창조에 통합되었다. "'해군 바로크' 문화는 표트르 대제 시대의 중요한 요소였고, 그가 '실용주의적' 통치를 했다는 손쉬운 가정이 거짓임을 보여주는 또 다른 현상이다." 표트르는 러시아에서 구축된 함대와 그가 형성하던 새로운 국가 문화만이 오래 지속될 수 있음을 알고 있었다. 표트르가 15-20년 정도 더 오래 살고 자신의 계획을 이어받을 후계자를 세웠다면 가능했을지도 모를 일이다. 러시아인들이 해군과 그로 인한 비용을 얼마나 기피했든, 표트르는 러시아의 대륙 확장 정책이 해군의 지원 여부에 달려 있음을 보여주었다. 결국 해군은 좁은 범위의 군사적 목표를 수행했다. 표트르는 그저 자신의 허영을 만족시키기 위해서 해군을 구축한 것이 아니었다. "육군만 보유한 최고 통치자는 팔이 하나이지만, 함대가 있다면 두 팔을 가지는 것이다"라는 조악하지만 분명한 말이 보여주듯이, 그는 당대 그 어떤 정치인보다 해양과 육지 권력의 관계를 제대로 이해하고 있었다.[32]

1696년 아조프 요새의 함락 이후 "표트르는 육지와 바다의 작전을 결합할 때의 가치가 얼마나 큰지 한시도 잊지 않았다." 그는 뭍에서의 전략을 위해서 바다를 활용했다. 이는 해양 권력의 전략에서 육군의 쓰임새에 대한 거울상이나 마찬가지였다. 1719년 대북방 전쟁은 막을 내렸고 파괴적인 수륙 양용 작전도 실패했으나, 저항하던 스웨덴을 협상 테이블로 끌어냈다. 이러한 작전은 갤리 소함대와 상륙 부대를 지원하는 함대의 해상 통제에 의존했다. 표트르는 영리하고 계산이 밝은 전략가로서 적의 전술력에 규모, 움직임, 조합으로 맞섰다.[33] 그는 해양 권력이 러시아의 전략에서 중요한 역할을 하지만 러시아가 해양 세력이 될 필요는 없음을 알고 있었다. 표트르 대제의 러시아는 새로운 로마 제국이 될 것이었다. 근대판 자마인 폴타바 전투 이후 러시아의 해군력은 스웨덴이 발트 해 근처에서 활동하지 못하도록 저지했으며, 수적으로 열세인 육군을 방어 요새에 가두었다. 수적인 우위와 해양 기동성 덕분에 표트르 대제는 성공을 거두었다.

러시아 권력의 한계는 1721년의 평화에서 분명하게 드러났다. 핀란드의 카렐리아가 상트페테르부르크에 우려스러울 정도로 가까이에 위치했음에도 표트르는 핀란드에서 정복한 지방을 스웨덴에 돌려주었다. 이 지역을 다스릴 자금과 자본이 부족했기 때문이다. 이와 같은 재정적 취약성은 표트르 대제의 러시아가 영국 해군력과 경쟁할 생각이었다는 주장이 러시아의 선전이거나 영국의 기우라고 일축할 수 있음을 뜻한다. 1721년 이후 발트 해의 함대는 설사 빈사 상태였다고 하더라도 스웨덴과 덴마크의 공격을 막았으며 내해의 요새를 보호했다. 18세기에는 흑해의 함대가 이 역할을 이어받았다.

1721년 이후 표트르는 카스피 해 건너편의 영국 왕립 해군과 맞설 다른 기회에 관심을 돌렸으나 상대와 동일한 대응 방식으로 자원을 낭비할 생각은 없었다. 영국이 발트 해에서 추가적인 위협을 막기 위해서 전함을 배치하자 표트르는 요새와 군대를 활용하여 상트페테르부르크를 보호했다. 그는 함대를 이용해서 지역 세력에게 깊은 인상을 남기거나, 지난 수백 년간 러시아가 노렸던 전략적 선택지에 따라서 군사를 이동하여 대니시 해협을 보호할 수도 있었다. 그러나 이는 영국 왕립 해군과 겨루기 위한 것은 아니었다.

표트르 대제의 성취는 위대했지만 러시아를 진정한 해양 세력으로 만들지 못했고, 그 또한 그런 시도를 하지도 않았다. 해양 세력의 특징인 해상 수도, 해군력, 해양 문화는 문제를 도드라지게 만들 뿐이었다. 대륙의 군사 독재 국가는 해양 세력이 될 수 없으며, 기껏해야 강력한 해군력을 갖출 수 있는 정도이다. 근본적으로 바다로 관심사를 돌리고 포괄적인 정치와 자본주의 경제를 채택하지 않는 이상 해군은 정치적 변덕, 경제 위축, 군사적 패배의 볼모로 남을 뿐이다. 네덜란드 공화국과 영국이 채택한 혼합 모형은 정치적 변화로 인해서 무역과 자본 분야 종사자들의 권한이 강화된 후에야 효과를 발휘했다. 표트르가 전략적 자원을 창출하고 전쟁에서 이기기 위해서 사용한 중상주의 국가 독점은 해양 세력의 정치, 경제 기반과 대조를 이루었다. 오늘날 미국이 거대한 해군을 유지할 수 있는 능력을 갖추고 있다는 사실은 영국-네덜란드 전통의 유산으로서 오랜 세월 유지된 포괄적 정치 제도의 가치를 보여준다. 그러나 현대 미국의 정치적 통일체는 표트르가 그랬듯이, 함대를 순전히 해양에 국한되게 바라본다.

표트르 개혁의 위기는 예기치 못한 곳에서 비롯되었다. 허약한 왕자 알렉세이 페트로비치는 과거의 방식을 고수하는 그의 아내와 어머니 등 "구식" 모스크바 가족들의 영향을 받았다. 이러한 영향을 인지하고 있던 표트르는 아들에게 앞길을 막지 말 것을 요구하면서 지원을 요청했다. 알렉세이의 반역죄 재판에서 그의 정부(情婦)는 알렉세이에게 차르가 되면 상트페테르부르크를 떠나서 모스크바로 돌아가고 전쟁을 중단하며 평화로운 세계에서 살겠다는 의지를 밝히라고 일러주었는데, 그중 특히 "배를 띄우지 않겠다"는 선언은 표트르가 그때까지 들었던 말 중에서 가장 충격적인 발언이었을 것이다. 페트로비치는 표트르가 추진하던 기획의 핵심적 요소인 전쟁, 서양화를 싫어했다. 따라서 표트르에게 페트로비치는 잠재적인 반대 세력이자 제거해야 할 대상이었다. 표트르는 국가에 그랬듯이 자신의 가족

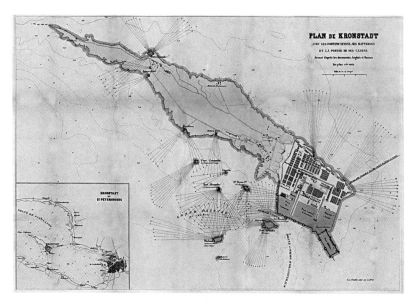

표트르 권력의 궁극적 상징 : 크론시타트의 성채(1853)

에게도 가혹한 면모를 보였다. 그는 알렉세이의 재판과 고문, 사망을 통해
서 내부 고위급의 반대를 잠재웠다. 그가 도입한 새로운 방법이 곧 유일한
방법이었으며, 선박은 존속해야만 했다. 그러나 해군 기획이 미처 완성되
지 못한 상황에서 표트르 대제는 1725년 1월 28일 숨을 거두었다.

게다가 표트르는 제해권을 쥔 해군을 창설한 것이 아니었다. 해군은
1721년까지 러시아의 육상 경계를 확장하고 지킨 강한 육군의 측위이자 병
참 지원을 하는 집단에 불과했다. 표트르가 사망했을 때에 러시아는 유럽
의 동북부와 중부를 지배했으며, 코카서스, 에욱시네, 중앙 아시아로 다시
진출하기 시작했다. 표트르의 유명한 두 팔의 비유는 중요한 의미를 가졌
으며 이는 궁극적인 목표, 군사력을 통한 러시아 제국의 발전이라는 시각
에서 이해해야만 했다. 그에게 오른팔은 육군이었으며 초점은 언제나 육상
에 있었다. 표트르처럼 육상에서 확장을 꿈꾸었던 제국이 바로 로마였다.

공격적인 해군주의 문화를 도입했음에도 불구하고 표트르가 바다에 대해서 품고 있던 관심은 비교적 제한적이었다. 해군력은 그가 전쟁에서 승리하기 위해서 구축한 하나의 요소에 불과했다. 문화적 노력의 상당 부분은 내부의 반대에 대한 대응이었다. 1903년에 역사가 파벨 밀류코프는 표트르가 함대를 위해서 전쟁을 벌였다고 지적했는데, 실상 함대는 전쟁에서의 승리를 위한 필수적인 도구였다.[34] 표트르의 계획은 헛된 것이 아니었다. 그의 해군은 대륙 제국의 정복을 원활히 했으며 원거리의 군사 작전이 이어지도록 도왔다. 황제는 "아끼던" 사업에 함부로 비용을 지출하기는커녕 해군력에 드는 자금을 신중하게 관리했다. 그는 값싼 해결책을 채용했으며, 러시아의 자산을 활용하고 영국과의 경쟁을 피했다. 성공에는 새로운 문제가 따랐으나 그는 1725년에야 이를 해결하기 시작했다. 표트르의 새로운 강대국은 해안과 해안의 수도를 얻었고, 그가 발트 해에서 영국의 이해관계에 도전할 경우에는 훨씬 더 강력한 영국 해군으로부터 새로운 자산을 보호해야 했다. 표트르는 러시아가 바다에서 그러한 위협에 맞설 기술과 자원을 만들 수 없음을 알고 있었다.

표트르의 후계자들은 사실상 이 문제를 무시했다. 해군으로의 전환 시도는 제국 황위를 승계하는 고통스러운 과정 중에 상당 부분 원위치로 돌아갔다. 알렉세이의 아들인 표트르 2세는 짧은 통치 기간 동안 상트페테르부르크와 해군을 모두 등졌다. 1760년대에는 해군이 붕괴되다시피 하여 후대인 예카테리나 2세 시대에 추진한 해군의 부활이 표트르가 세웠던 애초의 계획과 거의 같을 정도였다. 표트르의 시대와 마찬가지로 외국의 장교, 조선공, 설계에 의존한 것이다.[35]

표트르 치세하의 러시아가 해외의 전문 기술에 지나치게 의존했다는 주장은 함대를 제외한 나머지 부분에서는 과장된 측면이 있다. 대부분의 분야에서 표트르는 자체적인 기술을 발전시킬 수 있었지만, 해군은 러시아와 너무나 이질적이어서 외국인들이 만들고 유지해야만 했다. 해군은 표트르의 사망 시점에서도 미완의 기획으로 남아 있었고, 1725년 이후 러시아와 소련의 해군력이 우여곡절을 겪는 과정에서는 어쩌면 아마 완성할 수 없었는지도 모른다는 주장도 제기되었다. 러시아/소련은 해양 세력이 되기를 한 번도 시도하지 않았다. 표트르는 이반 4세가 만든 독재적이고 중앙 집권적인 전쟁 국가를 변화시키지 않았으며, 영토 확장과 방어에 집착했다. 러시아는 굳이 해양 세력이 될 필요가 없었다. 다만 해군은 육군을 수송하여 러시아의 해역을 지켰으며, 무엇보다 수도를 지킬 수 있다는 점에서 유용했다.

상트페테르부르크와 해군에 관심이 집중되었으나 표트르가 세운 전체적인 기획의 핵심은 서쪽으로 약 32킬로미터 떨어진 코틀린 섬의 크론시타트의 요새와 해군 기지였다. 이곳에서 표트르의 새로운 도시를 위한 작업이 시작되었다. 원양 항로용 선박이 요새의 포 바로 아래로 지나가는 여울과 크론시타트가 없다면 상트페테르부르크는 방어할 수 없었다. 섬이 있기 때문에 도시의 건설이 가능했다. 크론시타트가 지상 최대의 해군 요새가 되었음에도 불구하고 무시무시한 영국 왕립 해군의 출몰은 러시아 지도자들에게 악몽이었다.[36] 1733년 러시아 해군은 해상 활동에 적합하지 않은 상태였다. 하지만 크론시타트에 남아 있던, 핀란드의 화강암으로 지은 거대한 요새에 장착된 대포 700문은 해양 세력, 자유로운 문화, 정치적 포용성에 대한 대륙의 근심을 드러낸다.

뛰어난 적이 버티고 있었기 때문에 러시아는 1725년, 1809년, 1854년에 발트 해의 통제권을 가지기 위해서 감히 도전할 수 없었다. 이러한 약점을 계속해서 극복하지 못하면서 러시아의 확장은 가로막혔고, 차르들은 표트르의 요새 단지를 재건하고 강화할 수밖에 없었다. 1856년 영국이 이 요새를 파괴할 준비를 하자 러시아는 성급하게 패배를 인정했다. 세계적인 수준의 산업과 경제력을 바탕으로 한 해군력은 표트르의 둔한 군사 제국이 감히 상대할 수 없는 적수였다. 농노의 노동을 기반으로 한 표트르의 명령 경제는 공장, 증기선과 겨룰 수 없었다.[37]

서양의 많은 분석가들은 러시아의 "서쪽 창"인 상트페테르부르크와 표트르의 새 함대가 러시아의 근대성을 상징하는 쌍둥이라고 주장했으나, 표트르의 권력을 궁극적으로 대표하는 것은 크론시타트였다. 표트르는 크론시타트를 격자 무늬 위에 모범이 되는 도시로 건설했으며, 서양식 건물과 수목이 이어진 거리를 조성했다. 광장의 중앙을 가로지르는 "베네치아식" 운하는 표트르가 추진한 기획의 요체를 보여준다. 핀란드 만 해안에 위치한, 표트르가 가장 아꼈던 페테르고프 궁(여름 궁전)이 요새를 바라보는 훌륭한 전망을 자랑한 것도 우연이 아니었다. 페테르고프는 황제의 많은 면모를 드러내는 장소였다. 표트르는 해양 예술에 둘러싸여 자신의 기본 안보 체계를 굽어보는 바닷가의 수수한 네덜란드 풍의 건물에서 머물기를 원했다. 바다의 경관, 해양 예술, 고상한 도서관은 페테르고프가 해군 차르의 소유임을 강조했다. 바다를 향해서 가파르게 떨어지는 높은 고원에 위치한 궁은 지나가는 선박의 시선을 받을 수밖에 없었고, 베르사유에서 영감을 얻은 거대한 분수, 운하, 멋진 정원은 장관을 이루었다. 예식적으로 화려한 이 궁은 표트르의 수도이자 러시아판 그리니치로 향하는 주요 관문이었다. 페테르고프에서 가장 큰 분수는 스웨덴을 상대로 거둔 승리를 기념했다.[38] 대궁전(Grand Palace)을 장식한 프레스코화는 넵튠이 수중 전차에 올라 삼지창을 들고 지휘하는 모습을 담고 있는데, 고압적인 황제의 눈매와 야망을 반영했다.[39]

페테르고프는 표트르의 해군 문화가 러시아의 힘을 바다에 어떻게 투사하고 어떻게 기존 해양 세력에 도전했는지, 육지에 갇힌 국민들의 정신을 어떻게 변화시켰는지 설명한다. 그러나 황제가 죽자 해양 세력 상징만 남았고 여기에 깃든 정신은 떠나버렸다. 상징은 새로운 로마 제국을 자처하는 대륙 국가에 남았으나 이들은 해양 세력 문화가 아닌 해군력에 대해서 논했다. 표트르의 기획은 1430년대부터 1688년 사이에 발전한 잉글랜드 해양 세력 정체성과 현저한 대조를 이루었다. 잉글랜드가 작은 섬나라의 정신에 바다를 새겨넣는 데에는 200년이 걸렸다. 이 기간에 역동적인 창의성을 촉발한 것은 왕과 지도자였으나, 그 창의성을 유지한 것은 정치-경제 체계가 진정한 해양 세력을 유지할 수 있도록 발전하면서 힘을 키운 민간 기업이었다.

표트르가 해군력과 해양 세력 정체성을 결합할 수도 있었을 것이다. 차르가 암스테르담을 방문했을 당시 요한 드 비트의 해양 세력 국가는 사람들의 기억 속에나 존재하는 흔적에 불과했다. 빌럼 3세는 프랑스에 맞서 현상을 유지하기 위해서 육지에서 그의 공화국을 대대적으로 군사화한 상태였다. 표트르는 그곳에서 실용적인 물건 외에 해양 세력의 예술 작품, 그림을 얻었고 그것들을 열정적으로 활용하기도 했지만, 그가 추진한 개혁은 러시아의 기본적인 특징을 유지한 채 현실적이고 실현 가능한 목표를 추구했다. 그는 전쟁, 과학, 건축, 공학 분야에서 서양의 방식을 활용하여 러시아를 근대화하고 강하게 만들었으며, 교회의 권력을 무너뜨리고 이 과정에서 옛 귀족을 무력화했다. 그는 개혁을 성공시키기 위해서 이 조치들을 극단적으로 밀어붙였다. 상트페테르부르크는 바다를 향했으나 표트르 대제의 러시아는 그렇지 않았다.

표트르의 혁명은 그가 물려받은 독특한 유라시아 국가의 초점을 서쪽으로 돌려 러시아를 유럽화하려는 시도였다. 그러나 그의 정치적 모형은 포괄적인 정치가 아니라 독재 정치였고, 그가 존경했던 대상은 윌리엄 3세가 아닌 루이 14세였다. 가장 큰 도전은 새로운 제국주의 국가를 지원하기 위해서 국가 문화를 재형성하는 것이었다. 그러한 작업이 없다면 계획은 표면적인 성과를 내는 데에 그칠 것이었다. 그 결과 "짧은 시간 혹은 작은 규모에서 거의 시도되지 않았던 문화 재편 시도"가 이루어졌다.[40] 루이 14세가 베르사유 궁전을 통해서 귀족들을 그들의 지역 기반과 분리했듯이, 그는 새로운 문화를 습득해야 하는 러시아 엘리트와 일반 시민들을 분리했다. 또한 새로운 문화의 고전적인 이미지에 우화적인 요소를 주입하기도 했다. 표트르는 헤라클레스, 피그말리온, 마르스, 넵튠, 제우스뿐만 아니라 고전 제국을 건설한 알렉산드로스, 콘스탄티누스, 특히 율리우스 카이사르와 같은 영웅의 후계자가 되었다. 새로운 루블(러시아의 화폐/옮긴이)에는 고전 로마식으로 묘사된 그의 초상화가 새겨졌고, 1716년 4척의 동맹 함대를 그가 짧게나마 지휘한 것을 기린 메달에는 4마리의 해마가 끄는 넵튠의 마차가 새겨졌다. 이것들은 표트르가 런던에서 감상했을 가능성이 있는 안토니오 베리오의 "찰스 2세의 해상 승리"를 연상시켰다. 넵튠의 역할을 이어받는다는 생각은 그의 허영을 자극했을 것이다. 그러나 러시아의 바로크는 고전에서 얻은 모티프를 아무렇게나 조합한 양식이 아니라 예술을 활용하여 러시아를 새로운 로마로 만들려는 표트르의 소망을 강조한 것이었다. 선전원이었던 페오판 프로코포비치는 폴타바에서의 승리를 위한 적절한 비유를 찾으면서 제2차 포에니 전쟁을 언급했다. 근대판 자마인 폴타바는 표트르가 품고 있던 대륙 군사 국가의 성격을 두드러지게 보여주었으며, 그의 해군 기획이 부차적인 위치를 차지함을 드러냈다.[41]

1710년 이후 상트페테르부르크의 토착 예술과 해외에서 들여온 미술의 조합에 강력한 종교적인 요소가 가미되었다. 이를 통해서 도시는 모스크바 못지않게 강력한 종교적 기반을 갖추었으며, 오히려 그보다 훨씬 더 중요한 장소가 되었다. 1705년에 해군 조선소가 설치되면서 이 도시는 표트르 대제의 야심찬 전략의 심장부가 되었다. 러시아 귀족들에게 노가 아닌 돛을 활용하여 네바 강을 건너게 한 것은 매우 실용적인 발상의 전환이었다. 해군력의 도구를 잘 알게 되면 그의 기획이 지지를 얻고 해군 장교를 배출할 수도 있었다. 의무적으로 시행된 보트 경주 역시 동일한 역할을 하며 바다를 꺼리고 저항하는 국민들에게 새로운 문화를 부여했다.[42] 표트르는 상트페테르부르크가 수도이자 러시아판 암스테르담으로서 활기찬 해양 도시가 되기를 바랐다. 그러나 런던과 암스테르담의 열린 사회에 익숙한 사람에게는 표트르의 의제에 내재된 문제가 분명하게 인식되었을 것이다. 그는 존재하지도 않는 토착 상인 귀족의 권한을 강화하기는커녕 기존의 귀족과도 권력을 나눌 생각이 없었다. 그의 해양 도시는 상업이 아닌 제국의 성격을 가졌다.

해양 예술과 바다의 풍경을 애호하던 황제의 취향은 암스테르담에 대한 그의 선호를 보여주었는데, 이는 네덜란드의 영향을 받은 런던의 해양 문화로 확장되었다. 표트르는 자신과 아내의 초상을 포함하여 벽을 장식한 대부분의 예술 작품들을 수입했다. 도시, 시골과 해변의 풍경은 네덜란드에서 구매하거나 특별히 의뢰를 했다. 황제는 렘브란트, 반 다이크, 브뤼헐과 같은 저명한 예술가뿐만 아니라 네덜란드의 덜 알려진 예술가의 작품도 즐겼는데, 여기에는 암스테르담의 아담 실로(1674-1760), 런던에 기반을 둔 에이브러햄과 제이컵 스톡 형제 등이 포함되었다. 사실 그에게는 작품에 지나치게 신경을 쓸 틈이 없었다. 1711년에 그는 "해상 전투와 다양한 종류의 항해 선박, 운하와 배가 있는 네덜란드 소도시와 마을의 전경을 담은 약 50점의 그림"을 주문했다. 또한 풍경화와 다른 장르도 수용했다.[43] 그의 예술 취향은 세부사항을 중시하는 선원의 시각에 피사체에 대한 무비판적인 사랑을 더한 네덜란드 선장의 취향에 가까웠다. 찰스 2세에게는 판 더 펠더를 발탁하는 안목이 있었다. 그러나 표트르는 펠더에 미치지 못하는 대안에도 만족했다. 그의 취향은 과거에 네덜란드, 바다, 해안에서 지내던 날들을 떠올리게 했고, 이는 표트르 대제의 해군 기획에 어울리는 비유였다. 해양 세력에 대한 그림은 순전히 사치였다. 러시아의 예술가들 중에서 해양이라는 주제에 주목한 사람은 드물었다. 후원자를 구하기 어려웠기 때문이다.

정부는 표트르 개혁의 필수적인 부분으로서 서양식 그림을 제작하거나 전파했으며, 국가를 유럽화하고, 상트페테르부르크, 전함 등의 새로운 상징적 비전을 제시하여 국내외에서 러시아를 새롭게 정의했다. 표트르는 교회를 기반으로 한 과거의 교육 체제를 바꾸고 서양의 관료 절차, 자료 수집, 전문가주의에 주력하는 지적 풍토를 만들었다. 그러나 그는 또한 구식의 명령 경제를 고수했다. 국가가 인쇄기를 관리했으며, 인쇄기에서 생산되는 문서와 이미지를 통제했다.[44] 러시아에는 차르의 의중을 전달하고 새로운 체제, 기술, 사상을 소개할 수 있는 문자언어가 필요했다. 교회 슬라브어에 내재된 한계를 극복하기 위해서 러시아는 안정적인 규칙을 갖춘 문법 체계를 받아들였으며, 방대한 단어를 외부로부터 들여왔다. 이들은 독일어, 프랑스어, 심지어 영어를 차용하여 기존과는 별개의 활동 분야를 나타내는 단어들을 확충했다. 최초의 러시아 문법책은 1696년 옥스퍼드 대학교 출판부가 출판한 것인데, 차르가 이 작업을 주도했다. 새로운 단어가 가장 절실했던 분야는 해군이었다. 이들은 네덜란드어를 지휘에 활용했고 영국-네덜란드의 항해 관련 어휘를 받아들였으며, 해외에서 들여온 기술을

활용했다. 러시아에는 적합한 단어가 전혀 없었기 때문에 외국어가 필수적이었다.[45]

러시아의 "해상으로의 전환"은 "거대한 어휘 공습"을 촉발한 "특수한 업적"이었다. 차용한 단어의 상당수는 오늘날의 러시아어에도 남아 있다. 항해 시대의 용어를 빌려온 다른 단어들은 주로 베네치아, 홀란트, 프랑스, 영국에서 유래했다. 이러한 단어들은 조선, 해군의 계급, 선박 관리, 해안 시설을 나타내는 데에 쓰였다. 또한 표트르가 펴낸 1720년의 해군 법령에도 활용되어 "해상으로의 전환을 성문화했다." 표트르는 1696년 아조프 원정을 위해서 서면으로 해군 작전의 지침을 내리기 시작했으며, 해군의 규모와 경험이 쌓이면서 문서를 새롭게 고치고 내용을 확충했다. 표트르는 조국의 후진적인 사고방식에 서양의 체계를 적용하기 위해서 규정에 집착하다시피 했고, 그 결과 수준 높은 해군 법령을 만들었다. 그는 프랑스어, 네덜란드어, 영어 해양 법전을 러시아어로 번역하고 인쇄했으며 "영어로 작성되기 시작한" 법령과 통합했다.[46] 1722년 표트르와 작업을 진행하던 팀은 "해군 본부와 부두 예비 부대에 관한 법"을 완성했다. 여기에서 그는 "육군만 보유한 최고 통치자는 팔이 하나이지만, 함대가 있다면 두 팔을 가지는 것"이라는 유명한 주장을 했다. 이 비유는 표트르의 성공 기반인 육해군의 합동 작전을 강조한 것이다.

1720년에 발간된 법령은 새로운 단어와 아이디어를 담은 450쪽 분량의 방대한 책으로, 1725년 차르가 사망하기 전에 러시아어와 영어, 네덜란드어로 몇 차례 증쇄되었다. 근본적인 내용은 다음 세기에도 바뀌지 않은 채남아 있었다. 이는 초기 작업이 철저하기도 했지만, 표트르 이후의 통치자들이 관련 법령에 관심이 없기도 했음을 보여준다. 권두 삽화는 상트페테르부르크의 신흥 문화 엘리트로서 이탈리아 출신의 조각가이자 건축가인

C. B. 라스트렐리가 디자인하고 네덜란드의 예술가인 피터르 피카르트가 그렸다. 해군과 군대를 상징하는 러시아의 쌍두 독수리, 히브리어 상징, 여섯 행의 운문은 소년 시절 유명한 배를 타고 항해를 즐기면서 처음 바다를 접하고 "러시아 해군을 창설하는 신성한 임무를 느낀" 차르를 흥분시켰다. 그의 메시지는 서문에 기술되어 있으며, 여기에서는 임무를 수행했다는 성취감이 묻어난다. 표트르가 처음으로 제작한 대형 선박은 50문의 포를 장착한 프리데스티네이션 호라는 것이다.[47] 종교와 성서에서 등장하는 배를 모티프로 삼은 것은 새로운 군대가 철저하게 보수적이며 육지에 둘러싸인 사회를 위한 것임을 보여준다.

이 법안은 바다에서 오랫동안 실패했던 러시아의 역사를 기록했다. 새로운 함대를 만들고 지휘하는 데에 절대적인 통치자로서 표트르의 역할이 얼마나 중요한지 강조하기 위해서였다. 새로운 러시아어로 기록된 이 글은 거의 200년이 흐른 후에도 이해될 수 있었으며, 새롭고 단순화된 표준 활자체로 인쇄되었다. 서양에서 출판된 유사한 문서와 비교할 만했다.[48] 1708-1725년까지 적어도 80여 종의 해양 서적이 러시아에서 출판되었다. 그중 다수가 번역서인데, 전술적 깃발 신호를 다룬 25권의 서적 외에 러시아 학생들을 위한 교과서, 무역 규정 등도 발간되었다. "해상으로의 전환"은 1748년 프랑스의 선진 교육 문물을 접한 표트르의 해군 생도 세묜 모르드비노프가 발간한 항해 안내서에서 정점을 이루었다. 그밖에 러시아의 항해 교육은 잉글랜드로부터 큰 영향을 받았다. 1698년 표트르는 초청자의 조언을 받아들여 잉글랜드의 숙련된 항해 교사들을 러시아로 초빙했다. 이들은 기초적인 아라비아 숫자, 고급 수학을 소개하고 계몽 과학의 전체적인 기초를 다졌다. 헨리 파쿠하슨은 41년 동안 러시아의 해군 장교, 천문학자, 수학자를 교육했으며, 문서를 번역하고 지도, 해도 사업에 정보를 제공했다. 앤서니 크로스와 제임스 크래프트가 지적했듯이, 그는 한 사람의 외국인으로서는 표트르 시대에 가장 큰 영향을 끼친 인물이었다. 그가 30년 동안 운영한 해군 사관학교는 로마노프 왕조 시대 내내 러시아에서 잉글랜드 연구의 보루 역할을 했다. 표트르 시대의 러시아 문학과 잉글랜드 튜더 왕조 시대의 문학 사이에는 밀접한 유사성이 발견된다. 두 왕조 모두 이전의 해양 국가의 문헌을 번역하고 진정한 국가 산출물에서 정점을 이룬 단어, 사상을 수입했다. 그러나 한 국가만이 진정한 해양 세력 국가가 되었다. 1720년 이전에 작성된 러시아 해군의 역사라고는 표트르의 주요 선전원이었던 프로코포비치 대주교가 표트르의 해전 승리를 기념한 설교가 유일했다. 대주교는 법령에 신의 뜻, 신성의 개념을 분명하게 부여했다.[49]

표트르는 또한 판화를 활용해서 해군 문화를 전파하고 자신의 도시, 배, 해도 전투, 승리, 지도책에 대한 모습이 담기도록 의뢰했다. 이러한 근대 예술은 해군 기지와 크론시타트의 요새 시설, 함대와 외곽의 보루를 강조했다. 그림들은 외국 정부와 러시아 국민들에게 제국의 힘을 보여주기 위한 목적으로 제작되었다. 그러나 서양이 표트르의 야심을 과도하게 받아들이고 영국에서는 우려를 보이기도 했음에도 러시아 내에서는 해양 의제가 정체된 상태였다. 이내 서양의 예술가들 대신 서양의 양식을 재구성한 러시아 예술가들이 각광을 받았다. 1710년 상트페테르부르크에서 비보르로 항해하는 250척의 선박을 그린 그림의 영향력이 특히 강했는데, 탐험대가 외부의 공격으로부터 도시를 안전하게 지킨 사실에 근거했기 때문이다.[50] 표트르는 도시를 건설했을 뿐만 아니라 유럽에 자신의 근대적인 비전을 전하려고 애썼다. 러시아가 새로운 로마로서 프랑스를 대신하겠다는 위협을 가하던 1780년대, 최후의 해양 세력 강대국을 통치한 조지 3세는 상트페테르부르크 해군 본부를 그린 희귀 작품을 손에 넣었다.[51]

표트르의 위대한 도시는 해안에 위치했고, 서양식의 항구와 해군 기지를 갖추고 있었다. 그러나 해군과 마찬가지로 도시도 자세히 살펴보면 매력이 사라지는 경우가 많았다. 유행을 따르는 젊은 청년들과 함께 북부 여행을 하던 존 파킨슨은 "내가 봐온 그 어떤 장소라도 압도하는 웅장함을 갖춘 환상적 도시에 첫눈에 반했다"고 고백했다. 그러나 그는 이내 그 겉모습이 허울뿐임을 알아차렸다. "치장 벽토인 스투코가 떨어지고 속에 있는 허름한 벽돌이 드러나면 매우 쓸쓸하고 초라한 곳이 되리라는 사실을 잊는다면 말이다." 웅장한 구조물에 대한 파킨슨의 평가는 표트르의 야심찬 해군 계획에도 적용할 수 있었다. 둘 사이에는 공통점이 많았다. 표트르가 사망하고 50년 후, 자코모 쿠아렝기가 예카테리나 2세를 위해서 규모와 통일성을 갖춘 작업을 수행하면서 상트페테르부르크는 제국의 위용을 갖추었다.[52] 이 과정에서 도시는 무질서한 모습을 벗고 진정한 해상 도시로 진화했으며, 표트르를 사로잡았던 암스테르담, 런던의 상업 해안과 같은 위용을 갖추게 되었다. 도시는 육지 제국의 장엄함을 표현했으며, 돈 많은 사람들이라면 고집하지 않을 단조롭고 퇴락한 상업 건물, 항구의 더러운 흔적은 환영받지 못했다. 로마, 워싱턴 DC에서부터 브라질리아와 베이징에 이르기까지 제국의 웅장함을 추구했던 다른 시도와 비교해보면 상트페테르부르크와의 유사성이 분명하게 드러난다. 이러한 대륙의 수도는 번성하는 항구가 아닌 국가적 비전을 반영한 장소이다. 이는 러시아 문화에서 표트르 개혁의 간판을 만들 때에 표트르가 구상한 그림과는 어울리지 않았다.

예술 작품이 가지는 문화적 힘과 서유럽의 제왕들이 공통적으로 표현하는 특징을 잘 알고 있었던 표트르는 베르사유, 런던, 암스테르담의 위대한 회화 갤러리를 복제하도록 지시했다. 특히 그는 겨울 궁전과 페테르고프의 갤러리에 자부심을 가지고 있었다. 이곳에는 베네치아, 네덜란드, 플랑드르의 바다 그림들이 표트르가 좋아하는 위치에 눈에 잘 들어오도록 전시되어 있었다.[53] 그는 프랑스로부터 영향을 받아서 태피스트리 작품을 설치했다. 궁극적인 엘리트 예술을 창조하기 위해서였다. 이러한 황제의 취향은 암스테르담과 베네치아 문화로 형성된 것이었다. 그는 암스테르담을 알고 있었고, 자신이 1698년에 방문한 것으로 알려진 베네치아와 이 도시가 맺고 있던 연관성을 인식했다.[54] 해양 도시에 사로잡혔던 황제는 그림, 인쇄물, 지도를 대량 수집했다. 그는 다수의 작품을 공공장소에 배치하여 러시아의 취향을 형성하고자 했다. 해군력, 상업, 문화를 갖춘 전설적인 운하 도시는 차르를 꿈꾸게 했다. 표트르 시대의 러시아는 베네치아의 화려함과 외양에 보다 실용적인 네덜란드의 선박 그림, 조선공, 상인을 결합했다. 베네치아는 권력과 장수를 기리는 특별한 볼거리와 기념물을 항상 만들어냈으며, 외국의 왕들과 지위 높은 귀족들을 위한 베네치아만의 상징과 선박으로 가득했다. 1697년에 공화국과 상업, 외교 분야의 관계를 맺은 표트르는 네덜란드의 그림 못지않게 베네치아의 작품도 수집했다.

비록 창고에 보관되는 데에 그쳤지만, 베네치아 예술에 대한 러시아의 관심은 표트르의 사후에도 이어졌다. 1740년 표트르의 딸 엘리자베타가 즉위하면서 그림에 대한 애호가 되살아났고, 표트르 대제의 진보를 기념하는 광범위한 사업의 일부인 새로운 갤러리에 그림들이 전시되었다.[55] 처음에는 단순히 벽을 장식할 목적으로 상트페테르부르크에 거주하는 이탈리아인들을 통해서 그림을 구입하는 식이었으나, 이내 문화적 의미가 부여되었다. 1753년에 엘리자베타는 베네치아의 감성이 상트페테르부르크의 명성과 권력을 대표하는 데에 미친 영향을 반영한 일련의 판화로 도시의 50주년을 기념했다. 상트페테르부르크는 표트르가 의식적으로 창조한 또 하나의 이미지인 "북부의 베네치아"가 되었다. 러시아의 해군력과 상업적 운송이 빈사 상태에 이르렀을 때에 그의 딸이 그 이미지를 복원하고 강화한 것이었다. 가장 널리 알려진 그림은 네바 강에서 바라보는 도시의 파노라마 전망을 담은 2장의 작품이었다. 거대한 건물, 겨울 궁전, 표트르와 파벨의 요새와 교회, 과학 아카데미에 둘러싸여 있지만 그림에는 갤리 선, 노의 움직임과 같은 소재가 풍성하게 활용되었고, 선미(船尾)에 위치한 제국의 군대는 왕조의 의제를 분명히 강조했다. 이는 바치노 디 산마르코로 보일 수 있었는데, 그런 암시는 의도된 효과였다.[56] 그러나 엘리자베타의 효심과 예술적 열정은 표트르의 해군에 거의 도움이 되지 못했다. 그녀의 관심은 단호하게 육군에 제한되었다. 러시아의 승리주의는 육지에 국한되었고, 상트페테르부르크를 그린 그림 역시 이런 맥락하에 있었다.

예카테리나 2세가 상트페테르부르크의 문화 언어를 베네치아의 해양 세력 언어에서 근대화된 로마 고전주의로 전환하면서 영국의 예술품이 베네치아의 그림을 대체하기 시작했다.[57] 리처드 브롬턴은 1782년에 예카테리나 2세의 초상화에 "다양한 우화적 속성을 더하고 먼 배경에 러시아 함대를 배치했다." 조지 해드필드가 크림 반도를 그린 그림에는 세바스토폴에 위치한 새로운 해군 기지가 포함되었다. 조슈아 레이놀즈 경은 러시아를 여행하지는 않았지만, 예카테리나에게 아기 헤라클레스 그림을 보냈다. 소년 장사인 표트르를 연상시키는 이 그림은 러시아 제국의 극적인 성장을 암시한 것이었다. 레이놀즈에게 크게 감탄한 예카테리나는 그의 저서 『미술 담론(Discourses on Art)』을 러시아어로 번역하도록 지시했다. 또한 레이놀즈는 여제가 아끼던 포템킨 공을 위해서 작품을 남겼다.[58] 러시아가 대규모 해상 전쟁을 재개했을 때, 표트르의 핵심 관심사였던 해양 그림의 수요가 증가했다. 영국의 진취적인 해양 화가 리처드 페이턴은 1770년에 러시아가 해전에서 튀르크에 승리를 거둔 장면을 담은 스케치를 상트페테르부르크로 보냈고, 여제는 스케치를 다른 사람들도 볼 수 있도록 전시했다. 페이턴은 당시 해전에 참전했던 영국 장교에게서 이야기를 들었을 가능성이 높은데, 이 그림의 값으로 금으로 된 메달 하나와 1,000파운드를 받았다.[59] 영국의 해양 예술은 러시아의 해군이 부활했음을 기념하는 도구로 활용되었다.

옛 러시아의 정체성에 짧게나마 표트르 대제의 해양 세력 문화가 폭발적으로 분출되면서 흥미로운 유산이 남았다. 대제의 개성과 그가 흩뿌려놓은 해양 상징을 반영한 문화가 뒤늦게 왜곡된 형태로 부상한 것이다. 바다에 대한 관심은 크림 전쟁 이후의 시대에 활짝 꽃을 피웠다. 전후 재건과 자유주의가 서양 사상과의 관계를 새롭게 정립했고, 마침내 러시아인들이 바다를 인식하고 러시아 태생의 해양 예술가를 후원하기 시작했다. 패배로 인해서 내부 불안이 일어나던 시기에는 러시아를 성서의 방주에 비유하면서 이것이 혁명과 변화의 위험한 폭풍우를 항해하고 있다고 보는 관점이 조명을 받았다. 이는 근대성이라는 격랑의 바다에서 여정의 방향과 차르들의 재위 기간을 돌아볼 기회였다. 종교적 사고에서는 섬과 해안 수도원을 향한 여정을 강조한 반면에 볼가 강의 자유로운 선원들은 압제받던 자들에게 희망을 주었고, 이는 대중문화에 뿌리를 내렸다. 한편 급진주의자들은 다가오는 재앙을 해결하기 위해서 난파선 비유를 끝없이 재생산했다.

표트르는 육지나 빙하에 둘러싸여 있는 러시아의 정체성이 주는 한계를 벗어나려는 시도와, 세계 상업이 일어나는 드넓은 바다에 도달했다는 데에서 위안을 얻었을 것이다. 이러한 사상이 얼마나 새롭게 인식되었는지는 크론시타트에서 페트로파블롭스크까지의 여행기를 담은 이반 곤차로프의 해군 소설 『전함 팔라다(*Frigate Pallada*)』에서 엿볼 수 있다. 이 책은 라무시오, 카몽이스, 해클루트, 롤리 이후 300년 만에 러시아 독자들에게 "해양 모험의 새 장르"를 선보였다. "간단하게 말하자면, 깊은 바다로 뛰어드는 이미지는 러시아가 19세기 초에 이르러서야 마침내 완전히 의식적인 제국이 되었음을 보여준 것이다."[60] 불확실성과 회의주의가 팽배하던 시대에 바다는 궁극적인 자유, 소멸, 심지어 자기 파괴까지도 암시했다. 러시아인들은 성서에 나오는 홍수가 고통과 역경을 끝내고 모든 것을 삼키지 않을까 두려워했다.

종말론적 사고는 홍수에 취약한 저지대인 상트페테르부르크에서 가장 두드러지게 나타났다. 상트페테르부르크는 동풍만 불어도 범람하기 일쑤였다. 1824년 11월 22일 발생한 끔찍한 홍수로 최소 1만 명이 익사했으며, 크론시타트에 정박해 있던 대다수의 함대가 파괴되고 해안 수비시설이 훼손되었다.[61] 표트르, 예카테리나, 알렉산드르의 거대한 보루는 바다의 힘 앞에 무너졌고, 표트르의 도시는 영국 왕립 해군의 공격에 노출되었다. 바다는 러시아와 "새로운" 수도를 취약하게 만들었다. 사람들 사이에서는 모스크바 시대를 지배했던 화재에 대한 불안 대신, 바다에 대한 두려움이 커졌다. 표트르의 꿈은 러시아인들이 두려워하는 대상을 스텝 지대의 유목민과 불에서 육해군의 공격과 홍수로 바꾸었다. "바다의 발견이 충격적인 외부세계의 발견과 맞물렸던 육지 기반의 사람들에게 바다에 대한 두려움은 예상 가능한 감정이었다." 외세가 1854년 러시아 해안을 침입하면서 60년 동안 진행된 대대적인 변화가 시작되었다. 혼돈 속에서 러시아는 해양 예술가를 발견했는데, 바로 크림 반도에서 태어난 이반 아이바좁스키이다. 그는 니콜라이 1세의 흑해 함대가 거둔 영웅적 성과를 표현했으며, 바다를 국가의 의식으로 편입시켰다.[62]

궁극적으로, 차르의 야심의 결정판은 해양 세력이었다. 표트르의 야망에서 중요한 상징이었던 전함은 혁명의 수단이 되었다. 전함 포템킨 호와 순양함 오로라 호는 상트페테르부르크를 버리고 민주주의 의식을 지닌 선원들을 처단하는 혁명의 상징이었다. 소련 시대에는 우주가 바다를 대신해서 꿈을 실현하는 장으로 부상하여 정화, 구원, 자기 멸각을 상징하게 되었다.[63] 그러나 바다는 여전히 러시아의 사상에서 신비한 베일에 싸인 무엇인가의 역할을 하고 있다. 2014년 세바스토폴의 회복은 두 차례의 대대적인 포위 작전으로 러시아인 100만 명이 사망한 바 있는 영웅적 도시라는 정체성이 유지된 결과이다.

사실 표트르 대제는 러시아 문화의 모든 면에 깊은 영향을 끼쳤음에도 정작 그가 가장 큰 관심을 기울였던 바다에만은 그러지 못했다. 그가 힘들게 메시지를 전달해도 국민들은 쉽사리 설득되지 않았다. 실패의 원인은 경제적 측면으로 설명할 수 있다. 표트르의 경제 계획은 독일의 법학자 사무엘 푸펜도르프의 영국 무역 정책의 영향을 받아서 직물 수출과 조선, 해군력을 결합했다. 러시아의 주요 수출품인 곡물, 목재, 철, 선박 건조 비품은 부피가 크고 무게 대비 가치가 낮았으며 단순한 제조 공정을 거쳤다. 제품의 품질 표준을 향상시킴으로써 러시아의 철, 아마, 범포(sailcloth)가 18세기의 상당 기간 동안 유럽 시장을 지배하게 되었다. 표트르는 러시아의 수출을 장려하는 동시에 대륙의 중상주의 경제 모형을 채택했다. 대북방전쟁 후에는 보호 무역주의 모형을 적용하여 관세와 수입 대체품을 사용해서 러시아의 산업과 자본을 보호했다. 러시아 제품과 경쟁관계인 수입품에는 37.5퍼센트의 관세를 부과한 반면, 러시아에서 구할 수 없는 귀금속, 책, 괴혈병 치료를 위한 레몬 등의 필수품은 무관세 수입을 허용했다. 그는 러시아가 아시아와 유럽의 무역에서 중개인이 되기를 바라면서 동쪽으로의 탐험과 확장을 추진했다.[64]

표트르는 팽창하는 군사 국가를 유지하기 위해서 중앙 집중적이고 임의

적이며 독재적인 경제 정책을 강요했다. 그는 상업과 산업 분야의 종사자들과 정치 권력을 나눌 마음이 없었다. 그는 상인 계층의 육성을 원하지 않았으며, 그보다는 러시아 항구에서 부피가 크고 가치가 낮은 큰 수출품을 취급하여 관세를 거두기를 선호했다. 토지와 소작농의 노동에 기반한 사회에서는 가처분 자본을 창출하여 상업적 부 또는 무역을 수행할 동기가 생길 수 없었다. 자본, 사유재산에 대한 법적 집행 권리, 정치적 대표성과 지위가 없는 상태에서 저조한 "사기와 자긍심"에 시달리던 러시아 상인들은 역동적인 해양 경제를 창출할 수 없었다. 러시아 상인들은 국가나 귀족이 재산을 탈취할까 두려워서 부를 축적하거나 호사스럽게 생활하지 못했다. 이는 국가 문화의 발전에 큰 영향을 미쳤다.[65] 표트르 대제의 사망 80년 후, 영국의 순회 성직자 겸 비평가인 윌리엄 콕스는 러시아의 후진성을 언급하면서 많은 사람들이 "철저히 예속된 상태로 머물러" 있었으며, "사람들이 인권과 재산에 대한 완전한 안전을 누릴 수 있게 되기 전까지는 국가의 의식[문화]에 의미 있는 변화를 기대할 수 없다"고 지적했다. 차르 니콜라이 1세가 콕스의 서적을 금한 것도 놀랄 일이 아니다.[66] 산업 발전은 무기, 군복, 장비, 화약, 전함 등 전쟁 수요로 견인되었으며, 이러한 전쟁 물자는 국가를 통해서 생산되었다. 우랄 지역에서는 제철소가 발전했지만 자본도 경쟁도 없었기 때문에 후진적 방식과 비숙련 육체노동에 의존했다. 또한 현대적인 도로가 부족해서 국내 경제는 하천 운송에 의존할 수밖에 없었다.

표트르는 경제 생활의 대부분을 국가의 통제 아래에 두고 농노 제도를 유지함으로써 러시아의 무기력한 상태를 유지시켰다. 중앙 통제로 이루어지는 작업과 고정된 가격은 경쟁이나 혁신을 장려하지 않았다. 경제는 전쟁에서 이기기 위해서 만들어졌을 뿐이다. 1721년 이후 표트르는 중상주의적 자급자족을 위한 절차를 수립하는 한편, 수출로 국가 금고를 채웠다. 이는 러시아의 강점을 이용한 것으로, 산업시대 이전에는 효과가 있었으나 자생적인 발전과 진보를 이루기에는 역부족이었다. 제국의 경제 기반은 러시아가 조선, 야금, 무기 제조 분야에서 핵심 기술을 지속적으로 개발하거나 유지하는 데에 실패하면서 한 세기 이상 정체되었다. 전략적 수요를 충족시키기 위해서 러시아는 수입품과 외국의 기술자들에게 의존했다. 문제는 해상 부문에서 특히 심각했다. 표트르의 의도는 상트페테르부르크를 통해서 러시아의 상거래를 확산시키는 것이었지만, 아르한겔스크와 같은 기존의 중심지로부터 무역의 방향을 돌리려는 시도는 오히려 내부 질서를 혼란에 빠뜨리고 말았다. 대마(大麻) 산업은 북극해에서 맴돌았다. 결과적으로 상트페테르부르크는 볼가, 우랄, 카스피 해까지 뻗어 있는 광대한 경제적 배후 도시와 도시들을 연결하는 운하로, 수입과 수출을 지배하는 러시아의 가장 큰 상업 중심지가 되었다.[67]

발트 해 연안은 러시아 수출의 중심지가 되었다. 곡물, 목재, 아마, 대마, 철, 역청, 탄산 칼륨, 타르, 모피가 현금, 서양의 제조품, 영국 카마던의 담배를 포함한 식민지에서 생산된 상품으로 교환되었다. 운송과 선원은 러시아가 아닌 네덜란드와 영국의 차지였다. 러시아는 중상주의 해양 정책을 따르지 않았으며, 상선을 건조하기 위한 관세 장벽이나 보조금 정책도 만들지 않았다. 그저 해운을 해상 세력의 손에 맡기는 데에 만족했다. 의미 있는 원양 운송이 없는 상태에서 러시아는 효율적인 해군을 위한 숙련된 인력을 배출할 수 없었다. 항해자로서의 삶을 선택할 자유가 있었던 일부 러시아인들은 자신들이 서양의 선박에서 더 좋은 대접을 받는다는 사실을 알게 되었다.[68] 아르카디우스 카한이 지적했듯이, 원양 상선은 "러시아 경제사에서 주변부에 속할 뿐"이었다. 러시아는 연안 이외의 분야에서 중요한 상선을 확보한 적이 한 번도 없었다. 이들은 부족한 자본과 기술력 탓에 경쟁력을 갖추지 못했고, 서양의 선박에 자신들의 해외 무역을 장악당했다. 초기에는 네덜란드가 큰 몫을 차지했으나 1740년대에 이르자 영국이 그 바통을 이어받았다. 게다가 카한은 러시아가 "표준화된 제품, 높은 품질, 특히 자본이 부족하다는 극복하기 어려운 문제로 해외에서 해상 무역에 어려움을 겪었기 때문에 해양법은 걸림돌로 작용했다"라고 주장했다. 높은 운영비와 억압적인 관료제는 러시아의 상선을 좌절시켰고, 무역 자금은 외국의 선납금과 부채로 확보되었다.

서양은 선박 건조 능력이 더 뛰어났고 심지어 러시아 목재로 암스테르담에서 선박을 조립하는 경우에도 비용을 절감할 수 있었다. 반면 러시아의 선원들에게는 핵심 기술이 부족했다. 러시아는 선박 건조 기술의 수준이 낮고 선원이나 자본이 더 부족한 나라와 무역을 할 때에 운송 서비스를 제공했다. 연안 운송은 오래된 토착 방식에 계속 의존했다. 원양 운송의 부족이 러시아의 경제 발전을 저해하지 않았다는 카한의 대륙적 주장은 러시아가 상선을 만든 유일한 이유가 장기적인 경제적 이익 또는 "정치적 명성"이었을 것이라는 점을 인정한다. 그러나 그의 주장은 숙련된 선원의 부족으로 인한 해군의 취약성으로 야기되는 전략적 위험을 매우 과소평가했다. 표트르가 사망하고 한 세기가 지난 후에도 러시아 해군은 표트르가 이용했던 외국 용병과 신병 조합 체계에 의존했다. 국내 조선업을 의미 있는 수준으로 발전시키지 못한 것 역시 문제였다. 모든 중요한 전문 기술은 정부의 해군 시설에 있었는데, 그 이유는 국내 수요가 거의 없었기 때문이다.[69]

국내 상선 업계의 부재는 전략에 심각한 영향을 미쳤다. 러시아의 최대 고객인 영국과의 무역은 정치적 관계가 아니라 각자의 이해관계에 맞춘 경제적 관계였다. 1710년대 초반 이후 전쟁은 언제든지 현실화될 가능성이 있었으며, 영국은 러시아 경제를 겨냥했다. 영국은 중요한 해군 물자, 목재, 대마, 아마, 역청, 타르, 선철을 확보하기 위해서 무역 수지의 적자를 기꺼이 감당했다. 런던의 은행가들은 러시아와 많은 사업을 진행했으며, 러시아 회사(Russia Company)는 무역을 은행, 영국 해군 본부를 비롯한 러시아 상품 소비자와 연결시켰다. 1720년대에 영국 왕립 해군은 발트 해에서 힘의 균형을 유지하여 러시아의 공급 독점을 저지했고, 영국은 적극적으로 대체 자원을 모색했다. 1734년에 체결된 영국–러시아 무역 협정으로 영국은 해군 군수품과 1차 농산물을 확보했고, 남은 18세기 동안 2,500만 파운드를 러시아 경제에 투입했으며 러시아 수출의 발전을 도왔다. 1766년 조약은 영국에 덜 우호적이었으나 여전히 전략적 필요를 만족시켰다. 대다수의 러시아 무역은 영국의 선박이 영국이나 제3국으로 운송함으로써 이루어졌다. 그 대가로 영국은 사치품과 식민지 생산품을 공급했다. 1786년 무역 협정이 만료되자 경제, 전략 이론가인 존 싱클레어 경은 영국이 국내의 생산, 혹은 다른 나라로부터의 구매를 통해서 러시아산 제품에서 독립해야 한다고 주장했다.[70]

1793년에 체결된 새로운 무역 협정으로 영국에 흑해 무역이 개방되었지만 이는 1800년 차르 파벨에 의해서 막을 내렸다. 영국이 러시아 시장을 지배하던 시대도 끝났다. 이는 러시아의 경제 성장과 1807–1812년에 영국이 발트 해 곡물, 목재, 해군 군수품에 의존함으로써 발생한 전략적 압력이 반영된 결과였다. 그러나 1815년 이후 영국의 경제, 제국 정책으로 이러한 의존도가 줄었다. 영국의 캐슬레이 외무 장관은 발트 해의 대안을 캐나다로 보고, 캐나다 임업을 장려하기 위해서 세금을 조정했다.[71]

18세기에 러시아 시장에서 영국이 거두는 이익이 완만하지만 큰 폭으로 감소한 것은 양국의 관계가 소원해졌음을 보여준다. 러시아가 군사력으로 스웨덴과 튀르크를 물리치고 지역 시장을 폐쇄하자, 영국은 러시아 제국이 팽창된 곳에서 관세 장벽을 높이면 자신들과의 경쟁이 차단될 것임을 알았다. 그러나 영국 무역은 여전히 러시아의 사회-경제적 구조에 중대한 영향을 미치고 있었다. 1801년 갑작스러운 무역 중단 조치가 차르 파벨의 사망으로 이어진 것이다. 10년 후 나폴레옹의 "대륙 체제"에 합류한 결과로 치명적인 피해가 발생하자 그의 아들은 프랑스와의 위험한 전쟁을 무릅썼다. 러시아는 여전히 군사 강대국이었지만, 일련의 사건은 러시아가 영국의 구매력에 의존하여 국내 경제를 유지하고 제국주의 국가의 야망을 가진 황실에 자금을 지원해왔음을 드러냈다. 영국의 정책 입안자들은 자급자족 경제와 해군력, 니콜라이 1세 정부의 크론시타트 재건 사이의 연관성을 파악했으며, 튀르크 문제가 헤드라인을 장식하더라도 필요한 답을 만들어냈다. 영국의 정치가와 전략가들은 1703년과 마찬가지로 러시아가 발트 해에서 해군력에 취약한 상태로 남아 있을 것임을 알았다. 이에 제한적인 해양 경제 전쟁이라는 전통적 전략에 따라서 역량을 최대로 끌어올리기 위한 해군과 경제 전략을 개발했다. 1855년 영국은 자본 공급을 줄이는 무역 금지 조치로 러시아를 무너뜨렸고 러시아는 파산했다.[72] 그리고 수출을 봉쇄하고 상트페테르부르크를 폭격하겠다고 위협하는 해양 권력 전략으로 인해서 "크림" 전쟁이 발발했다.

18세기 영국의 제조업체는 크론시타트에 밧줄 공장과 제재소(製材所)를 보유하여 중요한 서비스를 제공했다. 영국의 기업가 윌리엄 곰은 러시아가 "자국의 자원을 중요한 상선과 해군으로 전환하지 못하고 중요한 해양 강국으로도 발돋움하지 못했다"는 영국인다운 평가를 내렸다.[73] 러시아는 바다를 경시했으며, 해양 세력 국가를 위한 기지를 구축할 계획도 하지 않았다. 이어지는 곰의 분석을 보면, 영국이 러시아의 해군, 제국, 수도를 얼마나 면밀하게 주시했는지를 알 수 있다. 러시아가 유럽의 군사 강대국으로 부상하여 막강한 외교적 영향력을 발휘하자 영국의 정치인들은 표트르 대제의 대륙 중상주의 경제가 국내 시장에 대한 영국의 접근을 차단하고 수출을 통제하며 중개인들을 차단하리라는 점을 인지했다. 표트르 대제는 발트 해의 해군 군수품이 해양 세력 국가인 영국에 중요하다는 사실을 잘 알고 있었다. 군수품이 암스테르담, 런던으로 쏟아져 들어오는 것을 직접 목격한 바 있었기 때문이다. 또한 그는 발트 해의 해군 군수품이 부르봉 세력에게 가지는 가치도 이해하고 있었기 때문에 카디스와 러시아의 생산품이 거래되는 다른 항구에 영사관을 설치하여 군수품이 외교적으로 미치는 영향력을 활용했다.[74] 그들은 표트르의 함대에 깊은 인상을 받은 듯 가장했으나, 사실은 이것이 영국의 왕립 해군보다 못하다는 것을 잘 알고 있었다. 러시아는 강력한 육군 지원 서비스를 구축했지만 영국은 대양을 지배하는 전함과 더불어 역동적인 해양 경제를 보호하는 호위함을 보유하고 있었다. 이는 러시아에는 없는 존재였다.

표트르의 해군 기획이 부활한 것은 그의 계획이 영구적인 성격을 지녔음을 알려주지만, 그것이 무한히 반복되면서 러시아의 해양사에 재앙과도 같은 결과를 가져온 적도 많았다는 점은 시사하는 바가 있다. 함대는 해외에서 수입한 것이었고, 바다에 노출되어본 적도, 관심도 얼마 없는 대륙 기반의 국민에게 강제된 것이었다. 표트르가 러시아인들을 강압적으로 바다로 인도했듯이, 후기 정권도 강제에 의해서만 해양 전략을 유지할 수 있었다. 전쟁, 파산, 또는 제국의 무관심으로 압박이 사라지면, 이러한 체제는 뒤죽박죽이 되어서 항해에 적합하지 않은 상태로 파멸을 맞았다.[75] 표트르의 사망 이후 러시아는 발트 해의 관심이 분산되고 비틀거리는 경쟁자들을 위압할 정도의 해군력만 유지했다.[76] 예카테리나 2세가 오스만, 스웨덴과 전쟁을 벌이고 영국이 해군 증강을 새롭게 유도할 때까지 그 이상의 야망은 품

지도 않았다. 함대는 주로 방어군으로서 상트페테르부르크와 발트 해 지방들을 보호하는 데에 전념했다.[77]

이것을 비판으로 받아들여서는 안 된다. 러시아는 발트 해를 장악하는 데에 충분한 해군력이 필요했다. 1721년 이후 스웨덴이 패배하고 위축된 상황에서는 겁낼 것도 별로 없었다. 특히 덴마크는 러시아가 스웨덴을 격파하는 데에 도움을 주었다. 1721년의 평화 이후 해군의 유지 비용은 정당화하기 어려운 수준이었으며, 오로지 차르의 의지로만 해군을 확대하는 기조가 유지되었다. 이후 러시아 정권은 핵심적인 안보 이해관계, 육상 방어, 남방 확장을 강조했다. 러시아에는 영국 왕립 해군과 겨룰 야망과 자원이 부족했기 때문에 크론시타트의 요새에 의지하여 왕립 해군이 상트페테르부르크에 접근하지 못하도록 막았다. 표트르 2세는 수도를 모스크바로 다시 옮겨서 왕립 해군의 위협을 더 줄였다. 1720년대 후반에 함대는 크론시타트에 머물렀는데, 대체로 장비가 해체되고 방치되었으며 선원들도 없었다. 대다수의 함대가 수리 비용을 감당하지 못해서 부식되었으며, 표트르가 국가적 힘의 위대한 상징을 지키기 위해서 공들였던 핵심 인적 자원인 러시아 선원들은 흩어져 바다로 돌아가거나 서양의 상선으로 갈아탄 상황이었다. 외부에서 들여온 지도부도 1740년대에는 사실상 와해된 상태였고 해군은 빈사 직전이었다.[78] 표트르 대제가 남긴 해군 유산의 마지막 기능은 안보와 핵심 기반시설을 제공하던 요새였는데, 그 주위로 새로운 요새가 건설되었다.

상트페테르부르크는 상품, 인력, 자본, 사상과 같은 유럽산 수입품에 러시아를 개방하는 역할을 했다. 근대화의 추진력을 유지하는 열쇠였던 이 도시가 수도의 지위를 유지하는 한, 국가는 보안 비용이 많이 들더라도 유럽에 전념했다. 소비에트 시대 이후인 1997년, 주라브 체레텔리는 러시아의 해군 창설 300주년을 맞아 표트르 대제의 화려한 동상을 세우면서 로마노프 왕조의 유산을 부각시켰다. 거대한 표트르 대제의 동상은 국가의 조타수로 보였다. 그러나 21세기의 평범한 모스크바 시민들이 해상으로의 전환을 통해서 무엇을 얻으려는지는 분명하지 않았으며, 동상이 상트페테르부르크 출신의 푸틴 대통령의 해양 야망을 어떻게 반영하는지도 불분명했다. 상트페테르부르크는 러시아 국민의 정신에서 결코 모스크바를 대체하지 못했다. 대신 세 번째 로마의 문화적 힘은 바다를 포함해서 차르가 관심을 기울인 다른 이념에 대한 관심을 부활시켰다. 바다, 선박, 전쟁, 해도의 그림과 더불어 해군 본부, 선창, 전함, 해양 요새는 외국에서 들여왔거나 해외의 장인들에게서 영감을 얻어 해외의 사례를 모범으로 구상 혹은 창조한 것이다. 오히려 러시아에서 가장 오래도록 이어진 흔적을 남긴 것은 이 과정에 동원된 수단, 즉 차르가 채택하면서 새로 표준화되고 비즈니스 성격이 강화된 러시아어와 활자, 서양 과학과 군사, 해군 문서의 러시아어 번역본이었다. 이것들은 옛 모스크바 언어가 새로운 표트르 언어에 영향을 미치게 했고, 이를 통해서 오래 지속되었다.[79]

대륙의 분석가들은 표트르의 해군 혁명에 깊은 인상을 받기는 했으나 전투 효율성을 평가하기보다는 단순히 선박 숫자를 세는 식으로 흐릿하게 이해할 뿐이었다. 그러나 영국과 베네치아의 평론가들은 겉모습에 감춰진 이면을 보고 혁명을 평가했다. 이들은 차르가 러시아를 해양 세력 국가로 만들 생각이 없으며 상트페테르부르크를 함대보다는 크론시타트의 방어를 강조하는 다른 방식으로 해석할 수 있음을 알았다. 또한 표트르의 계획은 보편 제정과 제국의 지위를 추구하는 로마를 지향한 것임도 알았다.

영국의 평가는 표트르의 기획과 해양 세력 국가인 영국 간의 중요한 차이점을 드러냈다. 표트르의 함대는 분명 영국 왕립 해군보다 열등했으나, 국가를 확대하고 무역을 장악하는 데에 열중하는 거대한 육군에서 해양 측면을 담당하는 기관으로서 지정학적인 전략에 심각한 위협을 가할 수 있었다. 러시아 군대는 영국의 새로운 하노버 가문의 왕이 활동하던 독일 북부로 진출하면서 발트 해에서 영국의 상업을 차단하겠다는 위협을 가했다. 궁극적인 해양 세력 국가에게는 아픈 곳을 건드리는 행위였다.

표트르의 권력이 커지면서 잉글랜드는 그의 야망을 확인해야만 했다. 1705년에 새로 임명된 상트페테르부르크 대사는 "황제가 대단한 선박 애호가"라면서 영국 정부가 차르에게 영국 조선공을 활용하도록 허용할 것을 제안했다. 표트르는 영국의 조선공을 특히 선호했다. 이에 영국 조선공과 관련 인력들은 러시아의 해군 기획에 대해서 보고할 수 있는 이상적인 위치에 배치되었다.[80] 1725년 표트르의 발트 함대를 지휘한 존 딘은 해군의 창설, 하천과 연안 관련 의제, 새로운 제국에 걸맞은 해군을 구축하는 데에서 차르의 중추적인 역할을 강조했다. 러시아는 발트 해를 지배했으며 선박은 현지에서 조달된 마스트, 활대, 돛, 닻, 닻줄을 구비했다. 그러나 이것들은 "제대로 된 인력이 배치되는" 경우에만 가공할 만한 위력을 발휘할 수 있었다.[81] 함대의 용적 톤 수로 보았을 때 러시아는 스웨덴이나 덴마크와 비교해서 약간 많은 수준이었으나, 전함의 수는 훨씬 더 많았다.[82] 전함과 순양함 사이의 균형은 발트 해를 통제하려는 표트르의 야심을 엿보게 하며, 이는 다른 해군에는 없는 무역 방어, 어업 보호, 폐쇄 해역 외부에서 식민지를 정찰하는 등의 업무에도 반영되어 있다. 전투 함대는 러시아의 전략적 이해관계를 확보하고 외교적 수단을 제공했으며, 새로운 연안 지방, 특히 상트페테르부르크의 안전을 확보해주었다. 영국과 네덜란드 상선이 러시아의 수출품을 운송하면서 구매자들의 위험 부담이 높아지자, 표트르는 런던과 암스테르담의 보험에 가입하여 무역의 안전을 확보했다. 해상 세력은 스웨덴이 러시아 수출품을 손상시키지 못하도록 막았다. 딘은 또한 표트르가 세운 기획에 내재된 약점에 대해서도 고찰했다. 표트르의 헌신, 에너지, 특히 기획에 전념한 집중력은 대체 불가능한 것이었다. 오직 표트르 대제만이 그러한 성취를 이룰 수 있었다. 그러나 그의 해군은 러시아 정체성의 심장부에 미처 도달하지 못했다. 표트르의 사망은 러시아 해군의 정점이었던 셈이다.

궁극적으로 러시아는 해양 세력이 되기 위해서 필요한 정치적 절차, 경제 정책, 문화 정체성을 발전시키지 못했다. 이는 여전히 의식적인 선택의 문제였다. 강력하고 독재적인 중앙 집권 성향, 도로를 통해서 확장된 제국에서 대륙 영토의 절대적 중요성은 차르가 바다에 관심을 쏟을 때조차 그것을 주변부에 머물게 했다. 게다가 딘은 "징계 제도가 자의적이고 폭력적이었다"면서 "러시아의 하급 사관은 준위(准尉)를 형편없이 다루었다"라고 전한다. 최근 전쟁에서 잉글랜드와 네덜란드 함대의 경우 계급에 무관하게 자원입대할 수 있었던 반면, 러시아에서는 수병이 매우 적었다. "일반적으로 러시아인들은 바다에 대해서 반감을 가지고 있었다."[83] 딘은 사기가 저하된 국민들이 전제 권력에 무기력한 상태임을 간파했다. 형편없는 식단 때문에 괴혈병이 유행했고, 종교적인 금식으로 체력이 약해져서 근무도 어려웠다. 딘은 바다에서 선원들의 의지가 충분히 강하다는 사실을 발견했지만, 표트르의 독단적인 명령은 장교들과 수병들을 "공포, 무지, 혼란"으로 마비시켰다. 공포와 무기력함이 마치 적군에 피해를 입히듯이 자국의 배를 덮칠 것만 같았다. 딘은 러시아 해군의 발전이 정체될 것을 예상했다. 차르는 많은 선박들을 건조했으나 "수병의 수가 많지 않았고 경험도 최근 4년 동안에 국한되었다. 해마다 병사들을 훈련시키고 함대의 수준을 향상시키는 작업을 수행했으나 이에 상응하는 보상이 거의 주어지지 않았기 때문에 표트르의 보물은 힘을 잃었고 위력이 떨어졌다." 모든 것이 다가올 페르시아 전쟁에 달려 있었다. 만약 전쟁에 패배하면 "위대한 소유물의 대다수는 아니라도 상당수가 파괴될" 것이었다. 선원의 부족, 제한된 기술, 허술한 선박 관리로 인해서 많은 선박들이 "차르의 해안에서 멀지 않은 곳에서조차" 해군의 작전에 걸림돌이 되었다.[84] 러시아는 로마의 역할을 맡기를 원했지만 효율성, 무자비함, 무엇보다 로마를 바다에서 가공할 만한 세력으로 만든 전문성이 부족했다.

딘은 논문을 작성하여 크론시타트의 총영사직을 얻었으나 얼마 지나지 않아 간첩 혐의로 추방되었다.[85] 잠재적인 해군 경쟁자인 러시아의 활동을 감찰하기 위해서 외교관으로 파견된 해군 장교가 딘뿐만은 아니었을 것이다. 러시아 해군과 해상 무역의 발전에서 크론시타트와 상트페테르부르크가 중추적 역할을 했다는 것은, 무역의 활성화에 필수적인 요소인 영국의 무역 사무관이 정보를 제공하기에 좋은 위치였음을 뜻한다. 해군 기술자인 새뮤얼 벤담은 1780년에 유럽 북부와 서부의 해군, 해양 시설에 대한 정찰 업무가 끝나갈 무렵에 과학 조사를 위장하여 해군 위원회에 잠입했다. 벤담은 다수의 러시아 선박들이 "상태가 그다지 양호하지 않았음"을 발견했다. 예카테리나 2세는 의도적으로 발트 해에서 표트르가 시행한 기획을 연상시키는 해군 사업을 흑해에서 착수했으나, 이것이 러시아가 해양 세력이 되었음을 의미하지는 않았다. 상트페테르부르크의 영국 대사였던 찰스 휘트워스 경이 1791년에 지적했듯이, 러시아는 대륙과 군사적 성격이 강한 나라였다. 여제와 포템킨 공은 아무르 강 유역에서 무역을 보호하고자 했으나 러시아에는 "정복 이외의 다른 방법으로 타국에서 이점을 취한다는 개념"이 없었다.[86]

해군 정보 기관장을 지낸 시프리안 브리지 제독이 1899년에 존 딘의 보고서 발간을 준비했는데, 브리지는 이 보고서를 당시 러시아 해군의 부상과 관련한 영국의 우려와 연결 지었다. 대북방 전쟁에 대한 브리지의 분석은 예리했다. 해상 국가인 스웨덴은 대륙 전쟁에서 스스로의 힘을 과신했으며, 표트르는 이를 인지하고 폴란드와 우크라이나에서 스웨덴 군대를 물리치면서 자원이 부족한 함대를 공격했다는 것이다. 발트 해의 통제권을 확보한 그는 스웨덴 제국의 고립된 지역을 공격하고 전쟁의 흐름을 좌우했다.[87] 표트르는 군사 행동으로 모든 것을 위험에 빠뜨린 칼 12세의 기선을 제압했다. 칼 12세가 함대와 육군을 동원해서 상트페테르부르크를 점령했다면 저렴한 비용으로 발트 해를 장악할 수 있었을 것이다. 브리지는 영국에 대륙에서 과도한 확장 정책을 펴는 것은 위험하다고 경고했다.

표트르는 결코 러시아를 해양 세력으로 만들려는 시도를 하지 않았다. 이 자칭 로마 황제는 육지에서의 팽창과 절대 권력에만 관심을 두었다. 그가 마련한 해양 기반은 바다가 아닌 해군에 국한되었으며, 경제를 주도할 상인, 자본가가 없었고 러시아의 수출을 견인할 상선과 선원도 부족했다. 기업을 유지할 포괄적 정치 체제도 없었다. 표트르의 명령 경제, 중앙 집권 국가, 절대 권력의 유지는 해양 기업 및 해양 세력 정체성과 양립할 수 없었다. 홀란트와 잉글랜드에서 머무르던 시기에 그는 이를 분명히 인식했을 것이다. 서양을 처음 여행할 당시에는 해양 세력의 깊은 문화적 뿌리를 인식하지 못했을 수 있지만, 20년 후에 홀란트와 프랑스로 돌아왔을 때에는 상인, 민회, 무역, 권력의 상승 효과에 대해서 잘 알고 있었기 때문이다. 1717년 그는 프랑스 전제 왕조의 도구를 고국으로 가져갔다. 루이 14세의 태피스트리 작품, 과학 아카데미,『가제트(Gazette)』지는 독재의 필수 자산이었다. 페테르고프와 화려한 정원은 베르사유 출신의 프랑스 건축가가 설계했으며, 프랑스 아카데미는 태양왕을 위해서 세운 기마상을 모형으로 만든 거대 기마상에 새길 명문을 제안했다.[88] 표트르는 근대의 한니발인 윌리엄 3세가 아니라 새로운 카이사르인 루이 14세가 되기를 원했다. 그는 근본적으로 육상의 목표를 달성하기 위해서 육군을 지원할 거대한 해군을 창설했다. 원자재와 비숙련 노동자가 풍부하지만, 현금, 신용은 절대적으로 부족한 나라의 군주답게 그의 경제관은 자본주의보다는 중상주의에 가까웠다.[89] 그는 상업 운송은 진정한 해양 세력에게 맡겼다.

러시아의 함대는 태양왕의 함대와 마찬가지로 핵심 역량이 아닌 유용한 자산에 불과했다. 표트르는 국민들에게 바다를 강요했고, 육지에 둘러싸인 굴종적인 소농들이 바다를 위해서 일하도록 만들면서 오래된 진리를 다시 깨달았다. 군인, 노동자와 달리 선원은 무력으로 행동을 강제하거나 공포로 좌우할 수 있는 대상이 아니었다. 항해 분야에서 전문성을 갖추기 위해서는 노에 묶인 갤리 선의 노예가 아니라 자유로운 인간이 필요했다. 해군은 선박이 아닌 사람으로 정의되기 때문에 자유 없이는 해군도 존재할 수 없었다. 자연적으로 발생한 해양 문화가 없는 상태에서 표트르는 항해 인구를 만들고자 했으나 실패했다. 서양을 향한 해상 창문을 만들었을지는 몰라도 국민들이 그 창을 들여다보도록 하는 데에는 어려움을 겪었으며, 세상으로 향하는 바다로 항해하도록 만들지도 못했다. 표트르가 사망하고 50년 후에 예카테리나 2세는 오스만과 스웨덴 해군에 대항하기 위해서 해외의 전문 기술을 들여와서 함대를 다시 건조했다. 그러나 이로써 증명된 것은 독재자의 의지로 형성된 해군이 그 독재자의 시대가 끝난 이후에도 살아남으리라는 법은 없다는 것이었다. 별 볼일 없는 적을 상대로 승리를 거두고 발트 해 너머로 주요 함대를 파견한 적도 있으나 영국은 러시아가 일류 해군력을 갖추지 못하리라는 사실을 의심하지 않았다. 문제는 해군이나 제독이 아니라 선원과 문화에 있었다. 조지 콜리어 제독은 러시아가 "위대한 해상 세력이 될 수 없을 것"이라고 공언했다.[90] 러시아 제국이 운용한 가장 인상적인 해군이었던, 냉전이 최고조에 달했을 당시의 소련 함대는 근본적으로 방어를 위한 자산으로서, 표트르 시대의 개념과는 다른 의미로 활용되었다. 함대를 건설한 세르게이 고르시코프 해군 제독은 폭넓은 전략적 시도에서 특히 방어 기능을 강조했다. 함대는 해양 기반의 세력이 러시아의 육상 이해관계에 미치는 영향을 차단하기 위해서 존재했다. 그는 대륙의 문제를 절대적으로 중요하게 생각했다. 그가 지휘한 붉은 함대(Red Fleet)는 제해권을 얻기 위해서가 아니라 폴라리스(Polaris : 미국의 잠수함 발사 탄도 미사일/옮긴이)를 격파하고 "조국을 보호하기" 위해서 바다를 누볐다.[91]

대륙의 다른 군사 패권 국가처럼 표트르 시대의 러시아도 영국 해양 세력의 도전에 맞서기 위해서 요새와 육군에 의지하여 지상 임무에 해군을 동원했다. 크론시타트에 막강한 요새를 세운 것은 궁극적으로 러시아 해군이 전략적 방어에서 수행하는 기본적인 역할을 보여준다. 러시아의 함대는 주로 방어의 목적으로 신중하게 사용되었으며, 기지나 영토를 구하기 위해서 희생되는 경우도 많았다. 주요 전쟁에서 러시아 해군이 작전을 수행한 사례는 세바스토폴(1854-1855), 포트 아서(1904-1905), 세바스토폴(1942-1943)을 꼽을 수 있다. 모두 패배를 거두었으나 해군 기지를 용맹하게 방어했다는 사실은 기억되었다. 러시아는 그들이 세운 해군 기획의 현실을 잘 알고 있었다. 19세기의 첫 10년 동안 상트페테르부르크 해안가에는 거대한 증권 거래소가 설립되었다. 외부에는 한 쌍의 뱃부리 장식이 배치되었는데, 이는 원래 로마의 카이오 두일리오에 있던 것으로 기둥에는 포획한 갤리 선의 부리가 장식되어 있었다. 이는 해양 세력 국가의 파괴를 기리는 것이었다. 운명의 장난으로 이 건물은 해양 세력에 대한 러시아의 저항의 역사를 보여주는 해군 박물관으로 바뀌었다.

　상트페테르부르크 거래소의 짧고도 비효율적이었던 존재 기간은 이전에 그랬듯이 러시아는 이후에도 절대 해양 세력이 되지 않을 것이라는 현실을 잘 보여준 사례이다. 모스크바에 관심을 둔 거대한 육지 제국은 세 번째 로마 보편 재정이라는 신비스러운 종교적 꿈에 몽골의 지배와 끝없는 서양의 침략이라는 씁쓸한 유산을 결합했다. 이러한 경험은 안보와 안정성을 우선시하고 방어 가능한 국경, 튼튼한 요새, 완충 지대의 중요성을 강조했다. 표트르는 그러한 현실을 바꾸려고 하지 않았다. 그는 뛰어난 기술을 갖춘 해군력을 활용해서 군사 작전을 향상시키고, 해안에 서양식 도시를 건설하여 러시아를 발전시키는 데에 중요한 과학, 기술, 기구와 연결시키려고 했다. 그러나 그의 치세 동안에 이어진 상징은 상트페테르부르크도 해군도 아닌 크론시타트의 거대한 요새였다. 크론시타트의 요새야말로 그것들을 건설할 수 있게 한 보루였다. 표트르의 천재성은 무엇을 차용할지, 무엇을 베낄지, 무엇을 무시할지를 잘 선택한 데에 있었다. 그는 개인적으로 바다에 크게 매료되었음에도 루이 14세와 로마 제국의 군사 절대주의를 선택했다. 러시아의 문화에는 그가 남긴 특별한 흔적이 여전히 남아 있다.

8

잉글랜드
최후의 해양 세력

해양 세력의 수입 : J. M. W. 터너, "1688년 토베이에 도착한 윌리엄 3세"

러시아 문화의 방향을 바다로 전환하려던 표트르 대제의 계획이 실패로 돌아간 것은 해양 세력 국가가 하룻밤 사이에 건설될 수 없다는 사실을 보여준다. 잉글랜드/영국이라는 해양 세력 국가는 200년에 걸쳐 형성되었다.[1] 1430년대의 영국인들은 (비록 시기상조인 측면이 있기는 했어도) 백년 전쟁의 대륙적 야망을 해양 세력 모형과 바꾸어야 하는지를 두고 논쟁을 벌였다.[2] 섬이라는 특성은 잉글랜드의 상업적 지평을 제한했을 뿐만 아니라 전략적으로도 아무런 이점을 제공하지 않았다. 중세 선박으로는 북부의 바다를 지배할 수 없었고, 상대의 선박을 제압하는 무기 없이는 침략을 막

영국 제국

태평양

뉴질랜드

피지 제도

오스트레일리아

길링 제도

홍콩 섬

인디아 제도

실론

인도

인도양

모리셔스 제도

오만
아덴

이집트

수단

우간다
앵글로이집트
동아프리카

나이지리아

로디지아

케이프 식민지

지브롤터 해협

영국

아센션 섬

포클랜드 제도

대서양

아조레스 제도

버뮤다 제도

뉴펀들랜드

자메이카 섬

기아나

캐나다

태평양

하와이

영국 제국과 영연방 자치령

영국 왕립 해군과 석탄 공급항

주요 해저 전신 케이블

을 능력도 거의 없었다. 지중해의 갤리 선은 거칠고 변화무쌍한 영국 해협에는 적합하지 않았다. 크고 다루기 힘든 선박은 화력이 부족했다. 해군력으로 섬을 보호하거나 무역을 통제할 수 없으면 해양 세력 정체성은 현실적으로 가능하지도, 유용하지도 않았다. 게다가 잉글랜드의 왕들은 강력한 함대의 유지 관리를 지원할 수 있는 상인들과 권력을 나눌 생각이 없었다. 이처럼 장벽들이 많았음에도 불구하고 부르고뉴령 플랑드르의 해상문화가 잉글랜드 정치에 영향을 미치기 시작했다. 에드워드 4세는 플랑드르의 해양 예술에 큰 감명을 받았다. 그러나 이후 격동의 과정을 보면 당대해군력은 영국제도를 지키는 데에 역부족이었음을 알 수 있다. 잉글랜드는본토나 해외에서 육지를 차지하기 위한 육지전을 벌였다.

가로돛과 거대한 평접 방식으로 건조되어 상대 선박을 격파할 포를 장착할 수 있는 돛대가 3개인 무장 상선이 개발된 후에야 해양 세력은 하나의선택지가 되었다. 이러한 전함은 전략의 맥락을 변화시켰다. 에드워드 사후에 사위가 된 헨리 7세는 리젠트 호와 소버린 호라는 무장 상선을 건조했으며, 침략 정박지를 다스리기 위해서 포를 갖춘 요새를 세우고 침략이반복되지 않도록 겹겹이 방어했다. 이러한 조치는 전략적으로 중요했으나,신앙, 토지, 왕권으로 형성된 문화를 바꾸지는 못했다. 게다가 잉글랜드는영국의 유일한 왕국이 아니었다. 바다를 통제하는 것만으로는 16세기나 18세기에 스코틀랜드의 침입을 막을 수 없었다. 서쪽으로는 아일랜드의 상당부분이 잉글랜드의 통제 바깥에 있었기 때문에 적의 침입 가능성은 늘 열려있었다. 헨리 7세는 미약하게나마 유럽 이외의 지역과 무역을 추진하려는최초의 시도를 했다. 헨리 8세는 유럽에 대한 중세 잉글랜드의 야망을 불러일으키고자 했다. 그러나 그의 자문이던 울지 추기경과 토머스 모어는 신성 로마 제국의 규모와 권력, 얼마 전에 브르타뉴를 얻은 프랑스를 고려할 때, 왕국이 필요한 자원을 생산할 수 없으리라고 생각했다. 이와 동시에 인문주의 움직임과 이동식 인쇄기의 발명으로 인해서 잉글랜드는 해양 세력 선구자의 지적, 문화적 풍요로움에 닿을 수 있었다. 그리스의 문서는 중요한 매개체 역할을 했으며 플랑드르의 해양 예술은 새로운 권력 언어를 제공했다. 민감한 잉글랜드인들은 섬나라라는 특성이 그들에게 대륙 국가는 누릴 수 없는 새로운 선택의 기회를 제공한다는 사실을 깨달았다. 잉글랜드가 바다를 통해서 유럽의 위협에 맞서는 안보를 확보할 수 있다면, 먼 육지에 집중할 수 있는 선택지가 생기는 것이다. 안보와 경제는 면밀하게 연결되어 있었다. 합스부르크는 잉글랜드의 양모와 옷감 수출을 좌우하던 안트베르펜을 통제함으로써 토머스 모어가 쓴 『유토피아(Utopia)』의 기초를 제공했다. 이 책에는 섬나라의 문화적 이점과 그리스어, 돛대가 3개인 선박들이 가득했다.[3] 모어가 보편적인 로마 교회를 고수하면서 의미가 퇴색된 면이 있기는 해도 『유토피아』는 선견지명과 설득력을 갖춘 저서였다.

해양 세력 국가의 건설은 헨리 8세가 잉글랜드를 유럽 체계에서 분리하면서 시작되었다. 그는 자신의 왕국을 어떤 속세의 권력에도 종속되지 않는 독자적인 제국으로 선포하고 왕위에 황위까지 더했다. 그러고는 범유럽 교회의 영적 권위와도 단절을 꾀했다. 그는 영국 국교회의 최고 권위가 가톨릭임을 계속 인정했지만 그 대상은 더 이상 로마 가톨릭이 아니었다. 헨리 8세가 자신의 조치와 베네치아가 취한 조치 사이의 연관성을 얼마나 인식하고 있었는지는 분명하지 않다. 그는 자신이 새로 만든 나라를 외세의 침략으로부터 보호하기 위해서 중포로 무장한 상설 왕립 해군을 발전시켰다. 해군은 헨리 그레이스 어 듀 호라는 잉글랜드 사상 최초의 상징적인 전함이 지휘했으며, 해안에 요새를 설치하고 청동 대포로 선박, 요새, 왕권을 연결하는 기술을 갖추고 있었다. 헨리의 해군 진용(陣容)은 정교하게 기획된 런던으로의 개선 진군으로 더욱 강화되었다. 이 진군은 1522년에 카를 5세에게 깊은 인상을 주기 위해서 처음으로 계획된 것으로, 틸버리와 그레이브젠드의 쌍둥이 요새에서 시작하여 울위치와 뎁트퍼드의 해군 공창, 그리니치 궁전, 런던 탑을 지나서 화이트홀에서 마무리되었다.[4]

헨리는 왕실의 재원이던 수도원을 해체하고 국가 방어 사업을 위해서 목재, 석재, 청동을 동원하는 방법으로 해양 세력을 구축할 자금을 마련했다. 새로운 체제에서 핵심 이해관계자가 된 변호사들과 상인들이 이러한 작업을 실시했다. 새로운 귀족층도 옛 신앙, 유럽과의 관계를 버리기 위해서 모든 것을 걸고 이 작업에 참여했다. 1545-1546년 헨리의 함대는 프랑스의 침략 시도와 지중해 갤리 선의 가공할 만한 힘을 물리치고 영국 해협을 장악했다. 해양 권력 전략이 잉글랜드를 더 큰 나라로부터 지켜내자 섬나라라는 특성은 기념할 만한 것이 되었다. 헨리가 왕국을 해양 세력 제국으로 재정의하기 위해서 사용한 언어는 당대의 문화를 형성했다. 해양 세력의 영향력은 엘리자베스 시대의 언어 발전에서 가장 두드러지게 나타났다. 셰익스피어는 잉글랜드가 제국이 되는 것은 잉글랜드의 손에 달려 있다는 헨리 8세의 발언을 다시 언급했을 뿐만 아니라, 동료들과 함께 해양 관련 언급으로 가득한 해양 세력 언어를 만들었다. 여기에는 권력과 영광이라는 분명한 개념을 넘어 난파와 천문 항법까지 포함되었다.[5] 튜더 왕조 말기의 문화에 뱃사람들이 미친 강한 영향력은 아르마다의 불안한 시기, 롤리 경을 기아나로 유혹한 금의 약속, 『폭풍우(The Tempest)』에 영감을 준 해양의 미래 등에 반영되어 있었다.

잉글랜드가 직면하고 있던 위협의 성격은 카를 5세가 스페인 왕위와 신성 로마 제국의 제위를 합치면서 분명해졌다. 카를 5세의 치세 동안 스페인은 제국의 정체성을 구축하여 새로운 로마로서 아메리카 제국의 정복을 정당화했으며, 서로 이질적인 제국의 영토를 신앙과 권력으로 연합했다.[6] 데이비드 루퍼는 카를 5세가 물러난 이후 스페인과 아메리카 제국 간의 직접적인 연관이 사라지면서 이 정체성이 약화되었지만, 그럼에도 스페인 제국주의에서 이는 강력한 주제로 남아 육상에서 군대의 힘을 강조하고 바다의 역할을 경시하게 만들었다고 지적했다. 카를 5세의 치세에 합스부르크 스페인은 자신들이 근대의 로마 제국으로서 통치할 운명을 타고났다고 가정했고, 지중해에 이어서 경쟁 제국을 완파하고자 했다. 권력과 튀니스 정복을 찬양한 예술에서 드러난 이러한 이념은 잉글랜드의 정복을 계획하도록 만들었다. 고전 세계의 고대 제국을 비롯해서 다른 여러 대륙 제국들과 마찬가지로 스페인은 위대함을 끊임없는 침략 전쟁과 연결 지었다.[7]

스페인의 노력은 1535년 카를 5세가 북아프리카의 해적 도시인 튀니스를 무슬림으로부터 빼앗기 위해서 대대적인 상륙 작전을 펼쳤을 때에 로마와 같은 결말을 맞았다. 350척 이상의 선박과 거대한 야전군으로 구성된 황제의 범유럽군은 50년 후에 카를 5세의 아들이 이끌게 될 함대보다 규모가 더 컸다. 잉글랜드 정복을 시도할 수 있을 정도의 규모였다. 카를은 이러한 시도가 로마라는 틀에 들어맞는다고 생각하면서 자신을 새로운 스키피오 아프리카누스로 생각했다. 그러나 그는 튀니스가 카르타고의 폐허에 가깝다는 점에 이끌렸다. 카를의 작전은 "고대 로마의 기억과 영광을 구현하는 것"이었다.[8] 그라나다 황궁은 고대 카르타고의 이미지로 장식되었지만, 10년 후에 카를은 왕조의 영광을 기리기 위해서 12장의 태피스트리를 제작했다. 군을 따라서 전쟁에 참여했던 예술가가 이를 디자인하고 시인과 역사가들이 작업을 도왔다.[9] 영광스러운 장면을 담은 태피스트리는 이후 유지된 해양 정복에 대한 모형 역할을 했다. 이것들은 합스부르크 영토의 토템이 되어서 처음에는 브뤼셀에, 나중에는 마드리드의 알카사르에 전시되었다. 두 번째 태피스트리 세트는 카를의 누이인 포르투갈 대비의 소유였는데, 이후 그녀의 아들이 물려받았다. 포르투갈의 국왕 세바스티앙은 튀니스 원정을 시도했으나 그 결과는 재앙과도 같았다. 1581년 펠리페 2세가 포르투갈의 왕이 되었을 때에도 이 태피스트리를 전시했다. 합스부르크는 태피스트리를 은밀하게 보관했지만 잉글랜드는 튀니스 세트를 목격한 적이 있던 에핑엄의 하워드 경의 의뢰로 최상의 작품을 제작했다. 그러고는 그가 무적함대에게 거둔 승리 장면을 묘사한 이 태피스트리로 상원 의회의 벽을 장식했다. 태피스트리는 1834년에 건물이 화재로 파괴될 때까지 전쟁, 권력, 정치에 대한 모든 논쟁에서 배경 역할을 했다. 이 영국-플랑드르의 명작이 오랫동안 잉글랜드 해양 세력을 드러내는 궁극적인 시각적 표현 역할을 한 것이다.

자신들을 로마로 비유하는 전통은 펠리페 2세와 잉글랜드의 오랜 전쟁, 로마의 후예를 자처하던 또다른 세력인 오스만 제국과의 갈등을 통해서 굳건히 이어졌다. 1586년에 성직자이자 재판관이던 베르나르디노 데 에스칼란테는 잉글랜드 정복 전쟁에 나섰다. 그는 14개월 동안 왕국에 머무르면서 펠리페 2세를 보좌했는데, 이때 튀니스 원정 태피스트리와 리비우스의 문헌에 익숙해졌을 것이다. 1591년 무적함대가 첫 패배를 당했음에도 에스칼란테는 또다른 공격에 나섰다. 그는 스페인과 잉글랜드 간의 전쟁을 포에니 전쟁에 비유했다. 로마 역사에 정통했던 그는 레굴루스의 원정 실패가 스키피오의 성공으로 이어졌음을 알았다. 스페인은 새로운 로마였고, "잉글랜드를 직접 공격해야만 엘리자베스와 그 신하들이 인도제도를 황폐화하고 스페인의 항구와 선박을 공격하는 네덜란드를 지원하지 못하도록 저지할 수 있었다."[10] 스페인의 부상하는 권력과 부는 반종교 개혁에 군사력을 제공했다. 이에 엘리자베스 여왕은 왕립 해군을 기술적으로 진보한, 포격과 선박 조종술을 활용하는 해상 통제 함대로 발전시켰고, 이 함대는 1588년 여름 영국 해협에 진입한 스페인의 상륙 작전 부대를 제압했다. 이 작전은 신의 심판, 우월한 기술력, 왕족도 귀족도 아닌 국가적 영웅의 요소가 결합된 잉글랜드의 건국 신화가 되었다. 작전을 이끈 영웅인 프랜시스 드레이크와 그의 열정적인 프로테스탄트 신앙은 잉글랜드를 가톨릭이 지배하는 유럽과 차별화했고 잉글랜드인에게 바다 너머에 위치한 열린 상업의 세계를 보여주었다. 리처드 해클루트와 월터 롤리가 총서에서 강조한 드레이크의 해상 공적은 해양 세력의 역사와 신화를 형성했다. 잉글랜드의 성공을 이전의 선도 국가가 거둔 성공과 연관 지어서 투키디데스가 제시한 고전적인 해양 세력 의제를 끌어안은 것이다.[11] 빅토리아 시대의 저자들은 엘리자베스 여왕 시대를 당대의 세계적인 명성과 연결했으나 튜더 해양 세력 정체성이 형성된 과정이나 그 궁극적 성공이 지닌 우연성은 깨닫지 못했다. 한 세기 동안 벌어진 혼란과 문제는 무적함대를 1688년 네덜란드의 침략, 잉글랜드 해양 세력 국가의 마지막 출현과 구분 지었다. 그 무엇도 확실한 것이 없었던 세기였다.

종교 개혁과 1604년 사이에 잉글랜드는 자국을 찾은 군주들에게 문화 정체성을 드러낼 기회가 거의 없었다. 그러나 엘리자베스 여왕은 해전의 승리를 기념하기 위해서 시티 오브 런던의 세인트 폴 대성당까지 세 번의 행진을 했다. 엘리자베스는 의도적으로 로마의 개선식을 모방하여 전리품과 깃발을 앞세우고 성전까지 가두 행진을 했다. 1604년 평화를 되찾은 후에 덴마크의 크리스티안 4세는 훌륭한 함대를 이끌고 런던을 방문했다. 제임스 1세의 처남인 크리스티안 4세 역시 네덜란드 예술가들을 고용해서 해양 세력을 표현했다. 의식을 중시한 군주였던 제임스는 예술 작품에 감명을 받아서 국력을 드러내는 새로운 상징으로 프린스 로열 호를 건조했다.[12] 새 선박은 신속성과 민첩성을 강조한 스페인과의 전쟁에서 얻은 교훈을 버리고 규모와 화력에 집중했다. 찰스 1세는 이 모형을 한계까지 밀어붙여 환상적인 바다의 군주 호를 제작했다. 캐롤라인 시대(Caroline : 찰스 1세의 통치 기간을 가리킨다. 자코비언 시대 이후의 시대이다/옮긴이)의 상징과 예술, 신화, 마법이 세계에서 가장 강한 군함을 장식하여 화려한 걸작이 탄생한 것이다.

튜더 왕조는 왕국을 보호하는 데에 필요한 해군력을 유지할 만한 재원이 부족했기 때문에 민간 기업에 의지하여 해군을 강화했다. 그러나 엘리자베스와 스튜어트 왕조의 후계자들은 시티 오브 런던을 구성하는 신흥 경제 주체들과 권력을 나눌 생각이 없었다. 마찬가지로, 시티 오브 런던의 세력가들도 양보를 얻어내지 않으면 군주에게 해군을 지원할 마음이 없었다. 그 결과 잉글랜드는 선박, 해양 세력의 예술과 건축물, 해상의 국가적 영웅, 적절한 건국 신화까지 확보했음에도 해양 세력 정체성을 유지하는 데에 꼭 필요한 정치적 구조와 경제적 수단을 갖추지는 못했다. 17세기의 정치적 혼란은 종교적 정통성과 토지에서 발생하는 부, 안정성에 집착하던 전제 군주와 상업적 부와 해외 무역이 주도하는 평등주의의 과두 정부 사이에서 어떤 정체성을 선택할 것이냐를 놓고 벌어졌다. 평등주의의 과두 정부는 위치와 인구의 한계에도 불구하고 강대국이 되기 위해서 해양 권력 전략을 사용할 의사가 있었다. 새로운 정체성을 형성하려는 초기의 시도는 왕실의 절대주의 때문에 좌초되었다. 존 셀던은 『폐쇄해양론』에서 잉글랜드의 왕이 인근 바다를 600년 동안 다스렸으며, 이는 거대한 바다의 군주 호에서 잘 구현되었다는 법적 주장을 펼쳤다. 찰스 1세가 거대한 분란을 일으킨 세금으로 건조한 그 배였다.[13] 절대주의 왕실의 위엄 있는 표현에 놀란 의회가 지원을 중단하자 찰스는 더 이상 새로운 정체성을 발전시키거나 바다를 지킬 수 없었다.

잉글랜드의 해양 세력 모형을 시험하는 임무는 과두제 공화정이 이어받았다. 과두제 공화정은 토지에서 발생한 부 덕분에 왕실의 외딴 토지에서 유럽 최대의 전투함을 건조할 수 있었다. 이 함대는 영국 해협을 장악하여 선도적인 해상 교역국이었던 네덜란드 공화국에게 일부 무역을 포기하도록 압박했다. 왕을 처형한 공화국은 절대주의의 마법을 깨뜨렸으며, 국가에 잠재된 힘을 발휘해서 안보를 개선하고 경제 발전을 강화할 수 있는 방법을 보여주었다(의회와 갈등을 벌이던 찰스 1세는 1649년 단두대에서 처형되었다/옮긴이). 줄리언 코르베가 지적했듯이, 1650년에 잉글랜드 연방 함대는 잉글랜드를 지중해의 중요한 세력으로 탈바꿈시켰다. 이 함대는 바다에서 최후의 왕정주의자 세력을 무찔렀으며, 바르바리 해적을 처벌하고 스페인과 포르투갈이 잉글랜드의 요구에 따르도록 위협했다.

이후 해군은 전쟁만을 위해서 복무하면서 유지 관리되는 정부의 정규군이 되었다.……잉글랜드에서 처음으로 상선의 보호가 정규군의 존재 목적 중의 하나로 간주되었고, 해군의 전체 전략도 대대적으로 수정되었다……

상선이 해군에 공공연한 부담이 되고 상업의 본선이 해군 전략의 본선이 되며 교역로의 교차 지점이 초점이 되면서 본래의 취지는 빠르게 잊혔다. 전략가라도 대중과 재무부에 자신의 의견을 권고할 때에는 상업의 관점에서 글을 작성하기 마련이다. 우리는 그들이 진정으로 목표로 하던 바는 거대한 교역로를 장악하고 중심부를 해군 기지로 확보하여 바다를 장악하는 데에 있음을 잊어서는 안 된다.[14]

과거로 돌아가는 일은 없었다. 이후 시티 오브 런던은 누가 왕위에 오르느냐에 관계없이 해군의 보호를 기대했다. 해군은 시티를 지원했고 시티는 해군에 필요한 자금을 공급했다.

상업과 제해권에 집중하는 새로운 전략은 군사력과 지배를 위해서 가차 없는 투지를 보여주는 상징적인 선박에서 잘 드러났다. 크롬웰은 헨리 8세와 찰스 1세를 따라서 네이즈비 호를 통해 자신의 개인적인 야망과 새롭고 색다른 국가를 표현했다. 찰스 1세가 선박의 선수상(船首像 : 뱃머리에 부착하는 상/옮긴이)으로 7명의 왕을 지휘하는 에드거 1세를 내세운 반면, 네이즈비 호의 선수상은 무장하고 말을 탄 채 7개의 적을 짓밟고 있는 크롬웰이었다.

잉글랜드 연방은 거대한 선박과 직접적인 전략으로 전투에 집중하는 해군을 구축하여 화력을 극대화했고, 전문적인 장교단을 구성하여 제해권을 지켰다. 이러한 발전은 해군의 전략적 능력을 향상시켰고, 해군은 강대국을 향한 염원에 적합한 상징이 되었다. 1660년 왕정 복고로 복위한 찰스 2세는 신하들에게 새로운 정체성이 뿌리내렸음을 인식했고, 재위 기간 동안 해양 세력이 제공하는 경제적 기회와 안보 혜택, 전제 가톨릭 국가를 향한 개인적 야망의 균형을 맞추기 위해서 애썼다. 이러한 정체성들은 루이 14세와 표트르 대제가 그랬듯이 근본적으로 양립할 수 없었다. 찰스 2세는 의회와 권력을 나누어가질 의향이 없었기 때문에, 해군을 유지하기 위한 자원을 동원할 수 없었다. 그가 기함(旗艦)이었던 크롬웰의 네이즈비 호의 이름을 경솔하게 로열 찰스 호로 바꾼 것은 정체성의 불확실성과 단기적인 시야를 드러낸 사건이었다. 1667년 요한 드 비트의 해양 세력은 로열 찰스 호를 포획했는데, 이 사건은 잉글랜드의 함대를 무기력하게 만들고 왕정 복고 정권이 해양 세력을 둘러싼 정치적 합의를 이루는 데에 실패했음을 보여주었다. 찰스는 강력한 전함을 보유했으나 의회는 그 전함을 사용할 자금을 제공할 정도로 그를 신뢰하지는 않았다.

제3차 영국-네덜란드 전쟁 분위기가 버킹엄 공작이 고조되자 지적한 바와 같이, 해양 세력의 논리는 무시할 수 없었다.

> 잉글랜드에서 이해관계의 핵심에는 무역이 있다. 무역은 우리를 부유하거나 안전하게 만들 수 있는 유일한 수단이다. 강력한 해군이 없다면 우리는 이웃 나라의 먹잇감이 될 수밖에 없고, 무역 없이는 선원도 선박도 있을 수 없다.[15]

왕은 해군이 네덜란드의 무역을 충분히 빼앗아와서 그가 의회로부터 독립할 수 있도록 해주기를 바랐다. 그러나 네덜란드의 함대는 1672-1674년에 또다시 그의 군대를 제압했다.

정치적 교착 상태를 타개할 수 없었던 찰스 2세는 해양 세력의 언어로 관심을 돌렸다. 선왕들의 해양 예술과 당대 네덜란드, 프랑스의 문화적 유행에 익숙했던 찰스는 자신을 바다의 군주인 넵튠으로 격상시켰다. 그의 사촌인 루이 14세가 스스로를 제우스이자 로마 황제로 칭한 것과 마찬가지였다. 찰스는 해양 세력 문화의 중심지를 북해 건너편으로 이동시키고 그리니치에 새 궁전을 짓기 시작했다. "외교 목적으로 입국한 사람들을 위한" 공간이 필요했던 그는 궁전을 런던으로 향하는 의식상의 관문으로 활용하고자 했다.[16] 드 비트의 진정한 자유당 공화국이 1672년 4월에 와해되자, 찰스는 네덜란드의 항해자, 상인, 숙련된 장인들을 잉글랜드로 초청했다. 이때 빌럼 판 더 펠더 부자가 초청에 응했다. 찰스는 부자에게 각각 연 100파운드의 비용을 지불했다. 아버지가 찰스 2세의 선박을 그리면 아들이 그 위에 색을 입혔다. 요크 공작이자 함대 사령 장관인 제임스 2세는 추가로 50

파운드씩을 부자에게 지불했으며, 그림이 완성될 때마다 별도로 값을 지불했다. 또한 찰스는 확장되고 있던 그리니치 궁전의 일부인 퀸스 하우스에 펠더 부자의 작업실을 마련해주었다. 이와 같은 후원은 네덜란드 예술가들이 고국에서 누릴 수 없던 수준이었으며, 심지어 네덜란드 해양 세력과 상업, 제국이 전성기를 구가할 때에도 접할 수 없던 호의였다. 그 대가로 예술가들은 잉글랜드가 해양 세력 국가로 발전함에 따라서 왕의 함대를 권력과 영광의 상징으로 탈바꿈시켰다. 잉글랜드는 해군력과 동시에 문화적 선두 국가라는 지위를 얻었다. 이 두 요소는 "위대한 선박"의 상징적인 힘을 통해서 서로 떼어낼 수 없는 관계가 되었다.

왕실과 지도층의 후원은 잉글랜드의 해양 예술이 탄생하는 데에 핵심적인 역할을 했다. 연합주와 달리 잉글랜드에는 중간계층에 속하는 민간 구매자들이 거의 없었다. 리사 자딘은 잉글랜드가 공화국의 문화적 부를 "약탈한" 과정을 묘사했지만, 이러한 평가는 더 깊은 수준에서의 의식적인 모방을 간과한 것이다. 잉글랜드는 단순히 인공물을 들여온 수준을 넘어섰다. 해양 예술은 이동하는 해양 세력에서 이미 그 일부를 차지하고 있었다.

아버지 펠더는 잉글랜드의 공식 전쟁 화가가 되었다. 그는 1년 전에 네덜란드 함대에 올랐듯이, 1673년에는 슈네펠트 인근의 전투에 동행했다. "바다의 군주 호"에 위대한 예술 작품이 필요함을 깨달은 찰스가 마지막 대전을 치르기 전에 빌럼을 불러서 함대를 방문할 때에 동행시킨 것이다. 그 결과 아들의 이젤에서는 왕실의 지배력을 장엄하게 표현한 작품이 탄생했다. 아버지 펠더는 요크 공작인 제임스 2세의 해전을 묘사한 태피스트리도 디자인했다.[17] 아들 펠더는 네덜란드에서 선호하던 평온한 해상 활동 장면을 풍랑이 일고 엄숙하며 불완전한 상태에 놓인 기함의 모습으로 대체하여 잉글랜드의 새로운 도상을 만들었다. 잉글랜드인들이 폭풍우를 헤치고 나아가는 배의 모습을 선호했다는 사실은 역경의 시대를 반영한 것일 수도 있다. 엄숙하고 불완전한 상태는 "전쟁을 치르는 인간의 인상적이고 독특한 시각"으로, 왕의 권력, 해군의 기량 그리고 국가적인 영광을 나타내는 목록에서 고위 장교가 차지하는 중요한 위치를 반영한 것이다.[18] 빌럼은 잉글랜드의 거대한 전함을 특별하고 상징적으로 다루었고, 1539년 그림 "도버에서 승선하는 헨리 8세"까지 거슬러올라가는 잉글랜드 해군의 상징을 그림에 반영했다. 처음에는 이러한 이미지가 왕실의 의제를 널리 알렸으나, 1688년 이후에는 영국 왕립 해군의 통제권이 시티 오브 런던으로 넘어가면서 국가를 부각하기 시작했다. 왕실의 후원이, 왕정 복고를 이끈 인물들이 해양 세력의 새로운 언어로 자신의 저택을 꾸미기 위해서 판 더 펠더 부자들을 고용하도록 만든 것이다.

"새로운" 이미지의 초기 형태는 1673년 왕실의 핵심 고문이던 로더데일 공작의 저택, 햄 하우스에서 구현되었다.[19] 레멜트 달더는 왕실의 형제들이 판 더 펠더 작품에 대해서 "선박과 해양에서의 사건들을 정확히 묘사하는 기본적인 기술 측면"을 높이 평가했다고 주장했다. 그러나 이러한 주장은 왕실의 야망과 잉글랜드인들에게 해양 세력 메시지를 전달한 그림의 영향력을 과소평가하는 것이다. 이러한 작품들은 오늘날까지 이어진 잉글랜드의 취향을 형성했다.

찰스는 권력이 하나의 언어로 표현되는 데에 만족하지 않았다. 1674년 네덜란드와 화해한 그는 갈등이 결론에 이르지 못한 데에 따른 실망감을 안토니오 베리오의 탁월한 바로크 양식의 상징으로 달랬다. "찰스 2세의 해상 승리"에서는 왕이 탄 넵튠의 마차를 빅토리아 여신이 쫓고 있으며, '이 세상 바다의 군주'라는 표어는 왕관을 보강해주고 있다. 두 차례에 걸친 네덜란드와의 전쟁은 스튜어트 왕조가 해상 주권을 주장하면서 벌어졌다.

베리오는 윈저 성을 장식하면서 찰스를 바다의 루이 14세와 같은 존재로 묘사했다.[20] 해상 승리를 그린 이 작품은 루이 14세 궁전의 예술적 언어를 활용한 것으로, 판 더 펠더 부자의 차분한 이미지와 극명한 대조를 이루었고, 이렇게 상반되는 양식이 서로 조합되면서 해양 세력의 문화적 역사를 변화시켰다.

의회는 바다의 군주가 되려는 찰스의 시도에 별다른 감흥을 받지 못했고, 왕이 국가의 자원을 제한 없이 사용하도록 넘겨주기를 거부했다. 왕정복고 시대의 잉글랜드는 부유했으나 취약한 면도 있었다. 스튜어트 왕조의 해양 세력 정체성은 상업적 확대보다는 왕실의 장대함을 강조했다. 제임스 2세는 로마 교회나 유럽의 전제주의 체제로 회귀하는 방안으로는 잉글랜드의 지지를 얻지 못할 것임을 깨달았다. 전제주의가 진정한 해양 세력 정체성과는 양립할 수 없는 의제였기 때문이다. 제임스 2세가 폐위되면서 삼지창을 손에 든 여전사이자 잉글랜드 해양 세력의 팔라스 아테나인 브리타니아(Britannia)와 왕위를 함대와 연결 짓던 선박이 국가의 상징이 되었다. 제임스가 잉글랜드 해양 세력의 정체성 구축에 기여한 점은 수십 년 동안 절차를 마비시킨 교착 상태를 무너뜨렸다는 것이다. 가톨릭 왕조의 전망은 국가를 전제주의와 과두제 중에서 하나만 선택하도록 내모는 것이었다. 토지 귀족과 시티 오브 런던은 프로테스탄트인 스튜어트 왕조와 혼인을 한 네덜란드 원수와 그의 아내에게 왕위를 넘겨주는 대가로 정치 권력의 일부를 받았다. 상인 계층은 해양 세력에 헌신적이었다. 윌리엄 3세는 런던을 또다른, 그러나 더 큰 암스테르담으로 인정하면서 타협했다. 루이 14세의 보편 제정에 맞서기 위해서는 잉글랜드의 자금과 자원이 필요했고, 런던이나 암스테르담은 모두 루이 14세의 중상주의 경제 정책을 경계했기 때문이다. 약 5년 후에 개혁의 합의 과정에서 입헌군주제와 국영은행, 국채가 탄생했다. 윌리엄의 사촌이었던 전제 군주들은 누려보지 못한 풍부한 재정과 국가적 결단을 바탕으로 잉글랜드는 진정한 해양 세력으로 발돋움할 수 있었다. 1690년 비치헤드에서 대패하여 제임스 2세와 프랑스 동맹의 침략에 무력해졌으나, 잉글랜드는 최초의 채권 트랑슈(tranche) 덕분에 함대를 재정비할 수 있었다.

비치헤드에서 루이 14세의 해군은 카이오 두일리오의 승리를 되풀이하여 영국—네덜란드 해군력을 와해하고 제해권을 지켰다. 프랑스가 해양 권력을 이해했다면 전쟁에서 승리했을 것이다. 프랑스는 영국 해협의 서쪽 진입로를 점령하여 영국—네덜란드 교역을 가로막고, 함대의 보호를 받는 사략선을 활용하여 동맹이 참전하거나 굴복하도록 만들 수도 있었을 것이다. 그러나 프랑스는 잉글랜드를 전복시키기 위한 침략 준비를 하며 시간을 낭비했다. 크게 놀란 잉글랜드는 루이 14세가 군대를 소집하기 전에 국가 재정을 동원하여 함대를 재정비했다. 1692년 바르플뢰르—라우그에서 프랑스 함대를 격파한 영국 왕립 해군은 신속하게 상급직이 지나치게 많은 전함에서 완전한 해양 통제군으로 전환되었다. 이후에는 발 빠르게 호송대에 주목했고, 무역 보호 선박을 크게 증가시켰다.[21] 1708년 영국 하원은 법적으로 무역 방어의 근거를 마련한 "호송대 및 순양함 법안"을 통과시키면서 이들이 해양 세력 국가의 해군으로 거듭났음을 강조했다. 해군은 왕이 아닌 시티 오브 런던을 위해서 일했다. 그 대가로 시티 오브 런던은 윌리엄의 유럽 전쟁 자금을 지원했다. 이러한 지원은 유럽의 무역을 확대하는 한편, 부활한 안트베르펜이 제기하는 상업적 위협을 저지하기 위한 것이었다. 윌리엄의 후계자들 중에서 누구도 새로운 질서에 이의를 제기하지 않았다.

국채에 대한 투자는 시티 오브 런던과 토지 귀족들을 명예혁명의 후속 조치에 전념하도록 만들었다. 만약 가톨릭 왕조가 부활한다면 자금을 상환하지 않을 것이 뻔했기 때문이다. 귀족과 자본가가 새로운 질서를 따르자 추방당한 스튜어트 가문을 지지하는 세력은 토지와 자본이 없는 빈곤층에 국한되었다. 내부의 반대와 외부의 적에도 불구하고 해양 세력으로서의 영국은 250년 동안 번성했다. 이 기간 동안 국가의 성격과 정체성에 대한 끊임없이 논쟁이 벌어졌으며, 과거와 현재가 해양 세력 아이디어와 의제의 연속체에 뒤섞였다.

잉글랜드는 공화제 모형을 채택하여 해양 세력이 되었으며, 시티 오브 런던의 토지 이해관계자들이 통치하고 있음을 감추기 위해서 왕으로 하여금 표면상의 수장으로서 그 지위를 세습하도록 했다. 진정한 해양 세력이 되기 위해서 잉글랜드는 자본가를 궁극적인 권력의 수단과 연결 지어야 했다. 찰스 2세와 제임스 2세의 해군이 시티 오브 런던의 해군이 되었을 때, 시티는 비로소 자금을 지원했다. 새로운 정치 모형을 채택하자 전례 없는 수준으로 자원이 제공되었고, 이는 적절한 해상 전략을 유지하는 데에 활용되었다. 새로운 체제의 최초의 군주인 네덜란드 원수가 이러한 과정이 가능하도록 했지만, 일단 정착이 된 체제에서는 왕의 지도력이 필요하지 않았다. 요한 드 비트가 지적했듯이, 세습 체제에서는 적절한 지도자 배출에 실패하는 경우가 많았기 때문이다. 잉글랜드는 해양 세력 국가에 과두제 정치 구조를 채택했음에도 왕을 표면상의 수장으로 유지했으며, 토지 귀족의 지위도 지켜주었다. 새로운 정치 모형의 상당 부분은 네덜란드에서 빌려온 것이었지만, 잉글랜드는 자본가가 제조와 개방적인 귀족 제도를 통해서 권력을 나눌 수 있는 구조를 구축하기도 했다.[22] 개방적인 귀족 제도로 인해서 자본가들은 상업적 이익을 토지에 기반한 지위로 전환할 수 있었다.

부활한 영국-네덜란드 함대는 바르플뢰르에서 프랑스를 격파하고 노르망디 북부까지 태양왕 함대의 잔당을 쫓았다. 셰르부르와 라우그에서는 거대한 선박 몇 척을 불태웠는데 여기에는 루이 14세의 상징적 기함인 솔레유 루아얄 호도 포함되어 있었다. 아들 판 더 펠더와 아브라함 판 디스트는 루이 14세의 해양에 대한 야망과 보편 제국을 향한 꿈이 연기 속으로 사라지는 장면을 놓치지 않고 화폭에 담았다.[23] 해양 세력이 거둔 큰 성공에 대한 이 강력한 묘사는 루이 14세가, 패배한 해양 세력들에게 가하고자 했던 카르타고식 파괴와 극명한 대조를 이루었다.

1688-1713년에 벌어진 두 차례의 대전에서 잉글랜드는 "무적의 해양 세력"으로 자리매김했다.[24] 해양 세력은 로마 제국이 되고자 하는 루이 14세의 야망을 무너뜨리고 잉글랜드의 무역을 활성화했으며 해상 제국의 범위를 넓혔다. 윌리엄과 1702년 왕이 서거한 이후 권력을 잡은 잉글랜드의 총리들은 공화국이 기울자 해양 권력을 영국-네덜란드 연합에서 영국만의 전유물로 만들었다. 의회는 왕으로부터 권력을 얻어 해양 세력이 되자, 1697년 최초의 평화 시 법률을 통해서 윌리엄의 군대를 해산했다. 군이 전제 정치의 도구가 될 경우를 예방하기 위해서였다. 잉글랜드의 안보는 네덜란드의 경우와 달리 군과 요새가 아닌 전함에 달려 있었다.[25] 이러한 결정은 1702년 전쟁이 재개되었을 때에 잉글랜드가 바다를 장악하도록 만들었다. 군을 동원한 것은 전쟁을 위해서 고용된 전문적인 집단인 용병들이었다. 다른 해양 세력의 선택을 반복한 이러한 접근은 왕권에 반대하는 정치인들에게 인기가 있었다. 영국은 150년 후인 크림 전쟁 때에도 용병을 동원했다. 의회는 영국이 연합 전투에 참여할 때에도 육군이 아닌 해군과 경제를 통해서 참여하도록 했다. 1793-1815년 생존을 건 전쟁에서도 영국은 국내 방위가 아니라면 군사를 징집하지 않았고, 대륙 군대를 일으키려는 시

도 역시 하지 않았다. 대신 고전적인 해양 세력 국가의 값비싼 전략적 도구를 유지하기 위해서 점진적으로 세금을 인상했다. 이 도구란 바로 제해권을 유지하기 위한 전함과 영국 무역을 보호한 순양함이었다.[26] 이러한 선택은 해양 세력이 되기 위한 기본적인 요소였다. 윌리엄은 상업의 중요성과 해양 세력의 전략적 논리를 이해하고 있었다. 짧게 평화를 누린 1697-1702년에 왕은 나라의 상업적 이익을 보호하기 위해서 전력을 다하면서 함대를 발트 해로 보내고 분할조약(Partition Treaties)을 체결했다. 이 조약은 식민지 영토를 지키고 부르봉 왕조의 후계자가 스페인 왕에 오르는 것을 허용하여 양국의 상업적 이익을 지키기 위해서 체결되었다. 그러나 루이 14세가 무역을 보호하고 프랑스-벨기에 국경을 지키려는 해양 세력의 결정을 과소평가한 탓에 전쟁이 발발했다.[27]

윌리엄 3세가 해군을 전쟁 억지력의 수단으로 사용하기는 했지만 이전의 군주들처럼 예술적 선전은 동원할 필요가 없었다. "명예혁명"으로 해양 세력의 기반이 새로운 정치 체계의 핵심으로 굳건해졌기 때문이다. 윌리엄의 가장 큰 관심사는 육지에서 프랑스의 패권에 저항하는 것이었다. 윌리엄과 메리 2세는 그리니치에 있는 찰스 2세의 미완성 궁전을 퇴직한 선원들을 위한 병원으로 바꾸고 판 더 펠더 부자의 거처도 없앴다. 가톨릭 신자였던 베리오는 물러나야 했다. 그러나 새로운 회화가 인기를 끌면서 예술가들은 다른 후원자들을 확보했다. "선박 그림이 크게 유행했을" 뿐만 아니라 베리오도 궁정 화가로 돌아갈 수 있었다.[28] 해양 세력 정체성은 잉글랜드에서 뿌리를 내렸으며, 그 전형적인 예가 1704년에 아들 판 더 펠더가 그린 "로열 소버린 호"이다.

18세기 초 해양 세력의 예술적 언어는 크리스토퍼 렌이 건축한 그리니치 해군 병원의 페인티드 홀(Painted Hall) 천장에 녹아들었다. 찰스가 자신의 위상을 높이기 위해서 만든 이 궁전은 국가적으로 중요한 작품이 되었다. 잉글랜드의 새로운 해양 세력 정체성을 알리는 입구는 런던의 의식적 관문에 위치하여 효과를 극대화했다. 병원은 대부분 빌리거나 훔쳐온 문화적 요체를 영국 해양 세력에게 부여했다. 한편 페인티드 홀에서는 바다의 제해권을 지킨 함대와 윌리엄 3세와 메리 2세의 승리, 1688년 명예혁명의 성공과 루이 14세의 가톨릭 절대주의의 패배, 주변부에 배치된 과학자들의 업적을 찬양했다. 기부자들의 목록은 왕실의 후원금과 부유한 시티의 남성, 권리를 박탈당한 자코바이트(Jacobite)의 재산을 통해서 바로크 양식의 궁전이 노인과 부상당한 선원들을 수용했음을 보여준다. 여기에서 선원들은 스튜어트 왕조가 과시하던 해상 주권을 하노버 왕조의 현실로 탈바꿈시키기 위해서 싸우다가 부상당한 이들이었다. 왕, 국가, 부는 바다를 영국의 정체성에서 중심에 놓는 것을 한마음으로 지지했으며, 대륙 제국주의, 자코바이트의 전제주의, 부르봉 왕조의 중상주의 경제의 패배를 찬양했다.[29] 해양 예술은 권력의 현실을 따랐기 때문에 예술가 역시 잉글랜드인이어야 했다. 이에 따라서 국적 조건을 만족하고 재능도 있었던 프랜시스 손힐이 발탁되었다.

런던의 의식 관문으로서 역동적인 해양 세력 문화를 예술적으로 구현하고 인기 있는 관광지로 각광받았던 페인티드 홀에는 안내서가 필요했다. 손힐이 1726년에 작성한 『그리니치의 왕립 병원의 회화 설명(*An Explanation of the Painting in the Royal-Hospital at Greenwich*)』은 프랑스어와 영어로 우화적인 전시물들에 대해서 설명했다.[30] 이 아름다운 홀에서 정찬이 열리는 경우는 드물었지만, 윌리엄 3세의 생일 정찬은 이곳의 연례 행사였다.

하노버에서 런던으로 향하던 조지 1세는 그리니치를 통해서 육지로 이동했는데, 당시 미완성 상태이던 페인티드 홀에서 잉글랜드 예외주의를 직접 접했다. 국가에서 가장 좋은 시설인 바로크 양식의 궁에 부상당한 선원들을 수용한 것은 영국이 대륙 국가가 아닌 해양 세력이며, 해군의 위상이 육군보다 훨씬 더 높다는 사실을 분명히 보여주었다.[31] 해양 세력에 굴복한 하노버 왕조는 서쪽 벽에 그려졌다.[32] 조지는 스코틀랜드와 아일랜드를 아우르는 확대된 영토를 다스렸다. 새로 영국에 편입된 이 지역들은 해양 세력의 비전에 한 번도 완전하게 설득되지 않았다. 스코틀랜드 롤랜드 지방의 다수는 1707년 연합법에서 기회와 이익을 누린 반면, 자코바이트가 다수인 하일랜드는 그렇지 못했다. 이들은 아일랜드의 다수와 마찬가지로 계속 문젯거리로 남았다. 대부분의 가톨릭 공동체는 신교와 해양 세력에 기반한 잉글랜드의 정체성에 저항하면서 바다에 대한 로마와 가톨릭의 거부감을 유지했다. 튜더 왕조, 잉글랜드, 웨일스 이외의 토지에서 해양 세력 정체성의 영향력은 고르지 않았다. 왕립 해군은 1707년이 한참 지난 후에도 잉글랜드 출신을 고집했으며, 이러한 태도는 한 세기 후에 세인트 빈센트 백작이 스코틀랜드의 장교들을 무시한 일화에서도 짐작할 수 있다.

새로운 국가, 그리고 토지와 자본을 반영한 과두 정부의 해양 세력 가치는 이전의 해양 세력들이 그랬듯이 대륙의 전제 국가로부터 증오와 두려움을 샀다. 1713년 영국은 유럽의 강대국으로 발돋움했으며, 지브롤터와 메노르카에서 확보한 기지에서 활동하던 함대는 최근 지중해 서부를 장악했고, 다른 함대는 발트 해에서 러시아의 야망을 억제했다. 해군력은 경제적 확장을 홍보하고 대륙의 경쟁국을 견제했으며 제국의 적들의 관심을 분산시켰다. 영국은 앞선 세기에 베네치아인들이 그랬듯이 유럽 정치에 많은 노력을 기울였다. 영국과 베네치아 모두 권력의 독보적인 지위가 안전하게 유지되고 무역이 번성하는 안정적이고 균형 잡힌 국가 체제를 추구했다.

하노버 군주들이 신성 로마 제국의 선제후로서 독일의 정치에서 중요한 역할을 했지만, 시티 오브 런던을 포함한 영국 해양 세력의 핵심 이해관계자들은 유럽을 기본적인 정치 관심사로 만들려는 시도를 거부했다. "애국자(Patriot)"는 헨리 세인트 존, 즉 볼링브룩 경의 지적 주도하에 조지 2세와 로버트 월폴에 맞서서 "영국"의 미래가 "극빈한 유권자"가 아닌 해양 세력과 제국에 있다고 주장했다. 고전 연구가로 정평이 난 볼링브룩이 보기에 투키디데스는 정치가와 장군들의 이상적인 스승이었다.[33] 볼링브룩은 1738년 발표한 『애국자 왕의 개념(*The Idea of the Patriot King*)』에서 영웅적 군주의 예를 통해서 국가적 쇄신을 요구하면서 엘리자베스 여왕을 분명한 모형으로 제시했다. 위대함의 도구는 "대양을 뒤덮는 함대로, 파도가 넘실대고 바람에 물결이 퍼져나가는 한 산업의 수익으로 고국에 부를 안겨주고, 지혜의 방향에 따라서 원조 또는 위협을 주며, 영국의 권리와 명예를 당당하게 주장한다."

아이작 크램닉은 "'브리타니아여, 지배하라'의 압박은 이러한 구절에서 비롯된 것으로 보인다"고 주장했다. 두 문구 모두 웨일스 공인 프레더릭 주변에 모인 "애국자" 반대파를 위해서 작성되었기 때문이다.[34] 영국의 비공식 국가(國歌)인 "브리타니아여, 지배하라"는 "애국자들"을 위해서 쓰였고 카리브 해에서 해군의 영광을 찬미했다. 해양 세력 주제가 특별히 두드러진 감성은 저자이자 시인, 극작가인 제임스 톰프슨에게는 새로운 주제가 아니었다. 1727년에 스페인 해안 경비대가 카리브 해에서 영국 항해자들을 체포한 사건으로 해양 세력을 향한 찬가인 "브리타니아"가 탄생했다.

이는 당신의 영광, 당신의 지혜
당신에게서 고안된 본래의 힘

운명이 최강의 국가를 고안했을 때

복종하는 바다 위에 앉게 했네[35]

　독일의 새 왕이 영국의 왕위를 차지하던 시기에 톰프슨이 이 가사를 쓴
것은 우연이 아니었다. 그리니치에서 그의 아버지가 읽었던 해양 세력 정체
성을 분명하게 상기시키는 이 가사는 국가적 의제로 남았다. 1730년 톰프
슨은 카르타고 비극인 「소포니스바」에 고전을 참조하면서 해양 세력과 역
사를 결합시켜 진화하는 정체성을 형성했다.[36] 카르타고는 영국과 프랑스
의 논쟁에서 널리 회자되는 주제가 되었다. "브리타니아여, 지배하라"는 해
군 제국의 영광을 찬미할 뿐만 아니라 시티 오브 런던을 국가 정체성의 중
심에 서도록 만들었다.[37]

　1713년 이후 영국의 지식인들은 새로 도출한 결론을 옛 해양 세력과 연
결시켰다. 하지만 그 조건의 의미를 더 깊이 있게 탐구할 의지는 없었다. 이
작업은 프랑스인이 맡게 되었다. 1704년 블레넘 전투에서 루이 14세의 로
마 제국 야망이 무너진 데에 놀란 샤를 드 세콩다, 즉 몽테스키외 남작은
당대 정치를 고전적 사례와 대조하는 방식을 통해서 부르봉 왕조의 실패에
대한 철학적 설명을 얻고자 했다. 잉글랜드의 체제를 연구하기 위해서 런
던으로 이주한 몽테스키외는 볼링브룩의 격론이 담긴 작품을 있는 그대로
연구했다. 볼링브룩은 무역이 주도하고 해군력에 의존하는 해양 세력 정치
를 통해서 유럽에 관여할 것이 아니라 균형을 맞출 것을 주장하고, 고전의
비유를 통해서 주제를 일관성 있게 유지했다.[38]

　몽테스키외는 영국을 근대의 카르타고로 간주했다. 상업 공화국으로서
위대한 해군을 상인 계층이 지배하는 정치 체계와 결합하여 국가가 장기전
을 유지할 수 있는 경제 자원을 확보하고, 시민 계층의 권익을 신장시켰다

는 점에서였다. 이러한 강점은 잉글랜드가 새로운 로마 보편 제국에게 승리를 거둘 수 있도록 만들었다.[39]

몽테스키외는 영국을 모순의 여지가 없는 공화국으로 묘사했다. 그는 영국이 어떻게 기능하는지를 이해하고 있었으며, 1688-1714년 사이에 주변부에서 강대국으로 변신한 과정도 잘 알고 있었다. 이와 같은 영국의 발전은 전제주의의 프랑스에는 엄청난 손해였다. 오직 "공화국"만이 해양 상업과 해군력에 장기적으로 필요한 관심을 쏟을 수 있었다. 몽테스키외가 카르타고를 모형으로 선택했다는 것은 프랑스가 가진 야심의 현실과 리비우스에 대한 그의 이해를 드러낸다. 150년 후에 미국의 해군 장교이자 전략가인 앨프리드 세이어 머핸은 여섯 가지 근거를 통해서 해양 권력의 이론적 모형을 제시했다. 머핸의 모형은 볼링브룩에 대한 프랑스의 분석에 해석을 더한 수준에 불과했다.[40] 그의 주장은 빅토리아 시대의 영국에서 특히 인기를 끌었다. 이것이 기존의 영국 고전 문학을 반복하고 현재의 전략적 사고를 지지했기 때문이다.

몽테스키외의 분석은 문화, 전략, 해양 세력에 대한 프랑스의 사고에 막대한 영향을 미쳤다. 프랑스는 영국을 또다른 카르타고로 비인간화했다. 상업의 문화와 신뢰할 수 없는 "상인국(商人國)"의 정치로 인해서 "부패한" 해양 세력이기 때문이었다. 이들은 "파괴해야 할" 대상이었다. 1790년 이후 공화제 지지자의 장광설에서, 혹은 다른 대륙 제국에서 이러한 수사를 사용하는 것은 새롭지 않았다. 프랑스는 영국을 모욕하고자 몽테스키외의 합리적 분석을 왜곡했지만, 이와 같은 논평은 효과가 거의 없는 것으로 드러났다. 영국은 카르타고 선조들을 자랑스럽게 받아들였고, 이번에는 범유럽 대륙 제국이 파멸했다. 영국이 새로운 카르타고였어도 18세기 영국의 귀족들은 로마 공화국의 지배층, 정치 권력을 공유한 토지 소유자와 동일시되었고, 이들은 학교와 대학에서 다음 세대에게 영광, 진실성, 용기의 고전적 덕목을 가르치도록 했다. 그들은 더 많은 권력을 차지하려는 부패한 총리와 왕에 대한 반대를 정당화하는 덕목을 강조하기 위해서 스스로를 로마 원로원으로 묘사했다. 로마 원로원처럼 이들은 보편적 권리와 민중 민주주의에 반대했다. 국가를 약화하고 자신들의 특권을 없애기 때문이었다. 그러나 토가와 신전 뒤에서 그들은 영국이 로마가 아님을 잘 알고 있었다. 그들은 무역과 바다의 사람들, 즉 자신들이 정치 권력을 공유하던 이들을 거부하는 대신에 포용하기 위해서 교묘하게 주장을 수정했고, 혼인을 통해서 그들과 관계를 맺는 데에 만족했다. 조지 왕조 시대에 영국에서는 토지, 자본, 무역이 결합되어 민중주의 정치의 문화적 위협을 다스렸다. 이들은 영국이라는 나라를 파괴하지 않는 이상 과두제는 타협되지도, 무너지지도 않을 것이라고 생각했다. 한니발은 이것을 이해했을 것이다.

유럽의 강대국들은 하노버 왕조를 지키기 위해서 해양 세력과 타협하는 잉글랜드 왕실의 의지를 지속적으로 과대평가했다. 1760년 이후 조지 3세가 왕위에 오르면서 잉글랜드와 독일의 연관성은 사라졌다. 조지가 잉글랜드 남부를 한 번도 떠나지 않았기 때문이다. 그는 잉글랜드의 왕이었으며, 해양 그림과 항해, 과학을 즐겼다. 그의 "제국"은 영국이었지 신성 혹은 로마 제국이 아니었으며, 그는 공식적으로 해양 예술가를 지명했다. 이러한 선택들은 국가 문화의 발전에 중요한 역할을 했다.[41] 이는 빠르게 육지의 로마 제국이 된 미국의 독립 전쟁으로 토지 세력과 시민이 항거하면서 큰 도전을 받았다. 영국이라는 해양 세력 국가는 불편한 교훈을 얻었다. 1763년의 제국의 영광은 현실에 도사리고 있던 중대한 약점을 가리고 말았다. 영국은 봉기를 진압하거나 영토를 확보할 만한 정치적 화합과 군사력을 갖추고 있지 못했다. 프랑스, 스페인, 네덜란드의 반대 때문에 영국은 아메리카 식민지를 포기하고 카리브의 설탕제도, 인도, 지브롤터의 전략적 요새를 지키는 일에 전념했다. 그리고 이를 성취한 후에는 프랑스와 스페인이 경제적으로 도탄에 빠진 것을 계기로 평화를 누리게 되었다. 1783년 이후에 부상한 제국은 "단명한 선도자들보다 대륙적인" 요소가 훨씬 약했다.[42] 1793-1815년 사이에 유럽을 황폐화한 전쟁에서 영국은 섬나라의 안보와 경제 이익에 핵심인 제해권을 지키는 데에 주력하는 한편, 동맹들과 함께 프랑스의 확장을 억제하기 위해서 애썼다. 그들은 오랫동안 독자적으로 싸우면서 다른 강대국들이 경제적으로 소모되고 프랑스 점령의 영향을 받아 전장으로 돌아오기를 기다렸다. 결국 나폴레옹의 범유럽 제국은 전복되었고 영국은 고국으로 돌아갔다. 대륙의 강대국이 될 의사가 없었던 것이다.

몽테스키외의 주장을 이해하지는 못했더라도 프랑스의 정치인들은 몽테스키외가 주장한 대로 영국인을 "카르타고인"이라고 부르는 것이 모욕적인 표현이 되리라고 생각했다. 여기에 나폴레옹은 "상인국"이라는 표현을 덧붙였는데, 그는 모든 해양 세력 국가들이 본질적으로 "상인국"이라는 사실을 몰랐을 것이다. 몽테스키외의 주장은 나폴레옹이 퇴위할 때까지 영국 해협의 양편에서 울려퍼졌다. 멋진 항구인 리버풀에서 하원 의원을 지냈고 나중에는 총리에 오른 조지 캐닝은 이미 1814년 1월 10일에 나폴레옹의 퇴위를 예견한 바 있었다. 캐닝은 유권자들을 카르타고인과 연결 지었다.

우리에게는 포에니 전쟁보다 더한 이 기간에 충분히 기뻐할 만한 이유가 있다. 우리의 적인 프랑스인들은 자랑스럽게 스스로를 근대의 로마로, 잉글랜드를 카르타고로 칭했다. (최소한 이러한 비유와 더불어 오늘날의 카르타고인 잉글랜드를 철저히 파괴하는 것이야말로 프랑스의 위대함에 필수적인 조건이라고 한결같이 주장했다.) 우리의 원형이라고 불리는 카르타고와 달리 우리 잉글랜드는 내부 불화 때문에 필수적인 생존을 위한 열렬한 지원의 방향을 선회한 적이 없으며, 곤경을 겪거나 조언을 방해하는 소란이 일어나지도 않았다. 또한 무기를 사용하는 데에 견제도 없었으니 기뻐할 이유가 충분하다.[43]

캐닝이 프랑스와의 전쟁의 목적에서 실존주의적 성격을 강조한 것은 주목할 만하다.[44] 프랑스는 오랫동안 영국의 정체성을 형성한 "외부인"이었는데, 1713년 이후에는 루이 14세 시대와 달리 "보편 제국"을 추구하지 않았다. 프랑스 혁명과 제국은 그런 위협을 되살렸고 급진적인 사회 의제와 뒤섞였다. 그러자 영국 내부에서 우려가 커지면서 계층과 지역 간의 결속력이 강해졌다. 캐닝의 연설은 이러한 화합을 기린 것이다. 그는 고전 학습과 여론의 성격에 대한 예리한 이해를 바탕으로 향후 예상되는 승리에서 거대한 항구 도시가 어떤 역할을 수행해야 하는지 강조했다. 캐닝이 "일반적으로 이미 여론이 기울어 있는 방향을 가리키기를 선호한" 것은 그의 발언에 특히 중요성을 부여했다.[45]

이런 비유는 프랑스의 모욕에 국한된 것이 아니었다. 하노버 시대에는 원형 항구가 재건되었다. 왕실 해군 공창은 벽돌과 석재를 사용해서 웅장하고 고전적인 형태로 재건되었는데, 예술과 모형을 통한 기록으로 왕에게 정보를 전달하는 한편, 비용을 많이 들임으로써 그 자체가 전쟁 억제 기능을 가지도록 했다. 영국 해양 세력 국가의 중추적 역할을 해온 화이트홀의 기존 해군 본부 건물은 정치적인 행동 의지를 표현했고, 영국의 해양 예술은 승리를 거둘 때마다 그 모습을 담아냈다.[46] 1793–1814년 J. M. W. 터너는 나폴레옹의 군사 제국주의에 맞선 영국 해양 세력의 역할을 표현하는 예술적 언어를 발전시켰는데, 이는 판 더 펠더 부자가 그린 해양 세력을 진전시킨 것이었다.[47] 터너는 아들 펠더가 1704년에 그린 훌륭한 선박인 "로열 소버린 호"를 다시 작업하여 새로운 시대의 국가적 상징으로 만들었다. 20년 후에 그가 그린 세 폭짜리 그림 "HMS 빅토리 호"와 거대한 "트라팔가르"는 도전과 응전, 모든 역경에 맞서 거두는 승리, 해군력에 기반한 안보, 그러한 성공에 드는 높은 비용을 표현했다. 바이런이 넬슨을 "브리타니아의 전쟁 신"이라고 찬양할 것을 예견한 작품이었다. 게다가 그는 캐닝에게 합세하여 영국의 "카르타고" 승리를 기리고 클로드 로랭의 언어를 확장했다. 1843년 청년 존 러스킨은 터너가 1815년에 완성한 명작 "카르타고를 건설하는 디도"를 설명하며 해양 세력이 된다는 것의 의미를 강조했다.

전경에서 시선을 끄는 대상은 장난감 배로 항해하는 아이들의 무리이다. 위대한 미래의 주역이 될 열정을 분주한 석공이나 무장 병사들이 벌이는 혼란이 아닌 아이들에게서 찾은 탁월함은 작품을 언급하거나 감상할 때에 주목할 만한 부분이다. 이는 화법(畵法)의 전문성과는 관련이 없다. 글자를 끼적거려서 사상을 전달하고, 말로 지식을 전달하는 것으로도 색상의 정교한 표현과 같은 효과를 냈을 것이다. 그림에 담긴 사고는 예술보다 훨씬 높은 수준에 있는 것으로, 가장 높은 수준의 서사시라고 할 수 있다.

러스킨은 이 작품이 담고 있는 깊은 의미를 터너에게 영감을 준 클로드 로랭의 "시바의 여왕이 출항하는 항구"와 대조했다.[48] 터너는 자신의 예술적 재능이 로랭과 견주어 평가되기를 바랐지만, 로랭은 터너와는 매우 상이한 목적의식을 가지고 있었다.[49] 클로드 로랭은 자신의 후원자들이 바다에 관심이 없었기 때문에 그 역시 해양 세력의 문화와 정체성에 관심이 없음을 분명히 밝혔다. 터너는 일출을 맞이하는 지중해 항구를, 해양 세력의 적이었던 나폴레옹의 패배에 영국이 기여한 바를 기념하는 것으로 탈바꿈시켰다. 산업 시대로 접어들면서 1815년의 장난감 배로 표현된 영국의 해양 세력 정체성은 미래의 영광을 나타내는 "전함 테메레르의 마지막 항해"의 역동적인 기선으로 바뀌었다.

터너는 50년 동안 해양 세력을 그렸고 "전함 테메레르의 마지막 항해"에서 정점에 달한 독특한 관점을 발전시키면서 고전적 규범을 활용했다. 그의 작품은 목조 전함 보유국에서 산업 강국으로 전환되기 직전의 영국 해양 세력을 화폭에 담았을 뿐만 아니라, 지금도 궁극적인 잉글랜드 그림으로 남아 있다. 터너가 그 연계성을 발견한 유일한 잉글랜드인은 아니었다. 1845년 프랑스와의 외교 분쟁은 시기적으로 증기 전함의 발전과 맞물려 침략에 대한 공포를 일으켰다. 국방의 책임을 맡고 있던 조지 머리 경은 오랜 친구이자 육군 총사령관이던 웰링턴 공작에게 프랑스에 대해 다음과 같이 말했다.

그들을 오늘날의 <u>로마인</u>으로 여기는 것은, 카르타고의 경우와 마찬가지로 우리를 우리 나라에서 공격하는 전략이 지배적 지위를 무너뜨리는 언제나 가장 효과적인 방법이라는 사고를 중시하는 것인데, 그 지배적 지위란 그들에게는 굴욕스럽게도 이 나라가 오랫동안 누려온 것이라네.[50]

이러한 존재론적 불안이 침략에 대한 공포를 불러일으켰지만, 공포는 이내 수그러들었다. 근대판 자마는 없을 터였다. 영국의 자신감은 해군 동원과 더불어 해양 세력 과업의 최고 성취인 넬슨 기념비, 트라팔가르 광장이라는 새로운 상징물로 회복되었다. 승리를 거둔 순간 전사한 넬슨을 위해서 국가는 화려한 국장(國葬)을 치러주었고, 이를 통해서 넬슨은 영국의 전쟁 신이 되었다. 넬슨이 이해관계를 확실하게 지켜주었던 시티 오브 런던이 넬슨의 신격화에 앞장섰다. 넬슨의 옛 전우인 윌리엄 헨리 왕자가 1830-1837년에 윌리엄 4세로 즉위하면서 국가, 왕가, 함대의 상승 효과가 완성되었다. 영국의 왕족은 20세기에 들어서도 바다에서 수훈을 세웠다. 훗날 조지 6세는 유틀란트 해전에 참전하여 1714년에 시작된 왕가와 해양 세력의 상승 효과를 완성했다.

"전함 테메레르의 마지막 항해"에 두드러지게 표현된 터너의 과학, 산업, 기술을 향한 경외는 해양 세력 정체성의 언어를 변화시켰다. 해양 세력을 강렬하게 평가한 시점에서 5년 뒤인 1856년에 이제는 원숙해진 비평가이자 시인, 철학자 존 러스킨은 해양 사회의 집단적 노력에 대한 찬가에서 해양 세력 문화의 중심에 목재 전함을 배치했다.

전체적인 시각에서 볼 때, 전함은 군생 동물인 인간이 지금까지 제작한 물건들 중에서 가장 고결하다. 인간은 홀로, 누구의 도움 없이도 전함 제작보다 나은 일을 할 수 있다. 시를 짓고 그림을 그릴 수 있으며 다른 최고의 재능을 펼칠 수 있다. 그러나 떼를 지어 살면서 논의하고 대안을 궁리하며 상호 합의에 이르는 존재로서 무리 안에서 전함을 생산해야 할 필요를 인식한 것은 최초의 일이다. 여기에 인간은 인내, 상식, 숙고, 경험 철학, 자제력, 질서와 복종의 습관, 철저하게 완성된 수작업, 잔인한 요소에 대한 저항, 거침없는 용기, 사려 깊은 애국심, 신의 심판에 대한 조용한 기대를 길이 91미터에 폭이 24미터인 공간에 담았다. 이를 직접 볼 수 있는 시대에 살고 있음에 감사하다.[51]

러스킨은 이러한 성취만으로도 자신의 시대가 찬미받아 마땅하다고 생각했다. 그는 원시적 뗏목에서 근대의 증기선으로 선박이 발전한 것이야말로 인간 정신의 내적인 탁월함을 입증한다고 믿었다. 페리클레스, 한니발, 엔리코 단돌로, 요한 드 비트 역시 그러한 감정을 느꼈을 것이다.

그러나 러스킨은 이미 시대에 뒤처져 있었다. 1856년에 힘의 언어는 철과 증기로 이동하고 있었고, 목재 전함은 이내 기억 속에나 존재하게 되었다. 과거의 해양 세력이 상대적으로 기술 변화가 크지 않았던 시대에 활동했다면, 19세기 영국에게는 산업 발전 시대에 맞는 새로운 해양 세력의 언어가 필요했다. 영국은 헨리 그레이스 어 듀 호, 바다의 군주 호, 빅토리 호를 워리어 호와 2척의 드레드노트 호, "무적의 후드" 호라는 철과 강철로 만든 레비아단(성서에 나오는 바다 괴물로, 거대한 것을 지칭한다/옮긴이)으로 대체했다. 해군력, 산업적 탁월함, 국가 목적을 표현한 이러한 전함들은 철과 강철로 세심하게 설계되었다. 워리어 호는 옛 목재 함대의 양식에서 단서를 얻었으나, 여기에 불길한 검은색을 더해서 규모와 힘을 강조했다. 1870년대에 활동한 철갑의 드레드노트 호는 철로 만든 떠다니는 요새로, 4문의 중포, 2개의 굴뚝을 통해서 기술력을 과시했다. 이후 피셔 제독의 드레드노트 호(1906)가 굴뚝을 다시 사용했는데, 만약 굴뚝이 아니었다면 두 선박 사이에는 유사점이 없었을 것이다.[52] 드레드노트 호는 에드워드 양식의 상징으로서 주요국의 군비 경쟁을 촉발시켰다. 굴뚝, 상부 구조물, 회전 포탑과 마스트가 주의 깊게 배치된 HMS 후드 호는 우아함과 더불어 전례 없는 길이, 속도, 힘을 갖추었다. 모든 "위대한" 함선의 가장 중요한 기능은 억제력이었다.[53] 육상의 인공 구조물과 마찬가지로 전함에도 곳곳에 의미와 신화, 전쟁터의 명예와 구조물로 가득한 옛 이름, 역사, 힘이 결합되어 있었다. 바로 찰스 1세가 이해한 권력의 무대였다.

터너는 생전에 바다에서 새로운 질서를 목격하지 못했으나 테메레르를 견인한 것은 소형 기선의 후예였다. 테메레르라는 이름은 넬슨의 해군과 1588년까지 거슬러올라가는 다른 영웅적 선박에 경의를 표하기 위해서 드레드노트 전함에 다시 사용되었다. 이는 의식적인 선택으로서, 부상하던 독일 제국의 해군이 영국 왕립 해군의 역사를 제대로 바라보도록 만들었다. 그 영향은 분명했다. 1916년 6월 카이저 빌헬름 2세는 "트라팔가르 마법을 깰 것"을 공포했다. 그러나 그의 판단은 빗나갔다. 25년 뒤인 1941년 대영 제국 국경일, HMS 후드 호가 파괴되어 영국 해양 세력의 종말을 알리는 듯했으나, 며칠 후에 비스마르크 호 역시 격침된 것이다.

영국 해양 세력이 지속된 이유는 섬나라라는 전략적 이점에 영토의 확대와 자원의 증가가 결합되었기 때문이다. 스코틀랜드가 영국에 편입되었고, 아일랜드로 인해서 경제에 역동성이 커졌다. 게다가 인구 증가의 효과까지 있었다. 미국의 독립 혁명으로 육상의 제국이 형성되어 정착민들이 토지를 확보하려고 하고, 경쟁 제국이 영국의 이점을 무력화시키고자 하면서 초점이 해군과 상업 항구에서 배후지로 이동했다. 펜더럴 문 경은 "영국의 인도 통치는 프랑스에 힘입은 것이다. 인도를 정복하는 과정에서 부지불식간에 프랑스와의 경쟁관계와 프랑스의 사례가 영국을 이끌었기 때문이다"라고 말했다.[54] 북아메리카에서 진행된 확장은 1776년까지 영국의 전략적 범위, 운송, 인력에 큰 보탬이 되었다(다른 영연방 자치령이 20세기 초반까지 그랬던 것처럼 말이다). 식민지, 자금, 산업 덕분에 영국은 훨씬 더 인구가 많은 유럽의 강대국에게 밀리지 않았다. 부분적으로는 유럽이 이질적인 해양 세력 국가를 공격하기 위해서 자원을 모은 적이 없다는 이유가 작용했다. 1779-1782년 사이에 형성된 새로운 캉브레 동맹도 프랑스, 스페인, 네덜란드 공화국에 국한되었다. 다른 유럽 국가들은 자국 땅에서 벌어지는 문제에 더 관심이 많았다. 점차 자원, 인력, 자금, 산업, 자원이 많이 유입되면서 상대적 규모에 관한 해양 세력의 오래된 고민은 해결되었다. 제국이 구축되면서 영국은 프랑스, 심지어 거대한 육지 제국과 같은 대국의 전략적 힘에 맞설 수 있었다.

1688-1945년 영국은 다극 국가 체제의 유럽에서 연이어 보편 제국이 설립되지 못하도록 막았으며, 군사적 취약성을 보완해준 자금, 해군력을 기반으로 반패권 연합을 유지시켰다. 영국은 연안의 해군 기지 너머에서 유럽의 육지 권력을 구축할 야망이 없었기 때문에, 급진적인 변화 대신 현상을 유지하기 위해서 지속적으로 노력했다. 영국과 생각이 유사했던 국가들이 동맹으로서 이러한 입장을 지지했다. 유럽의 독재 국가들은 영국을 파괴하기 위해서 힘을 모을 수도, 해양 세력이 은밀히 확산시키는 도구, 상업, 사상, 정치를 통제할 수도 없었다. 독재 국가들 간의 경쟁심이 섬나라를 향한 반감보다 더 깊었기 때문이다. 유럽은 단일 패권 세력이 통제할 때에만 심각한 위협을 가할 수 있었다. 나폴레옹조차 이 시험대를 통과하지 못했다. 정치적 포괄성을 확산시키는 영국에는 사람들을 평등화하는 민주주의 등 훨씬 더 큰 위협이 도사리고 있었다. 영국의 정치 지도층은 민주주의가 내포한 위험에 대해서 언제나 제대로 이해했다. 대다수의 지도층이 고전 교육을 받았으며, 자국의 역사보다 플라톤과 투키디데스에 대해서 더 잘 알고 있을 정도였다. 1832년부터 시작된 선거권 확대는 더디게 진행되었다. 선거권이 더 많은 사람들에게 부여될수록 권력, 이익, 정체성을 집중시킬 국가의 능력이 약화된다는 것을 의원들이 잘 알고 있었기 때문이다.

궁극적으로 영국이라는 해양 세력 국가를 파괴한 것은 미합중국이었다. 미국은 유럽의 국가 체제 밖에 위치했고, 사실상 20세기 초까지 세계 질서의 외부에 존재했다. 미국은 명시적인 적이 아닌 동맹국으로 기능하면서 영국의 힘을 무력화했다. 1689-1713년 사이에 잉글랜드가 네덜란드를 위축시켰던 것과 유사했다. 1782년 이후 영국과 미국의 관계는 처칠이 『영어권 국민의 역사(History of English Speaking Peoples)』에서 사용한 바 있는 낙관적인 용어로 표현되는 경우가 많았다. 언어, 법, 포괄적 정치, 기업을 기반으로 양국이 공유하는 정체성이 커졌으며, 새로운 공화국의 막대한 규모는 유럽 주변부의 작은 섬나라에서 대서양 건너편의 훨씬 더 강력한 국가로 필연적이고 평화롭게 지도력이 이양되도록 했다. 독일과 두 차례의 세계대전을 치르느라 엄청난 비용이 발생하면서 지도력의 이전 속도는 더욱 빨라졌다. 이러한 장밋빛 분석은 근본적인 문화 차이, 구별되는 특징, 해양 세력 제국과 대륙 군사 국가의 세계관을 이끄는 야망의 차이를 잘못 분석한 것이다. 두 나라는 과거에도, 지금도 판이하게 다르다. 그 차이의 핵심에는 자체적으로 형성한 문화와 정체성에 대한 질문이 자리하고 있다.

양국은 막강한 전략적 해군력을 과시해왔지만 그 목표는 극명하게 엇갈렸다(오늘날 미국의 해군은 세계 역사상 가장 뛰어난 해군일 것이다). 1890년 머핸은 미국의 해양 권력을 바다, 자금, 인력을 보유한 모든 나라에 주어진 전략과 정책적 선택의 산물로 이해했다. 미국은 앤드루 잭슨이 대통령이 된 이후 단 한 번도 해양 세력 국가가 되는 일에 관심을 보인 적이 없었다.[55]

문화적 차이는 미국의 독립 혁명에서 가장 중요한 요소로서, 영국과 더불어 미국의 정체성을 형성했다. 영국은 해양 세력의 오랜 교훈을 얻었다. 육지에 초점을 둔, 구별된 정치, 경제 의제를 가진 정착민 지배층을 지속적으로 통제하기가 어렵다는 사실이었다. 영국은 제해권과 상업으로 다시 관심사를 돌리고 아시아-태평양 지역으로 이동했다. 새로운 식민지에서 자치 정부를 요구하면 이를 용인하는 대신 기존에 제국 정부가 부담하던 비용의 대부분을 차지한 주둔군을 철수시켰다. 비용을 지불할 군대가 사라졌으므로 인지조례(Stamp Act)와 그러한 법을 강제할 권력도 필요 없었다. 미국은 다른 방향으로 움직였다. 미국인들도 영국처럼 상비군에 대한 우려가 있었지만, 군대로 아메리카 원주민의 영토를 개간하고 노예 봉기를 해결해야 했다.[56] 미국에서는 언제나 육군이 해군보다 우세했다. 많은 미국인들이 대륙을 지배하기를 꿈꾸는 한편, 바다에서 미래를 찾는 사람은 드물었다. 1800년 이후 민주공화당은 내륙으로 눈을 돌렸으며, 로마 공화정과 상상 속의 프랑스 공화정에서 이상향을 찾았다. 자유를 제한한 이 나라들이 전제주의의 군사적 목표를 가지고 있었던 것은 망각한 채였다. 로마와 프랑스 공화정은 미국이 육군과 1947년 이후에는 공군이 지배하는 국방 체계를 갖춘 대륙 세력이 될 것임을 확신하게 했다. 미국은 프랑스와 1871년 이후 독일 제국의 지적, 문화적 대륙 모형을 수용했다. 이러한 연결성은 미 육군의 훈련 방식, 미국 대학의 구조, 산업의 특성에서 찾아볼 수 있다. 미국의 전쟁 방식은 기본적으로 자원을 대거 투입하는 독일 모형을 따른 것으로, 화력, 우수한 기술력, 거대한 물류, 세밀한 계획, "결정적인" 전투를 특징으로 한다. 군대를 운용하는 목적은 분명하지 않다. 미국은 식량, 연료, 원자재의 99퍼센트를 자급자족할 수 있는 나라이며 세계 최대의 시장이고 캐나다, 멕시코의 자원 및 시장과 밀접하게 연결되어 있다. 대외 무역이나 대규모 군대가 명백히 필요한 상태가 아닌 것이다. 바다는 문자 그대로 주변부의 공간이다. 해안 거주자들에게는 이야기가 다르겠지만 바다는 국가를 구현하거나 나타낼 수 없는 곳이다. 미국은 건국 이래 절반 가까이의 기간 동안 최소한의 해군력만 유지해왔으며, 함대를 거의 폐기하다시피 한 것도 한 번 이상이다. 독립 후에 해군은 매각되었으며 남북 전쟁 후에는 방치되었고 1940년대 말에는 육군과 공군에 밀려서 거의 파괴되었다.[57]

미국 건국 당시의 영국 정치인들은 항만과 해상 무역이 지배하는 국가가 해양 세력 경쟁자가 될까봐 우려했다. 1794년 미국은 해적에 맞서서 국가의 운송을 보호하는, 해양 세력의 전형적인 임무를 위해서 해군을 창설했다. 바다를 통제하는 전함이 부상하지 않으면서 해적 퇴치는 향후 50년간 중요한 일이 되었다. 그러나 이 시기에 미국은 바다에 대한 관심을 잃었다. 프랑스 혁명과 제국의 전쟁이 벌어지는 동안 미국의 상인들은 영국의 봉쇄를 뚫고 프랑스로 상품을 운반하면서 이익을 누렸다. 영국이 봉쇄를 어긴 자들을 붙잡았을 때, 제퍼슨과 매디슨의 민주공화당 정부는 평화를 지키기 위해서 해외 무역을 금지시켰다. 이들은 미국의 미래를 다른 곳에서 찾았다. 1803년 제퍼슨은 나폴레옹에게서 북아메리카의 거대한 지역을 사들였는데, 일명 "루이지애나 구입"이라고 부르는 사건이다. 이를 계기로 미국은 번성하는 대서양 항구 도시를 중심으로 한 해양 상업 국가에서 태평양에 도달하기를 열망하는 대륙 세력으로 변신했다. 제퍼슨은 선주들과 동북부의 상인들을 멀리했다. 1812년에 미국이 캐나다, 스페인령 플로리다를 침공했을 당시 선박과 바다는 주변부의 문제에 불과했다. 캐나다와 플로리다 공격은 모두 실패로 돌아갔으며, 해군을 경시했던 매디슨 정부는 해군력이 약한 나라의 전략적 선택인 사략선에 의지했다. 영국 왕립 해군은 호송대, 순찰대, 봉쇄, 해안 공격으로 위협을 물리친 데에 이어 남부에서 노예제를 옹호하고 원주민들의 저항을 부추겼다. 나폴레옹이 실각한 후에 영국은 워싱턴 DC를 점령하고 불태웠으며, 미국인들에게 노련한 세력의 해양 권력이 끔찍한 무기가 될 수 있음을 일깨워주었다. 미국 태생의 영국 해군 장교인 에드워드 브렌턴은 1812년 전쟁에서 공훈을 세운 인물로, 미국인들이 전쟁에서 목표로 했던 바를 전혀 달성하지 못했음을 상기시켰다.

대영 제국은 권력을 가지고 있으며, 바다를 통제하고 불만에 빠진 국민들을 흥분시키고 지원하여 미국 대륙이 경련을 일으키게 만든다. 원래 계획대로 잉글랜드에서 2만 명을 파병했다면, 버지니아 주의 노예 봉기는 남부 주들에게 가장 치명적인 사건이 되었을 것이다.[58]

1812년의 전쟁은 현상을 유지하는 평화로 막을 내렸지만 영국은 겐트 조약과 1815년의 빈 회의에서 해양 권력, 경제 봉쇄, 선원들에게 영향을 줄 수 있는 권리에 대한 모든 논의를 차단했다. 그 결과 영국의 해군력은 향후 80년간 미국의 전략적 사고를 지배했으며, 미국판 크론시타트에 대한 방위 지출에 주력했다.[59]

1815년 파산하고 굴욕당한 공화당 행정부는 참패를 당한 전쟁을 극복하기 위해서 언론으로 눈을 돌렸다. 이 과정에서 그들은 영국과의 문화적 연계 대신 강력한 새 정체성에 집중했다. 새로운 정체성은 노예 제도, 아메리카 원주민의 미래, 평등한 민주주의 등 미국이 안고 있는 깊은 상처를 해결하고 끝없이 펼쳐진 기회를 살리는 것이었다. 영국은 단호한 승리주의자들의 주장, 지속적인 공격성, 민주주의 정치에 대한 위협을 느꼈다. 독립적인 새로운 대륙 문화는 바다에서 필요한 것이 거의 없었기 때문에 대륙으로 돌아섰다.[60] 터너의 카르타고 그림이 1830년대 토머스 콜의 5부작 "제국의 과정"에 영향을 미치고 뉴욕의 관객들에게도 호응을 얻었으나 콜은 교묘하게 바다에서 육지로 시선을 돌렸다.[61] "명백한 운명(Manifest Destiny : 미국 영토 확장주의의 논거가 된 표어/옮긴이)"이라는 대륙 의제의 공격적인 추구는 1812년의 재앙으로 형성된 미국 문화의 정체성을 반영한 것이다. 대륙 패권에 주력하는 또다른 로마 공화정인 미국 대륙은 노동력, 자본, 산업의 폭발적 성장으로 뒷받침되었으며, 이내 이웃 나라를 공격하려는 경향을 드러냈다. 1846-1848년에 미국은 애리조나에서 캘리포니아까지 이어지는 대륙의 상당 부분을 멕시코로부터 빼앗았다. 라틴계 남아메리카 국가들이 강력한 이웃 나라 미국을 경계하게 된 것은 당연한 일이었다.[62] 미국의 국가적 영웅은 군인이었고, 일부는 대통령에 올랐다. 미국의 문학과 예술에서는 내륙의 특성이 강해졌는데, 이러한 변화는 새로운 수도에서 잘 드러났다. 새로운 국가에서 최초로 조성한 인공 도시는 전략적으로 주변부 탐험의 끝자락에 위치했던 것이다. 그러나 1815년 이후 미국의 과시는 뿌리 깊게 자리한 정체성의 위기를 가려버렸다. 정체성의 위기는 남북 전쟁(1861-1865)으로 북부의 문화가 남부와 서부에 강제된 후에야 해결되었다. 연방(Union)을 무력으로 지켰다는 사실은 급격히 영토가 확장되는 국가가 처한 중요한 현실을 보여주었다. 가장 큰 적은 공격적인 외세가 아니라 내부의 불화였다. 정체성을 통일하는 과정에서 그렇지 않아도 동북부에서 주변부에 머물던 해양이라는 주제는 해군, 해양 상인과 더불어 사실상 자취를 감추게 되었다.[63] 미국은 외교와 무역을 장려하기 위해서 여전히 해군력을 사용했으며, 1852년 페리 제독이 일본을 "개항시킨" 것은 유명한 일이기도 하다. 그러나 어디까지나 이 시대에 미국의 해군력은 영국 왕립 해군이 지배하는 해양 세계에서 유지되었으며, 주요 관심사는 내부의 문제에 국한되었다.

1815년 이후 변경 지역은 미국의 문화와 정체성 형성을 좌우했다. 1898년 프레더릭 잭슨 터너는 "자유로운 영토, 끝없는 변경의 확장, 서부를 향한 미국 정착지의 전진은 미국이 발전하는 이유를 설명해준다"라고 말했다. 잭슨이 말한 변경 지역은 지중해가 그리스인들에게 미친 것과 동일한 영향을 미국의 문화에 끼쳤다.[64] 개방된 변경과 자유로운 땅의 유혹은 미국이 초기 잉글랜드/영국 정착민들이 중시한 해양 문화에서 멀어진 이유를 설명해준다. 변경 지역을 차지하기 위해서 해안을 떠난 이민자들은 잉글랜드가 아닌 스코틀랜드/아일랜드, 독일 출신이었다. 변경은 이들을 미국인으로 만들었다. 이들에게는 바다가 아닌 변경의 폭력, 육지의 착취가 문제였으며, 쿡 선장 대신에 루이스와 클라크가 각광을 받았다(루이지애나 구입 이후 메리웨더 루이스와 윌리엄 클라크는 대통령의 지시를 받고 태평양에까지 이르는 영토를 탐험했다/옮긴이). 문화적 의미에서 변경이 사라지자 미국은 제국의 건설을 위해서 해외로 눈을 돌리기 시작했다.[65] 미국 제국주의의 저명한 주창자인 머핸은 1906년 대규모 해군을 새로 구축할 것을 주장했으며, "영토와 상업적 팽창이 미국 역사에 미친 영향"을 탐구하는 저서를 기획했다. 터너의 주제를 바다와 태평양 너머로 확장시킨 시도였다. 그에 따르면 주된 추동력은 해양 권력이 아닌 영토의 팽창이었다. 이 계획은 1913년까지 시작 단계에 머물렀으며, 지금은 일부 밑그림만이 남아 있다. 머핸은 자신의 주장을 뒷받침하기 위해서 수집해야 할 증거가 막대하며, 이 주제가 선점되어 있음을 깨달았다.[66] 그는 이러한 작업이 미국 대륙의 예외주의, 그리고 미래의 발전과 해양 세력의 문화, 정체성이 무관하다는 것을 강조하리라는 사실을 알아차렸을 수도 있다.

나폴레옹의 대륙 제국주의를 전복시키는 데에 도움을 준 영국의 경우, 고전적인 해양 세력 정서를 가지고 있었다. 영국의 정치인들은 유럽 대륙에서 영토를 차지하지 않았다. 영국은 프랑스, 러시아와 같은 새로운 패권의 공격을 막고 영국 상업이 대륙에 진출할 수 있도록 해양 세력의 도구를 활용하여 안정적이고 평화로우며 균형 잡힌 유럽 국가 체제를 형성하고자 했다. 영국이 유지했던 영토는 연안의 섬 기지, 몰타, 코르푸, 헬골란트, 모리셔스 정도에 불과했다. 훗날 케이프타운과 연관성이 생긴 후에는 유럽과 아시아 간의 무역을 통제하기도 했다. 영국은 점령지를 아프리카 대륙 내부로 확장할 의사가 없었다. 대신 알제리에서 유럽 선원들의 노예 상태를 종식시키고 대서양의 노예 무역을 중단시켰다. 영국은 기술, 자본, 권력을 활용하여 최초로 세계 경제를 구축했다. 힘과 금융을 활용해서 무역 장벽을 무너뜨렸으며, 새로운 형태의 자본 이동을 개척했고 최초의 세계적 통신망, 해저 전신을 개발하고 설치했으며 이를 통해서 새로운 시장을 형성했다. 영국을 강대국으로 만들어준 해양 세력 함대를 유지하기 위해서 세계 경제를 구축한 것이다.

1815년 이후 영국의 세계 지배에 대한 위협은 유럽에서 해군을 보유한 유일한 강대국이었던 프랑스 혹은 거대한 함대를 보유하고 있던 러시아나 미국으로부터 제기되었다. 이 때문에 영국의 장관들은 빈 평화 회의가 진행되는 과정에서 미국인들을 쫓아냈다. 영국의 정치인 파머스턴 경은 미국에 잠재된 힘, 팽창하는 목표, 평등을 추구하는 민주주의가 어떤 위협을 가하는지 알고 있었다.[67] 1812년 전쟁 중에 정부에서 일했던 파머스턴은 "명백한 운명"과 같은 선거 구호가 주로 국내 유권자들을 대상으로 한 것임을 잘 알고 있었으며, 미국의 팽창주의를 면밀하게 주시하면서 스페인의 지배를 받던 쿠바를 침략하려는 미국의 시도를 차단했다. 카리브 해의 통제가 달린 아바나의 요새와 항구를 미국인들의 손에 넘겨줄 수는 없었다.

영국과 미국은 서로를 의심하고 명백하게 다른 목표를 추구했지만 평화로운 관계를 유지했다. 미국은 영국의 해양 권력을 두려워했고, 영국은 더 이상 대륙의 영토를 얻을 생각이 없었다. 양국의 정치 지도자들은 싸움보다는 무역에 더 관심이 있었다. 억제력을 통해서 제한적인 목적을 달성하는 것은 고전적인 해양 세력의 행동에 해당한다. 1815-1861년 사이 영국과 미국은 많은 분쟁을 겪으면서도 다음과 같은 특징을 나타내기도 했다.

양측의 정치인들은 늘 전쟁을 피했다. 어느 편에도 도움이 되지 않는 전쟁을 일으킬 정도로 심각한 문제는 없었으며, 현명한 판단, 명백한 외교적 신호, 시의적절한 타협을 거쳤다. 캐나다를 지키고 쿠바를 스페인 영토로 유지시킨 영국이 다른 문제를 놓고 전쟁을 벌일 가능성은 크지 않았다. 전쟁을 할 수 없어서가 아니라, 전쟁을 할 경우 유럽에서 더 중요한 이해관계를 지키는 능력이 약해지기 때문이었다.[68]

그러나 영국은 변화하고 있었다. 나폴레옹에게 승리를 거둔 이후 경제위기, 개혁에 대한 정치적 요구, 유권자의 증가 압력이 커졌다. 옛 정치 체제에서는 귀족의 이해관계와 상업적 부를 중시했으며 중산층과 노동 계급은 대체로 배제되었다. 이로 인해서 부유하고 지위가 있는 사람들이 정치에서 높은 자리에 오를 기회가 더 많았다. 공립 학교는 상업으로 부를 얻은 이들의 자제들이 과두 지배층을 다스리는 준귀족 지배층에 동화될 수 있도록 교육했다. 개방된 지배층 덕분에 영국의 체제는 발전하고 새로운 부와 권력의 형태에 적응하는 한편, 경직된 위계질서와 폐쇄적인 지배층으로 인해서 양산되는 폭발적 분노를 피해갈 수 있었다. 민주주의적인 체제는 아니었다. 영국의 정치인들은 하층민들을 배제하기 위해서 고대 아테네를 연구하고 고대 그리스어를 연설에서 인용했으나, 아테네의 민주주의를 채택할 생각은 없었다. 웨스트민스터에 모인 의원들이 정치 국가를 이루었다.[69] 부유한 중산층에게 선거권을 부여한 1832년의 "대개혁법"은 반세기 동안 정권을 잡지 못했던 휘그 당의 당파적 이익을 지키기 위한 의도로 추진되었다. 이후 약 20년 동안 휘그 당은 권력을 장악하고 개혁법을 활용해서 권력을 유지하려고 했다. 그러나 선거권이 확대되고, 떠오르는 정치인들이 오랫동안 사용했던 당선이 확실한 선거구가 사라지면서 정치인들은 국내 문제에 집중할 수밖에 없었다. 이후 선거권이 더 확대되면서 영국의 공적 영역에서 해양 세력 정체성의 중요성이 희석되었으며, 해군에 대한 정치적 지지도 약화되었다. 1844년, 해양 세력 국가에서 해군력이 차지하는 중요성을 정치 국가가 망각했다는 인식이 커지면서 새로운 접근법이 부상했다. 해군의 지원을 받아서 불필요하게 불안을 조성하는 신문은 40년 동안 정치 의제에서 해군력이 상위권을 유지하도록 만드는 캠페인을 전개했다. 시티 오브 런던이 주도한 이 캠페인은 민주화 시대에 포퓰리즘 해군주의를 형성했다.[70] 20세기에 성인에게 보통선거권을 부여하는 방향으로 개혁이 진행되면서 해군주의 캠페인은 지속되기가 점점 어려워졌다.

18세기 정치인들과 이들이 대표하던 정치 계층이 공유하던 해양 세력 비전은 20세기까지 지속되지 못했다. 20세기에는 선거권이 대폭 확대되면서 경제적 풍요와 복지 국가에 대한 관심이 높아졌기 때문이다. 고대 아테네는 민주주의를 활용해서 해양 세력을 창출하고 유지했으나, 현대 민주주의는 머핸이 경계했듯이 해양 세력 정체성과 해양 권력인 해군을 유지하는 데에 적합하지 않았다. 1890년 머핸은 "민주 정치는 군사비 지출이 얼마나 필요하든 상관없이 대체로 그것에 우호적이지 않다. 그리고 잉글랜드에는 뒤처질 징후가 보인다"라고 지적했다.[71] 머핸의 지적은 미국 민주주의의 과잉에 대한 경계가 반영된 것이었는데, 영국의 정치인들과 현실을 직시한 여론 형성가들도 그의 생각에 동조했다. 미국을 제외한 "서양" 함대의 현재 상황은 민주주의에서 해양 세력이 설 자리는 없다는 머핸의 주장을 뒷받침한다.

미국의 남북 전쟁 중에 연방 정부는 영국과 전쟁을 벌이기 직전까지 갔다. 미 해군의 전함 샌 저신토 호가 영국의 우편선 트렌트 호의 승객들을 억류한 사건이 벌어졌기 때문이다. 이는 국제법 위반이었다. 영국은 함대를 동원해서 뉴욕을 공격했고, 화약의 중요 원료인 인도산 초석의 수출을 금지했다. 링컨 대통령은 신속하게 물러났다. 이는 당시에 영국과 미국 사이에서 벌어지던 전형적인 위기였다. 영국은 사소한 문제에서는 양보했으나 중요한 이해관계를 지키는 일에는 신속하게 대처했고, 여기에는 국제법 문제도 포함되었다.[72]

1865년 남북 전쟁이 끝난 후에 영국의 관측자들은 미국의 권력이 해군력보다는 군사와 산업 동원에 기반을 둔다는 것을 알아차렸다. 미국에서 해군의 배제는 두드러졌다. 미국이 내부의 변경을 정복하고 국내의 자원 활용과 산업 발전에 주력하는 동안 해군은 시야에서 사라졌다. 해군은 쓸모없는 목재 포함(砲艦)을 모아놓은 수준에 불과했으며, 칠레처럼 더 강력한 함대를 보유한 지역 세력에 맞서서 미국의 이해관계를 지키고자 시도했다.[73] 머핸은 이러한 함대를 지휘했던 것이다.

영국은 미국의 앨라배마 소유권 주장을 둘러싼 논쟁 등 미국 군사력이 정치에 미치는 결과를 놓고 고민하면서 제국의 흥망에 대한 해묵은 논쟁으로 돌아갔다. 그들은 1840년대에 근대적 형태의 해양 세력 개념을 사용하기 시작했으며, 미국에서 독립 혁명이 진행되는 때에는 에드워드 기번이 우아하게 기술한 제국의 "멸망"을 피하기 위해서 아테네, 베네치아와 같은 과거 해양 세력 국가의 사례를 조사했다.[74] 논쟁은 새로 선거권을 얻은 인구, 학생, 식민지 인구로 확대되었다. "바다에 대한 빅토리아 시대의 신화"가 새롭게 부상했으며, 간소화한 과거 사례를 현재에 투사하여 현재와 미래의 정책에 대한 지침으로 삼았다.[75] 트라팔가르 해전으로 프랑스의 침략을 저지할 수 있었다는 인식은 단일 신화로는 가장 강렬한 것이었으며, 전투는 연구가 아닌 찬미의 대상이 되었다.[76] 이번에도 프랑스인이 중요한 통찰력을 제공했다. 알렉시 드 토크빌은 몽테스키외의 후계자라고 부를 만한 인물론, 영국 자유주의 엘리트들 중에 지인이 많았다. 1835년 『미국의 민주주의(De la democratie en Amerique)』에서 토크빌은 러시아와 미국이 다음 세기를 지배할 것으로 예견했다. 동쪽의 독재 조직에 맞서서 서쪽의 부상하는 공화국을 과거와 미래의 권력으로 짝지은 것은 곧 영국이 현재를 지배하고 있음을 시사한 것이었다.[77] 『미국의 민주주의』는 수십 년 동안 자유주의자들의 사고에 영향을 미쳤다.[78]

토크빌의 예상을 숙고한 사람들 중에는 케임브리지에서 역사 강좌를 맡고 있던 존 로버트 실리 교수도 있었다. 실리는 제국의 기원을 튜더 왕조까지 소급했다.[79] "팽배해 있던 순전히 대중적이고 낭만적이며 환상적인 피지배자의 시각"을 무너뜨린 그는 "조사할 필요가 있는 정확한 질문을 분명히 이끌어냈다." 실리는 해양 세력 이론에 지대한 기여를 했으며, 영국이 프랑스보다 제국으로서 우위를 누린 것은 섬나라로서 바다에 집중할 수 있고 많은 비용이 드는 유럽에 대한 헌신을 피해갈 수 있었던 점이 반영되어 있다고 지적했다.[80] 1883년 『잉글랜드의 확장(The Expansion of England)』에서 실리는 토크빌이 그랬듯이, 해양 세력인 영국을 러시아, 미국이라는 "거대한 정치 조직", 즉 "시간과 공간으로 인한 장애를 줄이는 근대적 발명"으로 형성된 조직과 비교했다.[81] 러시아와 미국은 줄곧 육지 세력이었으나 "양국 사이에는 거대하지만 연속되지 않는, 사방에서 흘러들어오는 바다가 놓여 있었다. 거리에 바다가 흐르는 베네치아와 대영 연방과 같았다."

해양 세력은 정치와 문화적으로 중요한 영향력을 가졌지만, 순식간에 사라질 수도 있었다. 아테네와 베네치아는 탁월함을 자랑했으나 더 큰 규모의 육지 세력에 제압당했다. 실리는 오로지 "대영 연방"만이 부상하는 초강대국과 경쟁할 수 있다고 주장했다. 그는 유럽에 진지한 노력을 기울이는 것이 제국에 큰 위험을 끼친다고 보았으며, "조만간 유럽에서 모종의 전

쟁이 벌어지고 우리는 영국군을 철수해야만 하는 상황에 몰려 인도를 잃게 될 것"이라고 내다보았다.[82]

실리의 저서는 2년 동안 8만 부가 판매되었고 정치인, 언론인 그리고 로 즈베리 경과 조지프 체임벌린에서 W. T. 스테드, 앨프리드 밀너, 세실 로 즈와 머핸 등 제국을 구축하는 이들에게 영향을 미쳤다.[83] 여러 학문을 넘 나드는 실리의 문제 해결 방법은 현대적 접근의 전조였다. 그는 조심스럽 고 미묘하지만 강력한 효과를 내는 방식으로 해양 세력을 다루었다. 머핸 의 1890년 저서 『해양력이 역사에 미치는 영향(*The Influence of Sea Power upon History*)』은 실리가 전한 메시지에 이미 예고된 내용이었다.[84]

실리가 제시한 "대영 연방"의 여러 자치령, 식민지, 제국의 속국 사이의 정치적, 경제적 연관성은 망상이었다. 1776년에 드러났듯이 로마의 영토를 전 세계에 어지럽게 흩어져 있는 섬과 항구, 배후지에서 찾는 것은 불가능 했으며, 연관성도 없었다. 1870년대 중반까지 영국의 정치인들은 해양 제 국을 분담해야 할 짐이라고 생각했고, 나중에는 없애야 한다고 보았다. 그 들은 정부와 국방의 업무를 정착민들이나 현지인에게 넘기기 전에 그들을 계몽하고 안정시키면 민주화가 진행되리라고 예상했다. 만약 정착지의 식 민지가 자치를 얻게 되면 다른 이들도 정치적으로 성숙한 단계에 이르기만 을 기다리면 될 일이었다. 이는 현명한 결정이었다. 20세기에 벌어진 전쟁 에서 캐나다, 오스트레일리아, 뉴질랜드, 남아프리카, 식민지들이 제공한 원조가 영국의 전략적 힘을 변화시켰다. 영연방 자치령은 가치와 유산을 공유했으며, 지원을 억지로 강요할 필요가 없었다. 해상 제국은 언제나 육 지 제국이 아닌 느슨한 연방 구조로 기능했으며, 카르타고, 북아메리카와 같은 식민지는 별도의 국가로 발전했다. 카르타고와 북아메리카 모두 정 치 권력을 현지에 넘길 때에 세금과 무역과 같은 핵심 사안에서 자치의 열망을 키웠으며, 이 과정에서 도시와 주를 운영할 변호사, 상인들의 권한이 신장되었다. 분산되어 있고 상업 정신을 소유한 영국 제국에 로마식 중앙 집권을 강제하려고 시도했을 때에는 반발이 일어났다. 1782년 이후 영국은 현지에서 적대감을 사지 않도록 애썼다. 영국은 새로운 로마가 아니라 새로운 카르타고였다. 로마와 비교해서 영국에는 인력, 자원, 연속되는 땅덩이가 부족했다. 미국인들도 그러한 정체성에 사로잡혀 있었다. 영국은 로마 제국의 문화적 언어를 기꺼이 활용하여 자아상을 유지했으며, 특히 넬슨 기념비와 화이트홀의 제국 건축물에서 그 언어가 두드러지게 나타났다. 그러나 내면 깊은 곳에서는 새로운 로마 제국의 출현을 막아야 한다는 우려를 가지고 있었다.

대영 제국에 소극적이던 사람들조차 중앙 집권을 유지해야 하는 분야가 있음을 알고 있었다. 해양 권력은 존재하고 유지되었으며, 불가분의 성격으로 반드시 중앙에서 관리되고 통일된 힘으로 전달되어야 했다. 이를 위해서 영국은 버뮤다, 핼리팩스, 지브롤터, 몰타, 모리셔스, 아덴, 케이프타운, 트링코말리, 싱가포르, 홍콩 등 핵심 지역은 제국에 남아야 한다는 것을 인식했다. 적절하게 요새화되었으며 훌륭한 통신 연결망과 건맷도랑, 해군 설비를 갖춘 이 지역들은 해양 세력 제국이 육지 제국보다 효과적으로 기능할 수 있도록 도왔다.

조지프 체임벌린은 제국의 관세, 긴밀한 정치적 연합에 기반을 두고 실리가 주장한 조화를 이루는 제국을 구축하려고 시도했으나, 이는 실현 가능성이 희박한 계획이었다. 영국의 경제는 자본주의로서 공식적으로 제국 바깥에 위치한 해외 투자처에서 주로 벌어들인 소득으로 수입에 투자했으며, 시티 오브 런던은 세계 경제를 지배했다. 영국은 준도시 국가였고 런던은 글로벌 베네치아 혹은 암스테르담과 마찬가지였다. 제조업은 국가 경제에서 차선책에 해당했다. 체임벌린의 버밍엄은 시티 오브 런던을 대신해서 지배적인 경제 이익을 거둘 수 없었다. 1904년 해퍼드 매킨더는 격렬한 논쟁을 일으킨 저서『역사의 지리적 중심축(*Geographical Pivot of History*)』에서 영국을 해양 세력에서 대륙 제국으로 변화시키기 위해서 경각심을 불러일으켰다.[85] 그의 지인인 줄리언 코르베는 훨씬 더 정교한 접근을 시도하여 안보와 번영을 제해권에 공동으로 의존하는 독립 국가로 구성된 "해양 연방(Sea Commonwealth)"을 제안했다. 코르베의 사고에는 영국의 독특한 해양 세력 문화가 반영되어 있으며, 이 문화는 직접 통치가 불가능한 시점이 되면 해양 권력을 유지하도록 발전시킬 수 있었다. 미국의 독립 혁명 이후 영국은 군사력이 아닌 경제적 연계성과 해양 통제를 기반으로 한 상호 이해관계로 유지된 "연방"의 오스트레일리아, 캐나다, 뉴질랜드, 남아프리카에 자치를 부여했다.[86] 1945년 이후에는 이러한 사고가 더욱 발전하여 영국이 강대국으로 기능하기를 그치고 코르베가 추구한 문화적, 전략적 연계성을 유지했다.

중요한 것은 영국이 앞선 다른 해양 세력 강대국과 마찬가지로 분명한 선택을 해야 했다는 점이다. 영국은 인접한 육지와 민족으로 구성된 하위 버전의 "로마"가 될 것인지, 아니면 항구, 해로, 상업을 통해서 확장되는 해상 제국으로 번성할 것인지 선택해야 했다. 전자는 규범적인 욕구로서 인간 사회, 문화, 정체성의 육지 성격을 강조하는 반면, 후자는 차별화를 추구하는 의식적 선택으로서 정치적, 전략적 논리에 기반을 둔다. 1782년 이후 영국은 인도를 제외하고 육지 제국을 확대하려는 시도에 지나치게 얽매이지 않도록 노력했다. 캐나다, 오스트레일리아에서 현지의 정부를 신속하게 인정하면서 정착지의 동요를 막았으며, 이러한 영토가 본국에 영향력을 행사할 가능성을 줄였다. 이와 더불어 대다수 제국의 방어는 해양 권력 전략에 기반을 두었다. 인도는 제해권과 더불어 발트 해에서 러시아에 맞서 권력을 투사하는 능력을 발휘하여 보호했다.[87] 캐나다는 미국의 상업과 해안 도시를 공격하여 지켰다.[88] 프랑스가 영국 식민지나 영국의 해상 무역에 압력을 가하면 영국은 프랑스 식민지를 점령하거나 프랑스 상업을 파괴하고, 프랑스 해안을 공격적으로 봉쇄했다. 이러한 전략들은 모두 경제적 소모전이라는 제한 전쟁에 속했다. 세계 경제에서 이익과 배당을 얻는 한 영국은 경쟁국을 파괴할 의사가 없었다.[89] 아덴에서 홍콩에 이르기까지 제국의 동쪽 부분은 인도의 군대와 자원에 의존했으며, 이 경우에조차 육지에서의 대규모 전쟁을 고려할 정도의 군사력은 아니었다. 1899–1902년의 제2차 보어 전쟁에서 이러한 한계가 드러났다. 이는 시라쿠사와 아테네의 사례와 유사했다. 1902년 이후 군대를 정비하려는 시도가 일본과의 동맹, 프랑스, 러시아와의 우호 조약으로 와해된 것은 우연이 아니었다. 이러한 협약으로 영국은 에드워드 시대에 단기적으로 가장 중요한 문제였던 독일 제국의 패권 야망에 집중할 수 있었다. 유럽의 과거 패권국이 그랬듯이, 독일은 영국이 패권 야망을 가로막을 경우 값비싼 대가를 치르게 되리라는 사실을 알았다. 프랑스와 러시아는 1815–1904년에는 제국에 가장 큰 위협을 가했으나 1892년 이후에는 동맹을 유지했다. 독일을 셸드 강어귀에 접근하지 못하도록 막기 위해서 영국이 치러야 할 대가였다. 그러나 영국 왕립 해군을 유럽 수역으로 재배치하는 등의 조치는 영구적인 전략일 수 없었다. 그렇다고 일각의 우려처럼 이것이 로마 군단을 상기시키거나 제국 종말의 전조가 되지도 않았다. 영국의 사상가들은 이미 권력을 자치령에 이양하는 개방적인 제국의 구조를 놓고 고민하고 있었다. 아일랜드는 여전히 문젯거리였지만 유럽 전쟁이 발발하자 부차적인 문제로 밀려났다. 영국은 한 세기 만에 처음으로 세계 전쟁을 치르면서 경제와 외교 문제에 직면했다.

1890-1914년 사이에 영국은 페리클레스 시대 이후로는 상상할 수 없던 수준의 대중적인 해군주의를 형성했으며, 독일 제국의 부상하는 해군력과 경쟁을 벌였다.[90] 영국 해양 세력은 대륙 패권을 추구하는 최신 강대국의 야욕에 맞서 싸우기 위해서가 아니라 그것을 억제하기 위해서 전쟁에 동원되었다.[91] 나폴레옹의 제국과 독일 제국의 유사점은 뚜렷했으며, 경계할 만했다. 특히 독일은 영국을 유럽에서 배제하는 한편 다음 계획의 초석을 마련하기 위해서 해군을 증강했다. 세계적 강국(Weltmacht)은 영국 왕립 해군을 무찌를 때에만 달성할 수 있었다. 영국 함대가 강할수록 독일이 공격할 가능성은 줄어들었다. 1890년 이후 공공의 볼거리로서 해양 세력이 발전한 것은 세금 감면, 노년층 연금, 복지 계획과 더불어 지속적으로 확대되는 유권자층의 참여를 유지하기 위해서 필요한 조치였다. 빅토리아 시대가 끝날 무렵 해양 세력의 비용은 기하급수적으로 상승했다. 이에 이 사업의 유효성에 의문이 제기되는 한편, 이후 제국과 영연방 자치령의 지지를 얻으려는 노력이 장려되었다. 그러나 영국은 또다른 위협에 직면했다. 바로 미국의 힘과 야망이었다. 독일이 유럽에서 패권 국가가 되기 위해서 위협을 가한 반면, 미국은 이미 아메리카 대륙의 패권국이 되어 있었다.

19세기 후반 영국과 미국은 매우 상이한 방식으로 발전했으나 서로 공유하는 경제적 이해관계가 정치적 차이보다 언제나 더 컸다. 싸워야 할 명백한 이유는 없었지만 둘은 상업과 영향력을 놓고 점점 반목하게 되었다. 이에 미국은 1890년대에 마침내 해군을 다시 구축했다.[92] "새로운" 미국의 해군은 "로마"와 같이 대륙 강대국의 이해관계를 위해서 기능했다. 이들은 로마 해군처럼 전투에서 이기고 군사력을 투사하기 위해서 조직되었으며, 무역을 보호하려는 "옛" 해군의 임무와 대조를 이루었다.[93] 이후 50년 넘게 서양의 로마 공화국은 영국이라는 "카르타고" 해양 세력에 맞서기 위해서 해군과 경제적 압박을 활용했다. 미국의 해군은 대륙 군사 강국이 원하던 "생사를 가르는 결전"에 주력하여 규모와 전투력 측면에서 영국 왕립 해군에 접근했다. 의회는 예산에서 사소한 부분을 정기적으로 줄임으로써 이와 같은 전략을 지지했다. 미국에서 바다는 경제, 국가나 문화 측면에서 중심적인 역할에서 밀려난 지 오래되었기 때문에 "새로운" 해군은 해양 세력 해군이 되지 않았으며, 무역 방어에 필요한 능력을 갖추지 못했다.

대신 미 해군은 1898년에 쿠바에서 스페인을 몰아내고 카리브 해의 제해권을 차지했다. 영국은 그 지역에 배치한 해군 규모를 줄여서 미국이 그곳을 정찰하도록 했다. 이는 일반적인 조치였다. 영국 선박이 안전하게 보호를 받는 한 국가는 비용을 줄이고 그 자원을 다른 문제에 집중시킬 수 있었다. 동시에 미국은 필리핀을 점령하여 아시아에서 제국을 구축했다. 이때 영국 왕립 해군은 독일이 아닌 미국이 옛 스페인 제국을 물려받도록 했다. 하와이를 합병한 미국은 태평양을 건너서 아시아에까지 세력을 확대했으며, 중국과 일본에는 실망스럽게도 점점 간섭주의 경향을 드러냈다. 사실상 영국과 미국은 전략적인 해양 권력을 결집하기 시작했다. 영국은 유럽에서의 주요한 부담을 지면서 독일과 러시아가 미국에 가할지도 모르는 위협을 막았다. 그 대가로 미국은 서반구를 보호했으며, 아시아에서의 역할을 확대했다. 머핸은 이러한 파트너 관계가 미국의 이해관계에 중요하다고 주장했다.

이와 같은 공동의 미래에 대한 사고로 머핸은 1897년에 열린 제1회 헤이그 평화 회의에서 미국 대표단에게 전달된 지시를 무시했다. 이 회의에서 미국은 해양 권력의 전략적 중요성을 줄이거나 끝낸다는 오래된 입장을 고수했다. 머핸은 부상하는 육지 세력인 독일에 대항하는 영국의 동맹국으로서의 20세기 미국에 이러한 도구가 필요하리라고 예상했다. 미국은 영국의

해양 세력 문화를 공유하지는 않더라도 영국과 협력할 필요가 있었다.[94]

1914년 8월 영국은 침략의 기반이 될 벨기에에서 독일군을 축출하고 독일이 대륙을 장악하지 못하도록 제1차 세계대전에 뛰어들었다. 두 가지 목적 모두 영국의 국제적 위상을 유지하는 데에 중요했으나, 존재 자체를 위협하는 문제는 아니었다. 영국은 나폴레옹의 유럽 정복에도 살아남았으며, 셸드 강에서 제기된 해상 위협도 막아냈다. 두 세기에 걸쳐서 어렵게 지켜낸 경험을 토대로 한 영국의 전략은 처음에는 또다른 장기적인 경제 소모전을 유지하기 위해서 제해권과 사업을 평소와 같이 지키는 데에 집중되었다. 이때의 주된 도구는 해군력, 보급품과 자금의 조달이었다. 유럽에 대한 군사적 약속은 엄격하게 제한되었다. 그러나 1914년 정치인들은 제한 전쟁에서 무한 전쟁으로 전략을 수정했으며, 그렇지 않아도 혼돈 상태였던 전시 경제에 전례 없는 부담을 지웠다. 영연방 자치령과 식민지에는 그 어느 때보다 많은 인력 공급이 요청되었다. 1914-1918년 유럽의 연합과 제국의 지원으로 영국은 빌헬름주의 패권을 차단하는 데에 앞장설 수 있었다. 그러나 해양 세력 국가는 이 성공을 위해서 막대한 대가를 치렀으며, 매우 다른 성격의 경쟁에 휘말리게 되었다.

1916년 대륙의 대규모 육군 징집에 참여하기로 한 결정은 유럽에서의 승리를 지키기 위한 결단이었으나 영국이라는 해양 세력 국가를 파괴하고 말았다.[95] 세계 권력과 국내 기지 사이의 오랜 연계성은 유럽의 전쟁을 유지하기로 선택하면서 끊어졌다. 1797년, 1803년, 1807년에도 영국은 동일한 선택에 직면했으며 일관성 있게 해양 세력 모형, 해양 권력 전략, 경제 전쟁, 세계 안보를 지지해왔다. 1916년 이후의 결정은 말하자면 새로운 시칠리아 원정으로서, 영국 해양 세력 국가가 과거와 단절하는 계기가 되었다. 세계대전은 영국이 처음으로 군사 강대국으로 역할을 한 전쟁이었지만, 전례

없는 인적 손실은 에드워드 시대의 자신감을 훼손시켰다. 솜 전투와 파스샹달 전투로 영국은 변화했다. 대규모의 군사 참여와 유례없는 손실로 이전에는 영국인들이 거의 고려하지 않았던 육군이 영국 왕립 해군의 우선순위에 도전하는 국가 기관으로 변화한 것이다. 이는 영국의 장성과 프랑스의 정치인들을 만족시켰으나 강대국 지위를 파괴했다. 1688-1713년 네덜란드의 전쟁 시도와 1917-1945년 영국의 전쟁 사이에는 뚜렷한 유사성이 있다. 두 나라 모두 강력한 동맹이 자금과 자원을 활용해서 더 작은 규모의 동맹을 강대국의 기준에서 밀어냈다. 또한 육상에서 전쟁을 벌이면서 경제적으로 도탄에 빠졌다. 전쟁에서는 이겼을지라도 미래는 사라지고 말았다. 양국 간의 차이점이 있다면, 영국은 해양 권력을 해양 세력 국가가 아니었던 미국에 넘겨주었다는 것이다.

군사 행동을 위한 자금을 마련하기 위해서 영국은 해외 자산을 매각했으며, 뉴욕에서 대출을 받았고, 어렵게 얻은 해외 시장을 희생시켰다. 대륙에서 군사적 역할을 맡는 해양 세력 국가는 언제나 타격을 입었다. 한 번의 전쟁도 치명적인데 30년 사이에 두 번이나 전쟁을 치르면서 영국은 강대국 지위를 유지할 수 없었다. 1945년에는 바다를 호령할 자본, 기지, 자원이 부족한 상태였다. 네덜란드가 섬나라 영국에 패배하여 제해권을 상실했듯이, 미국은 두 대양을 활용하는 전략을 통해서 유럽에서 일어나는 사건을 관찰하면서 때를 기다렸다. 양차 세계대전에서 미국의 정책 입안자들은 영국을 무찔러야 할 전략적, 경제적 경쟁자로 인식했다.

1914년 미국은 중립적 입장을 견지하기로 결정했으며, 영국, 프랑스, 독일과 무역을 이어갔다. 우드로 윌슨 행정부는 독일의 군사주의가 미국의 국익에 심각한 위협을 가한다고 판단했다. 이와 동시에 영국이 세계 무역에서 누리는 지배적 지위를 박탈하고 바다를 누비는 막강한 해군을 제압하기로 결심했다. 영국이 보유한 이러한 도구들은 미국의 상업적 팽창을 위협했으며, 이 위협을 영국의 경제 전쟁이 미국의 독일 제국에 대한 수출을 봉쇄했을 때에 확인된 바 있었다. 윌슨 대통령은 이러한 사태의 재발을 방지하고 미국의 자본주의를 위해서 세계가 더 안전한 장소가 되도록 만들고자 영국의 전략적 권력을 훼손하기에 나섰다. 해양 세력 국가의 종말은 그러한 결정의 부산물이었다.

1917년 4월 독일의 충동질로 멕시코가 1840년대에 미국에게 빼앗긴 영토를 회복하려고 나서자 미국은 전쟁을 선포했다. 미국의 전쟁은 영국의 경제 전쟁에 힘을 실어주었으며, 위협적인 미국 군대가 나서면서 전쟁은 1918년 말에 종식되었다. 독일이 패한 가운데 윌슨은 평화 협상을 영국의 입지를 흔들 기회로 인식했으며, 1916-1918년에는 막강한 해군 건설 프로그램을 통해서 영국이 중립적 운송을 도모하고 적대적 국가의 봉쇄 주장을 단념하게 하고자 했다. 이 프로그램의 일환으로 구축된 최대 규모의 순양 전함 6척에는 렉싱턴, 새러토가, 레인저, 콘스티튜션, 유나이티드 스테이츠, 콘스텔레이션이라는 이름이 붙었다. 이 중에 2척은 영국을 상대로 승리를 거두었으며, 3척은 영국 선박을 나포했고, 1척은 미국 전함 최초로 프랑스라는 대국에서 비슷한 규모의 선박을 나포했다.[96] 이와 같은 이름이 붙은 것은 우연이 아니었다. 윌슨과 그 후계자들의 의제가 반영되었기 때문이다. 미국은 영국을 활용하기 위해서 해군력을 극대화했으며, 값비싼 군비 경쟁에서 해양 통제를 놓고 경쟁을 벌이겠다고 위협했다. 1942년 이전에 제작된 미국의 항공 모함에 영국의 동일한 항공 모함에서 따온 이름이 붙은 데에서 알 수 있듯이, 이와 같은 명백한 적대감은 양차 대전 사이의 기간에 지속되었다. 이는 문화적으로 중요한 의미가 있는 선택이었다. 항공 모함은 의회가 주도하는 따분하고 육상 기반의 이름이 붙지 않는 유일한 전함이었기 때문이다.

월슨은 자신의 의제를 1919년 유럽으로 가져갔는데, 영국과 미국 간의 "파리 해전"이 벌어지면서 파리 강화 회의에서 관계가 악화되었다. 독일의 "군국주의"를 깨뜨린 월슨은 영국의 "해군주의"를 종식시키겠다고 결심했다. 해군주의는 독일이 나폴레옹식 수사를 빌려와서 만든 조잡한 고정관념이었다. 독일이 전쟁을 일으켰으며, 벨기에 점령 당시 민간인을 학대하거나 경고 없이 선박을 침몰시키는 등 전쟁 범죄를 저질렀다는 사실에 미국이 관심을 가지지 못하도록 시선을 분산시키려고 꾸며낸 전략이었다. 월슨은 미국의 자본과 미국판 민주주의의 수출을 가로막는 모든 장애물을 제거하려고 했다.[97] 그는 해군 건설과 노골적인 경제 효과에 의존했다. 1914년 영국은 미국에 대규모 투자를 단행했고, 1919년에는 경제 균형이 역전되었다. 미국은 중립을 유지하면서 이익을 얻은 반면, 영국은 러시아와 프랑스를 지원하기 위해서 뉴욕에서 모은 전쟁 물자와 대출로 미국에 빚을 졌기 때문이다. 월슨은 대륙의 정치인들이 논리적으로 품을 수 있는 가정에 따라서 영국이 해군 무기 경쟁에 뛰어드는 위험을 감수하지 않으리라고 판단했다. 그의 생각은 빗나갔다. 영국은 해양 세력을 논리적 계산의 문제로 보지 않았다. 로이드 조지 총리는 이를 월슨의 허세라고 부르면서 봉쇄할 권리를 양도하는 영국 총리는 당장 자리에서 물러나게 될 것이라고 말했다. 월슨은 자신이 주도한 "국제 연맹"에 영국이 가입하는 것을 체면을 세워주는 퇴로로 용인하면서 이를 모르는 척했다. 로이드 조지 총리가 한 말은 해양 세력 이론가인 줄리언 코르베 경이 해군 본부를 위해서 쓴 의견서를 인용한 것이었다. 코르베는 월슨의 국제 연맹이 일단 창설되면 해상 교전권 문제가 논의될 것이라고 주장했다. 월슨은 영국이 이러한 사고에 영향을 미칠 수 없다고 부인하겠지만 그런 주장은 묵살될 수 있었다.[98] 영국은 해양 강국의 지위와 해양 세력 정체성을 이후 20년 동안 지켰다.

일본이 연루될 주요한 해군 군비 경쟁의 가능성은 1922년 워싱턴 조약으로 피해갈 수 있었다. 조약에서는 세계의 해군력을 영국이 아닌 미국의 수준으로 고정시켰다. 의회의 자금 지원을 꺼리는 성향을 반영하여 낮게 설정한 것이었다.[99] 미국은 세계의 바다를 통제하는 해군을 필요로 하지도, 원하지도 않았으나 영국이 대규모 해군을 가져서는 안 된다며 불안해했다. 워싱턴 조약은 영국 해군의 규모를 축소하여 1922–1941년 세계 정치에서 해군력의 전략적인 중요성과 외교적인 영향력을 축소했다. 세계 무역에 의존하는 해양 세력에게는 이 취약성이 분명하게 인식되었다. 제네바와 런던에서 각각 1927년, 1930년 개최된 후속 회담에서 영국은 무역을 보호할 수 있는 순양함을 추가할 것을 주장했다. 미국은 자국과는 무관한 운송을 보호하기 위해서 선박에 비용을 지출할 의사가 없었기 때문에 영국의 주장을 묵살했다. 미국의 순양함은 해전에서 싸우기 위해서 구축된 것이었던 반면, 영국은 순양함을 해로를 관리하는 임무에 활용했다. 미국에게 "무적의 해군"은 국내의 소비와 영국을 활용하는 외교 수단을 위한 정치적 만트라였다. 1930년대 말 미국은 국내의 실업 문제를 해소하기 위한 "뉴딜" 경제 사업의 일환으로 해군을 증강했다. 프랭클린 D. 루스벨트의 개인적인 관심사를 반영한 선택이었다. 윌슨 행정부 시절 해군 차관보를 지낸 루스벨트는 최후의 해양 세력 국가를 해체하려는 윌슨의 계획을 완성했다.

이 기간 중에 양국은 공개적인 갈등은 모면했으나 문화, 이해관계, 인식의 차이가 반영된 입장의 차이는 파시스트, 공산주의자, 일본 제국이 이웃 나라를 공격했을 때에 민주주의를 크게 약화시켰다. 미국은 1940년 6월 프랑스가 함락된 이후에야 문제의 심각성을 인식했다. 미국은 영국이 계속 전쟁에 참여할 수 있을 정도의 자금, 군수품, 기계를 빌려주는 한편 전쟁 피해에서 완전히 회복하지는 못하도록 중요한 경제적, 전략적 자산을 제거했다.[100] 토머스 제퍼슨 시대로 거슬러올라가는 영국 제국주의에 대한 우려는, 미국이 훨씬 더 큰 위험을 간과하도록 만들었다. 루스벨트는 소련이 제기하는 전략적 위협을 알아차리지 못했던 것이다. 결국 미국은 일본이 1941년 12월 진주만을 공격하자 전쟁에 뛰어들었다. 이 시기에 영국 왕립 해군은 30개월 동안 세계 전쟁을 치르면서 중요한 해로를 지키고 있었다.[101] 참전한 미 해군은 정치적으로 폐쇄하기 어려운 "군산 복합체"와 장기적 조달 사업을 구축했다.[102]

1945년 미 해군은 영국 왕립 해군을 앞질렀으며, 단독으로 태평양 해전에서 승리를 거두었다. 그러나 해군의 승리는 항상 제한적인 조치였으며, 지극히 대륙적 국가인 미국에서는 특히 영향이 제한적이었다. 미국은 압도적 군사력으로 두 무대에서 모두 승리하는 방안을 고려했다. 로마인들이 바다에서 카르타고에게 승리를 거둔 것은 결정적인 군사 행동과 "무조건적" 항복의 선례일 뿐이었다. 1944년에 거대한 규모의 미 육군이 유럽에 상륙했고, 소련군과 함께 독일을 완전히 격파했다. 이들은 이어 유사한 방식으로 일본을 침략할 계획도 세웠는데, 이번에는 새롭고 보다 "종합적인" 방식을 택했다. 미 공군은 전통적인 전략적 폭격으로는 일본에게 승리를 거두지 못했으나 원자 폭탄 투하를 계기로 육지를 기반으로 한 비행을 결정적인 무기로 만들었다. 로마가 제3차 포에니 전쟁에서 포위 공격으로 달성한 바를 미국은 원자 폭탄으로 이룬 셈이었다. 이 무기가 "필요한지"를 놓고 논쟁이 지속되면서 대륙의 군사적 개념인 "총력전"과 해양 세력의 "제한전쟁" 간의 양분된 입장이 드러났다. 해군의 봉쇄가 일본을 항복하도록 압박했는지 여부는 중요하지 않았다. 미국은 육지 기반의 압도적 힘을 활용한 결정적 타격으로 승리를 거두어야만 했다. 해양 권력의 승리에는 인내와 타협이 필요한데, 이러한 자질은 민주주의 체제의 미국에서는 문화적으로 실현하기가 어려웠다. 압도적인 힘은 절대적인 접근법을 부추겼고, 특히 루스벨트의 정치적 의도가 담긴 "무조건적 항복" 만트라는 무력의 충돌이 절멸을 맞이하도록 이끌었다. 대다수의 전쟁은 협상으로 끝이 나지만 루스벨트가 이끄는 미국은 마치 고대 로마와 나폴레옹의 프랑스처럼 무기력해진 국가에 조건을 지시하는 단순한 방식을 선호했다.

전쟁이 끝나자 기저의 현실이 분명해졌다. 1947년 미 공군은 독립적인 기관이 되었고, 핵무기의 전략적 폭격을 통해서 현대적인 개념의 총력전을 수행했다. 또한 모(母)기관인 육군과 결합하여 해군의 전투력을 제거했다. 해군이 전시에 대대적으로 추진한 건설 프로그램에 대한 반격일 수도 있었다. 공군은 모든 항공기를, 육군은 해병대를 차지했다.[103] 큰 해전이 벌어지지 않자 미국은 해군의 유지를 정당화할 개념을 찾을 수 없었다. 해로와 무역의 방어는 계산에 넣지 않았다. 신설 국방부를 통해서 추진된 반(反)해군 프로그램은 1950년까지 성공적으로 진행되었다. 1950년 6월 한국 전쟁이 발발하자 "제한적이고" 대체로 해상에서 진행된 이 전쟁으로 해군과 해병대가 구원을 받았다. 냉전이 이어지면서 미국은 맞서 싸울 적에 대비해야 했다. 소련 함대의 부상은 평시에 전례 없는 해군 증강으로 이어졌고, 미국은 이러한 기조를 오늘날까지 유지하면서 바다를 지배하고 있다. 미국은 다른 모든 나라의 해군을 합친 것보다 더 강력한 해군력을 자랑한다.

1945년 이후 영국은 전략적 해양 권력으로 기능하기를 중단했다. 이는 불가피한 선택이었다. 미국의 전시 정책으로 영국은 완전한 파산 상태로 종전을 맞았으며, 해군을 유지시키고 정당화한 제국 체계의 통제권을 빠르게 상실했다. 동시에 영국인들은 오랫동안 이어져온 해양 세력에 대한 관심을 거두었다. 그들은 튜더 왕조부터 형성되어 유지해온 해양 세력 문화와 정체성에 관련된 촘촘한 신화적 구성과 사실을 더 이상 이야기하지 않았다. 영국의 비평가들은 1939-1945년 사이에 전개된 현실을 논하는 대신에 HMS 프린스 오브 웨일스 호의 침몰과 싱가포르 해군 기지의 점령을 취약함과 실패의 상징으로 활용하여 전시의 재앙을 비유하는 데에 그쳤다. 이러한 손실은 무력으로 진행되는 분쟁에서 흔히 벌어지는 일이었다. 전함 로열 조지 호와 1782년 메노르카 요새의 상실도 동일하게 끔찍한 사건이었다. 이런 사건들도 제한적인 전략적 영향을 미쳤다. 대다수의 분석가들은 영국 왕립 해군이 1939-1945년 사이에 임무를 탁월하게 수행했음을 인정한다. 영국은 전쟁에서 패배한 적이 없었다. 그러나 1690년대에 형성된 해양 세력이라는 전략적 힘에 압도적인 경제적 공세가 가해지자 영국은 굴복하고 말았다. 미국의 자금 대출과 군수품 대여에는 세밀하게 고안된 조건이 붙어 있었다. 영국의 의사 결정자들은 미국이 제공하는 자금 없이는 싸울 수가 없었고, 제국이 존재하지 않는다면 근거가 사라지기 때문에 미국이 지배적인 해군력이 되는 것을 수용했다. 게다가 미국은 영국의 생존을 위협하는 대신에 영국의 무역을 위한 해로를 지켜줄 수 있었다. 영국은 마지막 외교력과 자원을 사용해서 소련의 위협에 맞서서 서유럽을 방어하는 구속력 있는 약속에 미국이 참여하도록 끌어들였고, 1948년 북대서양 조약 기구(NATO)를 설립했다. 이는 해양 권력의 삼지창이 먼 곳에서 고립주의를 지향하는 대륙의 초강대국이 아닌, 안보를 지켜줄 수 있는 서양의 민주주의로 넘어간 것이었다.

이 교훈이 완전히 이해된 것은 아니었다. 1956년 영국과 프랑스는 공동으로 소유했던 수에즈 운하에 대한 지배권을 이집트의 민족주의 신정부로부터 되찾고자 시도했다가 미국의 경제적 압박에 가로막혔다. 불과 50년 전 미국은 또다른 지협 횡단 운하를 건설하기 위해서 새 국가의 건국을 독단적으로 결정했다. 수에즈 운하의 상실은 영국이 10년 전에 행사했던 세계적 영향력을 일부분이나마 보유하고 있다는 환상을 부숴버렸다. 영국의 지도자들은 성급하게 "수에즈 동쪽"에 대한 약속을 저버렸고 해군 조달을 줄였다. 영국 왕립 해군이 영국의 국가 이익을 위해서 사용되지 못하도록 미국이 가로막는다면, 해군을 보유하는 의미가 없었다.

1956년 이후 서양의 해양 권력은 미국의 철저한 대륙 의제의 영향을 받는 중간 규모의 해양 국가 집단 수준으로 축소되었다. 수에즈 사건에도 불구하고 영국은 미국이 주도하는 컨소시엄에서 중요한 위치를 차지했다. 소련이 자신들의 이익을 위협한다는 데에 양국이 의견을 같이했기 때문이다. 영국 왕립 해군은 고전적인 해양 권력의 임무인 무역 방어, 해양 안보에 중점을 두면서 미국이 해상 전투, 권력의 투사, 대륙 해군의 "군사적" 임무 수행에 집중하도록 했다. 1970년대 초, 제국 시대 이후 무너져가던 영국은 자신들의 역사를 저버렸으며, 연방의 여러 유산들과 이어지는 문화, 기계적인 연계성을 포기했다. 대신 유럽 경제 공동체(EEC)라는 매우 상이한 경제와 정치 관심사를 지닌 대륙 보호주의 집단에 합류했다.

영국의 경제가 회복되면서 유럽과의 관계에서 단층선이 뚜렷해졌다. 영국은 고유한 제도를 세계에서 자유롭게 운영하고 유지하기를 원했지만, 유럽은 통합을 촉구했다. 이는 19세기에 독일을 형성하기 위해서 관세 구역을 활용한 사례와 비교를 피하기 어렵다. 영국은 유로화와 여권 없이 여행이 가능한 지역, 종국에는 오늘날의 유럽 연합(EU)을 정의하는 통합주의자들의 정치적 계획을 거부했다. 브렉시트의 저변에는 헨리 8세가 세속과 종교 분야에서 유럽의 지배를 거부하고 스페인의 무적함대에 승리를 거두며 세계 제국을 형성한 시대까지 거슬러올라갈 수 있는 극명한 문화 차이가 자리하고 있다. 영국이 차별화를 유지할 수 있었던 것은 신중하게 고안된 해양 세력 정체성이 유럽의 대안적 정체성을 상정하려는 시도를 이겨냈기 때문이다. 백년 전쟁은 잉글랜드 연방과 같은 해양 제국의 유산과 제국 혹은 근대 영국에 남아 있는 제국 이후 시대의 유산을 물려받은 수백만 명의 인구, 세계 무역에서의 역할, 런던의 트래펄가 광장과 1982년 포클랜드 분쟁 이상으로 중요한 의미가 있다.

베네치아, 홀란트와 마찬가지로 영국은 쇠락의 과정을 원활하게 관리했다. 제국을 상실하고 나면 그들을 강대국으로 만들어준 해군의 지배적 지위를 유지하기에 취약한 상태가 된다. 아테네와 카르타고는 제국의 상실로 이어진 패배의 성격에서만 차이를 보였을 뿐이다. 해군에 대한 패권이 미국으로 넘어가는 과정은 상대적으로 고통스럽지 않았다. 양국이 세계의 바다에 대해서 근본적으로 다른 견해를 취하면서도 이념적 상승 효과로 인해서 서로에게 존재론적 위협을 가하지는 않았기 때문이다. 파산한 영국은 별다른 투쟁 없이 해군 패권을 포기했다. 세부적인 내용까지는 아니더라도 일반적으로 인정할 수 있는 방식으로 패권을 사용하는 나라에게 권력이 넘어갔기 때문이다. 이를 통해서 최후의 해양 세력 강대국은 국제 무대에 남을 수 있었다. 이후 세계는 대륙 규모의 자급자족 군사 제국으로서 영토, 영공, 우주 권력에 관심을 둔 초강대국이 호령했다. 냉전 시대에 바다는 주변부의 전략적 역할을 했으며, 지켜야 할 "측면부"이자 보호해야 할 보급로였다. 오늘날 미국은 거대한 해군을 갖추고 있으나 육지 세력처럼 사고하고 행동한다. 영국과는 다른 모습이다. 양국 간의 분명한 차이는 두 나라의 관계가 과거 200년 동안 어떻게 발전했는지를 설명해준다. 이 기간 동안 영국은 상대적인 쇠락이 불가피함을 수용하면서 이전의 해양 세력들이 새겨놓은 길을 따라갔으며, 세계 권력의 부담을 미국에게 넘겼다. 최후의 권력 이양은 한 세기 동안 일어난 세 번의 세계적 규모의 전쟁, 즉 독일과 소련으로부터 실존적 위협이 제기되는 가운데 일어났다. 전쟁으로 인해서 영국과 미국의 이해관계는 일치되었다. 이러한 위협들은 바다가 아닌 대륙에서 일어났다. 잠재적인 패권 국가와의 전쟁에서 영국은 군사적 부담을 질 대륙의 동맹이 필요했다. 미국은 그런 마지막 동맹에 속했다.

그러나 해군력은 주변부에서도 여전히 중요한 역할을 했다. 1982년 미국의 지원은 포클랜드 분쟁에서 영국에게 중요한 우위를 제공했다. 유럽의 "동맹국"이 포탄 공급을 거부하자, 미국이 개입하여 공대공 미사일을 제공하고 외교적으로 보호하는 등의 조치를 취한 것이다. 그 대가로 영국은 아르헨티나를 심하게 제압하지 않기로 합의했다. 1991년 제1차 걸프 전쟁이 끝날 무렵 영국 왕립 해군만이 작전에 참여했는데, 이는 양국 간의 오랫동안 이어진 끈끈한 연계성, 상호 교차 훈련을 보여주는 징표였다. 냉전이 종식되고 세계 무역이 호황을 맞으면서 세계의 균형은 다시 바다로 이동하고 있다. 무역으로 인해서 해상 통신의 통제는 그 어느 때보다 중요해졌다. 오늘날 영국은 거대한 해군을 유지하는 비용을 치르지 않고도 해양 세력으로서의 이점을 상당 부분 누리고 있다. 그러나 미 해군의 존재가 유지되는 것을 당연시해서는 안 된다. 유럽에서 영국의 역할에 큰 변화가 있었듯이, 최근 미국 해군 배치의 추세는 유럽에서의 기강을 바로 세워야 할 이유를 제공한다. 영국이 브렉시트를 예상하여 두 척의 거대한 항공 모함을 건조한 것은 아니지만, 이 거대한 존재들은 대륙에 집중하는 조직에서 멀어진 해양 세력 유산을 회복했음을 보여줄 것이다. 브렉시트 이후의 영국이 독립적인 해양 국가와 세계의 연계성을 새롭게 하는 데에 얼마나 도움이 될지는 지켜보아야 할 문제이다.

9

오늘날의 해양 세력

해양 세력의 멸각 : 1946년 비키니 환초에서 시행된 미국의 원자 폭탄 실험

더 이상 해양 세력 강대국은 존재하지 않지만, 해양 국가와 대륙 패권 국가 간의 해묵은 경쟁은 21세기까지 이어지고 있다. 대체로 해양 세력 국가들의 정치, 경제, 지적 유산으로 형성된 서양의 자유세계는 1945년 이래 미국이라는 우산 아래에서 전략적인 해양 권력을 유지했다. 이는 해양 국가와 다른 세계 경제 주체들이 비교적 낮은 비용과 전략적 위험이 거의 없는 상태에서 해양 세력으로 기능하도록 만들었다. 정체성과 경제의 중심부에 바다가 위치하는 현대의 해양 국가로는 일본, 네덜란드, 덴마크, 영국, 노르웨이, 싱가포르 등이 있다. 이들은 국제 해상 무역에 집중적으로 관여하며, 해상 정체성이 문화에서 중요한 위치를 차지하고 있다. 바다의 평화로운

이용이 위협을 받으면 가장 먼저 반응할 집단이기도 하다. 이러한 위치에 내재된 경제적 비용과 인적 위험을 유권자들이 얼마나 수용할지는 분명하지 않다. 위기 상황에서 이 국가들이 그렇게 해야 한다는 점은 명백하지만, 이들을 위협하는 많은 위험은 전통적인 해군력의 범위 바깥에 위치하고 있다. 1945년 이래 서양의 해양 세력은 패권을 장악한 대륙 제국인 소련, 이후에는 중국의 적대감에 직면해왔다. 소련과 중국은 속국이 서양과 같은 진보적이고 포괄적인 정치 체제를 받아들이지 못하도록 막는 데에 전전긍긍했다.

단순한 수치를 실제 능력, 과시와 혼동하여 기우에 빠진 사람들은 서양의 전략적 제해권에 소련, 러시아 또는 중국이 도전한다고 생각했다. 소련은 서양의 상륙 부대, 항공 모함, 1960년대에는 폴라리스 미사일의 공격으로부터 러시아 제국을 방어하기 위해서 함대를 구축했다. 서양의 제해권에 도전하기 위해서가 아니었다. 1989년 이후 소련 해군은 러시아의 생존과 무관했기 때문에 와해되었다. 최근 해군이 재기하게 된 데에는 현실보다는 상트페테르부르크 태생의 대통령의 시각이 반영되었다. 오늘날 러시아는 표트르 대제 시절의 해양 세력이 될 의사가 없으며, 여전히 명령 경제와 독재에 의지하고 있다. 2014년 푸틴 대통령이 크림 반도를 점령하여 세바스토폴 해군 기지를 회복한 일은 국가 영웅주의를 강하게 보여주는 상징적 사건이다. 이 과정에서 푸틴은 러시아 해군이 복구될 전망을 심각하게 훼손했다. 그의 선택은 러시아가 한 번도 해양 세력이었던 적이 없으며, 바다가 러시아의 안보에 절대 중요한 역할을 하지 않았다는 점을 고려하면 완벽하게 논리적이다. 푸틴의 선택에는 결과가 따랐다. 프랑스에서 만든 두 대의 헬리콥터 모함은 금수(禁輸) 조치를 받았고, 이집트에 팔렸다. 2017년 푸틴은 계획 중이던 항공 모함을 폐기했다. 구 소련에서 유일하게 항공 모함을 건조할 수 있는 조선소는 우크라이나에 있는 것을 제외하면 해양 가스터빈을 만드는 공장이 유일하다. 현대 러시아의 전함에는 과거의 차르 시절처럼 영웅적인 애국자들의 이름이 사용된다. 이는 거대한 해군을 유지하려는 러시아의 되풀이되는 현실을 두드러지게 보여준다. 해군의 창설, 패배, 와해, 재창설의 주기가 끝없이 반복되는 모양새이다.

러시아의 크림 반도 합병 이후 가해진 경제 제재(본질적으로는 최신의 해양 경제 전쟁)와 우크라이나 동부의 "분리주의자들"에 대한 지지가 효과를 발휘했다. 여기에 전 세계의 유가가 반 토막이 나면서 러시아는 불황에 빠졌고, 푸틴은 역효과를 낳을 뿐인 일련의 경제 자립 조치를 단행하여 세계 무역에 대항했다. 이에 따른 비용을 러시아가 얼마나 오랫동안 감수할 수 있을지, 살라미스 해전 이래 해양 세력의 강력한 무기였던 민주주의의 책임과 같은 가치를 해양 세력이 어느 정도나 활용할 수 있을지는 두고 보아야 할 문제이다.

러시아, 중국, 미국은 전략적 무게가 제한된 해양 세력이라는 기이한 정체성에 의지하기에는 규모가 크고 강하다. 미국이 대서양 경제에서 활동하면서 해양 국가로 기능하기 시작했지만, 정복과 구매를 통해서 대륙을 손에 넣으면서 그러한 정체성은 변화했다. 오늘날 미국이 바다를 바라보는 시각은 문화적이라기보다는 전략적 측면이 강하다. 냉전 이후 미 해군은 1948년의 사태를 떠올리며 대규모 감축을 피하기 위해서 새로운 "위협"을 필요로 하게 되었다. 기술과 전략적 측면에서 구 소련군과 매우 유사한, 확대되는 중국의 함대 때문에 상당한 경각심을 느낀 이들은 해군의 예산을 유지할 수밖에 없었다. 이는 미국에게 해양 안전에 대한 분명한 필요도, 전 세계 해상 운송에 대한 큰 관심도 없기 때문에 필요한 조치이다. 중국과 마찬가지로 미국 역시 해양 세력 국가가 아니다. 두 나라는 1890년에 앨프리드 세이어 머핸이 해양 권력을 정의하는 데에 사용한 기준에도 미치지 못한다. 양국은 거대하며 특히 거의 모든 방면에서 자국 내에 훌륭한 자원 기반을 갖춘 육지 세력/제국으로 존재해왔다. 매장되어 있는 국내의 셰일 가스를 활용하는 것은 경제 자립 정책을 점점 촉진하여 이러한 점을 두드러지게 만들 수 있다. 양국은 자국 내에 거대한 가스층을 보유하고 있기 때문에 사실상 탄화수소를 자급자족할 수 있다. 두 나라 모두 해군을 유지하거나 더 확대할 가능성은 높지만, 외교와 전략적 목적에서 그렇게 할 것이다. 해상 무역의 방어를 핵심 임무로 보지 않는 것이다.

중국은 러시아처럼 관대하게 정의된 연안 지역을 벗어나서 제해권을 공략할 야심이 없다. 중국의 선박과 수사법은 내부 의제를 위한 것일 뿐, 바다에 대한 중국인들의 태도는 지난 1,000년 동안 그랬듯이 매우 부정적이다. 거대한 육지 제국으로 계속 존재하며 많은 속국 국민들을 거느리고 자신들의 천명(天命)이 국민들을 먹여 살리는 것과 국내 질서를 유지하는 데에 있다고 여기는 한, 중국은 절대 해양 세력이 되지 않을 것이다. 바다는 중요성이 떨어지거나 위험한 장소이며, 중국은 해군을 보유하고 있지 않다. 대신 의미심장하게도 인민해방군 해군(People's Liberation Army's Navy, PLAN)이라고 불리며 서로 독립적으로 기능하는 각각 구별된 세 개의 군대가 있다. 19세기 말 청나라는 동일한 방법으로 정치적 지배를 강화했으나, 그 운영에서 재앙과 같은 결과를 맞았다.

중국은 수출용 제조업에 기반을 둔, 고도성장하는 경제를 구축하여 국내의 정치 정당성을 유지했다. 그 목적은 생활 수준의 향상을 통해서 국민들의 만족감을 유지하는 한편, 민주적 책임성과 정치적 포용성을 억누르는 것이었다. 18세기 중국 제국의 정부 역시 내부의 안정에 역점을 두었지만 그보다 더 현명하게 대처했다. 정부는 광저우라는 단일 항구로 교역 장소를 제한했는데, 이 항구는 베이징에서 멀리 떨어져 있어서 서양인과 현지인의 접촉을 막았다. 정부는 필요한 경우 무역 자체를 중단시키기도 했다. 수십 년 동안 국가 부채로 견인한 오늘날의 수출 주도 성장은 대규모의 일자리를 창출하고, 정치적 반대를 억제하고 있다. 그러나 임금 인상과 구조적 비효율성으로 중국의 경쟁력은 약화되었고, 이를 보상할 만한 고부가 제조업은 창출되지 않은 상황이다. 역동적인 자유 시장이 없는 상태에서 중국의 산업은 변화에 대처하지 못하고 시대에 뒤처지고 있다. 국가는 경제 활동에서 최적의 경영자 역할을 한 적이 없었다. 수출이 둔화되는 가운데 주택 붐과 연계된 부채가 눈덩이처럼 불어나고 있다. 노동과 관련된 분쟁이 증가하고 있고, 국민들의 불만을 표출할 민주주의적 배출구는 존재하지 않는다. 중국의 지도부는 법치와 민주주의 책임성으로 지지되는 자유 시장에서만 중국에 필요한 지속 가능한 성장을 이룰 수 있다는 사실을 알아야 한다. 한편으로 중국은 미하일 고르바초프가 깨달았듯이 한 번 개방되면 그 문을 다시 닫을 수 없으며, 일당 국가가 최초의 희생양이 되리라는 사실을 알게 될 것이다. 해양 세력 국가가 구축한 "서양"의 자유 자본주의 경제 모형은 대륙의 전체주의 대안보다 오래 유지될 가능성이 높다. 다가오는 위기는 경제보다는 실존적 문제에 가까우며, 중국이 국내 문제에 지배되는 거대한 제국으로서 해양 경제 활동을 언제나 주변부에 두는 곳으로 남을 것임을 시사한다. 중국은 현 상태로 계속 성장을 이어갈 수 없지만, 변화를 꾀할 경우에는 제국의 구조 전체가 위험에 처하게 된다. 경제 실패와 민주주의적 개혁은 단일 조직을 와해할 위험이 있다. 인민해방군 해군은 그 최초의 피해자가 될 것이다. 그것이 오직 내부의 정치 의제를 지지하기 위해서 존재하기 때문이다. 해군이 단지 육군의 항해를 위한 부속기관으로 머물러 있는 국가는 해양 세력도, 해양 지배에 관심이 있는 나라도 아님이 자명하다.

중국은 해안선이 길고 해상 활동의 오랜 역사를 가지고 있지만 육상의 경계선은 그보다 더 길다. 역사적으로 중국은 불안정하고 공격적인 이웃 나라와 국경을 공유했다. 19세기에 해양을 기반으로 한 세력의 침략으로 수치를 당하기는 했어도 전복당한 적은 없다. 반면 육지의 침략자들은 이러한 목적을 여러 차례 달성한 바 있다. 지난 20년 동안 중국의 해상 역사는 경쟁이 벌어지는 장이었다. 국가의 선전과 선정적인 서양의 글들이 현실을 고쳐 쓰는 것을 두고 경쟁하면서, 투키디데스의 해양 세력 개념에 매우 무신경한 태도로 수행된 중국의 해상 의도에 대한 논란이 고조되었다. 중국과 미국의 논평가들 모두 거대한 해군을 보유한 국가를 묘사할 때에 해양 세력을 빈번하게 사용했다.

수십 년 동안 중국 제국이 대양과 그 너머의 세계에 관심이 있다는 주장이 제기되었으며, 정화의 "보물선"이 그 근거로 제시되었다. 짧은 기간 유지된 제국의 탐험을 어떻게 국가의 깊은 관여로 볼 수 있는지는 분명하게 제시되지 않았다. 다행스럽게도 학자들은 환상을 깨뜨렸다. 중국 제국의 기록보관소는 선풍적 인기를 끄는 문학과 공산당의 선전 내용과는 달리 중국판 콜럼버스가 "조공" 체제를 수호하고 기존에 외국과 유지해온 외교 관계를 지킬 목적으로 치명적인 폭력을 사용해서 국외에 거주하는 중국의 해상 상인들을 진압했다는 많은 증거를 제공한다. "잃어버린 기회"란 존재하지 않았으며, 정화는 무척 부정적인 목적의 임무를 수행했던 것이다. 그가 섬겼던 영락제 역시 주된 안보 위협이자 정치적 주안점, 즉 만리장성 이북의 유목민들을 가까운 곳에서 억제하기 위해서 수도를 베이징으로 옮겼다. "보물선"은 창출되는 수익보다 유지 비용이 컸기 때문에 폐기되었다. 마지막 제국 시대에 중국의 해상 활동은 합리적이고 일관적이며 제한적이었다. 거대한 대륙 제국으로서 외부와의 관계보다는 내부 안정에 더 관심이 있었던 중국은 해외 무역 때문에 외국의 세속적이고 종교적인 사상이 유입되고, 유교 사회 체제에서 최하층민이자 사회를 불안하게 만드는 주체인 상인들에게 개인의 부가 이전될까봐 해외 무역을 경계했다. 오늘날처럼 당시에도 중국은 국내의 필요에 의해서 무역을 수행했다. 18세기에 식량을 수입해야 했다면, 21세기에는 국민들을 빈곤에서 구제하기 위해서 부를 들여와야 한다. 두 경우 모두 정권이 폭넓은 세계와 교류하지 않으면서 국내에서의 권위를 지키는 데에 목적이 있었다.[1]

이러한 평가의 핵심에 중요한 현실이 자리 잡고 있다. 대륙 패권은 해군력의 전략적 영향을 한 번도 두려워한 적이 없었다. 그들은 해양 세력 국가를 형성한 자유롭고 진보적이며 포용적인 사상을 전파하는 매개체인 해양 세력을 경계했다. 플라톤은 시민들을 불안으로부터 보호하기 위해서 도시가 해안선에서 내륙으로 13킬로미터 떨어질 것을 권했다. 기원전 150년 로마 역시 카르타고에게 도시를 허물고 내륙으로 13킬로미터 떨어진 곳에 도시를 건설할 것을 요구했다. 원로원은 카르타고를 경계할 이유가 없었다. 카르타고에는 선박도, 군인도 없었기 때문이다. 그럼에도 그들은 평등을 불러오는 민주주의가 바다를 통해서 유입되는 것을 두려워했다. 오늘날 위험한 사상은 해양 세력 국가들이 개척한 선진 통신 체계인 인터넷을 통해서 더 쉽게 전파된다. 중국 정부가 인터넷에 검열과 통제로 반응하는 것은 그들이 무엇을 경계하고 있으며 왜 해양 세력이 절대 될 수 없는지를 잘 보여준다. 접근을 차단하는 것은 매우 오래된 사고방식으로, 논쟁에서 졌음을 받아들이는 것이다.

2015년 8월 상하이 증시의 폭락은 이러한 지점을 뒷받침한다. 일당 독재가 지휘하는 명령 경제는 자본 시장, 법치와 민주주의 책임성에 의존하는 고전적인 해양 세력 체제와 절대 양립할 수 없다. 새로 부를 얻은 중산층이 정치의 변화를 요구하기 전에 파멸하도록 만든 주식 시장은 범죄나 다름없는 판단력 부족이거나 사기이다. 현재 중국의 방위 증강은 기본적으로 국내용이다. 공산당은 국민들에게 당이 국가를 홀로 이끌게 되면 중국은 초강대국이 될 수 있음을 끊임없이 상기시키고 있다. 그러면서 이들은 플라톤과 공자, 레닌, 마오의 수사를 빌려서 서양의 자유와 관련된 의제에 대해서 경고한다. 2017년 10월에 열린 제19차 중국 공산당 전국대표대회에서는 마침내 시진핑 주석의 종신집권 길이 열렸다. 이러한 정치적 변화는 이미 5년 전에 시작된 것이다. 루이 나폴레옹 보나파르트가 제국의 길을 따라갔듯이, 시 주석은 해군 증강을 지속할 것이다. 외부의 위협은 정권 유지의 자기 정당화에 중요하기 때문이다.

여기에서 제기되는 핵심적인 질문은 중국이 확장을 꾀하여 공격적인 로마 제국이 될 것인가, 아니면 현상에 만족하는 중국 제국에 머물 것인가이다. 답은 분명해 보이지만 이 질문에는 중요한 시사점이 있다. 해양 세력을 통해서 전파된 다양한 문화적, 경제적, 정치적 사상으로 제기되는 경제와 정치 불안정성의 위험을 줄이려는 계획에서 중국 해군이 중요한 요소이자 공산당과 제국에 준하는 지도자의 지배를 이어가는 핵심 열쇠라는 것이다. 중국은 탄도 미사일 잠수함을 위한 기지의 안전을 포함해서 전략적인 수준 이상으로 제해권을 행사하는 데에 관심이 없다. 중국은 영토의 소유와 인공 섬, 철도, 파이프라인, 운하를 해양 활동보다 선호한다. 중국의 전략과 정치적 문화는 해양 세력 정체성과 대조를 이루는 "만리장성", "만리방화벽"에서 잘 드러난다.

중국의 지도부는 제조품의 수출을 유지하고 경제 성장을 지속하며, 경직된 일당 독재 내에서 생활 수준을 향상시키고 정보 확산을 통제하기 위해서 "신(新) 실크로드"를 고안했다. 국가가 자금을 대는 이 사업은 과잉 생산에 대한 산업 분야의 부담을 없애기 위해서 중국과 유럽을 연결하는 한편, 사상의 전파를 통제할 것이다. 이와 달리 해상으로의 연결은 오랜 역사를 통틀어 달갑지 않은 사상을 전파해왔으며 전쟁 중에는 금지당하기 일쑤였다. 앨프리드 세이어 머핸과 해퍼드 매킨더의 유명한 지정학 관련 논쟁을 적용해보면, 중국은 철도로 연결하는 "심장부(Heartland)" 모형을 지지한다. "공공 도로로서의 철로는 하천과 헛된 경쟁을 벌이는데, 속도가 빠르더라도 객차 규모가 작다는 점을 보상하지 못한다"라는 머핸의 치명적인 지적에도 불구하고, 이러한 분석은 유효하게 남아 있다.[2] "실크로드"는 무역을 제약하고 집중시켜서, 중국이 인터넷에 대한 접근을 포함하여 통로의 사용 방식과 모든 움직임을 관리하고 옛 제국처럼 조공을 요구할 수 있도록 만든다. 이는 세계 무역에 재앙으로 작용하여 중국의 영향 아래에 있는 국가를 조공을 바치는 속국의 지위로 떨어뜨릴 것이다.

반면 인민해방군 해군은 일부 미국 비평가들의 경각심을 일으키는 수사에도 불구하고 서양의 제해권을 위협하지 못한다. 선박의 수는 많아도 그 수준이 높지 않기 때문이다. 냉전이 절정이던 시기에 우크라이나에서 제작되어 구 소련이 사용하던 40년된 중고 항공 모함은 미국의 항공 모함과 비교 대상이 될 수 없다. 향후 항공 모함 개발에 정보를 제공하는 데에 이것이 쓰일 수도 있겠지만, 그저 값싼 지위의 상징을 유지하는 데에 머무를 수도 있다. 중국 정부는 제해권을 얻기 위해서 애쓰기보다는 바다가 안보와 관련된 필요에 무관하기를 원하며, 육지를 기반으로 바다를 정복하기를 바란다. 이는 대륙이 해양 세력에 대해서 보인 고전적인 반응이다. 로마는 상대가 해양 세력이든 육지의 강국이든 해군을 보유한 국가를 정복하고 그 해군을 제국에 흡수하여 지중해에서 다른 해군의 존재를 제거했다. 이는

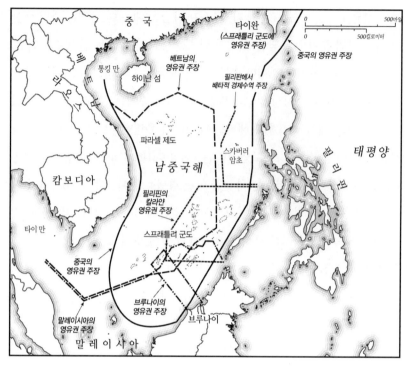

남중국해

제해권의 가장 부정적인 형태였다. 섬을 사슬로 잇겠다는 중국의 도련(島鏈) 전략은 중국이 법적 소유권을 주장할 수 없는 연안의 암초와 모래섬을 방어 요새로 만들고, 중국의 탄도 미사일 잠수함이 정박해 있고 미국의 항공 모함이 타격할 수 있는 지역에서 경쟁국의 해군을 배척한다는 계획이다. 이 전략이 소련식 사고와 이루는 상승 효과는 명백하다.

미국과 중국이 동아시아의 해상 지배를 놓고 벌이는 경쟁에서 해양 세력이 마주치는 궁극적인 모순은 양국의 해군 규모에 상관없이 누구도 해양 세력이라고 주장할 수 없다는 것이다. 두 나라의 경쟁은 이 분명한 사실을 반영하는 조건에서 수행되고 있다. 미국과 중국은 바다를 대륙화하여 마치 공해를 주(州)로 전환할 수 있다는 듯, 심해도(深海圖)에 기이한 선을 그렸다. 그러고는 이를 근거로 소유권을 주장하면서 맞서고 있다. 여기에서 중국은 보다 창의성을 발휘하여 논리와 지도를 새로운 형태로 발전시킨 반면, 미국은 미 행정부가 서명하지 못한 유엔 해양 협약(1982)을 인용하고 있다. 결국 이 경쟁은 최종적으로 해양 국가가 육지 기반의 패권에 저항하는 능력을 무력화하고 대륙 의제를 완성할 것이다. 해양의 대륙화는 자유, 선택, 진보를 대륙의 보편적인 단일 문화로 대체한다. 시간이 흐르면서 해양 세력은 이러한 선택을 거부한 규모가 더 작은 해상 국가의 선택사항이 되었다. 지배되지 않는 해양 공간을 없애는 일은 세계 국가를 향한 길을 닦고 해양 세력 정체성을 또다른 초강대국의 손에 맡긴다. 그러나 어떤 대륙 세력이 보편 제국이 되든, 그들은 이내 바다로 통하는 수로를 공격하는 해상의 야만인이 될 것이다.

해양 세력 문화의 도전에 대해서 중국과 러시아는 대륙의 옛 패권과 같이 검열, 명령 경제, 부인 전략으로 일관하며 법으로 인한 제약, 물리적 장벽, 육지 기반의 무기와 전략을 동원해서 해양을 대륙화한다. 중국은 새로운 도구를 이 임무에 투입하여 토지 관할을 바다로 확장하고, 국제법을 통해서 바다의 자유로운 이용을 제한하고 있다. 이는 1780년대에 예카테리나 2세가 주장하고 1801년 그녀의 아들이 부활시켰으며, 이후 러시아가 영국 전함의 발트 해 진입을 차단하기 위해서 꺼내든 "무장중립"을 분명하게 연상시킨다. 테러, 해적, 대량 살상 무기, 탄화수소, 인신 매매, 남획 등 국경을 넘나드는 위협은 공해에서의 자유로운 이동을 제한하는 정당한 사유로 거론된다. 아프리카의 자원과 시장에 접근하는 일이 점점 중요해지면서 중국은 기회를 활용하거나 경쟁자의 등장을 방지하기 위해서 세력 투사 능력을 개발하는 듯하다. 중국의 자원은 육지 기반의 통제를 강화하도록 조직되어 있기 때문에 바다에서 대칭을 이루는 전쟁 계획할 가능성은 높지 않다. 인민해방군 해군은 결국 육군의 해군에 머물 뿐이다.

서양 집단에서 바다와 육지의 정체성 간에 단층선이 생기면서 중국의 계획이 성공할 가능성도 있다. 도널드 트럼프의 대중 영합적인 보호주의는 고립주의 메시지를 전달한다. 한편 대륙의 보호주의 유럽 연합을 떠나기로 한 영국의 결정은 미국과 반대 방향을 향한다. 영국의 결정에는 여러 의제들이 반영되어 있으나, 그 깊은 곳에는 아직 남아 있는 해양 세력 문화가 작용했다. 1588년과 트라팔가르는 국가 정체성의 건설에 중요한 이정표로서 해양 세력과의 오랜 교감을 반영하며, 터너의 작은 증기선은 불길한 전조의 상징으로 남아 있다. 유럽 연합이라는 기이한 보호주의 체제는 대다수의 회원국을 빈곤화하고 어린아이 취급하며 독일의 산업에 혜택을 준다. 또한 역사가 오래되고 문화적으로 다양한 국가들을 동질화된 단일 조직으로 통합한다. 이것이 21세기판 관세 동맹이 될 위험은 얼마든지 존재한다. 이대로 간다면 유럽은 하나의 국가가 아니라 제국이 되어 해양 세력의 유산인 자유 민주주의 국가가 아니라 러시아와 중국에 근접해질 것이다. 오늘날 해양 세력이 직면한 문제는 지중해의 난민/이민 위기에서 드러난다. 유럽의 정치인들은 정책 합의에 실패하여 방어와 경찰력에 분명한 임무를 부여하지 못했다. 소말리아 앞바다에서 그랬던 것처럼 유럽의 해군은 중요한 해로를 통제할 수 있지만, 바람직한 결과로 합의를 이루기 전까지는 그런 임무를 부여받을 수 없다. 결국 유럽 연합 내부에서 벌어지는 정치적 긴장은 해양 문제를 이해하지 못하는 대륙 집단의 무능을 노출하고 있다.

중국, 러시아, 유럽이나 미국의 의사 결정을 비판하려는 것이 아니다. 이러한 대규모의 국가들은 해양 세력이 될 수 없으며, 필연적으로 육지를 우선시하게 된다. 비난의 화살은 그런 나라가 해양 세력이 될 수 있다는 환상을 만드는 사람들을 향해야 한다. 몇 년 전에 내게 저명한 중국학자가 중국이 언제 해양 세력 국가가 될지를 물은 적이 있었다. 나는 그가 가리키는 "해양 세력"의 모형이 오늘날의 해군 패권인 미국을 가리킨다는 점을 지적하면서, 중국이 50년 동안 인명과 재정 측면에서 막대한 희생을 할 수 있다면 그 자리를 빼앗을 수는 있겠지만 미국과 마찬가지로 절대 해양 세력이 될 수는 없을 것이라고 말했다. 대륙 강국은 군사적 패배나 경제 위기에 직면하면 육군이나 공군에 앞서 해군부터 축소한다. 중국이라고 다른 선택을 하지는 않을 것이다. 유일한 문제는 경제 불황이 얼마나 심각할 것이며, 이후에 내부의 불안정이 어느 정도로 진행될 것이냐이다. 중국 제국은 해군이 없어도 살아남겠지만 육군 없이는 살아남을 수 없다.

오늘날 해양 국가가 직면한 최대 위기는 해양이 점차 대륙화되고 바다를 이용할 권리에 제약이 생긴다는 것이다. 이런 맥락에서 중국의 사례는 중요하다. 유엔 해양 협약에서 결정된 영해와 배타적 경제 수역은 "공해"를 축소했고, 오래 이어져온 무해 항행(無害航行)을 가로막는 법 체계를 제공했다. 중국은 그런 영유권 주장을 제기하는 한편, 약한 이웃 나라의 제도와 모래섬을 빼앗고 인공 섬을 조성하여 배타적인 해양 지배를 합리화하는 근거 없는 주장을 이어가고 있다. 조만간 서양의 태평양 해역³은 해양 접근을 거부하기 위해서 배치된 육지 기반의 방어시설로 뒤덮일 것이다. 대륙의 전략은 언제나 해안 요새, 지뢰, 제한적인 조약을 통해서 바다로부터 제기되는 위협을 줄이고자 하는 전략을 시도했다. 중국의 정책은 지역 내에서 적대적인 반응을 촉발하고, 미국의 해군 및 다른 나라의 함대가 세계 경제를 위한 무해 항행을 주장하도록 부추길 것이다. 해양 국가들은 바다가 무역뿐 아니라 외교, 전쟁을 위해서 열린 공간으로 남아 있도록 함께 조치를 취해야 한다. 바다에 접근하지 못하면 정치와 경제 모형은 실패하고 가치를 상실할 것이다. 일본은 중국의 도전에 앞장서서 맞서면서 자위대를 위해서 분명한 해양 전략을 취하고 있으며, 그 역량과 범위를 확장하고 있다. 그러한 시책의 하나는 신속하게 확대되는 육해군의 기능을 활용하여 요충지와 기타 중요 영토를 차지하려는 중국의 시도를 막는 것이다.[4] 미국은 이러한 상황 변화를 알고 있으며, 우리는 그들이 만족하고 있다고 볼 수 있다.

해양 세력의 미래는 서양의 자유 연합의 일관성에 달려 있다. 미국이 앞으로도 첨단의 전투 능력을 제공하는 한 해상을 통제하는 서양의 전략적 요소는 안전하며, 따라서 해양 국가는 번성하고 전 세계의 공동 이익을 지킬 수 있을 것이다. 이러한 상황을 당연한 것으로 간주하면 안 된다. 미국은 해양 세력이 아니며, 1920년대의 고립주의로 회귀하는 징후를 보여왔다. 그러나 미국의 초강대국 지위는 주둔국의 지지에 의존하지 않고 전 세계에서 활동할 수 있는 능력에 달려 있으며, 이는 해군에 핵심적인 역할을 부여한다. 불확실성의 시대에 "서양"의 해양 국가는 체계를 유지하고 지지하는 이해관계를 보호하기 위해서 미국의 공백으로 생긴 역량의 간극을 메워야 한다.

해양 국가의 존재와 세계 경제의 중요성은 언제나 그래왔듯이 긴밀하게 연결되어 있다. 무역은 해상 통신의 통제를 싸워서 얻어낼 가치가 있는 것으로 만들고, 경제 전쟁을 유용한 전략적 도구로 만든다. 이는 중간 규모의 권력이 해양 세력 정체성을 취한 중요한 이유를 알려준다. 해상 무역, 자본 형성, 근대 서양의 민주주의 과세 관료제 간의 연관성은 다시 언급할 필요가 없다. 그 어느 때보다도 광범위한 세계 경제가 형성되면서 해상 행위자와 국가, 비국가 행위자의 역할이 통신 기술의 발전, 안전하고 법적 강제성을 갖춘 교환 수단으로 연결되어 있음도 더 말할 필요가 없다. 해양 국가는 외부의 자원, 식량, 원자재, 재정, 연료에 의존하여 경제를 유지한다. 대륙의 초강대국은 대체로 내부의 자원, 경제의 자립 의제와 내부의 목적 달성을 위한 명령 경제로 유지되며, 국제 거래에는 제한적인 관심만을 보인다. 현재 대륙의 미국은 해군력과 전략적 억제력을 제공하여 "서양"을 각종 적대 행위로부터 보호한다. 그러나 이와 같은 관대함에 제약이 없거나 무료로 주어진다고 가정해서는 안 된다. 대개 자립 경제를 이루는 미국은 동맹이 지원을 제공하기를 바라고, 고립으로 물러날 권리를 유지한다. 또다른 초강대국인 공산주의 중국은 해양 세력 문화의 핵심 요소인 민주주의, 법치, 정치 체제에서의 자본주의적 포용성을 배격한다. 패권을 가진 대륙 제국의 독재와 관련된 의제를 가지고 있기 때문이다. 이따금씩 해양과 관련된 헤드라인이 등장하기도 하지만 현실을 가릴 수는 없다. 중국이 미국을 대신해서 해양 패권이 된다면 세계 경제와 이를 지탱하는 해양 세력 모형을 무너뜨릴 것이다. 그렇게 되면 세계 경제에는 재앙과도 같은 결과가 벌어지게 된다.

자유 민주주의 자본주의 체제가 바다에서 우세하게 유지되는 동안 경쟁자에게 영향을 미치기 위해서는 투키디데스 이후 거의 변한 것이 없는 해양 권력 전략을 활용하는 선택지도 남아 있다. 해양 권력 전략은 외교와 억제력, 정찰 기능에서 시작된다. 여기에는 경제 제재와 이후의 경제 전쟁, 바다에서의 세력 투사가 포함된다. 해양 국가는 중요한 국익을 보호하고 미국 주도의 서양 자유 집단으로 남기 위해서 앞으로도 해군을 구축하고 운용할 것이다. 경제 제재는 여전히 강력한 수단이며, 이 제재가 얼마나 위협이 되는지는 러시아와 중국이 전체주의 정치의 "빵과 서커스"의 일환으로 지금도 전쟁과 정복을 거론하는 데에서 알 수 있다. 전쟁은 사업에 해가 되기 때문에 해양 국가에서는 전쟁을 선택하지 않지만, 이전의 해양 세력 사례에서 알 수 있듯이 이들에게는 선택지가 없다. 대륙화된 해양 공간에서 무해 해항권은 공동으로 지켜내야 할 권리이다. 이것을 지키지 않으면 머핸이 "거대한 공유지"로 설명한 바다는 사라질 것이다. 이는 군사 위협이 아닌 상업 활동과 연관되어 있으며, 서양이 집단 행동으로 지켜야 한다.

결론

해양 세력 영웅을 기념하는 그레이트 야머스의 넬슨 기념비

1940년대 이후 최후의 해양 세력 강대국이 쇠락했음에도 불구하고 "서양"의 자유롭고 포괄적인 정치를 보여주는 국가들이 무역, 문화, 안보를 위해서 바다를 통하는 오늘날의 세계에서, 해양 세력 국가의 문화적 유산은 여전히 중요한 의미를 가진다. 부르크하르트의 지적대로 이러한 국가들은 "예술 작품"일 뿐만 아니라 그 정체성에 서양의 자유 사상을 발전시킨 해양 세력 국가의 선택을 반영하고 있다. 고대 그리스어로 탈라소크라티아, 즉 해양 세력은 의식적 선택으로 정치의 포괄성에서부터 법치에 이르기까지 국민의 모든 생활 영역에서 국가와 바다 간의 근본적인 교류를 형성하고 유지하여 강대국 지위의 달성을 추구하는 국가이다. 여기에서 관건은 해군력의 보유 여부가 아니라 문화적 선택이다.[1] 이 선택은 민주주의나 과두 공화제에서 포괄적 정치에 의해서 촉진되었다. 이 나라들은 식료품을 비롯

한 중요한 수입품을 해상 무역에 의존하며 자국의 선택을 예술, 건축물, 선박, 언어로 표현했다. 인위적 정체성이 일단 형성된 후에는 지속적인 반복을 통해서 이것을 유지하고 국가의 정체성에 반영하면서도, 새로운 현실에 맞게 끊임없이 변화시켜야 했다. 베네치아는 공화국이 교황과 합스부르크의 동맹에서 프랑스와의 동맹으로, 나아가 오스만 제국과 연계됨에 따라서 레판토 해전 이후 해양 세력 정체성의 메시지를 서둘러 변화시켰다. 이와 유사하게 트라팔가르 해전에서 잉글랜드가 무적함대에 거둔 승리가 영국의 승리로 바뀌면서 새로운 정체성에 스코틀랜드, 아일랜드가 편입된 사례도 있다. 메시지가 희미해지면 해양 세력의 지속 여부는 핵심적인 경제 이익 집단의 능력에 달려 있었는데, "시티 오브 런던"과 그 선례는 해양 세력을 유지하는 데에 필요한 정치적 지원을 동원했다.

해양 세력의 적은 고대 메소포타미아 제국에서부터 오늘날의 중국에 이르는 대륙의 패권 제국들로, 군사력, 절대적 지배, 토지 기반의 재국주의, 명령 경제라는 특성에 지배되었다. 이들은 포괄적이고 진취적인 해양 세력 이념을 경계했으며, 육지와 바다에서 무장 세력을 활용해서 문화적 도전을 파괴하려고 했다. 월터 롤리 경이 지적했듯이, 포에니 전쟁은 이와 같은 다양한 문화의 궁극적 충돌이었다. 로마는 카르타고의 문화가 로마 정치 체제에 대한 심각한 도전을 의미했기 때문에 그들을 파멸시켰다. 루이 14세 역시 1672년 네덜란드 공화국을 침공했을 때에 매우 유사한 의도를 가지고 있었고, 근대의 궁극적인 보편 제정을 이룬 나폴레옹은 재빠르게 "카르타고"를 모욕적인 단어로 바꾸어 1797년 베네치아의 함대와 그 문화를 짓밟았다. 이후 영국에도 같은 운명을 안겨줄 계획이 세워졌다. 독일 제국은 프랑스가 썼던 모욕적 표현을 부활시켜 영국이 상업적인 "카르타고" 해양 권력에 지배되며, 다음 포에니 전쟁에서 패배할 것이라고 매도했다. 제1차 세계대전이 발발했을 때에 이러한 수사는 발작적으로 터져나왔고, 대륙 패권이 되겠다는 "로마"와 같은 독일 제국의 야망을 의도치 않게 드러냈다. 이번에도 해양 권력은 새 시대의 로마에 승리를 거두었다.[2] 오늘날 대륙 패권은 비민주적인 상태에 머물면서 중앙 집권화된 경제 체제를 유지하고 법 절차를 남용하며, 군사력을 중심으로 문화 정체성을 형성하고 정복민들을 지배한다. 대륙 패권으로서 가장 최근에 실패를 맛본 구 소련은 진보하는 정치와 경제를 억제하기 위한 비상한 노력에 의해서 파괴되었다. 앞으로도 소련과 같은 사례가 더 나올 것이다.

해양 권력이라는 전략은 해군을 보유한 모든 나라가 사용할 수 있는데, 이를 해양 세력과 구분 짓는 것은 "영국", "유럽"과 같은 인구가 밀집된 공간에서도 국가 정체성을 형성하는 데에 문화적 다양성이 얼마나 중요한지를 상기시켜준다. 해양 세력은 정체성에서 해양의 요소를 중심에 두고 비대칭적 영향을 행사하려는, 상대적으로 취약한 국가의 문화적 핵심 요소이다. 해양 세력 국가는 안보와 번영을 위해서 해상 통신에 의존한다. 이들은 값비싼 함대를 유지하기 위해서 델로스 동맹에서부터 오늘날의 다국적 기업에 이르는 상업 제국을 형성했으며, 해양 상업과 깊이 연관된 해상의 부를 육지 기반의 세습 권력과 결합했던 정치 조직에서 벗어났다. 해양 세력은 육군보다 해군을 중시했으며, 육상의 기반을 전략적 기지, 경제적 중계로 제한했다. 해양 도시를 수도로 삼았으며 해양 영웅을 추앙했고, 바다를 문화의 중심에 위치시키고 탐험과 발견을 이끈 내재적 호기심을 계속 유지했다. 이와 같은 특징은 아테네의 제국 모형을 페르시아의 모형과 차별화했으며, 카르타고와 로마를, 영국과 러시아를 구분 지었다. 대륙 세력은 군사 정복으로 확보한 영토를 통해서 확장되었다. 상대적으로 약했던 해양 세력은 다른 곳에 주안점을 두었다. 정복 대신 무역을 중시하고, 속주보다는 전략적 군도와 거주지에 주목했다. 해양 세력 국가가 이러한 현실을 망각하는 순간 어쩔 도리 없이 취약성이 드러났는데, 대다수의 해양 세력 국가가 이와 같은 우를 범했다. 이들은 대륙의 강대국이 되기에는 규모와 무게감이 부족했기 때문에 해양 세력을 선택한 것이다.

이제는 더 이상 해양 세력 강대국이 존재하지 않지만, 해양 세력 국가는 서양 자유세계의 토대를 마련했다. 또한 포용성, 법치, 자유 시장 경제, 해외 무역, 문학에서부터 국가적 영웅과 기념물에 대한 예술에 이르기까지 해양 요소들이 스며들어 있는 문화 정체성, 해양 수도, 풍부한 호기심, 여행하고 배우고 사상을 교환하는 적극성을 발휘하는 오늘날의 해양 국가에 진보적이고 강력한 유산을 남겼다. 대다수의 열린 사회에서는 아테네의 정치적 유산에 찬사를 보내지만, 해양 세력과 포괄적 정치 간의 중요한 연계성에 대해서 제대로 이해하는 경우는 드물다. 해양 요소에 대한 플라톤의 혐오는 논쟁을 왜곡한다. 오늘날의 해양 국가들은 대륙의 군사 권력과 구분되는 자유롭고 진보적인 정치, 외부 지향적인 경제, 전 세계의 해양 세력 유산을 제대로 인식할 필요가 있다.

로마와 카르타고의 극명한 세계관 차이는 오늘날에도 한니발의 시대처럼 깊은 울림을 줄 뿐만 아니라 정치 구조, 경제, 문화적 산출물, 해양 세력 국가와 대륙 국가의 정체성 차이를 통해서 많은 분야에서 중요한 통찰력을 제공한다. 앨프리드 세이어 머핸과 줄리언 코르베가 1890–1911년에 발전시킨 해양 권력 전략의 차이를 이해하는 가장 좋은 방법은 코르베가 해군력이 지배적인 전략 도구였던 해양 세력 국가의 절정을 경험한 반면, 머핸은 그렇지 않았다는 점을 떠올리는 것이다. J. M. W. 터너의 작품에는 그가 생활하고 일했던 해양 세력 국가의 현실이 잘 나타나 있다. 그의 작품 세계는 공화국과 프랑스 제국이 20년간 전쟁을 벌이던 절체절명의 시기에 형성되었다. 당시 프랑스의 지도자들은 그 전쟁을 포에니 전쟁의 재현으로 분류했다. 이에 터너는 카르타고를 해양 세력 제국으로 재구성하여 나폴레옹의 패배에 해양 세력 문화, 해양 권력 전략이 기여한 바를 강조하는 식으로 응수했다. 그의 작품은 1945년까지 옛 해양 세력 국가의 쇠락에서 패턴과 의미를 찾으려는 영국 지식인들의 열린 탐구에 영향을 미쳤다. 예술가와 토론은 시간과 공간을 통해서 과거, 현재, 미래를 통합하는 우리의 능력에 특별히 기여하는 바가 있다.

이 책의 연구 분야에서 핵심을 이루는 5개 국가는 강대국의 지위에 오르기 위해서 독특한 해양 세력 정체성을 형성했다. 규모와 인적 자원 측면에서 기존의 대륙 강대국에 저항하는 데에 부족함이 있었기 때문이다. 5개 국가 모두 상대적으로 취약했으며, 경제의 번영과 식량의 확보를 해상 무역에 의존하다시피 했다. 제해권의 상실은 완전한 파괴 가능성에 노출되는 것이나 다름없었다. 이들은 취약성을 보완하기 위해서 해군력을 보유했으며, 이에 걸맞은 함대를 건조하고 상대적 강점을 극대화하기 위해서 해양 세력 국가로 발전했다. 잉글랜드는 유럽의 패권을 추구하는 강국이 세속적, 종교적 측면 모두에서 위협을 가하자 바다로 눈을 돌렸다. 취약함에서 비롯된 회피적인 선택은 더 큰 나라들이 영국 왕립 해군을 무찌르는 데에 필요한 값비싼 정책을 유지할 수 없거나 그럴 의지를 보이지 않는 한 효과를 발휘했다. 최초의 해양 세력 강대국이었던 아테네, 카르타고는 함대가 패배했을 때에 파괴되었으며, 해양 세력을 증오하고 경계하던 보편 제정에 편입되었다. 선례가 된 나라의 역사를 연구한 베네치아, 네덜란드 공화국, 영국은 보다 솜씨 좋게 쇠락을 관리할 수 있었다.

해양 세력 국가의 전략에서는 "보편 제국"의 출현을 막기 위해서 동맹을 활용한 제한 전쟁을 강조한다. 대륙의 육지 세력이 군사적인 초강대국에 흡수되자 해양 세력 국가는 이들과 맞서 싸울 수 없었다. 카르타고는 초강대국이 하나뿐이었기 때문에 파괴되었으나 최후의 3개 해양 세력은 영향력은 미치되 지배받지 않는 균형 잡힌 안보 구조 내에서 해양 국가로 기능하는 방안을 선택할 수 있었다. 영국은 섬과 부를 세계 제국의 노동력, 자원과 결합하여 선택을 미룰 수 있었다. 이들은 유럽 북부에 있는 작은 섬나라의 이점을 살려서 1945년까지 강대국 지위를 유지했다. 그러나 결국 경제 붕괴, 제국의 상실, 원자 폭탄으로 인해서 해양 세력 국가로서의 영국은 종말을 맞았고, 미국이라는 경제, 산업 국가는 해양 세력 정체성에서 해양 권력을 분리해냈다.

해양 세력 국가는 바다를 활용하여 항구, 해군 기지, 해양 경제와 전략의 요충지를 연결하여 무역 제국을 형성하는 한편, 육지에서의 과도한 확장은 지양했다. 일부 지역에서는 성공적인 해양 세력 제국의 영역이 서로 겹치기도 했다. 코르푸는 아테네, 베네치아, 영국의 해군 기지 역할을 했으며, 유럽과 아시아의 무역에서 핵심적 위치를 차지한 케이프타운의 경우, 포르투갈이 발견하고 네덜란드가 개발했으며 영국이 차지했다. 영국이 인도에서 그랬듯이 해양 세력이 육지 제국을 세우면 해양 세력 개념에서 벗어나는 기이한 형태가 되었는데, 이때의 제국은 상업적 목적에 의해서 운영되는 경우가 많았다. 그러나 이러한 육지 제국은 얼마나 성공적이었는지와 무관하게 문화적 혼란을 일으켜서 대륙 세력의 적대감을 초래했고, 전략적 자원이 잘못 배치되고 군사력이 과대평가되는 문제를 야기했다.

해양 세력은 상업 종사자들과 자본가들이 육지 기반의 귀족, 헌법의 제약을 받는 통치자들과 권력을 나누어가지는 포괄적 정치 체제, 과두 공화제에서 발전했다. 정치적 포용성은 국가가 평시와 전시에 값비싼 해군을 유지할 수 있는 자원을 동원할 수 있도록 만들었다. 해양 세력의 해군은 억제력을 갖춘 전함의 지원 아래에 무역을 보호하는 데에 힘썼다. 대륙의 강대국이 보유한 해군은 상선이나 무역과 연관성이 없었고 "결정적인" 전투와 세력 투사에 초점을 맞추었다. 해양 세력 국가에는 해양 영웅, 문화, 의식, 예술이 존재했으며, 해양 언어가 언어를 지배했다. 이들은 더 넓은 세계와 소통했고 먼 곳의 나라를 이해하기 위해서 애썼다.

해양 세력 국가는 현상 유지를 위해서 제한 전쟁과 강한 해군, 전문적인 육군, 동맹을 선호했다. 전쟁의 유익에 대해서 뛰어난 감각을 발휘하는 경향이 있었고, 많은 경우 상업적 이익을 강조했다. 전략적인 선호 요인이 대륙의 의제를 따른 동맹과의 연합 필요성에 의해서 타협되는 경우도 많았다. 나폴레옹 시대에 영국은 경제전, 주변부에서의 작전, 대규모의 육군이 아닌 동맹에 대한 광범위한 경제 지원에 의존했다. 20세기에 들어서는 대륙의 강대국으로서 두 번의 전면전을 치르면서 대규모의 육군을 징집하는 한편, 강력한 해군까지 운용하여 인적, 경제적 손실로 파산하기에 이르렀다. 오늘날의 영국은 대륙의 관심사가 지배하는 동맹 체제 내에서 중간 규모의 세력 역할을 하고 있다. 영국의 정치인들이 미국을 따라서 아프가니스탄 전쟁과 같은 헛된 대륙 전쟁에 뛰어든 이유를 엿볼 수 있는 대목이다. 영국에게 아프가니스탄이란 존재하지 않을 때에나 보탬이 될 수 있는 나라이다.

해양 세력 정체성은 개별 국가의 전유물이라기보다는 서양이 집단적으로 보유한 정체성이 되었지만 여전히 중요한 의미가 있다. 그러나 해양 세력 강대국이 가지고 있었던 명쾌한 설명과 분명한 초점은 이제 찾아볼 수 없다. 문제는 해양 세력 정체성을 해양 권력 전략에서 분리하면서 심화되었다. 60년 동안 서양의 해양 국가는 미 해군에 해양 안보를 의존했다. 더 이상 자국의 해양 안보에 책임을 지지 않는 이 나라들은 바다에서의 이해관계를 보호하는 데에 필요한 해군력이나 해양에 대한 관심, 해양 정체성을 유지하거나 고취하지 못했다. 해상 정체성은 항상 의식적으로 구성되어왔기 때문에 이러한 실패에는 중요한 의미가 있다. 이것은 끊임없는 환기가 필요하다. "해양에 대한 무지(sea-blindness)"라는 현대적 개념은 국가와 정부가 이 정체성을 유지하는 데에 실패했음을 반영한 것이다. 해외 무역과 자원 의존성, 해군 예산 간의 연관성은 상승 효과를 일으키도록 사용되지만, 오늘날의 세계는 바다의 자유로운 사용을 당연시하며 해운업을 국가 정책과 완전히 무관한 것으로 가정한다. 이 경우 머핸이 예상했듯이 민주주의의 확장은 국가와 바다의 연관성을 약화시켜 대륙 강국에게 경쟁을 허용한다.

고대 로도스, 근대 초의 제노바, 해양 세력 이후의 베네치아와 같은 소규모 해양 국가는 역사 시대 내내 존재해왔다. 상업 중심지로 기능하는 해양 중심의 정치적 조직체, 해군 용병, 다극 정치 체제의 은행가 등이 그 예시이다. 이들은 강대국 지위를 달성하려는 야망이나 규모를 갖추지 않고도 해양 세력 문화의 상당 부분을 공유한다. 오늘날 이러한 국가들은 바다와 깊이 연관되어 있는데, 국가 경제 산출 대비 바다가 차지하는 비중, 해양 자원에 대한 의존도, 해운에 종사하는 인력의 비중, 연안에서의 경제적 이해관계, 원유와 가스, 어업, 풍력 발전, 조선소, 부두, 항구, 국제 금융, 기타 해양 경제 활동을 통해서 이를 확인할 수 있다. 이와 같은 연관성을 정확히 수치화할 수는 없다. 문화, 정체성, 역사, 신화와 같은 무형의 요소들이 포함되기 때문이다. 이는 어떻게 판단하든 기본적으로 군사적인 계산을 할 수 있는 특성이 아니다. 해양 국가는 1945년 이후 급증했다. 몇 가지 예외를 제외하고는 상업적 목적으로 대양을 자유롭게 활용할 수 있는 능력에 의구심이 사라졌기 때문이다. 해양 국가는 바다를 통제하지 않는다. 식료품, 연료,

원자재를 실어나르는 해운업은 사실상 보호 없이 바다를 누비며, 많은 경우 국가의 통제 범위를 벗어난다. 많은 해양 국가는 다른 국가 혹은 비국가 주체의 방해 없이 해상 운송이 일어나도록 하는 데에 해군력보다는 국제법, 공유된 이해관계에 의존한다. 실제로 오늘날 평시에 수행되는 해군 임무의 대다수는 탄도탄 요격 미사일 방어부터 해적 퇴치 및 마약 거래, 무기 밀매, 인신 매매와 같은 육지의 문제와 관련되어 있다. 1945년 이후 해상 무역의 방어가 문제시된 적은 거의 없다. 1980년대 말 탱커 전쟁, 소말리아의 해적 문제 정도가 서양의 해군 활동에서 눈에 띄는 부분이다.

16세기 이후 제해권은 서양의 자유 국가들에서 단독으로나 합동으로 행사되었다. 이러한 상황은 앞으로도 변할 가능성이 낮다. 북한, 알카에다, ISIS는 자유 민주주의 세계 질서에 중대한 혐오를 일으켰지만, 바다에서 도전을 제기할 만한 능력은 없다. 표트르 대제가 깨달은 것과 같이, 위협을 제기하는 데에는 많은 비용이 들며 그런 능력을 얻기도 힘들다. 대신 알카에다는 민주주의, 개인의 자유, 정치적 책임성, 법치, 선택의 자유라는 이념을 전파하는 상업의 강력한 상징이었던 세계 무역 센터를 공격했다. 바다는 언제나 급진적이고 위험한 사상을 전파하는 매개체였다. 플라톤과 공자는 바다를 멀리하고자 했지만, 인류의 발전 방향은 늘 내부를 지향하는 전체주의 국가의 정체(政體)가 아니라 바다와 포용성을 향했다.

세계 정치의 단층선이 일관되게 육지와 해양 국가의 상반되는 특징 문제로 회귀한다는 점에서 해양 세력은 여전히 중요한 의미가 있다. 오늘날 "서양", 자유, 민주적 무역 국가와 그 대척점에 있는 러시아, 중국, 북한, 이슬람 근본주의자들 간의 긴장관계에는 대륙 체제와 해양 세력 국가의 유산 간의 문화적 차이가 반영되어 있다. 대륙 체제는 바다를 독재 지배, 이념적 순응, 명령 경제, 국경 폐쇄와 불안정한 사상의 매개체로 인식하는, 고대 철학자로부터 기원한 우려로 요약된다. 해양 세력 국가의 유산은 포괄적 정치, 개방적이고 외부 지향적인 사회, 법치, 개인의 자유, 경제적 기회로 특징지을 수 있다. 정체와 진보, 닫힌 사고와 자유로운 바다 간의 갈등은 인류 역사상 가장 거대한 단일의 역학이다. 러스킨이 불멸의 글귀를 남길 때처럼 오늘날에도 이러한 갈등은 중요하며, 이는 설사 우리가 러스킨과 같은 절대적 확신을 가지지 못하더라도 마찬가지이다. 해양 세력은 구성된 정체성으로서 시간과 공간을 통해서 발전한다. 이 과정의 연속성을 인식하면 우리가 오늘날에 어떻게 이르게 되었는지를 이해할 수 있다. 미래는 언제나 해양 세력에 달려 있지만, 그 정체성은 선택의 문제로 남아 있다.

부록

문화적 해양 세력
개념 비망록

- 부르크하르트의 주장에 따르면, 문화적 해양 세력은 의식적으로 창조된 "예술 작품"이다.
- 그 과정은 국가 차원에서 진행되고 중앙에서 지시되며, 상업 및 자본을 토지, 사회적 지위와 결합한 과두 지배층의 공유된 야심을 반영한다.
- 국가의 경제와 재정에서 상업으로 발생하는 수익과 해상 무역을 강조한다.
- 과두/진보적 정치를 갖추고 있으며 문화적으로 앞서고 외부세계를 지향한다.
- 상인 계층에 상당한 정치 권력을 부여한다.
- 육군보다 해군을 중시한다.
- 선박, 선원, 원자재나 무역로 등 해양 및 해군 자원 기지를 조성하고, 이들을 보호하거나 개선하는 법안을 제정한다.
- 무역을 저해하고 보험료를 인상시키는 해적 활동을 적극적으로 억제한다.
- 핵심 무역로에 의존하며 이를 지키기 위해서 싸울 준비가 되어 있다.
- 해군력을 활용해서 무역을 보호하고 상선을 호위한다.
- 다른 나라와의 무역에 개방되어 있으나 위험한 경쟁자를 무너뜨리기 위해서 경제적 조치를 사용하기도 한다.
- 중요한 물류와 해군의 전략적 시설을 제공하는 제국의 기지나 동맹을 통해서 제한적인 해외 기지 포트폴리오를 확보한다. 특히 기지는 육지로부터의 공격에 대비하여 요새화한다.
- 전시에는 경제 봉쇄를 기반으로 한 제한적인 전략을 구사한다. 결정타를 날릴 만한 군사력이 부족하기 때문이다.
- 전시에는 용병을 활용하거나 동맹에 의지하고, 인력이 아닌 자금을 통해서 육지에서의 전투를 전개한다.
- 몇몇 육지 세력이 존재할 때에는 전략적 맥락에서만 효과적으로 기능할 수 있는데, 그 이유는 다음과 같다.
  ○ 육지 세력을 대규모 육지전으로 끌어들이면 해양 세력이 패배한다.
  ○ 진정한 대륙 패권 세력에게는 궁극적으로 저항할 수 없다.

용어 사전

강대국(Great power) 1945년 이전 세계 질서에서 군사력, 인력, 부, 자원을 토대로 가장 높은 수준에 위치했던 국가를 지칭한다. 해양 세력은 육지 기반의 세력과는 달리 언제나 자금과 해군력이라는 조합을 바탕으로 이 위치에 올랐다.

공화제(Republic) 권력이 분산되는 정치 체제이다. 몽테스키외가 강조했듯이 이 정의에는 1688년 이후 잉글랜드/영국의 군주제가 포함된다.

과두제(Oligarchy) 비교적 소규모 지배층이 다스리는 정치 체제로, 서로 다른 이해 집단이 정치적 논쟁을 통해 권력을 협상한다. 해양 세력과 해양 국가를 지배한 과두 공화정은 필연적으로 헌법상 국가수반, 도제나 왕의 지휘하에 육지와 상업 기반의 부를 결합했다.

대륙 권력(대륙 세력) 또는 군사 강국(Continental or military power) 육지와 육군 기반의 전략에 주력하는 정치 단위, 국가 또는 제국이다. 육지 기반의 항공도 포함된다.

민주주의(Democracy) 참정권에 기반한 정치 체제로, 고대 아테네는 이 체제를 활용해 해양 세력 국가를 만들기 위해서 성인 남성 시민에 한해 투표권을 부여했다. 플라톤과 투키디데스에게는 실망스럽게도 참정권은 해군 활동을 지원하기 위해서 노 젓는 사람들에게 확대되었다. 근대 민주주의에서는 참정권이 보다 광범위하게 부여되었으나, 머핸의 예상대로 해양 세력과 해군에 대한 관심은 줄었다.

보편 제국(Universal monarchy) 연관된 정치 세계의 대부분을 지배하기를 추구하는 제국 권력으로, 크세르크세스가 주장했으며 알렉산드로스 대왕이 단기간이나마 이를 달성했다. 로마도 보편 제국의 달성을 시도했는데, 이상의 사례는 카롤루스부터 히틀러에 이르는 대륙의 통치자들을 충동질했다. 해양 세력은 자신들의 존재 및 정치, 경제적 자유와 양립할 수 없는 이 정치 모형에 정치적으로나 정신적으로 반대했다.

정체성(Identity) 개인, 집단이나 국가의 구성된 자아상이며, 이 책에서는 국가를 지칭한다. 정체성은 부여되거나 자연 발생하는 것이 아니며, 과거와 현재, 서로 다른 의제와 의도의 끊임없는 경쟁을 통해서 구성된다. 해상 또는 해양 세력 정체성은 가족, 부족, 종교 또는 토지와 관련이 없다는 점에서 이례적이다. 따라서 이러한 정체성은 형성되고 유지되기 어렵다. 해양 세력 정체성은 정치 행동, 조각 및 궁전 건설, 계류장, 공창, 해군의 과시와 축제, 후원을 받은 예술 작품뿐 아니라 사적 이익, 대규모 항해 활동, 압도적 위협, 신중하게 조직된 홍보 활동과 같은 공공사업을 통해서 형성되었다. 페리클레스, 헨리 8세, 요한 드 비트, 표트르 대제, 피셔 제독은 이 정체성의 형성 과정을 이해하고 있었으며, 육지 기반의 "정상적인" 환경에서 이 정체성을 형성하는 것이 어렵다는 사실을 알고 있었다.

제해권(Sea control) 해양 권력을 행사하는 것으로, 적국을 침략하거나 그들의 해상 무역을 저해하기 위해서 해상을 통제하는 것이며, 적에게는 이러한 선택을 부여하지 않는다.

초강대국(Superpower) 1945년 이후 미국과 소련, 즉 "강대국"에 비해서 훨씬 더 많은 자원을 보유한 제국이다. 미국과 소련은 지도력을 발휘하여 각각 유사한 국가들과의 거대 연합체를 구성했다. 두 나라는 양극 체제를 지배했다. 소련의 붕괴 이후에는 미국이 유일한 초강대국 지위를 유지하고 있다. 현재 중화인민공화국이 이 지위를 열망하고 있으나 전략적 도달 범위, 이를 달성하기 위한 다수의 동맹이 없는 상태이다.

해군력(Naval power) 거대하고 지배적인 영향력을 행사할 수 있는 해군 세력이다. 이 개념은 종종 대륙 전투의 전조로서 해전에 대한 주력, "결정적인" 승리의 추구와 관련된다.

해상 세력(Maritime power) 바다를 기반으로 한 경제력이 강한 국가이며, 항해 무역의 보호에 주력하는 효율적인 해군을 갖추고 있는 경우가 많다.

해상 제국(Maritime empire) 대륙 국가의 해외 제국이다.

해양 국가(Sea state) 경제 활동, 안보, 문화에서 지배적으로 바다의 영향을 받지만 규모, 자원 또는 정치적 의지의 부재로 강대국이 될 수는 없는 국가이다. 세심하게 개발된 정체성임에도 해양 세력과 달리 해양 국가 정체성은 종종 의식적인 구성보다는 기저의 현실을 반영하는 경향이 있다. 마지막 3개 해양 세력 강대국은 당대 강대국이나 초강대국과 겨룰 능력을 상실하자 해양 국가로 발전했다. 오늘날의 해양 국가로는 영국, 덴마크, 네덜란드 공화국, 싱가포르, 일본이 있다. 이들은 모두 보험, 금융 등 불균형하게 해양 경제와 전략적 행동에 관계되어 있으며, 대양이나 바다에 수도가 위치해 있다. 자유로운 포괄적 정치 체제를 갖추고 있으며 해양 운송의 안보에 적극적이다.

해양 권력(Sea power) 우세한 해군력으로 바다를 지배하여 얻을 수 있는 전략적인 이익이다. 기본적인 정의는 1890년에 앨프리드 세이어 머핸이 규정했다. 필요한 자원과 정치적 의지를 갖추기만 하면 모든 국가나 연합이 해양 권력을 가질 수 있다.

해양 세력(Seapower) 중간 규모의 힘을 가진 세력이 비대칭 전략과 해상 세력의 경제적 이익을 활용하여 강대국으로 발돋움하기 위해서 의도적으로 조성한 정체성이다. 이러한 열망을 나타내는 주요 지표로는 상업 지배층의 권한을 강화하기 위한 과두제/공화제 정치 모형의 발전, 육군보다는 해군에 주력하는 경향, 바다의 영향을 받은 문화의 발전, 육지 기반 모형과의 뚜렷한 차이를 들 수 있다. 이는 구성된 정체성으로서, 유지를 위해서는 끊임없는 반복과 재천명이 필요하다. 이러한 사상, 정책, 의제가 상대적으로 단순함에도, 대표적인 전례는 종종 급격한 변화에 대한 비판을 모면하고 미래의 동향에 대한 통찰력을 제공하는 데에 활용되었다.

주

서문

1. J. Ruskin, *The Stones of Venice*, Vol. I: *The Foundations*, London: Smith, Elder, 1851, p. 1; A. D. Lambert, ' "Now is come a Darker Day": Britain, Venice and the Meaning of Sea Power', in M. Taylor, ed., *The Victorian Empire and Britain's Maritime World 1837–1901: The Sea and Global History*, London: Palgrave Macmillan, 2013, pp. 19–42.
2. '돌'을 기록하고 분석하는 역량을 향상하는 새로운 기술의 사용에 관한 자세한 내용은 다음을 참고. K. Jacobsen and J. Jacobsen, *Carrying off the Palaces: John Ruskin's Lost Daguerreotypes*, London: Quaritch, 2015.
3. 터너가 홀란트, 카르타고, 베니스의 문화적 중요성에 천착했음은 프랑스 혁명과 제국 시대에 벌어진 전쟁 중에 영국의 해상 정체성을 형성하고 이후 오랫동안 이어진 평화기에 그 정체성을 유지하는 일을 무엇보다 중시한 데에서 알 수 있다. F. G. H. Bachrach, *Turner's Holland*, London: Tate Publishing, 1994.
4. Ruskin, *Stones of Venice*, Vol. I, p. 2.

서론 : 문화로서의 해양 세력

1. J. Ruskin, *The Stones of Venice*, Vol. I: *The Foundations*. London: Smith, Elder, 1851, pp. 6 and 11.
2. 당대에 저서가 가장 널리 읽힌 역사가들 중 하나인 조지 그로트(1794-1871)는 1846-1856년 사이에 12권에 걸쳐 발간된 기념비적인 『그리스사(*History of Greece*)』에 그의 창의적인 인생을 쏟았다. G. Grote, *History of Greece*, Vol. 5, London, 1849, pp. 69–70. 해양 세력 정체성이 불변의 '법'이 아니라 인간이 만든 정체성이라는 중요 주장을 강조하는 해양 세력 연구의 다른 예로는 다음을 참고. Frederic Lane's *Venice: A Maritime Republic*, Baltimore, MD: Johns Hopkins University Press, 1973, p. 180.
3. J. Burckhardt, *The Civilisation of Italy in the Renaissance*. 1860년에 처음 발간되자마자 많은 사람들이 보유하려는 책이 되었으며 여러 언어로 번역되었다.
4. 해양 세력에 대한 머핸의 핵심 주장이 담겨 있는 부분은 다음을 참고. A. T. Mahan, *The*

Influence of Sea Power upon History 1660–1783, Boston, MA: Little, Brown, 1890, chapter 1, pp. 25–89.

5. 카르타고의 해양 세력으로서의 정체성에 대한 러스킨의 주장은 첫 번째 저서를 참고, *Modern Painters*, Vol. I, London: Smith, Elder, 1843. The Library Edition of Ruskin's works, edited by E. T. Cook and Alexander Wedderburn (1902–12), places this text in volume III. See pp. 112–13.

6. J. Ruskin, *The Stones of Venice*, Vol. II: *The Sea Stories*, London: Smith Elder, 1853, p. 141; R. Hewison, *Ruskin's Venice*, New Haven, CT, and London: Yale University Press, 2000, p. 38.

7. J. Ruskin, *Praeterita*, Oxford: Oxford University Press, 1978, p. 197. 러스킨은 1835년 토머스 아널드가 펴낸 판을 사용했다. 카르타고와 한니발에 대한 로마인의 비난을 영속화시키는 데에 아놀드가 기여한 역할은 제3장에서 다룰 예정이다. 그의 아들인 매슈가 영국 정체성의 특성과 쇠망의 가능성을 고찰한 자세한 내용은 다음을 참고. S. Collini, *Matthew Arnold*, Oxford: Oxford University Press, 1988, p.74에서는 영국이 '더 큰 유형의 홀란트로 망해가는' 것을 우려했다. 빅토리아 시대에 고대 그리스에 천착한 것은 다음을 참고. R. Jenkyns, *The Victorians and Ancient Greece*, Oxford: Basil Blackwell, 1980; F. M. Turner, *The Greek Heritage in Victorian Britain*, New Haven, CT, and London: Yale University Press, 1981.

8. 머핸은 자신의 핵심 저작물을 1890년 출간한 후 뒤늦게 롤리 경과 베이컨의 해양 세력 관련 저서를 발견하고는 크게 놀랐다.

9. Mahan to Roy Marston (his English publisher), 19 February 1897: R. Seager and D. D. Macguire, *Letters and Papers of Alfred Thayer Mahan*, 3 vols., Annapolis, MD: USNIP, 1975, vol. II, pp. 493–4.

10. 이 책은 모든 내용을 완전히 다룰 의도로 집필된 것이 아니다. 유럽식 사고에 영향을 받은 유라시아 및 아시아 국가에 전달되고 공유된 문화로 연관된 고전기 유럽과 근대 유럽을 잇는 연결된 세계에 초점을 맞춘다. 해양 국가의 세계사에 대해서는 다음을 참고. L. Paine, *The Sea and Civilisation: A Maritime History of the World*, London: Atlantic Books, 2013. 색인에는 해양 세력이나 해양 권력 관련 항목이 없다.

11. C. G. Reynolds, ' "Thalassocracy" as a Historical Force', in *History and the Sea: Essays on Maritime Strategies*, Columbia, SC: University of South Carolina Press, 1989, pp. 20–65가 좋은 예시이다. 이 논문은 1977년에 게재되었다.

12. C. E. Behrman, *Victorian Myths of the Sea*, Athens, OH: Ohio University Press, 1977은 해양 세력 정체성이 형성되는 과정에서 사실과 허구가 얽히는 복잡한 연관성에 대한 고전적인 평가이다.

13. 오메가 3가 뇌 기능 향상에 좋다는 것은 널리 알려진 사실이다.

14. C. G. Starr, *The Influence of Sea Power on Ancient History*, Oxford: Oxford University Press, 1989, p. 4.

15. Mahan, *The Influence of Sea Power*, pp. iv–v, 13–21. 테오도어 몸젠이 1854-1856년 3권에 걸쳐 공화국 역사를 설명한『로마사(*Roman History*)』에는 독일 민족주의가 배어 있다.

G. P. Gooch, *History and Historians of the Nineteenth Century*, London: Longman, 1913, p. 458.

16. 머핸은 나폴레옹 전쟁의 분석가인 앙투안 앙리 조미니가 제시한 전략적 개념에 영감을 받았다.

17. 베니스의 학자이자 출판인인 알두스 마누티우스는 1500-1510년에 헤로도토스, 투키디데스, 크세노폰이 펴낸 그리스 초기 문헌을 펴냈다. M. Lowry, *The World of Aldus Manutius*, Oxford: Basil Blackwell, 1979, pp. 144, 300. 헤로도토스와 투키디데스의 문헌은 1502년 출간되었다. 잉글랜드 튜더 왕조는 이러한 자료에 스페인, 포르투갈의 항해 지식, 탐험 문학, 저지대 국가의 해도와 해양 세력 관련 회화를 더했다.

18. W. H. Sherman, *John Dee: The Politics of Reading and Writing in the English Renaissance*, Amherst, MA: University of Massachusetts Press, 1995, pp. 126, 152–3.

19. J. A. MacGillivray, *Minotaur: Sir Arthur Evans and the Archaeology of the Minoan Myth*, London: Jonathan Cape, 2000, p. 85.

20. 페리클레스의 해양 권력 주장은 기원전 450년대의 제1차 펠로폰네소스 전쟁에서의 경험을 가리킬 수도 있다. L. Rawlings, *The Ancient Greeks at War*, Manchester: Manchester University Press, 2007, pp. 105–6; R. Meiggs, *The Athenian Empire*, Oxford: Oxford University Press, 1972, p. 173, fn 3.

21. J. S. Corbett, *Some Principles of Maritime Strategy*, London: Longman, 1911. p.14를 비롯해 코르베의 저서에서는 영국과 같은 해양 세력 강대국이 대륙의 군사 경쟁국을 마주했을 때 택할 수 있는 전략들을 설명한다.

22. Paine, *The Sea and Civilisation*은 포괄적인 개요를 제공한다.

제1장 해양 세력 정체성의 형성

1. 중국 제국 및 중화인민공화국과의 유사점이 뚜렷하다.

2. F. Braudel, *The Mediterranean in the Ancient World*, London: Allen Lane, 2001, pp. 17, 73–4, 82.

3. Ibid., pp. 90–1, 95–6, 121.

4. 중국 제국과의 또다른 유사점이다.

5. D. Fabre, *Seafaring in Ancient Egypt*, London: Periplus, 2005는 바다에 대한 성직자 계급의 깊은 혐오를 보여준다.

6. C. Broodbank, *The Making of the Middle Sea: A History of the Mediterranean from the Beginning to the Emergence of the Classical World*, London: Thames & Hudson, 2013, pp. 464, 401.

7. Ibid., p. 69; P. Horden and N. Purcell, *The Corrupting Sea: A Study of Mediterranean History*, Oxford: Basil Blackwell, 2000, pp. 347–50.

8. Broodbank, *The Making of the Middle Sea*, p. 367.

9. Horden and Purcell, *The Corrupting Sea*, pp. 348 and 347–50; B. Cunliffe, *Europe between*

Oceans: Themes and Variations 9000 BC–AD 1000, New Haven, CT, and London: Yale University Press, 2008, pp. 179–82; Broodbank, *The Making of the Middle Sea*, pp. 336, 377–89, 394–5, 415.

10. Horden and Purcell, *The Corrupting Sea*, pp. 5 and 11. 또는 머핸은 "고속도로와 철길이 강과 경쟁하는 것이 헛되듯 빠른 속도가 적은 운반량을 보상하지 못한다"라고 표현했다. A. T. Mahan, *The Problem of Asia*, Boston, MA: Little, Brown, 1900, p. 38.

11. 플라톤의 표현이다.

12. Horden and Purcell, *The Corrupting Sea*, p. 5.

13. Ibid., pp. 342, 438.

14. Ibid., p. 11. 그 '경로들'은 "오디세이"에 묘사되어 있다.

15. Cunliffe, *Europe between Oceans*, pp. 188, 199–200.

16. Broodbank, *The Making of the Middle Sea*, pp. 352–7, quote at p. 357.

17. Braudel, *The Mediterranean in the Ancient World*, pp. 135–8

18. Cunliffe, *Europe between Oceans*, pp. 187–96.

19. Broodbank, *The Making of the Middle Sea*, pp. 381–8, 410–11.

20. Braudel, *The Mediterranean in the Ancient World*, pp. 149–50.

21. G. Markoe, *The Phoenicians*, London: British Museum Press, 2000, pp. 15–21.

22. Broodbank, *The Making of the Middle Sea*, p. 450.

23. Ibid., pp. 462–7. 사상의 자유로운 교환을 차단한 국가들이다.

24. Markoe, *The Phoenicians*, p. 11.

25. Braudel, *The Mediterranean in the Ancient World*, pp. 208–9.

26. Markoe, *The Phoenicians*, pp. 22–37, 베네치아, 네덜란드, 영국도 마찬가지였다.

27. Ezekiel 27.

28. Braudel, *The Mediterranean in the Ancient World*, pp. 214–15.

29. 티레, 아테네, 베네치아, 영국은 키프로스와 크레타를 활용했다.

30. Broodbank, *The Making of the Middle Sea*, pp. 494–503.

31. Cunliffe, *Europe between Oceans*, pp. 236–53.

32. Markoe, *The Phoenicians*, p. 98.

33. Cunliffe, *Europe between Oceans*, pp. 289–91.

34. Markoe, *The Phoenicians*, pp. 182–8. 티레인들은 기원전 650년 모로코에서 대서양에 면한 에사우이라 항구에서 무역을 했다.

35. Cunliffe, *Europe between Oceans*, p. 285.

36. Ibid., pp. 298–9.

37. Ibid., pp. 270–98; Horden and Purcell, *The Corrupting Sea*, Map p. 127.

38. R. Carpenter, *Beyond the Pillars of Hercules: The Classical World Seen through the Eyes of its Discoverers*, London: Tandem Books, 1963, pp. 143–4.

39. Markoe, *The Phoenicians*, pp. 87, 68.

40. Broodbank, *The Making of the Middle Sea*, p. 484.

41. Markoe, *The Phoenicians*, pp. 199–201, 164.

42. Broodbank, *The Making of the Middle Sea*, pp. 357, 445, 485–6.

43. J. Naish, *Seamarks: Their History and Development*, London: Stanford Maritime, 1985, pp. 15–24.

44. Broodbank, *The Making of the Middle Sea*, p. 488; Horden and Purcell, *The Corrupting Sea*, pp. 115–22.

45. Broodbank, *The Making of the Middle Sea*, pp. 492, 496.

46. Ibid., p. 505; Horden and Purcell, *The Corrupting Sea*, p. 116.

47. Broodbank, *The Making of the Middle Sea*, pp. 508–9.

48. F. C. Lane, *Profits from Power: Readings in Protection Rent and Violence-Controlling Enterprises*, Albany, NY: State University of New York Press, 1979, pp. 3, 10.

49. 수백 년 뒤 로마인들은 같은 방식으로 로도스를 관리하기 위해서 델로스를 개발했다.

50. H. T. Wallinga, 'The Ancestry of the Trireme', in J. Morison, ed., *The Age of the Galley: Mediterranean Oared Vessels since Pre-Classical Times*, London: Conway Press, 1995, pp. 36–48, reproduced at p. 43. 부조에는 충각이 있는 펜테콘터와 충각이 없는 펜테콘터가 나타나 있다.

51. Broodbank, *The Making of the Middle Sea*, pp. 525–35.

52. Ibid., p. 537.

53. Ibid., pp. 536–7.

54. Ibid., pp. 520–1. 독재자들은 정치 권력을 가지기 위해서 동료 집단의 권력을 박탈한 과두제 지지자였다. 집정관을 종종 '왕'으로 지칭했지만 이는 시대착오적인 표현이다.

55. Broodbank, *The Making of the Middle Sea*, pp. 542–3.

56. D. Blackman and B. Rankov, eds., *Shipsheds of the Ancient Mediterranean*, Cambridge: Cambridge University Press, 2013; for Samos see pp. 210–13.

57. Broodbank, *The Making of the Middle Sea*, p. 547.

58. Ibid., p. 561.

59. Ibid., p. 569.

60. Ibid., p. 581.

61. Cunliffe, *Europe between Oceans*, pp. 317–18.

62. Broodbank, *The Making of the Middle Sea*, pp. 583–4.

63. Ibid., pp. 603, 607.

64. Ibid., p. 603.

65. Ibid., p. 606.

제2장 해양 세력의 구축

1. 아르날도 모미글리아노가 쓴 중요한 다음의 논문을 참고. 'Sea-Power in Greek Thought', in *Secondo contributo alla storia degli studi classici*, Rome: Storia e Letteratura, 1966, pp. 57–68.

2. Wallinga,'The Ancestry of the Trireme', at pp. 7–12는 투키디데스의 분석을 뒷받침한다. Braudel, *The Mediterranean in the Ancient World*에서는 페니키아의 기여를 강조한다.

3. 1588년 전후 잉글랜드 해양 권력에 대한 신화와 매우 유사하며 설득력을 갖추고 있다.

4. J. Gould, *Herodotus*, London: Weidenfeld & Nicolson, 1989, H.3.4 and H.3.122.2.

5. H. T. Wallinga, *Ships and Sea-Power before the Great Persian War*, Leiden: Brill, 1993, pp. 99–101.

6. 유사한 의견의 예로는 다음을 참고. E. Foster, *Thucydides, Pericles, and Periclean Imperialism*, Cambridge: Cambridge University Press, 2013, p. 15 fn. 9. 포스터는 투키디데스가 아테네의 제국주의, 페리클레스의 완고하고 물질만능주의적이며 제국주의적인 성향에 비판적이었다고 주장한다.

7. L. Rawlings, *The Ancient Greeks at War*, Manchester: Manchester University Press, 2007, pp. 105–6; R. Meiggs, *The Athenian Empire*, Oxford: Oxford University Press, 1972,p. 247, citing Thucydides, T.II.69.

8. Foster, *Thucydides, Pericles*, pp. 15–27.

9. Rawlings, *The Ancient Greeks at War*, p. 106.

10. V. Gabrielsen, *Financing the Athenian Fleet: Public Taxation and Social Relations*, Baltimore, MD: Johns Hopkins University Press, 1994, pp. 19–26.

11. Wallinga, *Ships and Sea-Power*, pp.117–19, 헤로도토스를 인용한 것이다.

12. Ibid., p. 126.

13. H.5.66, H.5.78. 이 책에서는 별다른 표기가 없다면 조지 롤린슨의 1858년 번역본을 사용했다. Gould, *Herodotus*, p. 15.

14. H.5.91 and H.6.21.

15. Wallinga, *Ships and Sea-Power*, pp. 130–7.

16. Gabrielsen, *Financing the Athenian Fleet*, p. 32.

17. 위대한 해군을 만든 여러 주요 대륙 세력 가운데 미국이 유일하게 수십 년의 평화기 동안 이러한 수준의 노력을 유지할 수 있었다는 점이 중요하다. 미국은 주로 영국의 자유 전통에서 도출되고 프랑스 부르봉 왕조의 보편 제정 야망에 저항하기 위해서 일어난 1688년 '명예혁명' 시기에 해양 권력을 위한 정치 및 경제 자원 기반을 극대화하기 위해서 형성된 민주주의 정치 모형의 예시이다.

18. Gould, *Herodotus*, pp. 70–9에서는 크세르크세스의 야망을 "불경하고 사악하다"라고 표현하며, 롤린슨은 "위험하고 주제넘다"라고 표현했다. H.7.8.3 and H.8.109.3.

19. Wallinga, *Ships and Sea-Power*, p. 161.

20. H.8.86.

21. Wallinga, *Ships and Sea-Power*, pp. 161–4.

22. 렉스 워너 판에서는 "뱃사람이 되었다"로, 랜드마크는 "항해 민족이 되었다"라고 옮겼다. T.1.18, T.1.93.

23. H.7.96, H.7.128, and H.8.121. 아나폴리스의 미국 해군 사관학교에 전시되어 있는 영국 왕립 해군 전리품도 동일한 기능을 한다.

24. H.9.9 and H.8.142.

25. H.9.120 and Gould, *Herodotus*, p. 86.

26. Gould, *Herodotus*, pp. 102–5.

27. 사망 날짜는 알려져 있지 않지만 내부의 증거를 고려하면 기원전 430–400년으로 추정 된다. "최고 권력을 존중하는 우두머리들 사이에서 언쟁"(H.6.98)이 벌어짐에 따라서 그리스에 거대한 재앙이 닥쳤다는 언급은 표준 문서를 나중에 완성했음을 알려주는 날짜를 보여준다.

28. H.7.162.1, Gould, *Herodotus*, p. 118; P. A. Stadler, 'Thucydides as a "Reader" of Herodotus', in E. Foster and D. Lateiner, eds., *Thucydides and Herodotus*, Oxford: Oxford University Press, 2012, pp. 39–63, at p. 43 for dates.

29. H.9.73; T.1.102.

30. H.8.112 and Gould, *Herodotus*, p. 117.

31. T.1.90 and W. Blösel, 'Thucydides on Themistocles: A Herodotean Narrator?', in Foster and Lateiner, eds., *Thucydides and Herodotus*, pp. 216–36, at pp. 220–33.

32. Meiggs, *The Athenian Empire*, pp. 156–7; T.1.93.

33. Meiggs, *The Athenian Empire*, pp. 75–7.

34. Ibid., pp. 62, 70–1.

35. Ibid., pp. 75–6, 86 and 205–7.

36. Ibid., pp. 69, 242, 247, 252.

37. Ibid., pp. 259–60.

38. Ibid., p. 254.

39. Ibid., pp. 86–90.

40. T.1.102; Meiggs, *The Athenian Empire*, pp. 89–94.

41. Meiggs, *The Athenian Empire*, pp. 217–33. 제국 관할권에서 영국 추밀원(樞密院)의 역할과의 유사점이 뚜렷하다. 영국 법원은 이주지의 식민지 지위를 인정했다. 1776년 이후 규범에 따라서 교육을 받은 영국의 정치인들은 식민지에서 공물을 요구하지 않았으며, 폭동이 일어나지 않을까 우려했다.

42. *Pseudo Xenophon*, 2.11–12.

43. P. Zagorin, *Thucydides*, Princeton, NJ: Princeton University Press, 2005, p. 70.

44. Meiggs, *The Athenian Empire*, pp. 104–5.

45. Ibid., pp. 184–5, 116, 123, 125, 173.

46. M. Taylor, *Thucydides, Pericles, and the Idea of Athens in the Peloponnesian War*, Cambridge: Cambridge University Press, 2010, pp. 24–6.

47. Meiggs, *The Athenian Empire*, pp. 156–7.

48. 전통을 지키려는 아테네인들의 노력은 아테네 문화에서 두드러지는 특징이다. 다만 육지에서 바다로 초점을 급격히 전환했을 뿐이다.

49. Pausanias, *Description of Greece*, 1.28.2; Meiggs, *The Athenian Empire*, pp. 94–5.

50. D. Blackman and B. Rankov, eds., *Shipsheds of the Ancient Mediterranean*, Cambridge: Cambridge University Press, 2013, pp. 525–34.

51. Meiggs, *The Athenian Empire*, pp. 256, 265.

52. Ibid., pp. 199, 203-4. 투키디데스는 의견을 달리했으며 더 근본적인 원인에 따른 것으로 여겼다.

53. Ibid., pp. 272-5.

54. Ibid., pp. 91, 201, 204, 272-5.

55. Taylor, *Thucydides, Pericles*, pp. 30 and 33.

56. T.1.142.6-7.

57. T.1.143.4.

58. Meiggs, *The Athenian Empire*, pp. 217, 266에서 노(老) 과두주의자를 언급한다.

59. Ibid., p. 343.

60. Ibid., pp. 344-7.

61. Taylor, *Thucydides, Pericles*, pp. 41-3, 68-75.

62. Rawlings, *The Ancient Greeks at War*, pp. 109-11.

63. Meiggs, *The Athenian Empire*, p. 258.

64. 1915년 처칠의 다르다넬스 공격은 이와 유사하게 해양 세력에 대한 과대평가가 반영된 결과이다.

65. E. Robinson, *Democracy beyond Athens: Popular Government in the Greek Classical Age*, Cambridge: Cambridge University Press, 2011, pp. 230-1.

66. Robinson, *Democracy beyond Athens*, pp. 236 and fn. 79; V. Gabrielsen, *The Naval Aristocracy of Hellenistic Rhodes*, Aarhus: Aarhus University Press, 1997. 모든 해양 세력 국가들에 해당되었다.

67. Wallinga, *Ships and Sea-Power*, 1993, pp. 101-2.

68. Ibid., pp. 43-84 and T.1.143.1.

69. Gabrielsen, *Financing the Athenian Fleet*, pp. 36-9, 144, 173-5, 219-26.

70. Ibid., pp. 180-217.

71. Foster, *Thucydides, Pericles*, p. 218.

72. 성공적인 장군을 제거한 것에 대해서는 다음을 참고. *The Athenian Empire*, pp. 372-4.

73. Wallinga, *Ships and Sea-Power*, pp. 71-2. 조지 구치가 *History and Historians of the Nineteenth Century*, London, 1913, pp. 483-4에서 마이어(1855-1930)의 성격을 묘사한 부분은 반민주적이고 제국주의적으로 그리스사를 풀어간 것을 강조한다. 그는 마케도니아 필리포스 2세의 군사 제국주의가 그리스 문제에 대한 해결책이었다고 주장했다.

74. M. Reinhold, 'Classical Scholarship, Modern Anti-Semitism and the Zionist Project: The Historian Eduard Meyer in Palestine', *Bryn Mawr Classical Review* (May 2005).

75. 유용하게 비교할 수 있는 사례로는 1690-1714년 영국 해양 세력의 탄생을 들 수 있다.

76. 투키디데스가 페리클레스와 그의 전략을 지지했다는 가정은 유지되기 어렵다.

77. Taylor, *Thucydides, Pericles*, pp. 1-3, quote pp. 3, 8 and 108.

78. Ibid., pp. 79-90.

79. T.6.24.3 and Taylor, *Thucydides, Pericles*, pp. 121 and 148.

80. Meiggs, *The Athenian Empire*, pp. 306-19.

81. T.7.21.3 and Taylor, *Thucydides, Pericles*, pp. 178, 167-8.

82. Taylor, *Thucydides, Pericles*, p. 198, citing A. W. Gomme, *A Historical Commentary on Thucydides: Volume One*, Oxford: Oxford University Press, 1958. 1945, 1.107.4.

83. T.1.107–8.

84. Taylor, *Thucydides, Pericles*, pp. 272–3, 277.

85. 반면 러시아 해군사가 건설과 붕괴라는 끝없는 순환으로 점철된 것은 문화적 참여의 실패를 보여준다.

86. Rawlings, *The Ancient Greeks at War*, p. 120.

87. J. S. Morrison, *The Athenian Trireme: The History and Reconstruction of an Ancient Greek Warship*, Cambridge: Cambridge University Press, 1995, pp. 52–4, and Gabrielsen in ibid., p. 240.

88. R. Osborne, ed. and trans. *The Old Oligarch: Pseudo-Xenophon's Constitution of the Athenians* (Lactor), Cambridge: Cambridge University Press, 2004, p. 17, 1.2.

89. 이러한 비평의 최신 논의는 테일러의 *Thucydides*를 참고.

90. Rawlings, *The Ancient Greeks at War*, pp. 110–11.

91. Plato, *Laws*, iv, 35–42, 705, 949, 952.

92. Aristotle, *Politics*, vii, 4, 1327 11.

93. V. Gabrielsen, 'Rhodes and the Ptolemaic Kingdom: The Commercial Infrastructure', in K. Buraselis, M. Stefanou and D. T. Thompson, *The Ptolemies, the Sea and the Nile: Studies in Waterborne Power*, Cambridge: Cambridge University Press, 2013, pp. 66–81.

94. Cicero, *De Republica*, ii, 4.7; Livy v 54. 4; Polybius vi, 52.

95. Appian, *Pun* 86–9.

제3장 불타는 카르타고 함대

1. M. M. Fantar, *Carthage: The Punic City*, Tunis: Alif, 1998, p. 31.

2. G. C. Picard and C. Picard, *The Life and Death of Carthage*, London: Sidgwick and Jackson 1968, pp. 1–5, 15.

3. Ibid., p. 43.

4. 해당 지역에 대한 멋진 그래픽은 Fantar, *Carthage*, plan 1을 참고. 화살촉 모양의 반도에 화살촉의 상단을 가로지르는 거대한 벽이 설치되어 도시와 중요한 농경지를 보호했다. 또한 p. 41 참고.

5. Ibid., pp. 38–40.

6. Picard and Picard, *The Life and Death of Carthage*, pp. 61–6.

7. Fantar, *Carthage*, pp. 50–7.

8. Ibid., pp. 88–90; Markoe, *The Phoenicians*, London: British Museum Press, 2000, pp. 87–92

9. G. Markoe, *The Phoenicians*, pp. 105–7; Fantar, *Carthage*, p. 100.

10. 카르타고는 지중해 서부에서 다른 어떤 지역보다 더 많은 이집트 인공물을 제작했다. R. Docter, R. Boussoffara, and P. ter Keurs, eds., *Carthage: Fact and Myth*, Leiden: Sidestone

Press, 2015, pp. 58–9.

11. C. Broodbank, *The Making of the Middle Sea: A History of the Mediterranean from the Beginning to the Emergence of the Classical World*, London: Thames and Hudson, 2013, p. 582.

12. F. Braudel, *The Mediterranean in the Ancient World*, London: Allen Lane, 2001, pp. 221–2.

13. 베네치아, 네덜란드, 영국 모형과의 상승 효과는 분명하다. Markoe, *The Phoenicians*, pp. 69–86.

14. R. Miles, *Carthage Must Be Destroyed: The Rise and Fall of an Ancient Civilisation*, London: Allen Lane, 2010, pp. 115–21. 마일스는 카르타고가 '그리스'에 맞서 페르시아와 연합했다는 시라쿠사의 오랜 전설을 뒤집는다. 이러한 이기적인 선동은 그리스어권에서 시라쿠사의 독재 지위를 강화하기 위해서 고안된 것으로, 이후 로마의 선동에 기반을 제공한다.

15. Picard and Picard, *The Life and Death of Carthage*, pp. 78–80, 86; Miles, *Carthage Must Be Destroyed*, p. 122.

16. Miles, *Carthage Must Be Destroyed*, p. 137; Picard and Picard, *The Life and Death of Carthage*, p. 171.

17. Fantar, *Carthage*, pp. 58–63.

18. Broodbank, *The Making of the Middle Sea*, p. 579.

19. Markoe, *The Phoenicians*, pp. 102–3 and 67.

20. M. Pitassi, *The Navies of Rome*, Woodbridge: Boydell and Brewer, 2009, pp. 1, 8, 18.

21. A. Goldsworthy, *The Fall of Carthage: The Punic Wars, 265–146 BC*, London: Cassell, 2000, p. 69.

22. W. V. Harris, *War and Imperialism in Republican Rome 327–70 BC*, Oxford: Clarendon Press, 1979, p. 183.

23. Ibid., p. 184.

24. Pitassi, *The Navies of Rome*, pp. 32–44, 47, 92.

25. Goldsworthy, *The Fall of Carthage*, p. 72.

26. Pitassi, *The Navies of Rome*, p. 88; F. F. Armesto, *Civilisations*, London: Macmillan, 2000, p. 437.

27. Harris, *War and Imperialism*, pp. 185.

28. Ibid., p. 187.

29. W. M. Murray, *The Age of the Titans: The Rise and Fall of the Great Hellenistic Navies*, Oxford: Oxford University Press, 2012, pp. 12–30.

30. 해전에 대해서는 Goldsworthy, *The Fall of Carthage*와 오래된 기준은 W. L. Rodgers, *Naval Wars under Oars*, Annapolis, MD: Naval Institute Press, 1940 참고.

31. Picard and Picard, *The Life and Death of Carthage*, pp. 195–201.

32. 용병 전쟁은 월터 롤리 경을 매혹시킨 주제였다. 롤리 경은 엘리자베스 시대의 영국인 으로서 용병 전쟁에서 연관성을 찾고 놀랍게 여겼다. W. Raleigh, *History of the World*,

London, 1614, bk V, ch. 2.

33. Picard and Picard, *The Life and Death of Carthage*, pp. 205–13; Harris, *War and Imperialism*, pp. 190–4.

34. Fantar, *Carthage*, p. 67.

35. Harris, *War and Imperialism*, pp. 200–2.

36. J. Guilmartin, *Gunpowder and Galleys: Changing Technology and Warfare at Sea in the Sixteenth Century*, Cambridge: Cambridge University Press, 1974.

37. Picard and Picard, *The Life and Death of Carthage*, pp. 215–54.

38. Pitassi, *The Navies of Rome*, pp. 90–4.

39. Picard and Picard, *The Life and Death of Carthage*, pp. 256–63; Harris, *War and Imperialism*, pp. 138–9.

40. Livy, *The Histories*, trans. E. S. Shuckburgh, London: Macmillan, 1889, bk XIV, 30.43

41. 1890년대 영국에서 해군주의의 부활을 부추긴 데에는 그러한 두려움이 한몫했다.

42. Picard and Picard, *The Life and Death of Carthage*, pp. 274–7.

43. O. Spengler, *The Decline of the West*, Vol. II, London: Allen and Unwin, 1926, pp. 422 and 191.

44. 카르타고는 원래 갤리 선을 끌어다 놓는 데에 자연적으로 형성된 정박지와 적합한 해변에 의존했으나, 기원전 6세기에 항구를 건설했다. Fantar, *Carthage*, pp. 41–5.

45. Ibid., pp. 87–8.

46. H. Gerding, 'Carthage', in D. Blackman and B. Rankov, eds., *Shipsheds of the Ancient Mediterranean*, Cambridge: Cambridge University Press, 2013, pp. 307–19 at p. 307.

47. D. Blackman and B. Rankov, 'Conclusions: Not Just Ship Garages', in idem, *Shipsheds of the Ancient Mediterranean*, pp. 255 and 259.

48. Gerding, 'Carthage', p. 315.

49. B. Rankov, 'Roman Shipsheds', in Blackman and Rankov, eds., *Shipsheds of the Ancient Mediterranean*, pp. 30–54.

50. Harris, *War and Imperialism*, pp. 233–4.

51. Ibid., pp. 240–4, 252–4.

52. Miles, *Carthage Must Be Destroyed*, p. 336.

53. Picard and Picard, *The Life and Death of Carthage*, pp. 288–9.

54. A. J. Toynbee, *Hannibal's Legacy: The Hannibalic War's Effects on Roman Life*, London: Oxford University Press, 1965.

55. Picard and Picard, *The Life and Death of Carthage*, pp. 287–8.

56. Harris, *War and Imperialism*, pp. 237–9. 13킬로미터에 관련해서는 p. 239 fn. 4.

57. Plato, *The Laws*, 704b–5b.

58. Harris, *War and Imperialism*, p. 240.

59. Picard and Picard, *The Life and Death of Carthage*, pp. 290–1.

60. P. Horden, and N. Purcell, 'The Mediterranean and "the new Thalassology" ', in *American Historical Review* (June 2006), pp. 722–40.

61. Spengler, *The Decline of the West*, Vol. II, p. 422.

62. Fantar, *Carthage*, p. 96. 바르카 가문에서는 멜카르트와 헤라클레스를 동일한 신으로 간 주했다.

63. R. Waterfield, *Taken at the Flood: The Roman Conquest of Greece*, Oxford: Oxford University Press, 2014, p. 75.

64. Picard and Picard, *The Life and Death of Carthage*, pp. 287-8.

65. Spengler, *The Decline of the West*, vol. I, p. 36.

66. Pitassi, *The Navies of Rome*, pp. 144-56.

67. I. Samotta, 'Herodotus and Thucydides in Roman Republican Historiography', in E. Foster and D. Lateiner, eds., *Thucydides and Herodotus*, Oxford: Oxford University Press, 2012, pp. 345-73.

제4장 무역, 전쟁, 의식

1. 바다와 항해에 대해서 성 아우구스티누스가 극도로 부정적인 평가를 것이 가톨릭 국가에 영향을 미쳤다.

2. J. Bryce, *The Holy Roman Empire*, London: Macmillan, 1901, pp. 172 and 188.

3. 암스테르담에서 운하 쪽에 위치한 가옥은 법으로 인한 건축과 관련하여 유사한 연구 주제를 제공한다.

4. C. Diehl, 'The Economic Decline of Byzantium', in C. Cipolla, ed., *The Economic Decline of Empires*, London: Methuen, 1970, pp. 92-102는 개괄적인 평가를 제공한다.

5. D. Howard, 'Venice and the Mamluks', in S. Carboni, ed., *Venice and the Islamic World 828-1797*, New Haven, CT, and London: Yale University Press, 2007, p. 76.

6. P. F. Brown, *Venice and Antiquity*, New Haven, CT, and London: Yale University Press, 1996.

7. M. Georgopoulou, *Venice's Mediterranean Colonies: Architecture and Urbanism*, Cambridge: Cambridge University Press, 2001, p. 2.

8. 이 무역을 살라딘이 지원한 것과 관련해서는 다음을 참고. B. Lewis, 'The Arabs in Eclipse', in Cipolla, ed., *The Economic Decline of Empires*, p. 109.

9. M. Fusaro, *Political Economies of Empire in the Early Mediterranean: The Decline of Venice and the Rise of England 1450-1700*, Cambridge: Cambridge University Press, 2015, pp. 176-7.

10. F. C. Lane, *Venice: A Maritime Republic*, Baltimore, MD: Johns Hopkins University Press, 1973, p. 23. 레인의 저서는 이 주제에 대한 가장 설득력 있는 분석을 보여준다. 평생 이 도시를 연구하고 제2차 세계대전 중 해양 권력과 전략에 대해서 집필한 경험이 응축된 결과이다.

11. T. A. Kirk, *Genoa and the Sea: Policy and Power in an Early Modern Maritime Republic, 1559-1684*, Baltimore, MD: Johns Hopkins University Press, 2005, pp. 128 and 135.

12. Lane, *Venice*, p. 27. 레인은 투키디데스가 아닌 머핸의 정의를 사용하고 있다.

13. Ibid., p. 43.

14. S. Carboni, 'Moments of Vision: Venice and the Islamic World, 828–1797', in Carboni, ed., *Venice and the Islamic World*, pp. 10–35 at pp. 13–15.

15. Howard, 'Venice and the Mamluks', in Carboni, ed., *Venice and the Islamic World*, pp. 73–88 at pp. 73–6.

16. Carboni, ed., *Venice and the Islamic World*, p. 22.

17. Lane, *Venice*, p. 170.

18. F. Moro, *Venice at War: The Great Battles of the Serenissima*, Venice: Studio LT2, 2007, p. 91.

19. E. Concina, *A History of Venetian Architecture*, Cambridge: Cambridge University Press, 1998, p. 81.

20. Ibid., p. 114.

21. Ibid., pp. 120–2; D. Savoy, *Venice from the Water*, New Haven, CT, and London: Yale University Press, 2012, p.56에서는 베네치아의 힘에 대한 중요한 표현을 검토하지 않고 아르세날레를 다룬다.

22. 아르세날레 인근의 해군 박물관에는 이러한 관심사와 더불어 해군 전리품에 대한 베네치아의 숭배가 반영되어 있다.

23. Concina, *A History of Venetian Architecture*, pp. 220–1; R. Chrivi, F. Gay, M. Crovato and G. Zanelli, L'Arsenale dei Veniziani, Venice: Filippi, 1983, p. 28.

24. Concina, *A History of Venetian Architecture*, p. 118.

25. Brown, *Venice and Antiquity*, pp. 108–9.

26. Fusaro, *Political Economies of Empire*, p. 86.

27. Georgopoulou, *Venice's Mediterranean Colonies*, pp. 3–19, 45–73.

28. 대륙의 주장에 대한 간결한 설명으로는 Moro, *Venice at War* 참고. 전투 연구는 육지전에 집중되어 있다. 모로는 베네치아가 독립을 위해서 싸웠으며 이후에는 무역과 제국을 위해서 싸웠다고 주장한다. 1720년 이후 공화국이 주요 강대국을 상대로 전쟁을 일으킬 수 없게 되자 지도층은 사회 변화를 두려워하면서 압제적으로 변했다.

29. Lane, *Venice*, p. 235.

30. Ibid., p. 237.

31. Concina, *A History of Venetian Architecture*, p. 171.

32. Lane, *Venice*, p. 242; Brown, *Venice and Antiquity*, p. 146.

33. 이 위치와 폐쇄된 만의 전략적 중요성은 기원전 14세기부터 1941년까지 이 지역에서 일어난 주요 해군 및 육해군 공동 전투에서 잘 드러난다.

34. 이 섹션은 주로 다음의 주장에 기반한다. F. C. Lane, 'Naval Actions and Fleet Organization, 1499– 1502', in J. R. Hale, ed., *Renaissance Venice*, London: Faber, 1973, pp. 146–73.

35. J. F. Guilmartin, *Gunpowder and Galleys: Changing Technology and Warfare at Sea in the Sixteenth Century*, Cambridge: Cambridge University Press, pp. 76, 96, 102–4.

36. 페르디난드 콜럼버스가 사본을 보유했으며 합스부르크의 루돌프 2세도 마찬가지였다.

루돌프 2세 소장본은 현재 영국 도서관에 보관되어 있으며 남아 있는 유일한 사본이다. M. P. McDonald, *Ferdinand Columbus: Renaissance Collector*, London: British Museum Press, 2004, pp. 104–5.

37. Moro, *Venice at War*, pp. 175–8.

38. I. Fenlon, *The Ceremonial City: History, Memory and Myth in Renaissance Venice*, New Haven, CT, and London: Yale University Press, pp. 326–7

39. F. Gilbert, 'Venice in the Crisis of the League of Cambrai', in Hale, *Renaissance Venice*, pp. 274–92, quote p. 292.

40. Lane, *Venice*, 1973, p. 213.

41. Ibid., 1973, pp. 357, 375, 383. 레인은 카르파초의 선박에 대해서 다음보다 훌륭한 안내를 제공한다. P. F. Brown, *Venetian Narrative Painting in the Age of Carpaccio*, New Haven, CT, and London: Yale University Press, 1988.

42. Ibid., pp. 9–10. 브라운은 범선을 갤리 선으로 착각했다.

43. Ibid., 1996, pp. 148–64.

44. J. Schulz, 'Jacopo de' Barbari's View of Venice: Map Making, City Views, and Moralized Geography before the Year 1500', *The Art Bulletin*, vol. 60, no. 3 (1978), pp. 425–74; Fenlon, *The Ceremonial City*, p. 90.

45. Brown, *Venetian Narrative Painting*, pp. 9–15, 79–83, 132, 137, 182, 240.

46. Ibid., p. 145.

47. M. Lowry, *The World of Aldus Manutius*, Oxford: Basil Blackwell, 1979, p. 144.

48. 'Aldus Manutius and his Greek Collaborators'. Exhibition at the Marciana Library, October 2016.

49. Brown, *Venice and Antiquity*, pp. 226 and 268.

50. Concina, *A History of Venetian Architecture*, pp. 176, 183–4.

51. Fenlon, *The Ceremonial City*, pp. 134 and 307; pp. 1–2에는 폼페오 바토니의 1732년작 "베네치아의 승리"가 소개되어 있는데, 로마의 두 신이 주를 이루고 있다. 공화국의 마지막 공식 역사학자였던 마르코 포스카리니와 교황청 대사를 위한 작품이다.

52. Lane, *Venice*, p. 223; D. Howard, *The Architectural History of Venice*, New Haven, CT, and London: Yale University Press, 1980, pp. 3–13.

53. Savoy, *Venice from the Water*, pp. 104–5 and 109.

54. Ibid., pp. 9 and 46–9; 원문은 이탤릭체이다.

55. Ibid., p. 82.

56. Ibid., pp. 41–2.

57. M. Strachan, *The Life and Adventures of Thomas Coryate*, London: Oxford University Press, 1962; J. Naish, *Seamarks: Their History and Development*, London: Stanford Maritime, 1985, pp. 25–6.

58. D. Howard and H. McBurney, eds., *The Image of Venice: Fialetti's View and Sir Henry Wotton*, New Haven, CT, and London: Yale University Press, 2014.

59. Fusaro, *Political Economies of Empire*, pp. 176–7.

60. Brown, *Venice and Antiquity*, pp. 277–81에서 리비우스를 집중적으로 인용하지만, 레인의 『베니스(*Venice*)』와 마찬가지로 카르타고를 다루지 않는다.

61. G. B. Parks, 'Ramusio's Literary History', in *Studies in Philology*, vol. 52, no. 2 (1955), pp. 127–48.

62. Lane, *Venice*, p. 307.

63. Fusaro, *Political Economies of Empire*, pp. 36, 43–4, 52–5.

64. Fenlon, *The Ceremonial City*, p. 168.

65. 이러한 문제를 탁월하게 다룬 자료로 다음을 참고. Guilmartin, *Gunpowder and Galleys*, pp. 209–31.

66. 안드레아 비센티노가 1596-1605년 두칼레 궁전에서 그린 거대한 전투 그림에는 최근 공간을 조성한 화재와 이 사건이 심리적으로 미친 압도적인 영향이 집중적으로 묘사되어 있다. 1577년 도제에 오른 세바스티아노 베니에르 사령관이 무장하고 기함에 당당하게 서 있는 모습이 그림의 주를 이룬다. Fenlon, *The Ceremonial City*, pp. 172–5.

67. Ibid., pp. 188–91.

68. Guilmartin, *Gunpowder and Galleys*, pp. 235–68, quote at p. 264.

69. Brown, *Venice and Antiquity*, pp. 282–4.

70. Fenlon, *The Ceremonial City*, pp. 194–210.

71. Ibid., p. 219; Concina, pp. 219–21.

72. Fenlon, *The Ceremonial City*, pp. 313–14, 325–6, 331. 교회를 비롯한 다른 공공장소는 레판토 해전을 기리는 데에 활용되었으나 공작 저택은 숭배의 장소였다.

73. P. Burke, *Venice and Amsterdam: A Study of Seventeenth-Century Elites*, London: Polity Press, 1994, p. 127.

74. Fusaro, *Political Economies of Empire*, p. 73.

75. Ibid., pp. 17, 20–3.

76. Lane, *Venice*, p. 321, citing F. Braudel, *The Mediterranean in the Age of Philip II*, London: Collins, 1973.

77. Fusaro, *Political Economies of Empire*, pp. 176–8.

78. Ibid., pp. 174–5.

79. Ibid., pp. 188–90.

80. Ibid., pp. 158–9, 199.

81. D. Ormrod, *The Rise of Commercial Empires: England and the Netherlands in the Age of Mercantilism*, Cambridge: Cambridge University Press, 2003, pp. 32–3, Fusaro에서 인용, *Political Economies of Empire*, p. 201, 또한 p. 355 참고.

82. J. Addison, *Remarks on Several Parts of Italy, in the Years 1701, 1702, 1703*, London, 1705, Burke에서 인용, *Venice and Amsterdam*, p. 99, 또한 pp. 56–7, 133–8 참고.

83. Addison, *Remarks*, G. Bull에서 인용, *Venice, the Most Triumphant City*, London: Folio Society, 1981, pp. 99–102, 116.

84. Lane, *Venice*, p. 452.

85. Burke, *Venice and Amsterdam*, pp. 104–6.

86. Lane, *Venice*, p. 417.

87. Fusaro, *Political Economies of Empire*, pp. 303, 351.

88. Lane, *Venice*, p. 425.

89. 전시품에는 전열함이 '낙타'로 알려진 부유 장치로 석호를 빠져나오는 그림이 포함되어 있는데 이 기술은 네덜란드에서 빌려온 것이다. 이와 같은 판화 중 하나가 레인의 『베니스』 p.413에 나와 있다. 1690년에 이 체제가 3단 갑판이 선박을 암스테르담의 팜푸스 모래톱에서 부양하는 데에 처음 사용되었다고 기록한 J. 벤더의 『항해 시대의 네덜란드 군함, 1600–1714(*Dutch Warships in the Age of Sail, 1600–1714*)』와 비교해보라.

90. Fusaro, *Political Economies of Empire*, p. 357.

91. R. Winfield and S. S. Roberts, *French Warships in the Age of Sail: Design Construction and Fates 1786–1861*, Barnsley: Seaforth Publishing, 2015, pp. 96–7. 베네치아에서는 74문의 포를 갖춘 배를 9척 건조했으며, 나폴레옹의 이탈리아 해군에서는 베네치아 이름이 부여된 배가 없었다. L. Sondhaus, 'Napoleon's Shipbuilding Program at Venice and the Struggle for Naval Mastery in the Adriatic, 1806–1814', *Journal of Military History*, vol. 53 (1989), pp. 349–62.

92. G. P. Gooch, *History and Historians of the Nineteenth Century*, London: Longman, 1913, pp. 82, 160–1.

93. Fusaro, *Political Economies of Empire*, p. 22.

94. A. D. Lambert, ' "Now is Come a Darker Day": Britain, Venice and the Meaning of Seapower', in M. Taylor, ed., *The Victorian Empire and Britain's Maritime World, 1837–1901: The Sea and Global History*, London: Palgrave Macmillan, 2013, pp. 19–42.

95. Fenlon, *The Ceremonial City*, pp. 134 and 307.

96. Fusaro, *Political Economies of Empire*, pp. 1, 8–10. Lambert, ' "Now is Come a Darker Day" ', p. 38.

제5장 "바다를 여는 것은 얼마나 큰 이익인가"

1. 1655년 새로운 암스테르담 시청을 공개한 기념으로 제작한 메달의 뒷면에 있는 모토이다. K. K. Fremantle, *The Baroque Town Hall of Amsterdam*, Utrecht: Haentjens Dekker and Gumbert, 1959, p. 169.

2. L. Sicking, *Neptune and the Netherlands: State, Economy, and War at Sea in the Renaissance*, Leiden: Brill, 2004, and J. D. Tracy, 'Herring Wars: The Habsburg Netherlands and the Struggle for Control of the North Sea ca. 1520–1560', *The Sixteenth Century Journal*, vol. 24 no. 2 (1993), pp. 249–72 at pp. 254–6.

3. Tracy, 'Herring Wars', pp. 261–4.

4. 피터 드 라 코트는 토머스 모어의 『유토피아(*utopia*)』에 공감하여 1662년 『홀란트의 이익 (*The Interest of Holland*)』에서 거대한 호가 있는 나머지 지역과 해양 주를 분리하는 개념을 제기했다. 그의 저서는 1746년 런던에서 발간되었다. http://oll.libertyfund.org/titles/

court-the-true-interest-and-political-maxims-of-the-republic-of-holland.

5. P. Brandon, *War, Capital, and the Dutch State (1588–1795)*, Leiden: Brill, 2015, pp. 20–1, 34.

6. G. E. Halkos and N. C. Kyriazis, 'A Naval Revolution and Institutional Change: The Case of the United Provinces', in *European Journal of Law and Economics*, vol. 19 (2005), pp. 41–68, 58.

7. Tracy, 'Herring Wars', p. 272. 이 페이지에서 "17세기 초 네덜란드 해군의 우위"에 대한 언급이 무엇을 의미하는지 이해하기 어렵다. 1650년 이전 네덜란드에는 잉글랜드, 스웨덴이나 덴마크가 보유한 주력함이 없었다.

8. Ibid, p. 60.

9. I. J. van Loo, 'For Freedom and Fortune: The Rise of Dutch Privateering in the First Half of the Dutch Revolt, 1568–1609', in M. van der Hoeven, ed., *Exercise of Arms: Warfare in the Netherlands (1568–1648)*, Leiden: Brill, 1998, pp. 173–96 at pp. 185 and 191; P. C. Allen, *Philip III and the Pax Hispanica, 1598–1621: The Failure of Grand Strategy*, New Haven and London: Yale University Press, pp. 42, 142–3.

10. Brandon, *War, Capital, and the Dutch State*, p. 114.

11. "신 해군", "2등 해군"과 더불어 이 용어는 야프 브루에인이 소개한 것이다.

12. Brandon, *War, Capital, and the Dutch State*, pp. 58–61.

13. 해군 본부 위원회에 소속되어 있던 인사의 전체 목록은 다음을 참고. A. P. van Vliet, 'Foundation, Organization and Effects of the Dutch Navy (1568–1648)', in van der Hoeven, ed., *Exercise of Arms*, pp. 153–72 at pp. 156–7; Brandon, *War, Capital, and the Dutch State*, pp. 63–4, 83, and see Annex 1, pp. 323–85.

14. J. R. Bruijn, *The Dutch Navy of the Seventeenth and Eighteenth Centuries*, St. John's, Newfoundland: IMEHA, 2015, first edn, 1992, pp. 3–7; Brandon, *War, Capital, and the Dutch State*, p. 60.

15. J. Glete, *War and the State in Early Modern Europe: Spain, the Dutch Republic and Sweden as Fiscal-Military States, 1500–1660*, London: Routledge, 2002, pp. 162–70.

16. Van Vliet, 'Foundation, Organization and Effects of the Dutch Navy', pp. 158–61.

17. 제독의 1677년 영문판 전기에서 익명의 개척자에 대해서는 다음을 참고. J. D. Davies, 'British Perceptions of Michiel de Ruyter and the Anglo-Dutch Wars', in J. R. Bruijn, R. P. van Reine and R. van Hövell tot Westerflier, *De Ruyter: Dutch Admiral*, Rotterdam: Karwansaray, 2011 pp. 122–39.

18. Van Loo, 'For Freedom and Fortune', pp. 184–5.

19. Ibid., p. 191; Bruijn, *The Dutch Navy of the Seventeenth and Eighteenth Centuries*, pp. 13–21; Brandon, *War, Capital, and the Dutch State*, p. 101.

20. Halkos and Kyriazis, 'A Naval Revolution and Institutional Change', p. 57.

21. Bruijn, *The Dutch Navy of the Seventeenth and Eighteenth Centuries*, pp. 22–4.

22. C.-E. Levillain, 'William III's Military and Political Career in Neo-Roman Context, 1672–1702', *The Historical Journal*, vol. 48 (2005) pp. 321–50 at p. 325.

23. Fremantle, *The Baroque Town Hall of Amsterdam*, p. 27.

24. M. Bulut, 'The Role of the Ottoman and Dutch in the Commercial Integration between the Levant and Atlantic in the Seventeenth Century', *Journal of the Economic and Social History of the Orient*, vol. 45 (2002), pp. 197–230 at p. 216.

25. J. I. Israel, *The Dutch Republic: Its Rise, Greatness and Fall, 1477–1806*, Oxford: Oxford University Press, 1995, pp. 610–12, 700–2.

26. C. Lawrence, 'Hendrick de Keyser's Heemskerck Monument: The Origins of the Cult and Iconography of Dutch Naval Heroes', in *Simiolus: Netherlands Quarterly for the History of Art*, vol. 21, no. 4 (1992), pp. 265–95 at p. 272, and S. Schama, *The Embarrassment of Riches: An Interpretation of Dutch Culture in the Golden Age*, London: Collins, 1987, p. 248.

27. Israel, *The Dutch Republic*, pp. 401–2. 전투는 1607년 4월 25일에 일어났다.

28. Lawrence, 'Hendrick de Keyser's Heemskerck Monument', pp. 275–83.

29. Ibid., pp. 266 and 291; K. Skovgaard-Petersen, *Historiography at the Court of Christian IV: 1588–1648*, Copenhagen: Museum Tusculanum Press, 2002에서는 암스테르담 역사의 언급 없이 폰타누스의 덴마크 활동에 대해 논의한다.

30. Halkos and Kyriazis, 'A Naval Revolution and Institutional Change', p. 59.

31. M. de Jong, 'Dutch Public Finance During the Eighty Years War: The Case of the Province of Zeeland, 1585–1648', in van der Hoeven, ed., *Exercise of Arms*, pp. 133–52 at p. 151.

32. Halkos and Kyriazis, 'A Naval Revolution and Institutional Change', p. 63.

33. 오래된 역사학에서는 공화국을 전쟁에 자원을 동원할 강력한 중앙집권적 권한이 없는 약한 국가로 묘사했다. 이 비평은 1815년 이후의 왕국에서 특이한 국가의 경험을 정상화하고 부르주아 정부의 성공을 비난하기 위해서 만들어졌다. Glete, *War and the State in Early Modern Europe*, pp. 140–2.

34. Ibid., pp. 147 and 150.

35. 폴리비우스, 베제티우스, 타키투스는 다음을 참고. H. L. Zwitzer, 'The Eighty Years War', in van der Hoeven, ed., *Exercise of Arms*, pp. 33–56 at pp. 24 and 33; Glete, *War and the State in Early Modern Europe*, pp. 141, 156–62. 오늘날 전략, 정책, 해전에 대한 논의에서 그러한 언급이 상대적으로 없다는 점에서 아테네, 베네치아, 제노바의 모형이 전쟁과 국가에 대한 네덜란드의 사고에 미친 강력한 영향이 과소평가된다.

36. Schama, *The Embarrassment of Riches*, pp. 241–6.

37. Glete, *War and the State in Early Modern Europe*, pp. 171–2.

38. Levillain, 'William III's Military and Political Career', pp. 331–2.

39. J. I. Israel, *The Dutch Republic*, p. 720.

40. H. H. Rowen, *John de Witt Grand Pensionary of Holland, 1625–1672*, Princeton, NJ: Princeton University Press, 1978; Brandon, *War, Capital, and the Dutch State*, pp. 74–5, 118–19.

41. Rowen, *John de Witt*, pp. 56, 62, 67.

42. 1653년 네덜란드에서 발간된 소논문 인용. Rowen, *John de Witt*, pp. 65 and 71.

43. Brandon, *War, Capital, and the Dutch State*, pp. 87 and 91.
44. Schama, *The Embarrassment of Riches*, pp. 117 and 224; P. Burke, *Venice and Amsterdam: A Study of Seventeenth-Century Elites*, London: Polity Press, 1994, p. 49. Rowen, *John de Witt*, pp. 80–1, 95, 98.
45. Van Vliet, 'Foundation, Organization and Effects of the Dutch Navy', pp. 162–3.
46. Bruijn, *The Dutch Navy of the Seventeenth and Eighteenth Centuries*, pp. 48, 59–61; Levillian, 'William III's Military and Political Career', p. 333 fn. 65.
47. Israel, *The Dutch Republic*, pp. 679–80.
48. G. Clark, ed., *Sir William Temple's Observations Upon the United Provinces of the Netherlands*, Oxford: Clarendon Press, 1972, p. 128. 1673년 처음 발간되었으며 당대와 후대의 작가들이 읽었다. p.131.
49. "해군이 전투를 벌이는 시기에 홀란트의 경제는 부진했으며 대중의 불안이 쉽게 분출될 수 있었다. 1653년 이후, 1665년, 1672년에 그러한 예를 찾아볼 수 있다." Bruijn, *The Dutch Navy of the Seventeenth and Eighteenth Centuries*, pp. 56 and 65; Israel, *The Dutch Republic*, p. 720.
50. Rowen *John de Witt*, pp. 71–9; B. Capp, *Cromwell's Navy: The Fleet and the English Revolution 1648–1660*. Oxford: Oxford University Press, 1990, pp. 6–9.
51. G. Rommelse and R. Downing, 'The Fleet as an Ideological Pillar of Dutch Radical Republicanism, 1650–1672', in *The International Journal of Maritime History*, vol. 27, no. 3 (2015), pp. 387–410.
52. Glete, *War and the State in Early Modern Europe*, p. 170.
53. Bruijn, *The Dutch Navy of the Seventeenth and Eighteenth Centuries*, pp. 66–71.
54. Brandon, *War, Capital, and the Dutch State*, p. 119. 브란트의 1687년「로이테르의 삶(*Life of de Ruyter*)」, p.100 를 참고.
55. Schama, *The Embarrassment of Riches*, pp. 252–4. 잉글랜드/영국 해군 공창과 기간시설은 동일한 기능을 했다. 조지 3세가 해군 공창의 모형과 회화의 제작을 의뢰한 결정을 참고.
56. Rommelse and Downing, 'The Fleet as an Ideological Pillar of Dutch Radical Republicanism, 1650–1672', pp. 391–2, 395, 397. 한 세기 뒤 영국은 바르바리 약탈에 대해 동일한 입장을 취했는데 새로 독립한 미국의 선박이 국가의 보호를 받지 않음을 잘 알고 있었다. G. Rommelse, 'Een Hollandse maritieme identiteit als ideologische bouwsteen van de Ware Vrijheid', in *Holland Historisch Tijdschrift*, vol. 48 (2016), pp. 133–41; Brandon, *War, Capital, and the Dutch State*, pp. 49–50.
57. Van Vliet, 'Foundation, Organization and Effects of the Dutch Navy', p. 172.
58. Schama, *The Embarrassment of Riches*, pp. 249–51.
59. Brandon, *War, Capital, and the Dutch State*, p. 93.
60. Schama, *The Embarrassment of Riches*, pp. 67, 75–8, 115.
61. Burke, *Venice and Amsterdam*, pp. 43–51.
62. R. W. Unger, *Dutch Shipbuilding before 1800*, Amsterdam: Van Gorcum, 1978, p. 42. 빗

센이 1671년 처음으로 발간한 네덜란드 문서는 1690년에 재판을 발행했다. 네덜란드에는 계획에 따라 건조하는 전통이 없었으며, 바로 이러한 이유에서 표트르 대제는 암스테르담 대신 뎁트퍼드를 선택했다. 뎁트퍼드에서 그는 러시아의 후진적인 환경에 적용할 수 있도록 이전 가능한 체계를 활용하여 선박을 건조하는 방법을 배웠다.

63. Rowen, *John de Witt*, p. 11.

64. 17세기 지도층이 소장했던 책 목록의 예시는 다음을 참고. Burke, *Venice and Amsterdam*, pp. 93–100; Schama, *The Embarrassment of Riches*, pp. 492–3, 618–19.

65. G. Rommelse, 'National Flags as Essential Elements of Dutch Naval Ideology, 1600–1800', 출간 예정. 이 논문을 공유해 준 로멜스 박사에게 감사드린다.

66. 버크는 베네치아나 암스테르담에서 일어난 해양, 상업, 해군 관련 예술 활동을 언급하지 않는데, 이는 해양 세력 국가 지도층의 가치와 취향 연구에서 중대한 실수이다.

67. H. J. Horn, *Jan Cornelisz Vermeyen: Painter of Charles V and his Conquest of Tunis*, New York: Davaco Publishers, 1989. 이러한 태피스트리는 브뤼셀에서 제작되었다.

68. R. Daalder, *Van de Velde and Son: Marine Painters*, Leiden: Primavera Press, 2016, pp. 50–3.

69. Israel, *The Dutch Republic*, pp. 557–8; M. Russell, *Visions of the Sea: Hendrick C. Vroom and the Origin of Dutch Marine Painting*, Leiden: Brill, 1983.

70. Schama, *The Embarrassment of Riches*, pp. 246–9 and p. 638 fn. 45.

71. R. Strong, *Henry Prince of Wales and England's Lost Renaissance*, London: Thames and Hudson, 1986, p. 189, plates 97–8. 또한 헨리 왕자가 브룸의 바다에서 폭풍우를 만나는 장면은 잉글랜드의 취향을 형성했다.

72. Justin Dee quoted in Sarah Gristwood, 'A Tapestry of England's Past', *History Today*, vol. 60, no. 9 (2010): http://www.historytoday.com/sarah-gristwood/tapestry-england%E2%80% 99s-past#sthash.fl4ziuXb.dpuf.

73. T. Campbell, *Threads of Splendour: Tapestry of the Baroque*, New Haven, CT, and London: Yale University Press, 2007, p. 111, 1613년 독일에서 발간된 문헌에 기초한 구절이다. 태피스트리는 목적에 부합했고, 제임스가 이를 런던 타워로 옮겼다.

74. 1613년의 그림은 다음의 표지이다. N. A. M. Rodger, *The Safeguard of the Sea: A Naval History of Britain, Vol. I: 649–1649*, London: HarperCollins, 1997, plate 54. 이 책에 실린 선박 삽화의 대부분은 저지대 예술가들의 작품이다.

75. Israel, *The Dutch Republic*, p. 559.

76. 빌럼 판 더 펠더 부자의 네덜란드 경력에 대해서는 Daalder, *Van de Velde and Son*, pp. 1–127 참고.

77. 예술품을 수집한 제독은 다음을 참고. See Bruijn, *The Dutch Navy of the Seventeenth and Eighteenth Centuries*, p. 103.

78. 예를 들어 Schama, *The Embarrassment of Riches*, pp. 302–3은 1665년판을 복제했다.

79. Daalder, *Van de Velde and Son*, pp. 166–9.

80. M. S. Robinson, *The Paintings of the Willem van de Veldes*, no. 264, London: Sotheby's and the National Maritime Museum, 1990, pp. 299–301. 트롬프를 위한 그림은 'The Battle

of the Texel' of 1687, no. 315, pp. 188–93; J. Bender, with an introduction by J. D. D. Davies, *Dutch Warships in the Age of Sail, 1600–1714: Design, Construction, Careers and Fates*, Barnsley: Seaforth Publishing, 2104, p. 252.

81. Fremantle, *The Baroque Town Hall of Amsterdam*, p. 55.

82. Ibid., pp. 30–5.

83. Ibid., pp. 88–91.

84. Ibid., pp. 134–40; see J. Burckhardt, *Recollections of Rubens*, London: Phaidon, 1951, pp. 16–17.

85. Fremantle, *The Baroque Town Hall of Amsterdam*, p. 25 and ch. 4; Schama, *The Embarrassment of Riches*, pp. 224–5.

86. Fremantle *The Baroque Town Hall of Amsterdam*, pp. 39–41, 43, 48–50, 58, 67.

87. Ibid., pp. 21, 36–7.

88. Ibid., pp. 28–9, 42, 55, 190, quotes at pp. 29 and 55.

89. Ibid., pp. 8, 38–9, 55, 172. 루이 보나파르트 왕이 건물을 왕궁으로 변신시켰을 때에 암스테르담에서 영원히 남기를 바랐던 모든 것이 폐허로 변했으며, 오래 전 이 건물을 개관했던 '진정한 자유당' 공화국은 대륙의 원수 통치로 대체되었다.

90. Israel, *The Dutch Republic*, p. 869.

91. Brandon, *War, Capital, and the Dutch State*, p. 93.

92. Bruijn, *The Dutch Navy of the Seventeenth and Eighteenth Centuries*, p. 126. 해군의 탄약고는 영광스러운 항해 시대의 보고로 남아 있으며 네덜란드 해상 역사 박물관 역할을 하고 있다. 지금도 항구의 동쪽을 장식하는 명소이다.

93. Israel, *The Dutch Republic*, pp. 749–50.

94. Rowen, *John de Witt*, pp. 176 and 189.

95. Rommelse and Downing, 'The Fleet as an Ideological Pillar of Dutch Radical Republicanism, 1650–1672', p. 398.

96. Clark, ed., *Sir William Temple's Observations*. 제임스 보즈웰은 한 세기 후 공화국을 방문하기 전에 문서를 읽었다. E. A. Pottle, *Boswell in Holland, 1763–1764*. London: Heinemann, 1952, pp. 280–1.

97. Schama, *The Embarrassment of Riches*, pp. 284–5; Clark, ed., *Sir William Temple's Observations*, p. 129.

98. Clark, ed., *Sir William Temple's Observations*, pp. 100, 116–26.

99. Israel, *The Dutch Republic*, p. 780.

100. Ibid., pp. 776–85.

101. Quoted in D. Onnekink, 'The Ideological Context of the Dutch War (1672)', in D. Onnenkink and G. Rommelse, eds., *Ideology and Foreign Policy in Early Modern Europe (1650–1750)*, Farnham: Ashgate Press, p. 133.

102. Schama, *The Embarrassment of Riches*, pp. 260 and 271.

103. S. T. Bindoff, *The Scheldt Question to 1839*, London: Allen and Unwin, 1945, pp. 116, 126, 131; P. Sonnino, 'Colbert', *European Studies Review* (January 1983), pp. 1–11.

104. F. S. Gaastra, *The Dutch East India Company: Expansion and Decline*, Zutphen: Walberg Pers, 2003. The English edition of *Geschiedenis van de VoC*, p. 20.

105. C. Boxer, *The Dutch Seaborne Empire*, London: Collins, 1965, p. 24.

106. Clark, ed., *Sir William Temple's Observations*, pp. 60, 163, 117.

107. Burke, *Venice and Amsterdam*, pp. 46–7.

108. Brandon, *War, Capital, and the Dutch State*, pp. 94–8, 100–1, 109.

109. Gaastra, *The Dutch East India Company*, pp. 37–65.

110. Rommelse and Downing, 'The Fleet as an Ideological Pillar of Dutch Radical Republicanism, 1650–1672', p. 401; 휘호 흐로티위스의 주장은 다음을 참고. *The Freedom of the Seas or The Right which Belongs to the Dutch to Take Part in the East Indian Trade*, New York: Oxford University Press, 1916, 국가는 다른 국가가 전유하지 않는 바다를 항해 할 권리가 있다는 그의 주장은 해양 주권에 대한 스페인, 포르투갈, 잉글랜드의 주장을 반박하는 것이며, 흐로티위스의 주장에 대해서 존 셀던은 잉글랜드의 주장을 방어하며 폐쇄 해양론이라는 개념을 제시했다.

111. Gaastra, *The Dutch East India Company*, pp. 60 and 81.

112. Ibid., pp. 132 and 148.

113. J. A. de Moor, '"A Very Unpleasant Relationship": Trade and Strategy in the Eastern Seas: Anglo-Dutch Relations in the Nineteenth Century from a Colonial Perspective', in G. J. A. Raven and N. A. M. Rodger, eds., *Navies and Armies: The Anglo-Dutch Relationship in War and Peace 1688–1988*, Edinburgh: John Donald, 1990, pp. 49–69.

114. Gaastra, *The Dutch East India Company*, pp. 166, 171–2. 115. Ibid., pp. 23–31, 171.

115. Ibid., pp. 23–31, 171.

116. Ibid., pp. 56 passim and p. 164.

117. H. W. Richmond, *The Navy in India, 1763–1783*, London: Ernest Benn, 1931, pp. 251–73; Gaastra, *The Dutch East India Company*, pp. 166–710; C. N. Parkinson, *War in the Eastern Seas, 1793–1815*, London: Allen and Unwin, 1954, pp. 78–81.

118. Rowen, *John de Witt*, pp. 596 and 633.

119. Ibid., p. 781; S. B. Baxter, *William III and the Defense of European Liberty 1650–1702*, New York: Harcourt, Brace, 1966, pp. 46–7.

120. Rowen, *John de Witt*, pp. 611 and 633.

121. Daalder, *Van de Velde and Son*, p. 134; Schama, *The Embarrassment of Riches*, pp. 271–3; Rommelse and Downing, 'The Fleet as an Ideological Pillar of Dutch Radical Republicanism, 1650–1672', pp. 406–7. 그러한 행위의 정치에 대해서는 다음을 참고. R. Bevan, *The Destruction of Memory: Architecture at War*, London: Reaktion Books, 2016.

122. Baxter, *William III and the Defense of European Liberty 1650–1702*, p. 83.

123. Israel, *The Dutch Republic*, pp. 878–83.

124. 판 더 펠더 부자가 잉글랜드에서 보낸 시기에 대해서는 다음을 참고. Daalder, *Van de Velde and Son*, pp. 129–88.

125. Israel, *The Dutch Republic*, pp. 883–8은 잉글랜드 시기의 예술적 성취를 크게 과소평가

했다.

126. Clark, ed., *Sir William Temple's Observations*, p. 49.

127. 드 비트는 유연성을 선호했으며 찰스를 그의 가톨릭 형제로 평했다. Rowen, *John de Witt*, pp. 678–91, 732, 781–2.

128. Ibid., pp. 711 and 730.

129. Ibid., pp. 744, 748, 752, 813, 819,

130. Ibid., pp. 688, 759, 770, 778, 815; P. Burke, *The Fabrication of Louis XIV*, New Haven, CT, and London, 1992, p. 76.

131. Schama, *The Embarrassment of Riches*, pp. 28–31; 모토를 새긴 것은 pp. 280-283 참고.

132. Bruijn, *The Dutch Navy of the Seventeenth and Eighteenth Centuries*, pp. 75–7.

133. 드 비트를 무척 존경했던 템플은 그의 운명에 대해서 한탄했다. Clark, ed.,*Sir William Temple's Observations*, p. 95.

134. Rowen, *John de Witt*, pp. 839, 847, 859; Levillian, 'William III's Military and Political Career', p. 327.

135. Levillian, 'William III's Military and Political Career', pp. 333 and 336; Burke, *The Fabrication of Louis XIV*, p. 109.

136. Rowen, *John de Witt*, p. 852; Onnekink, 'The Ideological Context of the Dutch War', pp. 131–44.

137. Brandon, *War, Capital, and the Dutch State*, p. 316.

138. Israel, *The Dutch Republic*, pp. 618–19, 630; Brandon, *War, Capital, and the Dutch State*, pp. 120–1.

139. Glete, *War and the State in Early Modern Europe*, p. 171.

140. 그러나 흘수의 제한으로 인해 11킬로그램 이하로 무장했을 것으로 보이는 반면 잉글랜드와 프랑스 선박은 18-19킬로그램 대포를 사용했다. Bender, *Dutch Warships in the Age of Sail*, pp. 273–311.

141. Baxter, *William III and the Defense of European Liberty 1650–1702*, p. 258.

142. E. S. van Eyck van Heslinga,'A Competitive Ally: The Delicate Balance of Naval Alliance and Maritime Competition between Great Britain and the Dutch Republic 1674–1795', in Raven and Rodger, eds., *Navies and Armies*, pp. 1–11 at p. 10.

143. Israel, *The Dutch Republic*, pp. 985–6, 972–5.

144. Brandon, *War, Capital, and the Dutch State*, pp. 84–5, 124–9, 133–8.

145. Bruijn, *The Dutch Navy of the Seventeenth and Eighteenth Centuries*, pp. 85–8; Daalder, *Van de Velde and Son*, pp. 130–49.

146. Glete, *War and the State in Early Modern Europe*, p. 171.

147. J. Addison, *The Present State of the War and the Necessity of an Augmentation*, London, 1707; Schama, *The Embarrassment of Riches*, pp. 286–7.

148. Bruijn, *The Dutch Navy of the Seventeenth and Eighteenth Centuries*, pp. 93–111.

149. Burke, *Venice and Amsterdam*, pp. 129–35, 138–9.

150. Brandon, *War, Capital, and the Dutch State*, p. 311.

151. Baxter, *William III and the Defense of European Liberty 1650–1702*, p. 398.

152. Burke, *Venice and Amsterdam*, pp. 125–39.

153. Schama, *The Embarrassment of Riches*, pp. 284–6.

154. 네덜란드 경제의 쇠락에 대해서는 다음을 참고. Israel, *The Dutch Republic*, pp. 998–1,005.

제6장 해양 국가와 해외 제국

1. R. M. Berthold, *Rhodes in the Hellenistic Age*, Ithaca, NY: Cornell University Press, 1984 는 기준이 될 만한 기록으로 남아 있으며, 다른 언급이 없는 한 이 장에서 그 내용을 따랐다. pp. 21-22 참고.

2. Ibid., pp. 42–58.

3. J. Naish, *Seamarks: Their History and Development*, London: Stanford Maritime, 1985, pp. 15–24.

4. Polybius 30.5.6–8 cited in Berthold, *Rhodes in the Hellenistic Age*, p. 233.

5. Berthold, *Rhodes in the Hellenistic Age*, p. 146.

6. Ibid., p. 166.

7. Ibid., p. 199.

8. T. A. Kirk, *Genoa and the Sea: Policy and Power in an Early Modern Maritime Republic, 1559–1684*, Baltimore, MD: Johns Hopkins University Press, 2005, p. 141.

9. M. Salonia, *Genoa's Freedom: Entrepreneurship, Republicanism and the Spanish Atlantic*, Lanham, MD: Lexington Books, 2017.

10. S. A. Epstein, *Genoa and the Genoese: 958–1528*, Chapel Hill, NC: University of North Carolina, 1996, pp. 266–71, 276–9.

11. Ibid., p. 272, citing E. Ashtor, *The Levant Trade in the later Middle Ages*, Princeton, NJ: Princeton University Press, 1983, pp. 32–3.

12. Epstein, *Genoa and the Genoese*, pp. 274–5, 280–1.

13. Kirk, *Genoa and the Sea*, pp. 3–15.

14. Salonia, *Genoa's Freedom*, pp. 92–7, 125.

15. J. H. Parry, *The Spanish Seaborne Empire*, London: Hutchinson, 1966, pp. 39 and 43.

16. J. Burckhardt, *The Civilisation of Italy in the Renaissance*, London: Penguin, 1990, p. 73. 부르크하르트는 안드레아 도리아가 권력을 잡은 뒤 이러한 상황이 변했음을 인정했다.

17. Epstein, *Genoa and the Genoese*, pp. 296–7; Kirk, *Genoa and the Sea*, p. 101.

18. Epstein, *Genoa and the Genoese*, p. 314.

19. Salonia, *Genoa's Freedom*, p. 122.

20. Epstein, *Genoa and the Genoese*, pp. 315–18, 329–30.

21. Cited in Salonia, *Genoa's Freedom*, pp. 139 and 141.

22. L. Stagno, *Palazzo del Principe: The Villa of Andrea Doria*, Genoa: Sagep, 2005, pp. 1–54.

23. Salonia, *Genoa's Freedom*, p. 25: Kirk, *Genoa and the Sea*, pp. x–xi.

24. Kirk, *Genoa and the Sea*, pp. 100–1, 202.

25. Ibid., p. xii.

26. C. Cipolla, 'The Economic Decline of Italy', in C. Cipolla, ed., *The Economic Decline of Empires*, London: Methuen, 1970, pp. 196–215 at p. 215.

27. Kirk, *Genoa and the Sea*, p. x.

28. P. Burke, *The Fabrication of Louis XIV*, New Haven, CT, and London: Yale University Press, 1992, pp. 97–101, 162; S. B. Baxter, *William III and the Defense of European Liberty 1650–1702*, New York: Harcourt, Brace, 1966, p. 212; Kirk, *Genoa and the Sea*, p. 202.

29. Burke, *The Fabrication of Louis XIV*, p. 162. 이와 같은 표현의 의미는 야코프 부르크하르트가 낭트 칙령의 폐지를 국가에 통일성을 부여하기 위한 정치적 조치라고 평가한 것에서 잘 드러난다. 편집자 고트프리트 디츠가 언급했듯 부르크하르트는 루이의 프랑스를 "최고로 강압적인 권력을 문화의 거의 모든 면에 행사한 근대 국가의 완벽한 최초 사례"로 인식했다. 그러면서 루이의 국가는 "홀로, 단독으로 존재하는 가짜 유기 조직"이라는 주장을 인용했다. J. Burckhardt, Reflections on History, Indianapolis, IN: Liberty Classics, 1979, pp. 17 and 136.

30. P. Russell, *Prince Henry 'the Navigator'*, New Haven, CT, and London: Yale University Press, 2000. pp. 6–7, 70 참조. 러셀은 엔히크 왕자의 삶에서 중세 기사도 정신이 투철했던 십자군의 측면을 강조하면서 사그레스에 위치한 항해 학교를 비롯해 '항해자'로서의 신화 가운데 상당 부분을 무너뜨렸다.

31. Ng Chin-keong, *Boundaries and Beyond: China's Maritime Southeast in Late Imperial Times*, Singapore: National University of Singapore Press, 2016, p. 18.

32. R. Mathee, 'The Portuguese in the Persian Gulf: An Overview', in J. R. Marcris and S. Kelly, eds., *Imperial Crossroads: The Great Powers and the Persian Gulf*, Annapolis, MD: USNIP, 2012, p. 7.

33. Kirk, *Genoa and the Sea*, pp. 12, 14, 46.

34. E. Sanceau, *The Reign of the Fortunate King 1495–1521*, New York: Archon Books, 1969.

35. P. Pereira, *Torre de Belém*, London: Scala, 2005, pp. 17–22는 이 상징적 건물의 목적과 의미를 고찰한다. 리스본 외부를 방어하는 이 건물에서 가장 시선이 집중되는 위치에 밧줄, 매듭, 항해 도구를 기독교의 강력한 상징과 결합하여 배치했다.

36. J. V. Vivens, 'The Decline of Spain in the Seventeenth Century', in C. Cipolla, ed., *The Economic Decline of Empires*, London: Methuen, 1970, pp. 8 and 128.

37. C. R. Boxer, *Four Centuries of Portuguese Expansion, 1415–1825*, Berkeley, CA: University of California Press, 1969, p. 89.

38. Ibid., p. 10.

39. L. Th. Lehmann, 'The Polyeric Quest: Renaissance and Baroque Theories about Ancient Men of War', PhD thesis, Rotterdam, 1995, pp. 59–60.

40. 복사와 문서의 근대적 설정에 대해서는 A. S. Ribeiro가 소개한 다음을 참고. F. Oliviera, *Arte de Guerra do Mar: Estrategia e Guerra naval no Tempo dos Descombrimentos*, Lisbon:

Ediçöes 70 Lda.

41. Boxer, *Four Centuries of Portuguese Expansion*, pp. 47–8.

42. Ibid., pp. 49–53.

43. 포르투갈과 영국의 의존국 관계에 대한 고전적인 연구는 다음을 참고. A. D. Francis, *The Methuens and Portugal, 1691–1708*, Cambridge: Cambridge University Press, 1966, p. 268.

44. Boxer, *Four Centuries of Portuguese Expansion*, pp. 65–8.

45. Ibid., pp. 81–2, 87–8.

46. Ibid., p. 54.

제7장 대륙 해군력의 한계

1. 러시아와 중국의 경우 1950년대 이후 미 해군에 적절한 수준의 해군 위협이 존재해야 할 필요성에 따라서 처음에는 소련, 나중에는 중국의 해군 발전에 대해서 인상적인 연구가 지속되었다. 이러한 연구는 러시아와 중국 해군 조직과 자산에 대한 이해를 높였지만 그들의 의도를 잘못 해석했으며, 머핸이 주장한 해양 권력과 베네치아의 해양 세력을 뒤섞었다. 중국이 오랫동안 해상 활동을 이어왔지만 향후 '해양 세력'으로서 중국에 대한 논의는 중국 내에서나 서양에서나 역사적인 연구보다는 현대적인 관심사에 국한되었다. 이 주제와 관련된 진지한 역사적 연구는 다음을 참고. Ng Chin-keong, *Boundaries and Beyond: China's Maritime Southeast in Late Imperial Times*, Singapore: National University of Singapore Press, 2016.

2. J. H. Billington, *The Icon and the Axe: An Interpretative History of Russian Culture*, New York: Random House, 1970, p. 113.

3. 『해군과 국가(*Navies and Nations*)』를 비롯한 잔 글레테의 작품은 유럽의 이 현상과 민주주의 정치, 상업 확대, 국가 문화와의 연관성을 이해하는 데에 중요하다.

4. L. Hughes, *Russia in the Age of Peter the Great*, New Haven, CT, and London: Yale University Press, 1998, p. 25.

5. S. Willis, *Admiral Benbow: The Life and Times of a Naval Legend*, London: Quercus, 2010, pp. 236–46, 256.

6. J. Cracraft, *The Petrine Revolution in Russian Culture*, Cambridge, MA: Belknap Press/ Harvard University Press, 2004, pp. 45–52; S. B. Baxter, *William III and the Defense of European Liberty 1650–1702*, New York: Harcourt, Brace, 1966, p. 363.

7. Cracraft, *The Petrine Revolution in Russian Culture*, p. 54. 갑옷은 해군에 관한 상상과 완벽하게 부합한다. 당시 잉글랜드의 해군 영웅 벤보는 갑옷을 입고 있는 모습으로 그려졌다. Willis, *Admiral Benbow*, p. 253.

8. Cracraft, *The Petrine Revolution in Russian Culture*.

9. Ibid., frontispiece.

10. 표트르 대제의 전략에서 해군력의 역할에 대한 날카로운 평가는 다음을 참고. W. C.

Fuller, *Strategy and Power in Russia 1600–1914*, New York: Free Press, 1992, pp. 69–71.

11. Hughes, *Russia in the Age of Peter the Great*, pp. 3, 17–18.

12. Ibid., pp. 27–8, 49, 82.

13. Ibid., p. 29.

14. Ibid., pp. 31–2; C. A. G. Bridge, ed., 'Introduction' to *History of the Russian Fleet during the Reign of Peter the Great*, London: Navy Records Society, 1899, pp. xxi–xxii.

15. J. Cracraft, *The Petrine Revolution in Architecture*, Chicago, IL: University of Chicago Press, 1988, pp. 150, 173, 179, 181. 이 지역은 평균적으로 1년에 한 번 홍수가 난다.

16. Billington, *The Icon and the Axe*, pp. 181–3.

17. Cracraft, *The Petrine Revolution in Architecture*, pp. 119–21.

18. A. Kahan, *The Plow, the Hammer and the Knout: An Economic History of Eighteenth-Century Russia*, Chicago, IL: University of Chicago Press, 1985, pp. 87–8.

19. Cracraft, *The Petrine Revolution in Architecture*, pp. 208, 217, 220, 232.

20. Ibid., pp. 87–8; K. Zinovieff and J. Hughes, *Guide to St. Petersburg*, Woodbridge: Boydell & Brewer, 2003, pp. 67–86.

21. Kahan, *The Plow, the Hammer and the Knout*, pp. 86–8.

22. Cracraft, *The Petrine Revolution in Russian Culture*, pp. 90–1.

23. Ibid., pp. 132–8, 151–3, 155, 196. 1710년의 발언이다.

24. A. Cross, *By the Banks of the Neva: Chapters from the Lives and Careers of the British in Eighteenth-Century Russia*, Cambridge: Cambridge University Press 1999, p. 333, citing F. C. Weber, *The Present State of Russia: Volume 1*, London, 1723, p. 4.

25. 이 선박을 비롯해 당대의 모든 러시아 전함의 수명이 짧았던 것에 대해서는 다음을 참고. Cracraft, *The Petrine Revolution in Architecture*, pp. 228–9; J. Tredrea and E. Sozaev, *Russian Warships in the Age of Sail, 1696–1860: Design, Construction, and Fates*, Barnsley: Seaforth, 2010, p. 115.

26. Hughes, *Russia in the Age of Peter the Great*, pp. 41–2.

27. Ibid., pp. 83–6.

28. Tredrea and Sozaev, *Russian Warships in the Age of Sail*, pp. 110–11. 차르가 설계 작업을 했지만 건조는 잉글랜드인들이 수행했다.

29. Hughes, *Russia in the Age of Peter the Great*, p. 87.

30. Ibid., pp. 82, 87–8, plate 19; G. Kaganov, 'As in the Ship of Peter', *Slavic Review*, no. 50 (1991), pp. 754–67.

31. Bridge, ed., *History of the Russian Fleet*, pp. 84–9, 102–5; Hughes, *Russia in the Age of Peter the Great*, pp. 83–5.

32. Hughes, *Russia in the Age of Peter the Great*, p. 89.

33. Fuller, *Strategy and Power in Russia*, pp. 69–71.

34. Hughes, *Russia in the Age of Peter the Great*, p. 466. 밀류코프의 주장은 당대 러시아의 해군 증강을 반영한 것으로 보인다.

35. 러시아는 HMS Victory의 복제를 8개 만들었다. Tredrea and Sozaev, *Russian Warships in*

the Age of Sail, pp. 151–5.

36. Cracraft, *The Petrine Revolution in Architecture*, pp. 208–9, 227.

37. A. D. Lambert, *The Crimean War: British Grand Strategy against Russia, 1853–1856*, Farnham: Ashgate, 2011.

38. Zinovieff and Hughes, *Guide to St. Petersburg*, pp. 382–90.

39. Cracraft, *The Petrine Revolution in Architecture*, p. 197.

40. Hughes, *Russia in the Age of Peter the Great*, p. 203.

41. Ibid., p. 207.

42. Ibid., pp. 212–16, 265.

43. Ibid., p. 237.

44. Cracraft, *The Petrine Revolution in Russian Culture*, pp. 12–16, 254–5.

45. Ibid., pp. 3, 35, 39.

46. Hughes, *Russia in the Age of Peter the Great*, p. 85; Cracraft, *The Petrine Revolution in Russian Culture*, pp. 50, 57, 61에는 1718년 4월 표트르 대제의 지시가 인용되어 있다.

47. Cracraft, *The Petrine Revolution in Russian Culture*, pp. 63–4.

48. Ibid., pp. 69–70.

49. Ibid., pp. 79–87, 210–19.

50. Hughes, *Russia in the Age of Peter the Great*, p. 231.

51. L. Salmina-Haskell, *Panoramic Views of St Petersburg from 1716 to 1835*, Oxford: Ashmolean, 1993, unpaginated.

52. Cross, *By the Banks of the Neva*, pp. 279–80, 297.

53. Cracraft, *The Petrine Revolution in Architecture*, pp. 189–90. 표트르 대제는 판 더 펠더의 일부 작품을 얻었으나 그 영향력은 인정하지 않았다.

54. 차르는 유럽 순회의 일환으로 국가 방문을 계획했으며, 빈에 머무는 동안 지인인 멘시코프 대공과 함께했을 가능성이 있다. 멘시코프도 베네치아 예술의 후원자가 되었다. S. Androsov, 'Peter the Great's St. Petersburg: Between Amsterdam and Venice', in S. Androsov, I. Artemieva, I. Boele and J. Rudge, *Venezia! Art of the 18th Century*, London: Lund Humphries, 2005, pp. 38–66.

55. I. Artemieva, 'Russia and Venetian Artists in the Eighteenth Century', in Androsov et al., *Venezia!*, pp. 67–93.

56. Cracraft, *The Petrine Revolution in Architecture*, pp. 224–5. 판화는 E. 비노그라도프가, 그림은 M. I. 마카예프가 그렸다. Salmina-Haskell, *Panoromic Views of St Petersburg*, 그림 9 및 10과 표제어는 마카예프. 두 사람 모두 선박의 중요성은 간과했다.

57. Artemieva, 'Russia and Venetian Artists in the Eighteenth Century', pp. 90–2.

58. Cross, *By the Banks of the Neva*, pp. 310, 315 and 322–3. N. Penny, *Reynolds*, London: The Royal Academy, 1986, pp. 35–6, 51, 312–3, 349 and 151.

59. Cross, By the Banks of the Neva, pp. 322–3, and A. Cross, 'Richard Paton and the Battle of Chesme', *Study Group on Eighteenth-Century Russia Newsletter*, no. 14 (1986), pp. 31–7. 메달은 대영 박물관에 소장되어 있다.

60. Billington, *The Icon and the Axe*, pp. 361–5.

61. Tredrea and Sozaev, *Russian Warships in the Age of Sail*, p. 216. 거의 모든 전함을 폐기해야 했다.

62. Billington, *The Icon and the Axe*, pp. 370–3. 아이바좁스키 회화의 수와 규모를 고려하면 진정으로 영웅으로 추앙할 만하다. 예를 들어 "폭풍"의 경우 망망대해에서 인간의 나약함을 강조하며 "아홉 번째 파도"는 요한계시록에 나오는 최후의 홍수를 묘사한다. 최근 러시아 과두정에서 옛 정부의 기념품을 앞다투어 모으면서 민족주의 정신이 담긴 아이바좁스키 그림의 경매가가 치솟았다.

63. Billington, *The Icon and the Axe*, p. 482.

64. Hughes, *Russia in the Age of Peter the Great*, pp. 145–8; R. H. Fisher, *Bering's Voyages*, London: Hurst, 1977, pp. 156–9.

65. Kahan, *The Plow, the Hammer and the Knout*, p. 167; Hughes, *Russia in the Age of Peter the Great*, p. 149.

66. Cross, *By the Banks of the Neva*, p. 352, from W. Coxe, *Travels into Poland, Russia, Sweden and Denmark*, 5th edn, London, 1802, vol. III, pp. 193, 135, 131, 158.

67. Hughes, *Russia in the Age of Peter the Great*, pp. 150–5; Kahan, *The Plow, the Hammer and the Knout*, pp. 136, 247–9.

68. Bridge, ed., *History of the Russian Fleet*, p. 109.

69. Kahan, *The Plow, the Hammer and the Knout*, pp. 285–6, 295–8.

70. Ibid., pp. 197–203; Cross, *By the Banks of the Neva*, pp. 355–6.

71. 캐나다 목재와 해군 물자는 다음을 참고. Cross, *By the Banks of the Neva*, pp. 47–9; J. Davey, *The Transformation of British Naval Strategy: Seapower and Supply in Northern Europe, 1808–1812*, Woodbridge: Boydell Press, 2012, ch. 1; A. D. Lambert, *The Challenge: Britain Against America in the Naval War of 1812*, London: Faber, 2012, p. 388, 목재 정책은 다음을 참고. A. D. Lambert, *The Last Sailing Battlefleet, 1815–1850*, London: Conway, 1991, pp. 108–24.

72. Kaha, *The Plow, the Hammer and the Knout*, p. 166.

73. Cross, *By the Banks of the Neva*, pp. 68, 73–8, citing Kaplan, 'Russia's Impact on the Industrial Revolution in Great Britain', in *Forschungen zur Osteuropaischen Geschichten*, vol. XXIX, Berlin, 1981, p. 9.

74. Hughes, *Russia in the Age of Peter the Great*, p. 56.

75. Cracraft, *The Petrine Revolution in Russian Culture*, p. 94, citing M. S. Anderson, *War and Society in Europe of the Old Regime, 1618–1789*, London: Fontana, 1988, pp. 94, 96, 99.

76. 표트르 대제 서거 후 항해에 적합하지 않은 전함의 보유에 대해서는 다음을 참고. Tredrea and Sozaev, *Russian Warships in the Age of Sail*, pp. 115–17., W. Sharp, *Life of Admiral Sir William Symonds*, London: Longmans, 1856, pp. 238–51.

77. Cracraft, *The Petrine Revolution in Russian Culture*, pp. 94–5, citing J. Glete, *Navies and Nations: Warships, Navies and State Building in Europe and America, 1500–1860*, Stockholm: Almqvist and Wisksell, 1993, pp. 196–7, and his essay in J. Black, ed., *War in*

the Early Modern World, New Haven, CT, and London: Yale University Press, 1999, pp. 44–6에서는 표트르 대제가 전함을 신중하게 사용했음을 강조한다. 이는 핀란드 육군과 함께 연안의 자원을 매우 적극적으로 활용한 것과 극명한 대조를 이룬다.

78. Cross, *By the Banks of the Neva*, pp. 176–7.

79. Cracraft, *The Petrine Revolution in Russian Culture*, pp. 301–9.

80. Ibid., pp. 54–6

81. Bridge, ed., *History of the Russian Fleet*, p. 114. 1725년까지 내러티브를 이어가는 서명은 PRO SP XCI 9, ff107에 있으며 딘이 작성한 것으로 확인되었다. D. Bonner-Smith, *Mariner's Mirror*, vol. XX (1934), pp. 373–6. 본네르-스미스는 당시 해군 도서관의 사서였다.

82. Glete, *Navies and Nations*, Table 22/24, pp. 235–6.

83. 이 보고는 정보 의견서로 작성된 것이 분명하다.

84. Bridge, ed., *History of the Russian Fleet*, pp. 103–4, 116, 126–7.

85. Cross, *By the Banks of the Neva*, pp. 50–3. See D. K. Reading, T*he Anglo-Russian Commercial Treaty of 1734*, New Haven, CT, and London: Yale University Press, 1938, pp. 96–7.

86. R. Morriss, *Science, Utility and Maritime Power: Samuel Bentham in Russia, 1779–1791*, Farnham: Ashgate, 2015, pp. 51–2, 59, 219–21.

87. Bridge, 'Introduction', *History of the Russian Fleet*, p. xxii.

88. P. Burke, *The Fabrication of Louis XIV*, New Haven, CT, and London: Yale University Press, 1992, p. 172; Cracraft, *The Petrine Revolution in Architecture*, pp. 158, 185.

89. Cracraft, *The Petrine Revolution in Architecture*, p. 18.

90. Cross, *By the Banks of the Neva*, p. 222. 크로스는 찰스 놀스의 논문에 기반한 1775년 보고서를 인용한다. '해상'이라는 단어는 구체적인 의미를 지니며, 국가와 바다의 총체적인 연관성을 지칭한다.

91. S. G. Gorshkov, *The Sea Power of the State*, Annapolis, MD: USNIP, 1979, pp. 135, 178–9, 189, 217, 253, 281 (인용). 고르시코프의 의중에 대해서 유익한 대화를 나눠준 2017년 옥스퍼드 대학교 허드슨 펠로우인 크리스 오플래허티에게 큰 도움을 받았다.

제8장 잉글랜드

1. 이 과정은 별도로 연구해야 할 정도로 방대한 주제이며 여기에서는 대략적으로 살펴볼 수 있을 뿐이다. G. O'Hara, *Britain and the Sea since 1600*, Basingstoke: Palgrave Macmillan, 2010, and J. Scott, *When the Waves Ruled Britannia: Geography and Political Identities 1500–1800*, Oxford: Oxford University Press, 2011은 지난 50년 동안 전쟁, 정책, 정체성에 대한 영국의 저작물을 지배했던 유럽 중심의 육지적 접근을 중요하고 특별한 방식으로 바로 잡아준다.

2. G. F. Warner, ed., *The Libelle of Englyshe Polycye*. London: Oxford University Press, 1926, p. xvi.

3. A. D. Lambert, *Crusoe's Island*, London: Faber, 2016, pp. 8–11.

4. S. Thurley, 'The Vanishing Architecture of the River Thames', in S. Doran and R. Blyth, eds., *Royal River: Power, Pageantry and the Thames*, Greenwich: Royal Museums, 2012, pp. 20–5 at p. 20. 건축물로서 왕실 공창의 위용에 대해서는 다음을 참고. J. G. Coad, *The Royal Dockyards 1690–1850*, Aldershot: Scolar Press, 1989, and D. Evans, *Building the Steam Navy: Dockyards, Technology and the Creation of the Victorian Battlefleet, 1830–1906*, London: Conway, 2004.

5. A. F. Falconer, *Shakespeare and the Sea*, London: Constable, 1964, p. 2; *Cymbeline* 3.1.13; 또한 다음을 참고. A. F. Falconer, *A Glossary of Shakespeare's Sea and Naval Terms including Gunnery*, London: Constable, 1965. 저자인 알렉산더 팰코너는 해군 장교였으며 영문학 교수가 되었다.

6. D. A. Lupher, *Romans in a New World: Classical Models in Sixteenth-Century Spanish America*, Ann Arbor, MI: University of Michigan Press, 2003, pp. 176 and 186.

7. J. Sureda, *The Golden Age of Spain*, New York: Vendome Press, 2008, p. 148.

8. 카를이 왕이자 신성 로마 제국의 황제로 다스리는 동안 스페인은 새로운 로마인으로서 의 이데올로기를 발전시켰다. 이와 같이 구성된 정체성은 아메리카 대륙과 북아프리카 정 복을 합리화하는 데에 보탬이 되었다. 두 지역은 연결되어 있었다. 아스테카 제국의 정복 자 에르난 코르테스는 북아프리카에서 군인으로서의 경력을 마무리했다. 로마에 비유하 는 경향은 펠리페 2세가 다스리는 동안에는 덜해졌지만, 잉글랜드와 장기간에 걸쳐 전쟁 을 치르는 동안 강하게 남아 있었다.

9. Sureda, *The Golden Age of Spain*, pp. 43–9; H. J. Horn, *Jan Cornelisz Vermeyen: Painter of Charles V and his Conquest of Tunis*, New York: Davaco Publishers, 1989.

10. G. Parker, *The Grand Strategy of Philip II*, New Haven, CT, and London: Yale University Press, 1998, pp. 27 and 275.

11. 해클루트는 라무시오의 저작물을 본보기로 삼은 반면 롤리 경은 투키디데스를 이용했 다. 투키디데스는 엘리자베스 여왕 시대의 잉글랜드에서 여왕부터 수상, 마술사 존 디에 이르기까지 알두스 판으로 그리스어 문헌을 읽던 지도층에게 잘 알려져 있었다.

12. M. Bellamy, *Christian IV and his Navy: A Political, and Administrative History of the Danish Navy, 1596–1648*, Leiden: Brill, 2006, pp. 37 and 156. Plate 4, 1623년 아이작 아이 작스가 그린 "소리의 은유"는 훗날 잉글랜드의 고전적인 해양 세력 모티프가 되는 분명한 모형을 제공한다. 또한 다음을 참고. R. Strong, *Henry, Prince of Wales and England's Lost Renaissance*, London: Thames and Hudson, 1986, pp. 57–9, plates 11–14.

13. A. R. Young, *His Majesty's Royal Ship: A Critical Edition of Thomas Heywood's 'A True Description of his Majesties Royall Ship'*, New York: AMS Press, 1990. 영은 투키디데스나 페리클레스를 언급하지 않았다.

14. J. S. Corbett, *England in the Mediterranean: A Study of the Rise and Influence of British Power within the Straits, 1603–1713*, vol. 1, London: Longman and Co., 1904, pp. 196–7.

15. George Villiers, 2nd Duke of Buckingham, *A Letter to Sir Thomas Osborn*, London, 1672, p. 11.

16. S. Thurley, 'The Vanishing Architecture of the River Thames', in Doran and Blyth,

eds.,*Royal River*, pp. 20–5 at p. 25.

17. *King Charles II visiting the fleet in the Thames Estuary, 5 June 1672*. R. Daalder, *Van de Velde and Son: Marine Painters*, Leiden: Primavera Press, 2016, p. 145, picture at p. 154.

18. Sir Richard Edgecumbe: ibid., p. 163. 또한 에드워드 러셀 제독이 아들 판 더 펠더에게, 조지 빙 제독이 피터 모나미에게 활발하게 의뢰한 것은 이러한 추세를 반영한 것이다.

19. Daalder, *Van de Velde and Son*, pp. 142–3.

20. 나폴리의 안토니오 베리오는 바로크의 풍부한 우화적인 고전주의를 충분히 활용하여 국제 무대에서 군주의 위상을 강조했다. C. Brett, 'Antonio Verrio (c. 1636–1707): His career and surviving work', *The British Art Journal*, vol. 10, no. 3(Winter/Spring 2009–10), pp. 4–17. 찰스는 "찰스 2세의 해상 승리"에 비용을 지불하지 않았으나 제임스 2세가 1688년 지불했다.

21. P. Crowhurst, *The Defence of British Trade 1689–1815*, Folkestone: Dawson, 1977, ch. 2: 'The Organisation of Convoys and their Departure', pp. 43–80.

22. P. Brandon, *War, Capital, and the Dutch State (1588–1795)*, Leiden: Brill, 2015, p. 35.

23. 아들 판 더 펠더는 연합국 함대의 사령관을 지냈으며 1688년 명예혁명을 이끈 에드워드 러셀 제독(훗날 오포드 경에 오름)을 위해서 일했다. 그는 러셀 제독의 기함, 라우그에서의 승리, 러셀의 영광을 드러낼 만한 다른 증거를 그림에 담아냈다. 5점의 회화가 가문에 남아 있다. Daalder, *Van de Velde and Son*, pp. 170–5.

24. Mahan, *The Influence of Sea Power upon History*, p. 225.

25. C. E. Levillian,'William III's Military and Political Career in Neo-Roman Context, 1672–1702', *The Historical Journal*, vol. 48 (2005), pp. 337–9.

26. P. O'Brien, 'Fiscal Exceptionalism: Great Britain and its European rivals from Civil War to triumph at Trafalgar and Waterloo', in D. Winch and P. O'Brien, eds., Oxford: Oxford University Press, 2002, p. 250; J. Brewer, *The Sinews of Power: War, Money, and the English state, 1688–1783*, Cambridge, MA: Harvard University Press, p. 90.

27. S. B. Baxter, *William III and the Defense of European Liberty 1650–1702*, New York: Harcourt, Brace, 1966, pp. 367–88.

28. 베리오가 엑서터 백작을 위해서 벌리에서 그린 천정 벽화는 걸작으로 손꼽힌다. J. Musson, 'Laughing with the Gods: The Heaven Room at Burghley', *Country Life* (5 July 2017), pp. 80–4; Daalder, *Van de Velde and Son*, p. 166.

29. B. Ford, ed., *The Cambridge Cultural History of Britain: Seventeenth-Century Britain*, Cambridge: Cambridge University Press, 1989. 베리오와 그림의 특징, 판 더 펠더 부자에 대해서 언급되어 있지 않다. 덴마크의 조지 왕자 초상화에 대해서는 다음을 참고. S. Thurley, *Hampton Court: A Social and Architectural History*, New Haven, CT, and London: Yale University Press, 2003, pp. 199–200, 213 and 419. 베리오가 그린 찰스 2세를 바탕으로 한 것에 대해서는 다음을 참고. P. Burke, *The Fabrication of Louis XIV*, New Haven, CT, and London: Yale University Press, 1992.

30. J. Bold, *Greenwich: An Architectural History of the Royal Hospital for Seamen and the Queen's House*, New Haven, CT, and London: Yale University Press, 2000, pp. 95–104 and 145.

31. 잉글랜드의 해상 예술가이자 채널 제도 출신인 피터 모나미는 도착한 조지의 모습을 그렸다. F. B. Cockett, *Peter Monamy 1681–1749 and his Circle*, Woodbridge: Antique Collectors Club, 2000, pp. 52–3, 55.

32. Bold, *Greenwich*, pp. 132–72.

33. Lord Bolingbroke, *Letters on the Use and Study of History*, Letter V.

34. I. Krammick, *Bolingbroke and his Circle: The Politics of Nostalgia in the Age of Walpole*, Cambridge, MA: Harvard University Press, 1968, pp. 34–6.

35. B. Simms, *Three Victories and a Defeat: The Rise and Fall of the First British Empire, 1714–1783*, London: Penguin, 2007, pp. 204–7. 영국이 제국 세력으로서 부상하는 데에 유럽이 중요한 역할을 했다는 심스의 주장은 잘 구성되었지만, 이는 기본적으로 유럽에 대해서는 부정적인 의제와 그 너머의 세계에는 매우 긍정적인 접근을 결합한 것으로 시티 오브 런던, 동인도회사, 기타 상업적 이익이 국가 정책에 미치는 영향력을 과소평가한다.

36. 소포니스바는 제2차 카르타고 전쟁의 마지막 위기 때에 연로한 누미디아 왕과 결혼하게 되었다. R. Miles, *Carthage Must Be Destroyed: The Rise and Fall of an Ancient Civilisation*, London: Allen Lane, 2010, p. 309.

37. D. Armitage, *The Ideological Origins of the British Empire*, Cambridge: Cambridge University Press, 2000, p. 173. 루이스 마운트배튼 경은 1945년 일본이 싱가포르를 포기했을 때 "브리타니아여, 지배하라"를 부르도록 했다. A. Jackson, *The British Empire and the Second World War*, London: Continuum, 2008, p. 459.

38. Krammick, *Bolingbroke and his Circle*, pp. 148–9; H. T. Dickinson, *Bolingbroke*, London: Constable, 1970, pp. 305–6.

39. P. Rahe, *Montesquieu and the Logic of Liberty: War, Religion, Commerce, Climate, Terrain, Technology, Uneasiness of Mind, the Spirit of Political Vigilance, and the Foundations of the Modern Republic*, New Haven, CT, and London: Yale University Press, 2009, pp. 3–61, esp. p. 59. 롤리 경은 『세계사(*History of the World*)』(1614) 제2권에서 "로마와 카르타고 전쟁에서 해양 세력의 중요성은 잉글랜드와 스페인의 갈등에서도 드러난다"라고 밝히면서 연관성을 처음 제시했다.

40. Mahan, *The Influence of Sea Power upon History*, pp. 25–89. 또한 머핸은 그자비에 레이먼드를 비롯해 19세기 프랑스 이론가들의 도움을 얻었다.

41. Simms, *Three Victories and a Defeat*, pp. 469–73; J. Marsden, ed., *The Wisdom of George III*, London: Royal Household, 2004; A. Russett, *Dominic Serres R.A. 1719–1793*, Woodbridge: Antique Collector's Club, 2001.

42. S. Conway, *The War of American Independence, 1775–1783*, London: Longman, 1995; V.T. Harlow, *The Founding of the Second British Empire 1763–1793, Vol. II: New Continents and Changing Values*, London: Longmans, 1964.

43. Canning Speech at Liverpool, 10 January 1814: G. Canning, *Speeches of the Right Hon. George Canning delivered on Public Occasions in Liverpool*, Liverpool: Thomas Kaye, 1835, p. 106, full speech at pp. 81–112.

44. L. Colley, *Britons: Forging the Nation 1707–1837*, New Haven, CT, and London: Yale

University Press, 1992는 영국이라는 국가의 정체성 형성에 전쟁과 해외 무역이 미친 중추적인 역할을 강조하며 이러한 정체성이 1793-1815년 프랑스 혁명기와 나폴레옹 통치 시기에 프랑스와 주로 해상에서 벌어진 전면전을 지속하는 역할을 했다고 주장한다. M. Lincoln, *Representing the Royal Navy: British Sea Power 1750–1815*, Aldershot: Ashgate, 2003은 해석에 이론의 여지가 있는 조지 왕조 시대의 해군을 고찰하며 국민 생활에 해군 조직이 중요한 역할을 했음을 강조한다. A. D. Lambert, *Nelson: Britannia's God of War*, London: Faber and Faber, 2004는 영국의 국가적 영웅이 해양 강국의 토템으로 그려지는 과정을 살펴본다. T. Jenks, *Naval Engagements: Patriotism, Cultural Politics, and the Royal Navy 1793–1815*, Oxford: Oxford University Press, 2006은 구체적으로 해군 관련 맥락에서 콜리의 접근을 발전시킨다.

45. R. Muir, *Wellington: Waterloo and the Fortunes of Peace, 1814–1852*, New Haven, CT, and London: Yale University Press, 2015, p. 106.

46. 판 더 펠더 이후 영국의 해양 예술은 다음을 참고. E. Hughes, ed., *Spreading Canvas: Eighteenth-Century British Marine Painting*, New Haven, CT, and London: Yale University Press, 2016.

47. F. G. H. Bachrach, *Turner's Holland*, London: Tate Gallery, 1994. 트롬프는 가장 선호받는 대상이었다.

48. J. Ruskin, *Modern Painters: Vol. I*, London: Smith, Elder, 1843. 쿡과 웨더번의 '도서관판'에서 이 문서는 제3권 112-113쪽에 있다. 클로드의 작품은 이미 런던 내셔널 갤러리에 걸려 있었다. 매우 유사한 근대 저작물은 다음을 참고. E. Shanes, *Young Mr Turner: J. M. W. Turner, A Life in Art. The First Forty Years, 1775–1815*, New Haven, CT, and London: Yale University Press, 2016, pp. 454–6.

49. 터너는 이 그림을 내셔널 갤러리에서 클로드의 작품 맞은편에 걸도록 했으며 지금도 그가 지시한 대로 전시되어 있다.

50. Murray to Wellington, 19 September 1845: WND 2/132/82. Wellington Papers, Hartley Library, University of Southampton.

51. J. Ruskin, *Harbours of England*, London: Smith, Elder, 1856, p. 25. 이 문서에는 터너의 그림을 판화로 만든 영국의 항구 경관 연작이 소개되어 있다.

52. 상징적 선박에 대한 논의는 다음을 참고. A. D. Lambert, 'The Power of a Name: Tradition, Technology and Transformation', in R. J. Blyth, A. Lambert and J. Rüger, eds., *The Dreadnought and the Edwardian Age*, Farnham: Ashgate, 2011, pp. 19–28.

53. J. Rüger, *The Great Naval Game: Britain and Germany in the Age of Empire*, Cambridge: Cambridge University Press, 2007.

54. Sir P. Moon, *The British Conquest and Dominion of India*, London: Duckworth, 1989, p. 11.

55. A. Roland, W. J. Bolster and A. Keyssar, *The Way of the Ship: America's Maritime History Re-envisioned, 1600–2000*, Hoboken, NJ: John Wiley and Sons Inc., 2008, 1817년 미국의 한 해양 국면이 종료된 날이다.

56. R. H. Kohn, *Eagle and Sword: The Beginnings of the Military Establishment in America*, New York: Free Press, 1975.

57. P. E. Pedisich, *Congress Buys a Navy: Economics, and the Rise of American Naval Power, 1881–1921*, Annapolis, MD: USNIP, 2016; J. Barlow, *The Revolt of the Admirals: The Fight for Naval Aviation 1945–1950*, Annapolis, MD: USNIP, 1994.

58. E. P. Brenton, *The Naval History of Great Britain*, London: Henry Colburn, 1825, vol. 5, pp. 199–205, and A. D. Lambert, 'Winning without Fighting: British Grand Strategy and its Application to the United States, 1815–1865', in B. Lee and K. Walling, eds., *Strategic Logic and Political Rationality: Essays in Honour of Michael J. Handel*, Newport, RI: United States Naval War College, 2003, pp. 164–95.

59. Lambert,'Winning without Fighting', p. 176.

60. A. D. Lambert, 'Creating Cultural Difference: The Military, Political and Cultural Legacies of the War of 1812', in A. Forrest, K. Hagemann and M. Rowe, eds., *War, Demobilization and Memory: The Legacy of War in the Era of Atlantic Revolutions*, London: Palgrave Macmillan, 2016, pp. 303–19.

61. W. H. Truettner and A. Wallach, eds., *Thomas Cole: Landscape into History*, New Haven, CT, and London: Yale University Press, 1994. 터너의 "카르타고 그림"과의 연관성은 분명했다. 모토는 바이런 경의 "차일드 해럴드" pp. 91-92에서 빌려 온 것이다.

62. D. Loveman, *No Higher Law: American Foreign Policy and the Western Hemisphere since 1776*, Chapel Hill, NC: University of North Carolina Press, 2010, pp. 100–14.

63. Roland, et al., *The Way of the Ship*.

64. F. J. Turner, 'The Significance of the Frontier in American History', in J. M. Faragher, ed., *Rereading Frederick Jackson Turner*, New Haven, CT, and London: Yale University Press, 1998, pp. 30–60, at pp. 33, 43 and 59. 앞장서서 대륙 확장을 주장한 앤드루 잭슨 대통령의 이름을 딴 인물이 이러한 주장을 개진한 것은 놀라운 일이 아니다.

65. Faragher, ed., 'Introduction', *Rereading Frederick Jackson Turner*, p. 10.

66. Mahan to Jameson, 21 July 1913: R. Seager and D. D. Macguire, *Letters and Papers of Alfred Thayer Mahan*, 3 vols., Annapolis, MD: USNIP, 1975, Vol. 3, pp. 504–5; Seager, *Alfred Thayer Mahan*, p. 596. 머핸과 터너는 서로를 알고 있었다. ibid., pp. 438–9, and Seager and Macguirem, Vol. 3, pp. 240 and 244. 터너는 머핸이 1903년 해양 권력 관련 논문을 발표한 장소인 미국 해전 칼리지에서 강연했다. R. A. Billington, *Frederick Jackson Turner: Historian, Scholar, Teacher*, New York: Oxford University Press, 1973, p. 486.

67. 헨리 존 템플(제2대 파머스턴 자작, 1784-1865)은 1805-1828년 공직에 있었으며 1830-1841년, 1846-1851년에는 외무 장관을, 1855-1865년에는 총리를 지냈다.

68. Lambert,'Winning without Fighting', p. 177.

69. D. Ahn, 'From "jealous emulation" to "cautious politics": British Foreign Policy and Public Discourse in the Mirror of Ancient Athens (ca. 1730–ca. 1750)', in D. Onenkink and G. Rommelse, eds., *Ideology and Foreign Policy in Early Modern Euorpe (1650–1750)*, Farnham: Ashgate Press, 2011, pp. 93–130.

70. 이 접근 방식은 독일과 미국을 비롯해 널리 모방되었다.

71. Mahan, *The Influence of Sea Power upon History*, p. 67.

72. John Thaddeus Delane to William Howard Russell, 11 November 1861, in *History of 'The Times'*, Vol. II, London: Times Newspapers, 1939, p. 373. 1846-1848년 런던 주재 미 대사였던 조지 뱅크로프트는 파머스턴과 딜레인이 잘 아는 인물이었으며 1812년 전쟁에서 미국의 승리 신화를 주창하는 역사를 만들어냈다. 이를 통해서 그는 미국의 식자층이 또다른 전쟁의 결과에 대해서 비현실적 의견을 가지도록 조장하여 영국과 미국 사이에 적대감을 키우는 데에 일조했다.

73. Loveman, *No Higher Law*, pp. 140–9.

74. E. Gibbon, *The Decline and Fall of the Roman Empire*. 미국 독립 전쟁 중에 당대 영국 정치인들에게 제국의 쇠락 모형을 교육할 목적으로 집필된 책이다. R. Porter, *Gibbon*, London: Weidenfeld & Nicolson, 1988.

75. C. E. Behrman, *Victorian Myths of the Sea*, Athens, OH: Ohio University Press, 1977, pp. 91–109.

76. A. D. Lambert, 'The Magic of Trafalgar: The Nineteenth-Century Legacy', in D. Cannadine, ed., *Trafalgar in History: A Battle and its Aftermath*, London: Palgrave, 2006, pp. 155–74.

77. H. Brogan, *Alexis de Tocqueville: A Life*, New Haven, CT, and London: Yale University Press, 2006, p. 274.

78. A. de Tocqueville, *Democracy in America*는 휘그 당의 지성인 헨리 리브의 번역으로 1835년 영어 번역본이 발간되었다.

79. 실리의 저서에서 빅토리아 시대 후기의 제국에 대해서는 다음을 참고. M. Bentley, *Modernizing England's Past: English Historiography in the Age of Modernism 1870–1970*, Cambridge: Cambridge University Press, 2005, pp. 70–5., J. Burrow, *A Liberal Descent*, Cambridge: Cambridge University Press, 1981, pp. 231–50.

80. D. Wormell, *Sir John Seeley and the Uses of History*, Cambridge: Cambridge University Press, 1980, pp. 41–2; J. R. Seeley, *The Expansion of England*, London: Macmillan, 1883, pp. 1, 43, 89–97.

81. 기선, 철도, 전신.

82. J. R. Seeley, *The Expansion of England*, London: Macmillan, 1883, pp. 288, 291–2, 300–1.

83. Wormell, *Sir John Seeley and the Uses of History*, pp. 129, 154–6, 179–80.

84. Seager, *Alfred Thayer Mahan*, pp. 68, 205, 430, 642. 1870년대 머핸은 실리의 그리스도 연구인 「에케 호모(*Ecce Homo*)」를 읽었으며 특히 이 책에 해양 세력 논지에 영감을 준 공로를 돌렸다. 머핸의 「아시아의 문제(*The Problem of Asia*)」(1900)에 드러난 러시아 혐오 역시 실리에게서 영향을 받은 것이다.

85. H. J. Mackinder, 'The Geographical Pivot of History', *The Geographical Journal*, vol. XXIII (1904).

86. J. S. Corbett, 'The Sea Commonwealth', in A. P. Newton, ed., *The Sea Commonwealth and other Essays*, London: J. M. Dent and Sons, 1919, pp. 1–10.

87. A. D. Lambert, ' "This Is All We Want": Great Britain and the Baltic Approaches 1815–

1914', in J. Sevaldsen, ed., *Britain and Denmark: Political, Economic and Cultural Relations in the 19th and 20th Centuries*, Copenhagen: Tusculanum Press, 2003, pp. 147–69.

88. Lambert, 'Winning without Fighting'.

89. A. D. Lambert, 'Wirtschaftliche Macht, technologischer Vorsprung und Imperiale Stärke: GrossBritannien als einzigartige globale Macht: 1860 bis 1890', in M. Epkenhans and G.P. Gross, *Das Militär und der Aufbruch die Moderne 1860 bis 1890*, Munich: Oldenbourg, 2003.

90. 제국주의 무대에서 해군의 경쟁력에 대해서는 다음을 참고. Rüger, *The Great Naval Game*.

91. 독일의 패권 야망에 대해서는 다음을 참고. J. G. C. Röhl, *The Kaiser and his Court: Wilhelm II and the Government of Germany*, Cambridge: Cambridge University Press, 1994, pp. 162–89, esp. pp. 174–6.

92. "신 해군"을 처음으로 외교적으로 활용한 것은 브라질에게 경제적 양보를 얻어내기 위해서였다. S. C. Topik, *Trade and Gunboats: The United States and Brazil in the Age of Empire*, Stanford, CA: Stanford University Press, 1997.

93. M. R. Shulman, *Navalism and the Emergence of American Naval Power: 1882–1893*, Annapolis, MD: USNIP, 1993.

94. A. Anderson, unpublished PhD Thesis; L. M. Gelber, *The Rise of Anglo-American Friendship, 1898–1906*, Oxford: Oxford University Press, 1938, pp. 134–5.

95. D. French, *British Strategy and War Aims: 1914–1916*, London: Unwin Hyman, 1986, pp. 103–12.

96. 미국법은 대형 순양함에 주의 이름을 붙이도록 규정한다.

97. W. J. Reissner, *The Black Book: Woodrow Wilson's Secret Plans for Peace*, Lanham, MD: Lexington Books, 2012.

98. A. Link, ed., *Woodrow Wilson Papers: Volume 55*, Princeton, NJ: Princeton University Press, 1982, pp. 160–2.

99. Pedisch, *Congress Buys a Navy*.

100. D. Todman, *Britain's War: Into Battle 1937–1941*, New York: Oxford University Press, 2016. 처칠의 장밋빛 버전에 정곡을 찌른다.

101. A. Boyd, *The Royal Navy in Eastern Waters: Linchpin of Victory 1935–1942*, Barnsley: Seaforth, 2017은 영국 왕립 해군의 쇠락에 대한 오래된 신화를 철저하게 무너뜨린다.

102. J. R. Davidson, *The Unsinkable Fleet: The Politics of U.S. Navy Expansion in World War II*, Annapolis, MD: USNIP, 1996.

103. Barlow, *The Revolt of the Admirals*, 1994.

제9장 오늘날의 해양 세력

1. Ng Chin-keong, *Boundaries and Beyond: China's Maritime Southeast in Late Imperial*

Times, Singapore: National University of Singapore Press, 2016.

2. A. T. Mahan, *The Problem of Asia*, Boston: Little, Brown, 1900, p. 38. Corbett concurred in 'The Capture of Private Property at Sea', *The Nineteenth Century* (June 1907), reprinted in A. T. Mahan, ed., *Some Neglected Aspects of War*, Boston: Little, Brown, 1907.

3. "남중국해"로 잘못 불리기도 한다.

4. A. Patalano, 'Japan as a Maritime Power: Deterrence, Diplomacy and Maritime Security', in M. M. McCarthy, ed., *The Handbook of Japanese Foreign Policy*, London: Routledge, 2018, pp. 155–72. 중요한 저서의 신간 견본을 제공해준 파탈라노 박사에게 감사의 말씀을 전한다.

결론

1. 옥스퍼드 영어 사전은 정체성 문제를 경시한다. 사전은 해양 세력을 (1) '바다에서 국제적인 힘이나 영향력을 가진 나라 또는 국가' (2) '해전에서 국가(또는 일반적으로 복수의 국가)가 가지는 힘과 효율'로 정의한다.

2. M. Stibbe, *German Anglophobia and the Great War, 1914–1918*, Cambridge: Cambridge University Press, 2001, pp. 33, 64, 67, 70–1.

참고 문헌

Addison, J. *The Present State of the War and the Necessity of an Augmentation*. London, 1707. Ahn, D. 'From "jealous emulation" to "cautious politics": British Foreign Policy and Public Discourse in the Mirror of Ancient Athens (ca. 1730–ca. 1750)', in D. Onenkink and G. Rommelse, eds., *Ideology and Foreign Policy in Early Modern Europe (1650–1750)*. Farnham: Ashgate Press, 2011, pp. 93–130.

Allen, P. C. *Philip III and the Pax Hispanica, 1598–1621: The Failure of Grand Strategy*. New Haven and London: Yale University Press, 2000.

Anderson, M. S. *War and Society in Europe of the Old Regime, 1618–1789*. London: Fontana, 1988.

Androsov, S. 'Peter the Great's St. Petersburg: Between Amsterdam and Venice', in Androsov et al., eds., *Venezia!*, pp. 38–66.

_____, Artemieva, I., Boele, I. and Rudge, J., eds. *Venezia! Art of the 18th Century*. London: Lund Humphries, 2005.

Armesto, F. F. *Civilisations*. London: Macmillan, 2000.

Armitage, D. *The Ideological Origins of the British Empire*, Cambridge: Cambridge University Press, 2000.

Artemieva, I.'Russia and Venetian Artists in the Eighteenth Century', in Androsov et al., eds.,*Venezia!*, pp. 67–93.

Bachrach, F. G. H. *Turner's Holland*. London: Tate Publishing, 1994.

Barlow, J. *The Revolt of the Admirals: The Fight for Naval Aviation 1945–1950*. Annapolis, MD: USNIP, 1994.

Baxter, S. B. *William III and the Defense of European Liberty 1650–1702*. New York: Harcourt, Brace, 1966.

Behrman, C. E. *Victorian Myths of the Sea*. Athens, OH: Ohio University Press, 1977.

Bellamy, M. *Christian IV and his Navy: A Political and Administrative History of the Danish Navy, 1596–1648*. Leiden: Brill, 2006.

Bender, J., with an introduction by Davies, J. D. D. *Dutch Warships in the Age of Sail, 1600–1714: Design, Construction, Careers and Fates*. Barnsley: Seaforth Publishing, 2014.

Bentley, M. *Modernizing England's Past: English Historiography in the Age of Modernism*

1870–1970. Cambridge: Cambridge University Press, 2005.

Berthold, R. M. *Rhodes in the Hellenistic Age*. Ithaca, NY: Cornell University Press, 1984.

Bevan, R. *The Destruction of Memory: Architecture at War*. London: Reaktion Books, 2016.

Billington, J. H. *The Icon and the Axe: An Interpretative History of Russian Culture*. New York: Random House, 1970.

_____, R. A. *Frederick Jackson Turner: Historian, Scholar, Teacher*. New York: Oxford University Press, 1973.

Bindoff, S. T. *The Scheldt Question to 1839*. London: Allen and Unwin, 1945. Black, J., ed. *War in the Early Modern World*. London: Routledge, 1999.

Blackman, D. and Rankov, B., eds. *Shipsheds of the Ancient Mediterranean*. Cambridge: Cambridge University Press, 2013.

Blösel, W. 'Thucydides on Themistocles: A Herodotean Narrator?', in Foster and Lateiner, eds., *Thucydides and Herodotus*, pp. 216–36.

Bold, J. *Greenwich: An Architectural History of the Royal Hospital for Seamen and the Queen's House*. New Haven, CT, and London: Yale University Press, 2000.

Bolingbroke, Lord. *Letters on the Use and Study of History*. London, 1779. Bonner Smith, D. 'Note', *The Mariner's Mirror*, vol. XX (1934), pp. 373–6.

Boxer, C. *The Dutch Seaborne Empire*. London: Collins, 1965.

_____. R. *Four Centuries of Portuguese Expansion, 1415–1825*. Berkeley, CA: University of California Press, 1969.

Boyd, A. *The Royal Navy in Eastern Waters: Linchpin of Victory 1935–1942*. Barnsley: Seaforth Publishing, 2017.

Brandon, P. *War, Capital, and the Dutch State (1588–1795)*. Leiden: Brill, 2015.

Braudel, F. *The Mediterranean in the Age of Philip II*. London: Collins, 1973.

_____. *The Mediterranean in the Ancient World*, London: Allen Lane, 2001.

Brenton, E. P. *The Naval History of Great Britain*. London: Henry Colburn, 1825.

Brett, C. 'Antonio Verrio (c. 1636–1707): His Career and Surviving Work', *The British Art Journal*, vol. 10, no. 3 (Winter/Spring 2009–10), pp. 4–17.

Brewer, J. *The Sinews of Power: War, Money, and the English State, 1688–1783*. Cambridge, MA: Harvard University Press, 1988.

Bridge, C. A. G., ed. *History of the Russian Fleet during the Reign of Peter the Great*. London: Navy Records Society, 1899.

Brogan, H. *Alexis de Tocqueville: A Life*. New Haven, CT, and London: Yale University Press, 2006.

Broodbank, C. *The Making of the Middle Sea: A History of the Mediterranean from the Beginning to the Emergence of the Classical World*. London: Thames and Hudson, 2013.

Brown, P. F. *Venetian Narrative Painting in the Age of Carpaccio*. New Haven, CT, and London: Yale University Press, 1988.

_____. *Venice and Antiquity*. New Haven, CT, and London: Yale University Press,

1996.

Bruijn, J. R. *The Dutch Navy of the Seventeenth and Eighteenth Centuries*. St John's, Newfoundland: IMEHA, 2015 (1992).

Bryce, J. *The Holy Roman Empire*. London: Macmillan, 1901.

Bull, G. *Venice, the Most Triumphant City*. London: Folio Society, 1981.

Bulut, M. 'The Role of the Ottoman and Dutch in the Commercial Integration between the Levant and Atlantic in the Seventeenth Century', *Journal of the Economic and Social History of the Orient*, vol. 45 (2002), pp. 197–230.

Burckhardt, J. *The Civilisation of Italy in the Renaissance*. London: Penguin, 1990 (1860)

_____. *Recollections of Rubens*. London: Phaidon, 1951.

_____. *Reflections on History*. Indianapolis, IN: Liberty Classics, 1979.

Burke, P. *The Fabrication of Louis XIV*. New Haven, CT, and London: Yale University Press, 1992.

_____. *Venice and Amsterdam: A Study of Seventeenth-Century Elites*. London: Polity Press, 1994.

Burrow, J. *A Liberal Descent*. Cambridge: Cambridge University Press, 1981.

Campbell, T. *Threads of Splendour: Tapestry of the Baroque*. New Haven, CT, and London: Yale University Press, 2007.

Canning, G. *Speeches of the Right Hon. George Canning delivered on Public Occasions in Liverpool*. Liverpool: Thomas Kaye, 1835.

Capp, B. *Cromwell's Navy: The Fleet and the English Revolution 1648–1660*. Oxford: Oxford University Press, 1990.

Carboni, S. 'Moments of Vision: Venice and the Islamic World, 828–1797', in Carboni, ed.,*Venice and the Islamic World, 828–1797* pp. 10–35.

_____., ed. *Venice and the Islamic World 828–1797*. New Haven, CT, and London: Yale University Press, 2007.

Carpenter, R. *Beyond the Pillars of Hercules: The Classical World Seen through the Eyes of its Discoverers*. London: Tandem Books, 1963.

Chrivi, R., Gay, F., Crovato, M. and Zanelli, G. *L'Arsenale dei Veniziani*. Venice: Filippi, 1983.

Cipolla, C.'The Economic Decline of Italy', in Cipolla, ed., *The Economic Decline of Empires*, pp. 196–215.

_____. *The Economic Decline of Empires*. London: Methuen, 1970.

Clark, G., ed. *Sir William Temple's Observations Upon the United Provinces of the Netherlands*. Oxford: Clarendon Press, 1972.

Coad, J. G. *The Royal Dockyards 1690–1850*. Aldershot: Scolar Press, 1989.

Cockett, F. B. *Peter Monamy 1681–1749 and his Circle*. Woodbridge: Antique Collectors Club, 2000.

Colley, L. *Britons: Forging the Nation 1707–1837*. New Haven, CT, and London: Yale

University Press, 1992.

Collini, S. *Matthew Arnold*. Oxford: Oxford University Press, 1988.

Concina, E. *A History of Venetian Architecture*. Cambridge: Cambridge University Press, 1998.

Conway, S. *The War of American Independence, 1775–1783*. London: Longman, 1995.

Corbett, J. S. 'The Capture of Private Property at Sea', *The Nineteenth Century* (June 1907), reprinted in A. T. Mahan, ed., *Some Neglected Aspects of War*. Boston, MA: Little Brown, 1907.

_____. *England in the Mediterranean: A Study of the Rise and Influence of British Power within the Straits, 1603–1713*. London: Longman and Co., 1904.

_____. 'The Sea Commonwealth', in A. P. Newton, ed., *The Sea Commonwealth and other Essays*. London: J. M. Dent and Sons, 1919, pp. 1–10.

_____. *Some Principles of Maritime Strategy*. London: Longman, 1911.

Cracraft, J. *The Petrine Revolution in Architecture*. Chicago, IL: University of Chicago Press, 1988.

_____. *The Petrine Revolution in Russian Culture*. Cambridge, MA: Belknap Press/ Harvard University Press, 2004.

Cross, A. *By the Banks of the Neva: Chapters from the Lives and Careers of the British in Eighteenth-Century Russia*. Cambridge: Cambridge University Press, 1999.

_____. 'Richard Paton and the Battle of Chesme', *Study Group on Eighteenth-Century Russia Newsletter*, no. 14 (1986), pp. 31–7.

Crowhurst, P. *The Defence of British Trade 1689–1815*. Folkestone: Dawson, 1977.

Cunliffe, B. *Europe between Oceans: Themes and Variations 9000 BC–AD 1000*. New Haven, CT, and London: Yale University Press, 2008.

Daalder, R. *Van de Velde and Son: Marine Painters*. Leiden: Primavera Press, 2016.

Davey, J. *The Transformation of British Naval Strategy: Seapower and Supply in Northern Europe, 1808–1812*. Woodbridge: Boydell Press, 2012.

Davidson, J. R. *The Unsinkable Fleet: The Politics of U.S. Navy Expansion in World War II*. Annapolis, MD: USNIP, 1996.

Davies, J. D. 'British Perceptions of Michiel de Ruyter and the Anglo–Dutch Wars', in J. R. Bruijn, R. P. van Reine and R. van Hövell tot Westerflier, eds., *De Ruyter: Dutch Admiral*. Rotterdam: Karwansaray, 2011, pp. 122–39.

de Jong, M. 'Dutch Public Finance During the Eighty Years War: The Case of the Province of Zeeland, 1585–1648', in van der Hoeven, ed., *Exercise of Arms*, pp. 133–52.

de Moor, J. A. ' "A Very Unpleasant Relationship": Trade and Strategy in the Eastern Seas: Anglo–Dutch Relations in the Nineteenth Century from a Colonial Perspective', in Raven and Rodger, eds., *Navies and Armies*.

de Tocqueville, A. *Democracy in America*. English trans. by H. Reeve. London, 1835.

Dickinson, H. T. *Bolingbroke*. London: Constable, 1970.

Diehl, C. 'The Economic Decline of Byzantium', in C. Cipolla, ed., *The Economic Decline of Empires*. London: Methuen, 1970.

Docter, R., Boussoffara, R. and ter Keurs, P., eds. *Carthage: Fact and Myth*. Leiden: Sidestone Press, 2015.

Doran, S. and Blyth, R., eds. *Royal River: Power, Pageantry and the Thames*. Greenwich: Royal Museums, 2012.

Epstein, S. A. *Genoa and the Genoese: 958–1528*. Chapel Hill, NC: University of North Carolina, 1996.

Evans, D. *Building the Steam Navy: Dockyards, Technology and the Creation of the Victorian Battlefleet*, 1830–1906. London: Conway, 2004.

Fabre, D. *Seafaring in Ancient Egypt*. London: Periplus, 2005.

Falconer, A. F. *A Glossary of Shakespeare's Sea and Naval Terms including Gunnery*. London: Constable, 1965.

Falconer, A. F. *Shakespeare and the Sea*. London: Constable, 1964.

Fantar, M. H. *Carthage: The Punic City*. Tunis: Alif, 1998.

Faragher, J. M., ed. *Rereading Frederick Jackson Turner*. New Haven, CT, and London: Yale University Press, 1998.

Fenlon, I. *The Ceremonial City: History, Memory and Myth in Renaissance Venice*. New Haven, CT, and London: Yale University Press, 2007.

Fisher, R. H. *Bering's Voyages*. London: Hurst, 1977.

Ford, B., ed. *The Cambridge Cultural History of Britain: Seventeenth-Century Britain*. Cambridge: Cambridge University Press, 1989.

Foster, E. *Thucydides, Pericles, and Periclean Imperialism*. Cambridge: Cambridge University Press, 2013.

_____. and Lateiner, D., eds. *Thucydides and Herodotus*. Oxford: Oxford University Press, 2012.

Francis, A. D. *The Methuens and Portugal, 1691–1708*. Cambridge: Cambridge University Press, 1966.

Fremantle, K. K. *The Baroque Town Hall of Amsterdam*. Utrecht: Haentjens Dekker and Gumbert, 1959.

French, D. *British Strategy and War Aims: 1914–1916*. London: Unwin Hyman, 1986.

Fuller, W. C. *Strategy and Power in Russia 1600–1914*. New York: Free Press, 1992.

Fusaro, M. *Political Economies of Empire in the Early Mediterranean: The Decline of Venice and the Rise of England 1450–1700*. Cambridge: Cambridge University Press, 2015.

Gaastra, F. S. *The Dutch East India Company: Expansion and Decline*. Zutphen: Walberg Pers, 2003.

Gabrielsen, V. *Financing the Athenian Fleet: Public Taxation and Social Relations*. Baltimore, MD: Johns Hopkins University Press, 1994.

_____. *The Naval Aristocracy of Hellenistic Rhodes*. Aarhus: Aarhus University Press,

1997.

_____. 'Rhodes and the Ptolemaic Kingdom: The Commercial Infrastructure', in K. Buraselis, M. Stefanou and D. T. Thompson, *The Ptolemies, the Sea and the Nile: Studies in Waterborne Power*. Cambridge: Cambridge University Press, 2013.

Gelber, L. M. *The Rise of Anglo-American Friendship, 1898–1906*. Oxford: Oxford University Press, 1938.

Georgopoulou, M. *Venice's Mediterranean Colonies: Architecture and Urbanism*. Cambridge: Cambridge University Press, 2001.

Gerding, H.'Carthage', in Blackman and Rankov, eds., *Shipsheds of the Ancient Mediterranean*, pp. 307–19.

Gilbert, F. 'Venice in the Crisis of the League of Cambrai', in Hale, ed., *Renaissance Venice*, pp. 274–92.

Glete, J. *Navies and Nations: Warships, Navies and State Building in Europe and America, 1500–1860*. Stockholm: Almqvist and Wisksell, 1993.

_____. *War and the State in Early Modern Europe: Spain, the Dutch Republic and Sweden as Fiscal-Military States, 1500–1660*. London: Routledge, 2002.

Goldsworthy, A. *The Fall of Carthage: The Punic Wars, 265–146 BC*. London: Cassell, 2000, p. 69.

Gomme, A. W. *A Historical Commentary on Thucydides: Volume One*. Oxford: Oxford University Press, 1958.

Gooch, G. P. *History and Historians of the Nineteenth Century*. London: Longman, 1913.

Gould, J. *Herodotus*. London: Weidenfeld & Nicolson, 1989, pp. 102–5.

Gorshkov, S. G. *The Sea Power of the State*. Annapolis, MD: USNIP, 1979.

Gristwood, S. 'A Tapestry of England's Past', *History Today*, vol. 60, no. 9 (2010).

Grote, G. *History of Greece*, 12 vols, London, 1849.

Grotius, H. *The Freedom of the Seas or The Right which Belongs to the Dutch to Take Part in the East Indian Trade*. New York: Oxford University Press, 1916.

Guilmartin, J. *Gunpowder and Galleys: Changing Technology and Warfare at Sea in the Sixteenth Century*. Cambridge: Cambridge University Press, 1974.

Hale, J. R., ed. *Renaissance Venice*. London: Faber, 1973.

Halkos, G. E. and Kyriazis, N. C. 'A Naval Revolution and Institutional Change: The Case of the United Provinces', in *European Journal of Law and Economics*, vol. 19 (2005), pp. 41–68.

Harlow, V. T. *The Founding of the Second British Empire 1763–1793, Vol. II: New Continents and Changing Values*. London: Longmans, 1964.

Harris, W. V. *War and Imperialism in Republican Rome 327–70 BC*. Oxford: Clarendon Press, 1979.

Hewison, R. *Ruskin's Venice*. New Haven, CT, and London: Yale University Press, 2000.

History of 'The Times', vol. II. London: Times Newspapers, 1939.

Horden, P. and Purcell, N. *The Corrupting Sea: A Study of Mediterranean History*. Oxford: Basil Blackwell, 2000.

_____. 'The Mediterranean and "the new Thalassology" ', in *American Historical Review* (June 2006), pp. 722–40.

Horn, H. J. *Jan Cornelisz Vermeyen: Painter of Charles V and his Conquest of Tunis*. New York: Davaco Publishers, 1989.

Howard, D. *The Architectural History of Venice*. New Haven, CT, and London: Yale University Press, 1980.

_____.'Venice and the Mamluks', in Carboni, ed., *Venice and the Islamic World 828–1797*, pp. 72–89.

Howard, D. and McBurney, H., eds. *The Image of Venice: Fialetti's View and Sir Henry Wotton*. New Haven, CT, and London: Yale University Press, 2014.

Hughes, E., ed. *Spreading Canvas: Eighteenth-Century British Marine Painting*. New Haven, CT, and London: Yale University Press, 2016.

Hughes, L. *Russia in the Age of Peter the Great*. New Haven, CT, and London: Yale University Press, 1998.

Israel, J. I. *The Dutch Republic: Its Rise, Greatness and Fall, 1477–1806*. Oxford: Oxford University Press, 1995.

Jackson, A. *The British Empire and the Second World War*. London: Continuum, 2008.

Jacobsen, K. and Jacobsen, J. *Carrying off the Palaces: John Ruskin's Lost Daguerreotypes*. London: Quaritch, 2015.

Jenks, T. *Naval Engagements: Patriotism, Cultural Politics, and the Royal Navy 1793–1815*. Oxford: Oxford University Press, 2006.

Jenkyns, R. *The Victorians and Ancient Greece*. Oxford: Basil Blackwell, 1980.

Kaganov, G. 'As in the Ship of Peter', Slavic Review, vol. 50 (1991), pp. 754–67.

Kahan, A. *The Plow, the Hammer and the Knout: An Economic History of Eighteenth-Century Russia*. Chicago, IL: University of Chicago Press, 1985.

Kirk, T. A. *Genoa and the Sea: Policy and Power in an Early Modern Maritime Republic, 1559–1684*. Baltimore, MD: Johns Hopkins University Press, 2005.

Kohn, R. H. *Eagle and Sword: The Beginnings of the Military Establishment in America*. New York: Free Press, 1975.

Krammick, I. *Bolingbroke and his Circle: The Politics of Nostalgia in the Age of Walpole*. Cambridge, MA: Harvard University Press, 1968.

Lambert, A. D. *The Challenge: Britain Against America in the Naval War of 1812*. London: Faber, 2012.

_____.'Creating Cultural Difference: The Military, Political and Cultural Legacies of the War of 1812', in A. Forrest, K. Hagemann and M. Rowe, eds., *War, Demobilization and Memory: The Legacy of War in the Era of Atlantic Revolutions*. London: Palgrave Macmillan, 2016.

_____. *The Crimean War: British Grand Strategy against Russia, 1853–1856*. Farnham: Ashgate, 2011.

_____. *Crusoe's Island*. London: Faber, 2016.

_____. *The Last Sailing Battlefleet, 1815–1850*. London: Conway, 1991.

_____. 'The Magic of Trafalgar: The Nineteenth-Century Legacy', in D. Cannadine, ed., *Trafalgar in History: A Battle and its Aftermath*. London: Palgrave, 2006, pp. 155–74.

_____. *Nelson: Britannia's God of War*. London: Faber and Faber, 2004.

_____. ' "Now is come a Darker Day": Britain, Venice and the Meaning of Sea Power', in M. Taylor, ed., *The Victorian Empire and Britain's Maritime World 1837–1901: The Sea and Global History*. London: Palgrave Macmillan, 2013, pp. 19–42.

_____. 'The Power of a Name: Tradition, Technology and Transformation', in R. J. Blyth, A. Lambert and J. Rüger, eds., *The Dreadnought and the Edwardian Age*. Farnham: Ashgate, 2011.

_____. ' "This Is All We Want": Great Britain and the Baltic Approaches 1815–1914', in J. Sevaldsen, ed., *Britain and Denmark: Political, Economic and Cultural Relations in the 19th and 20th Centuries*. Copenhagen: Tusculanum Press, 2003, pp. 147–69.

_____. 'Winning without Fighting: British Grand Strategy and its Application to the United States, 1815–1865', in B. Lee and K. Walling, eds., *Strategic Logic and Political Rationality: Essays in Honour of Michael J. Handel*. Newport, RI: United States Naval War College, 2003.

_____. 'Wirtschaftliche Macht, technologischer Vorsprung und Imperiale Stärke: Gross Britannien als einzigartige globale Macht: 1860 bis 1890', in M. Epkenhans and G. P. Gross, *Das Militär und der Aufbruch die Moderne 1860 bis 1890*. Munich: Oldenbourg, 2003.

Lane, F. C. 'Naval Actions and Fleet Organization, 1499–1502', in J. R. Hale, ed., *Renaissance Venice*. London: Faber, 1973, pp. 146–73.

_____. *Profits from Power: Readings in Protection Rent and Violence-Controlling Enterprises*. Albany, NY: State University of New York Press, 1979.

_____. *Venice: A Maritime Republic*. Baltimore, MD: Johns Hopkins University Press, 1973.

Lawrence, C. 'Hendrick de Keyser's Heemskerck Monument: The Origins of the Cult and Iconography of Dutch Naval Heroes', in *Simiolus: Netherlands Quarterly for the History of Art*, vol. 21, no. 4 (1992), pp. 265–95.

Lehmann, L. Th. 'The Polyeric Quest: Renaissance and Baroque Theories about Ancient Men of War'. PhD thesis, Rotterdam, 1995.

Levillain, C.-E. 'William III's Military and Political Career in Neo-Roman Context, 1672–1702', *The Historical Journal*, vol. 48 (2005), pp. 321–50.

Lewis, B. 'The Arabs in Eclipse', in Cipolla, ed., *The Economic Decline of Empires*, pp. 102–20.

Lincoln, M. *Representing the Royal Navy: British Sea Power 1750–1815*. Aldershot: Ashgate, 2003.

Link, A., ed. *Woodrow Wilson Papers: Volume 55*. Princeton, NJ: Princeton University Press, 1982. Livy, The Histories, trans. E. S. Shuckburgh. London: Macmillan, 1889.

Loveman, D. *No Higher Law: American Foreign Policy and the Western Hemisphere since 1776*. Chapel Hill, NC: University of North Carolina Press, 2010.

Lowry, M. *The World of Aldus Manutius*. Oxford: Basil Blackwell, 1979.

Lupher, D. A. *Romans in a New World: Classical Models in Sixteenth-Century Spanish America*. Ann Arbor, MI: University of Michigan Press, 2003.

McDonald, M. P. *Ferdinand Columbus: Renaissance Collector*. London: British Museum Press, 2004.

MacGillivray, J. A. *Minotaur: Sir Arthur Evans and the Archaeology of the Minoan Myth*. London: Jonathan Cape, 2000.

Mackinder, H. J. 'The Geographical Pivot of History', *The Geographical Journal*, vol. 23 (1904).

Mahan, A. T. *The Influence of Sea Power upon History 1660–1783*. Boston, MA: Little, Brown, 1890.

_____. *The Problem of Asia*. Boston, MA: Little, Brown, 1900.

_____., ed. *Some Neglected Aspects of War*. Boston, MA: Little, Brown, 1907.

Markoe, G. *The Phoenicians*. London: British Museum Press, 2000.

Marsden, J., ed. *The Wisdom of George III*. London: Royal Household, 2004.

Mathee, R. 'The Portuguese in the Persian Gulf: An Overview', in J. R. Marcris and S. Kelly, eds., *Imperial Crossroads: The Great Powers and the Persian Gulf*. Annapolis, MD: USNIP, 2012.

Meiggs, R. *The Athenian Empire*. Oxford: Oxford University Press, 1972.

Miles, R. *Carthage Must Be Destroyed: The Rise and Fall of an Ancient Civilisation*. London: Allen Lane, 2010.

Momigliano, A. 'Sea-Power in Greek Thought', in *Secondo contributo alla storia degli studi classici*. Rome: Storia e Letteratura, 1966, pp. 57–68.

Moon, Sir P. *The British Conquest and Dominion of India*. London: Duckworth, 1989.

Moro, F. *Venice at War: The Great Battles of the Serenissima*. Venice: Studio LT2, 2007.

Morrison, J. S. *The Athenian Trireme: The History and Reconstruction of an Ancient Greek Warship*. Cambridge: Cambridge University Press, 1995.

Morriss, R. *Science, Utility and Maritime Power: Samuel Bentham in Russia, 1779–1791*. Farnham: Ashgate Press, 2015.

Muir, R. *Wellington: Waterloo and the Fortunes of Peace, 1814–1852*. New Haven, CT, and London: Yale University Press, 2015.

Murray, W. M. *The Age of the Titans: The Rise and Fall of the Great Hellenistic Navies*. Oxford: Oxford University Press, 2012.

Musson, J. 'Laughing with the Gods: The Heaven Room at Burghley', *Country Life* (5 July 2017), pp. 80–4.

Naish, J. *Seamarks: Their History and Development*. London: Stanford Maritime, 1985.

Ng Chin-keong, *Boundaries and Beyond: China's Maritime Southeast in Late Imperial Times*. Singapore: National University of Singapore Press, 2016.

O'Brien, P. K. 'Fiscal Exceptionalism: Great Britain and its European Rivals from Civil War to Triumph at Trafalgar and Waterloo', in D. Winch and P. K. O'Brien, eds., *The Political Economy of British Historical Experience, 1688–1914*. Oxford: Oxford University Press, 2002, pp. 245–65.

O'Hara, G. *Britain and the Sea since 1600*. Basingstoke: Palgrave Macmillan, 2010.

Oliviera, F. *Arte de Guerra do Mar: Estrategia e Guerra naval no Tempo dos Descombrimentos*. Lisbon: Edições 70 Lda, 2008.

Onnekink, D. 'The Ideological Context of the Dutch War (1672)', in D. Onnenkink and G. Rommelse, eds., *Ideology and Foreign Policy in Early Modern Europe (1650–1750)*. Farnham: Ashgate Press, pp. 131–44.

Ormrod, D. *The Rise of Commercial Empires: England and the Netherlands in the Age of Mercantilism*. Cambridge: Cambridge University Press, 2003.

Osborne, R., ed. and trans. *The Old Oligarch: Pseudo-Xenophon's Constitution of the Athenians*(Lactor). Cambridge: Cambridge University Press, 2004.

Paine, L. *The Sea and Civilisation: A Maritime History of the World*. London: Atlantic Books, 2013.

Parker, G. *The Grand Strategy of Philip II*. New Haven, CT, and London: Yale University Press, 1998.

Parkinson, C. N. *War in the Eastern Seas, 1793–1815*. London: Allen and Unwin, 1954.

Parks, G. B.'Ramusio's Literary History', in *Studies in Philology*, vol. 52, no. 2 (1955), pp. 127–48.

Parry, J. H. *The Spanish Seaborne Empire*. London: Hutchinson, 1966.

Patalano, A. 'Japan as a Maritime Power: Deterrence, Diplomacy and Maritime Security', in M. M. McCarthy, ed., *The Handbook of Japanese Foreign Policy*. London: Routledge, 2018.

Pedisich, P. E. *Congress Buys a Navy: Economics, and the Rise of American Naval Power, 1881– 1921*. Annapolis, MD: USNIP, 2016.

Penny, N. *Reynolds*. London: The Royal Academy, 1986.

Pereira, P. *Torre de Belém*. London: Scala, 2005.

Picard, G. C. and Picard, C. *The Life and Death of Carthage*. London: Sidgwick and Jackson, 1968.

Pitassi, M. *The Navies of Rome*. Woodbridge: Boydell and Brewer, 2009.

Porter, R. *Gibbon*. London: Weidenfeld & Nicolson, 1988.

Pottle, E. A. *Boswell in Holland, 1763–1764*. London: Heinemann, 1952.

Rahe, P. *Montesquieu and the Logic of Liberty: War, Religion, Commerce, Climate, Terrain,*

Technology, Uneasiness of Mind, the Spirit of Political Vigilance, and the Foundations of the Modern Republic. New Haven, CT, and London: Yale University Press, 2009.

Raleigh, W. *History of the World*. London, 1614.

Rankov, B. 'Roman Shipsheds', in Blackman and Rankov, eds., *Shipsheds of the Ancient Mediterranean*, pp. 30–54.

Raven, G. J. A. and Rodger, N. A. M., eds. *Navies and Armies: The Anglo-Dutch Relationship in War and Peace 1688–1988*. Edinburgh: John Donald, 1990.

Rawlings L. *The Ancient Greeks at War*. Manchester: Manchester University Press, 2007.

Reading, D. K. *The Anglo-Russian Commercial Treaty of 1734*. New Haven, CT, and London:Yale University Press, 1938.

Reinhold, M. 'Classical Scholarship, Modern Anti-Semitism and the Zionist Project: The Historian Eduard Meyer in Palestine', *Bryn Mawr Classical Review* (May 2005).

Reissner, W. J. *The Black Book: Woodrow Wilson's Secret Plans for Peace*. Lanham, MD: Lexington Books, 2012.

Reynolds, C. G. ' "Thalassocracy" as a Historical Force', in *History and the Sea: Essays on Maritime Strategies*. Columbia, SC: University of South Carolina Press, 1989.

Richmond, H. W. *The Navy in India, 1763–1783*. London: Ernest Benn, 1931.

Robinson, E. *Democracy beyond Athens: Popular Government in the Greek Classical Age*. Cambridge: Cambridge University Press, 2011.

Robinson, M. S. *The Paintings of the Willem van de Veldes*. London: Sotheby's and the National Maritime Museum, 1990.

Rodger, N. A. M. *The Safeguard of the Sea: A Naval History of Britain. Volume One: 649–1649*. London: HarperCollins, 1997.

Rodgers, W. L. *Naval Wars under Oars*. Annapolis, MD: Naval Institute Press, 1940.

Röhl, J. G. C. *The Kaiser and his Court: Wilhelm II and the Government of Germany*. Cambridge: Cambridge University Press, 1994.

Roland, A., Bolster, W. J. and Keyssar, A. *The Way of the Ship: America's Maritime History Re-Envisioned, 1600–2000*. Hoboken, NJ: John Wiley and Sons Inc., 2008.

Rommelse, G. 'Een Hollandse maritieme identiteit als ideologische bouwsteen van de Ware Vrijheid', in *Holland Historisch Tijdschrift*, vol. 48 (2016), pp. 133–41.

_____. 'National Flags as Essential Elements of Dutch Naval Ideology, 1600–1800', forthcoming.

_____. and Downing, R. 'The Fleet as an Ideological Pillar of Dutch Radical Republicanism, 1650–1672', in *The International Journal of Maritime History*, vol. 27, no. 3 (2015).

Rowen, H. H. *John de Witt Grand Pensionary of Holland, 1625–1672*. Princeton, NJ: Princeton University Press, 1978.

Rüger, J. *The Great Naval Game: Britain and Germany in the Age of Empire*. Cambridge: Cambridge University Press, 2007.

Ruskin, J. *Harbours of England*. London: Smith, Elder, 1856.

_____. *Modern Painters: Vol. I*. London: Smith, Elder, 1843.

_____. *Praeterita*. Oxford: Oxford University Press, 1978.

_____. *The Stones of Venice Vol. I: The Foundations*. London: Smith, Elder, 1851.

_____. *The Stones of Venice Vol. II: The Sea Stories*. London: Smith, Elder, 1853.

Russell, M. *Visions of the Sea: Hendrick C. Vroom and the Origin of Dutch Marine Painting*. Leiden: Brill, 1983.

Russell, P. *Prince Henry 'the Navigator'*. New Haven, CT, and London: Yale University Press, 2000.

Russett, A. *Dominic Serres R.A. 1719–1793*. Woodbridge: Antique Collector's Club, 2001.

Salmina–Haskell, L. *Panoramic Views of St Petersburg from 1716 to 1835*. Oxford: Ashmolean, 1993.

Salonia, M. *Genoa's Freedom: Entrepreneurship, Republicanism and the Spanish Atlantic*. Lanham, MD: Lexington Books, 2017.

Samotta, I. 'Herodotus and Thucydides in Roman Republican Historiography', in Foster and Lateiner, eds., *Thucydides and Herodotus*, pp. 345–73.

Sanceau, E. *The Reign of the Fortunate King 1495–1521*. New York: Archon Books, 1969.

Savoy, D. *Venice from the Water*. New Haven, CT, and London: Yale University Press, 2012.

Schama, S. *The Embarrassment of Riches: An Interpretation of Dutch Culture in the Golden Age*. London: Collins, 1987.

Schulz, J. 'Jacopo de' Barbari's View of Venice: Map Making, City Views, and Moralized Geography before the Year 1500', *The Art Bulletin*, vol. 60, no. 3 (1978), pp. 425–74.

Scott, J. *When the Waves Ruled Britannia: Geography and Political Identities 1500–1800*. Oxford: Oxford University Press, 2011.

Seager, R. *Alfred Thayer Mahan: The Man and his Letters*. Annapolis, MD: USNIP, 1977.

Seager, R. and Macguire, D. D. *Letters and Papers of Alfred Thayer Mahan*, 3 vols. Annapolis,MD: USNIP, 1975.

Seeley, J. R. *The Expansion of England*. London: Macmillan, 1883.

Shanes. E. *Young Mr Turner: J. M. W. Turner, A Life in Art. The First Forty Years, 1775–1815*. New Haven, CT, and London: Yale University Press, 2016.

Sharp, W. *Life of Admiral Sir William Symonds*. London: Longmans, 1856.

Sherman, W. H. *John Dee: The Politics of Reading and Writing in the English Renaissance*. Amherst, MA: University of Massachusetts Press, 1995.

Shulman, M. R. *Navalism and the Emergence of American Naval Power: 1882–1893*. Annapolis, MD: USNIP, 1993.

Sicking, L. *Neptune and the Netherlands: State, Economy, and War at Sea in the Renaissance*. Leiden: Brill, 2004.

Simms, B. *Three Victories and a Defeat: The Rise and Fall of the First British Empire, 1714–1783*. London: Penguin, 2007.

Skovgaard-Petersen, K. *Historiography at the Court of Christian IV: 1588–1648*. Copenhagen: Museum Tusculanum Press, 2002.

Sondhaus, L.'Napoleon's Shipbuilding Program at Venice and the Struggle for Naval Mastery in the Adriatic, 1806–1814', *Journal of Military History*, vol. 53 (1989), pp. 349–62.

Sonnino, P. 'Colbert', *European Studies Review* (January 1983), pp. 1–11.

Spengler, O. *The Decline of the West*, 2 vols. London: Allen and Unwin, 1926.

Stadler, P. A.'Thucydides as a "Reader" of Herodotus', in Foster and Lateiner, eds., *Thucydides and Herodotus*, pp. 39–63.

Stagno, L. *Palazzo del Principe: The Villa of Andrea Doria*. Genoa: Sagep, 2005.

Starr, C. G. *The Influence of Sea Power on Ancient History*. Oxford: Oxford University Press, 1989.

Stibbe, M. *German Anglophobia and the Great War, 1914–1918*. Cambridge: Cambridge University Press, 2001.

Strachan, M. *The Life and Adventures of Thomas Coryate*. London: Oxford University Press, 1962.

Strong, R. *Henry, Prince of Wales and England's Lost Renaissance*. London: Thames and Hudson, 1986.

Sureda, J. *The Golden Age of Spain*. New York: Vendome Press, 2008.

Taylor, M. *Thucydides, Pericles, and the Idea of Athens in the Peloponnesian War*. Cambridge: Cambridge University Press, 2010.

Thurley, S. *Hampton Court: A Social and Architectural History*. New Haven, CT, and London: Yale University Press, 2003.

_____. 'The Vanishing Architecture of the River Thames', in Doran and Blyth, eds., *Royal River*, pp. 20–5.

Todman, D. *Britain's War: Into Battle 1937–1941*. New York: Oxford University Press, 2016.

Topik, S. C. *Trade and Gunboats: The United States and Brazil in the Age of Empire*. Stanford, CA: Stanford University Press, 1997.

Toynbee, A. J. *Hannibal's Legacy: The Hannibalic War's Effects on Roman Life*. London: Oxford University Press, 1965.

Tracy, J. D. 'Herring Wars: The Habsburg Netherlands and the Struggle for Control of the North Sea ca. 1520–1560', *The Sixteenth Century Journal*, vol. 24, no. 2 (1993), pp. 249–72.

Tredrea, J. and Sozaev, E. *Russian Warships in the Age of Sail, 1696–1860: Design, Construction,and Fates*. Barnsley: Seaforth Publishing, 2010.

Truettner, W. H. and Wallach, A., eds. *Thomas Cole: Landscape into History*. New Haven, CT, and London: Yale University Press, 1994.

Turner, F. J.'The Significance of the Frontier in American History', in Faragher, ed., *Rereading Frederick Jackson Turner*, pp. 30–60.

Turner, F. M. *The Greek Heritage in Victorian Britain*. New Haven, CT, and London: Yale University Press, 1981.

Unger, R. W. *Dutch Shipbuilding before 1800*. Amsterdam: Van Gorcum, 1978.

van der Hoeven, M., ed. *Exercise of Arms: Warfare in the Netherlands (1568–1648)*. Leiden: Brill, 1998.

van Eyck van Heslinga, E. S. 'A Competitive Ally: The Delicate Balance of Naval Alliance and Maritime Competition between Great Britain and the Dutch Republic 1674–1795', in Raven and Rodger, eds., *Navies and Armies*, pp. 1–11.

van Loo, I. J. 'For Freedom and Fortune: The Rise of Dutch Privateering in the First Half of the Dutch Revolt, 1568–1609', in van der Hoeven, ed., *Exercise of Arms*, pp. 173–96.

van Vliet, A. P.'Foundation, Organization and Effects of the Dutch Navy (1568–1648)', in van der Hoeven, ed., *Exercise of Arms*, pp. 153–72.

Villiers, G., 2nd Duke of Buckingham. A Letter to Sir Thomas Osborn. London, 1672. Vivens, J. V. 'The Decline of Spain in the Seventeenth Century', in C. Cipolla, ed., *The Economic Decline of Empires*. London: Methuen, 1970.

Wallinga, H. T. 'The Ancestry of the Trireme', in J. Morison, ed., *The Age of the Galley: Mediterranean Oared Vessels since Pre-Classical Times*. London: Conway Press, 1995.

_____. *Ships and Sea-Power before the Great Persian War*. Leiden: Brill, 1993.

Walsh, R., ed. *Select Speeches of George Canning*. Philadelphia, PA: Key and Biddle, 1842.

Warner, G. F., ed. *The Libelle of Englyshe Polycye*. London: Oxford University Press, 1926.

Waterfield, R. *Taken at the Flood: The Roman Conquest of Greece*. Oxford: Oxford University Press, 2014.

Willis, S. *Admiral Benbow: The Life and Times of a Naval Legend*. London: Quercus, 2010.

Winfield, R. and Roberts, S. S. *French Warships in the Age of Sail: Design Construction and Fates 1786–1861*. Barnsley: Seaforth Publishing, 2015.

Wormell, D. *Sir John Seeley and the Uses of History*. Cambridge: Cambridge University Press, 1980.

Young, A. R. *His Majesty's Royal Ship: A Critical Edition of Thomas Heywood's 'A True Description of his Majesties Royall Ship'*. New York: AMS Press, 1990.

Zagorin, P. *Thucydides*. Princeton, NJ: Princeton University Press, 2005.

Zinovieff, K. and Hughes, J. *Guide to St. Petersburg*. Woodbridge: Boydell and Brewer, 2003.

Zwitzer, H. L. 'The Eighty Years War', in van der Hoeven, ed., *Exercise of Arms*, pp. 33–56.

옮긴이의 말

'바다'만큼 상상력과 설렘의 감정을 자극하는 단어가 또 없겠지만 전례 없는 시기를 지나가고 있는 요즘에는 더욱 아련한 마음이 들게 만든다. 바이러스가 전 세계 곳곳에서 대유행하면서 "거리두기"는 어느새 일상이 되었고 여행은커녕 직장과 학교에 나가는 것조차 때로는 용기가 필요한 일이 되었다. 이 같은 시기에 『해양 세력 연대기』가 생활 공간에 갇혀버린 우리에게 주는 울림은 남다르다.

이 책은 역사를 통틀어 5대 해양 세력 강대국으로 아테네, 카르타고, 베네치아, 네덜란드 공화국, 영국을 소개하고 각 나라들의 사례를 깊이 있게 조명한다. 이 다섯 나라는 해양 세력을 단순히 전략으로 추구한 것이 아니라 정체성으로 삼았다는 점에서 바다에 인접하고 바다를 적극적으로 이용한 다른 나라와 구별된다. 저자는 다섯 나라가 해양 세력을 정체성으로 취한 것은 약함을 인정한 결과라고 지적한다. 대륙의 강국에 맞서기 위해서 색다른 접근법을 택할 수밖에 없었으며, 정치, 경제, 안보, 문화 등 전반에서 해양에 크게 의존했다는 것이다.

이런 점에서 대륙 기반의 강국과 해양 세력의 차이점이 드러난다. 필요에 의해서 해군을 구성하고 해외 제국을 건설하더라도 결코 바다를 중심에 두지 않았다. 고대 메소포타미아에서부터 로마, 오스만 튀르크, 스페인, 부르봉 왕조, 나폴레옹 시대의 프랑스, 20세기 독일, 소련에서 그러한 예를 찾아볼 수 있다. 해양 세력 강대국 역시 본래의 정체성을 저버리고 대륙의 강국과 같은 전략을 취했을 때에는 강대국으로서의 지위를 잃고 말았다. 또한 해양 세력 강대국은 제노바 같은 해양 국가나 스페인, 포르투갈 등의 해상 제국과도 구별된다고 저자는 주장한다. 책 말미에 수록된 용어 사전을 참고하면 언뜻 보기에는 유사해 보이지만 저자가 분명히 구분하고 있는 여러 용어 속에서 길을 잃지 않고 본문을 따라가는 데에 도움이 될 것이다.

아울러 저자는 대륙의 시각에서 해양 세력을 평가하여 빚어진 오해를 명쾌하게 바로잡아준다. 해양 권력에 대한 앨프리드 세이어 머핸의 잘 알려진 주장이 대표적인 사례이다. 저자는 해양 권력이 해군 보유국이 선택할 수 있는 전략적 선택이라는 점에서 해군이 아닌 바다에 지배된 해양 세력을 이해하는 데에 충분하지 않다고 강조한다. 이러한 통찰력은 강력한 해군을 보유하고도 육지 세력으로 남아 있었던 여러 사례를 올바르게 이해할 수 있도록 도와준다. 또다른 예로, 로마가 카르타고를 멸망시킨 이후 오랫동안 '카르타고'는 모욕적인 표현으로 회자되었고 프랑스와 독일 제국은 그러한 표현을 영국을 매도하는 데에 활용했다.

최후의 해양 세력이었던 영국이 제해권을 상실하면서 이제 더 이상 해양 세력 강대국은 존재하지 않지만, 저자가 제시한 해양 세력 개념은 오늘날의 우리에게도 시사하는 바가 많다. 러시아의 크림 반도 합병, 중국의 도련 전략은 주변국의 걱정을 불러일으키기에 충분함에도 불구하고 두 나라가 아무리 해군을 증강해도 해양 세력이 될 수 없음을 과거의 사례를 통해 미루어 짐작할 수 있다. 다만 주변국과의 영유권 분쟁, 인공 섬 조성을 통한 해양 지배 합리화 등을 통해서 해양을 대륙처럼 만들려는 중국의 시도는 바다를 더 이상 열린 공간으로 남아 있지 못하게 위협한다는 점에서 우려할 만하다.

오늘날 우리가 누리고 있는 자유롭고 포용적인 정치가 해양 세력이 남긴 유산인 만큼 명령 경제에 맞서 바다를 열린 공간으로 유지하는 것은 육지에 기반한 생활을 하는 모든 이에게도 중요한 의미가 있다. 그런 점에서 저자는 해군 패권국으로서 미국의 역할에 주목하며 모두가 '거대한 공유지'로서의 바다를 지키기 위해 관심을 가질 것을 촉구한다.

이 책의 곳곳에는 해양 세력의 문화가 반영된 유산이 섬세하게 묘사되어 있다. 책의 첫머리에 등장하는 베네치아의 건축물부터 영국 그리니치 해군 병원의 페인티드 홀, 판 더 펠더 부자와 J. M. W. 터너의 회화에 이르기까지 독자의 가슴을 뛰게 만드는 해양 관련 작품이 풍부하게 소개되어 있다. 부디 머지않은 시기에 이동 제한이 풀려서 이 책에 소개된 해양 세력 문화의 정수를 직접 느껴볼 수 있는 날이 오기를 기대해본다.

2021년 봄
박홍경

인명 색인